續寫古都文博信史
服务当代社会发展

北京博物館年鑑出版誌贺

二〇〇九年十月 張文彬

第四届北京博物馆学会代表合影

2007 年北京地区博物馆馆长培训班

2007 年 3 月 25 日 鲁迅博物馆举行《鲁迅生平展》开幕式，国家文物局张柏副局长等人参加

中国长城博物馆举办小学生走进社会大课堂活动

2006 年 12 月 7 日丁向阳副市长与市属十三个局的领导到孔庙和国子监调研历史文化古迹、博物馆等旅游资源开发利用情况

观众参观梅兰芳记念馆

曹雪芹纪念馆 2008 年新展

观复博物馆
全景外观

国家博物馆新馆外景

居庸关博物馆迎奥运
积极参与“好运北京”
自行车赛

老舍客厅

李大钊故居院内

北京宣南文化博物馆展厅

门头沟博物馆展厅局部

青少年参观坦克博物馆

北京天文馆新馆内景

山戎陈列馆外景

2008 年 2 月 17 日北京市委副书记、市长郭金龙等领导视察北京宣南文化博物馆

建设中的中国科技馆新馆

中国紫檀博物馆展厅内景

中央民族大学民族博物馆北方民族服饰文化厅

北京红楼文化艺术博物馆征集文物

2008年国庆节，中国电影博物馆连续五天为崔各庄乡周围的居民免费放映露天电影，共度“十一”国庆节

2007年北京博物馆学会联合北京戏曲博物馆组织社会公益讲座活动

2008年8月9日北京市人民政府在首都博物馆举办“中秋”招待会

东岳庙会

北京地区博物馆第五届学术会议会场

中国人民革命军事博物馆 2006 年举办《纪念中国工农红军长征胜利 70 周年展览》

2007 年北京地区博物馆演讲大赛

延庆博物馆陈列序厅

北京博物馆年鉴

張文彬

北京博物馆学会主编

北京燕山出版社

图书在版编目(CIP)数据

北京博物馆年鉴 / 北京博物馆学会主编.- 北京:北京燕山出版社,2009.12

ISBN978-7-5402-2217-8

I.北… II.①北…III.博物馆 - 北京市 - 年鉴 IV.G269.271-54

中国版本图书馆 CIP 数据核字(2009)第 235579 号

责任编辑:孙 婷 马明仁 装帧设计:朱雅娟 责任校对:杨富丽

出版发行:北京燕山出版社

社 址:北京市宣武区陶然亭路 53 号

邮 编:100054

电 话:010-65240430

经 销:新华书店

印 刷:三河市灵山红旗印刷厂

开 本:185㎜ × 260㎜ 1/16

字 数:1030 千字

印 张:51.5

印 数:1500

版 次:2010 年 3 月北京第 1 版

印 次:2010 年 3 月第 1 次印刷

定 价:168.00 元

《北京博物馆年鉴》

（2004—2008）编辑人员名单

主　　编	孔繁峙　张大祯
顾　　问	张春祥　苏东海　马希桂
执行主编	崔学谙
执行副主编	刘超英　宋向光　董纪平
编　辑　部	饶成刚　楼锡祜　王惠敏 刘玉敏　朱雅娟　景海荣 孙五一　黄雪寅　崔　波 姜廷玉　解立红　景　旭 方　妍
编　　务	康庆云　刘海燕
美术编辑	朱雅娟
责任编辑	孙　婷　马明仁

北京博物馆年鉴
（2004—2008）凡例

1. 本年鉴是继《北京博物馆年鉴》（1992—1987，1988—1991，1992—1994，1995—1998，1999—2003）等五卷之后的第六卷，收录北京地区135所博物馆2004—2008年的有关资料。本卷新收入博物馆16所，这些馆的资料自其建馆始。

2. 本年鉴收录的博物馆是截至2008年底在北京市文物局登记的博物馆、纪念馆及具有博物馆性质的展览馆、陈列馆、文物管理处和文物保管所。2008年底已终止业务活动，或闭馆，或与其他博物馆合并的博物馆，本卷年鉴不再收录。

3. 本年鉴收录的各博物馆凡有分馆的均列于该馆之后。

4. 本年鉴中博物馆分类参照国内外博物馆界通常采用的分类方法，结合北京地区博物馆具体情况，并参考前几卷分类方法，各类博物馆按笔画排序，以保持资料的连贯和便于查检。

5. 为方便业务联系，本年鉴各馆"自然项目"资料反映该馆2009年情况。概述、大事记和各项附表中资料截止到2008年底。

6. "自然项目"中"性质"条目据博物馆所有制性质及经费主要来源区分为公办、民办、国企和民企。

7. 各馆资料中的附表依上报资料，未报数据的附表未被收录。各馆附表如有缺项，余表按顺序编排。

目　录
CONTENT

序 一

中国博物馆学会理事长 张 柏

北京博物馆学会编辑的《北京博物馆年鉴》已出版到第六卷了,北京博物馆学会领导和诸位同仁嘱我为这卷年鉴写几句话,我很高兴地答应了。我看过前几卷的北京博物馆年鉴,可以说,内容很丰富,记录了北京地区博物馆发展的历程。各卷年鉴的分量也是逐卷增加,从直观上就让读者感受到北京地区博物馆的发展和兴盛景象。我看到这卷年鉴的编辑资料,又是厚厚一摞,汇集了2004年至2008年北京地区已登记的130余所博物馆的基本情况和业务成果,我为北京地区博物馆事业的发展高兴,也为北京地区博物馆同仁的热情感动。

北京地区博物馆的发展可以视为中国博物馆发展的缩影,早在19世纪初期,当张謇建设南通博物苑的时候,北京的开明人士端方也在琉璃厂海王村开设了陶斋博物馆。中华民国建立之后,时在北京的鲁迅先生受蔡元培先生之托,为国立历史博物馆选址奔忙。1925年,故宫博物院建立,这也可能是一个巧合,把中国的封建王朝送进了博物馆。新中国成立后,20世纪50年代后期中国革命博物馆、中国历史博物馆、中国人民革命军事博物馆、全国农业展览馆、民族文化宫的建成,标志着新中国博物馆事业进入发展的快车道。改革开放以来,北京地区的博物馆事业呈现出又好又快的发展态势,不仅在数量上逐年增长,博物馆的门类、举办主体呈现多样化,博物馆的基础业务和社会服务也是扎实推进。2008年"北京奥运会"成为北京博物馆加快现代化建设的重要契机,为落实"人文奥运"的承诺,北京地区新建和改扩建了一批彰显北京悠久历史和浓厚地域文化特色的博物馆,北京地区各个博物馆在组织丰富多彩的陈列展览和社会服务上下大力气,向全世界人民展现了具有鲜明民族特色的现代北京形象。在这册年鉴中,我们更欣喜地看到北京地区博物馆在丰富社会服务项目、提升社会服务能力方面的丰硕成果,这突出表现在北京地区博物馆免费开放的力度和管理水平上。为构建学习型城市,让广大市民真正享受改革开放后社会经济发展的成果,北京地区博物馆积极稳妥地实施博物馆免费开放，首批免费开放的33家博物馆，精心准备，做好预案，平稳度过免费开放之初的“涌潮期”。

这卷年鉴也反映了进入新世纪后北京地区博物馆事业发展遇到的新问题，面临的新挑战，如举办主体多元化、博物馆资源不均衡、城市化进程对文化遗产保护的威胁、社会发展对博物馆需求的改变、国际文化交流增加、博物馆数量增多导致同业竞争、信息时代对博物馆传统业态的冲击等。挑战也是机遇，北京地区博物馆面对挑战提出新思路，采取新办法，应用新技术，在克服困难的同时，也将博物馆发展推进到新阶段。北京地区博物馆的建设尝试与区域社会发展结合起来，北京宣武区、崇文区积极建设有区域文化特色的博物馆，如会馆、中药、手工艺品、民俗、社区等类型的博物馆；博物馆管理逐步走向法制化和服务化，从约束转变为服务，不仅保障业务活动，同时也支持公共服务，博物馆不仅是文物的保藏、研究和展示机构，也是公共文化服务机构；从主要是馆内陈列发展为利用实物、传统媒体和新媒体等多种传播手段的社会学习服务机构；北京地区博物馆的社会宣传重点也出现了微妙的变化，参观博物馆不仅可以学习知识，也是市民素质的养成手段平台，是当代人的生活方式。可以说，在北京迈向现代国际化大都市的同时，北京博物馆也在世人面前崭露头角。

博物馆学会在博物馆现代化建设中发挥着重要作用，由北京博物馆年鉴的编写工作即可见一斑。博物馆学会与广大博物馆工作者保持着最密切的联系，是团结广大博物馆专业人员的核心组织。北京博物馆学会成立20余年的时间里，积极组织博物馆学研讨活动，交流博物馆先进工作经验，沟通北京地区博物馆与海内外博物馆的联系，为北京地区博物馆的专业化和现代化建设发挥了积极作用。当前，博物馆的所有制形态多样，博物馆管理体制也很复杂，这要求博物馆学会通过组织丰富多样的专业学术活动，及时发现博物馆发展面临的挑战，适时总结交流有效的工作经验，提高博物馆从业者的职业素质，反映博物馆事业的发展诉求。我历来强调，博物馆学会工作要坚持“学术性、服务性和开放性”原则，以学术彰显特色，以服务加强凝聚，以开放促进繁荣，使博物馆学会真正成为博物馆工作者之家，成为博物馆与社会各界沟通的畅通渠道。

年鉴是记录博物馆发展历程的重要史料，是博物馆人交流经验的重要工具，也是博物馆学研究的重要资料。北京博物馆学会对年鉴编写工作十分重视，在广大博物馆工作者的支持下，已出版的5卷年鉴，再加上本卷年鉴，其时间跨度已近百年，完整记录了北京地区博物馆的发展状况，这是我国博物馆界的重要财富。展望下一卷年鉴编写时，正是北京地区博物馆100周年之际，回首百年发展史，北京博物馆人可以自豪地说，博物馆在现代北京的建设中发挥了不可替代的重要作用。

序 二

北京博物馆学会理事长 张大祯

《北京博物馆年鉴》第六卷即将付梓出版，它所记录的北京地区博物馆近5年的骄人业绩，是北京博物馆同仁向国庆60周年奉献的一份厚礼，弥足珍贵。年鉴的第一卷出版于1989年，当时正值共和国40周年大庆；而本卷的出版又逢建国60华诞。对于北京博物馆事业来说，时空转瞬所带来的巨大变化，有着不同寻常的历史意义。读者在将本卷与第一卷内容相对照后，自会得出结论。

在第一卷年鉴中，收录的北京地区博物馆不过50家，而本卷收录的博物馆数量已逾130家，数量的大增反映了事业的发展，更重要的是博物馆的类型、展览的内容和水平、藏品的数量、科研和服务水平、从业人员的队伍等，都发生了从量到质的变化。特别是近5年以来，在改革创新的巨大动力推动下、在全市喜迎奥运和建国60周年大庆的激励下，北京地区博物馆跃上了新台阶，在博物馆现代化、社会化的进程中实现了历史性的跨越。众多新馆、大馆的建设、接连不断的精品展览的推出、国际著名博物馆精品文物展的接踵而至、不少流传有序的国家级文物的收藏、门类众多的民办博物馆的建成，汇成了北京地区博物馆建设的滚滚热潮，成为首善之区文化大发展、大繁荣主旋律的多彩乐章。更可喜的是社会和公众对博物馆的认知有了巨大的进步。近几年以来，在中央惠民政策的指引下，北京地区博物馆采取多项优惠措施，使越来越多的民众走进了博物馆。博物馆已成为广大民众社会文化活动中不可缺少的内容，丰富精神文化生活成为广大民众的热切愿望。博物馆已经成为引导社会文化朝健康方向发展的重要力量。而社会的发展和大众的迫切需求，也推动了博物馆的改革创新，加速了博物馆与社会的贴近和融合。

《北京博物馆年鉴》至今出版6卷，年鉴汇集了自20世纪1912年至2008年近百年的时间里北京地区博物馆事业发展的浩繁信息和数据，资料翔实丰富、反应全面，忠实客观地勾勒出北京地区博物馆事业发展的脉络。本着年鉴年度性、资料性和综合性的属性，本卷特别增加了10篇专论。计有《北京地区博物馆发展综述》、《北京地区博物馆的免费开放》、《北京地区博物馆爱国主义教育基地工作》、《北京地区博物馆的非物质文化遗产工作》、《北京地区博物馆的奥运活动概览》、《北京地区博物馆的志愿者》、《北京地区博物馆的开展对外展览情况》、《北京地区博物馆的藏品保护管理概述》、《北京地区博物馆的工业遗址调查》、《北京地区博物馆的年鉴评述》等，这10篇专论是本卷全部资料的提炼和概括，突出了北京地区博物馆近5年来发展的显著特点，既为读者和研究者交代了本卷的重点和特点，也为今后博物馆发展提供了可资借鉴的珍贵资料，这是本卷有别于前几卷的地方。

忠实记录北京地区博物馆事业的发展，为今后博物馆发展提供借鉴，是20年前编辑出版年鉴的初衷。20年来在学会工作的同志们尽管几经更换，但始终恪守这一初衷，克服了诸多困难，使年鉴一卷一卷地连续出版。这在全国博物馆界是仅有的，也是北京博物馆学会对中国博物馆事业发展作出的一点贡献。20年来年鉴得以坚持出版的另一个原因，就是全体会员单位秉持“共襄义举”的宗旨，鼎力相助。许多会员单位在日常工作和特殊任务异常繁重的情况下，抽出专人撰写稿件；许多单位在经费紧张的情况下，出资赞助出版年鉴；更有许多退休的老专家不顾年事已高，全身心地投入年鉴的编辑工作。正是由于以上诸多因素，我们年鉴的出版才会内容一卷比一卷丰富、质量一卷比一卷高。6卷年鉴中的字字句句，都凝聚着大家的热情和心血。

随着国家的繁荣和强盛、随着文化大繁荣大发展局面的形成，博物馆事业发展面临着机遇和挑战也是空前的。记录、总结博物馆发展趋势和经验，以推动博物馆事业的发展，将对年鉴的编辑工作提出更高要求，这是时代的要求、是民众的期盼，我们应当努力。

序 三

中国国家博物馆研究员 苏东海

年鉴是一部不断地、流动地记史、记事的大书。如果中断了或者时断时续，其记史、记事的价值就丧失了大半。北京博物馆年鉴自1912年起始记史、记事，至今不断，实属难能可贵。记得20世纪80年代，拨乱反正进入高潮，各领域纷纷编年鉴，把搞乱了的历史颠倒过来。《中国统计年鉴》重新追记了“大跃进”、“文革”的统计，《中国教育年鉴》、《中国哲学年鉴》等都在正本清源，拨乱反正。

1987年编的《北京博物馆年鉴》第一卷，则追述到1912年的北京博物馆史事。在拨乱反正中最早出版的一本年鉴是《中国历史学年鉴》，记述了1979年一年的史学研究以及各种史事。我应邀写了《解放思想，努力前进的一年——一年党史研究综述》。这本年鉴我在哈佛大学燕京学社图书馆见到过，可惜以后未见续编。曾几何时，许多年鉴没有坚持下来，无以为继。而《北京博物馆年鉴》则屹立不坠，越办越好。这要归功于北京博物馆学会。1985年北京博物馆学会成立，第一任理事长陆禹同志倡议每届理事会编一卷年鉴，作为义不容辞的责任坚持下去。之后，每一届理事会都把续编年鉴作为不可更易的硬任务，形成了制度，坚持至今而且越办越好。

事业发展得好，年鉴才能编得好。北京是全国的首善之区，北京博物馆事业的发展也得风气之先，走在全国的前列。我们从北京博物馆年鉴的第一卷到第六卷，可以大体看到北京地区博物馆事业从20世纪80年代以来发展的轮廓。第一卷、第二卷反映了拨乱反正时北京博物馆蓬勃发展的面貌。第三卷、第四卷反映了博物馆向现代化的发展与建设。第五卷和本卷反映了新世纪博物馆的最新发展,反映了北京博物馆藏品的多样化、博物馆类型的多样化和博物馆经营主体的多样化的新局面。由于变化发展太快,年鉴编委会诸位领导深入基层、多方工作,使更多的新单位得以编入年鉴。本卷又设置了一些专论,以便更全面地反映事业的新发展。事业在发展,年鉴也在发展。祝北京博物馆年鉴连绵不断,惠及当代,惠及后人。

总 论

辉煌的历程 华彩的乐章

——北京博物馆事业30年

刘超英

博物馆是社会文化事业的重要组成部分,博物馆的整体发展状况是一个国家和地区经济、文化、科技发达程度的重要标志。30年来,北京地区的博物馆数量由少到多,门类由单一到丰富,有关博物馆管理的法律法规从无到有,从业人员的素质从参差不齐到普遍提升,各种科研和教育活动从"馆自为战"到跨省市大联合……北京的博物馆人在实践过程中不断探索,提出了许多新的思维和理念,创新了许多工作模式,北京博物馆群体的社会影响力在改革开放的大潮里跃上潮头,又借奥运的东风大步跨越,实现了腾飞,使北京成为全国乃至世界大都市中博物馆事业比较发达的地区。

下面对北京地区博物馆30年的发展历程作个简单回顾。

一、成立专门机构,健全管理体制,北京地区博物馆开始进入新的发展时期

改革开放之前,北京市政府一直没有设立管理全市博物馆工作的专门机构。受当时经济条件制约和其他因素的影响,北京地区正式开放的博物馆只有14座,其中绝大多数为国家文物局和中央各大部委直接管理的博物馆,市直属博物馆仅天文馆、自然博物馆、定陵博物馆、焦庄户民兵斗争陈列馆等几家,首都博物馆当时也仅是一个筹备处,蜗居于孔庙内办公。全市博物馆整体的发展和生存状况,与首都的地位极不相称。1978年,为了适应改革开放形势的发展和文博事业发展的客观需要,北京市在国内率先组建成立了北京市文物事业管理局,全面负责北京地区的文物博物馆工作(1995年为与博物馆快速发展的形势相适应，经北京市政府批准，改名称为北京市文物局)。北京市文物事业管理局成立以后，开始对北京地区的文物、博物馆事业进行统一管理，统筹制订北京地区博物馆事业的长期发展规划，从此，北京地区的博物馆事业开始步入了向正规化、专业化发展的新时期。

1980年11月，北京市人民政府主持召开了建国以来北京市第一次文物工作会议，会议关于北京文物工作任务的报告中明确指出："博物馆是整个文化事业的重要组成部分，要把首都建设成为全国的政治、文化中心，要加强首都的'四化'建设，要提高首都人民的科学文化水平，都要求博物馆事业在现有基础上有较快的发展。"

1983年召开的第二次文物工作会议更明确提出："根据我市文物工作的实际情况，应实行市和区两级管理体制"，"市文物局是市政府主管全市文物事业的部门，必须切实把全市文物、博物馆工作管起来"。按照市政府制定的文博工作方针，北京市文物事业管理局通过垂直管理或是间接的行业管理，与各区县文化文物部门、各博物馆、各文物保管所、若干文物管理处共同形成的管理体系和机制开始发挥作用。从20世纪80年代起，北京地区第一次掀起了多方办馆的热潮，徐悲鸿纪念馆等一批中小型博物馆和专题馆相继建成，五塔寺、白塔寺等一批文物保护单位经过修缮整治后也陆续向社会开放，这批带有博物馆性质的文物保管所与现代化的博物馆组合在一起，具有北京独特地域特点的博物馆体系的框架初步形成。

二、法规建设从无到有、逐步完善，为博物馆事业发展提供了保障

改革开放之前，由于我市博物馆数量不多，行业规模较小，法规建设的实际需求不明显，因而博物馆的法规建设基本上只涉及博物馆内部管理制度的制定，行业管理的法规建设基本上处于空白状况。改革开放以后，特别是进入20世纪90年代后，随着经济建设的发展，博物馆的数量快速增长，各项业务工作广泛开展。随着人民生活水平的不断提高，先富起来的一部分人，开始由私人收藏爱好者，转变为民办博物馆的举办者。人民群众日益增长的文化需求，对博物馆事业提出了更高的要求。针对博物馆事业发展的客观需求，文物局作为行业主管部门不断加大这方面的工作力度，先后制定了《北京市文物保护条例》、《北京市馆藏文物管理规定》、《北京市珍贵文物复制管理办法》、《北京博物馆登记暂行办法》、《北京市博物馆条例》等10余项政府规章及法规，为北京地区博物馆发展提供了法律保障。其中，1993年颁行的《北京博物馆登记暂行办法》是国内第一部关于博物馆登记工作的地方政府规章，依据这部地方政府规章，我市于1995年开始，在全国首次依法成立了由国内知名博物馆专家、学者及博物馆管理者组成的北京地区博物馆资格评审委员会，对先于法规颁行就已开放的博物馆进行了综合考评，分3批对已存在的博物馆进行了注册登记。1996年又依法准予观复古典艺术馆等3家民办博物馆以注册资格，中国大陆首次有了合法身份的私人博物馆。此举在新中国文化建设史和博物馆发展史上具有里程碑意义，受到了国内外舆论的普遍关注。尤其是境外媒体，认为允许建立民办博物馆是中国政府政策的一大进步，是中国进一步开放的具体体现。从此，在我市，民办博物馆和公立博物馆按照统一标准实行审核登记制度。至2001年《北京博物馆条例》实行前，北京依法登记建立的民办博物馆达到了11座。

《北京博物馆条例》是全国唯一一部由地方人民代表大会通过制定的，关于博物馆管理的地方法规，也是目前法律效力最高的一部博物馆法规。法规明确了北京市文物局作为全市行政区域内博物馆行业主管部门的法律地位，同时，明确了博物馆的责任、权利和义务。确定了博物馆工作的规范和准则，首次以法规条文的形式，明确鼓励和倡导各行业、企业及公民个人兴办博物馆，极大促进了北京地区博物馆事业的健康发展。

经过多年的艰苦努力，北京地区博物馆的法规建设从无到有，逐步走上了正规化、科学化的轨道。目前，全市性的博物馆管理的法规、条例已基本健全，使北京地区博物馆的发展建设进入了一个高速、有序、良性、可持续发展的新阶段。博物馆行业管理进一步纳入法制化轨道。

三、博物馆数量、种类空前发展，博物馆体系基本形成

改革开放之前，北京只有各型各类博物馆14座，市属的仅为5座，而且多为20世纪五六十年代建设起来的老馆，呈现出数量稀少、类型单一、发展迟缓的基本态势。1978年改革开放以后，随着国民经济的高速发展和国家财力的逐步雄厚，政府不断加大对社会公共文化事业的资金投入，给博物馆建设事业的大发展提供了空前的支持力度。中央及各级政府不断出台的各项政策和措施，进一步明确了博物馆在文化建设中的地位和作用，为博物馆大发展指明了方向。各行业、企业对公益事业的关注，使北京地区特色鲜明的专题、专业博物馆门类不断增加，公民兴办博物馆的热情及其独到的收藏视角，使得我市民办博物馆成为公立博物馆的重要补充。

仅从以下几组数字就可看出我市博物馆发展的速度。1978年，北京地区正式开放的博物馆14座；1988年，开放的博物馆56座；1998年，北京地区已有博物馆107座；

2008年,注册博物馆148座,开放博物馆总数达到137座。进入20世纪90年代以来,博物馆以平均每年注册3座至4座的速度不断发展,2007年博物馆年注册已达到8座,2008年已注册博物馆7座。这样的发展速度,为国内其他省市所远远不及。

与博物馆发展数量相匹配,博物馆的门类迅速增加。改革开放初期,北京地区博物馆仅有历史、自然科技、军事3大类,到2008年博物馆的门类已涵盖了历史、自然、军事、科技、天文、航天、文化、艺术、宗教、民俗、建筑、通信、机车、铁路、名人纪念馆等数十个门类。公民个人举办的博物馆从零起步,30年发展到现对外开放的20家,数量及门类均居全国前列。

自2001年申奥成功以来,全市迎来了博物馆建设的高峰期。大馆、新馆建设势头强劲,国家博物馆、中国科技馆新馆、中国电影博物馆、首都博物馆等新馆建设相继开工建设或建成,中国地质博物馆、中国美术馆、中国农业博物馆、北京天文馆等一批博物馆进行了大规模改扩建,中国民航博物馆、北京铁道博物馆、北京自来水博物馆、中国科学院动物标本展示馆等一批行业馆、企业馆已通过注册,即将对社会开放。依托两个国家级重点文物保护单位建立的孔庙和国子监博物馆,经过大规模的修缮整治,也以全新的面貌迎接来自世界各地的朋友和来宾……

改革开放30年来,北京的博物馆充分利用首都的地缘优势,借奥运的契机,在国家投资建设大型骨干博物馆的同时,充分利用北京地上古建筑多,流散文物多,各行业、企业总部在京的优势,建立了各型各类专业专题博物馆。截至2008年11月,北京地区的博物馆数量已达到148座,约占全国博物馆总数的6%,具有鲜明地方特色的、门类较为齐全的博物馆体系已基本形成。目前,北京地区博物馆的数量和门类居全国前列,在国际大都市中仅次于英国的伦敦,位居世界第二,北京人均享有博物馆的指数已达到100000∶1,远远高于全国平均700000∶1的比值。

四、藏品管理工作不断加强,为博物馆事业发展奠定了基础

藏品是博物馆各项工作的基础,是博物馆的生命线。藏品的数量质量以及管理水平,直接影响到博物馆各项工作的开展。在市委、市政府的大力支持和英明决策下,凭借新首都博物馆建设的契机,市属博物馆的征集专项经费随着事业的发展快速增长。从2002年起,在北京市政府及市财政部门的大力支持下,每年1500万元的文物征集专项经费纳入了市文物局的部门预算,与之配套的《北京市文物征集专项经费使用管理办法》由北京市文物局和市财政局联合颁布实施。截至2008年,市财政共投入专项经费10350万元，用于首都博物馆及市文物局直属博物馆文物征集工作，7年来，共征集入藏文物2405件(套)。对于补充完善博物馆藏品体系，提高博物馆整体实力发挥了重要作用。

改革开放之前，北京地区博物馆的馆藏品总量不多。据当时统计，首都博物馆仅有8万件文物，由于地处孔庙，没有专门的库房，保管条件差，工作人员的工作环境和待遇更无法与现在相比。但我们的文博工作者从"文革"的动乱环境中走出来，立即投入了对文物的征集、整理和保管工作中。

仅举1980年到1982年开展的文物拣选工作为例。3年中仅从北京铜厂、北京市物资回收公司所属物资回收站拣选金属类文物，就拣出铜质文物497件，其中一级文物8件，二级文物95件，三级文物395件，还有属于文物商品的铜器1389件，铜钱10175公斤。首都博物馆在1982年利用这批拣选文物中的600多件文物，举办了《拣选古代青铜器展》，其中西周时期的班簋、宋九叠篆皇宋通宝等多件一级文物是国内罕见的珍品，展览112天，就接待了48609人参观。

随着改革开放的进程，博物馆发展进入了新的历史发展时期，藏品入藏数量同步增加，由于历史的原因，北京地区博物馆普遍存在底数不清、保管条件差等实际问题。有效科学地对藏品实施管理，是事业发展对我们行业主管部门提出的要求。20世纪80年代以来，各博物馆开始加大对藏品管理工作的力度，建账、建档和文物鉴定工作陆续开始，国家博物馆历时8年时间，完成了对馆藏品账、物、卡的核对工作；故宫博物院完成了地下库房建设和藏品入库工程，藏品清点、核账工作从2001年开始进行。北京市文物局从1998年始，启动了文物局直属博物馆藏品清库工作，至2002年底，文物局直属的15家博物馆全部藏品均已登记上账，博物馆长期存在的账物不符，账外文物等问题得到了彻底解决。

为了进一步加强对藏品的管理，北京市文物局于1998年与科研单位联合开发研制了"精宝藏品管理系统"，在全国率先引入了科技手段，使用计算机对藏品实行管理。此举不仅由于其方便快捷检索的优势大大提高了保管工作的效能，更有效地减少了由于频繁提用对馆藏文物带来的伤害，由于事先调研工作做得细，充分考虑到各类博物馆藏品的特性，该软件的项目设置兼容性好，操作简便，安全设置符合文物藏品管理要求。目前，该藏品管理软件的升级版在我市博物馆和部分外省市博物馆保管部门使用，受到全国文博界同行的好评。

五、引入策划理念，高质量的展览提升了博物馆的社会影响力

陈列展览是博物馆独有的社会教育手段。改革开放前，由于博物馆数量少，陈列展览的社会效益发挥得并不理想；改革开放以来，部分博物馆开始注重展览选题，引起了较好的社会反响，为以后博物馆展览选题策划工作开了好头。

例如，1983年首都博物馆与重庆中美合作所旧址管理处联合举办的《重庆中美合作所集中营史实展》，吸引了上百万观众前去参观，与延安纪念馆合办的《延安精神展》、《一二·九运动50周年纪念展》，卢沟桥史料陈列馆举办的《日军侵华罪行图片展》等展览，都成为当时社会的热点文化新闻。在配合全市青工教育、理想教育、爱国主义和革命传统教育工作中，发挥了巨大作用。

进入20世纪90年代，博物馆开始走出依靠行政手段等待观众来馆参观的传统模式，向注重了解社会需求，根据公众关心的社会热点，结合本馆藏品和场地特点，有针对性地策划展览转变。像中国历史博物馆举办的《敦煌文物大展》、《青州石刻艺术展》，中华世纪坛举办的《世纪国宝展》、《毕加索版画展》、《盛世吉金——中国宝鸡21世纪重大考古发现展》，首都博物馆举办的《目击暴行——吕岩松南联盟战地摄影展》、《和□与刘墉书画展》等。这些展览或是精心策划，或是结合时政，或是与社会关注的热点相契合，充分发挥了博物馆展览直观、视觉冲击力强的优势，最大限度地满足了观众的心理诉求，引起了强大的社会反响。观众量远远超出展厅的最佳容量，许多展览临时加开早晚场，以满足观众的参观需求。

为了扩大博物馆的影响力和知名度，一些博物馆还采取联合办展的方式共同组织展览和活动，利用合力，共推博物馆的发展。如北京地区的数家名人故居馆，从最初5家联合举办名人系列巡回展览，发展到今天的9家联合，队伍不断扩大，展览的内容不断丰富，巡展的范围逐步扩大，足迹不仅遍及国内各省市，还走出国门，走向了世界，被文博界同行称为是北京博物馆界的“乌兰牧骑”。这种小型轻便的展览，由于有效整合了博物馆资源，收到了巨大的社会效益，

到2000年时，北京地区博物馆每年已能够向社会推出临时展览和固定展览各200项左右。如此众多的固定陈列和临时展览极大的丰富了北京地区博物馆的社会教育内容，满足了广大群众对精神文化和知识的追求，为提升北京作为全国文化中心的地位，推动北京学习型城市的建设发展，提高人民群众的文化素质，发挥了不可替代的重要作用。

2001年北京申奥成功，"人文奥运"理念的提出，极大地激励了北京地区博物馆从业人员的工作热情。北京市文物局从北京博物馆的实际情况出发，提出了利用北京地区博物馆众多的优势，整合北京地区博物馆资源，打造精品展览和活动，服务奥运，实现人文奥运目标的工作思路，提出了"北京地区博物馆迎奥运双两百展览展示工程"项目。因项目计划中含有两百个固定陈列，两百个临时展览，因此简称为"双两百项目"。目标是在全市范围内，推出以为奥运服务为主旨的一批精品展览和特色活动。本着策划一批、补助一批、宣传一批的原则，对全市范围内各级各类博物馆策划的重点展览予以小额资金补助，带动各博物馆的出资单位与文物局共同出资，共同主办展览。对各博物馆自行举办的展览，文物局统一打包进行集中宣传。自2006年开始，首都的博物馆工作者精心策划了一批具有极大社会影响的展览，在奥运会前后陆续推出，获得了空前的成功，受到了社会各界人士的一致好评，如故宫博物院举办的《历代书画精品展》、《帝后服饰展》等10余个精品文物展览，军事博物馆的《孙子兵法展》，中国科技馆新馆展出的《中国古代科技发明创造展》，保利艺术馆举办的《从三星堆到金沙展》，中华世纪坛艺术馆举办的《传承与守望——翁式家族藏书展》等，从不同侧面反映了中国文明发展的脉络，展示了我国的传统文化。2年来，在市财政局的支持下，共计投入资金687.8万元，举办各类展览853项，拉动各博物馆配套投入资金9133.72万元。

在这批展览中，首都博物馆举办的《北京文物精品展》、《中国记忆——5000年文明瑰宝展》、《公平的竞争——古希腊竞技精神展》、《紫禁城内外竞技游戏展》、《长江文明展》5项展览，以其多侧面的视角和选题，通过展现中华文明、区域文明、宫廷体育、民间体育习俗与引进的希腊文物展览相呼应，形成了自首都博物馆新馆建成开放以来最大规模的主题展览体系，从开幕至展览截止，每天观众都排起长队，耐心等待进入展厅参观。首都博物馆提前接待观众，延时闭馆，为满足广大观众要求，还加开了夜场，短短两个多月，接待观众近70万人次，其中奥运会贵宾113人次，获得各国来宾的高度赞誉。展览极大地提升了博物馆的知名度和社会影响力。借奥运会的契机，博物馆在国家重大的事务中，首次以群体的力量，集体亮相，为国家争得了荣誉，为世人了解北京，了解中国作出了贡献。奥运会期间北京博物馆群体的表现，是北京博物馆发展史上最辉煌的篇章。

六、社会教育的工作理念从阵地教育向宣传、服务转变，软实力不断提升

改革开放以来，随着博物馆建设的快速发展，北京丰富的文化底蕴、馆藏精美的文物吸引了大量的观众,博物馆开始成为人们文化消费的新选择,坐等观众上门或是靠政府行政命令吸引观众的工作思路已与社会的发展不相适应。为了更好地履行社会赋予博物馆的职能,30 年来,全市的博物馆社会教育工作者,对外充分利用自身的条件和资源,广泛地开展与自身业务内涵和外延相适应的特色文化活动,通过设计策划各种宣传活动,努力扩大博物馆的社会影响力,提高博物馆的社会效益;对内苦练内功,加强对一线人员技能和服务意识的培训,取得了十分显著的效果。1978 年,全市博物馆年观众量为 1125677 人次,2007 年,全市的博物馆年接待观众总量已达 3000 多万人次。观众数字增长的背后,是全市博物馆社教工作人员,为了实现博物馆社会效益的最大化作出的努力和不懈探索。

1996 年 5 月 18 日,北京市文物局与北京博物馆学会联合,首次组织全市 50 余家博物馆,在军事博物馆、农业博物馆和民族宫广场 3 个分会场开展“5·18 国际博物馆日”宣传活动,市委副书记李志坚,副市长何鲁丽等领导到现场向观众分发宣传材料,接受记者采访,接待观众提出的问题。从此,拉开了北京地区“5·18 国际博物馆日”宣传活动的序幕。以后活动规模不断扩大,内容不断增加,从最初的摆摊设点、发放宣传品和出版物,到形成主会场,鉴定、讲座、巡展、摄影大赛、网络动画大赛、博物馆之夜广场演出、大学生参观博物馆寻宝游等系列活动,形成了北京地区文化活动的品牌。

与之相配套的大型宣传活动还有两项:

其一是市文物局与市教委联合举办的中小学生“我爱北京,我爱博物馆”征文活动连续举办了 15 年,该活动从最初的征文比赛,发展到今天成为集书法、绘画、摄影、手工制作、课件制作为一体的系列活动,在全市中小学生中产生了很大影响。

其二是连续 17 年发行了北京地区博物馆通票,作为市民参观减免票价的优惠措施推出的博物馆通票,实际起到了宣传博物馆的最大效能。很多市民都是通过购买和使用博物馆通票才了解分布在全市各处的博物馆。

上述一大(博物馆日)一小(通票)一征文活动,已形成我市博物馆整体宣传活动的品牌项目。

此外,为了配合中小学生素质教育开展的博物馆科普动手项目设计和研发,配合对中小学生开展爱国主义和国情教育制作的中小学生参观爱国主义教育基地专用套票,为鼓励学生走进博物馆印制的中小学生参观博物馆护照,配合党和政府中心工作开展的巡回宣讲,在全国首次集中辖区内各博物馆展览编印出版的展讯,以及发掘博物馆资源研制开发的博物馆特色纪念品等，都是北京地区博物馆社教工作者，利用博物馆这个阵地开展对社会服务的探索和尝试。

在面向社会创新宣传教育模式的同时，北京地区博物馆社会教育工作者尤为注重对一线参与教育及服务工作人员的培训。多年来，无论是博物馆的行业主管部门，还是博物馆自身，对博物馆社会教育岗位人员的培训工作已成为传统，各种培训从未间断过。参加培训的人员，已从讲解员扩展为开放区域的全体工作人员，培训的内容从单一的讲解技巧培训，扩展为服务规范、观众心理、公共关系、突发事件处置、急救知识、礼仪知识、外语、手语、方言、讲解词编写、临时展览策划等10余项内容。部分博物馆还在馆内不定期开展考评活动，检验并巩固培训成果。常抓不懈的培训活动收到了良好的效果，北京地区博物馆的接待服务水平普遍得到了提升。北京地区博物馆的讲解员在喜迎香港回归巡回展演，迎奥运盛会展博物馆风采等一系列宣讲活动中，在走进学校、走进军营、走进农村、走进监狱开展教育活动中发挥了轻骑兵的作用，取得了良好的社会效益。在全国文博系统举办的历次讲解员大赛中，北京地区代表团每次均以团体第一名的成绩载誉而归。

30年不懈的努力和积累，为北京地区博物馆在奥运会期间圆满完成繁重的接待任务，打下了坚实的基础。全市博物馆在奥运期间，以接待服务零投诉的成果，向世人交出了完美的答卷。

七、各类培训和交流促进了博物馆科研水平的提高

改革开放之前，北京地区博物馆的科研、学术交流活动由于受人员、经费等因素的影响未能广泛开展。改革开放以后，随着行业管理机构的建立，法律法规陆续颁行，博物馆工作的规范化程度不断提高。专业人员的大量引进和科研经费的大幅增加，极大地促进了博物馆学术研究工作的开展，各博物馆开始着手建立自己的学术科研机构并定期开展相应的活动。北京博物馆学会的成立，为全行业开展学术交流活动建立了平台，各种分工明确的专业学术委员会，定期举办相关的专业研讨和学术交流，行业主管部门适时开展的业务培训，有力地促进了博物馆自身建设的发展。

自1989年始，北京市文物局和北京博物馆学会连续11年组织了博物馆馆长研讨班，对馆级领导进行系统培训，针对不同时期博物馆在管理和发展过程中面临的突出的、具有共性的、亟待解决的问题进行研讨。参加研讨班的博物馆领导就博物馆学的理论问题向授课专家请教，工作中的困惑与同行商讨，具体做法向典型学习，如，怎样正确认识、处理社会效益和经济效益的关系，以提高整体效益；怎样实行干部聘任和经济承包制，以适应当前改革开放的形势；怎样改变陈列展览中的固定模式，改变坐等观众上门，以适应社会多层次需求；怎样跟上世界博物馆发展的步伐等，均是随着社会发展，博物馆行业面临的制约博物馆发展的问题。参加的人员结合工作实际，充分交流，运用所学的理论分析问题，借鉴其他单位的好经验，好做法，解决了许多实际问题，对全市博物馆管理水平的提高起到了极大的促进作用。

与此同时，北京市文物局还与北京博物馆学会联合，每年都举办各类业务人员培训班，针对保管、讲解、鉴定等具体业务工作进行实际工作技能培训，业务人员专业能力的普遍提高，为博物馆各项工作的顺利开展提供了保障。

八、结语

改革开放30年来，北京博物馆事业的发展历程，每一步都凝聚着全市博物馆工作者的艰辛努力，每一个成绩都凝结着我们的心血和汗水。北京的博物馆作为北京文化事业的重要组成部分，已成为满足人民群众日益增长的文化需求、提高人民群众文化素养的重要阵地，成为加强北京全国文化中心地位、提升北京城市文化品位、建设人文北京的重要标志。实践证明，博物馆事业要始终保持生机与活力，必须突破传统观念的束缚，与时俱进、勇于创新，才能与时代发展同步。不断创新的工作模式，是北京博物馆人过去的努力，也是北京博物馆人今后的追求。

（作者单位：北京市文物局博物馆处）

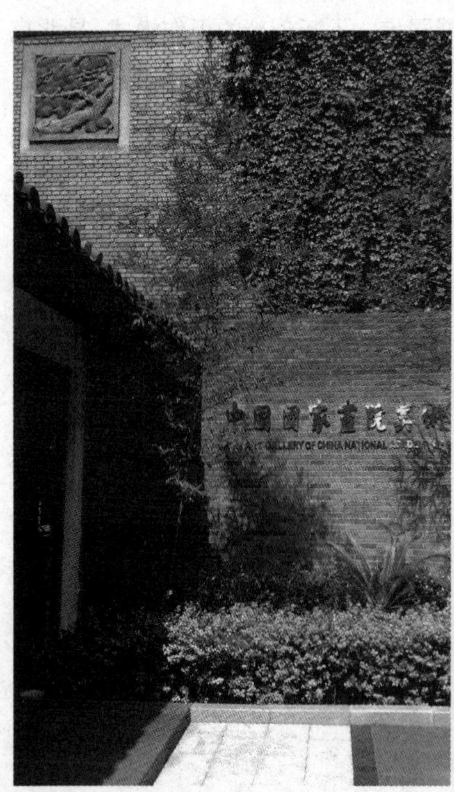
中國國家畫院美
GALLERY OF CHINA NATIONAL

专论

北京地区博物馆、纪念馆爱国主义教育基地工作

董呈济 景 旭

爱国主义教育基地是激发人民爱国情感、弘扬民族精神的重要阵地，是陶冶人们道德情操、提升品德修养的重要场所，是了解祖国灿烂文明、掌握历史知识的重要课堂。

近几年来，北京市的爱国主义教育基地的规模总量不断扩大。市爱国主义教育基地领导小组按照《北京市爱国主义教育基地管理办法》的规定，定期组织开展申报命名工作，通过专家考核组严格考核，对符合命名条件的申报单位给予资格认可。2006年，各区县共35家单位申报市级爱国主义教育基地命名，经过专家组实地考核、座谈调查，命名了皇城艺术馆、南海子麋鹿苑博物馆等23家市级教育基地，到2008年底，全市共有市级教育基地112家，内容涵盖了历史国情、革命传统、自然环保、人文科技、文化艺术、城乡建设、国防军事等各个领域。其中，18家单位被中宣部公布为全国爱国主义教育示范基地。

随着北京市爱国主义教育基地的规模的扩大，其在传播有益于社会进步的思想道德、科学技术和文化知识等方面也发挥了越来越大的作用。

博物馆、纪念馆中的教育基地作为展示悠久中华文明的窗口行业，不断提高自身素质，加大管理力度，提高服务水平，积极承担社会教育功能，充分发挥其社会效益。

第一，博物馆、纪念馆中的教育基地不断完善内部管理制度

博物馆、纪念馆中的教育基地积极建立健全安全防范、人员管理、开放接待、岗位责任等各项规章制度，严格落实管理办法，逐步规范管理程序，为履行教育基地职责奠定了制度基础。部分基地成立了由主管领导牵头的基地工作小组，指派主管领导、

专门机构和人员负责教育基地工作；建立活动资金分配制度，从拨款中拿出一定比例资金用于举办各项展览和教育活动；制定活动实施办法，做到计划、实施、总结衔接紧密、特点突出，效果明显；健全共建制度，坚持贴近群众服务青少年，与社区学校军队农村积极展开共建活动。如焦庄户地道战遗址纪念馆、古代建筑博物馆、故宫博物院等多家单位制定了包括岗位责任制度、劳动纪律、安全、服务管理制度、值班管理规章制度、讲解员导游员工作流程、突发事件应急等数十项规章制度，场馆管理逐步规范化、科学化。

第二，博物馆、纪念馆中的教育基地免费开放力度不断加大

首都爱国主义教育基地工作一直坚持把公益性放在首位，突出教育功能，努力把爱国主义教育基地建设成为未成年人思想道德教育的校外课堂。特别是《中共中央国务院关于进一步加强和改进未成年人思想道德建设的若干意见》颁布后，各教育基地把对广大人民群众尤其是青少年的教育当成一件大事，首先考虑社会效益，不断加大免费免票力度，积极主动地做好教育基地开放接待工作。大部分博物馆、纪念馆中的教育基地按照《管理办法》的规定对集体参观的大、中、小学生实行免费；所有教育基地均对学生个人实行免票、半票或不同种类的优惠，针对军人、老人、残疾人等特定群体实行免票措施，并对中小学生集体预约参观均提供免费讲解服务。另外，为进一步落实《关于博物馆、纪念馆免费开放的通知》精神，2008 年 3 月，首都博物馆、没有共产党就没有新中国纪念馆等 23 家博物馆、纪念馆类教育基地完全向社会免费开放。

第三，博物馆、纪念馆中的教育基地大力提高服务水平

随着教育基地门票优惠力度不断加大和覆盖面不断扩展，教育基地与社会之间的联系进一步密切，公众和媒体的关注度进一步提高，参观者的人数进一步激增。为深入做好文物保护、服务管理、安全防范工作，各教育基地及时作出调整，努力做到安全防范无漏洞、服务质量不降低、教育效果上水平。博物馆、纪念馆中的教育基地站在参观者的立场，加强培训，大力提高职工的服务意识，在咨询接待、参观引导、提供宣传资料、安排讲解等环节统一规范；提前制订详细计划，通过完善设施、提前预约、分期分批和增加服务人员等方式，调节参观人流量，积极探索新形势下提高服务水平的解决办法。如，首都博物馆实行参观预约制度，根据不同时段的参观人数和服务能力，适时免费发放参观门票；焦庄户地道战遗址纪念馆、北京自然博物馆等单位通过制定完善应急预案、加强服务力量等手段有效地调节了参观者人数，保证了服务质量。

第四，博物馆、纪念馆中的教育基地充分利用各类资源

爱国主义教育基地是进行爱国主义教育的重要场所和载体，充分发挥教育功能是基地存在的根本目的和职责所在。近年来，教育基地积极探索使用图书资料出版、展览展示、巡展、科普知识讲座、兴趣小组活动、知识竞赛、冬夏令营、主题征文、主题教育活动等形式发挥教育作用。

1. 做好教育资源的内涵发掘。基本展陈是教育基地展示资源内涵的基础性手段，是教育基地发挥功能作用的主要形式。博物馆、纪念馆中的各教育基地不断加大文物史料的征集保护和发掘，丰富教育内容，夯实教育基地存在、发展和开展教育活动的基础。通过走访革命前辈、烈士遗属、专家学者、民间收藏人士，积极征集有关文物史料，对文物史料进行研究、整理、解释，充分发掘文物史料的历史沿革和精神内涵，促使基本展陈的内容更为丰富、角度更为全面、底蕴更为深厚。同时，积极借鉴文物、历史、科技、艺术等领域的最新研究成果，加快基本展陈的充实更新调整频率，突出体现展览展示的时代性和前沿性。

2. 广泛开展主题教育活动。博物馆、纪念馆中的爱国主义教育基地充分发挥自身优势，以重要节日、法定假日、重大历史事件纪念日、历史人物诞辰和逝世纪念日为契机，组织开展各种主题教育活动。中国人民抗日战争纪念馆、焦庄户地道战遗址纪念馆等红色教育基地借助抗战胜利60周年、建军节等重要日期，举办大型展览和抗战纪念活动，大力开展近现代历史教育和革命传统教育；借助“5·18国际博物馆日”及端午、中秋等传统节日时机，博物馆、纪念馆类教育基地互相联合，彼此呼应，积极举办巡回展览、召开座谈会、研讨会和知识讲座，大力弘扬优秀传统文化，传承民族精神。

3. 不断加大走出基地的力度。近年来，随着群众性爱国主义教育活动的深入开展，广大人民群众的爱国主义教育需求趋向多样化、个性化，各爱国主义教育基地主动适应“市场”需求的新变化，深入研究教育对象的心理特点，在办好基本陈列和教育活动的基础上，积极实施“走出去”战略，精心选择资源内容，合理使用实施方法，把流动展览、科普讲座等送进社区、学校、军队等基层单位，有力地克服了固定场地的局限，便捷地满足了基层群众的精神需求。北京大葆台西汉墓博物馆、故宫博物院等十几家单位把文物展品送进学校，紧密结合学生的课程安排，积极开展知识讲座和知识竞赛活动，极大激发了青少年学生的兴趣；中国印刷博物馆“印刷之光”展览除了在我市巡展外，又到扬州、重庆、郑州等其他省市巡回展出，还远赴美国、德国、奥地利、俄罗斯及香港和台湾地区展出，大力传播中华文化，受到境外民众的好评和主流媒体的广泛关注报道。

第五，博物馆、纪念馆中的教育基地不断增强自身活力

几年来，爱国主义教育基地注重基础条件的改善和基本思路的创新，在基本展陈的调整改进和教育活动新形式的探索上取得了一定的成绩，积累了一定的经验，极大地增强了教育基地的活力。

1. 不断改进展陈的展示手段。教育基地根据展览展示行业发展规律,深入研究馆藏文物特点,坚持尊重历史、讲究艺术,紧紧抓住大纲撰写、形式设计、实物制作、展品布置等主要环节,不断采用行业新技术,积极借鉴国内外场馆的先进布展经验和布展方式,综合利用实物、照片、图表、景观、场景复原、全息立体成像等形式和现代化的声、光、电等手段,不断改进和创新展示手段,把知识性、专业性和艺术性、趣味性有机结合起来,极大提高了基本陈列水平,增强了感染力、说服力和教育效果。据不完全统计,4 年来, 共有 20 余家教育基地全面更新基本展陈或对基本展陈进行根本性的改造。中国长城博物馆、中国电影博物馆等单位新建展馆,全面运用最新布展技术手段,增强了展览展示的吸引力。

2. 探索创新活动形式。教育活动是普及知识、丰富思想、激励精神的重要渠道,其形式直接影响着活动的效果。教育基地根据青少年群体的特点,不断创新活动形式,注重实践性和参与性,增加动手实践环节,简化知识说教内容,把教育与文体娱乐结合起来、与实践体验结合起来,取得了良好效果。周口店北京人遗址博物馆以“模拟发掘”活动让学生亲身体验文物发掘保护的全过程;北京天文馆把科学知识融入到舞台剧中,把知识传授与文艺演出结合起来,受到青少年学生的广泛欢迎。

3. 抓住契机扩大社会影响。博物馆、纪念馆中的爱国主义教育基地作为激发人们爱国热情、弘扬民族精神的重要阵地,以纪念抗战胜利 60 周年、举办奥运会、汶川地震、纪念改革开放 30 周年等重要社会历史事件为契机,充分借助新闻媒体力量,展示教育基地内涵,树立教育基地形象,广泛开展系列主题教育活动,在提高市民群众思想政治意识、弘扬奥运精神、增强民族凝聚力等方面发挥了重要的推动作用。我市教育基地结合自身资源特点,推出了多项以“迎奥运、讲文明、树新风”、“迎奥运”为主题的宣传教育活动,积极进行奥运精神和民族精神宣传。西周燕都遗址博物馆奥运前夕举办了以“携手迎奥运、文明伴我行”的奥运知识讲座和科普知识巡展活动,努力营造“我参与、我奉献、我快乐”的奥运氛围;中国人民革命军事博物馆承办了《抗震救灾,众志成城——新闻图片展》,鼓励人民群众众志成城、关心灾区、共度难关。

第六,博物馆、纪念馆中的教育基地不断扩展自身功能

整合全市教育基地资源,策划推出了一批全市性的重大活动,教育基地资源利用进一步实现了常态化,教育基地活动品牌化战略逐步成熟。

1. 加强统筹协调。2008 年市委宣传部、市爱国主义教育基地领导小组办公室联合市教委、市文物局等单位推出以中小学生校外教育为主要内容的“社会大课堂”活动,50 余家市级教育基地成为“社会大课堂”首批资源单位,教育基地与学校之间建立了稳定的合作关系,教育基地功能的发挥方式进一步常态化制度化。联合市旅游局、市发改委、市文物局等市红色旅游工作协调小组成员单位，将革命纪念类教育基地的建设、管理和使用纳入红色旅游整体规划，为教育基地的长远发展奠定了政策基础。积极协调新闻媒体，加强教育基地资源和活动的宣传推广，同时，建立了爱国主义教育基地网页，集中全市教育基地资源，占领网络爱国主义教育阵地。

2. 整合资源发挥合力。爱国主义教育基地的资源包括了社会生产生活领域诸多内容，形成了革命军事、自然科技、历史人物、遗址遗迹等不同的类别。在教育基地发展过程中，在市爱国主义教育基地领导小组办公室的支持指导下，同类型基地积极探索教育基地活动新模式，互相联合，加强合作，集分散为整体，发挥同类型场馆的规模效应，取得了良好的社会效益。郭沫若纪念馆、鲁迅博物馆等8家名人故居自2005年以来，连续推出“传承先进文化，追寻世纪名人”系列活动，集合8家场馆资源，联合开展巡展、音乐会、知识竞赛、学术讲座等活动，广泛开展理想信念教育和民族精神教育，社会反响十分良好。大钟寺古钟博物馆、北京艺术博物馆等3家基地以各自藏品为依托，通过联合发行通票、举办联合展览等形式，吸引了广大市民群众的关注，扩大了社会影响。首都博物馆、云居寺石经陈列馆等以文物收藏展览为主的基地不断互借交流馆藏精品，大大提高了基地教育资源的利用率，努力实现基地教育资源功能最大化。

3. 教育基地活动新品牌。市爱国主义教育基地领导小组办公室不断加强对教育基地活动的支持指导，精心策划组织大型活动，普遍总结推广经验做法，教育基地活动品牌化成效日益明显。2005年以来，市委宣传部、市爱国主义教育基地领导小组办公室联合首都文明办等部门连年推出“爱国主义教育基地一日游”活动，把教育基地资源使用和观光休闲结合起来，号召首都干部群众参观游览教育基地，寓教于乐，社会各界广泛参与，好评不断。借助清明、端午、中秋等传统节日，领导小组办公室联合有关成员单位推出了传统节日系列主题教育活动。如中国人民抗日战争纪念馆、平北抗日战争纪念园等10余家基地举办的清明节“追思励志做栋梁”系列活动等已成为弘扬传统节日文化、传承民族精神的重要标志性活动。

（作者单位：北京市委宣传部、北京市文物局博物馆处）

乘风借势 加快发展

——奥运期间的北京地区博物馆

哈 骏 明晓艳

2006—2008年，是北京奥运会从紧张筹办到成功举办的关键时期，也是北京地区博物馆行业又好又快健康发展的3年。在市委和市政府《人文奥运行动计划实施意见》的指导下，北京地区博物馆建设事业取得了突飞猛进的发展。据不完全统计，北京地区博物馆共吸纳资金数10亿元，新建或改扩建了中国国家博物馆、首都博物馆、中国电影博物馆、中国妇女儿童博物馆、中国地质博物馆、中国农业博物馆、北京晋商博物馆和中科院动物研究所标本展示馆等一大批具有国际水平的博物馆，使北京地区博物馆无论从数量、质量、展览水平还是社会影响等方面都有了飞速的发展。到2008年底，共有注册登记的博物馆148家，比2005年增加24家，增幅达19.4%；藏品总数达330.7万件(套)，每年举办临时展览200余项，接待观众近3000万人次，不仅使北京成为全国博物馆数量最多的城市，也创下了国内博物馆数量增长速度之最。仅在北京奥运会期间，举办固定展览272项，临时展览137项；接待观众近400万人次。其中，包括国际奥委会终身名誉主席萨马兰奇、美国前总统布什夫人以及五大洲近60个国家和地区的重要贵宾上百批次，形成了北京地区博物馆有史以来发展最快的时期。

一、组织落实，确保北京地区博物馆行业奥运工作的顺利开展

"两个奥运，同样精彩"，是中国人民的庄严承诺。重诺践诺，中国人为实现这一目标作出了不懈的努力，赢得了全世界的赞誉。

2007年，北京市文物局在北京市委市政府的统一领导下，成立了"北京地区博物馆窗口行业奥运培训工作协调小组"，由北京市文物局局长孔繁峙任组长，副局长舒

小峰、于平、崔国民、张若妮、巴爱民任副组长，小组成员包括各博物馆、八达岭、十三陵特区法人代表和各区县文委主任以及北京博物馆学会等单位。同时从部分博物馆抽调人员，组成了“北京地区博物馆窗口行业奥运培训工作协调小组办公室”，负责北京地区博物馆行业奥运工作的统一开展，如统一语言环境、服务环境、规范服务、编写教材、系统培训等。在北京地区博物馆窗口行业奥运培训工作协调小组的领导下，北京地区博物馆迎奥运工作有条不紊地向前推进，取得了丰硕的成果。

北京地区博物馆认真贯彻落实市委及市政府一系列批示要求，积极开展市民素质提升工程、文化建设推进工程和社会动员志愿培训工作，为改善首都的文化环境、营造人文奥运氛围、开展北京历史文化宣传和弘扬民族精神等方面作出贡献。北京地区博物馆行业以北京奥运为发展契机，出色地完成了迎奥运“双两百”展览展示计划、迎奥运首都窗口行业培训工作、迎奥运环境整治工作、“迎奥运、讲文明、树新风”活动、市民讲外语及规范公共英语场所标识工作、博物馆免费开放工作等与人文奥运相关的基础性工作。各博物馆在社会各界的大力支持下，在全体同人的共同努力下，调动一切积极因素，齐心协力，圆满地完成了奥运会的服务接待工作。

博物馆的规范化管理和服务接待水平普遍提高，展览陈列质量大幅提高，馆藏品的管理、保护及学术研究工作力度不断加大；以“迎奥运盛会、展博物馆风采”、“人文博物馆　魅力北京城”等为主题的“5·18国际博物馆日”系列宣传活动成功举办；博物馆在“人文奥运”宣传活动中提高了社会影响力，取得了良好的社会效益，得到社会各界的一致好评，真正实现了博物馆事业又好又快地健康发展。

二、积极开展“迎奥运、讲文明、树新风”活动，扎实推进博物馆行业奥运培训工作

根据首都窗口行业奥运培训工作协调小组《2008年奥运会、残奥会培训重点折子计划》(奥培训发〔2008〕1号)文件精神。从2006年开始，北京地区博物馆认真开展窗口行业员工培训验收工作。在近3年的时间里，分期分批地组织了北京地区博物馆行业的全员培训，共培训各类员工12900余人，培训内容包括奥运基础知识、接待礼仪、服务技能、多语种外语、哑语手语等与奥运相关的培训工作。强调将培训成果转化为提高服务接待水平上。

2007年7月，北京地区博物馆窗口行业奥运培训工作协调小组与北京博物馆学会，组织编写、印制了博物馆行业奥运培训系列培训教材：《博物馆行业服务行为规范》、《奥林匹克运动会基础知识》、《博物馆服务礼仪手册》、《北京地区博物馆5种外语培训手册》、《北京地区博物馆环境建设质量标准》、《北京地区博物馆展览案例选编》，订购了首都窗口行业培训工作协调小组编写的《首都窗口行业员工奥运培训工作手册》,作为培训的主要教材,各单位免费发放员工。通过培训提高了全行业人员的思想素质和业务水平,有效地促进了奥运培训工作的深入开展。

根据首都精神文明办(京建办〔2008〕2号)文件,全市各博物馆认真贯彻落实党的十七大和市委十届三次全会精神,深入开展"迎奥运、讲文明、树新风活动",落实中央文明办第七部委关于"迎奥运、讲文明、树新风志愿服务行动"的工作。2008年奥运会期间,北京地区各博物馆以"迎奥运、讲文明、树新风——我参与、我奉献、我快乐"活动为主线,积极提高博物馆员工素质、努力提升服务水平为目标,以志愿服务的形式参与奥运,支持奥运,奉献奥运,提高了全行业的服务质量,为举办一届有特色、高水平的奥运会和残奥会作出了贡献。此外,北京地区各博物馆,积极参加首都窗口行业"迎奥运微笑服务行动"。2008年,北京市文物局博物馆处和首都博物馆荣获市政府颁发的"北京奥运培训工作先进单位"称号;首都博物馆开放管理部等10个单位获"首都窗口行业奥运会微笑服务示范岗" 称号、中国人民抗日战争纪念馆等10个单位荣获"首都文明服务示范窗口"称号、北京中华民族博物院等6个单位获"首都窗口行业奥运培训工作先进单位"称号;宁立新等84位同志获"首都窗口行业奥运会微笑服务大使"称号;荣榕等13位同志获"首都文明服务明星"称号;刘超英等7位同志获"北京奥运培训工作先进个人"称号。

孔繁峙局长在博物馆行业奥运培训工作表彰大会上，明确提出，全体员工要以"四个一流"的高标准认真做好奥运相关工作,利用"5·18国际博物馆日"和"文化遗产日"积极开展奥运宣传活动。在市第十次党代会之后,文物局全局上下认真落实刘淇书记的重要讲话精神，认真落实奥运相关工作，组织了"北京地区博物馆展览培训班"、"北京地区博物馆科普培训班"、"北京地区博物馆馆长培训班",与首都师范大学共同举办了两期博物馆英语讲解员培训班，与市聋哑学校共同举办了迎奥运手语培训班。奥组委蒋效愚执行副主席、故宫博物院李季常务副院长和首都窗口行业奥运培训工作协调小组办公室张慧光主任，分别就奥运相关工作或结合博物馆行业的特点作了精彩的报告或讲座。全市博物馆的各级领导也高度重视奥运培训工作,将迎奥运当做日常工作中的一件大事来抓。

此外,市文物局与北京博物馆学会,共同举办了"迎奥运·北京地区博物馆讲解员大赛"、"博物馆与北京奥运——2007年北京地区博物馆行业演讲大赛"，奥运前夕还精心编排了一台宣讲、朗诵、独唱相结合的特色宣讲演出活动——"弘扬古都文明,喜迎奥运盛典”，组织了北京地区博物馆演讲小分队，深入机关院校和社区开展“迎奥运、讲文明、树新风”宣传活动，收到良好效果。

三、积极实施“双两百”展览展示计划，展示中华民族优秀文化

2008年北京奥运会既是体育的盛会，也是文化的盛会。为实现“人文奥运”的理念，利用奥运契机展示中华民族优秀的历史文化和古都北京的丰富的文化内涵，市文物局在充分调研的基础上提出了“以北京市文物局主办的大型文物精品展览为主干，以北京各博物馆现有展览及藏品资源为依托，以引进国内外精品展览为补充，采取自主筹办、联合举办、统一宣传的模式，在北京奥运期间实现博物馆‘双两百’展览展示活动”的工作规划。

各博物馆根据全市的统一部署，为营造良好的人文奥运大环境，精心策划并积极参与了“双两百”展览展示活动计划。市文物局依照“政策引导、总体策划、整合资源、形成合力”的指导思想，认真抓好工作落实，大力扶持重点展览。在市委宣传部、财政局等部门的大力支持下，投入专项资金近700万元，支持了10多个重点展览项目，调动了配套资金近亿元直接投入“双两百”展览展示活动之中。经过各博物馆的高标准筹备工作，在奥运会期间全市共推出了特色鲜明的各类展览400余项。其中，中国人民革命军事博物馆《制胜之道——孙子兵法暨中国古代军事文物精品展》，以军事历史发展为脉络，以古代军事文物精品为主体，荟萃全国20家文博单位120余件珍贵文物，全面阐释了《孙子兵法》的思想精髓；中国科学技术馆《奇迹天工——中国古代发明创造文物展》会聚全国79家文博单位的300多件(组)珍贵文物，真实再现中国古代先民在丝绸织造、瓷器制作、造纸印刷和青铜铸造方面的科技成就，以及对人类社会发展产生的深远影响；故宫博物院《天朝衣冠——故宫博物院藏清代宫廷服饰精品展》；中国农业博物馆《农民艺术大展》；中华世纪坛《同一个世界，同一个梦想》奥运主题特展；保利艺术博物馆《从三星堆到金沙——辉煌的古蜀文明展》等一大批精品陈列，以独特的视角、丰富的内容、精美的文物、新颖的设计，集中向世界展示了中华文明的博大精深以及中国文化的灿烂辉煌。

特别值得一提的是，由北京市政府牵头、首都博物馆等单位承办，联合全国20余个省(市、自治区)和直辖市的近70家文博单位共同推出的《北京文物精品展》、《中国记忆——5000年文明瑰宝展》、《长江文明》等展览项目，因其定位准确、主题鲜明、策划精心、组织周密，特别是近千件精美绝伦的国宝文物集中亮相京城，带给国内外观众前所未有的视觉震撼，受到观众的交口赞赏，引发了巨大的社会反响。

据不完全统计，奥运会期间全市对社会开放的130多家博物馆共接待观众近400万人次。通过展览和相关活动，充分展示了中华民族的传统文化。博物馆在国家大型活动中特殊的地位和作用得到充分体现。

四、认真开展环境整治、全面提升博物馆的服务接待水平

良好的馆容馆貌、无障碍的参观环境对于提升博物馆文化品位，吸引观众参观，营造人文奥运大环境具有重要意义。

北京地区博物馆窗口行业奥运培训工作协调小组对全市博物馆的奥运环境整治工作进行了重点布置。各博物馆高度重视，积极改善博物馆接待和参观环境，以营造良好人文奥运氛围为标准，对博物馆的环境和公共标识进行了规范和整治，开展了无障碍设施的改造，增加无障碍的坐椅、通道扶手，配备了轮椅等为残疾人服务的设施，许多博物馆还对卫生间进行了星级改造，增设了多语种的导览机，印制了导览手册及相关宣传品。

根据《北京市民讲外语活动规划2003—2008》和《北京市规范公共场所英语标识总体工作方案》工作目标和北京市规范公共场所英语标识工作领导小组总体工作安排，在英语标识规范工作中，许多博物馆安排专人负责本馆英语标识的规范落实工作。各博物馆依照北京市《公共场所双语标识英文译法实施指南》、《2008年北京市规范公共场所英语标识工作要点》开展了自查自纠工作，并针对问题制订了整改计划。许多博物馆在经费不足的情况下，自筹资金，克服困难，逐步达到了“规范”要求，整改工作成果显著。故宫博物院、中国人民革命军事博物馆、北京百工坊博物馆、北京城东南角楼、北京红楼文化艺术博物馆、中国电影博物馆、保利艺术博物馆、北京石刻艺术博物馆、孔庙和国子监博物馆等单位的整改工作，受到有关单位的一致好评。目前北京地区博物馆公共场所规范的双语标识基本普及；博物馆窗口行业基本实现外语服务无障碍化；各博物馆均制作了双语或多语种语音导览设备；各博物馆与外语服务志愿者合作机制已经建立起来，可以为广大中外游客提供良好的环境。

自2006年以来，北京市文物局投巨资加大环境改造力度，仅2007—2008年对文物局直属17家博物馆进行改造，更换大型博物馆双语门牌72块；制作售票处双语告示灯箱17个；制作双语参观须知15幅；制作双语博物馆参观路线图17幅；制作双语展厅说明牌、厕所及博物馆各类提示警示牌1900余块；制作博物馆办公室双语门牌170余块；制作博物馆纪念品商店双语匾额5幅；制作落地多向、单向指路牌44块；制作双语古建筑抱柱说明牌11块；制作双语工作人员胸卡1000余块。粉刷围墙1400余米;油饰博物馆大门7处;油饰博物馆栏杆200余米;添置自行车停车架69组;添置小件寄存柜30组;在博物馆安置雨伞架36组、制作博物馆专用伞具504把;添置露天观众休息坐椅156把;添置垃圾桶90个;添置观众接待台1个;添置轮椅31把;种植树木24棵。

2007年下半年,北京地区博物馆窗口行业奥运培训工作协调小组,对北京地区博物馆下发通知、组织专家调研,以自查检查结合、总结推广经验等多种形式,开展了北京市博物馆行业迎奥运环境检查和督促工作。

为做好此项工作,北京地区博物馆窗口行业奥运培训工作协调小组与北京博物馆学会组成立了达标验收工作小组,开展了全行业的达标验收检查。同时,市文物局局长办公会决定,从2007年开始,北京市文物局会同市委宣传部、首都文明办、市外办、市旅游局、博物馆学会以及相关区县政府、全市重点博物馆和北京文博交流馆合作,组成6个小组,分3轮对全市开放的130余家博物馆开展了达标验收检查,主要内容包括各博物馆的人员培训情况、环境整治情况,“迎讲树”活动开展情况、奥运及残奥知识培训情况、外语知识和基本服务技能培训情况、服务接待人员的基本服务技能掌握情况、实际工作中接待人员的礼节礼貌、着装和精神面貌等内容。近两年中,检查组累计行程数万公里,对全市博物馆检查了467次,查出问题近千个,并及时提出整改意见或下达了整改通知书。通过达标验收检查,进一步完善了服务接待工作措施,极大地提升了博物馆的服务接待工作水平,杜绝了许多问题和安全隐患。由于各项服务和保障工作准备充分,服务接待工作比较到位,奥运会期间北京地区博物馆的环境优美、秩序井然,服务接待工作实现了零投诉的预期目标。

五、落实中央四部局文件精神,做好博物馆免费开放工作

博物馆的免费开放工作是以十七大报告“推动社会主义文化大发展大繁荣”的重要思想为指导,依据中宣部、财政部、文化部和国家文物局《关于全国博物馆、纪念馆免费开放的通知》精神在全国范围逐步推进的。针对市委市政府要求,我市以“高度重视,积极推进,区别对待,分步实施,加大扶持,完善服务”为工作原则,在北京地区各博物馆的积极配合及全市各职能部门的通力合作下,北京地区博物馆免费开放工作得以平稳、顺利实施。免费开放至今,各博物馆运行平稳规范有序,最大限度地保证了观众的有序参观和文物、设施的安全,满足了广大人民群众的教育文化休闲需求,实现了免费不免责、免费不降质的工作目标,发挥了良好的社会效益。

为切实做好此项工作,郭金龙市长亲自召开市政府专题会议研究确定免费开放的具体工作，吉林、蔡赴朝、丁向阳、陈刚副市长对免费工作作出重要指示；蔡赴朝副市长还亲自挂帅北京地区博物馆免费工作领导小组；市委宣传部陈启刚副部长及北京市财政局、公安局、旅游局等相关委办局领导对此项工作均给予高度重视和大力支持。免费开放是对博物馆公共文化服务能力的考验，为切实保障免费开放平稳有序，按照《北京地区博物馆免费开放工作指导意见》的具体要求，各馆结合自身特点制定了工作预案，如首都博物馆确定了网络、电话预约等方式，并对旅行社的团体参观作了规定；中国人民抗日战争纪念馆提出了观念到位、体制到位、安全到位、硬件到位、经费到位、考核到位等"六个到位"方针，保证工作有序、保质的开展，老舍纪念馆根据参观面积较小的情况，测算控制每天的参观量为200人，免费开放后严格落实工作预案，保证了服务接待平稳有序、安全顺利。

2008年3月初，中国人民革命军事博物馆率先对公众免费开放。3月28日，首都博物馆、中国人民抗日战争纪念馆和焦庄户地道战遗址纪念馆等33家博物馆、纪念馆和爱国主义教育基地正式向社会免费开放。由于我市借鉴了外省市的工作经验和教训，在保证参观质量的前提下，通过采取限量、预约、免费不免票等方式，合理控制并疏导了人流，开展了大规模的社会宣传，免费开放博物馆参观秩序良好，观众流量平稳，得到了社会各界的普遍认同。北京地区博物馆免费开放工作在全国走在了前列。截止到2008年3月28日，包括中国人民革命军事博物馆在内的免费开放单位，共接待观众260余万人。各馆均未发生参观秩序混乱现象和观众投诉事件。为今后更多的博物馆免费开放积累了经验，同时，也为博物馆对社会提供更多的惠民服务作出了努力。

六、以确保文物安全为中心，落实"平安奥运"相关工作

"平安奥运"，是博物馆工作的重中之重。北京地区博物馆认真落实市委市政府的有关要求，开展了"平安奥运"年活动。在市委、市政府的领导下，北京市文物局严格按照"平安奥运行动"工作要求，立足博物馆行业工作实际，围绕保障奥运会的成功举办，坚持"平安奥运、文物平安"这条主线，以落实博物馆安全责任制为突破口，以确保文物安全为目标，加大安全督查力度，积极创新实践文物安全工作的方式方法，圆满完成了"平安奥运行动"赋予的各项工作任务，全面实现了北京市文物局确立的"文物安全年"总目标。

依据"平安奥运行动"的总体要求，北京市文物局从严落实巡视检查报告制度，整改文物安全的各种隐患，及时掌握影响文物安全的各类信息，把文物安全作为文博人的生命线，按照“实际、实践、实用、实效”的原则，努力查漏补缺、消除隐患，做到了“及时发现，及时解决，不消除隐患不放手”。

按照“平安奥运行动”要求，创新实践安全督查工作的新模式，紧密结合文博系统担负的工作任务，把工作标准定位在“确保文物安全万无一失”上。针对形势要求、季节转换和任务需要，积极实践多种安全督查工作的方式方法，收到明显成效。本着“安全大如天，责任重于山”的基本思路，为实现文博单位“全时间、全空间、全人员的安全零死角”立体防范，在全市文博系统广泛开展了《深化安全责任制落实，打造安全零死角单位》活动，明确提出了各单位、各部门、各岗位的安全责任和要求。

为实现“平安奥运和2008文物安全年”，特别针对奥运期间的观众接待安全和博物馆藏品安全工作，制定实施了《北京市文物局处置突发事件应急预案》，指导北京地区各博物馆制定相应预案，有效地促进了博物馆观众接待及馆藏文物安全工作。

近年来，按照全市的统一部署，北京地区各博物馆大力开展迎奥运环境整治和改造，精心策划并成功举办了一大批优秀展览，认真开展迎奥运服务技能培训和培训成果转化工作，努力提高服务工作水平，大力开展人文奥运宣传活动，博物馆基础建设和规范化管理工作取得新的成绩。在此期间，全市博物馆整体运行平稳有序，在规范化服务能力建设上取得了突破性进展，有效地应对了奥运会客流高峰，并取得了良好的社会效益，为北京奥运会的成功举办作出了特殊的贡献。

（作者单位 北京市文物局博物馆处 北京石刻艺术博物馆）

北京地区博物馆免费开放工作综述

刘佳莹 宋向光

北京地区博物馆的免费开放工作始于2001年。2001年1月1日施行的《北京市博物馆条例》规定"博物馆应向老年人、残疾人优惠开放，向青少年学生免费、定期免费或者低费开放"。此后几年，免费措施陆续实施。2008年初大规模免费开放前，北京市属博物馆免费参观范围就已涵盖观众总人数的50%左右。截至2009年，北京地区共有各类博物馆151家，其中市区属博物馆69家，首批免费开放的博物馆有33家。到2010年，北京市各级文化文物部门归口管理的公共博物馆、纪念馆、全国爱国主义教育示范基地将全部向社会免费开放。

一、北京地区博物馆免费开放政策发展历程

关于博物馆面向公众的开放方式，联合国教育、科学及文化组织第十一届大会于1960年12月14日在巴黎通过的《关于博物馆向公众开放最有效方法的建议I》中就载有如下条款："只要有可能，门票应予以免费。如果不是全部免费或者认为有必要维持少量门票费，甚至即使只是象征性的收费，各博物馆至少亦应每周或在同等时间内免费开放一天。……只要有可能，那些参加教育和文化计划活动的有组织的、无论学生还是成人、团体以及博物馆人员和本建议第十七段所述协会成员都应予以免票。"

遵循国际组织的指导意见，参考其他国家对博物馆实行逐步免费开放的经验，结合当地社会发展状况，北京地区博物馆免费开放制度逐步建立完善。

第一阶段是对特殊观众群体免费开放。2000年9月22日北京市第十一届人民代表大会常务委员会第二十一次会议上通过的《北京市博物馆条例》中规定："第二十条 博物馆应当向老年人、残疾人优惠开放，向青少年学生免费、定期免费或者低费开放。

具体办法由市人民政府制定。"北京市文物局局属博物馆于2001年底实行北京市民持"老年证"(60岁以上)免费参观博物馆。2003年,《中国国家博物馆免票参观办法III》实施,在特定日期对特殊人群施行免票,每周五下午对在校学生凭证免票,每年5月1日、6月1日、8月1日等对节日特殊人群免票,对中小学生团体、未成年人、老年人和残疾人、文博系统工作者和媒体记者等全年免票。

2004年1月1日起,北京市文物局直属16家博物馆率先对北京地区中小学生免费开放,其中包括首都博物馆、北京艺术博物馆、大钟寺古钟博物馆、徐悲鸿纪念馆、北京大葆台西汉墓博物馆、大觉寺、北京古代钱币展览馆、正阳门等。免票范围为北京地区中小学生,含各类职高、技校、中专院校学生等,但不含外地学生。免票仅指免博物馆第一道门票,馆内其他收费活动或展览另需购票的须遵照各馆要求办理。

中央领导同志非常关注公共文化设施的社会开放问题。李长春同志在2004年1月17日下午在中国国家博物馆调研时指出:"各类博物馆、纪念馆、展览馆要最大限度地向广大群众开放,逐步对中小学生集体参观实行免票。"文化部长孙家正也表示:"为了加强公共文化事业公益性质,公益性文化单位,比如博物馆,要免费向有组织的青少年团体开放。"2004年2月26日下发《中共中央、国务院关于进一步加强和改进未成年人思想道德建设的若干意见》(中发[2004]8号),文件要求"各类博物馆、纪念馆、展览馆、烈士陵园等爱国主义教育基地,要创造条件对全社会开放,对中小学生集体参观一律实行免票,对学生个人参观可实行半票。"文化部、国家文物局于2004年3月19日下发《文化部、国家文物局关于公共文化设施向未成年人等社会群体免费开放的通知》,要求公共文化设施加大开放力度,向未成年人等社会群体免费开放。《通知》要求,从2004年5月1日起,全国文化、文物系统各级博物馆、纪念馆、美术馆要对未成年人集体参观实行免票;对学生个人参观可实行半票;家长携带未成年子女参观的,对未成年子女免票。对现役军人、老年人、残疾人等特殊社会群体要实行门票减免或优惠。被确定为爱国主义教育基地的各级各类公共文化设施要积极创造条件对全社会开放。

2004年元旦,浙江省博物馆、中国丝绸博物馆免费开放的消息见诸于中央电视台等新闻媒体,上海、武汉等地的博物馆、纪念馆相继宣告各种免费措施,向社会公众敞开大门。按照《通知》要求,北京地区博物馆纷纷推出各种免费开放方法。故宫博物院自3月1日起,允许全国的中小学生集体在每周二(不含法定节假日)免票参观。大觉寺发放学生免费参观券。北京鲁迅博物馆从5月1日起,对集体参观的大、中小学生(含有家长陪同的中、小学生)实行免费参观;对教师、残疾人、老人(60岁以上)、军人及城市生活贫困的低保人员实行免费开放;团体观众(30人以上)需提前预约。

与此同时,北京地区还发行博物馆通票,落实博物馆免费开放。2004年,通票入网单位138家,其中免票3人次的51家,免票1人次的49家,共计免票馆点100家;半价或提供特别优惠的38家。2008年北京地区博物馆通票包含的馆点数量达到98家,优惠幅度达2600余元。

第二阶段是在特定节假日期间向全体公众免费开放。2005年12月22日由文化部发布并自2006年1月1日起施行的《博物馆管理办法》规定:"第二十九条 博物馆应当逐步建立减免费开放制度,并向社会公告。国有博物馆对未成年人集体参观实行免费制度,对老年人、残疾人、现役军人等特殊社会群体参观实行减免费制度。"2005年以后,除了继续贯彻落实对未成年人、老年人等特殊观众群的免票措施以外,北京地区多家博物馆延续了在"5·18世界博物馆日"向公众免费开放的传统。2005年5月18日,首都博物馆、北京艺术博物馆等30家博物馆免费开放,同时另有国家博物馆等19家博物馆提供门票优惠;2006年"5·18",35家博物馆对市民免费开放,同时7月1日起大葆台西汉墓博物馆、辽金城垣博物馆等7家具有爱国主义教育和科普教育意义的博物馆免费向公众开放;2007年"5·18",炎黄艺术馆、茅盾故居、中国现代文学馆、大钟寺古钟博物馆等26家博物馆免费对全社会开放,6月9日"文化遗产日"则有柏林寺等7家文保单位对公众免费开放;2008年"5·18",中国科技馆等17家博物馆免费开放一天;2009年"5·18",37家博物馆取消周一闭馆而免费开放,另有21家博物馆推出优惠政策。

二、全国博物馆免费开放政策实施后北京地区博物馆免费开放现状

2008年1月23日,中宣部、财政部、文化部和国家文物局联合下发了《关于全国博物馆、纪念馆免费开放的通知》(中宣发[2008]2号,以下简称《通知》)。2月1日,中宣部等4部局召开专题会议,部署博物馆免费向社会开放事宜。为落实此项工作,北京市文物局立即开展前期工作,制定工作方案、提出名单、进行测算,并于2月底将方案、名单等上报市委宣传部。

《通知》要求,全国各级文化文物部门归口管理的公共博物馆、纪念馆,全国爱国主义教育示范基地全部免费开放,文物建筑及遗址类博物馆除外。博物馆、纪念馆按照市场化运作举办的特别(临时)展览,可根据实际情况确定门票价格。2008年,中央级文化文物部门归口管理的博物馆全部向社会免费开放; 各省级综合博物馆全部向社会免费开放; 各级宣传和文化文物部门归口管理的列入全国爱国主义教育示范基地的博物馆、纪念馆全部向社会免费开放;鼓励有条件的省(区、市)探索全面实行免费开放。2009年,除文物建筑及遗址类博物馆外,全国各级文化文物部门归口管理的公共博物馆、纪念馆,全面爱国主义教育示范基地全部向社会免费开放。

根据《通知》，各省市符合条件的博物馆必须于2008年3月底前免费向社会开放。国家文物局将推进博物馆免费开放列为当年主要工作。此前，浙江博物馆与中国丝绸博物馆等30余家浙江省内博物馆已常年向公众免费开放，2007年11月，湖北省博物馆向公众免费开放，2007年12月底，天津市级博物馆、纪念馆向社会永久免费开放，山东省博物馆也将向社会免费开放。全国范围内公共博物馆免费开放已是大势所趋。

鉴于北京地区博物馆的隶属关系比较复杂，有市属的、区属的，也有中央部委、行业和私人举办的博物馆，推进博物馆免费开放还须制定相关的配套政策。北京市文物局在2008年3月3日召开全市拟免费开放的33家博物馆负责人工作座谈会，会上提出了《北京地区博物馆免费开放工作指导意见》。会后，33家博物馆均成立了专项工作组，制定了工作方案并报北京市文物局备案。各馆制定的工作方案充分考虑了本馆特点，如首都博物馆确定了网络预约、电话预约等方式，并对旅行社的团体参观作了规定。老舍纪念馆根据参观面积较小的情况，测算控制每天的参观量为200人。曹雪芹纪念馆绘制了人员疏散图。

2008年3月1日首家国家级博物馆——中国军事博物馆免费向公众开放。3月28日起，首都博物馆、中国人民抗日战争纪念馆、北京自然博物馆等首批33家博物馆正式向公众免费开放，当日实际开放29家。免费开放博物馆多数制定了每日观众上限人数。鱼子山抗日战争纪念馆、香山双清别墅、北京人民艺术剧院戏剧博物馆等5家博物馆不需提前预约，其他博物馆均实施“免费不免票”措施，观众需提前通过电话或网络预约，参观时持预约证明到博物馆门前领票参观；部分博物馆举办的临时展览及特展根据规定需另行单项购票；部分博物馆的影视放映、语音导览机租用等项目还实行收费。

虽然预约火暴，但免费开放后的北京地区博物馆并未迎来预想的混乱和超负荷现象。开放首日全市免费开放博物馆共接待观众9990人，其中首都博物馆全天客流量不足1500人，其他博物馆多数客流量也不足日最高接待量的一半，有8家博物馆的观众量不足百人。由于各博物馆客流量不大，部分未经预约直接前往博物馆的观众全都顺利入馆参观。免费开放后的第一个周末，部分博物馆出现观众激增现象，首都博物馆、中国人民抗日战争纪念馆出现观众排队领取门票入场的情况，一些平时并不火爆的博物馆甚至还小幅超过了最大接待量，但之后参观人数日趋平缓。据北京市文物局的统计数据显示，北京地区首批29家博物馆向公众免费开放一个月内，除免费开放的首个周末以及清明节假期出现参观高峰外，其他周末时段没有明显的参观高峰，客流趋稳。免费开放博物馆观众量比较平均，每周7天的人数变动不大。观众人数排在前5名的是首都博物馆、中国人民抗日战争纪念馆、南海子麋鹿苑、焦庄户地道战遗址纪念馆和电影博物馆。清明节假期的观众数量最多，29 家博物馆日接待 32132 人次。免费工作领导小组抽查了部分免费开放单位落实相关制度的情况，各馆应急小组成员均坚守岗位，全市博物馆免费开放工作总体情况良好。

2009 年 4 月召开的北京地区博物馆工作会上提出将进一步推进博物馆免费开放工作。按照北京市委宣传部等相关部门联合下发的通知，除文物建筑及遗址类博物馆外，北京市各级文化文物部门归口管理的公共博物馆、纪念馆、全国爱国主义教育示范基地将全部向社会免费开放。预计新的免费开放博物馆将更多来自于 2008 年以来新增的或即将开放的博物馆，如延庆博物馆、中国科学院动物研究所中国动物标本展览馆、北京空竹博物馆、北京美特斯邦威服饰博物馆等。

三、北京地区博物馆免费开放的反响与问题

作为公共文化设施，博物馆的首要职责是公益性。免费开放的博物馆打开大门，为公民走近文化、提高素养提供了重要而公平的渠道，自身则收获了更大的社会效益，社会价值得到更多体现。随着北京地区博物馆免费开放工作的逐步深入，尤其是 2008 年首批 33 家博物馆、纪念馆对公众免费开放以来，观众参观人数有了很大增长。免费开放后的一个月内，33 家免费开放的博物馆、纪念馆和爱国主义教育基地共接待观众 415521 人，其中首都博物馆观众 69964 人，中国人民抗日战争纪念馆接待 59163 人，北京南海子麋鹿苑博物馆 38966 人，中国电影博物馆观众 34049 人，焦庄户地道战遗址纪念馆接待 32167 人。以上各馆参观人数比以前都有较大幅度增长。免费开放也体现了博物馆社会文化教育的公平和公开，缓解了节假日人流“扎堆”的现象，客流量趋于平缓，一定程度上提升了参观质量。首批免费开放的博物馆不仅丰富了首都人民的文化生活，还带动了北京地区旅游的发展，中国人民抗日战争纪念馆数据显示，双休日期间，超过 20%的观众来自外地。很多观众专程上网预约，将免费开放的 33 家博物馆纳入北京一日游的行程之中。首都博物馆的免费开放还吸引了很多外国游客。

北京地区博物馆免费开放工作的推进遵循了循序渐进的原则，从博物馆部分免费开放到部分博物馆免费开放，思想重视，多方准备，稳步推进，扎实落实，因此取得了积极的成果和良好的社会反响。

北京地区博物馆注意到，国内有些地区的博物馆免费开放后，观众流量猛增，出现了一些不文明现象和展品安全问题，给博物馆管理和服务造成很大压力。为确保北京地区博物馆免费开放顺利、安全、有序展开，北京市文物局局长孔繁峙要求首批免费开放博物馆，开放前对接待服务人员进行了针对性培训，对馆内设备进行了改造，编制应急预案，做好充分准备。免费开放博物馆也非常重视，抽调二线部门人员在开放区域协助开展观众服务、人流疏导等工作。为保证博物馆开放区域、馆藏文物及入馆观众的安全，各馆普遍添置安全检查设施，加强安全监控，观众入馆时均需接受安检。许多博物馆采取了“提前预约”、“免费不免票”的方式，有效控制了馆内人数。首都博物馆前来参观的观众实行分流，有预约的观众，直接领票入馆；没有预约的观众，可现场排队办理预约。由于事前准备充分，工作方法得当，保障措施有效，免费开放工作总体平稳有序，所取得的成绩得到了社会各界的普遍认同。

当然，在北京地区博物馆的免费开放过程中，也出现了一些博物馆管理新问题。首当其冲是经费问题，目前北京地区共有各类博物馆 151 家，其中 69 家为北京市属和区属。按照有关要求，北京市符合此次免费开放条件的仅 12 家，但北京市主动增加了 21 家，这意味着近半数的北京市属博物馆实行了免费开放。北京 33 家博物馆免费后所需的财政支出（门票和日常运营）每年约 1.2 亿元，其中超过 1/3 的费用是由于新增 21 家主动免费单位而产生的，将全部由北京市财政负担。此外，免费所需的博物馆设施改造等一次性投入 3000 多万元也全都由政府财政承担。这样庞大的经费支出，对政府和博物馆自身都是一种负担。失去门票收入的同时，免费后大量增加的参观者对博物馆人力、物力、财力的投入也提出了更高的要求。

免费开放使观众流量显著增加，这为博物馆管理和发展带来新的问题。持续大量观众释放的二氧化碳和水分，会影响展厅的温湿度，对纸质类、金属、碳酸盐类文物的安全保护造成威胁；大量的观众也使场馆维护清洁、展品展具的安全维护等方面的工作量明显增加，不时出现的不良参观行为给博物馆服务和管理工作带来压力，汹涌人潮使参观质量有所下降。在首都博物馆，投入上百万元制作的公共标识使用率不足 30%，许多观众依旧习惯经常向服务员问路；中国军事博物馆免费开放当天，参观人数突破 1 万人，一些外地观众从火车站赶赴军博，随身携带的行李使参观质量大打折扣。这些现象经媒体报道后，国家非物质文化遗产专家委员会主任冯骥才等人士深表担忧，恐怕博物馆会成为一些人“冬天去取暖夏天去乘凉的地方”。

免费开放是博物馆社会公益性质的直接体现。北京地区博物馆积极面对免费开放过程中出现的种种难题，在推进免费开放的同时，不断提高自身的服务和管理水平。免费开放如同拆除了一道门槛，让更多市民走进博物馆，将博物馆带进了北京市民的生活。人们将把参观博物馆作为生活和娱乐的一部分，这既是公共权利的回归，又是公共资源的回馈。博物馆免费开放是对和谐社会建设作出的巨大贡献。

（作者单位：北京大学考古文博学院）

北京地区文博单位馆藏文物管理工作概述

李学军

北京有着3000余年的城市发展史,历史文化悠久,京华大地上留下了浩若繁星的文物古迹,难以尽数的文物珍藏。近年来,北京的文博事业取得了显著成绩,注册博物馆已达151座,其所涉及的内容及规模均位居全国前列。在这些博物馆中蕴藏着丰富的文物宝藏,珍贵的文物资源不仅是建设历史文化名城的物质基础,也是实现首都经济和社会全面发展不可或缺的重要资源。

收藏、研究、展示是博物馆最为基本的职能,而这三大职能都是建立在"实物藏品"基础上的。因此,藏品管理工作也相应成为博物馆宏观管理工作的重要内容之一。

现就几年来馆藏文物的行政管理工作予以概述。

一、北京地区文博资源概况及管理工作的特殊性与复杂性

1. 北京地区博物馆总体概况

1996年北京市第五次文物工作会议以后,随着博物馆注册登记管理制度的实施,博物馆行业实现了向规范化宏观管理的过渡,博物馆建设开始由数量扩张向规模效益的转变。随着博物馆软硬件设施的改善,基础工作的进一步加强,社教、科普工作的创新,展览及宣传活动空前活跃,从业人员的学历结构与职业素质普遍提高;博物馆之间的横向协作日益频繁,在对外文化交流及国际友好往来活动中的作用也日显重要。

从总体分析,我市博物馆的数量及门类齐全程度居全国首位。从数量上看,截至目前我市共有各类注册博物馆151座,约占全国博物馆总量的6.3%;从隶属关系看,中央级单位所属博物馆42座,市级单位所属博物馆38座,区县所属博物馆38座,民

办博物馆20座,因各种原因已撤销或长期闭馆的13座;博物馆的门类日趋多样化,由建国初期单纯的历史类逐步扩展为各种专题类、科技自然类、宗教民族类、风物民俗类、区域地志类、建筑园林类、文化艺术类、革命纪念馆及遗址类、院校类等10余个类别,其中科技自然类的比重正在不断增加。博物馆展示内容各具特色,大型综合类博物馆与小型专题馆互为补充,形成了具有鲜明地域特色的博物馆体系。

2. 北京地区馆藏文物总体状况

由于近年来博物馆事业的发展及不断开展的文物征集工作，全市馆藏品的数量已发生了较大的变化，截至2008年底，据不完全统计我市藏品总数约达3307470件(套)(馆藏品中部分钱币、邮票、图书资料、碎瓷片、皮影等项的数量未计算在内),其中故宫博物院文物达100余万件,国家博物馆约61万件,首都博物馆约13万件,其中已鉴定一级文物14920件,二级文物约65万件。由于我市行业博物馆、科技自然博物馆的迅猛发展,涉及邮政电信、航空航天、印刷造币、交通运输、医药卫生、装潢设计、戏剧曲艺、工艺美术、民族民俗等诸多领域,其藏品在鉴选及定级等方面还未出台统一的标准,因此珍贵文物的数量尚待统计。许多新门类博物馆、新类型馆藏品及生物、地质标本类藏品尚无相应珍贵文物定级标准，许多单位的文物定级工作正在进行之中,预计将进行数年时间。

二、北京市文物局在馆藏品宏观管理方面所开展的工作

文物藏品是人类在社会活动中产生的具有历史、艺术、科学价值的遗迹和遗物,是重要的有形文化遗产，围绕文物藏品展开的各项工作是各级文物行政管理部门进行宏观管理的重要内容之一。

北京市文物局针对全市博物馆行业开展馆藏文物行政管理的工作原则是坚持依法管理、加强基础工作。为规范馆藏品的管理,提高我市博物馆的整体质量,市文物局几年来从宏观管理的角度出发,重点开展了如下几个方面的工作。

1. 统一思想认识,提高对馆藏文物的重视程度

作为北京地区博物馆行业的宏观管理部门，针对我市文博单位在馆藏品管理和使用方面存在的突出问题,经过认真的调查研究,决心从局属单位开始,从清理家底入手,全面加强我市文博单位馆藏品的宏观管理工作,并以此作为突破口,带动博物馆工作的全面开展。为使藏品宏观管理工作顺利开展,北京市文物局在全市文博单位范围内统一思想、明确认识,着重强调藏品是博物馆生存的根本、是博物馆建设的基础、是博物馆发展的核心,没有藏品就没有博物馆。要求各单位明确地认识到,在博物馆的建设中,居于首位的是加强对藏品的保护管理,从思想上进一步明确了博物馆的社会职责。

2. 制定出台适应地方工作特点的文物行政管理法规

近年来,由于考古发掘和文物市场、拍卖市场的建立,使得文物征集工作的环境得以改善,拓宽了文物征集的渠道,使博物馆的藏品不断增加。因此,解决藏品保护和管理方面存在的问题成为当务之急。自20世纪90年代初,我市相继颁布实施了《北京市珍贵文物复制管理办法》、《北京市馆藏文物管理规定》、《北京市博物馆登记暂行办法》等地方法规,意在加强对馆藏品的宏观管理。

2001年,北京市文物局在原有《北京市博物馆登记暂行办法》的基础上,公布实施了《北京市博物馆条例》,该条例是我国第一部关于博物馆管理的地方性法规,它以法律的形式,确认了博物馆行业管理的主体,规定了博物馆的权利和义务,为实行行业管理及规范博物馆行为奠定了坚实的法律基础。同时,国家于2002年10月颁布实施了《中华人民共和国文物保护法》及《中华人民共和国文物保护法实施条例》,2004年《北京市实施〈中华人民共和国文物保护法〉办法》,以及2004年底至2005年国家文物局重新修订的《博物馆藏品管理办法》,2006年文化部《博物馆管理办法》等一系列法规中,对馆藏品的管理及保护都有着明确的规定。

3. 依据文物法规开展博物馆馆藏品的宏观管理工作

目前,根据文物法规的相关规定,北京市文物局针对馆藏文物依法开展的行政审批事项包括:国有文物收藏单位之间借用馆藏一级文物审批,馆藏文物处理,拓印内容涉及我国疆域、外交、民族关系的古代石刻审批,已建立馆藏文物档案的国有文物收藏单位交换馆藏二级以下文物的批准,非国有文物收藏单位借用国有二级以下馆藏文物的批准,拍摄馆藏二级、三级文物的批准,修复、复制、拓印馆藏二级、三级文物批准,调拨国有文物收藏单位馆藏文物批准,修复、复制、拓印馆藏文物单位资质,修复、复制、拓印馆藏一级文物的审核,拍摄馆藏一级文物的审批,博物馆藏二级以下藏品取样分析审批等共12项行政审批事项。

除完成日常项目的行政审批之外,我局还强调各文博单位加强文物保护的预防工作,建立藏品保护工作预案。我局在博物馆进行注册之初便要求各单位要建立文物库房安全管理制度、文物安全预案及定期巡查制度。在2003年非典期间为加强特殊时期馆藏文物的保护工作,我局还专门下发了《关于在防治非典期间加强馆藏文物保护及工作人员自身防护的通知》。2005年民族文化宫文物发生被水浸入事件后,我局即面向全市文博单位下发紧急通知《关于加强馆藏文物安全管理工作的紧急通知》,要求各单位加强本单位的藏品保护工作,其中再次重申要求各单位根据本单位情况,自行编制本单位的文物保护处理紧急预案,内容涉及防火、防水、防盗、防震等内容,并需报我局备案。

4. 开展北京地区文博单位藏品数量基础统计工作

为改变全市馆藏文物数量总体情况不清这一状况，我市文物管理部门从1994年起开始了全市范围馆藏文物的基础统计及分期分批鉴定工作，以确定北京地区较为准确的文物数量及其大致状况。经过近6年全市范围的基础数据调查和文物鉴定和馆藏品清库建档工作,至1999年底初步确认和统计,北京地区各博物馆现存文物226余万件。以上的工作为博物馆管理部门开展宏观管理,为政府决策部门制定相关政策提供了依据。

2005年,为掌握北京地区文博单位文物建档备案工作的总体概况,进一步加强国有文物收藏单位馆藏文物的管理工作,北京市文物局在全市范围内开展"全国非文物系统国有文物收藏单位文物建档备案情况调查"及"北京市文物系统国有文物收藏单位文物建档备案工作情况调查",初步掌握了相关文博单位的建档备案情况。

随着近年来博物馆事业的迅猛发展，以及博物馆基础工作尤其是藏品清理和文物征集工作的进一步加强,馆藏品数量也发生了较大的变化。为及时了解相关情况,北京市文物局于2005年再次开展了博物馆基础数据调查工作,至2005年底,据不完全统计我市藏品总数已达323.8万余件(套)(馆藏品中的钱币、邮票及图书资料部分未计算在内)。基础统计数据对于文物行政管理部门掌握全市博物馆藏品的总体情况、及时了解博物馆藏品的变化情况、合理配置博物馆间的文物资源、最大限度地发挥馆藏品的作用都起到了良好的效果。

在开展大规模基础数据统计的同时，利用博物馆登记工作在博物馆建立之初掌握其藏品情况也是了解博物馆藏品基础情况的重要手段。自2000年以来的博物馆藏品情况均实现了目录备案的要求。

5. 全面进行藏品清库对账工作,为博物馆事业发展打下坚实的基础

博物馆是收藏、研究和展示一个国家和民族文化遗产的重要场所,妥善保管馆藏品是每一个博物馆最为重要的基础工作。但长期以来,由于种种原因,各博物馆在库房、藏品管理制度方面存在着一定的漏洞和文物安全隐患。馆藏品的科学管理问题成为长期困扰博物馆界的一大难题。

为改变这一现状,北京市文物局从局属博物馆开始,提出用3年时间清查博物馆家底的目标,并于1998年成立了藏品清查领导小组,按各馆制订的清库计划及时间安排逐一落实,通过3年的艰苦工作,16家直属博物馆不仅全部完成了馆藏文物的清查工作,实现了所有账外文物全部入账、藏品总数精确到个位的目标,而且进一步建立健全了规范统一的博物馆总账体系。在清底数的基础上,对原有账目重新核对,做到"账物"相符,对新清点的文物建立藏品总目。截止到2002年底,清库工作结束,北京市文物局所属各馆除首都博物馆所藏 882799 枚钱币以外，馆藏文物总数为 214353 件。在此基础上，我局于 2002 年设计了格式统一的《博物馆藏品总登记账》、《藏品档案》、《博物馆馆藏品编目检索卡片》、《馆藏品入库凭证》、《馆藏品出库凭证》、《文物征集移交单》、《文物提用通知单》、《文物库房出入登记单》、《馆藏品注销凭证》，免费下发给各博物馆用于规范博物馆馆藏文物的管理工作。

为全面掌握各馆的藏品管理信息，我局还要求各单位在最终清库报告中详细说明馆藏文物的拣选标准、计件方式，文物编号举例及说明，文物分类办法及每一种类的具体数量，未点到文物的详细目录，并逐件分析未点到原因，是否有注销文物及注销原因，是否还存在有账外文物及其未计入馆藏文物账的原因等项内容。通过此项复杂而又艰苦的工作，我局在藏品管理方面初步解决了长期以来家底不清、有账无物、有物无账的现象，而且以此为例进一步发现了本行业在藏品管理方面长期存在的诸多问题。

第一阶段局属单位清库工作为我局下一阶段的工作提供了宝贵经验。随之第二阶段市属文博单位馆藏品清库工作于 2005 年 4 月启动。此项工作涉及面广，包括了市属及区县文博单位的全部馆藏品，其难点在于绝大多数为非文物系统单位，无法依靠行政命令解决工作中遇到的问题，且博物馆藏品及门类非常复杂，工作中会遇到各种技术问题。参加清库工作单位共计 65 家，至 2007 年 12 月，基本完成清库工作的单位为 43 家，清库工作正在进行中并已上报藏品基本数据的单位 3 家，合并或统一上报的未列入单位 8 家，上报本单位无藏品的单位 8 家，因闭馆或改扩建工程而暂缓清库工作的单位 3 家。市属及区县各文物单位藏品总量为 112806 件(套)145781 件(另加钱币 50000 件，自然馆古生物化石 140000 件)，其中自鉴一级文物 383 件(套)14655 件(另加一级自然馆古生物化石 370 件)，二级文物 1092 件(套)(另加二级自然馆古生物化石 1971 件)，三级文物 6366 件(套)(另加三级自然馆古生物化石 8200 件)。各单位共上交珍贵文物《藏品档案》共 1596 份，其中一级档案 64 份，二级档案 176 份，三级档案 1356 份。

在开展清库工作的基础上，按照国家文物局北京市文物系统馆藏一级文物纸质《藏品档案》上报备案工作的要求，2004 年 7 月至 2005 年 8 月完成了北京市文物系统一级文物的复核并编制《北京市文物系统一级文物目录》，连同一级文物纸质《藏品档案》一并上报国家文物局备案。此项工作的开展，有利于国家掌握各省市珍贵文物的总体情况及各省市之间藏品的相互交流，有利于开展藏品研究工作，实现文物信息资源的共享。

6. 积极申请专项资金开展局属单位藏品修复及保护工作

博物馆藏品是国家历史文化的珍贵遗产。由于藏品的自然损坏及人为因素等影响，馆藏品尤其是丝织品、纸质品、木质品等文物更易发生损害。因此北京市文物局每年均根据文物藏品的实际情况向市财政申请专项经费开展修复工作。2000年以来，北京市文物局积极申请专项资金，集中开展了对局属单位亟待修复的馆藏品开展了修复工作。如2002年的白塔寺《万佛展》上展铜佛有害锈处理、琉璃河遗址出土文物保护、北京大葆台西汉墓博物馆车马坑遗址病害处理；2003年北京文博交流馆馆藏明代大鼓、元代佛经明代佛像的修复、徐悲鸿纪念馆油画修复专项经费、北京艺术博物馆馆藏皇室书画修复；2004年北京大葆台西汉墓出土金属器抢救性保护、大钟寺馆藏永乐大钟保护、北京市文物局资料中心古籍修复；2005年北京艺术博物馆织绣书画类藏品库房虫害处理、北京西周燕都遗址博物馆馆藏青铜器文物清洗修复、北京大葆台西汉墓馆藏丝织品及金属器保护修复；2006年的北京市文物局资料中心古籍善本书修复、北京文博交流馆藏明代龙纹大鼓修复、北京辽金馆辽代丝织品加固清理及徐悲鸿纪念馆国画素描修复；2007年北京市文物局资料中心清代书籍档案保护、北京古代钱币展览馆铜钱和纸币保护处理、大钟寺古钟博物馆明永乐更钟检测等。

据不完全统计，北京市文物局系统单位2002年至2007年共投入1200余万元用于馆藏品的修复保护工作。

7. 开展文博系统文物管理专业人员技术培训

近年来，北京地区各文博单位文物保管部门的人员已发生了较大变动，许多从事保管工作的人员均接受过专业培训，甚至缺乏基本常识，专业保管人员队伍的整体素质直接影响到我市的馆藏文物保护工作。为切实提高北京地区各文博单位馆藏品的管理水平，提高从业人员的整体素质和专业技能，根据本市博物馆工作人员的实际情况及社会发展的需要，市文物局、市博物馆学会有计划地开展了培训工作，有效地提高了博物馆业务人员的专业素质和工作水平。

为提高北京市各文博单位馆藏品的管理水平，北京市文物局于2005年7月12日至15日在北京古代建筑博物馆举办了为期4天的“北京市文物收藏单位馆藏品保管员培训班”。参加此次培训的共有北京地区近90家文博单位的200余名学员，其中包括北京地区各博物馆保管部的工作人员，各区县文委、文管所从事文物保护工作的专业人员，多位馆级领导、文管所主任及保管部主任也参与其中。

培训班以授课为主要形式，以文物保管的基本常识、基本操作规范、规程及相关法律法规的讲解为主要内容。为办好此次培训班，我局还自编了《北京市文物收藏单位馆藏文物保管员培训班参考资料》作为培训班的辅助教材，其内容涉及文物政策法规、行业工作规范、文物藏品命名及分类示例、藏品管理工作规范凭证示例、附录及学习参考书目等5部分，可作为今后保管员在工作中的手册使用。

在2005年培训班的基础上，北京市文物局、北京博物馆学会于2006年11月13日至16日在首都博物馆联合举办“北京地区文博单位第二届藏品保管员培训班”。培训以实际操作演示、保管员基本工作程序讲解和实地参观为主要内容，共有140余名保管人员参加了培训。

针对我市文物保管员的专业技术培训班、藏品计算机操作管理人员的专业技术培训等，为提高从业人员的素质、规范博物馆藏品管理工作打下坚实的基础。

8. 开发并推广博物馆藏品管理软件

为加强博物馆藏品的信息化管理，北京市文物局从1997年即开始与北京顺成电子技术有限公司(2005年初更名为北京世纪易格软件开发有限公司)合作，开展博物馆馆藏品管理专用软件——“精宝藏品管理软件”的开发工作。藏品管理软件的开发是一项长期和需要不断完善升级的工作，由于此前没有一套完备统一的藏品管理软件，因此可参照的成果很少，同时鉴于博物馆门类的复杂性，此软件需要有更广泛的适应性，其字段设计需要有很大的灵活性和可更改性。至2000年已开发出了“精宝”藏品管理软件共两期，一期是传统文物类，二期是科技自然类，并在部分局属单位配置试用。利用这套藏品管理软件，市文物局直属博物馆馆藏三级以上文物档案的录入工作已于2001年底完成。

近年来，由于计算机技术的迅速发展，原软件使用的技术已过时，致使在使用中过于烦锁，操作不便，且有许多内容由于当时技术水平的局限未能实现。为解决这一问题，北京市文物局于2003年至2006年完成了“易宝藏品管理软件”第一期文物类和第二期科技自然类的修改完善、功能升级工作，开发完成了其网络版及升级版。2006年，北京市文物局争取市财政拨款为局属单位配置电脑及易宝藏品管理软件，解决了局属单位藏品信息数字化问题。博物馆藏品管理的现代化、数据信息的数字化，将在很大程度上扩展藏品信息数据的容量，便利藏品信息的查询检索，对于藏品的交流、研究、展示都具有重要意义。目前该套管理软件已在全市数十家文博单位应用，对于我市博物馆藏品管理具有重要的意义。

9. 制定并推行全市馆藏文物鉴定定级工作的新程序

馆藏品鉴定历来是文博单位的重要工作，是开展各项业务的基础。但由于以往通行的鉴定工作程序、专家力量及藏品数量巨大等因素，多年来馆藏品不能得到及时鉴定成为影响文博工作的难点之一。以往通行的鉴定工作程序是由国家或省市文物部门组织专家到各单位实地开展鉴定定级这一模式，特别是涉及珍贵文物。但由于经费、专家等问题，鉴定工作进展极为缓慢，近年来已陷入停顿。文物鉴定定级是藏品建账、建档及开展修复、展览等系列工作的前提,文物不能得到及时鉴定,许多工作均会受到严重影响。因此迫切需要管理部门改变现行工作程序,加快推进馆藏品的鉴定定级工作。

根据以上情况,北京市文物局于2005年下发了《关于北京地区各类国有文物收藏单位馆藏品鉴定工作的通知》(京文物[2005]72号),明确规定了今后我市文物鉴定的工作程序,即各文博单位应根据国家文物局新颁布的《文物藏品定级标准》及《近现代一级文物藏品定级标准(试行)》,结合本馆文物藏品的实际情况,制定本单位详细的“馆藏品定级标准”。各单位成立文物鉴定工作小组,由文物鉴定小组具体负责本单位的文物鉴定工作,提出博物馆对藏品的初步定级意见。在本单位馆藏品的鉴定、定级工作完成后,及时制作并上报统一规范的《藏品档案》,省级文物行政管理部门根据上报的珍贵文物《藏品档案》,组织文物鉴定委员会对各单位的初鉴结果予以审核,对定级无误的以公文形式予以确认文物级别;对自鉴定级不当的,组织文物鉴定委员会专家到各单位进行实地复核。

文物初鉴定级权的下放,有利于提高各文博单位的积极性主动性。同时新的工作程序不等于文物部门放弃对文物的鉴定定级权，珍贵文物的最终确认权仍在文物部门手中。

10. 开展大规模的文物征集工作

随着经济的发展,馆藏文物靠传统的调拨、无偿接收等方式已成为历史,博物馆的藏品来源日益面临危机,而博物馆的文物征集经费在“九五”时期(1996-2000)每年仅几万元,同时随着博物馆事业的发展,博物馆馆藏品在种类、展品体系上的空白与缺陷日益明显,加之社会文物收藏热带来文物拍卖业的迅猛发展态势,珍贵文物价格直线攀升,更使国有博物馆望洋兴叹。国有博物馆文物来源的锐减,使得博物馆在馆藏文物精品方面的不足和缺乏已开始显现,特别是缺乏国宝级的文物重器,直接影响到博物馆事业的发展及博物馆档次的提升。这与北京作为全国的首都,是国家的政治中心、文化中心的性质与国际化大都市的地位显然是不相适应的。

为解决这一紧迫问题,在北京市政府及财政部门的大力支持下,从2002年开始,将每年1500万元的文物征集专项经费纳入了市文物局的部门预算中,与之配套的《北京市文物征集专项经费使用管理办法》也由北京市文物局、北京市财政局联合颁布实施了,并编制了《北京市文物局申请文物征集专项经费审批表》。截至2008年,市财政共投入专项资金10350万元用于局系统博物馆的文物征集工作,其中首都博物馆征集文物2049件(套),北京艺术博物馆、石刻艺术博物馆、徐悲鸿纪念馆等单位共征集文物356件(套),征集文物品类涉及瓷器、玉器、青铜器、石刻、书法、绘画、丝织品、文房四宝、民俗等，其中不乏多件一级珍贵文物，如闫立本绢本设色孔子弟子像卷、乾隆御制松石绿地粉彩花卉龙把多穆壶、元代景德镇青白釉塑戏曲人物瓷枕、乾隆粉彩镂空花果纹六方套瓶、明永乐青花抱月瓶、木雕金漆菩萨立像、铜胎鎏金掐丝三足香炉、铜胎鎏金掐丝珐琅镂空四足暖炉等，具有很高的收藏研究价值，对于补充完善馆藏品体系、提高博物馆档次发挥了重要的作用。

11. 按照国家要求在全市范围内开展“全国馆藏文物腐蚀损失调查”

文化遗产是中华民族的宝贵财富，对于政治、经济、文化的发展都具有重要意义，是我国可持续发展的重要资源。馆藏文物是文化遗产的重要组成部分，对馆藏文物损失及保存状况的调查是政府的基本职责，也是国家制订文化遗产保护政策和规划的基本依据。

近年来，随着国家经济发展水平和对文化遗产保护重要性的认识程度不断提高，馆藏文物保护和管理工作已引起有关部门的重视，但仍存在缺乏大规模的投入、馆藏文物遭受损失情况不明、档案不健全的问题。为全面了解我国馆藏文物、特别是珍贵文物的损失状况和腐蚀危害程度，国家文物局于 2004 年在全国范围内开展了“馆藏文物腐蚀损失调查”工作，旨在通过调查分析，全面、深入了解我国馆藏文物的损失现状、程度及其原因，为馆藏文物保护管理的决策、规划、计划提供科学依据。调查对象涉及金属、石质、陶瓷、纸质、纺织品、竹木漆器、其他(象牙、馆藏壁画、皮革、骨器等)等 7 大类文物。北京市文物局根据国家文物局关于开展《全国馆藏文物腐蚀损失调查》及市政府领导关于加强基础数据调查统计工作的要求，于 2004 年 10 月至 2005 年 3 月在北京地区开展了“馆藏文物腐蚀状况调查”工作。此次调查涉及北京市属和区县属文博单位 81 家(其中博物馆 61 座，区县文管所 20 座，不包括故宫博物院、国家博物馆等中央属单位)，并在调查的基础上形成了《北京地区馆藏文物腐蚀状况调查报告》。进行此项调查的目的就是了解我市馆藏文物的现状，以便更好地开展馆藏文物的保护工作。

从调查总体情况看，在市委市政府的领导下，近年来我市馆藏文物保护工作取得了较大的进展，文物保护力度和资金投入逐年增大，据统计，我市各文博单位通过各系统争取的馆藏文物修复保护经费平均每年约有 821 万元，使得部分博物馆的库房条件及文保设施得到了一定程度的改善，许多受损文物得到了修复和养护。同时，在调查中发现我市在馆藏文物的保护方面也确实存在问题，如文物库房条件较差、缺乏恒温恒湿及日常监测设备、文物保护专业人才短缺、文物修复及日常养护资金不足等问题。此外，由于管理体制及隶属关系、领导重视程度等原因，大多数文物系统外的单位其文保专项资金及文物保护状况更是千差万别。

12. 完成“可移动文物修复资质”单位的审核及“可移动文物术保护设计资质”单位的初审工作

根据国家文物局要求，我局于2007年10月开始，在全市范围内开展了“可移动文物修复资质”单位的申报审核及“可移动文物技术保护设计资质”单位的初审工作。经北京市文物初审及国家文物局最终审定，我市获得首批可移动文物技术保护设计资质单位及相应业务范围为：甲级——故宫博物院、国家博物馆、中国文化遗产研究院、首都博物馆（玉、石器、陶器等）、中国社会科学院考古研究所、北京停云馆文化投资有限公司、北京大学；乙级——首都博物馆（瓷器、铜器、铁器等）、北京市文物研究所、中国农业博物馆。

获得首批可移动文物修复资质单位及业务范围为：一级——故宫博物院、国家博物馆、中国文化遗产研究院、首都博物馆、中国社会科学院考古研究所、北京市文物研究所、北京停云馆文化投资有限公司、中国农业博物馆、北京大学。

13. 在藏品管理的基础上，加强宏观调控提高藏品的利用率

在宏观管理馆藏品的基础上，近年来我局积极配合社会热点，以举办展览及活动的形式把文物介绍给社会，并在团结协作的前提下，组织协调各文物收藏单位，充分发挥北京地区各博物馆馆藏品资源丰富的特点，联合举办大型的、具有社会影响力的大型文物精品展。在客观上提高藏品的利用率。我局还积极提倡博物馆的研究人员应深入挖掘馆藏品的潜在文物内涵以各种方式提供给社会，使其发挥更广泛的社会效益。此外，为充分满足社会上“文物热”的需求，我局组织主编了全套16卷的《北京文物精萃大系》大型图录，这套大型图录，每一卷都是一个流动的专题艺术展览，使更多的人能从中汲取知识。

近年来，我市文博单位的藏品管理工作取得了长足的进步，文物保护工作得到了进一步的增强。这得益于经济与社会的发展和国力的强盛，得益于各级领导及社会各界人士的关心与支持，得益于政策与法规规章的逐步建立健全，得益于博物馆行业宏观管理工作的开展，得益于文博工作者的无私奉献。

在今后的博物馆馆藏文物行政管理工作中，我市将在全面贯彻新近修订的《中华人民共和国文物保护法》的基础上，进一步加强宏观管理工作，完成文物局系统外博物馆的藏品定级、建档工作，建立严格的管理制度，初步实现藏品的信息化管理，以实践科学发展观为指导，以实现人文北京理念为核心，实现博物馆事业的可持续发展。

（作者单位：北京市文物局博物馆处）

守护与传承

——北京地区博物馆非物质文化遗产保护工作侧记

李晨 沈平

博物馆作为一个专门收藏、研究和展示人类环境见证物的公益机构，对于保护人类共同遗产发挥着重要的作用。随着遗产概念的不断扩大，博物馆保护的遗产内容也正在日益增加。在今天博物馆的职责不仅局限于保护有形的文化遗产（可移动文物和不可移动文物），还应当扩大到整个的遗产家族，这就包括自然遗产和非物质文化遗产。特别是没有物质形态的非物质文化遗产，它与博物馆有着密切的联系，博物馆理应成为非物质文化遗产保护工作中的一支重要力量。

随着我国非物质文化遗产保护工作的不断展开，特别是2005年《国务院关于加强文化遗产保护工作的通知》（国发[2005]42号）发布以来，我国博物馆积极地通过各种形式参与非物质文化遗产保护工作。在北京地区，一批以非物质文化遗产为内容的专题展览纷纷开幕，一批非物质文化遗产专题博物馆相继建成，一批源自博物馆的非物质文化遗产项目被分别列入国家和北京市级非物质文化遗产名录，北京地区博物馆在北京地区的非物质文化遗产保护工作中发挥了重要的作用。

一、非物质文化遗产保护是博物馆的重要职能

非物质文化遗产与有形的文化遗产一样，都是人类祖先在历史上创造并遗留给我们的一笔珍贵的文化财富，保护好非物质文化遗产对于维护文化多样性、促进文化创新、和谐文化建设乃至维护世界的和平与发展都有着重要的意义。作为公益性文化机构的博物馆，不论在概念、藏品、文化还是职能方面，与非物质文化遗产都有着千丝万缕的联系。

关于非物质文化遗产与博物馆的关系这一论题，曾经一度被国际博物馆学界高

度关注。2000年在德国慕尼黑召开的国际博协博物馆学委员会年会就将“博物馆与无形遗产”作为讨论主题，2002年在中国上海召开的国际博协亚太地区大会也将“博物馆与无形遗产”作为主题，并在大会结束时通过了以“博物馆、非物质遗产与全球化”为主题的《上海宪章》，《宪章》指出：作为保护非物质文化遗产建设性合作伙伴关系的推动者，博物馆应创立跨学科、跨行业的方法，使可移动与不可移动、物质与非物质、自然与文化遗产融为一体。制定全面开展博物馆和遗产保护实践活动的档案记录方法与标准。开展重点项目，为建立社区参与制定非物质遗产资源清单的方法作出示范。同时支持联合国教科文组织通过各种活动项目为保护与宣传非物质遗产所作出的努力，并强调在拟订国际非物质遗产保护公约过程中专业机构参与的重要性。《宪章》这样的规定已经将博物馆与非物质文化遗产在职责层面上紧密相连。2004年在韩国汉城召开的国际博协代表大会更是将大会主题确定为“博物馆与无形遗产”，并将当年“5·18国际博物馆日”的主题也定为“博物馆与无形遗产”。在以国际博协为代表的国际博物馆学界大力倡导下，国内外众多的博物馆和文化、艺术方面的学者曾针对“博物馆与无形遗产”这一主题发表了大量的论述。2007年国际博协正式修改了博物馆定义，将非物质文化遗产保护正式作为博物馆的一项职责写进了最新版的博物馆定义。时至今日，“保护非物质文化遗产是博物馆不可推卸的神圣职责”，这一点已在博物馆学界达成共识。

二、北京地区博物馆开展非物质文化遗产保护工作的有益尝试

当前，随着全国性非物质文化遗产保护工作的大规模开展，北京市非物质文化遗产的大规模普查正在紧张进行，市、区两级非物质文化遗产名录的建立工作有序展开，非物质文化遗产保护的法规和规范正在不断完善，一套有别于原有的文化文物体系的非物质文化遗产保护工作体系逐渐形成。在这场轰轰烈烈的工作中，北京地区各相关博物馆本着密切关注、深入调查、积极参与、通力协作的原则，认真贯彻执行《国务院关于加强文化遗产保护工作的通知》等有关政策文件，通过配合提供史料实证、收藏保护物质载体、深入研究遗产内涵、展示传播教育推广、探索参与项目申报、成立专业组织和建设专题博物馆等多种形式，积极地投入非物质文化遗产保护工作当中，为保护文化遗产、传承京味文化发挥了应有的作用。

1. 配合提供史料实证

日本学者樱井龙彦先生在《为了文化遗产的和平有效利用》一文中将非物质文化遗产保护归纳为评价、保存和有效利用3个方面。这3个问题中第一个需要解决的就是评价问题，即在多种多样的文化中，把什么作为遗产“选出”并“认定”的问题。我国目前正大规模开展的非物质文化遗产普查、非物质文化遗产申报以及非物质文化遗

产名录建立工作所要解决的就是遗产的评价问题。评价问题的主导应是非物质文化遗产的管理部门和保护工作机构，而主要参与者应当包括某一项遗产的传承人或传承团体、申报机构和具体项目保护机构。在评价工作中，虽然博物馆既非主导者，亦非参与者，但博物馆可以利用馆藏文物、文献的优势资源，以史料实证支持者的身份参与到遗产评价活动当中。

每当说到博物馆的功能时，我们总是最喜欢引用史树清先生的一句名言，即“藏文物、藏图书、藏人才”，而历史文物、图书资料和专业人才都是开展遗产评价必不可少的重要条件。在对遗产的调查与申报过程中说明非物质文化遗产的主要内容必需有相应的作为道具或制品的文物藏品作为佐证，说明非物质文化遗产的传承谱系必需以翔实的文史资料作为辅助，讨论遗产的历史渊源、文化价值必需要文博专业人员共同参与，探讨论证。总而言之，有了博物馆在史料实证方面的支持，对于非物质文化遗产的普查与申报工作会进行得更加周详、便利。参与到非物质文化遗产的普查与申报工作当中，博物馆也会更好地理解文化遗产，使自己拥有的历史文物、图书资料、专业人才更好地发挥自身价值。做好史料实证的支持者，正确处理与非物质文化遗产的管理部门和保护工作机构、传承人或传承团体、申报机构和具体项目保护机构的关系，这就是博物馆在遗产评价问题中应有的地位和应发挥的作用。

在北京地区非物质文化遗产普查、申报等一系列工作当中，各相关博物馆特别是故宫博物院、国家博物馆、首都博物馆等大型博物馆，纷纷打开大门为遗产申报机构、传承人、科研机构等提供所需的各类文物实证和文献资料，在北京市各级非物质文化遗产申报文本中，经常可以看到源自博物馆馆藏文物或历史文献，为证明遗产的历史渊源、传承谱系、做法工艺等都发挥了十分积极的作用。

2. 收藏保护物质载体

保存遗产是非物质文化遗产保护工作中的另一个重要问题，关于非物质文化遗产保存的一项重要手段就是将非物质文化遗产物质化。在《非物质文化遗产学教程》一书中列举了非物质文化遗产保护的10条基本原则，其中第一条就是“非物质文化遗产保护的物质化原则”。正如书中所说任何一种文化遗产大到建筑，小到剪纸，都是由物质和非物质这样两个方面共同构成的。它们相互依凭，难解难分。因为技能与技艺这类非物质文化遗产“看不见”、“摸不着”，所以保护难度很大。但是，既然我们搞清了物质类文化遗产与非物质文化遗产的关系，那么，在保护非物质文化遗产时，我们则完全可能通过实物收藏的方式，来保护这些非物质文化遗产，从而实现对非物质文化遗产的多元化保护。

在实践中，非物质文化遗产的物质载体与博物馆藏品之间有着相当大的交集。大量的非物质文化遗产的物质载体都可能因其自身的艺术性被博物馆收藏而成为博物馆的藏品。因此通过实物收藏的方式,来保护非物质文化遗产往往是博物馆参与保护非物质文化遗产的最重要手段。在北京地区首都博物馆、北京民俗博物馆收藏的大量民俗文物,北京戏曲博物馆、梅兰芳纪念馆收藏的大量戏曲道具、唱片,中国工艺美术博物馆、北京工艺美术博物馆收藏的大量传统工艺美术作品,北京服装学院博物馆收藏的大量民族服装,中央民族大学博物馆、民族文化宫博物馆收藏的大量少数民族文物,北京中医药大学中医药博物馆、中国医史博物馆收藏的大量传统医药文物都是重要的非物质文化遗产的物质载体。多年来这些博物馆通过对上述文物的征集、收藏、研究为北京乃至全国的非物质文化遗产保护工作发挥了十分积极的作用。

目前，北京地区博物馆收藏非物质文化遗产物质载体的范围正日益呈现出多样化的趋势,一些专业博物馆除了收集一些道具、制品作为藏品以外,还探索收集针对非物质文化遗产的影音记录载体(如录音、录像等)作为资料馆藏。可以设想,在当前全国性非物质文化遗产普查的大形势下,还将会有一大批工艺精湛、历史悠远、文化底蕴深厚的非物质文化遗产物质载体被从民间收集上来，也会有一大批有关非物质文化遗产的影音资料被从传承人那里采集出来。我们认为,不论从文化价值的角度,还是从保护手段的角度,这些物质载体和影音资料都应当走进博物馆,成为馆藏,这样也是最有利于遗产的传承与发展。博物馆的收集物质载体,开展物化保护;与传承人开展活态传承,对于技艺的保护正好形成了一组对应关系。在博物馆与传承人的密切配合下,物化保护与无形保护共同开展,文化遗产必然能得到最好的保护效果。做好物质载体的收藏者,正确处理与非物质文化遗产传承人的关系,这就是博物馆在遗产保存问题中应有的地位和应发挥的作用。

3. 深入研究遗产内涵

保存非物质文化遗产分为两个方面,一方面是对其物质载体的保存,另一方面是对其非物质性因素即技艺、技能的活态保存,这种保存才是对非物质文化遗产本身的保存。在非物质文化遗产保护工作中,博物馆虽然不是传承人,无法直接参与非物质文化遗产的活态传承。但博物馆作为非物质文化遗产保护工作的参与者,担负着收藏非物质文化遗产物质载体的责任,又掌握着有关遗产的文史资料和专业人才,完全可以通过对遗产内涵进行深入研究,促进遗产的活态传承。

在自发状态下成长起来的非物质文化遗产，在传统社会中无须通过研究即可良好地进行传承。但是随着社会的发展,非物质文化遗产的传承环境正发生着巨大的变化。许多在农业社会产生的文化遗产,进入工业社会后慢慢地失去了赖以生存的社会环境,正在面临着快速消失的可能,在这个时候就需要研究者通过深入研究,使人们对遗产的文化价值和传承以及变化情况有全面的了解，给非物质文化遗产的保护和传承工作提供理论支持。这种研究工作对于遗产的保存具有非常积极的意义。另外，非物质文化遗产往往蕴藏着丰富的文化底蕴，传递着大量的文化信息，对于历史学、民俗学、人类学研究有着很大的指导意义，并对于今天的科技发展也有一定的启示意义。深入研究、发掘非物质文化遗产及其内含的文化信息，对于今天的科研工作有着十分积极的意义。博物馆收藏的遗产载体，拥有的文史资料和学术人才都是开展遗产研究工作的重要基础，凭借这方面优势博物馆开展非物质文化遗产的研究将会事半功倍。

与学术界合作做好遗产内涵的研究者，可以说是博物馆在遗产保存问题中的另一项重要职能。近年来，北京地区博物馆立足于这个角色并发挥了十分积极的作用。大量与博物馆非物质文化遗产有关的学术论文纷纷面世，许多研究非物质文化遗产的专业著作也都出自北京博物馆工作者之手，在北京地区博物馆第五次学术会议、纪念改革开放 30 周年博物馆前沿论坛等北京地区博物馆重要学术会议中非物质文化遗产保护都成为了热点议题，而在非物质文化遗产学界的重要性学术会议上也经常能够看到北京博物馆工作者的身影。2007 年首都博物馆专门承担了北京市社会科学课题“北京地区非物质文化遗产保护”，通过一年的时间，完成了调研报告，为博物馆开展非物质文化遗产保护研究开创了良好的先例。北京地区博物馆工作者，为北京非物质文化遗产理论研究工作发挥了应有的作用。

4. 展示传播教育推广

“有效利用”是非物质文化遗产保护的又一个重要问题，日本学者樱井龙彦先生始终将保存和有效利用看做是一个一体化的问题，认为“有效利用”是“保存”的主要目的之一。的确，非物质文化遗产要想得到传承发展，就必须得到广泛的社会认知，需要得到广泛的社会认知也就必须在社会范围内被有效利用。在非物质文化遗产的有效利用问题上博物馆的作用是不可忽视的。一项文化遗产需要被社会有效利用，首先要向社会广泛推广。博物馆作为一个公开的文化机构，举办展览展示，开展社会教育是其固有的基本职能。而博物馆的展览展示和社会教育恰恰又可以成为向全社会开展遗产主题教育的重要手段。2006 年初文化部、教育部等 9 部委在国家博物馆联合举办了《中国非物质文化遗产保护成果展》，2008 年文化遗产日期间在中华世纪坛世界艺术馆举办了《中国非物质文化遗产保护专题展》，2009 年春节期间又在中国农业博物馆举办了《中国非物质文化遗产传统技艺大展》3 个展览都在北京引起了相当大的轰动，上至党和国家领导人，下至普通市民竞相前往参观。展览给遗产带来的社会认知，超乎了主办方的想象。3 个展览同样轰动，3 个展览同在博物馆举行，博物馆的展览展示、社会教育对于推广文化遗产的作用可见一斑。随着全社会对于文化遗产的了解与认可，遗产必然会得到社会的有效利用，从而走上产业化的道路，形成传承与发展的良性循环。综上所述，在遗产的有效利用问题中，博物馆应当做好教育推广的工作者，为促进遗产的有效利用与传承发展发挥应有的作用。

5. 积极探索项目保护

除了以上几个方面外，一部分博物馆还探索着更加直接深入的参与到非物质文化遗产的保护工作中，在遗产管理部门、保护工作部门和传承人的支持下，自主开展针对某一具体遗产的调查、申报和后续保护、利用工作，成为某一遗产项目的整体保护者。这种保护方式在我国博物馆行业中虽然还属于新生事务，但在第一批、第二批国家级非物质文化遗产名录中都有部分项目由北京地区博物馆申报的项目在列。在第一批国家级非物质文化遗产名录中的516号“农历二十四节气”就是由中国农业博物馆自主调研、整理并申报的，而第96号“智化寺京音乐”也是由北京文博交流馆在北京市文化部门的支持下自主调研、整理后通过北京市进行申报的。在第二批国家级非物质文化遗产名录中，由博物馆直接或参与申报的项目则更多，包括故宫博物院分别申报的“装裱修复技艺”(919号)和“官式古建筑营造技艺”(957号)两个项目，北京民俗博物馆也申报了“东岳庙庙会”(991号)。在这一方面，北京地区博物馆可以说是给全国各地同行开创了良好的先例。相信随着非物质文化遗产概念的保护工作的不断深入，必然会有越来越多的与非物质文化遗产拥有密切联系的博物馆都可以直接深入的参与到非物质文化遗产的保护中来，承担遗产项目的整体保护者这一光荣的责任。

6. 成立专业组织、建设专题博物馆

非物质文化遗产是我国传统文化的重要组成部分，体现着中华民族的生命力和创造力，是人民的历史记忆和智慧结晶，也是人类文明的瑰宝。目前，非物质文化遗产保护工作还面临着很多问题，特别是在博物馆参与非物质文化遗产保护方面仍有许多理论和实践方面的问题需要探讨。为了做好北京地区博物馆的非物质文化遗产保护工作，北京博物学会于2007年末特别成立了非物质文化遗产专业委员会。北京博物馆学会非物质文化遗产专业委员会作为北京博物馆学会下属的二级学术团体，专业委员会融汇了北京博物馆学会会员馆中与非物质文化遗产相关的10余家不同门类的专业博物馆学术力量，委员会主任由国家非物质文化遗产专家委员会委员中央民族大学教授邢莉女士担任，北京非物质文化遗产保护中心主任王鸣铎、北京民俗博物馆副馆长李彩萍、首都博物馆研究员沈平共同担任专业委员会副主任，来自首都博物馆、北京民俗博物馆、北京戏曲博物馆、北京皇城艺术馆等多家文博单位和中国艺术研究院、国家图书馆、北京群众艺术馆、北京联合大学等多家专业学术机构的专家、学者、专业工作者分别担任专业委员会的委员。为了做好非物质文化遗产的保护与研究工作，专业委员会聘请了李滨声、苏东海、宋兆麟、赵书和郭子升5位博物馆学、民俗学和非物质文化遗产方面的专家担任顾问。

非物质文化遗产专业委员会主要工作方向是针对北京地区的非物质文化遗产开展有关的调查、研究和保护工作，并指导北京地区博物馆开展有关非物质文化遗产保护和非物质文化遗产相关文物的收藏、保护工作，同时努力通过上述工作增强北京地区博物馆工作者对非物质文化遗产的认识，推进博物馆参与非物质文化遗产保护工作，推动将非物质文化遗产保护工作纳入博物馆的基本工作范畴。

专业委员会自成立以来为加强北京地区博物馆的非物质文化遗产保护工作，强化博物馆的非物质文化遗产保护职能开展了大量积极有益的工作。2008年，专业委员会与首批国家级非物质文化遗产项目“抖空竹”的保护单位宣武区广内街道合作建设了传承空竹文化遗产的专题博物馆“北京空竹博物馆”。北京空竹博物馆馆址位于报国寺西侧小星胡同，占地面积约200平米。作为北京乃至全国范围内第一座空竹主题博物馆，该馆将具有传承民俗，贴近社区和非遗保护特色；一方面致力于非物质文化遗产保护，一方面服务于社区文化建设。在博物馆的建设过程中，专业委员会受广内街道的委托承担了“北京空竹博物馆”的文史资料的征集、整理和博物馆展陈大纲的撰写工作。并与广内街道密切配合根据自身条件从学术角度对于“北京空竹博物馆”的总体策划、陈列组织等各项筹建工作给予了积极的指导和支持。“北京空竹博物馆”于2009年5月18日顺利开馆，填补了北京社区非遗博物馆的空白。

保护非物质文化遗产是一项漫长而系统的工作，它需要多方面的共同参与和协同配合，有了博物馆的加入，非物质文化遗产的保护体系必将更加完整，相信在博物馆工作者与遗产工作者的双方面共同努力下，博物馆必将会像《上海宪章》所说的那样，成为“保护非物质文化遗产建设性合作伙伴关系的推动者”和非物质文化遗产保护的一支重要力量。

（作者单位：北京皇城艺术馆、首都博物馆）

北京地区博物馆的志愿活动

金淼 楼锡祜

博物馆志愿者，是社会上一部分对博物馆有兴趣，有余暇，并且愿意用自己的知识、特长和劳动，不拿报酬为博物馆服务的人。通过博物馆志愿活动的开展，在博物馆与社会公众之间，架起了一座桥梁，使博物馆能随时感知社会的脉动，社会也能通过志愿者随时了解博物馆，增强了博物馆在社会公众间的亲和力，改善了博物馆的社会形象。博物馆志愿人员活动是博物馆成熟的标志之一。

博物馆的志愿活动最早开始于美国，波士顿艺术博物馆早在1907年就有志愿者活动。台北故宫博物院在1989年由其导览组开始培训义工（台湾对志愿者的称呼）。作为新时期博物馆发展必不可少的要素，北京的博物馆志愿活动从20世纪80年代曾有几个馆自发、零星开展过，有一定影响的是90年代中国历史博物馆、中国科技馆、中国农业博物馆、中国地质博物馆和中国人民抗日战争纪念馆与北师大的白鸽志愿社团联合组织的博物馆志愿活动，至今近20个年头。经历了从无到有，从小到大，从随大流、赶时髦、图新鲜到管理规范、旨在实现“自我价值”的曲折过程。2001年9月北京博物馆学会与北京市文物局联合召开“博物馆志愿者研讨会”，就“博物馆志愿者的条件”、“志愿者招聘办法”、“志愿者可从事的工作类别”、“志愿者考核和培训”以及“志愿者的权利和义务”等问题进行了专项研究，并提出要开展志愿者工作规范化管理的研究，制定办法试行并推广，为博物馆志愿活动的开展提供了政策支持，保证活动的有效开展。2002年3月，国家博物馆通过媒体向社会公开招募志愿者，由此揭开北京博物馆志愿活动的新篇章。

2004年到2008年，是北京博物馆志愿活动发展迅速、走向成熟的5年，北京博物馆的志愿者工作取得实质性发展。根据不完全统计，截止2008年底，北京市各类博物馆140余家中，开展志愿者活动的博物馆超过30家，占总比例约1/4。志愿者总人数在6000人以上。故宫博物院、中华世纪坛世纪艺术馆、首都博物馆、北京自然博物馆、北京天文馆、恭王府博物馆、北京海淀区博物馆、老舍故居等博物馆相继建立志愿者队伍，掀起了北京市博物馆志愿活动的新浪潮。这批志愿者是真正意义上的"不为物质报酬，基于良知、信念和责任，自愿为社会和他人提供服务和帮助的人"。具体表现在博物馆的志愿者队伍稳定，社会来源多元化、年龄分布广泛化、工作内容多样化等，部分博物馆还建立了专门的志愿者管理组织，并通过多种的组织管理形式，对志愿者队伍和志愿活动加强管理。

通过对15家典型性博物馆的志愿者工作现状进行的调查、分析发现，现阶段各博物馆的志愿活动虽然还有部分是依托大学生的社会实践活动得以实现，但已经在一定程度上摆脱了完全依靠学校力量的困境，通过社会招聘，吸纳真正对志愿工作感兴趣、对博物馆工作有认知的有识之士，到博物馆内开展志愿活动。在了解的15家博物馆中，只有5家博物馆的志愿者队伍建设完全依托高校的志愿社团，而其余的10家博物馆中的志愿者成员覆盖了社会的各个层面，吸纳的志愿者包括在校大学生、退休人士、教师、军人、企业管理人员以及自由职业者，实现了社会各行各业的全覆盖；志愿者的年龄结构从北京自然博物馆最小的8岁小志愿者(经过特殊培训)到国家博物馆、故宫博物院、恭王府博物馆、中华世纪坛世界艺术馆、首都博物馆、中国人民抗日战争纪念馆、自然博物馆等具有60岁以上的老人参与志愿活动中；而志愿者的服务年限，7家博物馆都拥有服务超过4年的志愿者成员，志愿者的工作已经摆脱了随大流、赶时髦的初级阶段。通过长时间的筛选，真正对博物馆感兴趣，对志愿工作有热情的人士被保留了下来，成为博物馆各项工作的社会力量。在了解的15家博物馆中，服务时间超过1年的志愿者，总人数已经超过800人，形成一定的规模。志愿者在博物馆内的工作内容已经从原来的单一开展展厅讲解，扩展到博物馆内的更多工作岗位，如北京自然博物馆的志愿者辅助进行标本整理和数据库的建立，故宫博物院的志愿者从事观众咨询工作，宋庆龄故居和中国人民抗日战争纪念馆的志愿者开展文字编辑、资料整理等工作，中国科技馆的志愿者辅导操作等，在不同岗位上发挥志愿者的作用，实现人力资源的有效利用。

随着志愿活动的发展,博物馆对志愿者工作提供了必要的硬件基础,具体表现在多数博物馆为志愿者提供了必要的办公设备,在首都博物馆、国家博物馆、故宫博物院、北京自然博物馆均设有志愿者专用的志愿者工作室、茶水间,为志愿者提供一个休息和交流的场所,有些博物馆还在办公室内配置了电脑、图书、报纸,希望借此增强志愿者的归属感,在丰富自身生活的同时,将志愿活动转变成交友、娱乐和自我提高的场所。多数场馆为志愿者提供了显著的标志,或胸卡(国家博物馆、北京自然博物馆、恭王府博物馆)、或统一的着装(中国科技馆和北京自然博物馆的红色马甲)。硬件设施的增加,提高了志愿者的归属感,进而提高了工作的积极性。

通过对几家典型博物馆志愿活动的分析,目前的北京地区博物馆志愿活动主要具有以下几方面特点:

1. 理念正确、组织严密、运营规范:首先是理念更新。经过对博物馆以往志愿活动正反两方面的反思,对越来越多的境外博物馆志愿活动理念和实践的参考,博物馆在对志愿者的理念方面有了较大的转变和提高。正如国家博物馆黄琛所说:“一个博物馆能不能真正开展志愿服务工作,是它是否真正走向社会、服务社会的标志之一,更是它是否真正开放自己的标志之一。”在组织和运营方面,开展好的馆都有严密的组织管理体系,并得到馆领导的关怀或由馆(院)长直接领导,实行专人负责制;制定了较完善的规章制度,明确规定了招募志愿人员的目的、条件、报名及录用程序、培训考核、志愿人员的义务和权利以及岗位职责等。实现对志愿者的正规化管理,使最终能成为志愿者成为一种责任、一种荣誉。多数博物馆对志愿者在招募时就建立了档案,包括未被录用的也作为人力资源存档。

2. 面向社会、主动招募、手段现代。招募由博物馆主动运筹,由以前的以面向学校、集体、青少年为主,转向面向社会、面向个人,并充分利用大众传媒和网络,公开透明,使招募志愿人员双方都有更多的选择。同时,招募志愿人员活动本身就成为博物馆走向社会的一次有影响的宣传活动。国家博物馆还首次使用了先进的心理测评方法,使考察更加科学。受聘的志愿人员不再是单纯的青少年学生,如故宫博物院的志愿人员中,学生、在职人员和离退休人员各占 1/3。

3. 博物馆考虑到志愿人员的素质、水平和参加志愿活动的初衷,对志愿者的回报更多的是满足其精神上的需求。志愿者参加志愿活动的目的主要有:得到尊重、体现自我价值、多交朋友、发挥特长、多学一门本事、建立专业联系、获得经验、锻炼自己的能力、社会声望等。博物馆在这些方面做了许多工作。如对志愿人员可以免费或优惠参观或参加本馆的陈列和活动；对志愿人员工作业绩的记录、开展志愿者的各类评比和比赛、表彰，如国家博物馆对志愿人员以服务小时数评星级讲解员，以至最高荣誉，授予中国国家博物馆荣誉馆员称号；故宫博物院帮助志愿人员自己组织起来，并委托他们开展社区讲堂，甚至委托有经验和特长的志愿讲解员参加新志愿者的选拔；最受志愿者欢迎的是博物馆组织的讲座（专业培训）和专项参观，这类活动既受志愿者欢迎，而且还充分发挥了博物馆本身的优势，如国家博物馆从 2002 年 4 月至 2006 年 12 月就安排了 85 次讲座，24 次参观；故宫博物院在 2005 年的 9 个月内安排了 17 次讲座，每年举办一次外出参观考察（先后组织志愿者参观承德、清东陵、沈阳故宫、河南省博物馆等），使志愿者享受到了"特供"的精神美餐；还有各馆都为志愿者建立了网站（网页、论坛），为博物馆与志愿者、志愿者之间搭建了互相了解、交流、提高的现代化平台等。种种活动既可以使志愿者的精神生活得到丰富，又可以反作用于志愿者的工作中，提升工作水平，实现良性循环。这些，或许都可以作为博物馆报答志愿者的特色经验。

志愿活动的开展是博物馆管理工作中的一项重大创新，在博物馆和社会公众之间架起了一座桥梁，无论作为组织者的博物馆，还是作为参与者的志愿者，在活动过程中均有所收获，共同推动博物馆事业的发展。对博物馆来说，首先，博物馆得到了大量的人力支持和社会资源，其次，由于志愿者的参与，使博物馆得以开展一些以前想开展而未能开展的活动，拓展了服务，特别是教育活动的范围；同时，在志愿者的辅助和监督下，博物馆的服务和管理水平得以提升。而对于志愿者来说，志愿者参与了博物馆的工作，有付出就会有收获。据几家博物馆所编辑的志愿者文集，如故宫博物院的《撷芳致远》、中国国家博物馆的《关于历史时空的解码与代言》等记载，志愿者们的收获和体会十分丰富，十分感人！可以说，志愿者为博物馆带来了清新的生气，博物馆为志愿者提供了继续学习、发挥余热的平台；志愿者为观众付出了精心的服务，而观众也把由衷的感激回报给了志愿者。从这个意义上，仅仅说双赢是远远不够表达的。只有"予人玫瑰，手有余香"，才恰当地反映出双方精神上的深刻感受！成绩和收获的取得是活动得以维系和开展并深入的必要条件。

当然，博物馆的志愿活动开展还处在发展过程中的初级阶段，这从以下几个方面可以看出。一是开展志愿活动的博物馆较少，而开展规范、并能坚持的更少。二是博物馆志愿者在社会产生的影响，包括对博物馆行内的影响还不大。究其原因，客观上，我们的博物馆发展的水平还较低，特别是现代博物馆学的理念学习不够，不少博物馆对博物馆的职能重心由收藏转向教育和服务认识不足，对现代博物馆要为社会服务，要成为社会尤其是社区的文化中心准备不足，对博物馆志愿者的认识更有待补课;另外,不可否认的是北京不少博物馆无论在藏品、陈列还是活动和服务方面,还缺乏吸引志愿者的魅力。主观上,博物馆有关主管部门对一些先进博物馆志愿活动的宣传推广,对博物馆志愿者这一新生事物的经验总结、理论研究以至国外现成的先进做法介绍等,还是做得不多,一些在实践中长期存在的模糊问题没有得到及时的澄清,以至阻滞了志愿者活动的顺利、深入开展。

博物馆志愿者活动是博物馆社会化的重要因素,是中国博物馆与国际先进博物馆接轨的必经之路,是博物馆现代化的必需条件,因此可以预见在不远的将来,博物馆的志愿者活动将迎来加速发展的崭新篇章,为北京市博物馆的建设和发展带来新的生机。

本文的撰写得到了以下博物馆的支持,在此谨表谢意:

故宫博物院、国家博物馆、中国科技馆、中国地质博物馆、中国人民抗日战争纪念馆、中华世纪坛世界艺术馆、宋庆龄故居、老舍纪念馆、恭王府博物馆、北京文博交流馆、首都博物馆、北京天文馆、北京自然博物馆、北京艺术博物馆、北京市海淀区博物馆、圆明园。

（作者单位:北京自然博物馆）

从博物馆视角看北京工业遗产

首都博物馆文物资源调查征集部

工业遗产研究源于工业革命的发祥地英国。早在19世纪中期，关于工业遗产的保护问题在英国引起重视，并出现了相关的展览。工业遗产是工业革命的直接产物，对它的研究是历史的必然。二十世纪五六十年代，工业考古学的兴起，加速了工业遗产研究的开展。一些工业化国家，如美国、法国、德国、日本等也开始探索工业遗产的保护与创造性转换，在理论与方法上取得不少成功的经验与案例。英国的铁桥峡谷生态博物馆，1986年被列入世界遗产名录，成为世界上第一个因工业闻名的世界遗产。德国鲁尔工业区利用原有的工矿场地修建改造成遗址公园，并从1998年开始，统筹规划全区工业遗产旅游景点，开发了一条“工业遗产旅游之路”。2003年，国际工业遗产保护协会在俄罗斯下塔吉尔召开会议，通过了国际工业遗产保护的纲领性文件《下塔吉尔宪章》。宪章阐述了工业遗产的定义，即“凡为工业活动所造建筑与结构、此类建筑与结构中所含工艺和工具以及这类建筑与结构所处城镇与景观，以及其所有其他物质和非物质表现，均具备至关重要的意义。”“工业遗产包括具有历史、技术、社会、建筑或科学价值的工业文化遗迹，包括建筑和机械，厂房。生产作坊和工厂，矿场以及加工提炼遗址，仓库货栈，生产、转换和使用的场所，交通运输及其基础设施，以及用于住所、宗教崇拜或教育等和工业相关的社会活动场所。”

近年来，中国也开始关注工业遗产的保护。2006年4月18日，在首届中国工业遗产保护论坛上，通过了旨在保护工业遗产的《无锡建议》，这标志着中国工业遗产保护工作正式提到议事日程。《无锡建议》提出了“尽快开展工业遗产的普查和评估工作；将重要的工业遗产及时公布为各级文物保护单位，或登记公布为不可移动文物；

编制工业遗产保护专项规划，并纳入城市总体规划；区别对待、合理利用工业废弃设施的历史价值”。

一、工业遗产保护意义重大

工业遗产，在中国只有几十年或近百年的历史，但它们同样是社会发展不可缺少的物证。基于工业遗产深厚的历史文化底蕴和独一无二的实用价值，加强对工业遗产的保护、管理和利用，对于传承工业发展的文化和丰富北京城市的历史积淀具有十分重要的意义。

1. 工业遗产保护是北京城市历史和社会文化的积淀。北京具有悠久的建城和建都历史，近百年来工业化进程为古都的发展增添了新的内涵。建国以前的老北平是一座消费型城市，当时城内除了皇家的宫廷园林和大片的民房，以餐饮、娱乐业等服务性行业居多。那时候，北京的工业只有一些小型的玻璃厂和火柴厂等，大工业基本无从谈起，民族工业留下的基础十分薄弱。20 世纪 50 年代，北京与许多城市一样，开始了如火如荼的工业建设。仅用了 10 年时间，就初步形成了东郊棉纺织区，东北郊电子工业区，东南郊机械、化工区和西郊冶金、机械重工业区的布局。这些工厂的发展，对北京城市的工业经济发展有着不可磨灭的业绩。每个工业遗迹都凝聚着丰富的历史文化精髓，给人以铭心的启迪和中华民族自强不息的感召力。保护北京工业遗产，意味着关注北京城市本身、城市的发展史和千千万万人的北京工业记忆。

2. 工业遗产保护是北京城市工业发展历程的见证。20 世纪 90 年代，北京开始进行战略性的产业结构调整和城市功能的重新定位，位居城市首位的制造业正逐步从城市中心区域向外围区域转移。大规模的城镇建设，使大量具有重要历史、社会和文化价值的近现代工业文化遗产已经或正在被大量拆毁，留下千古遗憾。近几年内，就有 150 多家在城区的工业企业从城市中心退出，这一进程将一直持续到 2010 年首钢停产搬迁。那些废弃的工业遗迹虽然已经失去了原有的功能，但在相应时期具有行业代表性、典型性和技术先进性，在今日具有不可再生的稀缺性，是人类工业活动的见证。

3. 工业遗产保护是北京城市规划方针的实践。新修订的《北京城市总体规划》强调：“完善市域及周边地区历史文化资源和自然景观资源的保护体系。突出历史文化脉络，形成文化遗产保护体系。重点保护历史遗存及其环境，充分发挥其中的文化内涵。”工业遗产保护是落实北京城市新规划的重要举措之一，通过发掘、整理、保护各类物质和非物质文化遗产，使之更好地继承和发展传统文化精髓，焕发古都活力。研究北京工业遗产的历史作用和文化内涵，是对北京历史文化名城保护理念的延伸。在揭示北京工业遗产发展过程，记录城市历史的同时，探寻北京工业遗产可持续发展的新途径和新作用有着重要的战略意义。

二、工业遗产保护功在千秋

博物馆历来都承担着保护和展示一个国家或一个地区文化的责任，一个国家和民族的文化遗产在不同类型的博物馆中可以得到体现，博物馆的这种社会责任也不会因为时代而改变。在新的历史时期，北京地区的博物馆为区域服务，打造“区域文化中心”，树立“以人为本”的社会责任观，是新时代科学发展的重要方向，如何更完整和真实地记录、展示和研究北京的历史文化，也是我们一直不懈探讨的问题。公共性和为普通大众服务的宗旨，使我们对“藏品”眼光从珍稀物品和远古文化物品，扩展到人类社会各个发展阶段的创造物以及与人类社会密切相关的各类物品。这样一种“大藏品”概念，也使得北京地区的博物馆开始更多地关注普通群体的生活和记忆，其中，北京工业遗产保护就是一项重要的内容。北京地区的博物馆在北京工业遗产保护上做了大量实质性的工作，取得了一定的成效。

1. 广泛征集工业遗迹资料

21世纪初，北京地区的博物馆根据自身的方向，开始向社会广泛征集北京近现代的实物资料。2002年，首都博物馆文物征集部开始关注、收藏北京近现代的实物资料，特别是一些工业遗迹资料。目前，征集工业文物14000余件，如北京清河制呢厂在搬迁之前向我们捐赠了1930年比利时亨利·保律斯(HENRI PAULUS)机械厂生产的纺织搓呢机、原北京火柴厂捐赠了1906年到1918年间的丹凤牌保险柜及14000件档案、二七机车厂捐赠了英国制牛头刨等。这些不同时期的物品，标志着北京近现代工业技术和社会生活状态的变化。它们将成为北京工业历史发展的重要物证，在博物馆内发挥着见证历史的重要功能。

2. 大力开展北京工业遗产调查工作

为了更完整和真实地记录北京城市工业发展历程以及普通大众的工业情感和记忆，2006年3月，首都博物馆文物征集部成立了工业遗产调查小组，开始对北京工业产业的变化和相关工业遗产重点企业展开调查。2007年，文物征集部正式更名为“文物资源调查征集部”，并与相关领域专家和社会多家媒体共同启动了北京工业遗产调查工作。2006年初到2008年底，调查小组实地调查了北京20家重点工业企业，如京西门头沟煤矿、长辛店二七机车车辆厂、清河毛纺厂和制呢厂、石景山钢铁厂、北京火柴厂、北京焦化厂、北京双合盛啤酒厂、北京南口机车车辆厂、北京葡萄酒厂、798工厂、煤气用具厂、第二热电厂等；实地考察了京张铁路沿线的车站、桥梁、工厂、隧道等48个点。2008年底到2009年底，受国家文物局和北京市文物局的委托，首都博物馆开展了“京西工业遗产调查项目”，调查了北京京西地区132家工业企业(包括铁路)。

首都博物馆对于北京工业遗产的调查工作,具有广泛而深刻的社会效应。整个调查过程采取与多家媒体联合开展的形式,如《北京晚报》、《北京晨报》、《北京日报》、《竞报》、《中国文物报》、《北京青年报》等,同时携手北京电视台《这里是北京》栏目,共用制作了《门头沟煤矿》、《京张铁路忆百年》、《北京工业遗迹调查》和《青龙桥车站展览》的专题片,在北京电视台播出,赢得社会各界好评不断。北京市人民代表大会十二届五次会议上,来自首博的代表提出的《关于北京的工业遗迹保护与活化》提案,受到热烈响应,并得到市规划委明确的批复,北京焦化厂全部保留且规划成一个大型的遗址公园。2008年底,首都博物馆向国际区域博物馆委员会(ICR)召开的以"后工业时代的区域博物馆"为主题的年会递交了北京工业遗产调研成果报告,获得了国际的学术好评。

3. 举办北京工业遗产保护的相关展览

博物馆在开展工业遗产调查和研究的基础上,举办相应的展览,发挥博物馆的辅助教育功能且提高广大民众对于工业遗产的保护意识。2007年,首都博物馆和北京收藏家协会主办了"国际火花珍品展",展出了博物馆征集的北京火柴厂的保险柜和为毛主席特供的"梅花牌"火柴等实物,为广大观众诠释了北京火柴工业的百年发展历程。

2009年,首都博物馆与北京铁路局在京张铁路青龙桥车站共同举办了"工业遗产——京张铁路青龙桥车站"展览。青龙桥车站是京张铁路的重要组成部分,具有百年历史,目前仍在正常使用。该展览不是传统的室内展览,而是以青龙桥车站本身及其周边的历史建筑遗存作为展示的重点。展览以万里长城和京张铁路青龙桥站线路交会点作为中心,象征了东西方文化的交会和古今历史的碰撞。并对候车室外的女儿墙、烟囱、百叶窗等处进行了原状恢复,对车站周边的护坡、涵洞、之字形线路等进行了原址说明。同时,展览利用老的手动道岔为游客提供了做一次扳道员的体验。对于首都博物馆来讲,青龙桥车站展览有三个特点,它是室外和室内结合的原生态展览,是在一个具有百年历史且仍在正常运营的车站开展的原址展览,是由使用单位即北京铁路局全权管理的展览。该展览是北京地区的博物馆对于北京工业遗产保护的重要组成部分,是博物馆服务社会和贴近普通民众的实践。展览开幕后,获得了社会各界和多家媒体的广泛关注和普遍认可。据车站站长介绍,现在每天来车站参观的人数都有上百人,其中有外国人、高等院校的学生、铁路爱好者、青少年等。

4. 配合完成北京市第三次全国文物普查工作中工业遗产的内容

北京市第三次全国文物普查工作中,工业遗产被列为一项重要内容。首都博物馆与北京西部7个区县的文物部门共同调查了当地的工业遗产的情况,其中,门头沟区9家,石景山区10家,房山区8家,丰台区20家,昌平区37家,延庆县32家,海淀区16家。

5. 协助相关单位制定北京工业遗产保护的规范化文件

2007 年 11 月,北京市工业促进局、市规划委员会和市文物局联合发布了《保护利用工业资源、发展文化创意产业指导意见》;2009 年 2 月,为了实现北京工业遗产保护与再利用工作的规范化推进,北京工业促进局、市规划委员会和市文物局制定了《北京市工业遗产保护与再利用工作导则》。北京地区博物馆的工业遗产调查资料为规范化文件的制定提供了重要的依据。

三、工业遗产保护任重道远

工业遗产是时代发展到一定的阶段给我们提出的一个新的课题。目前,我国有 11 处工业遗产被列为国家重点文物保护单位, 北京有 5 处工业遗产被列为北京市市级文物保护单位,但是还有为数不少的工业遗产仍未得到重视,甚至面临着被新一轮城市建设所淹没的命运。

1. 北京工业遗产保护工作的困难及建议

(1)重视和认识不足。北京已经进入了工业发展的转型期,大规模的城市建设和土地资本开发,使工业遗产面临着随时消失的可能。同时,在认识上仍普遍存在着工业遗产不具有传统保留价值的观点。(2)现状和定位不清。在北京市第一、二次文物普查工作中没有涉及北京工业遗产的内容,目前,北京工业遗产的基本情况没有一个确切的数据和资料,保护对象不明。(3)保护法规缺失。目前,针对工业遗产保护的法律法规是空白的,我国文物保护法律体系中涉及工业遗产的内容也很少。认定标准、评估程序、保护理念和原则以及法律保障等均未形成成熟的理论。

针对这些问题,我们建议:(1)借助广大媒体和研究展示机构的宣传力量,提高全社会的工业遗产保护意识。(2)加快出台北京工业遗产保护的法律法规,使认定和保护工作有章可循,有法可依。同时在法规中指出北京文博单位对于工业遗迹实物资料的优先收藏权。(3)成立北京工业遗产保护专业机构,结合北京市第三次文物普查,广泛开展工业遗产的普查工作,摸清家底,建立遗产名录。(4)制订系统的北京工业遗产保护研究计划,尽快建立北京工业遗产分级制度,根据级别来确定其保护方式。具有重要价值和意义的工业遗产一经认定,应当及时公布为文物保护单位,使其切实得到保护。工业遗产同其他文化遗产一样,具有不可再生性,只有认定和保护工作先行,才能防止对其随意废弃和盲目拆毁。同时,政府政策上和经费上的支持,是工业遗产保护的重要前提和保障。

2. 北京工业遗产保护理念的思考

工业遗产是文化遗产的重要组成部分,也是博物馆进行文化保护、展示、研究的重要方面。作为文化遗产保存和展示的机构,博物馆更应该履行自己的职责,与社会各方力量一起做好工业遗产的保护工作。同时,博物馆肩上的责任也迫使我们思考如何能更合理地开发利用工业遗产,使其融入到社会发展的时代潮流之中,从而焕发出新的生命力,使工业遗产实现在保护基础上利用,在利用中得到保护,并将工业时代的文化更完整地展示和记录下来。

工业遗产的保护,不是无原则的全面保护,也不是开发式的保护。对于工厂来说,保护是多方面的,不是单纯对建筑遗产的保护,还包括设备核心、产品、品牌、图纸以及无形文化的保护,要从更广的范围来关注这座城市。在京张铁路考察过程中,我们发现,京张铁路沿线的铁路桥发生着显著的变化。整体上,铁路桥数量较多,但保持原始状态的百年老桥屈指可数。由于改线、火车提速等客观因素,大部分桥梁都已经被改造或外包了。我们不能因为"保护"而忽视其安全性。工业遗产的保护只有融入经济社会发展之中,融入城市规划之中,才能焕发生机和活力。保护再利用是赋予工业遗产新的生存环境的一种可行途径。在保护中探寻着一种适应的模式,是可行的,也是必要的。工业遗产的保护再利用方式是多种多样的, 要有针对性的具体问题具体分析。目前,工业遗产的利用模式包括:在原有遗址上建博物馆,改建成景观公园,综合开发成为休闲娱乐场所,发展创意或高端技术产业和开发工业遗产旅游等。工厂要根据自身的历史文化内涵和工业行业特点,来发展适应现代和适合自己的文化,营造经济效益和社会效益双赢的空间。不是每个工厂都要建成像 "798" 那样的创意产业区。 例如,京张铁路沿线的遗存是我们生活中的活文物,它与环境是融为一体的。单纯的保护遗存,是片面的。对于这样的活文物,要进行原生态的保护。把京张铁路开发成为工业遗产旅游线路,是可行的。京张铁路沿线有关沟十二景、八达岭长城等,具有很强的观赏性。京张铁路本身具有百年历史,是中国人自身设计施工的第一条铁路干线,沿线的铁路桥、车站、隧道以及铁路上的老职工们承载着浓郁的铁路文化,具有深厚的历史价值性。京张铁路的青龙桥车站展览,更是吸引了大批的游客,具有深邃的文化传播性。与此同时,旅游线路的出现能够缓解八达岭高速的拥挤,促进沿线地区的经济发展,实现了生态、经济效益和社会效益的统一。

北京工业遗产保护工作的开展,是在北京进入新的城市总体规划(2004 —2020)形势下,保护历史文化名城文化的必然。随着社会主义文化大发展大繁荣的深入,工业遗产的保护必将为建设中华民族共有的精神家园,注入新的发展活力。北京地区博物馆的以人为本的工作理念,就是要不断满足人们的多方面需求,在传承中华民族优秀文化遗产的过程中,为现代北京城市发展服务,架设起一座座连接过去、现在和未来的桥梁。调查北京工业遗产以及研究和展示其应有的价值,唤醒了很多普通大众的集体记忆,促进了区域整体环境的优化和发展,把工业历史文化价值转换成市场价值和城市记忆的符号，实现了生态效益、经济效益和社会效益的多重统一。这是博物馆工作者为社会现实服务的新的切入点，是对可持续发展观的探索。同时，这也是让人民共享北京文化发展新成果服务的实践和中华民族优秀文化的永恒历史价值的提升。

（执笔：韩 冰）

参考文献：

任喜贵、贾本义：《詹天佑》，中国铁道出版社，2006 年

中国铁路分局：《京张铁路》，中国铁道出版社，2001 年

北京铁路局志编纂委员会：《北京铁路局志》，中国铁道出版社，1995 年

王春城：《关于开展北京工业遗址调查的缘起和思考》，北京文博，2007 年

单霁翔：《重视和加强民文化遗产保护工作》，中国民族博物馆研究，2007 年

单霁翔：《关于保护工业遗产的思考》，中国文物报，2006 年

李林，魏卫：《国内外工业遗产旅游研究评述》，华南理工大学学报（社会科学），2005 年

邢怀滨、冉鸿燕、张德军：《工业遗产的价值与保护初探》，东北大学学报（社会科学），2007 年

俞孔坚、方琬丽：《中国工业遗产初探》，建筑学报，2006 年

北京市人民政府：《北京城市总体规划（2004 2020 年）》，北京规划建设，2007 年

刘伯英：《中国工业建筑遗产调查与研究》，清华大学出版社，2009 年

中国人民大学工业经济系编著：《北京工业史料》，北京出版社 ，1960 年

张松：《城市文化遗产保护国际宪章与国内法规选编》，同济大学出版社，2007 年

张松：《我们的遗产·我们的未来——关于城市遗产保护的探索与思考》，同济大学出版社，2008 年

孟佳、聂武钢：《工业遗产与法律保护》，人民法院出版社，2009 年

北京市经济委员会编：《北京工业志——综合志》，北京燕山出版社，2003 年

单霁翔：《文化遗产保护与城市文化建设》，中国建筑工业出版社，2009 年

袁为鹏：《聚集与扩散：中国近代工业布局》，上海财经大学出版社，2007 年

任保平：《衰退工业区的产业重建与政策选择：德国鲁尔区的案例》，中国经济出版社，2007 年

王建国等：《后工业时代产业建筑遗产保护更新》，中国建筑工业出版社，2008 年

连接与交流

——从北京地区引进国外展览看博物馆的作用

黄雪寅

改革开放以来,中国博物馆的对外文化交流日益广泛,从最初比较多见的由国外承接我国的展览,逐步变成双向展览交流,体现了我国经济文化的繁荣与发展。同时,国际间的文化交流又促进了经济的繁荣,增进了国家之间的友谊与发展。展览作为一个博物馆对外宣传与推广的重要工作,它的作用非同小可。一个博物馆的门庭是否冷落,与这个博物馆的展览工作有着直接关系。同时,展览也是一个博物馆综合实力的重要体现。好的展览所带来的社会效益和经济效益对于国家对外经济文化交流工作有着重要意义。博物馆的展览工作,在与国际的连接与交流中肩负着特殊的使命。

一、北京地区近4年引进展览概况

北京作为中国的首都,在对外文化交流方面的变化和发展,是改革开放以来国家繁荣的重要体现。尤其是近4年以来,随着我国经济文化的迅速发展,北京文博事业得到长足的发展。在引进国外展览数量和质量方面有了明显的变化,丰富了北京市民的文化生活,体现了北京国际化大都市的精神文化面貌。

据不完全统计,北京市地区博物馆2004—2008年间先后举办近70多个引进展览,包括英国、法国、美国、加拿大、俄罗斯、意大利、匈牙利、澳大利亚、波兰、卡地亚、罗马、西班牙、雅典、葡萄牙、苏格兰、克罗地亚、印尼、西西里、威尼斯、捷克、芬兰、瑞典、希腊、丹麦、墨西哥、智利、刚果、阿拉伯、泰国、韩国、日本、印度、越南、香港、澳门、台湾等国家和地区。这些展览的种类包括著名博物馆馆藏珍品展、国家民族民俗展、皇家收藏展、近现代艺术展、国际著名人物展等几类。其中在北京地区和全国比较有影响力的大展收到了很好的社会效益和经济效益。

以国家博物馆、故宫博物院、首都博物馆和中华世纪坛世界艺术馆为例,国家博物馆在2004—2008年间共举办展览15个,其中具有代表性的如《古罗马文明展》、《古代希腊——人与神》、《西西里——五千年的灿烂文明》、《加拿大原住居民的杰作——加拿大文明博物馆珍藏展》等,在国内国际影响很大。故宫博物院在这个阶段举办了许多大型展览,其中以《英国与世界——1714—1830》、《金色俄罗斯——克里姆林宫珍藏展》、《"太阳王"路易十四——法国凡尔赛宫珍藏特展》、《白鹰之光——萨克森——波兰宫廷文物精品展》等7个影响力颇大。首都博物馆在于2006年"5·18"新馆开放至2008年间共举办引进展览15个,其中以《世界文明珍宝——大英博物馆之250年藏品展》、《西天诸神——古代印度瑰宝展》、《美洲豹崇拜——墨西哥古文明展》、《高迪的世界——建筑、几何和设计》、《卢浮宫珍藏展——古代希腊艺术》、《公平的竞争——古希腊竞技精神展》等展览具有影响力。中华世纪坛世界艺术馆在2004至2008年间共引进外展24个,其中以《匈牙利当代艺术展》、《从莫奈到毕加索——美国克里夫兰艺术博物馆精品展》、《庞贝末日——源自火山喷发的故事》、《古典与唯美——西蒙基金会藏欧洲19世纪绘画精品展》等为著名。除此之外如地质博物馆、北京自然博物馆、白塔寺、德胜门箭楼等馆所,也程度不同地引进展览呈现出对外文化交流的新局面。这些展览丰富了北京市民的文化生活,同时也在中国博物馆界掀起了轰轰烈烈的引进展览热潮。

在举办这些展览的过程中,各博物馆积累了丰富的实践经验,为今后的临时展览工作提供了宝贵的第一手资料。

二、引进展览的主要收获和经验

1. 收到良好的社会效益和经济效益

2004—2008年间北京地区所举办的大中型国际化展览,在很大程度上促进了国际间的文化交流。这种交流与协作,对于国家之间、地区之间的友好往来起到了积极的作用。如首都博物馆2006年举办的大英博物馆展览,就是北京市政府与英国政府在高峰会见时所确定的文化交流项目。这个展览在北京开幕后,受到全国及北京社会各界的关注。前来参观展览的观众十分踊跃,由于北京市的高度重视,这个展览的宣传工作收到了非常好的效果。最高峰时观众量达到了一天上万人次。

这4年间北京地区所举办的各类展览极大地满足了观众的艺术需求,许多未能走出国门的观众在北京可以一睹世界艺术珍品,他们给予展览以极高的评价。同时,由于展览所派生出来的各种图书、纪念品、餐饮等经营项目,也收到了可观的经济效益。

走进博物馆变成为北京市民日常生活中的重要活动。尤其是2008年博物馆实行免费开放政策以后,走进博物馆成为市民休闲生活的主要项目。以学校和家庭为单位走进博物馆参观展览并参与博物馆的社会教育活动，成为学校和家长培养孩子的重要手段。培养国民把走进博物馆变成必不可少的文化娱乐习惯，是近几年博物馆在举办展览过程中所收获的重要成果。北京地区许多学校把少先队的宣誓活动或一些专题性爱国主义活动放在博物馆举行，就是最好的例证。许多离退休的老人成群结队走进博物馆看展览听讲座，有的成为博物馆的自愿者，投入博物馆的义务社教活动中，使博物馆呈现出前所未有的繁荣局面。

2. 锻炼了一支与国际接轨的展览队伍

博物馆的展览是一个系统工程，它所涉及的不仅仅是展览大纲和形式设计以及文物点交与布展，从前期策划到展览结束，整个过程要求博物馆在各个方面都必须具备承接大中型展览的条件。

在举办大中型国际化的博物馆展览上，各馆都在承接临时展览的前期准备和运作展览方面得到了很好的锻炼，从策展到展览实施过程都不断接近或达到国际水平。无论是协议洽谈、还是展品的运输包装，布置展览等各个方面，都具有一支与国际博物馆接轨的专业队伍。各馆在承接展览中具备了专业化的展览队伍，对引进的展览进行系统地研究和分析，从专业外文资料的驾驭能力到与对方专业人员的学术沟通，专业化的队伍出色地完成任务。同时，能够将外域文化变成自己国民所能接受的知识，使北京市民无障碍地接受异国文化的知识。

目前北京地区各大博物馆都有一支知识结构全面、业务过硬的陈列队伍。博物馆各专业部门在筹备展览中得到了专业化训练。此外，展览开幕式、新闻发布会及学术讲座，在国际博物馆展览合作中，是体现一个馆是否具备举办国际化展览的重要方面。一个好的展览一定要有好的宣传，开幕式、新闻发布会及学术讲座都是对外宣传的重要手段。展览可以借助这些方式让业界及社会各界迅速了解展览的重要性，并在社会上得以广泛的传播，吸引广大观众走进博物馆接受教育是举办临时展览的主要目的，也是以期传播科学文化知识的重要愿望。现在，除了常规的邀请领导及专业人士参加开幕式的方式外，也有一些别开生面的开幕式。如酒会、音乐会、歌舞晚会、时装表演等加入到开幕中，为开幕式增添了丰富多彩的内容，起到了感染来宾和烘托气氛的效果，也是对展览的最好宣传，提升举办展览的意义和价值。

3. 促进了博物馆设备设施符合国际展览的标准

改革开放30年来，中国博物馆的建设得到了长足的发展，尤其是北京地区，博物馆事业得到政府的大力支持。旧馆整修和建设新馆等项目都在不断进行中。博物馆的建筑不同于其他建筑，它的设计和使用要符合国际博物馆的标准并非一件易事。在引进国际大馆的展览过程中，如果博物馆的设备设施有问题，就没有资格引进外展。除了基础的安防条件外，对于展厅的面积、高度、承重、温湿度条件、防火防盗应急条件等问题，包括建筑物构造、安全警报、有限电视、防火、守卫和监视、展览空间、陈列、事故等方面是否能够适应展品的保存和展示，是摆在我们面前的一个重要问题。北京地区各博物馆在近4年以来与国际各大博物馆的展览合作中，不断积累这方面的经验和教训，改善自己的场馆条件，接近和达到了国际博物馆的水平。

以2005年刚刚建起的新首都博物馆为例，在2006年和2007年先后与大英博物馆和法国卢浮宫博物馆的展览合作中，馆内的设备设施得到了一次重要的考验。在国际合作中，展厅和库房的温湿度以及安防设备设施的完善，都在这个严格的考验中不断完善并得到国际的认可。

4. 促进了与国际各馆的专业往来

近4年来，展览作为一个媒介，与办展的各国各地区博物馆进行了颇繁的交往，博物馆人在这种交往过程中，促进了彼此间的了解与合作。除展览本身所进行的业务活动外，博物馆之间在人员互访和专业培训及课题合作等方面，都展开了深度合作与交流。这种交流与协作，在很大程度上促进了人才的快速成长，增强了各博物馆的基础业务力量。所谓"打开国门看世界，回到祖国作贡献"说的就是这个道理。例如，首都博物馆派往英国博物馆界的人才交流，对于本馆人才的培养起到了很好的作用。同时，来自世界各地博物馆专业人员所带给我们的经验以及他们做事的态度与方法，同样影响着我们向着更好的方向努力。祖国优秀的文化也在影响着他国的博物馆人。在博物馆内各类专业的人才交流中，促进了博物馆整体素质的提高。如2009年由国家文物局举办的国际博物馆馆长论坛，来自世界多个国家著名博物馆的馆长们分别在论坛上发言，介绍各自博物馆在展览和专业运作等多方面的经验，使与会人员受益匪浅。由首都博物馆和日本、韩国联合举办的中、日、韩3国研讨会，每年都举办一次年会，确立专门的主题进行论证和畅谈，增进了3国博物馆之间的友谊与合作。

人才是博物馆事业发展的基础，专业人才的培养对于博物馆是至关重要的。一个博物馆只有让展览走出去、请进来，借助于这种交流与协作，才能更有效地培养博物馆人才，也因此促进博物馆事业的飞速发展。

三、对未来博物馆展览事业的展望

综上所述，北京地区的博物馆在近4年的引进展览中，具备了国际间举办大中型临时展览的条件，也在实际工作中提高了自身的办展能力，已经完成的和正在筹备的各类展览，都是在国际博物馆界认可的范围内操作。中国博物馆界日新月异的进步，在很大程度上体现了与国际博物馆的连接与交流，北京更是如此。作为中国的首都，北京地区的博物馆首当其冲地面对国际的挑战，并在这种碰撞中提升自己的水平，达到新的高度。展望未来的4年或者40年之后,中国博物馆会发展到什么程度,我们很难想象。但有一点是肯定的,随着国力的不断加强,我们的博物馆建设一定可以达到和超过国际水平。

在策划和筹备引进展览的过程中，北京地区各博物馆目前并没有一个统一的协作体系。有些博物馆有自己明确的展览定位,有些还尚未形成自己的特色展览体系。如故宫博物院以主打世界各国皇家宫殿类展览为主。他们与国际上各宫殿遗址类博物馆建立了牢不可破的合作关系，互相举办展览并在这个过程中增进了学术往来与人才培养。中华世纪坛美术馆则以引进和举办国际国内主要艺术门类展览为主,并在此基础上扩大了自己的声誉。首都博物馆则在新馆开放的4年之间举办了百项临时展览,门类涉及比较多,包括世界上大型博物馆的珍藏,也包括国内一些重大题材的展览,许多项目是配合国家级重要活动所承接的。如2008年奥运会期间所举办的《中国记忆》、《北京文物精品展》、《紫禁城内外的竞技游戏》、《公平的竞争——古希腊竞技精神展》等,都具有代行国家博物馆职能性质的展览。2009年也同样如此,为配合中华人民共和国成立60周年庆祝活动所承担的《早期中国——中华文明探源工程展览》、《考古与发现》、《城市记忆》、《多彩中华》等4大展览,在很大程度上体现了国家级展览的规模。但随着国家博物馆的重新开放,首都博物馆的展览定位需要进行新的调整,与国家博物馆的展览定位相区别,各尽其职,各显其能,各具风采,才能更好地体现国家文化事业的丰富多彩与特色博物馆的设置。同时,其他博物馆也同样如此,每一家博物馆在确立自身展览定位的基础上,不断开拓自己的事业范围,为北京的文化园地盛开出千姿百态的奇葩。

一个国家一个民族国民素质的培养要经过几代人的努力,我们中华民族也一样。博物馆作为西方人的产物,目前在中国的土地上如雨后春笋般在全国各地涌现,如何让大众有兴趣走进博物馆并在这里得到良好的文化艺术教育，是当今博物馆人的重要使命。北京地区拥有150多家博物馆,这些博物馆如何各显其能分门别类地起到教育大众的作用,是我们博物馆人义不容辞的责任。我们任重而道远。

（作者单位:首都博物馆）

推进北京地区博物馆事业的发展

——《北京博物馆年鉴》评述

陆奇

各类文物发掘、保护、利用与博物馆的建立与应用，是一个国家科学事业中的一个重要组成部分，是随着国家经济社会的发展及人民大众的需求而产生与发展的，博物馆的规模与质量之优劣、人民大众之参与程度，是衡量一个国家科学文化水平的一个重要标志，是衡量一个国家公民文明知识水准的一个重要标志。

我们伟大的中华民族是一个具有5000年文明的古老民族，有着极为丰富的历史文化遗产，逐步建立与发展各类博物馆大有作为。新中国成立后的60年，党和国家及各级政府十分重视发展博物馆事业，制定政策，加强投入，调动各方积极参与博物馆事业的发展，使广大公众受益匪浅，特别是改革开放30年时期，首都博物馆事业进入一个全面快速的发展阶段。

北京博物馆学会连续编纂了5卷《北京博物馆年鉴》，全面地记述了首都博物馆事业的繁荣发展。

编撰年鉴记录首都博物馆事业发展历程

此年鉴的主要倡导者时任北京博物馆学会理事长陆禹同志（曾任北京市副市长、北京市顾问委员会副主任）在首卷序言中申明："从1912年北京第一个博物馆出现至1987年，在这20世纪的1/4的年代中，特别是在1949年中华人民共和国成立之后，北京的博物馆有很大的发展，可以预见北京地区的博物馆事业将不断兴旺发达起来"。

“但是,75 年中北京博物馆发展的历史还没有一个比较全面即使是概括的记载，这是北京博物馆界工作的一件憾事。有鉴于此,1987 年北京博物馆学会倡议编纂《北京博物馆年鉴》(1912—1987),并争取以后学会每届续出一卷。这是一个设想,也是北京博物馆界全体工作者义不容辞的责任。”

首部年鉴是北京博物馆学会和各博物馆广大工作者为国庆 40 周年奉献的一份薄礼,也是为了记载北京自有博物馆以来,到 1987 年的 75 年中北京博物馆事业发展的历史。年鉴是以“年”为单位进行编纂的,是集上一年度的文献信息,逐年编纂,连年出版的资料性著述性的文献工具书。编纂年鉴,供博物馆工作者和有关部门参阅使用,是博物馆工作的专业年鉴,是博物馆行业的国情书、地情书。

万事开头难,良好开端而为成功之半。此年鉴编辑计划提出后,迅速得到了当时北京 52 个博物馆的响应和支持,在 2 年多中,各博物馆百余名编审和撰稿者及年鉴编辑的同志们积极地工作,他们走访有关人,查找档案文献,收集记录和文稿,务求资料翔实,撰写规范。先由各博物馆自行撰写,后由编辑部审改,在编辑体例上基本保持一致,内容上兼顾学术性与实用性。经过多年的打造,已出版的 5 卷《北京博物馆年鉴》逐渐基本达到观点正确,体例严谨,内容全面,特色鲜明,记述准确,资料翔实,表达通顺,文风端正,印刷规范。

编修年鉴是一项浩大的文化工程,是需要相当经费的,所有费用是由在京博物馆共襄义举赞助的,还有一些关心北京博物馆事业的书画家捐献了书画。此年鉴得到北京市文物局的大力支持,得到北京燕山出版社和水力电力出版社印刷厂的积极支持。

第一卷《历史年代记忆(1912—1987 年)》1989 年出版(80 万字)

第一阶段,北京早期的博物馆

中国是世界文明发达最早的国家之一。博物馆在我国有着悠久的历史渊源。北京是有着建城 3000 多年,建都 800 余年的文化古都,保存着各种大量丰富的地上地下的珍贵历史文化遗产和自然标本。虽然在我国古代没有“博物馆”这一专用名词,但是很早就有皇室、贵族和私人的文物收藏机构,而作为一种独立的文化机构,具有近代意义的博物馆在北京的诞生是在 20 世纪初期开始形成和逐步发展起来的。

北京第一个正式博物馆,是由著名教育家蔡元培先生倡仪,经过时任在教育部任职的鲁迅先生策划,于 1912 年 7 月在北京国子监旧址筹建的历史博物馆,该馆以太学的辟雍礼器等器皿 100 余件为基本陈列品,同时还陈列有秦刻石鼓、清乾隆重摹石鼓以及一些唐代墓志等文物。

第二阶段,北京博物馆事业的新生

1949年1月,北京和平解放。新中国成立后,北京地区的博物馆事业获得了新生。迅速走向新的发展阶段,取得了很大成绩,成为我国社会主义科学文化事业中的一个重要组成部分。

中央文化部设立了文物局,采取了保护和征集文物、标本等,整顿与改造旧有博物馆的政策,制定和颁发了有关政策法令。北京市政府根据中央文化部提出博物馆进行爱国主义教育的精神,使人民大众正确认识历史、认识自然,热爱祖国,以提高政治觉悟和生产热情。

从1952年到1956年,逐步完成了按照时代发展的综合艺术陈列“历代艺术馆”,在20世纪50年代到60年代,还举办了一系列的展览活动。这个时期对博物馆工作人员队伍进行了整顿和充实,旧博物馆工作人员得到妥善安置。对各博物馆加强建筑修缮,展品保藏、修理、增添等。

20世纪50年代初期,北京大学开办了博物馆专修科,这是新中国第一个博物馆专业班,培养了一批博物馆专业人才。

到1965年底,北京地区共有各类博物馆、纪念馆15座。这些馆的机构设置、科研力量、陈列内容和设计,反映了新中国首都的博物馆体系已具雏形。博物馆按照为广大人民群众服务、为科学服务的办馆方针,运用陈列展览等形象化的手段,开展宣传教育活动,在教育人民特别是青少年热爱和建设祖国、认识自然等方面,发挥了博物馆所特有的积极作用。

第三阶段,北京博物馆进入改革发展时期

1978年12月,中共十一届三中全会上提出“把全党全国工作重心转移到社会主义现代化建设上来”的伟大战略决策,首都北京博物馆界迈入了改革开放和现代化建设步伐,博物馆事业随着国家改革开放和现代化建设的日益发展,进入了新的历史发展时期。

1982年,中共十二大报告提出:“发展博物馆事业”,“既是物质文明的重要条件,也是提高人民群众思想觉悟和道德水平的重要条件”。要求做到,使人民群众“得到高尚趣味的精神上的享受”,从而为新时期博物馆事业的发展提出了明确的方针。

改革开放新时期以来,首都的博物馆事业有了长足的发展,主要体现这么几个方面。第一,制订并完善首都的博物馆事业的发展规划;第二,增加投资建立健全多品种、多类型的博物馆;第三,坚持改革开放面向大众,充分发挥博物馆的社会效益;第四,增加智力投资,积极培养人才等。

截至1987年底,北京地区的博物馆已有52座。其中第一,综合类博物馆2座。故宫博物院,首都博物馆。第二,社会学类博物馆39座,其中历史类有:大钟寺古钟博物馆、中国人民抗日战争纪念馆、中国人民革命军事博物馆、中国历史博物馆、中国革命博物馆等12座;文化艺术类有:中国邮票博物馆、中国现代文学馆、中国画研究展览馆、中国美术馆、北京工艺美术馆等8座;人物纪念馆类有:毛主席纪念堂、中华人民共和国名誉主席宋庆龄同志故居、北京鲁迅博物馆等9座。民族、宗教类有:民族文化宫展览馆、中国民族博物馆筹备处、中国佛教图书文物馆、雍和宫4座;包括文物保管所:文天祥词文物保护所、云居寺文物管理所等5座。第三,自然科学类博物馆11座。其中包括自然科学类有:中国农业博物馆、中国地质博物馆、中国科学院北京植物园等7座;科学技术类有:中国科学技术馆、中国航空学会北京航空馆等4座。

这些博物馆主要分布在城区、近郊区,逐步形成了一个具有中国特色社会主义博物馆网络,使博物馆成为一个社会性的文化中心、教育中心和科学普及中心。博物馆同时又是一个科学研究的重要场所,在服务于首都的改革开放和现代化建设中,在社会主义精神文明和物质文明建设中,发挥了特有的重要作用,取得了良好的社会效益和经济效益。

第二卷《改革开放初期(1988—1991年)》1992年出版(120万字)

1988年至1991年的4年间,北京地区博物馆事业在党的十三大提出社会主义初级阶段“一个中心、两个基本点”的基本路线指引下,有了进一步的发展和提高,在博物馆的数量上由1989年的56座发展到1991年的88座,其中包括中国体育博物馆、北京地坛公园、北京长辛店“二七”纪念馆、北京大观园、北京蜡像馆、郭沫若故居、郭守敬故居、白云观、北京市正阳门管理处、德胜门文物保管所、北京动物园、北京松山自然保护区和百花山自然保护区、北京航空博物馆、北京古代建筑博物馆等,一些新型的博物馆陆续筹备和建立,填补了北京地区博物馆的空白,使博物馆的品种、类型向多样化发展,更加丰富多彩。

各博物馆在实际工作中,刻苦努力、勇于创新,使各项工作有了新的发展和提高,并且不断对建设具有中国特色社会主义博物馆进行新的探索,为首都的社会主义精神文明建设和物质建设,开展革命传统、社会主义和爱国主义宣传教育,促进旅游事业发展与外国人认识了解中国,以及传播科学文化知识、丰富人民群众的文化生活发挥了积极的作用。

第三卷《市场经济初期(1992—1994年)》1995年出版(110万字)

在这三年中,中国改革开放总设计师邓小平同志视察南方发表重要讲话和中共十四大召开,都提出在中国改革开放和社会主义现代化建设取得初步的巨大成就基础上,应该重视并进行建立社会主义市场经济的重大举措。由于党中央和国务院正式提出社会主义市场经济理论,从根本破除把计划经济和市场经济看做属于社会义制度范畴的思想束缚,确认建立社会主义市场经济体制的改革目标。这既为中国改革开放之深入,亦为强国富民之国策。实践充分证明,如此这般极大地调动了国营、集体、个体、外资建设发展之积极性与创造性,极大地促进了中国经济社会的现代化建设步伐。

在我国改革开放不断深入和发展的推动下,北京地区博物馆事业在已有工作的基础上,对自身建设和业务发展方面,进行不断地探索与实践,取得了可喜的成绩。同时,一些新的博物馆正在筹建,有些已建成对外开放了。这些增加了博物馆的数量、品种和类型,使首都博物馆更加多样化和丰富多彩。

按照科学分类与社会分工之原则与方法,按照国际博物馆协会所规定的关于博物馆的范围,参照国内外博物馆界通常采用的分类法,并结合北京地区博物馆的具体情况进行分类。同类馆中,以馆名第一字笔画为序。从已编辑出版的《北京博物馆年鉴》三卷中,可以看出首都博物馆的数量有了很大发展,一卷收录52座,二卷收录88座,在第三卷中共收录102座,包括各级博物馆和具有博物馆性质的陈列馆、展览馆、文物保护所,以及动物园、植物园和自然保护区,而有些部门和单位的一些内部的博物馆尚未收录在内。

本年鉴所收集资料,均系各馆第一手资料,并由各馆分别编写;个别馆属本馆提供原始博物馆的具体情况进行。各馆内容一般包括概述、分述、大事记和各种附表。

在广大博物馆工作者的努力下,博物馆的内容更加丰富了,博物馆的工作更加活跃了。对广大观众特别是青少年进行革命传统、爱国主义和社会主义教育,宣传历史文化和普及科学知识,促进旅游发展与提高知名度等方面,发挥了博物馆特有之社会功能,为首都的社会主义精神文明和物质文明建设作出了应有的贡献。经北京市政府定为青少年教育基地的博物馆已经发展到29座。

本年鉴增加收录的各类博物馆包括中国钱币博物馆、中国长城博物馆、北京天坛公园、延庆洞沟古崖居、皇成宬、颐和园、北京蜡像馆、白云观、天安门管理处、中国民族博物馆、北京市植物园、詹天佑纪念馆、中国佛教图书文物馆、北京中华民族博物馆、北京市团城演武厅管理处、北京古观象台、周口店遗址博物馆、中国邮电博物馆、北京西瓜博物馆等。

在"附录"中记载了《北京市青少年教育基地工作总结(附第一、二、三批名单)》、《北京市博物馆登记暂行办法》、《北京市馆藏文物管理规定》、《北京市珍贵文物复制管理办法》、《北京地区博物馆名录》、《北京地区博物馆分布示意图》。

第四卷《改革开放深入(1995—1998)》1999年出版(160万字)

为了记述近4年来首都博物馆事业的改革和发展情况,本年鉴继续按照原定的编辑方针和体例,收录了北京地区现有的107座博物馆的资料,其中19座是新收录本年鉴,这些馆包括各级各类型博物馆、纪念馆和具有博物馆性质的展览馆、陈列馆、文物管理处(所)。

这4年间,首都博物馆界在邓小平理论指引下,贯彻执行国家、北京市文物规定,根据各馆具体情况,更加深入地进行改革探索,各级政府加大对文物工作的投入,各馆无论在以新技术、新手段、新设施改造陈旧的基本陈列或加强巡回展览、丰富展览内容抑或加强科学技术研究和出版论著等活动方面,都有了很大改进和提高,尤其根据本馆自身特点和所长,积极开展经济创收活动匮乏方面进行了有益的尝试,取得了可喜成就。

这期间,北京地区博物馆的建设继续壮大,无论在数量、品种、类型及规模上都有新的发展,尤其是通过市、区县政府正式登记注册的私人博物馆的出现,如炎黄艺术馆、古陶文明博物馆和观复古典艺术博物馆更是开全国之先河。

总之,北京地区博物馆事业得到进一步发展和提高,为首都精神文明建设和物质文明建设作出了应有的贡献。

北京这110座博物馆涵盖着十几个门类。总数量占全国1800余座博物馆总和的6%左右。而北京市人口约为全国人口的1%,常住人口与博物馆之比为11万:1,这远远高于全国69万:1的比例。这些博物馆,既有各级政府建的,也有企事业单位建的,还有村委会和公民个人建的。特别是民办博物馆的产生,是改革开放进一步深化的具体体现。北京的博物馆事业与其他行业一样,呈现着一派百花齐放的局面。特别是中小型专题博物馆的大量涌现,成为目前博物馆建设的一个明显趋势。如带有北京特色或行业特点的、反映断代史的、民族特色或宗教习俗的、遗址类的、名人故居类的等。这些规模精美、知识量集中、所用时间不多的特点,非常适合生活在快节奏的一类观众。

1998年正值中国改革开放的20周年之际。20年来,北京博物馆事业与其他精神文明建设一样取得很大成就,发生数量与质量之飞跃。20年来,博物馆的数量增加了数倍,而且整个事业也从社会主义计划经济体制下运行,融入计划与社会义市场经济相融合之大潮中。可贵的是博物馆的社会职能和公益性的宗旨并没有改变,而且体现得更加充分。

高质量的展览扩大了博物馆的社会影响,创造了巨大的社会效益。这一阶段,全市各类博物馆共有固定展览270余项,每年举办临时展览400余项,年接待观众量在3300万至4000万人次之间,约占全国博物馆年接待观众量的1/4。

据统计,北京各博物馆所收藏的文物、艺术品、各类标本的总和为226万件。近年来,由于考古发掘不断出土文物和文物市场、拍卖市场的建立,改善了文物征集的环境,疏通了文物征集的渠道,拓宽了文物征集的方式,使博物馆的藏品不断增加。

文物藏品的科学保护工作,已于"八五"末期正式提到北京博物馆事业议事日程。北京市文物局筹措资金,调配技术人员,完善和新建了具有一定规模的文物保护和修复中心。

1998年,市文物局成功地开发出"精宝藏品管理系统"软件。采用现代化的微机方式对博物馆的藏品和库房进行管理,这一软件的实用功能获得国家文物局的认可。本市和国内一些省市的博物馆也正式采用这个系统。

近年来,各博物馆普遍重视并不断加强社会教育工作。1995年以来,各馆举办针对青少年的冬、夏令营340余期,参加师生40余万人次。全市共有51座博物馆、革命遗址和纪念建筑物成为北京青少年教育基地,为博物馆的社教工作开辟了新的领域,增添了新的内容,北京市有中小学生150万人,年参观量为320万人次,人均2~3馆次。全市馆月平均讲解1035场次,年平均巡展28次。

为充分发挥博物馆的社会教育职能,自1991年始,市文物局、博物馆坚持每年组织全市博物馆对社会公开发行"北京地区博物馆"通用年票,"年票"的价格低廉,持票可参观数十家博物馆,极大地方便了北京市民到博物馆参观,得到了观众的欢迎,受到了社会各界的普遍赞誉。

在宣传学术科研教学的方面,当时在北京发行的文博报刊有:《考古学报》、《考古》、《文物》、《中国文物报》、《文物工作》、《中国博物馆》、《中国博物馆通讯》、《北京文物报》、《北京文博》、《博物馆之声》、《收藏家》、《东方收藏家报》、《北京文物与考古》等以及一些馆(院、所)刊等,共30余家报刊可供博物馆研究人员驰骋。此外,1995年以来每年还有两三本有关博物馆的专著问世。

事业的发展,亟需大量的专业人员和管理人才。根据全市状况,市文物局和博物馆从 1989 年起,连续 11 年每年组织馆长研讨班,充实其管理方面的业务知识,提高其管理水平。同时,每年平均举办各类业务人员专题培训班,不断提高其专业水平和实践能力。

据 1995 年统计,北京博物馆总占地面积约 360 余万平方米,总建筑面积约为 73 万平方米,基中展厅面积约为 26 万平方米,文物库房面积 7.8 万平方米,供科研使用的建筑面积 1.7 万平方米,可供观众在馆内开展各类活动场所面积约为 42 万平方米。

进入 90 年代,北京博物馆事业的法治建设亦有了长足的发展。1992 年、1993 年分别由市政府颁布了《北京市珍贵文物复制管理办法》、《北京市馆藏文物管理规定》、《北京市博物馆登记暂行办法》等地方性法规,2000 年将《北京市博物馆管理条例》颁布执行。

毋庸质疑北京地区博物馆,距时代与大众要求,与首都地位相比,与中等发达国家相比,还有很多不足和差距。主要体现为:一是北京现存的博物馆多为历史类博物馆,缺乏反映社会现状的同步型博物馆,还没有一座可展望未来的探索型博物馆;二是目前的博物馆位置在全市分布极不平均衡,一半以上的馆集中在东城、西城及海淀区,其他区县的人口与博物馆的比例严重失调;三是在全市博物馆的 270 余项展览中,很大一部分的展示手段单一,缺乏吸引力,不适合社会发展的需求;四是大部分博物馆的藏品保护和管理缺乏现代的技术和设备,缺乏必要的资金和人才。

第五卷 新世纪新阶段(1999—2003 年)2004 年出版(200 万字)

在世纪之交,在迎奥运和“人文奥运”方针推动下,此卷收录北京地区 120 座博物馆,这四年的概况资料,其中 22 座为此次新收录的,这 120 座博物馆包括北京地区中央各部委、北京市及其区县、各委办局所属和企业或私人筹办的博物馆、纪念馆及具有博物馆性质的展览馆、陈列馆、文物管理处和文物保管所。

这四年在北京地区博物馆发展进程中非常引人瞩目。有这么几个主要特点。第一,博物馆行业管理进一步纳入法治化轨道;第二,博物馆事业发展方向更加明确,博物馆越来越引起社会各界的重视和关注;第三,博物馆建设,老馆改造取得重大进展;第四,博物馆基础工作取得新进展;第五,博物馆展览异彩纷呈,各具特点等。

编纂年鉴推进首都博物馆事业发展

《北京博物馆年鉴》自 1987 年出版首卷以来,依照北京博物馆学会每届任期出版一卷的计划,已经出版了5卷,总计670万字。这是5项编纂浩大的文化工程,此年鉴是全面记述并促进首都博物馆事业的资料性著述性文献工具书,是中国博物馆事业发展的缩影与历史见证。

博物馆的建设与应用,是表明一个国家、一个民族或一个地区、一座城市经济发展建设与文明发展的重要标志，亦为它们之历史文化记忆与精神文明传承的重要载体。北京具有几千年悠久的历史与光荣的革命传统,千百年来为中国政治中心与中华文明之代表,建设创办各类不同之博物馆、纪念馆有着得天独厚的丰富资源。而北京经济的飞跃发展及中央各委部局之参与支持投入,使得各博物馆建设与应用,有着坚实的经济保障。

第6卷年鉴《北京博物馆年鉴》的编辑出版,是首都文博战线向新中国60华诞奉献的一份厚礼。这6卷《北京博物馆年鉴》充分体现了新中国60年,特别是改革开放30年来,北京文博事业所取得的标志性成果,这是一项宏伟的文化基础建设工程,充分体现了“盛世修志”(党的领导和人民的创造力),充分体现了社会主义制度的优越性,充分体现了北京文博事业的更加辉煌前景。这将对建设“人文北京、科技北京、绿色北京”锦上添花。

(作者单位:北京市社会科学界联合会)

博物馆总汇

综 合 类

综 合 类

故宫博物院

THE PALACE MUSEUM

院　　长　郑欣淼

通讯地址　北京市景山前街4号故宫博物院

邮政编码　100009

电　　话　85007027

隶属关系　中华人民共和国文化部

性　　质　综合性国家博物馆

建筑性质　明清皇宫(全国重点文物保护单位)

建筑面积　16万平方米

馆址环境　位于北京市中心,北依景山,南抵天安门,西邻中南海和北海,东近王府井商业区,正门外东为北京市劳动人民文化宫(原太庙),西为中山公园(原社稷坛)。

历史沿革　1914年2月4日,成立古物陈列所。1924年11月20日,成立清室善后委员会。1925年10月10日,故宫博物院成立。1948年3月1日,古物陈列所并入故宫博物院。1961年被国务院公布为第一批全国重点文物保护单位,1987年被联合国教科文组织列入《世界遗产》名录,2007年被评为全国首批5A级旅游景区,2008年被列为国家一级博物馆。

故宫博物院

THE PALACE MUSEUM

概 述

进入新世纪以来，故宫博物院坚持以邓小平理论、“三个代表重要思想”和科学发展观为指导，以迎接、贯彻党的十七大精神为主线，坚持围绕中心、服务大局，全面推进思想、组织、作风和制度建设，不断提高党组织的创造力、凝聚力和战斗力，保证我院中心任务的完成。进一步组织“故宫人精神”的再讨论，为我院事业科学发展、和谐发展提供精神动力和智力支持。继续开展党的组织建设和党风廉政建设，按照国家法律法规和院规章制度，坚持程序，强化监督，做好纪检、法律、财务、审计工作，为我院的发展创造一个廉洁、公开、公正、公平的环境，促进故宫各项建设事业健康发展。

保护好世界文化遗产故宫，建设好世界一流博物馆，弘扬中华文化一直是故宫人的奋斗目标。围绕着保护世界遗产、弘扬中华文化的神圣使命，全体职工团结一致、锐意进取、开拓创新，积极探索妥善处理“宫”、“院”关系（故宫的保护与博物院的建设之间的关系）的途径，顺利进行了党的先进性教育、院庆 80 周年、故宫古建大修第一阶段工作、第 29 届北京奥运会接待任务，我院文物藏品清理工作顺利进行，通

故宫太和殿

过加强“故宫学”的引导、整合作用，各项科学研究顺利进行，故宫保护和博物馆整体建设迈进新阶段。

一、古建与维修

2001 年 11 月，李岚清同志视察我院并主持会议，确定了故宫古建筑维修和文物保护的任务。2002 年启动了以“完整保护，整体维修”为原则的故宫百年来的大规模修缮并将持续到 2020 年。2003 年，我院制订并实施《故宫博物院 2003-2020 年发展总体规划纲要》，提出了 21 世纪头 20 年我院的发展方向、目标和任务，此方案于 2005 年年初获得国家文物局的批准。

自 2003 年武英殿修缮试点工程开始、2004 年中轴线开工，到 2005 年 10 月，大修一期工程第一阶段的主要任务——故宫中轴线两侧古建筑的修缮保护工作的主体基本完成，2006 年 1 月开始对太和殿进行维修，到 2008 年 7 月中旬位于开放路线的太和门、太和殿、神武门维修陆续竣工，重新开放，我院圆满完成第一阶段的任务。故宫维修保护第一阶段共完成维修面积 38083 平方米。目前正在维修的项目有寿康宫、慈宁宫和御史衙门工程，建筑面积 7743 平方米。午门展厅工程因为在解决古建保护和文物展示之间的矛盾所作出的创造性贡献，获得了 2005 年“联合国教科文组织亚太文化遗产保护奖评审委员会创新奖”。

配合故宫大修工程，2007 年 5 月下旬，我院承办了由国家文物局、联合国教科文组织世界遗产中心、国际文物保护与修复研究中心、国际古迹遗址理事会共同主办的东亚地区文物建筑保护理念与实践国际研讨会。会议通过了《北京文件》及附件，回答了教科文组织世界遗产中心对故宫、天坛、颐和园维修工程的质询，肯定了故宫等遗

产地所贯彻执行的保护原则和具体执行的工程做法。

二、文物管理与非物质文化遗产保护

1. 文物清理

由于我院目前各项事业迅速发展，动用文物数量大、频率高，为更好地保证故宫藏品的安全，加强对藏品的保护和管理，按照有关法规，结合我院特点和多年来文物保管的工作实践，2004年我院成立了文物管理处，制订了《文物清理工作2004—2010年7年规划》，故宫文物清理工作包括清理、保护、整理、编目出版、展示等几个环节，持续时间将达7年。

从2004年起，我院决定每年定期召开文物管理工作会议，集中解决文物清理工作中遇到的问题，对一年来的文物管理工作进行总结。2007年5月18日，我院正式开通文物流通与出入库管理系统，所有文物提用业务手续(包括文物利用的申请及文物的出入库)基本上都通过系统在线完成，促进了文物管理工作的科学化、规范化。截至2008年，我院通过验收的藏品总量达到580404件，约占在账藏品总量的62%。已提交验收报告、尚待验收的文物藏品138558件。作为这次文物清理的体现和成果，启动了《故宫博物院藏品大系》和《故宫博物院藏品总目》的编纂工作并积极推进，《故宫博物院藏品大系》的绘画编4卷于2008年率先出版。

2. 库房管理

文物库房的管理是我院文物管理的重要组成部分。本阶段，我院对文物库房的管理上，除加强日常性的监管以外，不断加强库房安防设施建设和库房安防人员职业素质培养。2007年先后对

故宫外景

全院业务部门进行了库房负责人、组长和主任三级管理责任人的培训及全员的操作能力训练，提高了管理水平和业务能力。2008年初步建设完成了地下文物库房视频监控系统工程等安全监控设施，并对雨花阁佛塔、北五所陶瓷资料库房及延禧宫陶研中心观摩室、西铜器库部分文物以及图书馆书库书柜等都采取了防震加固措施；同时，寿安宫和地上古籍库房安装安全监控设施，制定《故宫博物院图书馆古籍保护应急预案》，增强应急意识和能力。

3. 文物科技保护

从2004年到2008年，我院有计划地对图书、戏衣库房等处进行熏蒸杀虫工作；同时，配合展览、倦勤斋保护工程等，完成书画、铜、陶、瓷器、玉石、钟表等文物千余件；通过成立古陶瓷检测研究实验室等，深入开展关于文物保护的科研攻关，先后承担和进行了古代建筑琉璃构件保护技术及传统工艺科学化研究(国家“十一五”重点科技支撑项目)、地库空气质量的监测与治理、古建科技保护工作、纺织品的保护处理、利用X射线探伤装置对青铜器进行鉴定和研究、壁画和彩塑的保护研究、国家文物局“铁质文物综合保护技术”评估、文物保护修复档案的科学化构建、古陶瓷科技研究、白蚁普查与防治、文物保护环境科学及传统工艺的整理与研究、青铜器修复传统拼接技术的科学化研究等。2008年，我院古陶瓷检测研究实验室被国家文物局正式批准为古陶瓷保护研究国家文物局重点科研基地。

4. 藏品征集

为更进一步丰富藏品门类，保持我院收藏的历史延续性，在征集原清宫遗散在外的文物和我国原始社会至1911年的各艺术门类中的文物精品的同时，自2005年开始，我院将现代艺术品、工艺品也纳入征集工作中，并通过定向征集、严格评审，收藏我国现代名家名品。先后接受了李可染、李苦禅、卢光照、吴冠中、范曾、刘国松等书画大师作品，接受李敖先生捐赠《乾隆题<王著书千字文>》、美籍华人臧建心、臧武云夫妇捐赠“清代刘统勋行书唐人诗轴”，日本陶艺家林恭助捐赠“曜变天目碗”以及第29届奥运会组委会捐赠的“中国玉福娃”等珍贵文物，涵盖了书法、绘画、瓷器及故宫南迁文物史料等类，我院还完成收购了《傅山手札卷》、《明朱元璋、朱厚熜书法合卷》，收购历代碑刻拓片46项135件(套)。

2005年，我院将东六宫之一的景仁宫开辟成为固定的捐献专馆，在其内设立景仁榜，镌刻了故宫建院以来数百位向我院捐献过文物的智者仁人姓名，以志留念和景仰。

5. 非物质文化遗产保护

为弘扬故宫保存的传统文物修复技术，2007年底，我院根据自身优势，对现存传统工艺进行总结，将“古书画装裱修复”和“故宫官式古建营造技艺”进行整理，申报我国“第二批国家级非物质文化遗产”。目前这两项已经被国家正式认定为“第二批国家级非物质文化遗产”。同时我院还积极筹划拍摄记录故宫传统文物修复技术的电视资料片《故宫绝活》，以对我院非物质文化遗产进行抢救性保护和系统整理。

三、安全保卫与开放管理

1. 安全保卫工作

安全工作是我院一切工作的前提和基础，我院确定了一切以安全为先的工作原则，通过完善安全制度管理、进行安全设施改造、加强安全宣传与教育等活动，确保故宫古建安全、文物安全、游客人身安全。

在2004年全院调整健全了院防火、治保、交通安全3个安全委员会，以加强对我院安全管理的领导。同时，我院还不断加强安全管理制度建设，每年要求院领导、职工个人层层签定《故宫消防安全责任书》，并于2005年完成对《故宫博物院消防安全管理制度》的修订，以制度手段加强院消防等安全工作。我院安全工作以防火、防盗、防暴等工作为重点，将防火安全作为安全工作的重中之重，为此，我院编辑出版《故宫消防》一书，较系统地总结了新中国成立以来我院的消防安全工作。

几年来，我院加大对安防基础设施的配套建设、改造的力度，先后新增设了文华殿东西配殿报警系统，为御茶膳房前端、珍宝馆南北门售票处和计财处点钞室加装了预警探测器及摄像机等。2007年完成了中轴线西侧防盗报警工程。2008年，又在午门东门洞和神武门西门洞各新建了两处安检房，对所有进入故宫参观游客的包裹和随身携带的物品进行安检，加强对重要通道和区域的安全监控。

2. 开放管理工作

我院的开放管理工作以“为中外游客提供优质服务，树立故宫人良好形象”为主要目标，通过建立和推广故宫博物院视觉形象系统，抓好院整体形象设计（VIS）和院容整顿，统一宣传推广工作，带动接待服务水平全面提升。从2004年到2008年，我院开放管理工作以迎接奥运为契机，通过集中培训、实地观摩以及观看录像等方式，组织开放一线和外来合作人员参加安全、礼仪、外语、手语、奥运知识、故宫知识、商品知识等培训，全面提高了职工素质和岗位责任意识。从2004年到2008年，我院年均接待游客人数达900万人次以上，其中2007全年总接待人数为970万人次，2008年接待人数达947万人次。2007年，我院被评为国家5A级旅游景区，被北京市消防局评为“消防安全先进单

神武门

位”(已经连续19年),还被北京市旅游局评为“首都平安旅游景区”,2008年,被国家文物局列为首批“国家一级博物馆”。

四、展览工作

根据《故宫博物院2003—2020年发展总体规划纲要》,2004年我院制订了《故宫博物院2004—2008年陈列展览计划》,为未来4年的陈列展览作出了预先安排,先期筹划,提前布置,增强展览的计划性。2007年我院制定了《故宫博物院陈列展览工作管理办法》、《故宫博物院涉外展览管理办法》,对展览主题与立项、展厅设计与布置、展品遴选与摆放、展品文字说明与介绍等方面进行严格要求。

从2004年起,我院先后对珍宝馆、钟表馆和石鼓馆三馆进行改造,开放畅音阁阅是楼的清宫戏曲文化展馆;此后,随着故宫大修工程开展,我院武英殿区建筑、午门正楼、中轴线东、西两庑及其周边建筑、钦安殿、戏衣库、延禧宫、太和门、太和殿、神武门相继修缮完成,包括午门展厅在内的10个新展厅陆续投入使用,我院陈列展览条件得到很大提高。

故宫的院内陈列展览,包括原状陈列、专馆、临时专题展览等。其中原状陈列主要有前三殿即太和殿、中和殿、保和殿,后三宫即乾清宫、交泰殿、坤宁宫和养心殿、储秀宫及东、西六宫原状陈列等。专馆方面有青铜馆、绘画馆、珍宝馆、钟表馆、石鼓馆等。临时性的展览则主要指我院特色的引进展、各类主题展等,各类临时性

展厅

展览给前来我院参观游览的观众提供了更多丰富多彩的文化选择，近些年，我院的临时性展览主要有院藏文物主题展，有的是反映故宫特色宫廷文化的，如天府永藏展、清代皇帝卤簿展、故宫博物院藏清代宫廷服饰精品展以及官样御瓷展等；有的是围绕院藏品征集而举办的，如郑振铎捐献陶俑特展、范曾展、故宫藏捐献文物精品展、饶宗颐书画作品展等，有的则是表现异域民族文化精华的展览，如巴西"亚马孙——原生传统展"、"西班牙骑士与艺术展"、法国"卢浮宫·拿破仑一世展"等。

五、宣教活动与为公众服务

我院的宣传教育工作，尤其注重对青少年和大中小学生的宣传，主要以每年5月18日"国际博物馆日"和6月10日中国"文化遗产日"两个主题纪念日为中心。从2005年起，故宫率先规定每星期二对事先预约的学校集体参观完全免费，并有专人全程义务讲解。从2004年到2008年，我院先后策划实施了"故宫畅想"全国中小学生知识竞赛、征文活动，开展了"保护文化遗产从我做起"的签名活动、与中央电视台联合举办"文化遗产日"大型直播节目、从2006年到2008年连续3年开展"故宫知识课堂"主题教育活动，同时，由我院团委组织的"永远的故宫"系列讲座自开讲以来，得到了京内各大高校师生积极响应。

2004年起我院开始向社会公开招聘首批志愿者，经培训上岗，我院志愿者在珍宝馆、钟表馆坚持给观众义务讲解。从2006年开始，我院的英语志愿者开始上岗。2006、2007年，先后出版了反映故宫志愿者情况的《故宫志愿者》、《撷芳致远》文集。2008年，外籍志愿者上岗，到2008年底，我院共有外籍志愿者10余人，能够为观众提供地道的英语、日语、法语、德语、西语等语种服务。

同时，我院通过设立观众咨询服务、开发多语种自动讲解器、安装电子信息屏、更新参观路线标识牌、进行无障碍通道建设等系列措施，给来院参观游览的观众创造一个更加方便、便捷、优雅的参观游览环境。还通过整治服务环境给观众打造一个良好的购物休闲环境，先后对全院各经营网点进行装修、改造，经营环境有较大改善，为观众提供了良好的消费场所和更好的游览氛围。

六、学术科研与出版

1. 在"故宫学"指导下的学术研究与管理

2003年10月，郑欣淼院长在为庆祝南京博物院成立70周年而举办的馆长论坛上提出了"故宫学"的构想，当即在学术界以及社会上引起了强烈反响。《故宫学刊》也于2004年创刊。在"故宫学"理论的指导下，2004年我院成立了科研处，创办了《故宫学刊》，并对《故宫博物院院刊》、《紫禁城》进行编辑改版。2004年《故宫博物院院刊》被列入中国社会科学核心期刊，还加入了中国学术期刊网。

同时，开始编纂《故宫博物院学术成果总目(1925—2005)》和《故宫学论著索引》、《明清宫廷建筑大事编年》，启动我院专业技术人员学术成果的建档工作。在此背景下，从2004年到2008年，一大批具有故宫特色、有较高水平的大型、集体科研课题项目得以立项和进行。为进一步规范我院的科研工作，2006年我院颁布实施《故宫博物院科研课题管理办法》(试行)。2008年完成了《故宫博物院近期科研规划(2008—2010)》与《故宫博物院中长期科研规划纲要(2011—2020)》，完成了《故宫博物院藏文物珍品全集》(60卷)的全部编辑出版工作，2007年策划启动大型出版项目《故宫博物院藏品大系》和《故宫博物院藏品总目》，进展顺利。

为进一步加强我院在古书画、古陶瓷、古建筑、宫廷史和藏传佛教等研究领域的学术地位，充分发挥我院在藏品资源和研究力量方面的优势，先后创立上述多个专业的有故宫特色的研究中心，为海内外同行搭建一个开放的、全方位交流的学术平台，更深入地认知中国古代传统文化的精髓，促进科研成果的转换和普及，同时培养造就出一批高素质的人才，形成可持续发展的良性循环，从根本上推动古建筑相关学术研究的深入与发展。2005年，在我院80华诞庆典之际，古书画研究中心、古陶瓷研究中心成立大会在延禧宫隆重举行。2007年又成立了故宫博物院古建筑保护研究中心。中心的建立说明"故宫学"本身的文化内涵及在海内外所具有的影响力、凝聚力。

2. 出版工作

故宫博物院紫禁城出版社是全国博物馆系统唯一

的一家出版社,成立于1983年,多年以来,以我院藏品和学术研究成果为依托,紫禁城出版社已经形成了艺术和学术含量高的出版特色,在学术性、资料性、观赏性和趣味性各个方面均受到各界读者的好评。

2007年初,紫禁城出版社新的社领导班子组成后,经过一段时间的调研、思考,形成了《关于紫禁城出版社今后一段时间内工作的基本思路》,提出了制定一套好战略,培育一批经济增长点,打造一套好机制,营造一个好氛围的发展战略。确定围绕3大板块(宫廷生活、古建文物艺术、明清历史)、4个点(大众收藏、大众旅游、自费出书和名家书稿)来组织策划,培育新的经济增长点,在做精、做特上下工夫,创品牌,争效益。大力开拓、挖掘故宫文化资源,围绕"故宫学"来开发选题、组织书稿,突出重点,形成特色,打造故宫学出版基地,宣传故宫,弘扬优秀传统文化,取得了良好成果,实现了经济效益与社会效益的双丰收。

七、信息化建设

数字化是博物馆现代化的重要途经之一。我院把信息电子化作为全面提高综合管理水平与文博业务水平的切入角和支点,提出了建设"数字故宫"的目标。经过几年的实践,目前我院的信息化建设已经位于国内博物馆前列。我院信息电子化建设的主体框架为"三库三台",即文物管理信息数据库、古建信息数据库和文献档案数据库,实现网络通信及采集加工的基础平台、管理平台和展示平台。同时故宫网站(www.dpm.org.cn)以其丰富的内容、精美的影像,一直吸引着广大国内外观众,日点击率达到61万次,成为了中华优秀传统文化的展示平台。

2005年,随着我院信息化办公平台等一系列信息系统的建立,初步建立起了遍布全院的计算机网络和文物管理信息系统、古建信息系统、历史文档信息系统,我院的信息化工作取得巨大成果。在此基础上,2006年我院又提出了建立文化展示信息化工作平台的设想。经过两年的努力,到2008年,我院在对故宫网站进行改版准备的同时,先后完成了7部导引观众参观陶瓷、绘画和古代建筑展览的视频短片,开发了一批与展览知识互动的多媒体节目。同时,我院在新建的文华殿陶瓷馆、武英殿绘画馆内都安装了全新的数字展示设备;在太和门、外朝东西两侧观众通道也装设了数字导览装置,与IBM公司合作的"超越时空的紫禁城"项目也已完成。同时,我院在虚拟现实技术方面也取得了优秀成果,文化遗产数字化应用研究所继2003年第一部虚拟现实作品《紫禁城——天子的宫殿》之后,2005年又推出第二部作品《紫禁城——三大殿》,2008年又开始《养心殿》第三期节目的制作。

八、对外交流与合作

2004年,我院成立外事处,以更为开阔的视野和更为开放的意识,通过保持传统优势项目,不断开拓新的外展领域，精心组织各项赴外展览和引进外展，扩大国际交流范围，弘扬中华文化，促进中外文化交流。2005 年，为配合故宫博物院建立 80 周年，举办了一系列国际性的展览、学术交流等活动，邀请大英博物馆、德累斯顿博物馆、美国史密森尼研究院、东京国立博物馆等馆长前来参加“紫禁城对话”活动，加强与国内外同行的合作，为自身发展开辟了更为广阔的空间。

到 2008 年年底，我院已经与法国卢浮宫博物馆、美国大都会艺术博物馆、英国大英博物馆、俄罗斯艾尔米塔什博物馆、德国德累斯顿艺术品收藏博物馆、日本东京国立博物馆等世界 6 大著名博物馆确立起全面合作关系，建立管理层的互访，学者与学术交流，文物保护和修复技术合作，文物鉴定与研究合作，展览策划设计合作，社会教育、推广和宣传合作等。这一方面有利于故宫更好地借鉴世界一流博物馆的先进管理经验，同时，也将我院的国际交往提高到一个新的水平。

作为世界著名的文化遗产，故宫的文化遗产保护得到了世界各国政府和人民的关注。近年来，我院不断加强国际合作文物保护和修复。目前，我院与美国世界建筑文物保护基金会合作的倦勤斋保护项目、与美国 IBM 公司合作的“超越时空的紫禁城”项目、与日本冲绳县教育委员会合作的“故宫博物院藏琉球文物调查研究”项目已经完成。正在进行的合作项目有与美国世界建筑文物保护基金会合作的宁寿宫花园保护项目、与日本凸版公司合作进行虚拟现实技术开发、与德国马普科学技术史研究所“宫廷对技术发展的推动”科研项目、与荷兰国家自动音乐博物馆合作修复院藏钟表等文物科技保护项目。这些外展与交流活动的展开，对于提升我院的影响力，传播中华文明具有积极意义。

九、建院 80 周年系列庆祝活动

2005 年，我院以建院 80 周年为契机举办系列活动，以弘扬中华文化，扩大我院在世界文化、人类文明格局中的地位。从 2004 年 10 月至 2005 年 10 月我院按照“节约办事、突出特色、面向国际、扩大影响”的宗旨开展了一系列学术活动和文化交流活动，整个活动策划周密，主题突出，亮点频现，在形式、内容上都有突破和创新，起到了良好的效果。包括“紫禁城国际摄影大展”、院徽发布和院庆整体形象设计、大型系列专题片《故宫》的推出等一系列 80 周年院庆系列纪念活动，广泛地宣传了我院的新形象，不仅使人们体会到一个具有深刻文化内涵的古老的故宫，同时也可以看到一个面向世界、面向未来的现代化的故宫。通过承办这些活动，提高了各个部门协调合作办事的工作水平，也提升了全体职工作为故宫人的自豪感，增强了凝聚力，有力地推动了全年工作的开展，从中获得了丰富的经验和有益的启示。

首都博物馆
CAPITAL MUSEUM CHINA

馆　　长 郭小凌

通讯地址 北京市西城区复兴门外大街16号

邮政编码 100045

电　　话 总机:63363388 办公室:63370485 预约参观:63370491、63370492、63370458

传　　真 63370485

网　　址 www.beijingmuseum.org.cn

电子信箱 bjm@beijingmuseum.org.cn

隶属关系 北京市文物局

性　　质 公办

建筑性质 现代建筑

建筑面积 总建筑面积63390平方米

展厅面积 25000平方米

占地面积 24800平方米

馆址环境 坐落在长安街西延长线上,东临中华全国总工会大楼,西临复兴医院,北临长安街,南临汽北小区。

历史沿革 1954年2月成立"首都历史与建设博物馆"筹备处,1960年6月建制撤销。1963年成立"首都博物馆筹备处"。1969年建制再次撤销。1979年10月重新恢复,并获批准确定孔庙为首都博物馆馆址。1981年10月1日,首都博物馆正式对外开放。1999年,北京市委、市政府决定建设首都博物馆新馆。2001年12月首都博物馆新馆正式奠基兴建。2005年12月,新馆建成开始试运行,2006年5月18日正式开馆。

开放时间 9:00—17:00(周一闭馆)

服务设施 停车场、纪念品商店、触摸屏导览、语音导览机、餐厅、咖啡厅、茶座、书店、自动取款机、数字影厅、物品寄存、无障碍参观服务设施等。

交通状况 公交线路1、52、728、802路木樨地下车往东,工会大楼下车往西;114、650、45、26、319、308、937路白云路下车;37路三里河东口下车往南。

地铁1号线木樨地站下车往东,1号线南礼士路站下车往西。

概　述

首都博物馆是北京市属的综合性地志博物馆，一直承担着北京地区文博事业的重点工作，在文物收藏保护、展览陈列、科学研究、社会教育等方面发挥着重要的作用。自 1981 年开馆以来，首都博物馆一直以北京孔庙古代建筑群落为馆舍，展陈面积狭小，设施简陋，无法更好地承担北京市属大型综合性博物馆的任务。1999 年，作为北京市“十五”期间重点文化建设工程，首都博物馆新馆建设项目的立项申请得到北京市委、市政府批准。2000 年 5 月，首都博物馆新馆建设工程领导小组和首都博物馆新馆建设工程业主委员会成立。业主委员会向世界著名设计公司和设计大师招标，中国设计建筑研究院和法国 AREP 设计公司联合设计的建筑方案中标。2001 年 12 月，首都博物馆新馆正式奠基兴建。2005 年 12 月，首都博物馆新馆建成开始试运行，2006 年 5 月 18 日正式开馆。通过 2004 年至 2008 年 5 年的努力，首都博物馆的各项工作已经跃上了新的台阶，实现了里程碑式的飞跃。

博物馆是“为社会及其发展服务的、非营利的永久性机构，并向大众开放，它为研究、教育、欣赏之目的征集、保护、研究、传播并展出人类及人类环境的物证”。首都博物馆新馆正是本着这一宗旨在建设理念、硬件设施、展陈设计方面，紧跟博物馆发展的世界潮流，努力建成国内一流的博物馆。

首都博物馆新馆坐落在长安街西延长线上（北京市西城区复兴门外大街 16 号），占地面积 24800 平方米，总建筑面积 63390 平方米，库房区 9381 平方米，开放区 42704 平方米，地上五层，地下二层，整体建筑造型别致、新颖大方。其建筑设计本着“以人为本，以文物为本，为社会服务”的原则，体现出“过去与未来、历史与现代、艺术与自然的和谐统一”，成为长安街上新的标志性文化建筑。

首博新馆在满足博物馆保管收藏、展示教育、科学研究 3 大功能上充分吸纳和采用了当今世界博物馆建设的先进理念和技术设备，并在这 3 方面达到了国内一流的水准。

智能化工程——首都博物馆新馆展厅全部安装了智能化控制温湿度的空调系统，保证展厅内观众活动的空间温湿度的舒适性，展柜内的温湿度要有利于文物的保护，在文物库房则是根据不同材质的文物库区的不同需要提供不同的温湿度。馆内安全技术防范系统（含停车库管理和灯光照明控制）、消防监控与自动灭火系统（含应急

首都博物馆外景

广播系统)、楼宇自动化系统、音响灯光联动控制系统，全面实现智能化,其中自动灭火还针对文物易损怕水的特性作出了特殊设计。

文化遗产与博物馆信息集成应用体系的建设——这是全国文物博物馆领域的创新工程,是一个庞大的系统工程,由4部分构成:①文化遗产信息采集项目(包含全面数字化的摄影、摄像、扫描等采集设备及软件系统)。②数字化博物馆系统工程。③多媒体展示工程(60多个展示项目)。④图书及宣传品出版。

环保、节能——首都博物馆新馆是国内第一家采用太阳能电源的博物馆和文化场馆,新馆的建筑顶部采用了蒙皮式非晶体柔性太阳能发电板,既环保又节能。馆内还采用节能灯具、胶体电池EPS应急电源。馆内所采用的装饰材料和展柜等展览用品均为符合国家标准的绿色环保产品。

首都博物馆新馆的展陈设计，经过了广泛的调研,反复的论证,缜密的思考,在吸收、继承前人的基础上,确立了指导思想。概括起来主要有以下3点:①首都博物馆的展陈以北京文化为核心内容，以北京文化的连续性、递升性、多元性、荟萃性和创新性为展示要点，充分表现北京文化恢弘的气度，深厚的底蕴和辉煌的成果。②在全球视野下展示北京文化。北京文化有一个长期发展、成熟的过程,是多元文化交会融合的成果。把北京文化置于世界历史演进的大背景下展示，丰富了思想内涵，深化了展览主题，既是一种对北京文化的历史追评，更是一种面向世界的胸襟袒陈。③根据新馆展陈“普通北京市民、广大中小学生和国内外旅游者”的观众定位，坚持把展览的科学性和普及性、趣味性和参与性融为一体，使博物馆文化成为广大民众进行自我教育和自我提高的大众文化。

展陈指导思想决定了首博新馆展览的构成：基本陈列、精品陈列和临时展览。

基本陈列有《古都北京·历史文化篇》、《古都北京·城建篇》(后改为《北京文物精品展》)、《京城旧事——老北京民俗展》。《古都北京·历史文化篇》、《古都北京·城建篇》是首都博物馆展陈的核心，表现了恢弘壮丽的北京文化，不断递升并走向辉煌的都城发展史，成为创建国内一流博物馆的品牌陈列。

精品陈列有《古代瓷器艺术精品展》、《燕地青铜艺术精品展》、《古代书法艺术精品展》、《古代绘画艺术精品展》、《古代玉器艺术精品展》、《古代佛教艺术精品展》、《书房珍玩精品展》。这7个馆藏精品展览和《京城旧事——老北京民俗展》是对北京文化展现的补充和深化。

一、展陈、科研工作

新馆建成以来，除基本陈列、精品陈列以外，首博又先后推出各类临时展览百余项，其中外展2项，为配合各项临时展览的展出，首都博物馆印刷出版各类图书、印制各种宣传品、光盘等百余种。

博物馆内景

为更好地提高博物馆科研水平，完善了科研管理制度，建立了首都博物馆专家委员会专家库。2007年3月首博开展科研基金课题与学术成果奖励申报工作，选出2007年科研基金课题选题8项，学术成果奖励3项。有关业务部门完成北京市科委《铁制文物脱盐清洗及封护研究》课题的结题工作，获得专家及科委的肯定。农科院“利用生物技术对出土丝织品清洗处理研究”课题按计划进行。《北京地区非物质文化遗产保护研究》课题完成31项北京地区非物质文化遗产项目的调查，撰写《首都博物馆北京地区物质文化遗产调查报告(下)》。成功申报了北京市科委《中国古代丝织品保护研究》项目，申报了北京市科委科技新星计划。

2004—2008 年以来，首博的专业技术人员完成专业论文数百篇发表在相关学术刊物上。连续出版了《第五届中日韩博物馆国际学术研讨会论文集》、《首都博物馆丛刊》、《北京历史文化论文集》、《现代博物馆管理文集》、《民国大中学校沿革》、《博物馆数字化专委会论文集》等专业图书数 10 册，其中《三百六十行》获得“2007 年度香港印制大赛平装书籍冠军奖”，《中国记忆——5000 年文明瑰宝展》大型画册荣获“2008 中国最美的书”奖项和“第二十届香港印制大奖全场大奖”。参与了中国妇女儿童博物馆《女性服饰》、《女性习俗》、《当代妇女》、《近代妇女》、《古代儿童》、《近代儿童》、《当代儿童》、《儿童游戏》、《儿童体验》等大纲的撰写工作。协助完成平谷区博物馆、延庆博物馆、西藏自治区博物馆展陈大纲编写等相关工作。先后参与并组织《传承人与学术界的对话——北京地区非物质文化遗产保护与传承规律学术研讨会》、《第六届博物馆数字化推广会议——博物馆数字影像资产的系统管理和经营》等国内外大型学术交流活动数十次（包括与其它单位合作举办学术活动）。配合展览、活动组织系列学术讲座数百次。馆内专业技术人员参加学术研讨会数十次。

首博“文化遗产与博物馆信息综合应用体系”建设完成，新馆数字化博物馆工程顺利通过验收，系统资源数据初具规模，完成数据接口的调试。“综合信息平台”和“办公信息化系统” 投入使用，初步实现办公自动化。首博文化遗产和博物馆信息集成应用体系结构完整、功能齐备、紧贴实际、技术先进，在全国文博界应属第一例，该体系被评为北京市文物局经济技术创新优秀成果。

二、文物保管、征集和保护工作

首都博物馆藏品的管理本着“保护为主、抢救第一、合理利用、加强管理”的指导方针开展各项工作。新馆建成后，藏品账目实现数字化管理，输入藏品电子档案 66800 件(套)，建立了完善的业务档案，完善了各类藏品管理制度。

2008 年，世界瞩目的奥运会在北京召开，作为北京奥运窗口单位，首博完成了奥运会、残奥会会旗保管、交接工作。奥运会期间，完成人民大会堂国宴的现场文物展览工作。

文物征集部承担着首博文物的征集工作，完善了文物征集的管理制度，明确了文物征集的系统性和方向性，确立了“补充缺坏、丰富展品”的征集方向，“系列征集、精品征集、有序征集”的征集原则，加大近现代文物的征集力度，2004—2008 年征集文物 6649 件(套)，接受捐赠 19771 件(套)。在进行文物征集的同时，对北京工业遗产开展调研工作，寻访北京工业遗址，完成了工业遗址的调研报告，积累了大量的基础数据和文字图片资料，扩大、丰富了文物征集的工作内容和范围，制定了《首都博物馆工业遗址调查工作手册》(草案）和国家文物局《北京市京西工业遗产保护与利用规划研究》课题规划方案，参加“20世纪遗产保护论坛”和“区域博物馆遗产保护会议”，有效地扩大了首都博物馆工业遗址调查工作在国际和国内的影响。

首都博物馆文物保护修复中心(又称索斯曼中华文物保护修复中心)是在国际友人索斯曼先生的资助下于20世纪90年代建立起来的，10余年来在文物保护修复方面做了大量工作。

新馆建成以后，各项设施更加完备，首博引进成套先进的文物保护和修复设备、数据检测设备，利用高科技手段全面提高文物保护与修复水平，使首博成为北京市文物保护与修复中心，2004—2008年完成修复文物4585件(套)，复制文物110件(套)。首都博物馆文物保护修复中心根据工作需要分为字画、陶瓷、青铜、丝织品修复组、文物分析实验室、档案室、消毒室，2008年生物实验室建成，目前已开展有机质文物颜料、染料研究工作。首博文物保护修复中心利用高科技手段复制文物技术，利用高清晰扫描系统获取高精度的文物数字影像、高精度的文物复制，并总结和探索出了一系列的方法和技术，使首博的书画文物复制在全国居于领先地位，得到了业内人士及书画家的肯定。

完善了文物征集的管理制度，建立建全文物修复档案，开展展厅、库房的文物保护环境监测工作：对展现文物的巡视检查、定时定人，对展厅的温湿度状况、展厅室内空气状况进行监测并作详细记录，确保文物不受损坏，发现的问题，及时提出相应的解决办法。

三、社教、开放工作

首都博物馆拥有25000平方米的开放区域，每天都有大量的观众前来参观。长期以来，首博的社教、开放部门一贯坚持强调“以人为本”的服务理念，并以此为宗旨面向广大的参观群众，为大众提供优质的“人性化”、“特色化”服务：为了方便特殊人群的参观，为残障人准备了轮椅，为婴幼儿准备了童车。为观众提供物品寄存、婴儿室、公共饮水、休息坐椅等服务。开通了电话和网上预约业务，方便观众参观。向观众免费发放《首都博物馆简介》、《首都博物馆导览图》、《牵手》、各类展览宣传彩页等宣传品数十万份。在开放区配备医护人员，并与复兴医院建立合作关系，对在参观中突感不适的观众及时做出急救处理。开展会员制工作，组织高级会员推广会及专场参观活动。建立了一支稳定的志愿者讲解队伍，现有志愿者70人，提供讲解服务已超过3万小时。

为扩大教育阵地和教育资源，更好地为广大公众服务，社教、开放部门结合本馆特色举办了“小小陶艺家”、“法老的面具”、“手绘京剧脸谱”、“我爱博物馆——城乡学生走进博物馆系列活动”、“六一儿童周”、“七彩坊”、“陶艺坊”、“亲子探秘”、“户外参观活动”、“冬夏令营”、“北京民俗、戏剧、石刻艺术”等学术讲座、“小讲解员培训班”的系列主题活动等。

作为北京奥运窗口单位，首博利用每周一闭馆时间，按照北京奥运会通用培训系列教材有关要求，对员工进行了奥运知识、行业规范、服务标准的培训。2008 年北京地区博物馆讲解员演讲大赛中，首博共获得 9 个奖项，其中 3 人获得一等奖，1 人获得三等奖，1 人获得优秀奖，1 人获得英文最佳口语奖，2 人获得最佳才艺奖，首博获得最佳组织奖。

物业管理部制定了《物业四星级服务标准》，以确保博物馆及其附属配套设施、设备、场地的维护、保养、服务等方面的相关工作的顺利进行，使首都博物馆 25000 平方米的开放区域内始终保持卫生环境清洁，设备运转正常，服务及时到位，工作秩序井然。

四、机构设置和行政管理工作

首都博物馆是隶属于北京市文物局、国家全额拨款的事业单位。现有办公室、政工部、社教部、开放部、业务研究部、保管部、文物征集部、索思曼文物修复中心、展览工程部、信息资料研究中心、计算机管理中心、策划部、财务部、安保部、物业管理部、文化产业部等部门。首都博物馆在传统的管理机制中，大胆尝试，采用招投标的方式，实行社会化管理，在为广大的观众提供优质的星级服务的同时，从中摸索出一套现代化博物馆新的运营模式。

首博现有正式在编人员 193 人，本科以上学历 162 人，正、副研究馆员 27 人，中级职称 44 人，其总体水平在北京市文博系统中处于领先地位。为满足国际社会一体化的发展进程的需要，首都博物馆在队伍建设方面，除注重传统专业人才（传统专业主要是指历史、文博、考古等专业）的选拔以外，在人员聘用、管理等方面突破以往的用人机制，广泛接收、吸纳各类贤才，共图博物馆的现代化发展大业。2004 年，首都博物馆延聘高级顾问项目被市引智办确立为市重点引智项目。社会化用工是首都博物馆在人事管理制度方面的另一个新尝试。此外，加强对在岗职工的培训，提高员工的素质，以适应现代化博物馆发展的要求，更是首都博物馆各级领导班子长期以来坚持不懈的工作理念。

为了进一步加强规范化管理，首都博物馆在新馆尚未建成之前，就已经开始着手制定有关的规章制度，先后制定出各项规章制度百余项，以制度管人，以制度管事，使各项管理工作制度化、规范化，这些规章制度囊括了首都博物馆的各方面工作，主要包括：

行政管理方面，先后制定了《首都博物馆新闻发言人制度》、《首都博物馆馆长办公会会议制度》、《首都博物馆馆务会会议制度》、《首都博物馆公文处理办法》、《首都博物馆社会化人员管理办法》、《劳务派遣人员绩效考核实施办法》等一系列规章制度。

财务方面，先后制定了《首都博物馆专项经费管理实施办法》、《首都博物馆报销核算员制度》等一系列规章制度。

安全保卫方面，制定了《首都博物馆消防安全责任制度》、《禁止观众携带的具体物品清单》、《观众安检须知》等一系列规章制度。

社教、开放方面，制定了《首都博物馆免费开放接待方案》、《首都博物馆志愿者章程》、《首都博物馆志愿者管理方案》、《首都博物馆免费参观预约办法》、《首都博物馆免费参观票领取办法》、《首都博物馆常设展览免费门票设计方案》、《员工岗位服务工作标准》、《各岗位工作要求》、《开放部各岗岗位职责及工作任务》、《开放区相关服务管理规章制度》、《开放管理部员工奖惩条例》、《开放部员工培训方案》、《开放区施工管理规定》、《多功能厅使用管理规定》、《观众投诉处理程序》、《首博会员票的发行方案》等一系列规章制度。

文物保管方面，制定了《首都博物馆文物安全管理制度》、《首博库房文物科学分类上架方案》、《首都博物馆藏品账目管理方案》、《首都博物馆文物搬迁管理制度》等一系列规章制度。

文物征集方面，制定了《首都博物馆文物征集工作管理试行办法》、《首都博物馆文物征集部库房暂时管理办法》、《首都博物馆近现代文物征集标准和范围》、《文物调研工作实施纲要》、《文物捐赠协议、非文物捐赠协议、著作使用权捐赠协议、著作权使用权捐赠协议(无偿使用许可协议)范本》等一系列规章制度。

文物保护与修复方面，制定了《首都博物馆文物保护技术规范》等一系列规章制度。

科研管理方面，制定了《首都博物馆科研发展规划》、《首都博物馆科研基金管理办法》、《首都博物馆科研成果奖励暂行办法》等一系列规章制度。

展览陈列与策划方面，制定了《首都博物馆展览项目规范和工作流程手册》、《首都博物馆临时展览的取费制度》、《首都博物馆临时展览管理办法》等一系列规章制度。

物业管理方面，制定了《馆属企业首都博物馆特色商品研发审定办法》、《首都博物馆固定资产管理办法》、《首都博物馆低值易耗品管理制度》、《首都博物馆物业四星级服务标准》等一系列规章制度。

上述规章制度都是首都博物馆针对本馆实际工作中出现的问题而制定的，是确保首博各项工作的顺利进行的基本保障。有了制度的指引，新馆建成以后，首博的各项工作很快走向正轨。

加强党的领导及政治思想工作也是首都博物馆实行规范化管理的重要举施之一。首都博物馆在新一任领导班子的带领下，建立健全各级党组织，坚持进行党风廉政教育及制度建设，以制度管人，以制度管事。坚持党的中心组学习制度，组织党课学习、党章知识竞答、征文、延安行、工作回顾、“共产党员献爱心”等系列活动。充分发挥工会及职代会的民主监督、民主管理的作用，利用职代会平台，听取群众意见，强化工会及职代会的责任意识。开展共建工作，推进与平谷区东上营村的城乡共建工作，被评为首都精神文明建设委员会办公室城乡共建先进单位，并与东上营一起被评为城乡共建示范对子。

五、社会服务活动

首都博物馆主办、承办、协办各类开幕仪式、招待会数百次，有些项目具有全国影响，如“奥组委奥运倒计时100天主打歌发布会”、北京市人民政府招待会、“牵手残疾人，走进残奥会——快乐残奥”活动、2007AAC艺术中国·年度影响力评选颁奖晚会、“首博之春——北京记忆”古典音乐会等。接待中央办公厅、中央部委、北京市委、各省市机关、各地博物馆、社会团体数千次。接待各类媒体的采访千余次。

2008年是奥运之年，首都博物馆圆满出色地完成了博物馆免费开放、2008北京奥运会等各项工作任务，获得了“北京市‘三八’红旗集体”、“北京奥运会残奥会先进集体”、“2007年度首都文明单位标兵”、市旅游局“服务奥运贡献突出奖”、“先进集体奖”。

六、文化产业、文化产品和经营情况

现代化博物馆注重休闲娱乐的功能，经营服务工作是休闲娱乐功能的重要体现，首都博物馆的经营服务工作以“接待服务为主、经营服务为辅”为宗旨，完善了管理制度，确立了服务管理规范，制定了服务标准，进行了员工培训。

为满足观众在博物馆的消费和休闲需求，建立了纪念品商店、纪念品销售、冷饮销售、餐厅、咖啡厅、茶室、书店、七彩坊、陶艺坊等服务项目。并根据博物馆的特色，充分利用博物馆的文物资源自主开发设计商品。开发设计制作完成特色商品数百种，对开发的产品进行监督管理，对数百种特色产品进行审定，保证了特色商品的质量和文化品位。

（杜 翔）

社会科学类

历史

大钟寺古钟博物馆

ANCIENT BELL MUSEUM OF GREAT BELL TEMPLE

馆　　长 解小敏
通讯地址 北京市海淀区北三环西路甲31号
邮政编码 100098
电　　话 62550843(办公室) 62550819(社教部)
传　　真 62550843
网　　址 www.dazhongsi.org
电子信箱 dazhongsi@yeah.net
隶属关系 北京市文物局
性　　质 公办
建筑性质 古代建筑群(全国重点文物保护单位)
建筑面积 6059.4平方米
展览面积 3388.7平方米
占地面积 23000平方米
历史沿革 大钟寺,原名觉生寺,建于清雍正十一年(1733年)正月,落成于十二年冬。因寺内悬有一口明永乐年间所铸大钟俗称“大钟寺”。1957年,北京市政府公布觉生寺为市级文物保护单位。1980年2月,北京市政府批准成立大钟寺文物保管所。1984年11月,批准成立“大钟寺古钟博物馆”,并对大钟寺的建筑进行了全面的修缮,1985年10月5日,举行了建馆典礼。1993年建大钟寺东路九亭钟园,1995年完成东路整体修建。1996年12月大钟寺被国务院公布为第四批全国重点文物保护单位。
开放时间 9:00—16:30(周一闭馆)
服务设施 停车场面积为3000平方米,展厅均设有无障碍参观通道,纪念品销售、触摸屏导览、语音导览机。
交通状况 地处西北三环路大钟寺车站,300快车外环、323快、361、422、425、601、604、626、658、695、718、836、967、特8、运通101、运通201,或乘地铁13号线至大钟寺站下车向西300米均可到达。

概 述

一、藏品管理与保护工作

在文物藏品管理方面，2004年业务人员开始对原有藏品档案进行整理，完成了三级以上《藏品档案》的报局备案工作。同时根据北京市文物局的要求，对库房、藏品及账目进行核对，写出清库总结报告，并整理出三级品以外的藏品档案。2005年对馆藏文物进行重新鉴定、定级工作，在文物专家的指导下，对已定级的文物重新审核鉴定，对未定级的文物进行级别鉴定，并对部分藏品原来存在的问题进行了改正。此项工作完成后，重新填写了新的藏品大账及分类账，并完成"易宝藏品管理软件"安装，藏品数据的导入及录入工作，实现了藏品的数字化管理。

在藏品的建档方面，加强藏品档案的基础工作，业务人员将文物藏品的级别、年代、器型、纹饰等相关信息以更完善、更科学的方式存储，使之能够为博物馆的研究工作提供更多有价值的参考资料。2006年制作完成73套文物藏品的拓片，另有部分重要参考品也作了拓片资料保存。业务人员还对现有的古钟档案资料，包括北京地区古钟普查档案及部分全国古钟普查档案资料，进行了分类编目整理及内容的补充工作。

在藏品的征集方面，为博物馆能够征集到精品钟、铃类文物，业务人员努力做好各方面信息的收集工作。5年间新增文物8件(套)，截至2008年底馆藏文物共计739件(套)。

在文物藏品的保护方面，针对博物馆藏品的特点，随时观测有害锈对铜、铁质文物藏品的侵蚀情况，加强对藏品的保管和采取积极的防护措施。保管人员严格执行定期的展厅、库房安全检查制度，发现不安全的因素能够及时报告和进行了药物处理保护。

对永乐大钟的保护，是藏品保护工作的重中之重，近几年来博物馆与中科院木材研究所、中科院力学研究所、中国文物研究所等单位建立联系，先后请有关方面的专家来共同探讨永乐大钟及大钟架的保护问题。2006年2月，召开了有关永乐大钟及大钟架保护问题的专家会议，主要议题是请专家对中科院力学所在2005年12月所作的"永乐大钟测量、分析及整体保护方案"作出测评。经过专家们认真地讨论、评议，在充分肯定了此次测量、分析的基础上，最终对永乐大钟钟架的保护提出结论性意见，认

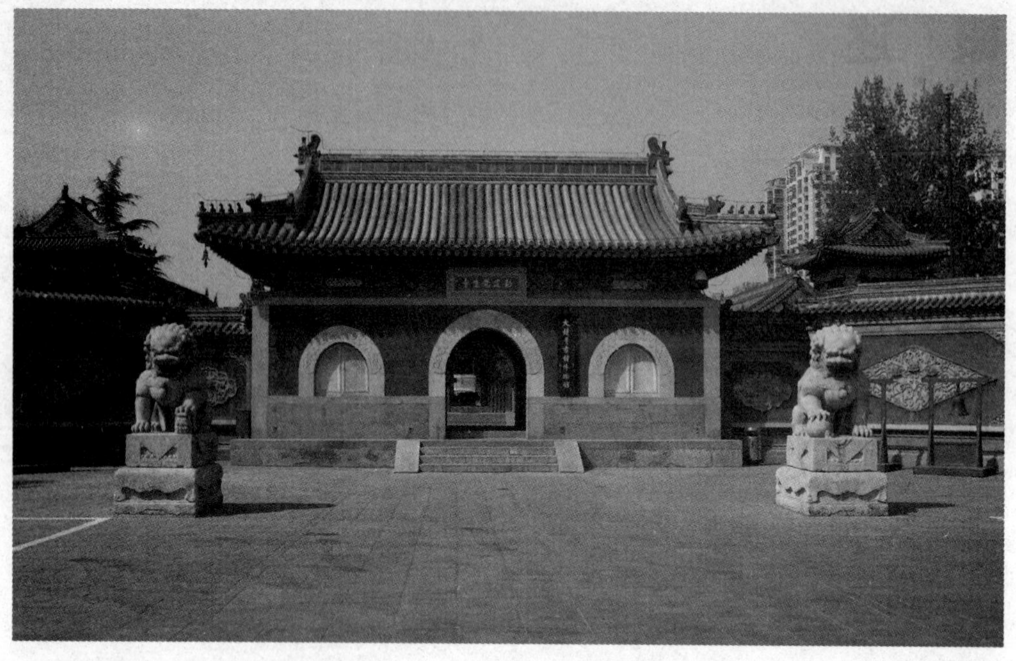

大钟寺古钟博物馆

为大钟架的保护应该以检测、监测为主，不要急于修缮，目前的工作重点应在大钟架的防腐、防虫上，使其已受的损坏得到整治及控制，并在进一步进行检测工作的基础上，依据测试的科学数据，提出切实可行的综合性保护方案和措施。

2007年5月，针对博物馆部分存放在九亭钟园内的文物藏品保护问题，请故宫博物院科技部的技术人员，对永乐铁更钟的锈蚀程度进行检测，主要是运用物理和化学手段对永乐铁更钟进行了本体性能和表层风化物检测，此次检测工作为存放在室外的铁质文物能够建立起科学的防护方案提供了前期调研数据支撑。因此，在藏品的保护上，博物馆要进一步与有关科研单位共同建立起长久的保护机制，依托科技进步，运用现代科学技术手段防止文物藏品受到损伤，确保文物藏品的安全。

二、陈列展览与科研工作

大钟寺古钟博物馆是依托古代寺庙建筑群而建立起来的，2005年以前由于年久失修，许多建筑上的油漆彩画已经斑驳脱落。过去大钟寺古建筑的油饰彩画进行过修缮，受技术、资金等诸多方面的影响，油饰彩画有许多遗憾之处。2005年油漆彩画工程列入了北京市政府为老百姓办的60件实事中，此项工程得到了市政府的高度重视和财政资金支持。在设计油饰彩画方案时，宥于历史资料的缺失，1983年彩画修缮时记录和资料也不详，几张照片资料模糊不清，只有大钟楼内大钟架的彩画遗存，大雄宝殿内天花顶上存有原有彩画。此次设计依据现场勘查所得数据，“遵守恢复原状和保存现状”的古建筑修缮原则，在文物古建彩画专家论证后，以清代原有彩画“雅五墨旋子彩画”为依据进行施工。经过一年多的修缮，大钟寺古建筑群及环境得到了彻底的改善，成功地复原了历史的基本原貌，整体环境更加清幽，成为人们休闲游览的胜地。

在修缮工程进行的同时，在市政府和北京市文物局的大力支持下，对博物馆建筑内部的展览也重新进行了改造。原有展览是1996年所制作，从内容上和形式设计方面都略显陈旧，利用此次改陈的机会，运用现代化的展陈手段，对展览及展区环境进行了彻底的改造，完成固定的展览有“觉生寺历史沿革”、“钟铃文化展”等11个展厅。在展览内容上调整充实了展品，挖掘钟铃文化的内涵，突出展陈主题；形式上统一展陈风格，强化了各展厅展览之间的联系；在编写陈列大纲上注重了解研究公众和社会需求，突出精品意识，把专业性、学术性与知识性、趣味性结合起来，使传统文化通过古代钟铃这一载体，得以向更多观众展示。

除固定陈列外，博物馆积极组织举办与其他博物馆的专题藏品交流和临展活动，5年间举办了13项临时展览。其中重要的临展项目是2005年的6月至9月的“法国钟铃艺术暨法国历史展”。此项展览由中国人民对外友好协会、法国南比利牛斯大区议会主办，大钟寺古钟博物馆和欧洲钟铃艺术学会承办。展览得到了中国文化部、伊尔儒丹市政府、北京市文物局、伊尔儒丹欧洲钟铃艺术博物馆等支持，被列入“法中互办文化年”项目。展出的97件钟铃实物、23件历史画和照片，年代跨度极大，从目前发现最早的高卢时期(公元前4—前2世纪)的铜铃，一直到2000年制作的友谊钟，覆盖了法国钟铃发展的整个历史，是法国钟铃发展史上各个阶段的代表之作，内容涉及到法国历史上重要的历史事件及人物。其中珍贵的历史文物为收藏于欧洲钟铃艺术博物馆的法国巴士底狱钟、拿破仑一世的青铜臬铃、法国大革命期间历史文献、法国大革命时期装饰画等，特别是“巴士底狱钟”等几件国宝文物，更是第一次离开法国国土到国外展出。

在科研工作方面，作为专题性的古钟博物馆，开展古钟研究是博物馆科研的重点内容，业务人员在古钟研究上，不断有新的科研成果出现。我们在2004年初申报了《北京地区古钟普查资料汇编与研究》课题，先后对北京地区18个区县进行了古钟的普查工作，收集了大量的古钟方面资料，制作完成了古钟档案89份，并在这些档案材料的基础上，2006年出版了《北京古钟》(上、下卷)。该书收录学术论文10篇，内容涵盖了北京地区古钟的发展历史、地域文化、造型纹饰、铭文及铸造技术等，为今后北京古钟史的研究提供了第一手宝贵资料，它的出版也是近几年来博物馆业务人员对北京地区古钟研究成果的一个总结。与此同时，我们还将历年来在外地普查所作的古钟普查档案进行了整理，尽力收集新的资料，不断补充完善档案内容。并利用现代化信息技术手段，充分发挥专业博物馆的优势，努力搭建钟铃文化信息交流平台，使大钟寺古钟博物馆成为中国古代钟铃文化研究、信息交流的中心。我们积极筹备开展《中国

寺观古钟调查与研究》项目，在全国范围内普查钟铃遗物保存情况，一方面要加强古代钟铃发展的历史、类型、时代特征等历史学、考古学研究，另一方面也要加强铸造技术、音乐性能、艺术成就、文化内涵等铸造学、音乐学、艺术学、文化学等多学科的研究，这是大钟寺古钟博物馆的一个总体规划和研究方向。虽然这个项目牵涉项目资金问题，实施起来难度很大，但是，我们将会发扬以往的认真与顽强精神，不惧困难，做好该项目的前期准备工作，多出研究成果，努力提升博物馆的科研水平。

5年间出版的学术专著有《钟铃象征文化论》、《大钟寺》、《发现永乐大钟》、《北京古钟》(上、下卷)、《皇城的晚钟》；业务人员发表专业学术论文24篇。

三、对外交流工作

十几年来，在中国国家外国专家局等机构的大力支持下，大钟寺古钟博物馆努力开拓国际间的交流与合作，从1996年开始与欧洲钟铃艺术学会互访，2000年11月—2001年3月在法国巴黎举办“龙之声·中国古钟展”后，在2004年又与日本、韩国开展了古钟文化方面的交流活动，彼此互赠书籍资料，交流研究动态。2004年4月还邀请了日本、韩国5位专家来华进行学术交流、举办讲座。

2004年7月欧洲钟铃艺术学会、法国南比利牛斯大区议会与中国人民对外友好协会、大钟寺古钟博物馆合作铸造纪念钟一口，纪念中国人民对外友好协会成立50周年、法

明清古钟精品展厅

国南比利牛斯大区议会创建的欧洲钟铃学会成立25周年。2004年下半年开始，大钟寺古钟博物馆和欧洲钟铃艺术学会决定于2005年6月至9月在大钟寺举办“法国钟铃艺术暨法国历史展”。中国人民对外友好协会陈昊苏会长、法国南比利牛斯大区议会第一委员会主席、欧洲钟铃学会主席密特朗女士，出席了展览开幕仪式。在展览即将结束之际，2005年9月5—9日，又召开了“首届北京国际古钟文化交流研讨会”。参加大会人员有60多人，其中来自法国、比利时、日本、韩国、澳大利亚的外籍代表15人。各国学者从古钟起源、种类、造型、发声、铸造技术、纹饰特点等方面，对不同地域的古钟进行了探讨，极大地促进了国际间钟铃文化的研究和发展。

2006年9月，大钟寺古钟博物馆一行6人小组应奈良文化财研究所的邀请赴日本考察。期间考察了奈良、大阪、京都等地的博物馆及寺庙、考古发掘工地、铸钟遗址、奈良铸钟世家的铸造工厂等。考察小组和奈良文化财研究所、飞鸟资料馆举办了古钟学术研讨会，会上介绍了大钟寺古钟博物馆的近几年来的学术成果及目前的古钟研究动态。中日双方就共同开展古钟调查研究工作，双方互派研究人员参与对方国家的古钟调查研究等问题进行了探讨。

2006年12月，日本古钟研究会会长真锅孝志先生赠送大钟寺古钟博物馆一口日本梵钟。这是一口1990年在日本橿良县橿原市出土古钟的仿制品，原钟是日本平安时代初期(8世纪末—9世纪初)铸造的。

2007年4月,大钟寺古钟博物馆一行6人赴韩国考察。期间考察了镇川、青州、庆州、首尔等地的博物馆、寺庙及圣钟社铸造工厂等，并与韩方学者就两国在古钟领域的研究以及今后的合作项目进行了实质性的商讨。

2007年11月，韩国镇川钟博物馆向大钟寺古钟博物馆赠送一口铜钟，并签订了友好协议书,双方以中韩两国的传统文化为基础，进一步加强在钟文化、历史、学术等方面的交流与合作。

2008年4月,法国伊尔儒丹钟铃博物馆及欧洲钟铃艺术学会一行23人，来到大钟寺古钟博物馆进行访问。欧洲钟铃协会主席让·皮埃尔·岗岱向大钟寺古钟博物馆赠送了彩色牛铃，同时双方签订了友好协议，为未来的相互交流和共同发展奠定了良好的基础。

永乐大钟

上述这些活动,增加了我们在国际间进行交往与合作方面的知识和能力,并逐步取得了卓有成效的进展。

四、社教工作与教育基地

大钟寺古钟博物馆通过近几年来的古建修缮、环境整治、展览改造等项工程后,以全新的面貌接待观众,尤其是改造后的陈列展览,展出后受到社会各界的关注和好评。博物馆在不断丰富展览内容的同时,也注重做好日常接待工作，社教部主要负责对各项展览进行讲解，并提供免费讲解服务。对外加大宣传的力度,吸引更多的观众来博物馆参观,5年间共接待观众661368人次。

大钟寺古钟博物馆是北京市首批爱国主义教育基地的重要活动场所之一，也成为了广大青少年校外活动的重要场所，每年博物馆都会接待众多的中小学生免费参观。博物馆还与多家单位合作，定期举办各种爱国主义教育活动。

5 年间博物馆每年都举办“钟王杯”讲解比赛，此项活动是与北京交通大学运输学院共同举办的，现已成为博物馆一项非常有特色的活动。活动内容是学生在每个周末来博物馆，为参观的游客做义务讲解。期间博物馆派出优秀讲解员对他们进行培训，讲授与钟相关的历史知识、语言表达能力等，经过培训以及参加一段时间的讲解实习后，组织学生进行讲解比赛，并对优胜者颁发荣誉证书。这项活动自开展以来受到了学生们的欢迎，他们表示不仅增长了历史文化方面的知识，而且通过博物馆这样一个平台，有了一个参与社会实践锻炼的机会。博物馆也通过讲解比赛活动，培养出很多优秀义务讲解员。

在每年的“5·18 国际博物馆日”，以及 2006 年开始的“非物质文化遗产日”里，博物馆都会举办内容丰富的展览。如在 2008 年 6 月 14 日中国第三个“文化遗产日”，与海淀区文化委员会、海淀区文化馆联合举办名为“展民族文化风采，圆百年奥运梦想”非物质文化遗产展览。展览期间还邀请到民间手工艺者现场表演技艺，充分展示非物质文化遗产项目的艺术魅力，让更多的人了解中国、北京及海淀的非物质文化遗产项目现状，以唤起全民对祖国优秀传统文化遗产的保护意识。

在迎接 2008 年奥运会的日子里，博物馆还举办了不少有特色的活动。如在 2007、2008 年的“六一”儿童节，与小白马少儿美术培训部、中国农业科学院附属小学、中关村第四小学联合举办了“庆六一迎奥运儿童书画展”，为配合展览还设有临摹古钟纹饰、自己动手制作小钟模型、编钟演奏等项活动；2008 年 4 月 29 日，由海淀区精神文明办、海淀区文化委员会、大钟寺古钟博物馆、中关村街道办事处共同发起，联合举办“迎奥运倒计时 100 天鸣钟祈福庆祝活动”；2008 年 7 月，北京科技大学志愿者团队在博物馆开展了一系列的志愿活动，活动内容有限塑令、禁烟令、中国传统文化展览、奥运观赛礼仪等；2008 年 8 月，与北京农学院微笑志愿者协会合作，30 名志愿者来博物馆进行“微笑在北京，奥运传京华”的社会实践活动，目的是以志愿者的身份与微笑参加到奥运环境保护、场馆清理、游客管理的志愿者活动中去。

5 年间博物馆每年都出资设计制作临时展板，社教部人员采取走出去的宣传形式，送展览到大学校园、社区街道、部队驻地等。上述开展的各项活动都在社会上产生很大影响，受到好评。

五、安全保卫工作

“安全工作是文物工作生命线，安全工作责任重于泰山”，博物馆领导对安全防范工作十分重视，深刻认识到安全工作是博物馆各项工作的基本保障。安全工作做到每会必提，并及时传达上级安全工作精神。5年间结合新形势，新要求，不断加强安全教育工作，提高职工安全防范意识。

博物馆安全工作以认真落实《北京市文物局安全保卫工作规范化管理暂行规定》为基础，以健全安全制度的长效机制，确保博物馆安全为最终目的，不断完善安全保卫制度、各类安全预案。坚持实行博物馆安全工作责任制，逐年层层签订安全责任书，划分安全责任区，各部室分片负责，真正做到："谁主管，谁负责；谁岗位，谁负责"，将安全工作落实到每个部门、每个职工、每个岗位，努力打造博物馆安全工作"零死角"。

落实好安全检查制度，做到博物馆领导每月查，部室主管每周查，各岗位职工每日查，保卫部门反复查，节假日前重点查。在检查的过程中做到一级查一级，对照安全责任区及岗位层层抓落实，并对检查中发现的问题立即处理和整改。对安全保卫工作的问题，做到"三随时"，即"随时听取保卫科汇报，随时提出意见，随时参与解决"，坚决消除安全隐患。加强安全检查力量，认真落实警卫巡查制度，并对巡查情况进行记录，使博物馆安全保卫工作有条不紊地进行。认真做好安全设施的维修保养工作，坚持每年定期检修配置的灭火器具；认真做好防火系统和全馆用电"消检和电检"工作；做好每年的避雷带及下引线的安全检测工作；消防水井每月进行一次检查和维护。在北京市文物局的大力支持下，2004年投入资金近200万元，完成了博物馆技防设施升级改造工程；投入60余万元更换了博物馆陈旧老化的电路，加装了漏电报警系统，提高了博物馆用电安全系数。

坚持每年组织职工开展消防技能培训和实战演练工作，做到全馆职工不论男女老少都能掌握灭火器的使用方法、消防水带的快速接通技能，确保在火灾突发事件时每名职工都能"上阵"灭火。组织职工每年不少于两次的安全知识答题活动和安全知识讲座等，提高全体职工的消防车安全意识和技能。

5年间博物馆使用科学的管理方法，做好人防、物防、技防结合，层层防控，加强了干部夜间值班管理，坚持节假日或重大活动期间的领导带班制度。对警卫班严格管理，经常检查执勤情况，确保博物馆安全。

自2004年以来博物馆安全工作实现了无火灾、无盗窃、无爆炸、无治安案件发生、无重大政治责任事故发生，特别是在2008年奥运会期间，博物馆先后多次接待市领导、国家文物局领导的检查，圆满完成了奥运期间的外宾及奥组委工作人员参观的安保工作，受到上级领导的表扬。

（于　弢）

北京市门头沟区博物馆

BEIJING MENTOUGOU DISTRICT MUSEUM

馆　　长 谭　勇

通讯地址 北京市门头沟区门头沟路8号

邮　　编 102300

电　　话 69827332(馆长)　69839148(办公室)

传　　真 69827332

网　　址 www.mtgbwg.com

电子邮箱 liuxia1883@yahoo.cn

隶属关系 北京市门头沟区文化委员会

性　　质 公办

建筑性质 现代建筑

建筑面积 10120平方米

占地面积 5330平方米

开放时间 9:00—16:00(周一闭馆)

交通状况 阜成门—门头沟河滩 公交车：336、645；西客站—门头沟河滩　公交车：941、981、981临快；苹果园地铁站—门头沟河滩 公交车:336、370、645、941、981、931、977、992、948、929、972；运通车:101、116、112到河滩站均可到达。

概　述

门头沟区博物馆是北京市第一家区县级地志性综合博物馆，1984 年 9 月正式建成开放接待观众。1998 年 9 月，区政府投资 4600 万元建设博物馆新馆，2003 年 9 月 29 日竣工。新馆占地面积 5330 平方米，建筑面积 10120 平方米，共分 5 个展厅，面积 4000 平方米。此外，还有多功能厅、会议室、资料阅览室等辅助设施。新馆的基础设施较旧馆有了翻天覆地的变化，为举办展览和活动提供了保障，也为博物馆全面开展工作提供了更加实用、多样化的阵地。

门头沟区博物馆是以收藏、研究、传播历史与民俗等社会科学知识，介绍、推广新技术和学术发现等自然科学成果为主要内容的文化教育机构。

迁入新馆后，门头沟区博物馆陆续推出《龙泉务窑考古发掘成果展》、《从历史走来的门头沟》两个基本陈列。其中，《龙泉务窑考古发掘成果展》共分出土器物、遗址遗迹、装饰技法、装烧工艺、琉璃烧造 5 部分，介绍了龙泉务辽瓷窑考古发掘成果。《从历史走来的门头沟》基本陈列通过建国以来在门头沟区发现和保存的历史、革命史、民俗等 700 余件文物及资料，展示门头沟区自 11 万年前至 1948 年 12 月的历史发展进程。

为配合全国和地方的重大活动和专题宣传活动，新馆还先后举办了《纪念中国共产党建党 80 周年图片展》、《走进新世纪的门头沟图片展》等时政类专题临时展览 5 个，《“北京的记忆”图片展》、《2007 年门头沟区非物质文化遗产保护成果展》等历史类专题临时展览 4 个，《古生物进化和恐龙》、《2007 年法国科普巡回展》等科普专题展览 8 个，以及《门头沟区庆祝北京申奥成功 6 周年大型体育藏品展》、《漫画荣辱——全国职工漫画比赛获奖作品回顾展》、《走进新世纪的门头沟图片展》、《流动的博物馆》、《纪念周恩来总理诞辰 100 周年图片收藏展》、《华影争艳迎奥运——全国皮影传统流派雕刻精品邀请展》等 30 余个专题展览。

2008 年 3 月 28 日起，免费向观众开放，共接待观众近 10 万余人次，其中中小学生达 8 万余人。充分发挥了博物馆社会文化教育和科普展览展示的功能。

此外，博物馆馆还举办了吸引青少年参与动手的《神奇的昆虫帝国——昆虫模型制作》，纸影人制作互动和皮影表演活动。每年国际博物馆日、五一节等，分别举办不同专题、形式的宣传活动和读书节等活动。馆内设立了固定的科普园地，开展经常性的青少年科普活动。此外，积极参与市文物局、市科协举办的西单文化广场科普橱窗、与北京自然博物馆合作的的"流动的博物馆"等活动,受到了社会各方面的欢迎。

博物馆开展活动,是以文物、标本和资料为基础,主要通过展览展示、群众参与互动、推介报告等为主要形式,向社会和广大公众传播社会科学和自然科学知识,公布最新的科学发现和学术研究成果,为提高社会整体的科学水平作出贡献。在学习落实科学发展观活动中,本馆积极组织馆内干部职工深入研究本馆实际与博物馆发展的要求,提出一些发展的新思路:

1. 实物性、直观性和科学性相结合

博物馆除了和其他科普教育机关一样,必须有场所、设备、业务干部之外,还必须有收藏的文物、标本等实物,有经常向群众开放相对固定的基本陈列和不断更新、及时举办的专题展览。博物馆和其他科普教育机构最大的区别,就在于通过馆藏文物直观的展示和示范,传播科学知识与实践成果,让广大观众亲身参加科普活动。因此,在全馆工作的规划、计划、布局、重点的安排方面,我们坚持推出新项目要以馆藏文物为基础,展览与活动强调直观性,策划与实施保证科学性。

通过举办展览陈列和相关活动,我们把充分反映门头沟地区社会科学和当代国际国内自然科学进步的大量珍贵文物、资料、标本,运用科学的方法,进行学术研究和编排设计,组成相对成熟的展览陈列,介绍给广大观众,使大家直观、方便地了解地方历史知识和科学发展成果。从而开阔了民众的眼界,增加了学校和社会教育的新形

门头沟区博物馆外景

《从历史走来的门头沟》展厅局部

式,起到了很好的效果。

2. 突出地方特色和博物馆馆藏优势,每年推出1—2个较高水平的展览

博物馆要推出优质产品,最重要的是要结合自己的实际,突出博物馆特色,特别是与博物馆性质和藏品紧密相联的特殊风格与优势。作为一家国办地方区县综合博物馆,我们的客观条件和藏品受到很多限制。为此,我们特别注意结合国家、地方每年进行的重大事项和活动,不断丰富和提炼馆藏文物的科学价值和艺术价值,力争每年结合大事推出1—2项精品工程,以精品工程带动全馆各项工作的有机展开,全方位地推出博物馆的服务与宣传攻势,以求取得最大的效益。

2005年我们先后举办了《纪念抗战胜利60周年平西儿女抗战纪实展》和《反腐倡廉——向曹广辉先进事迹学习》展览;2006年举办了《纪念中国共产党建党85周年图片展——中国共产党在门头沟》;2007年举办了《门头沟区非物质文化遗产保护成果展》和《从历史走来的门头沟》基本陈列;2008年举办了《华影争艳迎奥运——全国皮影传统流派雕刻精品邀请展》和《京西巨变——门头沟改革开放30年成就展》,均收到了良好的效果。

3. 通过为观众自我学习提供服务而实现教育的目的

现代教育传播给观众的知识信息量越来越大,新科学技术含量越来越多,知识普及不再是教育者向受教育者单向传递,而是双向交流,互动影响。在这样的新形势下,博物馆就要转变自己的社教观念,通过为观众自我学习提供服务而实现教育普及的目的。

为此,门头沟博物馆制定了《门头沟区博物馆工作制度》和年度工作计划,从制度上、整体上加强全馆的服务观念,狠抓服务质量。特别是在搞好展览活动的基础上,广泛开展请进来,走出去的多种办法,建立健全领导小组和志愿者网络,采取区域联合、单位协作、活动合搞、基地联办等形式,举行报告会、讲座、小制作、巡回展览等多种活动,取得了很大收获。

(刘小琴)

上宅文化陈列馆

EXHIBITION HALL OF SHANG ZHAI

馆　　长 贾福胜

通讯地址 北京市平谷区金海湖旅游区

邮政编码 101201

电　　话 69991268

电子信箱 jfs1268@sohu.com

隶属关系 北京市平谷区文化委员会

性　　质 公办

建筑性质 现代建筑

建筑面积 1284 平方米

展厅面积 907 平方米

占地面积 8500 平方米

馆址环境 位于北京市平谷区金海湖旅游区内

历史沿革 1987 年 2 月成立上宅文化陈列馆筹备处。1987 年 10 月上宅文化陈列馆破土动工。1989 年 9 月 27 日对外开放。

开放时间 9:00—16:00(周一闭馆)

服务设施 免费停车场

交通状况 公交车:918 金海湖支线、平谷至兴隆班车、平谷至蓟县班车、平谷 29 路班车。

概 述

基本陈列

一层展厅为上宅文化的专题陈列。主要陈列上宅文化及周围环境考古的科研成果。侯仁之先生为陈列馆展览撰写前言。展览共分为 4 部分。一区较详细地介绍了北京地区新石器时代考古概况。二区陈列着从数千件由上宅、北埝头遗址出土器物中精选出来的石器、陶器 100 多件。分别为生产工具、生活用品、装饰艺术品。三区、四区分别介绍北京地区环境考古及发掘现场情况,各级领导视察、专家工作情况。除此这外还设有表现先民生活、劳动的大型壁画及遗址灰沟模型。

平谷石刻展。主要分为碑刻、经幢、墓志、匾额以及造像。

临时性展览

2004 年 9 月 28 日,《平谷区政协庆国庆 55 周年书画展》在上宅文化陈列馆举行。副区长刘汉勤、政协主席韩凤武、宣传部长王晓光、区委常委费宝琦、政协副主席胡玉才、李永来、张丽萍及政协部分委员、区各委办局有关领导与参展作者共计 100 多人参加了开幕式。这次展览共展出具有高水平的书法和绘画作品 93 幅。

2005 年 4 月 8 日,纪念《平谷建置 2200 年书画展》在上宅文化陈列馆举行。区长王云峰、人大主任王振林、政协主席韩凤武、区委常委、宣传部长王晓光等各位领导以及各委办局 200 余人参加了开幕式。此次画展共展出欧阳中石、白雪石等书画名家的 127 幅书画作品。

2007 年 6 月 9 日,由区文委主办、上宅文化陈列馆承办的《忆·岁月——平谷民俗文化展》在上宅文化陈列馆举行开幕仪式。副区长王晓光、宣传部副部长王秋芬、文委主任张兴、副主任贾桂贤、副主任耿大鹏等出席开幕式。各乡镇宣传委员、宅星小学师生及各界代表 300 余人参加开幕式。展览共展出实物 200 余件,各类展板 14 块,实物主要涉及清晚期至 20 世纪 70 年代我区劳动人民广泛使用的生产工具、生活用品、手工艺品。

2008 年 7 月,推出《平谷历史文物博览》临时展,展览从不同视点反映平谷灿烂文化,以不同的形式展示平谷文物工作成果,从不同角度为人们介绍文物知识。展出近一

上宅文化陈列馆

个月的时间,共接待包括学生内的各界人士共计两万多人。

引进的展览

2008年5月18日至6月初,为了更好地发挥博物馆的教育功能,充分发挥爱国主义教育基地作用,引展《北京悠久的历史展》。将展览送到韩庄中学和上宅童星小学等周边学校进行巡展,共展出展板210块,接待人数4580人。

2008年5月,引展《身边国报宝知多少》图片展。将展览送到周边学校进行巡展活动。共有1800余人观看了展览。

社会教育

本馆业务室负责做好教育基地活动的组织联络、接待、讲解,配合学校做好学生的历史教学、德育教育和爱国主义教育工作。馆长亲自抓教育活动的策划与落实。几年来,为了充分发挥爱国主义教育基地作用,更好发挥博物馆社会教育功能,我们采取开门办馆,与社会共建爱国主义教育基地的方法,利用多种形式,开展丰富的有教育意义的活动,进行爱国主义教育。4年共接待学生38000余人次。

馆内变化

从2008年3月28日开始,经中共中央宣传部,国家文物局统一部署,上宅文化陈列馆作为北京市第一批免费开放的博物馆,为社会提供免费参观接待服务。**(贾福胜)**

山戎文化陈列馆

EXHIBITION HALL OF SHAN RONG TOMB

山戎文化陈列馆

馆　　长 程金龙

通讯地址 北京市延庆县靳家堡乡玉皇庙村

邮政编码 102100

电　　话 69199534

隶属关系 延庆县文化委员会

性　　质 公办

建筑性质 现代建筑

建筑面积 93000平方米

历史沿革 1985年5月北京市文物工作队进行墓葬调查挖掘，1987年11月建馆，1990年正式开放。2008年合并到延庆文物管理所。

交通状况 920路公共汽车玉皇庙村下车。

概　述

山戎文化陈列馆位于北京市延庆县城西北 13 公里的玉皇庙村，是国内第一座以古代部族文化命名的古墓群现场陈列馆。

山戎墓葬发现于 1984 年，经北京市文物研究所山戎文化考古队近 5 年的调查与发掘，共发掘墓葬 600 座，出土金器、青铜器、陶器、蚌器、玛瑙等文物一万余件。

山戎（北戎）是我国春秋时期北方的一支较强大的少数民族。据史书记载，山戎部族以“射猎禽兽为生”，“随畜牧而转移”，春秋时期聚居于河北北部、辽宁西部、内蒙古东部一带的大山重谷之中，经常联合起来进犯中原，与邢、郑、齐、许、代、晋诸国有和战关系，对燕威胁最大。公元前 664 年山戎再次侵燕，燕告急于齐，齐桓公在管仲辅佐下，救燕，北伐山戎，灭掉令支孤竹，破屠何，无终远徙，从此燕国强盛起来，山戎一蹶不振，约于战国晚期，山戎逐渐销声匿迹。

陈列馆于 1990 年 7 月正式开放，占地 10 余亩，展厅面积 600 平方米，分类展出各类文物近千件。厅内保存完好的山戎文化墓葬 10 余座，3 座女性墓，7 座男性墓，其中酋长墓 2 座，部族成员墓 8 座。酋长墓为一 25 岁的男性，腰配青铜剑和铜削刀，左置青铜马具，右置箭簇，箭囊，耳饰黄金耳环，殉有众多马、牛、羊、狗祭牲群，展出山戎文献、图表及珍贵文物近千件。

北京东周山戎文化考古的重大成果，是建国以来北京先秦考古和中国北方地区青铜时代考古的一项重大发现和突破，引起中国考古界和中外诸多专家的关注。由原北京市委书记中共中央政治局委员李锡铭同志为陈列馆题写馆名。

2004 年对山戎文化陈列馆进行全面绿化工程。2005 年因馆舍漏雨，进行大规模的防水修缮工程。2006 年，山戎文化馆多方筹集资金，对山戎文化陈列馆供电设施进行全面的改造与维修，解决了多年困扰山戎馆与玉皇庙在用电的矛盾。2008 年延庆的文保单位进行改革，山戎文化陈列馆与延庆文物管理所合并。合并后，对山戎文化陈列馆进行环境整治，粉刷展厅墙壁，清除院内杂草，加装监控设施近 30 处，并丰富馆内展陈内容。

天坛公园

TEMPLE OF HEAVEN

馆　　长 杨晓东

通讯地址 北京市崇文区天坛内东里7号

邮政编码 100061

电　　话 67013036

传　　真 67017544

网　　址 www.tiantanpark.com

电子信箱 wenwuke2005@yahoo.com.cn

隶属关系 北京市公园管理中心

性　　质 公办

建筑性质 古代建筑(全国重点文物保护单位)

建筑面积 26071.59平方米

展厅面积 12951.59平方米

占地面积 273万平方米

馆址环境 位于北京市崇文区永内大街东侧,西临先农坛,北邻金鱼池小区,东临红桥市场,南临永定门。

历史沿革 天坛始建于明永乐十八年(1420),原为天地合祀的天地坛,后经明嘉靖朝的改制和历朝的改建和重建,形成了规模宏大、布局完整的坛庙建筑群。天坛总面积273公顷。其坛庙主要形制为:有内外两道垣墙,主要祭祀建筑集中在内坛;南有圜丘坛建筑群(包括圜丘、皇穹宇、神厨、三库、宰牲亭等祭祀建筑及院落),北为祈谷坛建筑群(包括祈谷坛、皇乾殿、神厨、宰牲亭等祭祀院落及建筑),中间以丹陛桥连接圜丘坛和祈谷坛,西面为斋宫、神乐署、牺牲所等建筑及院落。天坛是明清两朝皇帝祭祀皇天上帝和祈谷、祈雨的重要场所，是世界上现存最大的祭天建筑群，也是中国现存最完整的皇家祭天建筑，体现中国古人的价值观和宇宙观，同时见证了明清以来国家祭礼制度和礼仪。其建筑庄重、肃穆、典雅，具有极高的历史、科学和艺术价值。1961 年，天坛被国务院公布为第一批全国重点文物保护单位；1998 年，天坛被联合国教科文组织评为世界文化遗产；2007 年天坛被国家旅游局评为 AAAAA 级旅游景区。

开放时间 淡季：公园大门 6:00—20:00 开放，景点 8:00—16:00 开放。旺季：公园大门 6:00—20:00 开放，景点 8:00—16:30 开放。

服务设施 无障碍参观 38 处坡道、4 处盲道提示线、9 处盲文解说牌；停车场位于天坛东门，面积 13000 平方米；洗手间全园 14 座，其中残疾人间 36 个，免费使用；食品部、小吃部、茶座、咖啡厅共计 21 个；纪念品商店 13 个和 8 个移动商亭；语音导览设备 20 语种录音导游机共 1300 台。

交通状况 地铁 5 号线、快速公交 1 线、2、6、7、15、17、20、25、34、35、36、39、41、43、53、60、69、71、106、110、120、122、504、525、610、684、685、686、687、707、723、729、800、803、814、826、957、958、特 3、运通 102、运通 202 等多路公共汽车均可到达。

概　述

天坛公园是北京市园林局(2006年改为北京市公园管理中心)直属事业单位,主要承担保护世界遗产天坛,挖掘文化内涵,合理利用其文化价值,完善遗产保护监测管理、组织、接待、参观、游览等职能。2004—2008年间,天坛公园本着“大服务”的工作理念和深入推进实施“文化建园”的工作思路,逐步实现景观、生态、文化的可持续协调发展,举办了天坛春节文化活动周、“一园一品”系列文化活动、“中国文化遗产日”宣传咨询活动等系列的大型文化活动;先后完成了祈年殿院建筑群修缮工程、圜丘和皇穹宇院建筑群修缮工程、斋宫修缮工程、长廊修缮工程以及以丹陛桥舆路恢复工程为代表的古建筑保护工程、奥运赛道路面改造和沿线景观提升工程、东北外坛景观改造提升工程等重点工程;编纂出版了《北京志·世界遗产卷·天坛志》、《清代皇帝天坛祭祀御制诗文集》、《神乐之旅——天坛神乐署古代皇家音乐展》等文化书籍,创办了《天坛》杂志,完成了天坛“雅乐”CD、《数字祈年殿》DVD的制作出版;天坛公园门户网站建成并投入使用,天坛神乐署“中和韶乐”被列入北京市首批市级非物质文化遗产名录,2007年被评为国家首批AAAAA级旅游景区,使天坛公园在保护规划、建设管理、服务设施和文化传播等诸多全面呈现出了健康稳定的发展态势和跨越式提升。

一、注重细节,强化大服务意识,全方位提升服务水平

一是实现科学管理,促进优质服务。为了使公园的管理水平与国际接轨,加强内部管理制度建设与实施,结合ISO 9001和ISO 14001换版进行体系文件的调整和完善,编纂完成3万余字的《质量环境管理体系培训教材》,增强环境、质量管理体系标准的运作和改进能力,深化体系运作与日常管理的融合,在管理意识、管理模式、管理对象方面向一体化方向发展。

二是以高科技管理手段,加强设施建设,提高整体水平。截至2008年底,在全园28处景点和地区,增设20种语言的天坛电子录音导游机1300台;纪念品商店、食品部21处,在四大门区及景点售票处启用电子公告系统,以提供票价、景点等信息;在路口及景点周边增加指路牌、说明牌、导游图等牌示40余块,维修改造牌示189块;无障碍参观坡道38处、4处盲道提示线、9处盲文解说牌;2007年8月1日开始为全园14座公共卫生间免费提供卫生纸、洗手液等以保证游客使用需求。

三是深入开展优质服务,提高服务质量水平。遵循以优质服务铸品牌、以礼仪形象亮品牌、以人性化、个性化、特色化服务作为新型服务方式,以服务为宗旨,以游客为中心,全面提高服务档次,始终做到“五心”、“五到位”的服务要求。在职工中广泛开展职业道德、安全教育、服务规范、业务技能等方面的培训,加大服务人员理论学习和素质教育,培养知识性、技能性的全面人才,充分调动和发挥职工的主观能动性,全面推进中英文双语讲解服务，采取增加乐器展示、介绍公园重大文化活动及历史知识等措施，达到拓宽讲解范围，提高讲解质量，不断推进礼仪培训，强化服务人员的形象、礼仪和服务，有效地促进了公园服务品牌的形成，创造窗口服务的美好形象。

四是服务理念和服务水平趋于国际化。2006年10月31日至11月8日"中非合作论坛北京峰会"接待中非、突尼斯、赤道几内亚等总统及贵宾共18个国家21批110人次；2008年北京奥运会期间，共接待奥运会和残奥会官员10306人，运动员2041人（残疾运动员130人），工作人员3159人，交流参观人员10批162人，"快乐残奥"活动人员1171人，北京奥运会MPC、IBC与BIMC 3大新闻中心影视、媒体记者1704人，贵宾留言100余条，天坛公园向中外游客提供各类咨询服务5.6万次。在接待过程中公园制订了详尽工作方案，并注重细节强化服务，充分贯彻国际水平、个性服务、宾至如归的要求，体现了热情友好周到的服务方针，展现特色国际水平的工作特点，受到国际友人、北京市领导等各级领导的高度评价。2008年8月8日，美国前国务卿基辛格博士在第十四次游览天坛时留言中写道："A country with much a great past will leave an every great future！"(一个国家有着伟大的过去，也将永远拥有辉煌的未来！)2008年天坛公园被北京市旅游局评为"平安奥运百日安全竞赛"活动最佳单位，并授予服务奥运先进集体称号，奥组委等单位也纷纷致信肯定并感谢公园为奥运服务作出的贡献。

天坛公园祈年殿

二、加大古建维护与修缮，加强基础设施建设

古建筑是天坛最主要的文物保护对象，2004年至2008年，天坛进行了多项古建维修工程，按照文物保护法的"不改变原状"的原则，在保护修缮设计及施工中，确定了以尊重历史真实，恢复天坛整体格局，有根据的恢复古建筑历史真实原状，最大限度的保留历史信息的修缮原则。严格按照传统材料、传统工艺和传统做法进行施工。

2004年完成神乐署复原工程，包括拆除神乐署古建院落内及神乐署门至西内坛墙的所有杂建，按原貌修复现有的所有古建及避雷、消防配套设施等工程。

祈年殿院建筑群修缮工程2005年5月21日开始全面修缮，2006年4月20日竣工，修缮内容主要有恢复祈谷坛顶层北侧、中层、底层地面金砖墁地，恢复祈年殿院内地面墁砖，恢复东砖门、西砖门、南砖门台明柳叶砖地面；外檐彩画按1935年前历史照片恢复原彩画形式。国际古迹遗址理事会主席佩塞特、国际文物保护与修复研究中心总干事布什纳吉等对天坛采取的古建修缮做法表示满意，佩塞特主席对天坛提出的“慎重、保守”的古建修缮观点表示非常赞赏。

2006年完成圜丘、皇穹宇院建筑群修缮工程修缮内容包括圜丘坛、皇穹宇院建筑、昭亨门、成贞门、北天门、西天门、祈谷坛门，至此公园中轴线游览景区已全部恢复历史原貌，对于保护文物古建、向世人展示中国古老文化起到积极推动作用。

2007年7月完成斋宫修缮工程；9月完成丹陛桥舆路恢复工程以及长廊修缮工程，其中丹陛桥舆路恢复工程的修缮面积达1万余平方米，共新墁二城样用砖130000块；长廊修缮工程的修缮面积为1680平方米。

天坛作为市属唯一一家直接参与奥运赛事的公园，按照奥组委划定的奥运会(残奥会)马拉松比赛路线，对园内赛道路段进行了改造。将天坛北大门至皇乾殿后身园路、祈年殿东北和西北园路、祈年殿西下坡至昭亨门园路及北大门内广场、北天门内外广场、祈年殿西下坡广场、三座门内外广场等赛道路段及广场，全部改为生态型透水砖环保材质，改造面积达30928平方米。并对北门区进行整修，赛道路面进行维护，南门、三座门、皇乾殿后身路两侧2200平方米铺装进行整治，对丹陛桥西下坡至西天门路段破损严重的1200平方米沥青路面进行修补，赛道沿线170个各类井口进行整修，3700延长米高栏杆进行油饰见新等一系列措施，同时采用创新手法用鲜切花摆放大型立体造型花坛，使用15万株(盆)花卉点缀奥运赛道，为各国参赛运动员创造佳绩提供良好的路面条件和沿线环境。

三、以科学技术为依托，全面实施古树与园林生态建设工程

天坛公园在近5年继续以科学技术为依托，从实际出发，遵循生态效应，适者生存的理念，提高重点古树的保护。一是对景区内的古树施行人工干预保护，铺设嵌草砖、透水砖，加大古树支撑和围栏、修剪、支撑、堵树洞等工作；二是广泛采用施放诱捕器、投放天敌等生物技术；三是加强草坪“控水”管理，铺设树皮基质，减少树木根部土壤含水量，缓解古树与草的生长矛盾；四是对生长在人工草坪中的古树采取了对树下地被改造的措施，取消冷季型草的种植，改种苔草、玉簪等适应古树生长性状的地被植物。由于采用的人工手段遵循了自然规律，使天坛的古树群落有了一个自我调节的生态系统，确保全园3564株古树的生长条件得到了优化。

天坛自然草地面积目前近100万平方米，有草本植物221种，木本植物131种，多种多样的地被植物合理的分布使天坛成为自然植物群落和生态群落的保护区，保证了生物的多样性，构成了完整的自然生态系统。据统计，在天坛栖息的鸟类达140余种，约有90%为国家保护的有益的或者有重要经济、科学研究价值的野生动物。

四、大力加强文物保护监测工作和景观周边环境监管

天坛的文物保护监测工作是随着管理的深入逐步实施的，早期天坛对文物保护实行收存及巡视检查人工观测。1998年天坛列入世界遗产名录，文物保护监测工作逐步制度化和规范化。

一是加大文物保护和世界文化遗产保护工作力度，开展好世界文化遗产监测报告等相关工作，完善、落实文物管理制度。近几年，在《天坛文物保护管理办法》的基础上，根据相关法律、法规新制定了《天坛古建筑保护管理办法》、《天坛公园修建工程管理办法》、《天坛公园殿堂陈展质量要求及施工规范》、《天坛公园文物建筑设施日常检查办法》等一系列文物保护管理办法，增补、完善各项安全应急预案30余套，对所有文物及古建筑的保护管理做出了具体的要求，使文物管理工作逐步规范化、制度化。

二是修编《天坛总体规划》和《天坛文物保护规划》。规划是公园建设和管理的理论基础和决策依据。天坛公园于1992年完成了总体规划，随着公园建设的发展，国内外遗产保护与管理观念的进步，新的规划方法与技术的出现，为天坛的保护与管理提供了新的机遇。2007年3月，《天坛总体规划》修编工作自正式启动，9月征求社会公众参与讨论，根据游客对公园绿化、管理、服务等提出的9大类问题和改进建议，12月完成《天坛保护规划大纲》初稿，2008年完成《天坛总体规划》和《天坛文物保护规划》的设计成果，《天坛总体规划》由规划文本、文本说明、文本图纸3个部分组成，文字成果6.2万字，规划图纸91张；《天坛文物保护规划》设计成果由规划文本、规划图纸、规划说明和基础资料汇报组成，规划文本3.8万字，规划图纸70张；规划说明7.2万字，基础资料汇编图纸33张。

三是建立普查、监测和巡检制度。2004年至2008年，完成了园内的植被、生态普查工作；完善了对馆藏文物的日常巡检制度；古建修缮也形成了前期勘察、论证机制，为古建的有效保护提供科学依据。继续与气象、环保部门建立有长期的合作关系，对天坛的小气候气象及环保进行有效监测，掌握相关数据，并根据数据统计制订工作计划。

四是加强在监测设备上的科技应用。天坛公园结合祈年殿、皇穹宇等古建筑群的大修，对避雷设施进行全面的升级改造，使天坛古建的防雷、避雷设施达到148处，消火栓71座，实现了全面覆盖。天坛从2002年建立电子监控系统，2007年天坛对园内74处电子监控系统和安防设施进行了升级改造，增加了游客统计监测，完善了安保监测，古建展厅内部摄像及各种安防设施。

五是加强对天坛石材的监测与保护。天坛圜丘、祈年殿基座采用青石、汉白玉等石材营造，由于遭受到日照风雨及生物侵蚀，栏板、望柱、出水等构件出现了大面积的裂隙、粉化脱落、缺失空鼓及污损现象。天坛公园自2005年开始对石质文物进行了病害监测，取得了大量数据，建立了石质文物病害的数据库和图形分析。国家文物局专家组王丹华等专家参加了实验验收，认为相关技术是可行的，有效的。2008年6月至7月，天坛公园采用活性清洗剂、纳米防水加固剂和纳米抗紫外表面封护剂等技术对天坛祈年门南侧的须弥座水口、栏板、望柱及基座进行了表面清洗、加固，共清洗、加固水口 22 件、望柱 36 件、栏板 80 平方米及须弥座 68 平方米。

六是借助社会力量解决难点问题。公园先后两次邀请全国政协文史委员“历史文化名称保护”专题组就神乐署大烟囱、582 电台、南门 120 总站等难点问题进行考察，20 余家新闻媒体跟踪报道。2005 年 6 月，在社会各界的共同努力下，严重影响神乐署景观效果的天坛药检所大烟囱已全部拆除，确保了神乐署景观。582 电台占用西北外坛影响景观等问题被列入“两会”提案，央视同时播出全国政协委员对文物保护问题专访，呼吁迁出 582 电台。

七是加大在大型活动举办期间的文物保护。近年在天坛举办的一系列大型活动如雅典奥运会火炬接力活动、财富论坛北京之夜、国庆 55 周年游园活动、多哈亚运会火炬接力活动、2008 年天坛第四届文化周、2008 年残奥会圣火采集暨火炬接力启动仪式等，为了保证天坛文物和古建筑的安全及游客和参加活动人员的人身安全，依照“职能管理、层次管理”、“谁主管谁负责”的原则，按行业责任划分，承担责任区内游人、文物、古建、展区和古树名木、公园设施等方面的安全。并制定了预防和处置突发事件工作预案、安全保卫力量部署方案、服务接待方案、文物保护方案等各种安全预案以保证文物和古建筑的安全及游客和参加活动人员的人身安全。

五、举办文化活动，依托媒体的宣传力度传播天坛文化

继 2002、2003 年后，2004 春节天坛举办了以 “圣地祈福”为主题的第三届天坛文化周，进行了“皇帝祭天仪仗表演”及“祭天乐舞表演”。

2008 年春节举办了以“喜迎奥运”为主题的第四届天坛文化周，文化周的主要内容以展示祭天文化为核心，体现中国深厚历史文化底蕴，强调对历史文化的挖掘，在仪仗队伍规模、展示器物、队列行进等方面更注意靠近历史真实，在祭天乐舞表演上，完全按照历史文献的记载进行动作编排，使表演更加古朴庄重。使游客能够体验真实的清代大驾卤簿的恢弘，感受祭天乐舞的古朴，聆听被誉为华夏正声的中和韶乐，领略博大的中国古代祭天文化。在天坛文化周期间，共有 20 余家媒体 40 余名记者对此次活动进行了大量宣传报导，参观游客大幅上升，门票收入同比增长近 50%。

2007 年 6 月 8 日第二届“中国文化遗产日”崇文区宣传活动启动仪式在天坛公园举行，此次宣传活动的主题是“保护文化遗产，构建和谐社会”。2008 年 6 月 14 日，天坛举办了主题为“文化遗产人人保护、保护成果人人共享”的第三届“中国文化遗产日”宣传活动。

2007 年 9 月 28 日至 10 月 8 日天坛举办了“古柏神韵”古树文化展活动，活动突出了“科技奥运、文化先行”的主题，以古树群文化展示带和多个名古树观赏点丰富与游客间的互动交流，扩大古树文化展影响力，加大科普文化宣传，提高科学保护意识。

此外,天坛公园还承办了“北京市公园风景区迎奥运倒计时400天纪念活动”、全国亿万职工迎奥运健步走活动、2007年世界夏季特殊奥林匹克运动会北京圣火点燃和起跑仪式及北京2008年残奥会圣火采集暨火炬接力启动仪式等相关奥运活动。

六、深挖文化内涵,开辟陈列展览,弘扬天坛历史文化

天坛在强调保护的同时,还遵循“科学保护,合理利用”的方针,通过发掘天坛历史文化,利用部分馆藏文物陆续进行了恢复殿堂原状陈设与专题性展览的布展工作,先后完成了祈年殿清代祈谷大典陈设展、祈谷坛祭祀神位供奉陈设展和圜丘祭祀神位供奉陈设展、斋宫寝宫历史原状陈设展等系列历史陈设展;祈年殿历史文化展、祭天礼仪展、斋宫“大祀斋戒”展和中国古代皇家音乐展等专题陈展,形成了比较完整的天坛文化展览系列。

2004年9月,天坛神乐署布展工程完成。展览的主题是介绍展示中国古代音乐的历史脉络,发掘传统文化,推动精神文明建设。神乐署两廊被辟为中国古代皇家音乐展展厅,分设神乐署历史沿革、中和韶乐简介、钟磬展室、乐律展室、词曲展室、鼓展室、笛箫展室、琴瑟展室、埙展室、服饰展室等10个展室,全面系统地介绍了中和韶乐的发生发展过程及其音乐成就。为了使观众对中国古代音乐有直观的认识,还设置了很多互动设备,在展馆中的鼓、琴、编钟等乐器,游客可以亲自动手演奏。

2006年天坛神乐署中和韶乐被列为北京市非物质文化遗产。凝禧殿作为中国唯一的中和韶乐专用演出场所,自2006年开始,常年举办中和韶乐曲目展演,每天演出6场。著名清史专家万依先生为神乐署题词“礼乐殿堂”;著名美学教授杨新先生称赞中和韶乐“感心动耳,荡气回肠”。2007年4月,国民党名誉主席连战先生欣赏了中和韶乐展演,欣然命笔称赞中和韶乐“王者仁心,福天眷佑”。2008年8月,台湾著名政治家宋楚瑜观赏了神乐署古乐展演后留言:“天道酬勤,人和太平。”

斋宫是天坛非常重要的历史景观,建筑庄严,内涵丰富。2008年1月,天坛公园完成斋宫无梁殿“大祀斋戒”展、斋宫寝宫历史原状陈设展的布展工作并正式对外开放。

祭祀是中国古代礼制的一项重要内容,《左传》称“国之大在祀与戎”,将祭祀与战争并列为国家最为重要的事情,皇帝在大祀之前要进行斋戒,就是静心反省,清除杂念,抑制不良欲望,是皇帝祭天前必须进行的一个重要程序,斋宫就是皇帝举行斋戒仪的场所,大祀斋戒展系统地介绍了中国古代的斋戒礼仪及其历史演变过程。

无梁殿是斋宫的正殿,是皇帝斋戒时的居住和会见阁僚及百官候驾之所。无梁殿明间按照清光绪十二年(1886)的历史原状进行陈设,正中设紫檀木制成的皇帝宝座,宝座后设紫檀瘿木五扇屏风,在屏风上方悬挂着一块巨匾,上书乾隆御笔“钦若昊天”4个大字,皇帝宝座前陈设镈钟、宝象、角端、香炉、暖炉等物品,体现出了皇帝斋居时追求简约的心境,也与斋宫建筑朴素庄重的风格充分融融合。无梁殿次间、稍间辟为展室，采取文物结合图片展的形式展出部分馆藏文物、史料摘录、斋宫旧照、22位御斋宫皇帝像、含有历史内容的画作及书法作品，介绍斋宫概况、斋戒仪及斋戒故事等内容。所展出的天坛珍藏的瓷器、铜器、木器等文物也都是天坛的历史遗存，它们能够印证中国古代祭天这一礼仪的隆重及巨大影响，也更精准地诠释了联合国世界遗产委员会对天坛所作出的"两千多年来，中国一直处于封建王朝统治之下，而天坛的设计和布局正是这些封建王朝合法性之象征"的定义。

斋宫寝宫是斋宫主体建筑之一，是皇帝斋戒居住的主要场所，天坛进行了大量的考证和资料收集工作，进行了认真的推理、考察、考证，严格的按照清同治十二年（1873）的历史原状陈设予以恢复，所有装修、铺陈、字画、匾额忠实历史原貌，明确了寝宫的内部格局和床宝座的设置、斋宫浴室设在寝宫南尽间的位置，通过详尽的考证和深入的研究解决了历史记载中曲尺、真假门以及屉桩壁子等疑难问题，实现了忠实于历史原貌的初衷。

天坛通过采用原状陈设与专题展览等多种展览形式，在展览中运用展演、多媒体演示（触摸屏、大屏幕）、现场讲解等方式，并建立游客服务中心为游客提供各种展览咨询、全程讲解服务等措施，为游客充分全面地展现了天坛的历史文化内涵。天坛文化展览不仅得到了广大中外游客的欢迎，同时也有力地推动文物保护工作，强化了人们的世界文化遗产意识，实现了天坛文化建园和可持续发展。

此外，天坛每年均举办以突出天坛文化为主题的菊花、月季花展览。5年间，在北京市和全国的花卉展会中，共获各种奖项140项；"五一"、"十一" 黄金周组摆花坛50余组，增添了节日喜庆氛围。

七、注重科学研究，编纂文化书籍，拓宽天坛文化传播途径

2004—2008年，根据形势发展的需要，天坛公园调整了机构设置，引入了竞争机制，增强了对研究、文物、文化传播的力度。截至2008年底天坛公园职工总数达925人，拥有各类专业技术人员378人，天坛现有专业技术人员学历概况：博士2人，硕士研究生11人，大学本科127人，大学专科118人，中专117人，其他5人。

5年间，天坛公园发挥科技人员优势，做好科研课题研究。开展《大众游憩行为对公共绿地空间需求的调查分析》、《天坛公园生物多样性保护的监测与研究》、《常绿树与冷季型草坪适应性研究》、《城市绿地地被植物开发应用》、《天坛公园豆科地被病害、虫害、天敌种群数量动态的调查》、《天坛公园人工地被低消耗管理模式的研究》的课题研究；提交《天坛及其周边环境的保护与管理》、《天坛建筑寓意浅谈》等多篇学术论文，并与北京博物馆学会、北京文保学会、紫禁城学会等单位建立期刊交流体制，共同探讨文物保护及管理问题。

2004年，为配合天坛神乐署陈展开放，完成了天坛"雅乐"CD的制作出版；2006年《北京志·世界

2006年祈年殿西下坡"古坛新貌"花坛

文化遗产卷·天坛志》编辑出版，本志按北京市地方志编纂委员会的统一部署编纂，采用志书编写体例，横分门类，纵写历史，以时为经，以事为纬。上限自明永乐十八年(1420)天坛事物之发端，下限至2000年；同年，天坛建立了天坛网站，为社会公众全面系统地了解天坛提供了一个窗口，截至2008年底网站点击率已达387600余次；与有关单位合作完成了《数字化祈年殿》DVD制作；编纂出版了《神乐之旅——天坛神乐署古代皇家音乐展》、《天坛》等文化书籍，创办了《天坛》杂志；完成《天坛记录档案》的编制工作，该档案记录内容丰富，涉及文物保护、绿化、古建工程、安全保卫、管理、科学研究、组织机构建设、行政公文等各方面，记录形式包括文字、照片、图纸、电子文本等，成为天坛建设具有指导意义的资料储备。

2007年《清代皇帝天坛祭祀御制诗文集》编辑出版，本诗集共收录清代康熙、雍正、乾隆、嘉庆、道光、咸丰、同治、光绪8位皇帝天坛祭祀御制诗文708首(篇)，记述了当时皇帝在天坛的祭祀活动，包括冬至祭天、孟春祈谷、雩祀求雨、斋宫斋戒以及告祭活动等，是皇帝祭天活动的实录，为研究中国祭天文化和北京历史的重要参考资料，具有很高的史料价值。

至2008年年底，天坛自主研发了特色纪念品7类80种，推出"天坛特色纪念品"专卖店，弥补了公园无自主开发纪念品的空白，满足了游客购物的需求等，进一步挖掘和展示了天坛文化内涵。

天坛公园在近5年中通过加大保护管理、文化研究的力度，在遗产保护、发展与文化传播等方面取得了一些成绩，扩大了天坛文化的影响深度和广度，使天坛这份伟大的遗产能永久保存，永续利用，造福子孙、造福人类。

中国人民抗日战争纪念馆

MUSEUM OF THE WAR OF CHINESE PEOPLE'S RESISTANCE AGAINST JAPANESE AGGRESSION

馆　　长 沈　强
通讯地址 北京市丰台区卢沟桥宛平城内街101号
电　　话 83892355(总机)
传　　真 83896220
网　　址 www.1937china.org.cn
电子信箱 kzg@1937china.com
隶属关系 中共北京市委宣传部
性　　质 公办
建筑性质 现代建筑
建筑面积 21000平方米
展厅面积 6700平方米
占地面积 35600平方米

馆址环境 坐落在标志着全面抗战开始的七七事变爆发原址,在北京西南举世闻名的卢沟桥畔宛平城内。

历史沿革 1983年4月25日中华人民共和国文化部、北京市人民政府联名上报国务院请示筹建抗日战争纪念馆。1986年7月成立中国人民抗日战争纪念馆筹备委员会,1986年7月7日在原宛平县衙的旧址上举行了中国人民抗日战争纪念馆开工奠基仪式。1987年7

月6日举行了中国人民抗日战争纪念馆揭幕仪式。7月正式对外开放。1995年12月闭馆进行二期扩建工程及陈列改造工作。1997年7月7日重新对外开放。2005年3月28日闭馆撤展，全面实施大型主题展览筹备工作的基础工程改造。2005年7月7日上午，“伟大胜利——纪念中国人民抗日战争暨世界反法西斯胜利60周年大型主题展览”在中国人民抗日战争纪念馆隆重开幕。

开放时间 星期一闭馆 夏季开放时间:8:00—16:30 冬季开放时间8:30—16:30

遇法定节日及抗日战争纪念日正常开放

服务设施 无障碍参观；设有存包处；观众服务区提供休息座椅，有咖啡厅，售卖纪念品、食品等；提供语音导览设备（收费）。

交通状况 乘983、624、693、309、339、661、662、937（支3）到抗战雕塑园站下车。

概 述

中国人民抗日战争纪念馆，是全国唯一一家全面反映中国人民伟大抗日战争历史的大型综合性专题纪念馆。

抗战馆现占地面积3.5万平方米，建筑面积2.1万平方米，基本陈列面积0.67万平方米，馆藏文物1万余件，还有一座国内领先的半景画馆。抗战馆是国家一级博物馆，全国爱国主义教育示范基地，青年志愿者服务示范基地，全国百家红色旅游经典景区，北京市优秀爱国主义教育基地和国防教育基地。直属中共北京市委宣传部。

抗战馆设馆长、副馆长；下设党组办公室、馆长办公室、行政财务部、编辑研究部、文物保管部、陈列开发部、接待管理中心。中国抗日战争史学会、中国博物馆学会纪念馆专业委员会、北京中国抗日战争史研究会暨和平教育基金会等多家重要学术团体都将秘书机构设在抗战馆。

中国人民抗日战争纪念馆是在中央和北京市各级领导的亲切关怀和大力支持下建设和发展起来的。1987年，抗战馆一期工程完成，邓小平同志亲自题写了馆名。1995年抗战胜利50周年之际，江泽民总书记参观了抗战馆，并亲自批示了二期工程。1997年二期工程竣工之际，江泽民同志题词“高举爱国主义旗帜，以史育人；弘扬中华民族精神，振兴祖国”。2005年抗战胜利60周年之际，中央决定在抗战馆举办“伟大胜利”大型主题展览，并进行基础设施改造，7月7日，以全新的面貌重新对外开放。胡锦涛总书记和中央政治局各位常委同志参观了展览，并给予高度评价。建设成为爱国主义教育基地、抗日战争史料收集和研究中心、对外民间交流的窗口和联系港澳台同胞以及海外侨胞的桥梁，是建馆伊始中央就赋予抗战馆的3大任务，是抗战馆一以贯之的根本指针。

建馆以来，已累计接待1500余万人次来馆参观或举行形式多样的纪念、教育或交流活动，其中包括80多个国家和地区的20多万各界人士，先后接待了包括日本前首相村山富市在内的数百位国家政要、政党首脑和重要团体领袖、著名社会人士。累计推出了40多个专题展览，其中一些展览远赴美国、日本、新加坡等国家和港、澳、台地

中国人民抗日战争纪念馆

区展出。

经过20多年的发展，抗战馆已经培养了一批具有较高专业水平和业务水平的抗战史研究、文物保护、社会教育、陈列设计制作以及管理队伍。2005年"伟大胜利"主题展被评为当年度全国10大精品陈列展览特别奖。抗战馆讲解员多次在全国讲解大赛上取得优异成绩，多次承担中央和北京市重大主题展览的讲解任务。抗战馆与国内外抗战史研究及相关领域研究的专家学者建立了密切的联系，先后主办、承办了多次学术研讨会、座谈会、论坛。

5年来，抗战馆研究人员以求真务实、严谨治学、潜心钻研的态度和精神从事史学研究，先后推出展览10余个，出版学术著作、历史画册、馆刊等各种作品10余本(套)，同时承担了多项国家课题的写作工作。2005年7月，由中央七部室和北京市委主办，抗战馆承办的《伟大胜利——纪念中国人民抗日战争暨世界反法西斯胜利60周年大型主题展览》在抗战馆隆重开幕，展览开幕至2005年底，共有50余位党和国家领导人、300余位省部级领导干部参观了展览，2007年荣获第七届全国博物馆10大陈列展览精品奖，目前该展览已改造成抗战馆基本陈列。抗战馆还精心举办了各种规模、不同专题、各有特色的临时展览，2004年的《盖世太保罪行展》，2005年的《中国战区中苏美空军联合抗日史实展》，2006年的《日本在中国东北的殖民统治——九一八事变75周年》图片展、《历史的转折——纪念西安事变70周年》展，

2007年的《难忘七七 珍爱和平——纪念中国人民抗日战争全面爆发70周年》史料展、《友谊铸春秋——纪念中日邦交正常化35周年》主题展，2008年的《为了正义与和平——国际友人支援中国抗战》、《二战漫画展》、《二战飞机模型展》等，均受到广大观众与专家的好评。同时，抗战馆还将展览推向国外，2007年8月，在美国举办了《气壮山河——中美共同抗击日本军国主义史实展》，12月，在日本举办了《友谊铸春秋——纪念中日邦交正常化35周年主题展》，受到当地观众的欢迎。

与此同时，抗战馆研究人员还编撰了《中国抗日战争图鉴》、《伟大胜利》、《华侨与抗日战争》、《北京抗战遗存》、《为了正义与和平——国际友人支援中国抗战》等多本历史画册。其中，抗战馆与中央文献研究室第一研究部合编的《中国抗日战争图鉴》获北京市第10届哲学社会科学优秀成果二等奖。2006年6月20日，由抗战馆主办的《中国抗战研究动态》（内部刊物）创刊，该刊物及时荟萃抗日战争研究的最新动态、最新观点和各类热点问题，为全国抗战类纪念馆搭建了一个良好的交流与沟通的平台。2008年3月20日，抗战馆编印的《中国纪念馆》（内部刊物）创刊，该刊物为中国博物馆学会纪念馆专业委员会会刊。两本刊物自发行以来影响面不断扩大，已有了固定的阅读人群。

2005年，抗战馆承担了中央党史研究室课题《抗战时期中国人口伤亡和财产损失》之“抗战时期国民政府中央机关人员伤亡和财产损失研究”的调研撰写工作，并于2008年完成。2007年，抗战馆承担了北京社科院课题《抗战时期苏联援华》史论的撰写工作。与此同时，抗战馆科研人员不断钻研业务，加强史学功底，近年来在国家级、省级刊物上发表论文20余篇。

5年来，抗战馆根据文物藏品管理的工作实际情况，建立了抗战馆文物藏品管理系统，实现馆内远程查询功能，为文物藏品的展览陈列、研究和利用提供了方便。初步形成了计算机管理的文物藏品查询、文物藏品计算机分类管理、档案管理等体系，文物藏品计算机管理做到了图文并茂、分类确切、方位清楚、查询方便。

爱国主义历来是动员和激励全国各族人民团结奋斗的一面光辉旗帜，是推动社会主义建设的精神力量。抗战馆是宣传的窗口，是教育的阵地。为更好的发挥基地和敞口作用，5年来，抗战馆以社会需求为宗旨，以社会教育为目的，紧紧围绕爱国主义教育主题，深入研究，不断创新，用生动多样的宣传教育形式开展了丰富多彩的爱国主义教育活动。

为进一步加强对未成年人的思想道德建设，丰富校园文化，净化当代青少年的心灵，用优秀的文艺作品鼓舞人，用历史知识教育人，用革命英雄的事迹激励人，抗战馆特别推出"'丰富校园文化,弘扬民族精神'——抗战歌曲校园行"活动,让人民耳熟能详的抗战歌曲在校园唱起,使蕴涵在歌曲中的民族精神深入人心。活动开展以来先后深入到北京市的大中小学小进行了专场演讲,受到广大师生的广泛好评。

以抗战先烈和英雄人物为重点，以英雄人物的事迹、亲情、爱情、友情和崇高的爱国主义情操为内容,以首都大中小学校广大学生为对象，开展了"理想之歌——党课进校园专题演讲"活动。演讲活动以中国共产党党章、烈士的照片、诗抄和家书等为内容的展板做背衬,由讲解员用生动感人的演讲将抗战英雄人物的先进事迹和光辉形象展现给师生。活动开展以来,先后到清华大学、北京师范大学、北京林业大学、中央民族大学、北京科技大学、中国地质大学等高校进行演出,受到师生好评。此项活动也纳入了北京市校外教育联席会议办公室和北京校外教育协会推出的"阳光少年行动"系列活动,并连续两年被评为"阳光少年行动"系列主题活动优秀组织奖。

2007年是中国人民抗日战争全面爆发70周年,为了让广大的青少年朋友们了解70年前爆发的那场伟大的抗日战争。抗战馆结合校外教育协会"阳光少年行动"特别推出了"抗战主题一日游活动"。以参观中国人民抗日战争纪念馆基本陈列、参观半景画、参观"七七事变"爆发地——卢沟桥、中国人民抗日战争纪念雕塑园、在抗战馆多功能厅听抗战专场演讲为主要内容,演讲内容以抗战时期的人物、事件、歌曲、惨案等为题材,根据学校的要求选择稿件，采用配乐演讲和展板相结合的形式，通过讲解员声情并茂的演讲，给青少年学生上一堂生动的爱国主义教育课。同时还根据学校、学生的要求进行一些互动式的活动。

2008年,抗战馆根据市教委关于开辟中小学生社会大课堂基地，促进学校教育与社会教育相结合的要求，推出"永恒的记忆——看一次抗战展览，观一场抗战电影，唱一支抗战歌曲"中小学生大课堂活动。

在社会各界的大力支持下，抗战馆将牢牢秉承"三大任务"，以科学发展观为指导,不辱使命,不负重托，奋力拼搏，开拓创新，不断建设为一流的爱国主义教育基地、一流的全国红色旅游先进单位、一流的抗战文物收藏基地、一流的抗战史研究中心、一流的对外文化交流窗口。

中国人民革命军事博物馆

MILITARY MUSEUM OF THE CHINESE PEOPLE'S REVOLUTION

馆　　长 郭得河

通讯地址 北京市海淀区复兴路9号

邮政编码 100038

电　　话 66866114(总机)

传　　真 66866135

隶属关系 中国人民解放军总政治部

性　　质 公办

建筑性质 现代建筑

建筑面积 60000平方米

展厅面积 40000平方米

占地面积 80000平方米

馆址环境 位于北京市西长安街延长线上,玉渊潭公园南畔。博物馆主建筑前有宽阔的广场,广场中心修有莲花状喷水池,两侧有假山园林,建筑四周绿树成荫,遍植花草。

历史沿革 1958年9月10日,中共中央军事委员会决定筹建;同年10月12日奠基。1959年3月12日正式定名为中国人民革命军事博物馆,7月29日竣工,10月2日预展,1960年"八一"建军节正式对外开放。

开放时间 夏季8:30—17:30;冬季8:30—17:00(周一闭馆)

服务设施 无障碍参观、停车场、食品部、纪念品商店、语音导览设备。

交通状况 地铁1号线军博站，公交1、68、308、320、337、617、728路军博站。

概 述

中国人民革命军事博物馆是国内唯一的大型综合性军事博物馆，主要展示中国共产党领导的人民革命战争和人民解放军的历史，以及中华民族5000年军事史、战争史和兵器史。军博隶属于中国人民解放军总政治部，组建于1958年，是向建国10周年献礼的首都十大建筑之一。1959年10月2日开始内部预展，1960年“八一”建军节正式全面开馆。

军事博物馆的基本任务是收藏、研究、陈列中国共产党领导的人民军队的宝贵文物、文献、资料，以及中华民族5000年来军事、战争、武器的史料；配合国内外形势和全党全军的中心工作，举办各种专题性、时事性、纪念性展览；接待国内外来宾和观众的参观访问，有组织、有计划地开展同国内有关学术研究机构、博物馆界以及国外军事类博物馆的业务往来与交流。军博成立以来，忠实履行上级赋予的职能任务，紧密配合党、国家和军队的中心工作，充分发挥“窗口”、“阵地”的作用，共接待国内外观众1亿多人次。

军事博物馆实行党委统一的集体领导下的首长分工负责制。编制馆长1人、政委1人、副馆长2人。馆下设办公室、政治部、管理处、陈列宣传处、编辑研究处、文物处、设计处。

根据中央军委和总政治部关于加强军博建设的指示精神，参照国家文物局关于国家级重点博物馆认定评估标准，军博全面建设的总体目标是：政治思想坚强、军事特色鲜明、陈列宣传水平先进的国际国内一流博物馆。

军事博物馆在文物收藏、学术研究、陈列展览的实践中，培养和造就了一大批专家、学者，创作和出版了一些在国内外颇有影响的艺术作品和学术著作。

2008年3月1日，军事博物馆在北京地区博物馆中率先免费向观众开放。在观众大量增加的情况下，加大经费投入，服务项目不断完善，服务质量逐步提高。

2008年4月19日，国家文物局博物馆评估检查组来军博进行实地检查。军事博物馆以参加全国博物馆评估定级为契机，对照检查薄弱环节，积极推进标准化、规范化建设，首批被评为国家一级博物馆。

陈列展览工作

军事博物馆的陈列展览分为基本陈列和临时展览。基本陈列现有土地革命战争馆、抗日战争馆、全国解放战争馆、抗美援朝战争厅、古代战争馆、近代战争馆、兵器

中国人民革命军事博物馆外景

馆、中国人民解放军对外交往友谊馆、程允贤雕塑艺术馆。主要展示中国共产党领导下的人民革命武装斗争、中国人民解放军的历史，以及中华民族5000年以来的军事史、战争史和兵器史。在搞好基本陈列的同时，根据党、国家和军队的中心任务，军事博物馆还适时举办一些纪念性、专题性临时展览。

影响比较大的陈列和展览有：

一、人民革命战争“三馆”陈列 2004年2月18日，土地革命战争、抗日战争和全国解放战争“三馆”在陈列内容、设计形式全面调整后对外开放。这3个馆全面展示了1927年中国共产党领导的22年革命战争史，是军博最重要的基本陈列，史料翔实、典藏丰富、设计新颖、气势恢宏，不论是内容还是形式都有很多创新和突破，堪称国内革命史、战争史陈列中的精品之作。2005年5月18日，革命战争“三馆”陈列荣获第六届全国博物馆十大陈列展览精品奖。

二、《民族先锋——中国共产党抗日战争英烈展》 2005年8月16日，专题性纪念展览《民族先锋——中国共产党抗日战争英烈展》开幕。这是中央军委确定的全军纪念抗战胜利60周年活动的重要内容之一。共展出文物477件、图片389幅、艺术品及文摘图表等117件，形象展示了中国共产党在抗日战争中的中流砥柱和民族先锋作用。展览展出52天，接待各界观众10万多人，观众留言3500多条。

三、《伟大壮举 光辉历程——纪念中国工农红军长征胜利70周年展览》 由中共中央组织部、中共中央宣传部、中共中央文献研究室、中共中央党史研究室、解放军总政治部和中共北京市委联合主办，军事博物馆承办的《伟大壮举 光辉历程——纪念中国工农红军长征胜利70周年展览》，从2006年10月16日开幕到12月10日圆满结束，历时56天，接待观众201万人，平均每天3.6万人，观众留言超过8万条，免费发放长征地图和展览简介164万份。展览期间举行了开幕式、闭幕式、5个专场，胡锦涛、江泽民等50多位党和国家领导人，2750名老红军、老干部，2435名驻华使节、外国专家、记者，数百名中央、国家机关部委和军队驻京各大单位领导同志参观了展览。展览取得巨大成功，成为整个长征胜利70周年纪念活动的一大亮点，受到中央领导和各界群众的一致好评。根据中央领导同志指示，展览复制4套，其中3套分别在甘肃会宁三大主力会师纪念馆、陕西延安革命纪念馆、贵州遵义会议纪念馆永久陈列；1套到沈阳、上海、广州、长沙、南昌5个城市巡展。巡展从2006年11月11日到2007年1月26日，历时77天，观众121万余人，留言24268条。2007年5月，《伟大壮举 光辉历程——纪念中国工农红军长征胜利70周年展览》荣获第七届全国博物馆十大陈列展览精品评选特别奖(为最高奖项)。

四、《我们的队伍向太阳——新中国成立以来国防和军队建设成就展》 由中共中央宣传部和解放军四总部主办，军事博物馆承办的《我们的队伍向太阳——新中国成立以来国防和军队建设成就展》，展览总面积为6540平方米，其中室内3640平方米，室外2900平方米，共展出各种图片970余幅，文物、实物1750余件，模型50个，图表57幅，景观6个。为增强展览的吸引力、震撼力，报中央军委批准，调动大型武器装备20台，新型轻武器11件，分别在广场和室内展出。展览于2007年7月16日开幕，8月20日闭幕，历时36天，接待国内外观众248万余人，平均每天7万余人，高峰日9.1万人，观众留言4万多条。展览举行了开幕式、6个专场，胡锦涛等42位党和国家领导人，中央和国家机关、驻京部队领导同志，老战士、老干部、外国驻华使节、外国专家和记者，全军英模大会代表参观了展览。党中央、中央军委和四总部领导同志，国家机关、社会团体、新闻媒体和广大观众，对展览好评如潮，普遍认为展览主题鲜明、内容丰富、气势恢弘、震撼人心，是一部内容与形式完美结合、高扬主旋律的红色精品之作。

五、《复兴之路》大型主题展览，由中共中央宣传部、中共中央文献研究室、中共中央党史研究室、国家发展和改革委员会、财政部、文化部、解放军总政治部、中共北京市委主办，国家博物馆与军事博物馆承办的《复兴之路》大型主题展览，于2007年10月13日在军事博物馆开幕。展览以翔实的内容、珍贵的文物、丰富的图片、精致的模型和景观以及先进的视频等展示手段，吸引了社会各界的踊跃参观。整理出版了观众留言汇编《心声》一书。

六、《钢铁长城——新中国国防和军队建设成就展》经中央军委主席胡锦涛批准，由军事博物馆主办，香港文汇报承办，中央人民政府驻香港联络办公室、外交部驻香港特派员公署、驻香港部队和特区政府有关部门支持的《钢铁长城——新中国国防和军队建设成就展》，于2008年8月1日至7日在香港成功举办。这是香港回归以来首次在港举办的大型军事题材展览。在7天展期内，共有81个团体、27个国家驻港领事及各界观众近10万人参观，留言832条，创下了香港公益性展览观众人数和留言数之最。随后移至深圳展出5天，再次引起轰动。

七、《制胜之道——孙子兵法暨古代军事文物精品展》为配合2008年北京奥运会，在国家文物局和全国各有关文博单位大力支持下，2008年7月22日至10月6日，军事博物馆自主策划主办了《制胜之道——孙子兵法暨古代军事文物精品展》，汇集国内20多家博物馆的160余件（套）精品文物，首次以展览语言诠释《孙子兵法》这一中国古代军事文化瑰宝，吸引了国内外大批观众。

八、《万众一心 众志成城——抗震救灾主题展览》由中共中央宣传部、国家发展和改革委员会、解放军总政治部主办，军事博物馆承办的《万众一心 众志成城——抗震救灾主题展览》于2008年9月20日开幕，至11月20日闭幕，历时62天，接待观众115万余人，平均每天近2万人，观众留言4万余条。胡锦涛等40多位党和国家领导人，800余名抗震救灾英模，60个国家和国际组织的驻华工作人员，包括36个国家的驻华大使及50多名外籍专家参观了展览。展览取得巨大成功，受到社会各界的一致好评。整理出版观众留言精粹《震不垮的民族魂》一书。

军博在举办大型主题展览的同时，还适当对外提供场地，协助军内外单位举办品位较高的临时展览。先后举办了《延安精神永放光芒》、《遵义会议永放光辉》、《太行精神光耀千秋》、《中国核事业50年建设成就展》、《中国保护知识产权成果展览》、《全国检察机关惩治与预防职务犯罪展览》、《庆祝中国人民解放军建军80周年书画展》、《情系西部书画作品展》、《世界瑰宝——中华人民共和国国际礼品展》等临时展览。

陈列设计工作

这一时期，军博的重大主题展览赢得了广泛的政治影响和社会效益。这些展览在展陈设计理念与形式手法上有新的探索与创新。

《伟大壮举 光辉历程——纪念中国工农红军长征胜利70周年展览》，总体设计富有特色，在结构布局上以新的编辑理念，采用历史顺序、专题系列和故事结构相结合的陈列方法，在保持长征历史完整性的基础上，多角度、多层次地展示伟大的长征壮举和不朽的长征精神。艺术设计紧紧围绕主题内容，强化精神内涵，大胆运用新颖的编辑、设计理念和展示手段,宏观控制展览总体、强化艺术手段与思想主题的结合,恰当使用科技手段,努力营造艺术感染力强烈、时代感浓重的历史氛围和展示风格,形成了强烈的主题性、深厚的思想性、情感的冲击力和精美的艺术享受的"红色展览"。

展览的总体布局设计,注重把主题内涵、思想性与艺术性的贯穿运用于整个展览布局上,形成主题传承、思想鲜明、艺术感人的整体形式布局。从"革命理想高于天"的序厅氛围,于都河的红军渡船,遵义会议大楼全景正面及会议室复原的步入式陈列环境,四渡赤水多维动画演示,飞夺泸定桥场景,直至全景连贯的"雪山忠魂"和"草地党小组"大型景观。同时辅以表现长征中的老红军、女红军、小红军、标语林等专项展示,使整个展览的布局紧紧环扣主题,突出重点内容与亮点,富有节奏与情感高潮,表现了长征的卓绝历程,彰显了长征精神的伟大。

展览充分注意了展陈空间创建的庄重大气、疏密有致;展墙的设计注意了主题性与时代风格的结合;版式设计采取了内涵延伸与丰富层次的表现手法;文物陈列更注意了重点文物的重点陈列与特殊文物的情景式展示。

长征展览的景观设计改变了以往的框口式风格,3个场景复原均为全开放式,加强了观众的参与性,使场景与观众直接交流。场景加入真实的故事,让观众与场景中的故事直接对话,去感知精神的升华的"魂"的所在。

长征展览保持了军博高品位美术创作传统。展览共陈列美术作品41件,其中新创作油画、国画、连环画、雕塑29件。这些作品既有老一辈艺术家的经典作品,又有新一代军内外美术家新作。为创作出感人的艺术品,组织国内、军内一流军事题材画家的创作队伍,特聘国家著名画家组成专家评审组,数次逐一地对草图和创作绘制进行审查把关。这些成功的作品,真实地反映了长征史实,填补了文物史料上的空白,其深刻的主题思想、高雅的艺术魅力,带给观众以思想的震撼与审美的激情。

长征展在运用科技手段展示主题,提高内涵表现力,帮助观众在理解上作了有益的探索。表现雪山草地风雨交加、电闪雷鸣、雪花飘飞的恶劣环境,分别按时空进程采用了8组壁面投影和声光电系统、动态控制系统。互动感应投影技术把虚拟的自然变化,投射于每一个正在场景中的观众,去感受自己踏出的雪地脚印、自己溅起的草地水花,把观众带到了当年的艰苦岁月。

大屏幕多维投影动画演示,直观形象地再现了毛泽东主席指挥中央红军"四渡赤水"战斗经过。形象的动画演示,生动、翔实、清晰地向人们展示出毛泽东主席军事生涯中的这一"得意之笔"。三维悬浮立体成像技术应用在重点文物上,产生出独特艺术效果。

《我们的队伍向太阳——新中国成立以来国

防和军队建设成就展》展览规格高、规模大，展品数量多，展览内容时间跨度长，具有以下特点：

一是主题的鲜明性。这次展览全面展示了新中国成立以来我军的发展史与成就，突出展示新世纪新阶段国防和军队建设的辉煌成就和我军忠实履行使命、保卫和建设祖国建立的丰功伟绩。

二是展品的系列性。多角度、多侧面展示了勋章、奖章、纪念章系列；武器装备系列；军服系列；经典军事影视作品系列；重点军事图书系列；对外军事交往礼品系列等。

三是观众的参与性。展览中设置了观众参与项目。如多功能舰艇模拟训练，让观众可以体验驾驶军舰、瞄准射击。观众在展览现场还可点击军网、点播军旅经典歌曲、查阅全军著名英模事迹，还可参与远程医疗互动。

四是新科技的运用。序厅运用了折幕投影技术；九八抗洪的景观，其中重点采用了互动感应系统，形象地再现了九八抗洪宏大而壮观的场面；联合作战的多媒体动画大型演示和经典军事影片集锦，使用了20倍增益高清投影屏幕；在武器装备展示中使用了LED技术，再现震撼人心的实装演习场景。

序厅是设计重点，通透宽阔的空间结构营造出庄严凝重的氛围，面迎观众的折幕投影《我们的队伍向太阳》，通过新中国成立以来数次阅兵的镜头，展示我军由建国初期装备情况到新时期我军现代化发展的光辉历程。两侧为大幅合成照片，展示今日陆军、海军、空军、第二炮兵、武警部队的崭新风貌，给人以强烈的震撼力。

展览突出的特色之一是表现九八抗洪数万官兵保卫荆江大堤的大型场景。场景采用大型墙面绘画和实体布景艺术，配合高科技墙面抠像投影技术在实景与绘景中结合，再现抗洪时乌云密布，大雨倾盆的恶劣自然条件。展项重点应用了最新的声光电综合手段，通过感应式地面互动投影技术再现洪水滔天、急流涌动的效果，洪水倾泻而下的决口大堤上，无数的战旗在飞扬；狂风暴雨中，豆大的雨点飞溅在观众的脚下，使观众在地面上走过时会有身陷洪流的感觉；通过弧形墙面3D抠像投影技术在展区弧形墙面投影下暴雨、激流、红旗飘舞等光影变幻的效果；通过环境特效模拟技术、立体动感声效

博物馆展厅

模拟技术，逼真再现了昏暗的天空下，乌云密布，不断传来的风声、雷电声夹杂着惊涛拍击河岸的巨响，映衬着战士们震天的口号声和宣誓声；在数万官兵的奋力拼搏下，一束阳光穿云而出，照射在大堤上，变换的投影场景中，决口的大堤合拢了，欢呼声响彻云霄；此时通过对奋力抗击洪魔的英雄李向群（雕塑）的强光特写，配合讲解员对英雄感人事迹的诉说，与观众产生共鸣，给观众以震撼。

《制胜之道——孙子兵法暨古代军事文物精品展》展览总体环境空间采取总、分结合的严密空间逻辑关系谋局，序厅和以阙楼为分界标志的前后两个相呼联系的两个部分空间构成展览的大结构。

序厅将孙子雕塑置于古城造型上面的榻上，既把孙子的雕塑置于特定的环境中，又暗示出孙子及孙子兵法诞生的年代。古城造型的前斜面，放置立体的盾和矛、戈、戟有机构成塑造感般的前言，造型体现孙子兵法所阐释的攻和守的矛盾。孙子雕塑背部以展开部分的孙子兵法竹简为背景，点明主题，同时又与竹简的背部孙子兵法全文形成局部与整体的逻辑关系。序厅两侧采用水陆攻战图阐明古代的作战方式方法。序厅两侧的承重柱则以画像石兵器库图与兵器结合，展示古代武器装备，同时又传达古代的军营礼仪文化，增加展览的信息量。

高大的阙楼将展览的主要空间环境分割成两个相互联系的展示区，同时也巧妙地把展览的3个部分自然分割，层次井然有序。展览最重要的展品——4把越王剑在阙楼正前方展示，而且这是展览的必经之通道，形成内容展示区的核心区，主次分明、重点突出。古代盔甲在内容展示区入口和出口的两侧展示，与4把名剑相对，与古代军队迎接和欢送礼仪相吻合。

内容展示区的第二个空间中心环境采取点阵的布局方式，好似古代的两军交战排兵布阵，体现古代的军事文化和孙子兵法的严谨缜密。周围展柜和展板陈列内容的展示以严密的数字化格局，均衡中求对称的布局方式呈现，曲直交错，体现兵法的严密、博大及影响之深远。

此外，军旗、印章式的标志、名言等运用和陈列都紧紧围绕孙子兵法的核心内容展示。既为展览空间服务，又使展示形式语言巧妙、合理、新颖，最大限度地发挥视

博物馆展厅

觉表现力。

学术研究工作

军事博物馆始终把学术研究列为全馆业务工作的重点,成立有馆学术委员会,馆长担任学术委员会主任,对全馆学术研究工作进行组织指导。基本上每年举行一次学术讨论会,评选优秀论文予以奖励,出版《军事博物馆学术论文集》。

学术研究工作紧紧围绕军博的中心任务展开,取得了可观的学术成果,主要有:

一、《中国军事百科全书》(第二版)"古代战争史"、"古代兵器"和"历代军事人物"3个学科 《中国军事百科全书》第二版是在继承《中国军事百科全书》第一版优长的基础上,依据军事实践的新发展和百科编纂工作的新要求,进行创新性撰写、修订。全军军事百科全书编审委员会赋予军事博物馆"古代战争史"、"古代兵器"、"历代军事人物"3个学科总计1100多个条目的修订编纂任务。军事博物馆于2008年圆满完成了任务,受到中国军事百科全书编委会的表扬。现已出版分册。

二、《中国战争史地图集》 国家社会科学基金军事学2004年度科研课题。星球出版社2007年7月出版。图集被新闻出版总署评为"三个一百"原创图书和纪念中国人民解放军建军80周年重点图书。图集涵盖内容广泛,上起原始社会末期武装冲突,下迄抗美援朝战争,以作战地图并配以适当的文字说明,标示中国历代战争的发展进程和典型战例,填补了中国战争史研究的空白。

三、《台湾50年军事史》 全军"十五"军事科学研究计划的重点课题。该课题全面系统研究了1949年国民党军队败退台湾后至今50年的台湾军事历史,填补了国内对台湾现代军事史研究的空白,丰富和补充了中国现代军事史,为了解台湾军事现状、做好军事斗争准备提供了有益的资料。该课题已于2008年结题,即将由解放军出版社出版。

四、《中国历代战争哲学探源》 "十五"期间国家社科研究年度计划军事学项目。陕西人民出版社2006年11月出版。该书从兵学与哲学相互关系的角度,阐明历代中国哲学理念对战争观的渗透与影响,拓开了认识战争、研究战争的新视野。

五、办好《军事史林》杂志 1985年创刊,国内外公开发行。提供学术交流园地,荟萃军事历史珍闻,反映世界军事动态,融思想性、学术性、趣味性为一体,以中国军事史为主,以人物为重点,以事件为线索,反映军事发展史上的一些重要内容和广大读者关心的焦点。

文物征集保管工作

文物藏品是博物馆开展业务活动的物质基础。军事博物馆紧紧围绕陈列宣传中心,狠抓业务基本建设,以文物征集和藏品管理为重点开展文物工作。

一、文物征集 围绕这5年的大型主题展览,军事博物馆文物工作者全身心投入到文物征集、接收、复制、修复的工作当中，有力地保证了展览任务的圆满完成。

新征集文物中较有价值的有:开国大典时毛泽东主席在天安门城楼上使用过的两个扬声器,第一枚国产导弹中的黑匣子和第一个汉字数据库机,从战斗英雄麦贤得头部取出的两块弹片,两次受到胡主席接见的“全国爱国拥军模范”卡德尔·巴克的全部5本“解放军爱民日记”，长征出发时运送红军过于都河的木船,红军使用过的柯尔特手枪,编号为第1号的六七式微声手枪,九七式防爆枪全系列,5.8毫米轻武器系列,“上游一号”舰对舰导弹,空降兵在四川地震灾区第一个跳伞的李振波大校的伞具等。

二、藏品管理 一是加强藏品管理的制度建设。对现有的各项藏品管理规定按照“废、改、立”的要求,进行了重新修订,根据工作实际，废除和删减了已不适应现代博物馆发展需要的制度和条款,增设了符合藏品管理科学发展规律的内容，从藏品的征集、保管、保护、复制、修复、使用等方面,建立了完善的管理规定。

二是完善藏品的编目制档。针对部分藏品,特别是建馆初期征集的藏品档案不完善的情况，集中人力分批次对藏品进行编目、拍照、资料补充和制档,对建馆初期各军区移交藏品的来源进行内查外调。2005年进行第二次一级品鉴选和评定,初选出3500余件藏品,填写一级藏品档案。经国家文物局专家组评定,确定其中1389件藏品为一级品。至此,军博馆藏一级品总数达到1793件。

三是加强藏品信息化建设。在现有藏品管理软件的基础上自主开发了藏品流通软件和藏品方位管理软件。在文物库房范围内构建了藏品信息化管理局域网,初步实现藏品信息化管理。

三、藏品保护与复制 一是进行了皮革类、金属类藏品的保护工作；为馆藏一级品妥善保存制作囊盒1500余个,一级品柜30个,更换了部分藏品柜架;对枪械库、油画库、证章库的藏品进行了专项维护;按照藏品保护和展览的需求,按照藏品运输保护标准,制作藏品转运箱和包装囊盒1000余个。

二是对展厅和库存的所有轻武器，坦克、火炮、飞机、舰艇、导弹等大型装备进行了专业维护,特别为展出裸露的大型武器装备成立了专业维护小组，定期除尘、维护、保养。根据军博展厅高空间大门窗等特点,积极探索展出中的藏品保护问题,以《制胜之道——孙子兵法暨古代军事文物精品展》为突破口,为该展览中的重点藏品订制了恒温恒湿展柜。展厅内更换了部分照明光源,以降低紫外线、热度对藏品的伤害。

三是购买了宽幅数字复制设备，对馆藏的珍贵油画、国画等艺术品类藏品进行仿真复制,满足了展览的需要,使艺术品类藏品得到很好的保护。

与此同时,对所有入库文物进行了数码照相,对图片资料扫描,制成电子文档,方便了藏品和图片的使用和长久保存。

四、藏品安全工作 为藏品库区安装了断桥铝合金密封窗，更换了遮光窗帘，增强了文物库房防尘、防紫外线能力。对库区内的安防设备进行了升级换代，提高了报警监控、防护能力。同时成立应急指挥小组，制定多套应急方案，定期集中文物库房值班人员进行安防知识培训。

社会教育、社会服务工作

军事博物馆认真落实中央领导同志关于加强爱国主义教育基地建设工作的一系列重要指示，深入贯彻《中共中央国务院关于加强和改进未成年人思想道德建设的若干意见》，按照“贴近实际，贴近生活，贴近群众”的要求，加强社会教育、社会服务。

一、依托基本陈列和主题展览，开展社会教育工作 几年来，军博通过不断调整、充实陈列内容，实施精品战略，使基本陈列从形式到内容，始终保持高品位。通过基本陈列向观众宣传爱国主义思想，是军博和观众进行沟通、为观众服务的主渠道。

军博近几年配合党、国家和军队中心工作举办的大型主题展览，都精心组织讲解。赴香港《钢铁长城》展览，军博首次为观众提供普通话、粤语、英语三语讲解。通过巡展、媒体、出版物等多种手段扩大展览影响，增强宣传效果。军博多方面为观众着想，夏天在广场上设置遮阳伞、休息座椅。《我们的队伍向太阳》、赴香港《钢铁长城》展览期间都免费为观众提供饮用水。

军博根据北京市文物局、北京市科委的要求，举办《5千年金戈铁马与4次军事变革》军事科普展，到多所学校和社会单位展出，对群众进行国防观念和军事科技知识普及宣传。

二、加强基础建设，不断改善社会教育、服务的环境 军事博物馆是20世纪50年代的十大建筑之一，经过50年的运行，建筑和部分设施已老化。为了给观众提供安全舒适的参观环境，配合奥运环境整治，军博加大投入，进行了展览大楼外立面整修改造、卫生间改造等工程；改进、更换双语标识，增设观众服务台，印制发放导览图、展览简介等，以多种形式提升服务。增设自动咨询电话，32条线可同时拨进，奥运期间，接到咨询电话20万个。

三、针对不同观众特点，积极开展各种有益活动 运用形式多样的讲解，增强对观众的吸引力和感染力。军博组织专家与解说员一起编写了针对中小学生特点的讲解词。增设700台语音导览器，导览器讲解词共7.2万字，涵盖了军博所有基本陈列和两个主题展览。

举办或协办“我到北京上大学”、“香港童子军”、“西部贫困地区”、“航天员体验营”等冬、夏令营数十次，对学生进行系统的革命传统教育和国防知识教育。同驻地附近的中、小学建立了共建关系，每年都和这些学校开展活动，研究分析学生思想状况，制定活动计划，组织军训、故事会等活动。

中国人民大学博物馆

MUSEUM OF RENMIN UNIVERSITY OF CHINA

馆　　长　冯惠玲

通讯地址　北京市海淀区中关村大街59号中国人民大学

邮政编码　100872

电　　话　62512841

传　　真　62512841

网　　址　www.ruc.edu.cn

电子信箱　museum@ruc.edu.cn

隶属关系　中国人民大学

性　　质　公办

建筑面积　2000平方米

展厅面积　425平方米

占地面积　2000平方米

馆址环境　位于中国人民大学校内明德楼地下一层。

历史沿革　2004年,中国人民大学向北京市文物局提交了筹备建设“中国人民大学博物馆”的申请。2005年1月得以批准,并开始筹建工作。2008年12月18日,中国人民大学向北京市文物局提交“关于成立《中国人民大学博物馆》的请示”,经审查考核后,成为了北京市博物馆注册单位。

开放时间　每周五下午14:00—17:00,寒、暑假闭馆(暂定)

服务设施　中国人民大学明德楼停车场可提供停车服务、中国人民大学纪念品商店可购买到相关纪念品。

交通情况　地铁乘坐10号线到苏州街,C口出站前行800米;乘坐公共汽车717、697、814、320、808、332、653、944、26、361、特4、特6、运通105、运通106、运通205路等到人民大学站。

中国人民大学博物馆

MUSEUM OF RENMIN UNIVERSITY OF CHINA

概 述

一、筹建概述

中国人民大学(Renmin University of China)是一所以人文社会科学为主的综合性研究型全国重点大学，在人文社会科学领域有着雄厚的综合实力和丰厚的思想文化积淀,被称为“新中国人文社会科学高等教育领域中的一面旗帜”。根据自身的学科优势和学科建设的需要,早在2003年规划历史学科建设时,中国人民大学就决定筹建博物馆,内设文物展、校史展两大部分。

2003年4月21日,中国共产党中国人民大学第十二届委员会第七次常委(扩大)会议讨论通过成立校史馆,主要负责收集、整理校史资料,对校史展进行动态维护。

2004年,中国人民大学为了加强学科建设,引进著名的考古学者魏坚教授,在历史学院建立了“考古学及博物馆学”专业,并成立了以其为所长的“北方民族考古研究所”,此后又先后引进4名考古学及博物馆学专任教师,从专业技术角度保证了对文物管理进行规范指导。2004—2006年,中国人民大学博物馆进行文物征集工作。魏坚等人先后4次赴内蒙古、新疆、河南、山东等地广泛征集、调拨文物,总数达到5502件,文物的藏品从数量到质量都有了极大的提升，这为中国人民大学博物馆的陈列提供了基本的文物保证。随后,中国人民大学拨给博物馆近2000平方米的建筑面积作为陈列室、文物库房和工作用房,为中国人民大学博物馆建设提供了重要基础保证。

2008年7月,中国人民大学博物馆正式成立，随后制定了《中国人民大学博物馆章程》,并任命了博物馆领导班子:纪宝成校长任博物馆名誉馆长,冯惠玲副校长兼任馆长,吕小明、潘平、魏坚为副馆长。下设展览陈列部、藏品征集部、宣传教育部、保卫部、研究室5个部室。

千里之行,始于足下。中国人民大学博物馆的发展虽然刚刚起步,但已具备了收藏、研究和教育三大国际公认的博物馆基本功能。中国人民大学博物馆目标是要建设一座全球视野的,包含多种学科门类,服务于大学,服务于社会,具有较强实力和较大影响,有特色的综合性的大学博物馆。

二、展览陈列

2007年10月29日,在喜迎中国人民大学70周年华诞之际,中国人民大学博物馆精心组织筹办了“北国春秋”中国人民大学博物馆馆藏文物陈列。该陈列的主题思

“北国春秋”文物陈列

想是——取高屋建瓴之势、鸟瞰北中国，以点说面、以物说史，抓住历史精髓点，以中原文物与边疆文物对比的形式，概括展示从新石器时代到清代的北中国人文历史，以体现古代北部中国在中国历史发展中的重要地位。陈列分 8 个大单元，第一单元：石火拓荒——北方大地上的聚落和古国，主要表现北中国新石器时代的历史。选择北方草原地带内蒙古红山文化、中原地区山东龙山文化的两大组文物为典型代表，反映北中国新石器时代星罗棋布的古国面貌；第二单元：青铜遗韵——华夏形成中的戎狄与方国，表现北中国夏商周时期的历史。选择中原地带二里头文化、北方草原地区夏家店下、上层文化的 3 大组文物为典型代表，反映中原王朝的持续拓展和民族融合的不断扩大；第三单元：帝国长风——从旧秦中到新秦中的开拓，表现北中国秦汉时期的历史。选择关中地区、内蒙古地区秦汉时期的两大组文物为典型代表，反映秦汉王朝开疆拓土的帝国气概；第四单元：民族融合——从盛乐城到洛阳城的跨越，表现北中国南北朝时期的历史。选择内蒙古北朝时期、河南北魏时期的两大组文物为典型代表，反映北朝时期北方草原民族的开拓进取和民族大融合的历史概况；第五单元：天朝远域——丝绸古道上的长安与西域，表现北中国隋唐时期的历史。选择陕西地区唐代、新疆地区唐代的两大组文物为典型代表，反映盛唐帝国版图远及大漠南北、天山内外的状况；第六单元：长城内外——北方各民族的分立和交融，表现北中国辽宋夏金时期的历史。选择内蒙古辽代、河北宋代、吉林金代、宁夏西夏时期的 4 大组文物为典型代表，反映辽宋西夏金封建政权的分立和各民族交流融合的状况；第七单元：天骄立马——大元一统下的中原与草原，表现北中国元朝时期的历史。选择中原地区元朝时期、内蒙古地区元朝时期的两大组文物为典型代表，反映大元一统下南北方经济文化的空前繁荣；第八单元：芳草碧天——风云际会中的内地和边疆，表现北中国清朝时期的历史。选择北京地区清朝时期、北方草原地区清朝时期的两大组文物为典型代表，反映在世界风云际会中的大清中央政权与边疆民族地区的密切关系。每单元集中二—三组文物、三—四组辅助展品，以集中阐明一个历史专题，使人们从中看出中国古代的民族团结、中原与北疆的密切关系及北方人民的历史创造和历史贡献，是以小见大、从一个点上看中国历史发展大势。

配合这次陈列展览，中国人民大学博物馆出版了《北国春秋——中国人民大学博物馆馆藏文物陈列图录》，在高校博物馆引起了较大反响。

三、教育与社会服务工作

中国人民大学博物馆作为中国人民大学重要的教学科研机构，服务于考古学及博物馆学专业的教学科研工作。考古学及博物馆学专业是学校新建立的专业，需要更为完备的教学力量和资源予以支持发展。博物馆是与考古学教学和科研紧密相关的基础设施之一，中国人民大学博物馆的建立不仅为考古学及博物馆学的教学和实践活动提供平台，也为该专业的同学提供了更为广阔的学习空间。在参与博物馆的筹建工作过程中，同学们逐步掌握了从库房的文物整理、藏品档案的编写到展览陈列的设计制作等博物馆工作的相关技能，从实践中提高了专业素养。

作为中国人民大学的对外交流窗口，中国人民大学博物馆是学校从事外事活动的主要机构之一。迄今为止，中国人民大学博物馆已接待国内外来宾、上级领导、友好使团、学者和参观者近两千人，不仅充分展现了中国人民大学的良好风貌，也起到了传播文化、教化社会的作用。

四、馆舍及内部设施建设

2006 年，中国人民大学在办公、教学等用房非常紧张的情况下，划拨给博物馆 425 平方米陈列室，文物库房、办公室 75 平方米，作为博物馆前期展览和工作用房。2007 年，又将中国人民大学明德新闻楼 B1 层和法学楼 B1 层划拨给博物馆，使得博物馆总面积达到近 2000 平方米。随着“北国春秋”中国人民大学博物馆馆藏文物陈列的顺利开展，博物馆内部的安全防卫监控系统的建设也全面完成，实现了馆内重要场所的全面不间断监控，提高了博物馆的安全防范能力。

为了给前来参观的观众提供更为周到细致的服务，使其对“北国春秋”中国人民大学博物馆馆藏文物陈列形成更为深刻的认识，在开展文物陈列的前厅北壁，设置了大幅历史简表，简列中国历史发展脉络，以便于让观众一目了然。同时，于前厅东壁设置大型电视，滚动播放关于北部中国的历史短片，形象生动地给参观者留下了意蕴悠长的揣摩与回味。

中国国家博物馆
THE NATIONAL MUSEUM OF CHINA

馆　　长 吕章申

通讯馆址 北京市东城区东长安街16号天安门广场东侧

邮　　编 100006

电　　话 84689019 84689020

网　　址 www.chnmuseum.cn

电子邮箱 web@chnmuseum.cn

隶属关系 中华人民共和国文化部

性　　质 公办

建筑性质 现代建筑

建筑面积 78286.9平方米

占地面积 51266.3平方米

馆址环境 与人民大会堂、毛主席纪念堂等建筑相对应,形成天安门地区风格的建筑群。

历史沿革 中国国家博物馆的前身是1912年7月9日成立的"国立历史博物馆筹备处",以国子监为馆址。1918年,以端门—午门的原建筑为馆址。1926年10月1日定名为国立历史博物馆,正式对外开放。1949年10月,改名北京历史博物馆,隶属中央人民政府文化部。1950年3月,成立中央革命博物馆筹备处。设址在北海团城,不久迁入故宫西华门武英殿。1958年8月,中共中央北戴河会议决定筹建中国历史博物馆和中国革命博物馆。1958年10月,在天安门广场东侧修建新馆,1959年10月,建成为建国10周年十大建筑之一。1959年10月1日,"中国通史陈列"在新馆公开预展。1961年7月1日,中国历史博物馆和中国革命博物馆正式开放。1969年9月,中国历史博物馆和中国革命博物馆合并,称中国革命历史博物馆。1983年初,分设为中国历史博物馆和中国革命博物馆。2003年2月,在中国历史博物馆和中国革命博物馆两馆基础上正式组建中国国家博物馆。

开放时间 9:00—16:00

交通状况 1号线地铁天安门东站、环线地铁前门站下车。1、4、52路等多条公交线路。

概 述

2003年2月28日，中国国家博物馆在中国历史博物馆和中国革命博物馆基础上挂牌成立，隶属中华人民共和国文化部。中国国家博物馆组建成立，体现了党中央国务院对博物馆事业的高度重视，标志着国家博物馆事业的发展翻开了新的一页。中国国家博物馆成立后，先后确定了建馆方向和目标：建设一个"与我们这样一个大国地位相称，与中华民族悠久历史和灿烂的文明相称，与蓬勃发展的社会主义现代化事业相称，与广大人民群众日益增长的文化需求相称"的"国内领先、国际一流"的国家博物馆。为达到这个建馆方向和目标，我们制定了"人才立馆、藏品立馆、业务立馆、学术立馆"的办馆方针。

中国国家博物馆是以历史与艺术并重，集收藏、研究、考古、展览、文化交流于一体的综合性国家博物馆。基本职能为收藏文物、陈列展览、宣传教育、科学研究、对外交流。坚持"以人为本"的科学发展理念，以"贴近实际、贴近生活、贴近群众"为宗旨，向国内外观众展示中华民族悠久的历史与灿烂的文化，展现优秀的世界文明成果，把国家博物馆建设成为我国最高的文化艺术殿堂。适应构建公共文化服务体系和建设学习型社会的需要，把国家博物馆建设成为广大公众特别是青少年学习历史和文化知识、接受文明熏陶、进行终身学习的文化阵地和课堂。发挥好国家博物馆在文化传承和文化创新中的重要作用；在建设中国特色社会主义新文化中的积极作用；在满足人民群众精神文化需求、陶冶人们情操、提高民族文明素质方面不可替代的作用；在促进对外文化交流、提升和扩展国家软实力的积极作用，积极推动社会主义文化大发展大繁荣，为推动经济建设、政治建设、文化建设和社会建设协调发展服务。

中国国家博物馆下设馆长办公室、党委办公室、团委、工会、人事处、外事处、发展企划处、资产财务处、安全保卫处、纪检监察审计办公室、后勤管理服务处、藏品保管一部、藏品保管二部、文物科技保护部、展览一部、展览二部、社会教育宣传部、学术研究中心、综合考古部（田野考古研究中心、水下考古研究中心、遥感与航空摄影考古研究中心）、图书资料部、信息网络部、蜡像艺术馆、经营中心、艺术品开发中心、端门管理处、改扩建工程办公室(计划工程部、通用设备部、预算财务部、综合管理部)、文保中心物业部、美术工作部、艺术品鉴定中心。

2004—2008年期间，国家博物馆在藏品管理和文物保护、科研、展览陈列、社会教育与服务、文化产业等方面都取得了很大成绩，特别是改扩建工程建设，取得突出成果。

一、藏品管理及保护业务

2004—2008年，国家博物馆坚持“藏品立馆”的方针，在文物征集方面，不断扩展藏品征集渠道，加大藏品征集力度，取得显著成效。近年来，共征集了文物与艺术品25745件(套)，其中古代文物2060件（套），近现代实物23685件(套)，其中包括中国首次载人航天飞行的“神舟”五号返回舱、明代一尊“吉祥天母”像、“子龙鼎”等重要文物。2007年7月16日，文化部和国家文物局发文批准启动中国文物信息咨询中心，代国家文物局保管的“文留”文物和一般文物的清点工作，这批代管的约40万件文物由国家博物馆和文物信息咨询中心共同清点和建账。

在文物保护方面，藏品的鉴选、管理、入藏、文物照片的洗印等基础工作有条不紊、逐步推进，特别是对新近入藏的古代和近现代藏品进行了整理工作。同时在文物复制、提借、文物保护、图片清理、编目建账等基础工作方面也取得很大进展，并帮助多家文博单位进行文物的保护、修复、复制、分析检测工作。

二、科研

博物馆的科学研究工作不仅是博物馆的重要职能之一，也是提高博物馆工作水平的前提和基础。基于此点认识，国家博物馆始终把加强博物馆的科学研究工作作为博物馆建设的重点工作来抓。

2004—2008年，国家博物馆在田野、航空、水下等考古领域均取得一定成绩。2007年3月，甘肃礼县和张家川的考古发现均被评为“2006年中国十大考古发现”，并于9月获得了两项“全国考古田野奖”;完成了国内合作项目“丰镐地区历史环境变迁”的遥感考古项目地面验证和实验室分析工作学术活动蓬勃开展；国家博物馆宁波水下考古工作基地和舟山工作站也于2008年正式挂牌成立。

全馆研究人员承担着历史、考古、博物馆、文物保护等许多方面的科研课题，并撰写了大量学术论著。同时，国家博物馆学术研究中心开展了多种多样的学术活动，组织了与业务有关的学术讲座，召开了各种形式的专家论证会，积极参加对外学术交流活动，提高了学术研究水平、开阔了学术研究视野，学术研究成果显著。《中国历史文物》和《近代中国与文物》两个馆刊受到学界的一致好评。

三、陈列展览

国家博物馆继续强化精品意识，做好陈列展览工作。2004—2006年，每年举办50余个展览。2007年国家博物馆改扩建工程正式动工以来，积极筹备新馆开馆各项陈列展览。2007年10月，由国家博物馆承办的《复兴之路》大型主题展览在中国人民革命军事博物馆开展，并将在建国60周年之际作为常设基本陈列在老馆改建部分正式展出。《古代中国》基本陈列内容设计大纲已经专家多次论证。2007年开始的“国家宝藏——中国国家博物馆藏品展”，继续在国内各博物馆进行巡展，观众反映强烈，影响巨大。为加强对外文化交流，在国外，国家博物馆也举办了多个大型展览，如《悠久之美——中国国家博物馆名品展》、《被遗忘的中国舰队：郑和下西洋》、《天马神骏——中国马的艺术与文化》展等，同时引进了国外博物馆的一些大型展览，如《印加文明展》、《加拿大文明博物馆珍藏展》、《西西里：五千年的灿烂文明》等。

2004年，蜡像馆经过紧张的一期撤陈、二期方案审定、蜡像人物制作、布展等工作，保证了二期展览在建国55周年前夕如期开馆。2008年9月22日，蜡像艺术展在中国国际科技会展中心开幕。此次展览共展示了150

中国国家博物馆外景

余尊蜡像,其中包括近30尊奥运人物蜡像,取得了一定的社会效益。

基本陈列

1.《珍藏特展》

作为"中国通史陈列"的精华版,《珍藏特展》展出的179件(组)国宝级文物,时代从史前到明清,文物质地有陶瓷器、青铜器、玉器、漆器、金银器和石刻品等,不仅代表了不同的风格和工艺,更是观众了解中国历史发展的一个重要视点。其中的重要文物如金缕玉衣、四羊方尊等更是历史教科书所必收录的经典,早已脍炙人口、举世闻名。

2. 中国蜡像艺术馆

中国蜡像艺术馆是中国国家博物馆的常设陈列,通过蜡像这种被称为"立体摄影"的超级写实主义雕塑,艺术地再现人类文明和历史瞬间。共展出蜡像126尊,主要为中外历史上各行各业中为人类发展作出过突出贡献的人物。蜡像人物分为政治、军事人物,思想、教育、科学人物,文学、艺术人物,体

坛巨星,民族人物、英模英烈,外国名人七个单元,代表人物有毛泽东、周恩来、十大元帅、鲁迅、郭沫若、司马迁、雷锋、邓亚萍等。

3. 筹备《古代中国》基本陈列和《复兴之路》基本陈列。

专题陈列(展览)

1.《古罗马文明展》 2004年6—9月在中国国家博物馆展出。展览通过173件古罗马文物,反映了古罗马文明的辉煌与艺术成就。

2.《世纪伟人邓小平—— 纪念邓小平同志诞辰100周年展览》 2004年8月10日—9月17日展出为纪念邓小平诞辰100周年,由中共中央宣传部、中共中央文献研究室、中共中央党史研究室、文化部、中央档案馆、国家博物馆共同举办,通过329张图片、145件文物,50件文献档案,缅怀邓小平的丰功伟绩,弘扬邓小平的革命精神。

3. 《失落的经典——印加文化及其祖先珍宝展》 2006年4月18日—9月13日由中国国家博物馆和和秘鲁国家文化委员会主办,在中国国家博物馆展出。该展览通过248件精美一级文物,介绍了秘鲁5000多年的发展历史,较为完整地展示了源远流长的秘鲁古代文明。该展览是国家博物馆推出的世界文明展系列中的一个展览。

4. 《文化遗产日特别展览》 2006年6月5日—7月5日,由文化部、财政部和国家文物局共同主办,中国国家博物馆承办,在国家博物馆展出。该展览精选约100件(组)珍贵的文物和资料,系统反映了近年来文化遗产保护的显著成果。重点表现了在国家财政支持下抢救征集具有重大价值文物精品的突出成绩。其中的"中秋帖"、"伯远帖"、"太阳神鸟"、"五牛图"、"出师颂"、"张好好诗"、"研山铭"、"淳化阁帖"、"子龙鼎"、"陈国琅藏书"、"龙门石窟佛头"等都是非常重要的文化遗产实物。

5.《佛造像艺术展》 2006年8月由中国国家博物馆、中国文物信息咨询中心主办,在中国国家博物馆展出。该展览通过200余件藏传佛教各个时代各种风格的佛造像,反映了佛教在雪域高原的发展与变化,不仅体现了藏民族的宗教信仰,也体现了藏、汉、印、满文化的交融与发展。

6.《第五届全国工艺美术大师优秀作品展》 2006年8月和12月在国家博物馆展出。我馆承接了国家发展和改革委员会主办的《第五届全国工艺美术大师评选暨作品展》的组织协调和展览设计工作。在馆领导的高度重视下,我馆各部门通力合作,保证了评选工作的圆满进行,受到国家发改委的好评。

7. 《中国长城展》 2006年9月—2007年2月由中国国家博物馆、澳大利亚动力博物馆主办,在澳大利亚动力博物馆展出。该展览大部分展品选自国家博物馆馆藏,此外还调集了故宫博物院、敦煌研究院、甘肃省博物馆、山海关博物馆等多家单位的相关文物，其中仅国家一级文物就有24件(组)。展览在国外引起广泛的影响。

8.《英雄的史诗——纪念中国工农红军长征胜利70周年》2006年9月30日—10月29日由中国国家博物馆主办，在中国国家博物馆展出。该展览以国家博物馆馆藏文物为主，通过120张图片，238件文物，15件美术作品，生动再现了70年前工农红军长征的伟大历史，弘扬了伟大的长征精神。

9.《异国瑰宝传友谊——国家博物馆馆藏国际礼品展》2006年11月10日—2007年1月30日由中国国家博物馆主办，在中国国家博物馆展出。该展览通过馆藏200多件套珍贵的国际礼品，表现了中国人民与世界各国人民之间的深厚友谊，反映了不同国家别具特色的文化传统和多姿多彩的艺术风格。

10.《简约·华美——明清家具精品展》2006年12月15日—2007年1月30日由中国国家博物馆、中国文物信息咨询中心、文化部恭王府管理中心主办，在中国国家博物馆展出。该展览展出的78件(套)珍贵明清家具，大部分是利用"国家重点珍贵文物征集专项经费"自香港购回的明清家具。

11.《悠久之美——中国国家博物馆名品展》2007年在日本东京展出，回国后在湖南省博物馆展出。展品绝大多数为国宝级稀世珍品，包括四羊方尊、金缕玉衣以及三星堆青铜面具等珍贵展品。该展览是国家博物馆改扩建期间推出的重要巡展项目。2007年3—7月在湖南省博物馆的巡展取得了巨大成功。继湖南之后，展览将在国内继续国宝之旅。

12. 蜡像艺术展 2008年9月22日在中国国际科技会展中心对公众展出。本次展览展出蜡像人物159尊，按专题、历史顺序分成5个单元进行陈列。第一单元，政治、军事人物；第二单元，思想、教育、科技人物；第三单元，文学、艺术人物；第四单元，英模、英烈人物；第五单元，体坛奥运人物。此展览将延续到2009年1月。

13. 国家宝藏巡展 2007—2008年，中国国家博物馆馆藏国宝级文物先后在日本、加拿大、澳大利亚，以及重庆、内蒙古、湖南、福建、河南、辽宁等地巡展，产生了良好的社会影响和效果，为加强我馆同兄弟博物馆间的合作交流发挥了重要作用。

14.《南海惊梦——"南海1号"宋代沉船遗址前期科考成果》2008年5月16日—8月31日在端门展出。"南海惊梦"展览向公众详细介绍了国家博物馆的水下考古工作者从1987年起，针对"南海1号"这条800年前的宋代沉船开展的科考工作。

15.《国宝之韵——国家博物馆高仿艺术品展》2008年5月16日—8月31日在端门展出，"国宝之韵"展览让公众近距离欣赏和体验高仿品艺术神韵的同时，也向公众展示了传统工艺的精湛技艺。本次展览并不是一次文物仿制品的简单罗列，而是以艺术的表现手法引领公众去探寻古人的精神境界。

16.《天马神骏——中国马的艺术与文化》展（参展） 为迎接8月在香港举办的北京2008奥运会马术项目比赛，60套精选自14个省市的国宝级文物，于7月16日—10月13日在香港历史博物馆举行的“天马神骏——中国马的艺术和文化”展出，让市民认识马文化在中国历史及艺术上的丰富内涵，中国国家博物馆提供8件（组）文物。

17.《加拿大原住民的杰作：加拿大文明博物馆珍藏展》 中国国家博物馆、加拿大文明博物馆主办，北京皇城艺术馆协办的“加拿大原住民的杰作：加拿大文明博物馆珍藏展”于8月1日—10月7日在北京皇城艺术馆展出。本次展览展出的150件（组）展品全部来自加拿大文明博物馆。该馆拥有无与伦比的关于加拿大原住民的藏品。展览分为艰苦环境中孕育的极地文化、大平原地区的狩猎文化、西北沿海地区的渔猎文化、五大湖地区的农耕文化四个部分。

18.《中国古代绘画的起源》展 2008年7月28日在韩国首尔举办“中国古代绘画的起源”展，由中国国家博物馆、韩国国立中央博物馆主办，其中中国国家博物馆提供展品23件（组）。此展览将延续至2009年6月。

四、社会教育及社会服务活动

2004—2008年，国家博物馆社会宣传教育工作认真贯彻落实馆领导指示，利用并创造一切机会，扩大国家博物馆的社会影响力。首先，配合展览开展一系列宣传教育活动和展览推介活动，充分发挥博物馆在藏品、人才等方面的优势开展丰富多彩的教育活动。第二，陆续推出“国史讲堂”等系列历史讲座和文物鉴赏活动。第三，建立了一支由在职讲解员、馆内专家学者和社会志愿者共同组成的高素质、高水平的讲解队伍。第四，积极开展“国家博物馆之友”工作，广交社会各界朋友，扩大了国家博物馆的知名度和影响力。

五、改扩建工程建设

党中央、国务院把中国国家博物馆工程确定为国家重大文化工程。在文化部、国家发展和改革委员会等各方面的大力支持下，克服各种困难，积极争取，全力推进，工程终于在2007年3月正式动工。改扩建工程总建筑面积19.2万平方米，其中，老馆改建3.5万平方米，新扩建15.7万平方米，工程总投资25亿元，建设工期为2007年3月—2010年5月。2007年3月17日上午10时，国家博物馆改扩建工程动工仪式隆重举行，这标志着国家博物馆建设进入了一个历史性的发展阶段。在馆领导班子正确的领导下，在各参建单位的努力下，工程进展顺利。2009年1月完成结构封顶，2010年5月，整个改扩建工程即可竣工投入使用。

"国家宝藏"展览

六、文化产业方面

国家博物馆确立了充分利用国家博物馆藏品资源,大力发展文化产业,合理布局、逐步开发,打造具有国家博物馆特色的文化产业品牌的方针，积极开发特色产品,探索文化市场,取得了较好的经济效益和社会效益,2008年,国家博物馆调整工作职能,将工作重点放在馆藏品和古代艺术品的开发上，对原有收藏等项目进行收尾工作。重新建立高品位的意识,将原有的部分艺术产品进行了更高要求的重新制作，建立了高仿品展示厅。

2004—2008年，全馆职工团结一致、努力奋斗，各项工作都取得了显著的成绩，国家博物馆也将正视工作中的薄弱环节和存在的问题，积极采取有效措施,按照高举旗帜、围绕大局、服务人民、改革创新的总要求,以“抓建设、求改革、促发展”为总体思路，以深入学习实践科学发展观和新馆建设为契机，全力推进改扩建工程建设，深化管理体制和运行机制改革，加强新馆各方面的筹备工作，为新馆开馆做好各项准备，争取各项工作再上新台阶。

中国长城博物馆

CHINA GREAT WALL MUSEUM

馆　　长 赵建军

通讯地址 北京市延庆县八达岭景区中国长城博物馆

邮政编码 102112

电　　话 69121890

传　　真 69121890

电子信箱 zgccbwg@163.com

隶属关系 北京市延庆县人民政府

性　　质 公办

建筑性质 现代建筑

建筑面积 4000余平方米

展厅面积 3200平方米

占地面积 1万平方米

馆址环境 坐落在北京延庆八达岭长城景区，东距八达岭长城500米，南与长城全周影院相毗邻，西隔滚天沟停车场和詹天佑纪念馆相望。

历史沿革 1984年11月16日，经北京市人民政府市长办公会研究决定，在八达岭游览区内修建长城博物馆。1987年初，成立长城博物馆筹备处，由于经费问题，1987年，长城博物馆的筹建工作暂停。1992年夏，恢复了对长城博物馆的全面建设。1994年4月23日，时任国家主席的江泽民为中国长城博物馆题写了馆名。1994年8月，北京市文物局将“中国长城博物馆”移交延庆县人民政府，后由八达岭特区代管。1994年9月6日，举行开馆仪式并正式对外开放。1997年，八达岭特区加盟北控，长城博物馆的资产也被捆绑上市，2000年，随着八达岭特区一同改为企业。2003—2006年，八达岭特区一分为三，中国长城博物馆成为八达岭股份公司所属的二级企业，2006年12月，恢复事业单位编制。2007年5月至2008年5月，中国长城博物馆进行全面改陈。

开放时间 旺季(3—10月)9:00—16:30；淡季(11月—次年2月)9:00—16:00

服务设施 馆内设有无障碍参观通道以及爬梯车等设施；设有触摸屏等电子服务设施；设有商品部出售旅游商品及长城书籍；馆外有25000平方米的停车场。

交通状况 中国长城博物馆位于“万里长城——八达岭”景区，八达岭景区交通方便，公路和铁路都设有车站。919(空调车、普通车) 6:00—17:00　德胜门5分钟一趟；集散中心大客车6:30—10:30　天安门发车；长城和谐号快速列车至景区：北京北站(西直门)6 :08 — 21:27。

概 述

工作宗旨、重点工作 中国长城博物馆是以长城为主题的专题性博物馆。为此长城博物馆将“让长城走向世界，让世界了解长城”定为自己的工作宗旨。围绕着这个宗旨，我们始终把传播长城文化、弘扬民族精神、唱响爱国主义教育主旋律作为工作的重点。

组织体制，主要业务部门，管理体制 中国长城博物馆为北京市编办批复的正处级事业单位。馆长由八达岭特区办事处主任兼任。机构设置办公室和业务部。办公室负责博物馆的文秘、文印、档案管理、财务，工、青、妇，以及办公用品、车辆、水电等后勤保障工作；业务部负责日常的业务工作，包括文物的征集、保管和研究、观众的参观接待和讲解、教育基地以及安全保卫等各项工作。2004 年从业人员为 51 人(其中临时工 9 人)。从 2006 年至今，随八达岭特区进行机构改革，从业人员 76 人(其中合同工 8 人)机构设置改为三部一室，即办公室、业务部、社教部、人保部。办公室的职能不变。业务部负责文物的征集、保管、研究、陈列、修复及鉴定等工作。社教部负责观众参观的接待、讲解以及教育基地工作。人保部负责人事、安保以及综合治理工作。

藏品管理和保护业务 中国长城博物馆现有藏品总数为 2526 件，其中一级文物 1 件，二级文物 24 件，三级文物 561 件。以铁器、砖石、陶瓷和钱币为主。藏品来源主要为征集、出土、捐赠等。从 2004 年到 2008 年先后征集文物 300 余件，以守城用的铁质武器为主。对于展厅和库房的文物藏品，按质地进行摆放和保管，并注意改善防尘、防光、防热、防虫、防变质等保存条件。采取经常通风和放置干燥剂等措施，以免藏品受到自然和人为伤害。本馆文物藏品从 1997 年就实行计算机管理，尤其是对新征集的文物，做到建档、建册，账物统一，编目详明后入库排架。保管稳妥、制度健全，使文物管理工作更加制度化和科学化。

科研工作 5 年里，中国长城博物馆与中国长城学会共同主编和发行了《中国长城博物馆》馆刊 20 期。2008 年还出版发行了一期《中国长城博物馆改陈专刊》。此刊物为季刊，发行范围为全国长城沿线。

陈列展览 中国长城博物馆 1994 年 9 月建成并开馆，由时任国家主席的江泽民题写馆名。2007 年 5 月—2008 年 5 月进行全面改陈。是以长城为主题全面反映长城的历史、军事、建筑、文学艺术和现状的专题性博物馆。展览的主题为“世界奇迹历史丰碑”。

展览内容分 4 个部分，第一部分“两千余载 续建不绝”展示长城的历史沿革，展示了长城产生和发展的基本脉络。第二部分“恢弘巨制 绵亘万里”展示长城的军事防御功能及体系；历史上发生在长城内外的重大战役；长城的建筑结构与布局。第三部分“长城内外 同是一家”展示长城沿线地区经济开发与繁荣，文化艺术以及长城内外兄弟民族长期共同发展、相互交融的史实。第四部分“浩气长存 发扬光大”展示解放后长城作为中华民族象征、世界文化遗产所受到的世界人民的保护以及长城在新中国外交史和旅游事业中的重要作用。

展览集中了全国各地长城沿线出土的文物、标本，辅以图表、照片、人文景观和模型，并采用触摸屏、投影仪等多媒体手段，对长城这一中华民族的象征进行全方位的展示。

社会教育 中国长城博物馆从开馆之初，就把爱国主义教育基地工作列入重要议事日程，提出了“立足本地、面向城区、走向全国”的基地发展规划，并在日常的工作中为教育基地积极创造条件，从人力、物力、财力上给予大力支持。建立了专职的爱国主义教育组织，成立了以副馆长为主管，社教部具体负责，下设两名专职工作人员和 5 名讲解员担任具体工作的组织。5 年里，长城博物馆按照基地发展规划和工作实践，制定了“五有一

博物馆主体建筑全景

基地活动

建”的工作标准，即“有组织、有队伍、有计划、有落实、有总结和建档案”。具体做法是“广泛宣传、积极推进、增强意识、突出主题、参与实践”和“走出去，请进来”。特别是在新的时期，中国长城博物馆，始终坚持把社教工作作为办馆的重要内容，突出以人为本，把对青少年的教育放在首位，在工作中不断创新，除利用每年的清明节、“五四”青年节、“爱国主义教育宣传日”、“5·18”国际博物馆日、“六一”国际儿童节等重大节日为载体，组织学生到博物馆举办不同形式的教育活动外，还组织了与贫困山区的学生手拉手献爱心活动、利用学生假期举办冬夏令营活动、结合迎接2008奥运会和社会大课堂等主动走出博物馆，配合学校搞好校外教育。特别是2007年寒暑假期间，为了延续《阳光少年行动》系列活动，由中国长城博物馆牵头与延庆县教委、中国马文化博物馆、平北抗日战争纪念馆、詹天佑纪念馆四馆一委联合举办“迎奥运、展风采”征文演讲活动。参与的学校达66所，学生近千人，获奖学生163人，取得了较好的社会效益，这种联办活动是中国长城博物馆在实践中不断总结、不断探索教育形式的新模式。中国长城博物馆开馆15年里，已接待中外观众460万人次，其中青少年学生50万多人次，举办各种形式的爱国主义教育活动200余场次。5年里接待中外观众87.8万人次，举办各种形式的爱国主义教育活动50多场次。曾接待全国22个省市自治区德育和体美教育研究人员200

余人现场观摩。黑龙江齐齐哈尔市东亚学团第一小学也把中国长城博物馆作为他们学校的教育基地，每年在这里对学生进行爱国主义教育。先后被中宣部和共青团中央分别命名为“全国爱国主义教育示范基地”和“全国青少年教育基地”。2006年12月，北京市教育委员会和北京市青少年学生校外教育工作联席会议办公室联合授予中国长城博物馆——北京市青少年校外教育活动基地。2008年，北京市青少年学生校外教育工作联席会议办公室、北京市教育委员会、北京市人事局联合授予中国长城博物馆“北京市校外教育先进集体”。

社会服务活动 中国长城博物馆作为八达岭长城景区旅游服务的文化场所，对社会免费开放、免费整点讲解；对于到中国长城博物馆举办主题教育活动的免费提供音响、场地；馆内免费提供轮椅、爬梯车等。还是延庆县重要活动的接待场所，每当有重要领导人到延庆县或八达岭景区视察工作，中国长城博物馆肩负着接待任务。每年的“五一”、“十一”或有影响的活动在八达岭景区举行，中国长城博物馆都要派工作人员到景区内疏导游人或咨询服务。

馆舍建设、扩建、维修和设施改造 中国长城博物馆建筑形制为连体式烽火台，建筑面积4000余平方米。整体建筑坐东朝西，是一座随着山势逐渐升高的传统庭院式建筑。馆舍由一幢比一幢高的3座二层楼组成，楼与楼之间以中式游廊相连接，整体的外形，好似万里长城上的烽火台。2004年，投资3万元，抢修消防地下管道40米、维修馆舍外墙8处。2006年做屋顶防水处理160平方米、修缮了展厅采光玻璃顶50多平方米等基本设施。2008年，投资2500万元进行了全面升级改造，不仅包括展览内容的更新、展览形式的提高，也有馆舍屋顶的处理、外立面的饰新以及中央空调、消防喷淋、安防监控等设施的更新。

文化产业、文化产品和经营情况 中国长城博物馆为了更好地服务于观众，根据自身的特点，设计并开发了便于携带而又具有长城特色旅游纪念品，向观众出售。除此之外，中国长城博物馆还与中国旅行社、新纪元国际旅行社联合举办“保护世界文化遗产——万里长城赞助活动”。几年里共得到社会捐款和赞助款70多万元，全部上缴八达岭特区办事处，用作长城的维修基金。

(黄丽敬)

中国体育博物馆

CHINA SPORTS MUSEUM

馆　　长 袁大任

通讯地址 北京市朝阳区安定路甲3号

北京市崇文区天坛东里中区甲14号

邮政编码 100101　100061

电　　话 64912167　67051530

传　　真 64912167　67051530

网　　址 csm.sport.gov.cn

电子信箱 whzx-2007@263.net

隶属关系 国家体育总局

性　　质 公办

建筑性质 现代建筑

展厅面积 2510平方米

占地面积 8900平方米

馆址环境 地处国家奥林匹克体育中心东南角，东临安定路，北向奥体中路。周边交通便利，环境优美。

历史沿革 1981年，国家体委在《体育事业"六五"计划和十年设想》的报告中确定"七五"期间筹建中国体育博物馆，1983年，国家体委主任李梦华在全国体育工作大会上宣布开始筹建体育博物馆，同年5月，召开全国体育文物工作会议，布置文物普查工作。1988年4月，国家体委正式下达《关于中国体育博物馆工程初步设计概算的批复》，其建设资金1200万由香港爱国人士霍英东先生捐赠，同年8月破土动工。1989年7月，国家体委办公会审议并通过了《第十一届亚运会中国体育展览暨中国体育博物馆基本陈列方案》；同年11月，经国家人事部批准，中国体育博物馆正式成立。1990年8月，中国体育博物馆工程竣工，同年8月底，中国体育展览筹备就绪。9月22日，第十一届亚运会开幕之日，中国体育博物馆开馆。

交通状况 乘18、108、328、387、803、850、快速公交3路，以及地铁5号线均可到达，交通便利。

概　述

中国体育博物馆隶属国家体育总局,与国家体育总局体育文化发展中心是一个机构、两块牌子。下设办公室、人事保卫处、财务处、文化活动部、档案馆、文物部、宣教部、《中国体育年鉴》编辑部、《体育文化导刊》编辑部、学术研究部10个部。

在2004—2008年这5年中，中国体育博物馆党政领导班子高度重视政治思想工作,树立主人翁意识,注重建立正确积极的体育文化宣传和舆论导向。全馆干部职工在领导班子的带领下,认真学习贯彻落实党的政策十六大、十七大精神,以马列主义毛泽东思想、邓小平理论和“三个代表”重要思想为指导,以科学发展观为统领,积极开展“保持共产党员先进性教育”、“学习实践科学发展观”活动,大力加强了博物馆的精神文明建设工作,为事业的发展、人才的成长营造了良好的氛围。

学习贯彻十六大提出的科学发展观,中国体育博物馆从多个方面入手,提高博物馆社会效益和经营效益:

为了更好地践行《奥林匹克宪章》规定的奥林匹克运动发展的基本原则:“体育与文化均衡发展”,2006年,经中央机构编制委员会办公室批准,国家体育总局直属事业单位文史工作委员会更名为国家体育总局体育文化发展中心，与中国体育博物馆是一个机构、两块牌子,肩负起指导协调全国体育文化工作等新的职责。其主要任务是:指导、协调全国各省(区、市)体育文化工作,弘扬体育主旋律,为社会主义物质文明、精神文明、政治文明服务。主要职责是:研究并制定体育文化发展的规划、计划和方针政策;开展体育文化宣传、教育活动,定期出版《体育文化导刊》、《中国体育年鉴》等刊物;负责体育文物(包括体育文献资料)的征集、整理、研究、陈列、管理和利用;负责体育档案的收集、整理、管理和利用;利用中国体育博物馆和相关协会的资源,展示中国体育风貌,宣传中华体育精神和奥林匹克精神;组织开展体育文学、艺术(包括书画、雕塑、影视等)创作、评选运动;组织开展体育集邮、体育收藏活动,参加国际比赛;指导、协调全国体育文化工作,组织开展体育文化研究,促进体育文化学术交流;组织开展国际体育文化交流活动。

中国体育博物馆由于主体建筑发现安全隐患被迫停止对外开放后，为更好地发挥中国体育博物馆是专业博物馆的文化宣传、社会舆论导向作用,将本馆资源化整为零,推出了“奥林匹克与中国专题展”、“新中国体育成就展”、“银球耀五星——中国乒乓球长盛不衰专题展”、“中国体育5000年”,以及“中国体育美术精品展”、“体育集邮展”等一系列专题展览,到国内各地和境外展览,取得了社会效益和经济效益双丰收。

同时,加大文物资料的征集、鉴定工作力度。在总局领导的大力关怀和支持下,合理使用文物征集专项经费,发动各种力量,加大征集工作力度,取得了明显的成效。总局领导亲自主持召开各运动项目管理中心专题会并作重要讲话,强调体育文化建设的重要性,要求各中心对体育文物的征集工作给予大力支持。在财政经费方面增加文物征集专项资金投入。2006 年,首次拨付了 62 万元的文物征集费用,2007 年拨付 50 万元文物征集费用,2008 年拨付 220 万元文物征集费用。加强文物征集费用的管理,使有限的资金发挥最大的作用。

开展体育文物的普查工作,对重点地区、重点博物馆有关古代及近现代体育文物的收藏情况进行考察、摸底,注意充实不同运动项目文物,为筹备奥运期间的相关展览和今后博物馆的长期发展做好准备。加强文物普查和征集工作的理论研究和制度建设,探索体育文物资料的征集(入藏)标准,规范捐赠工作程序。经过几年的努力,从文物状况的普查、专家学者的鉴定、文物资料的移交登记,到藏品的定级工作,都有了较为完善的制度和严格的程序。加强了对北京奥运会文化遗产的研究。以筹备北京奥运展览为龙头,拾遗补缺;主动出击,专题专项征集;注意藏品源流背景资料,加强研究。5 年来,新征集入库各类文物藏品 1400 多件套。

2008 年配合北京奥运会的筹备举办并开展"奥林匹克与中国"等大型专题巡回展览,为社会主义文化大发展大繁荣作贡献。配合国家和地方的一些重大的庆典、赛事活动,充分利用文物藏品资源,开展了以宣传新中国体育成就、普及奥运知识、弘扬中华体育精神为主题的一系列体育文化专题巡回展览,对内,宣传体育文化,普及奥林匹克知识,弘扬中华体育精神,让更多的民众享受体育带来的健康与快乐;对外,通过宣传中国体育文化,让世界更加了解中国体育,更加了解中国。这些展览的举办,对深入贯彻科学发展观、构建和谐社会、展示体育文化、弘扬体育精神、提升人们的奥运意识,起到积极而有力的促进作用。

中国体育博物馆外景

为适应人民群众对于体育文化的需求,2004 年,本展与江苏省南通市人民政府联合组建了中国体育博物馆南通分馆,分馆的建立不仅收获了良好的社会效益,同时还提高了中国体育博物馆的知名度并带来了一定的经济效益。其后,与山东省淄博市政府联合建立了中国体育博物馆淄博足球分馆,2006 年,与浙江省杭州市体育局合作共建了中国体育博物馆杭州分馆。

中国体育博物馆南通馆

CHINESE SPORTS MUSEUM NANTONG BRANCH MUSEUM

馆　　长 薛松

通讯地址 江苏省南通市青年中路98号

邮政编码 226006

电　　话 0513—85521178

传　　真 0513—85521102

电子信箱 JING7988@126.COM

隶属关系 江苏省南通市体育局

性　　质 公办

建筑性质 现代建筑

展厅面积 1200平方米

占地面积 总建筑面积12000平方米

馆址环境 坐落在濠河之滨，位于体育公园东部，环境优美。

历史沿革 为展现世界冠军的风采，弘扬爱国主义精神和奥林匹克精神，鼓励青少年奋发向上；为加强环濠河博物馆群的建设，大力发展推动南通的博物馆事业，南通市与中国体育博物馆合作建设中国体育博物馆南通馆。

服务设施 无障碍参观，停车场面积1000平方米，语音导览设备。

交通状况 5、6、7、13、15、38、41、42、48路公交车均可到达。

概　述

中国体育博物馆南通馆建筑面积达12000平方米，总投资4500万元。这是全国第一座收集、陈列、研究、宣传体育文物和体育史料的国家级地方专业博物馆，也是全国地级市建设的首家“国”字号体育博物馆。中国体育博物馆南通馆以奥林匹克与中国、奥林匹克与南通为主题，由北京、南通两方提供相关展品。目前馆内存有数百件珍贵的体育文物和照片，包括奥林匹克奖杯、勋章、奖牌150余件(套)和300多帧照片。许海峰为中国获得第一枚奥运金牌时穿的领奖服、李菊获得2002年第四届世界杯女子单打冠军奖杯等都在其中。

中国体育博物馆南通馆于2004年9月22日开馆，2005年5月1日，中国体育博物馆南通馆正式对外开放，体育博物馆现已运行5年多，接待游客10万人左右，并得到了国家领导及市领导的大力支持，共接待领导参观团队万人左右。全国妇联副主席顾秀莲、市委书记罗一民同志也多次到体育博物馆参观指导。丰富翔实的各类体育史料、文物图片，精彩的体育项目篮球、排球、乒乓球、羽毛球、举重、体操、击剑等，让广大市民及外地游客们充分感受到了被誉为“世界冠军的摇篮”南通市的风采。

基本陈列及专题展览：古今体育文物逾300件，珍贵体育文物图片逾200幅，主展馆内以“奥林匹克与中国”为主题，展示了中国近代体育、新中国体育、申办奥运不懈追求、奥林匹克与南通4个部分。是宣传和研究中国体育文化的多功能综合性新型社会教育阵地和了解中国体育的一个重要窗口。在中国体育博物馆南通馆，丰富翔实的各类体育史料、文物图片引领每一位参观者回到久远的岁月之中，去感受并领略中国古代体育无穷而令人神往的魅力。

中国体育博物馆南通分馆外景

临淄足球博物馆

LINZI WORLD FOOTBALL MUSEUM

中国体育博物馆临淄分馆外景

馆　　长 杨　健

通讯地址 山东省淄博市临淄区临淄大道759号临淄足球博物馆

邮政编码 255400

电　　话 0533—7175778

传　　真 0533—7175778

网　　址 www.zuqiubowuguan.com

电子信箱 zuqiubowuguan@163.com

隶属关系 临淄区足球产业开发领导小组办公室

性　　质 民企办

建筑性质 现代建筑

展厅面积 2500平方米

占地面积 5200平方米

馆址环境 临淄中心城区,交通便利

历史沿革 2005年9月12日建成开馆

开放时间 8:30—16:30

服务设施 无障碍参观;停车场面积2800平方米;衣帽间;食品部、小吃部、茶座、咖啡厅;纪念品商店;足球博物馆二楼商务区;语音导览设备、讲解器等。

交通状况 28、26、236、52路公交车。

概 述

临淄足球博物馆具体负责对蹴鞠和足球文化、运动、产业及临淄区的城市形象进行系统的挖掘和开发，近年来，加强了与国际、国内权威机构的沟通与联系，通过具有标志性的世界足球起源纪念物、展品，以及特色活动的设置、展览与展示，极大地巩固和扩大了临淄作为世界足球起源地的海内外影响，临淄的蹴鞠文化得到广阔而深远的播扬。

通过沟通、交流与争取，顺利完成了世界足球起源地赠送国际足联的标志性纪念物“圣球之源”的设计、制作和赠送、设置工作。经过精心的设计和完善、制作，2005 年 5 月 29 日，在国际足联 57 届年会召开之际，淄博临淄政府代表与中国足协的领导一道将足球起源地的标志性纪念物——“圣球之源”赠送给国际足联主席布拉特并在国际足联总部大厦永久陈列，标志着淄博临淄作为世界足球起源地在最著名的国际组织中永久性地占有了一席之地。

2007 年 8 月 5 日，精心策划、设计、制作的大型群雕《蹴鞠之光》成功参加了在北京中华世纪坛举行的奥运倒计时一周年系列活动——“2008 奥运景观雕塑国际巡展·汇报展”，临淄的蹴鞠文化走上了北京 2008 年奥运会的强大宣传平台，以其场面壮观、规模宏大、场景新颖、造型逼真博得了国内外游客和北京市民及广大观众的普遍关注和称赞，扩大了世界足球起源地和临淄蹴鞠文化的影响、传播力度。

随后，中国临淄蹴鞠队赴天津演出并在中央电视台北京涿州影视基地参加了奥运宣传片《中国古代体育》的现场拍摄，然后在徐州首届汉文化旅游节上，中国临淄蹴鞠队特邀参加，并以精彩的表演和厚重的蹴鞠文化博得了中外宾朋的一直好评，给观众留下了深刻的印象。

足球博物馆加强自身建设，加强对世界足球起源地城市文化品牌的打造和临淄足球博物馆的宣传和推介，临淄的世界足球起源地影响引起广泛关注，对外辐射作用开始彰显，并产生越来越大的回馈效应。2007 年，临淄的蹴鞠和足球开发工作引起了更多媒体的关注，美国、加拿大、新加坡影视中心、中央电视台、河南卫视及各大网络媒体等先后对足球起源地、足球博物馆和蹴鞠进行了相关报道。同时，足球起源地——临淄足球博物馆赴北京、天津、吉林、长春、徐州，及省内的青岛、威海、烟台、潍坊、东营、滨州等周边城市进行了广泛地宣传推介，进一步扩大了足球起源地的对外影响。通过深入细致地宣传推介，广泛吸引客源，旅游团队数量明显增长。自开业以来共接待游客近 15 万人次，其中，省以上大型高规格接待 50 多次，无一次失误。

中国体育博物馆杭州分馆

CHINESE SPORTS MUSEUM HANGZHOU BRANCH MUSEUM

馆　长 孙志敏

通讯地址 浙江省杭州市体育场路210号

邮政编码 310004

电　话 0571—85163449

传　真 0571—85163449

电子信箱 372874246@qq.com/catherinezl@tom.com

隶属关系 杭州市体育局

性　质 公办

建筑性质 历史保护建筑

展厅面积 700余平方米

占地面积 850余平方米

馆址环境 杭州市体育场路210号　杭州体育馆西大厅

历史沿革 杭州体育馆于1968年建成使用，博物馆建筑是目前世界上唯一一座尚存的船型建筑物，位于杭州市中心区域，2005年被杭州市人民政府列为第二批历史保护建筑。中国体育博物馆和杭州市体育局，利用杭州体育馆的有利位置，联合筹办中国体育博物馆杭州分馆。2006年10月11日开馆，被市政府授予杭州市爱国主义教育基地和杭州市首批71家青少年学生第二课堂活动基地。

开放时间 法定节假日、公休日，寒、暑、春、秋假，9:30—11:30　14:00—17:00

服务设施 无障碍参观；停车场能泊百余辆小轿车；衣帽间；食品部、小吃部、茶座、咖啡厅；馆内有一专营奥运纪念品的小卖部；语音导览设备有二台触摸电脑和声控发奖台。

交通状况 11、28、48、326、k516路等公交车均可到达。

概　述

中国体育博物馆杭州分馆坐落在杭州体育馆的西大厅，是因地制宜努力挖掘资源和拓展体育馆功能的创新举措。“杭州分馆”由室内和室外两部分组成。室外部分在体育馆的正南面，广场绿地上树立着杭州籍的奥运冠军吴小旋、楼云、罗雪娟等抽象铜像和3组刻有世界、亚洲、全国冠军名字的大型群雕。室内部分设在体育馆的西大厅，布展面积约700平方米，整个展厅的主题为：“奥林匹克与中国”和“中国体育和杭州”，分别以展板、实物、模型、电子触摸屏等多种形式来表现，力求全方位体现中国体育文化精神及杭城体育的发展和历史沿革。对推动杭州创建“体育强市”、弘扬“精致和谐、大气开放”的城市人文精神、加强精神文明建设和构建社会主义和谐社会起到了积极作用。

中国体育博物馆杭州分馆于2006年10月11日开馆，被市政府授予杭州市爱国主义教育基地和杭州市首批71家青少年学生第二课堂活动基地。逢双休日、法定节假日、寒暑假、春秋假免费向社会开放。在专职人员、经费缺乏（没有人员编制和专项经费）的情况下，馆长多次召集干部职工开会讨论，要求大家克服困难，在不影响正常本职工作的情况下，轮流值班，来确保博物馆的正常开放；尤其在中小学寒暑假、春秋假期间，专门组织保安人员管理好车辆的停靠、小学生上下车的安全和参观路线的安排、解说员接待等细节上的准备工作，保证参观安全有序地进行。博物馆已接待了来自杭州市150多所学校的6000多名中小学生、4000余名的陪同家长及老师，7万多名市民朋友及体育爱好者。一楼设置了两台立式触摸屏电脑，为参观群众提供文史资料下载的平台；在二楼的奥运冠军声光电模拟领奖台处，博物馆提供“立拍得”照相，使很多心怀冠军梦想的参观朋友过了一把“奥运冠军”瘾；三楼展出了很多杭州古代及近代珍贵的体育文物，直观地展示出杭州古代及近代体育的特色和深厚的体育文化底蕴。

注重发掘和保护文物，通过报刊宣传、民间征集，使许多有识之士出于对家乡和体育事业的热爱，将自己珍藏的作品慷慨捐赠给博物馆，其中有：001号在中央电视台五套播放过的杭州两姐弟20年之前的“邢傲云”（取谐音“迎奥运”为名）奥运捐款存单；002号《西湖百景》为杭州市十大“平民英雄”丁云川捐献，是1930年在杭举办

中国体育博物馆杭州分馆外景

的全国第四届全运会的纪念册；003 号手折纸质福娃是 60 多岁的聋哑人沈元炎耗时 2 年，用 2008 片彩纸折制而成的福娃；004 号申奥 T 恤是南宁市动物园职工赵诣在 20 世纪 80 年代为支持北京申奥购买的 T 恤衫。《杭州体育百年图史》(第一卷)一书，是杭州市体育局、博物馆与著名作家赵大川合作编辑出版的。该书通过深度发掘，史料丰富、内容翔实，主述体育、兼顾其他，演绎和展示杭州丰富的体育文化内涵，是一部反映杭州体育发展的历史图书，也是一部反映杭州经济社会发展的专业史料。

中国马文化博物馆

CHINA HORSE CULTURE MUSEUM

馆　　长　赵成民

通信地址　北京市延庆县八达岭镇阳光路8号

邮政编码　102102

电　　话　8118120

传　　真　8118120

电子信箱　huyanzhumb@163.com

性　　质　民办

建筑性质　现代建筑

建筑面积　3800平方米

展厅面积　5200平方米

馆址环境　本馆位于八达岭长城西侧,阳光假日别墅园区内,绿山环抱与阳光高尔夫球场毗邻(冬日滑雪场),周边有阳光马术俱乐部(亚洲最大的室内马术赛场)、阳光文物官、网球馆、阳光假日酒店(三星级),内设中西餐厅、桑拿游泳、台球保龄球俱全。

历史沿革　马文化博物馆于壬午(马年2002年)岁末建成，经国家文物局专家组考评,2003年4月15日正式开馆。

服务设施　室外有停车场,具备无障碍参观条件,馆内有休息茶座、书画展销、马艺术品销售专柜。

交通状况　乘车路线:德胜门乘919(大站快车)在西拨子火车站下车，前行阳光假日别墅内（换乘出租)。乘919支线(康庄线)在阳光假日别墅门口下车即可。自驾车路线:八达岭高速21号出口左拐(西关路)向西4公里阳光假日别墅院内。

概 述

中国马文化博物馆

CHINA HORSE CULTURE MUSEUM

本馆旨在弘扬马文化，宣传马在历史上的丰功伟绩，以及我国历代马业发展史，以促进推动当今中国马业及马术运动的发展。每年接待国内外宾客及马业人士5000—6000人次。展区分资料区、雕塑区、名家马画区、英式区、美式区、马具系列区、蒙古区，从全方位多角度展示马文化、马艺术、马精神。近年来馆内扩充了书画展销区，实行艺术顾问制，为国内书画名家提供了展示平台，完善了经营管理。新建了奥运马术展区，征集一二级有价值的文物60余件，大大增强了展品的可视性。我馆作为北京市爱国主义教育基地，北京500家校外大课堂之一，在新的形势下，为了响应党和政府的号召，面向广大群众，从实际出发，不断地扩大服务面，与延庆17所中小学校、农业大学畜牧班建立了长期的免费参观教学实习。扩大免费范围，对离退休人员、老年人、残疾人、荣誉军人、现役士兵、警察等实行免费接待，10人以上免费讲解，馆内设有音响、电视、休息茶座、开水供应。为传承文化，为广大群众休闲娱乐服务。

建筑全景

中国法院博物馆

CHINA COURTHOUSE MUSEUM

通讯地址 北京市东交民巷27号

邮政编码 100005

电　　话 85257826

性　　质 公办

建筑性质 现代建筑

占地面积 600多平方米

历史沿革 中国法院博物馆客观、真实、全面地再现了我国法制发展的历史，全方位展示了人民法院在建设中国特色社会主义伟大历程中的突出贡献，为更好地发扬法律文化，弘扬司法文明，作出了铺垫。2007年7月正式启动筹建工作，2008年2月29日正式揭牌成立。馆内展示全国各地收集的文物、文献、图片等1500余件展品，安静地摆放在东交民巷27号院西侧的一幢小楼里。按照历史发展脉络，共分为13个部分。第一部分《先驱之光》，重点介绍古代、近现代的法律文化与审判制度。第二部分《红色记忆》至第四部分《曲折发展》，分阶段介绍了从土地革命战争时期到"文革"前后的人民审判工作。第五部分《法制春天》。第六部分《军事审判》，介绍了军事审判工作的发展历程。第七部分至第十二部分，分别从法院建设、司法为民、司法改革、港澳台法院、友好往来、亲切关怀等不同角度介绍了法院各项工作的开展情况。第十三部分《历任院长》，重点介绍了最高人民法院历任院长和各高级人民法院首任院长。

开放时间 内部开放

交通状况 地铁2号线，1号线，673路公交车至前门。

（资料来源参考互动百科网 www.hudong.com）

中国钱币博物馆

CHINA NUMISMATIC MUSEUM

馆　　长 黄锡全

通讯地址 北京市西城区西交民巷17号

邮政编码 100031

电　　话 66081385(办公室) 66024178(陈列宣教部)

传　　真 66071393

网　　址 www.cnm.com.cn

隶属关系 中国人民银行总行

性　　质 公办

建筑性质 近代建筑(北京市文物保护单位)

建筑面积 14049平方米

展厅面积 2500平方米

馆址环境 位于北京西城区西交民巷17号，天安门广场西南侧、人民大会堂南侧。

历史沿革 中国钱币博物馆为中国人民银行直属局级事业单位。从1990年开始筹建,1992年7月29日,在北京复兴门中国人民银行大楼内建成,内部开放。1999年于天安门广场西南侧设特别展厅，向社会正式开放。2003年10月,中国历代货币基本陈列馆在西交民巷17号原北洋保商银行(北京市文物保护单位)楼内公开展出。2008年12月1日,中国人民银行成立60周年展在17号院内新展厅展出。

开放时间 9:00—16:00(周一闭馆)

交通状况 乘车路线:公共汽车5、22、20、120、820、819、922、44、48、337、826、101、102、特7、特2路前门站下车,地铁前门站下车。

概　述

中国钱币博物馆是国家级钱币专业博物馆,从事钱币、银行文物及相关实物的征集收藏、陈列展览,以及钱币学、货币史、金融史的研究,与中国钱币学会一道肩负着指导、推动全国相关学术研究与学术交流的任务。博物馆内设办公室、陈列宣教部、征集保管部、研究信息部、安全保卫部、开发服务部和《中国钱币》编辑部,同时管理中国钱币学会秘书处。

藏品与藏品管理

中国钱币博物馆具有较为丰富的馆藏,目前藏品总量达到20多万件,收藏范围为古今中外的钱币及相关物品,大量藏品来自中国人民银行旧藏,钱币博物馆成立前后也大力征集了各类有价值的藏品,并得到钱币收藏家、钱币爱好者的热情捐献。中国钱币博物馆丰富多彩的馆藏凝聚了钱币文化的精华,为博物馆的展示、研究提供了一个坚实的藏品基础,也将为我们保护钱币文物,弘扬中华钱币文化,古为今用地发展当代货币金融事业发挥应有的作用。

对于大量来自不同方面的入藏品,多年来钱币博物馆深入地进行了登记、整理、分类、数据测量、图像采集等工作。根据藏品的性质、材质、地域等特点,馆藏品分为6大类:纸币类、金银币类、中国普通硬币类、外国普通硬币类、金融货币史料类、其他类,每类之中又因时代、面额、器型等再分门别类,以类相从,建立了简明、有序的分类账,各分类账被录入电脑,利用计算机进行藏品管理,极大地便利了藏品的查找和利用。

中国钱币博物馆的藏品库房安装有恒温恒湿设备,具有较好的藏品保管环境。近年来又对展厅展陈文物的保护进行了专题研究,提出了改进的思路,采取了必要的保护措施。

学术研究

近5年来,中国钱币博物馆学术研究取得了以下科研成果:

(1)2004年12月18日,由中国钱币博物馆、鄂州市博物馆、北京科技大学、中国科技大学、湖北钱币博物馆、鄂州市钱币学会、湖北省文物考古研究所合作开展的“中国古代范铸法铸钱工艺模拟实验研究”通过了中国人民银行的部级鉴定。此项目荣获2005年度全国银行科技发展奖二等奖。课题组在铸钱遗址、遗物考古调查和出土实物工艺技术分析的基础上,对中国古代铸钱工艺中长期存有争议的若干关键问题,采用模拟实验的研究方法，首次证实了石范可以直接铸钱、铜范可以直接铸钱、南朝萧梁的铸钱工艺是改进了的叠铸工艺等重要的学术观点。

（2）2006年12月8日，由湖北省钱币学会（湖北钱币博物馆承担）和中国钱币博物馆（研究信息部承担）负责，鄂州市博物馆和鄂州市钱币学会参与的"楚国蚁鼻钱铸造工艺研究"课题，通过了由中国人民银行科技司组织，中国印钞造币总公司主持的科技成果的部级鉴定。

课题组先后对各博物馆馆藏出土的蚁鼻钱铜范实物作了仔细的观测，推断出了蚁鼻钱铸造的具体工艺，指出：蚁鼻钱是用铜范直接铸造的，蚁鼻钱铜范在浇铸前必须做好保护层；蚁鼻钱的祖范（阴模）应是在石料上设计制做的，由石阴模翻制陶阳模（铸铜范的范），晾干焙烧后铸造蚁鼻钱铜范；蚁鼻钱上的文字，是在刚翻制好的陶阳模上压印的。

中国钱币学会挂靠中国人民银行，与中国钱币博物馆合署办公，中国钱币学会的主要领导成员大多由中国钱币博物馆人员担任。中国钱币博物馆利用这一优势，联系全国的研究力量，近年来还开展了多项学术讨论与研究。

2004年5月，中国钱币学会与江苏省钱币学会联合，在常州市召开吴越与中国早期货币研讨会，会上代表对吴越国有无货币及其货币形态，中国早期货币的制造工艺与铸造技术等问题进行广泛地讨论。7月，中国钱币学会与新疆钱币学会联合，在阿克苏召开丝绸之路货币研讨会，伊朗、加拿大，以及国内从事丝绸之路货币研究的专家、学者50余人应邀出席了研讨会，这次研讨会也是对近年来丝路货币研究成果的阶段性反映。10月中国钱币学会与安徽省钱币学会联合在安徽池州召开两宋纸币讨论会，会议主要就发现于20世纪80年代的"东至关子钞版"的性质、用途、印刷、真伪等方面的学术问题作了进一步讨论，多数研究者认为"东至关子钞版"反映了南宋关子的面貌，很可能是南宋当时的钞版，并对其文物价值给予了充分肯定。

中国钱币博物馆展馆外

2005年8月，中国钱币学会与内蒙古钱币学会在呼伦贝尔联合召开"中国北方地区钱币发现与研究"学术研讨会,主要就辽宋夏金元钱币进行专题研究。12月,中国钱币学会与广西钱币学会在广西南宁联合召开"中国与东南亚古代货币发现及研究"学术研讨会,就东南亚各国使用或仿铸的中国货币进行专题研究。

2006年11月,中国钱币学会与厦门市钱币学会在福建厦门市联合召开了"中国历代货币发现与研究新收获学术研讨会",近60名中外代表出席了会议,这是一次综合性的研讨会,涉及钱币学、货币史、金融学、文字学、考古学、民族史等众多学科领域,多视角、多层面地反映了近年来我国钱币界比较有代表性的学术新成果。12月,中国钱币学会和湖北省钱币学会在湖北宜昌市联合召开了"楚国货币与中国古代铸钱业学术讨论会",会议就中国古代铸钱工艺与铸钱业的发展,以及技术成就进行探讨,来自全国各省、市钱币学会、博物馆的代表约30人参加了会议。

2007年9月,为了加强对西夏货币的研究,中国钱币学会与宁夏钱币学会联合在银川市召开了"西夏货币与丝绸之路货币"学术研讨会,这是近年来关于"西夏货币"与"丝绸之路货币"研究中的一个阶段性的成果汇报会。11月中国钱币学会与新加坡亚洲钱币学会联合在新加坡召开了"亚洲区域古代货币发现与研究"国际学术研讨会,中国、马来西亚、新加坡、越南、菲律宾等国专家及学者50多人出席了会议,主要围绕"中国古代货币文化对东南亚地区的影响"、"东南亚地区仿铸的方孔钱"以及"人民币在周边国家跨境流通问题"等专题展开讨论。

2008年7月,中国钱币学会与内蒙古钱币学会合作,在满洲里召开了"东北亚历史货币暨人民币跨境流通"专题研讨会,与会代表分别就日本、俄罗斯,以及中国古代北方地区货币和人民币跨境流通等学术课题进行了讨论和交流。

近几年,钱币博物馆人员还出版了两本专著:一是《中国古代钱币合金成分研究》(周卫荣著,北京:中华书局,2004年)。作者在10余年间,调查了20多个省的文博单位或钱币学会,采集了自春秋至清朝的2000余枚实物标本,用经典化学分析方法,准确分析了历代钱币

中国钱币博物馆展厅内景

的主量元素和微量元素的含量，获得了20000多组数据，编写了中国古代钱币合金成分数据库，并在此基础上做了大量的历史文献的考证工作，此书是作者对“中国古代币材合金发展史”研究的成果之作。二是《新疆历史货币——东西方货币文化交融的历史考察》（王永生著，北京：中华书局，2007年）。作者通过对新疆历史货币文化形成背景的分析，采取专题性研讨各时期发行和流通的货币，归纳出新疆历史货币发展和演变的脉络和特点。

近年来，钱币博物馆的研究人员还撰写了一系列的论文，取得了许多成果。如黄锡全研究员就中国先秦货币不断进行深入研究，对布币中的分布、新见三孔币和刀币中的早期直刀、弧背宽短式尖首刀、针首刀等的使用时代及流通区域等分别做出了细致的考证，并对有关钱币文字的释读提出了自己的看法。周卫荣研究员系统研究了中国古代铸钱工艺，明确指出西汉“即山铸钱，听民放铸”的政策导致了叠铸工艺的发明，从而否定了前人关于叠铸工艺起源于春秋甚至西周的论断；认为中国翻砂工艺源于古代铸钱业；提出了“中国青铜时代不可能存在失蜡工艺”的意见。金德平研究员广泛收集出土发现实物资料，在考订的基础上强调同一类型的白银货币的群体性考察，按时代、分器形进行了系统整理，经他的考证，中国白银货币的前期各形制银锭类型的使用时间、地域、特点已逐渐清晰，在白银称量货币的研究方面取得重要突破。研究信息部杨君副主任对中国古代和近代钱币造伪和辨伪的历史，进行了较为全面的梳理和归纳，总结了历史上钱币真伪鉴定的经验和教训，并注重将探索科技手段应用于钱币真伪鉴定，为当今的钱币鉴定工作提供了重要支持。

中国钱币博物馆和中国钱币学会共同主办的《中国钱币》杂志是面向国内外公开发行的国家级钱币季刊，是推进钱币学术研究、交流研究成果和信息、传播中华钱币文化和向银行及社会普及钱币金融知识的园地。创刊20多年来，《中国钱币》杂志每期的发行量达1万册左右，成为中国钱币博物馆、中国钱币学会联系海内外学术界和钱币界的桥梁。

展览和社会教育活动

中国钱币博物馆目前的展览分为两大部分，其一是中国历代货币基本陈列，其二是银行史、金融史的固定陈列。历代货币基本陈列分为3项内容：“中国古代钱币”陈列、“中国近现代钱币”陈列、“中国古代铸钱工艺”陈列。银行史、金融史陈列正展出“人民银行建行60周年”展。自2004—2008年，在展览和社会教育方面开展了以下活动。

2004年为了宣传各国纸币所反映的文化内涵，中国钱币博物馆于2004年4月1日推出《当代世界纸币文化展》，将蕴涵在钱币中的各种文化元素提炼出来，多角度展示货币文化的魅力。2004年5月18日至21日，中国钱币博物馆参加了在中国农业博物馆(全国农业展览馆)举行的"2004博物馆及相关产品与技术博览会"。对于国家文物局和中国博物馆学会在劳动人民文化宫举办的第二十七国际博物馆日宣传活动也积极参加，在会上发放宣传资料，提供咨询服务，共接待观众近万人次。2004年11月25日，由中国钱币博物馆、法国国家造币局、瑞盛德体育文化发展有限公司联合举办了《法国铜章艺术展》。此次展览是法国文化年系列文化活动的重要组成部分，中国人民对外友好协会会长陈昊苏、中国人民银行副行长吴晓灵、法国驻华大使馆公使燕保罗、法国造币局中国区代表等中外来宾出席了展览开幕式。多次接待了日本货币协会、新加坡钱币学会等单位组织的访华交流团来馆参观访问。

2005年2月，份中国钱币博物馆与中国人民银行电化教育中心签订了《合作协议书》，成为其金融教学实践基地。2005年9月1日到4日，首都金融文化节暨北京国际金融投资理财博览会在北京中国国际贸易中心举办，中国钱币博物馆积极参与，并制作了一套"中国历代货币"展览参展。2005年12月9日，中国人民银行总行主办的首届大型公益金融知识展览在国家博物馆开幕，中国钱币博物馆积极参与了展览的制作，主要负责"钱币的历史"展区的内容设计和宣传工作，并参加了其后全国10个城市的巡展 。2005年还先后接待了法国、德国、英国、美国等国家，以及我国台湾的钱币学界专家来访。

2006年，《中国古代铸钱工艺展》于3月1日正式对外展出。该展览目的是形象地展示中国古代铸钱技术的发展全貌和特点，分阶段地介绍了块范铸造、叠范铸造、翻砂铸造等铸钱工艺，使观众系统地了解历代钱币的制作，了解我国独特的铸币文化，揭示在辉煌的青铜时代之后是中国古代的铸钱业推动了传统铸造工艺的不断进步。展览并设计了一些互动项目，以提高观众的兴趣和动手能力。4—9月，中国钱币博物馆在西单文化广场举办《送你一双慧眼——2005年版第五套人民币防伪技术》展，展览的重点是介绍2005年第五套人民币的主要防伪技术特征。展览现场许多观众在橱窗前驻足观看，并拿出随身携带的人民币与展板介绍的防伪特征作对比。2006年9月17—19日，钱币博物馆参加了由中国博物馆协会、中国自然科学博物馆协会和北京市文物局联合主办，中国农业博物馆承办的"2006年博物馆及相关产品与技术博览会"，制作了一套介绍中国钱币博物馆的图片展览参展。年内还接待了韩国、马来西亚、法国、奥地利、澳大利亚、斯洛伐克等国家，以及台湾地区的钱币专家、学者来馆参观交流。

2007年，中国钱币博物馆参加首都窗口行业开展的2008年北京博物馆行业奥运培训工作，提升博物馆的服务水平。积极参加东城区教委组织的“蓝天工程”活动。本年度内接待了新加坡、马来西亚、俄罗斯、德国、美国等国家，以及台湾地区的钱币专家、学者来馆参观交流。

2008年6月，中国钱币博物馆获得西城区科普教育基地称号。为庆祝中国人民银行成立60周年，博物馆与中国人民银行金融研究局联合举办了“人民银行建行60周年”展，12月1日正式对外展出。此展览围绕人民银行各个不同历史时期的工作，通过大量珍贵文物、历史照片，以及丰富翔实的文献资料，采取场景再现、景观模拟等技术手段，展示了中国人民银行60年的发展历程，反映了中央银行在社会主义经济金融建设中的重要地位。年内接待日本、越南、巴基斯坦、俄罗斯、德国、美国等国家，以及台湾地区的钱币专家、学者来馆参观交流。

馆舍改扩建工作

西交民巷17号院内原北洋保商银行楼为北京市文物保护单位，始建于1931年，于2002年10月完成加固改造，现为中国钱币历代基本陈列展览馆楼。2005年，经中国人民银行批准，博物馆又先后对西交民巷17号院内原民国时期中央银行楼、馆办公楼，以及附属建筑进行翻修，并对院内、馆内监控设施、供电线路进行了布防、增容改造。装修改造后，整个院落焕然一新，增加了展览面积和办公面积，为银行史的陈列、为今后满足不同类型的临时展览，提供了基本的条件。

文化产业

中国钱币博物馆设有纪念品商店——北京方泉斋集币服务部。该服务部具备中国人民银行营业管理部批准的经营资质，以及中国金币特许经销和经营古钱币等资质。现有商品主要分4大类：贵金属纪念币、流通纪念币、纸钞和古钱币。服务部秉承了弘扬钱币文化的宗旨，致力于富有钱币文化特色的旅游纪念品和文化礼品的设计开发，成功推出了《大清皇钱》(入关后10位皇帝钱币)、《雪域宝钱》(西藏历史上流通的货币)、《传世宝银》(晚清、民国时期中国境内、外银元)等一系列深受顾客好评的产品10余种。为了进一步配合博物馆做好古钱币文化宣传工作，服务部开发制作了3类21个品种的古币中国结，这些中国结在外包装上配以生动的文字说明，使广大集藏爱好者能直观地了解中国古代钱币。

北京大学赛克勒考古与艺术博物馆

ARTHUR M. SACKLER MUSEUM OF ART AND ARCHAEOLOGY AT PEKING UNIVERSITY

馆　　长 赵　辉

通讯地址 北京大学赛克勒考古与艺术博物馆

邮政编码 100871

电　　话 62751667(行政)

传　　真 62751667

网　　址 www.amsm.pku.edu.cn

隶属关系 北京大学考古文博学院

性　　质 公办

建筑性质 现代建筑

建筑面积 4000平方米

展厅面积 2000平方米

占地面积 8000平方米

馆址环境 北京西郊的北京大学校园内，风景优美，景色宜人。

历史沿革 北京大学赛克勒考古与艺术博物馆是北京大学与美国友人阿瑟·赛克勒博士合作建立的，于1986年9月奠基，1989年7月破土动工，1992年10月建成，1993年5月27日正式开馆。

开放时间 9:00—17:00(正月初一至初五休息)

服务设施 停车场面积:500平方米

交通状况 乘坐运通106、运通118、332、718、808、394路等到北大西门站下即可。

概 述

2004—2008年又是一个5年，时光飞逝，如白驹过隙。北京大学赛克勒考古与艺术博物馆自1993年5月27日开馆至今已近15年。10多年来一直坚守着集教学、科研和社会服务为一身的独特的风格。5年中，博物馆无论在管理、馆舍、陈列展览还是社会教育等方面，都有了一定的进步，同时也在展览风格方面进行了一些探索和尝试。

一、陈列展览

北京大学赛克勒考古与艺术博物馆的展览分为基本陈列和临时展览两部分。基本陈列是按时代排布的考古教学标本展，分为旧石器时代、新石器时代、夏商周时期、战国时期、秦汉时期、三国两晋南北朝隋唐时期、宋辽金元明时期7个部分。展品主要包括两个方面的内容：一个方面是辅助中国考古学教学的标本陈列，另一个方面是北京大学考古文博学院的师生历年来考古发掘所取得的重要收获。除此之外，博物馆还多方努力，每年至少举办一次特别的专题展览。特展多是展示近期考古重大发现的专题展览。

2004年5月，为庆祝赛克勒博物馆成立10周年，特别举办了《花舞大唐春——何家村遗宝精品展》和《王度收藏文物展》。

《花舞大唐春——何家村遗宝精品展》展出了文物65件(组)，展品不仅是从1970年陕西省何家村出土的一批窖藏中精选出来的精粹，而且也是何家村遗宝出土30多年来，首次全面、系统地对外展示。同时配合此次展览还编辑出版了《花舞大唐春——何家村遗宝精粹》的精美图录。这部图录是何家村遗宝问世30多年来，学者们有关何家村遗宝研究成果的第一次集中发表。无论是何家村的展览还是图录都受到国内外同行的高度赞扬。

《王度收藏文物展》展出了台湾著名收藏家王度先生收藏的带钩、熏炉、紫砂壶、马鞍、西藏文物等近300件精美文物。王度先生在展览结束后把自己收藏的包括展品在内的700多件文物捐赠给了北京大学。

为了配合10年馆庆的庆祝活动以及两个展览，在展览开幕以后召开了“全球化背景下考古学新前沿，解读中国的古代传统”的国际学术研讨会，国内外70多位学者参加了此次研讨会。会议代表就“中国考古学”、“文物研究与文物保护”、“博物馆学与博物馆管理”3个主题进行了分组讨论。学者们把自己最新的研究成果在严谨、友好坦诚的气氛中进行了交流。会议结束后,赛克勒艺术、科学和人文基金会资助了会议论文集的出版，并特别荣幸地请到美国华盛顿赛克勒博物馆前馆长罗谭博士（Thomas Lawton)负责主编本论文集。经过4年的辛勤工作，论文集最终在2008年出版。论文集收录了41篇论文。

2004年8月,蒙元文化博物馆同北京大学、清华大学等6家单位联合举办的“蒙元文化与历史国际学术研讨会”在北京大学召开，为配合这次国际会议，在北京大学赛克勒博物馆举办了蒙元时期精品文物展《大朝遗珍》。这次展览展出了100多件(组)文物。展览分为3个部分:第一部分为古文字;第二部分为武备;第三部分为手工艺品。

2006年5月4日—8月30日，博物馆举办了《景德镇明御窑出土珍品展》。景德镇是明清时期瓷器的重要产区。明代御窑产品代表了当时瓷器生产的最高水平。北京大学考古文博学院、江西省文物考古研究所、景德镇市陶瓷考古研究所联合组成考古队在2002年至2004年,对景德镇明代御窑遗址进行了较大规模的考古发掘。出土了明代御窑的围墙、院墙、窑炉和掩埋落选御用瓷器的小坑、小堆、片状堆积等一大批遗迹,同时出土了瓷器、窑具等大量遗物,获得重大成果。特别是出土的明代御窑瓷器基本都是因有某种缺陷而落选的御用瓷器，品种、器类非常丰富。其中有一些是属于首次发现,是极为珍贵的资料。

为了展示这次考古发掘成果，经3个发掘单位协商,决定举办这次展览。此展览的展品绝大部分是从这次考古发掘出土的明代御窑瓷器中精选出来的。为了更全面反映明代御窑产品的面貌,还从景德镇市陶瓷考古研究所以前在明代御窑遗址考古发掘出土的器物中选了少量展品。

同时配合这次专题展览,考古文博学院还组织召开专题学术研讨会和面向公众的学术讲演,并出版了研究性的图录《景德镇出土明代御窑瓷器》。

2007年12月7日—2008年5月7日,举办了《源自诗人的灵感：德拉克洛瓦与莎士比亚——唐纳德·斯通教授捐赠版画展》。这是博物馆首次举办西洋版画展。展出的版画是法国浪漫主义画家德拉克洛瓦在1834年至1843年间为莎士比亚的《哈姆雷特》创作的系列版画。这套版画于1843年在巴黎限量80套印制。至今,也仅有极少数西方的博物馆收藏有完整的一套。这次展出的是北京大学访问教授唐纳德·斯通教授收藏的这套版画中的12张。

2007年12月30日—2008年2月29日举办《“古今一体,恒久当代”重生——张小涛个展》。展品包括油画、摄影作品以及手稿。是当代艺术与古代艺术置于同一个空间的一次尝试。在展览开幕前夕,还举行了“当代艺术的跨学科思考”——“重生”张小涛作品研讨会,国内考古

北京大学赛克勒考古与艺术博物馆

学、哲学、宗教、藏学学者及艺术评论家出席了研讨会。

2008年5月3日，在北京大学建校110周年之际，中共中央总书记、国家主席胡锦涛来到北京大学考察。陪同总书记来访的还有中共中央政治局委员、北京市委书记刘淇，中共中央政治局委员、国务委员刘延东，中共中央书记处书记、中央办公厅主任令计划等。总书记一行在北京大学许智宏校长和闵维方书记的陪同下对北京大学赛克勒考古与艺术博物馆进行了考察。胡锦涛总书记兴致勃勃地参观了《中国考古学教学标本展》、《北京大学田野考古教学与科研成果展》等展览。赛克勒博物馆馆长赵辉教授为总书记做了精彩的讲解。陪同总书记参观的还有博物馆宋向光副馆长。总书记一边仔细观看展品，一边了解博物馆的建设和管理情况。参观结束后，总书记来到博物馆的文物修复工作室，视察了老师和同学们的工作学习情况。总书记对几位正在修复文物的老师和学生说，我们伟大的祖国有着悠久的历史和灿烂的文明。文物考古工作是发掘历史、传承文明的重要工作，考古学是人文社会科学的一门重要学问。希望老师和同学们潜心钻研、刻苦治学，努力取得一流学术成果，为推动我国社会主义文化大发展大繁荣贡献智慧和力量。

2008 年 9 月 20 日《和谐之美——当代紫砂壶经典作品提名展》在博物馆北展厅展出。展出了李尧臣等当代中国艺术大师及省大师的紫砂作品。

2008 年 10 月 11 日，在博物馆中庭举办了“谈茶会”,品茶、赏壶及会友，有 100 多位社会文化名人参加。

2008 年 11 月,《艺韵——唐纳德·斯通教授捐赠文物展》。展出了唐纳德·斯通教授收藏的 36 幅珍贵的西洋版画（包括毕加索、马蒂斯、夏加尔、米罗等名画家),以及一部马蒂斯手绘的书籍，此外还展出了斯通教授捐赠的 26 件精美中国文物。

二、教学与科研

北京大学赛克勒考古与艺术博物馆是北京大学一个重要的教学科研机构，博物馆隶属于北京大学考古文博学院。考古文博学院现有考古学、博物馆学、文物保护科学、古代建筑等学科专业。博物馆既为这些专业的学生提供学习的舞台和空间，也为这些专业的教学提供便利条件:为考古专业的学生提供结合教学参观博物馆和在库房观摩典型器物的机会,为文物保护专业的学生提供文物修复的机会。此外,每年还负责指导博物馆专业三年级的学生进行博物馆实习,使同学们掌握从库房的文物整理、藏品档案的编写到展览设计制作等博物馆工作的应用技能。

我馆历来十分重视科研工作，已经形成一个稳定的科研队伍,5 年来先后发表了 60 余篇学术论文,并配合专题特展编辑出版了 3 部精美的图录和一部学术论文集。

三、社会服务活动及教育

迄今为止，博物馆已经接待观众近 30 多万人次和众多国内外贵宾,成为弘扬中国传统文化的一个重要窗口和北京大学校园内一处重要的人文景观。

这几年逐步建立了一支由 30 多位本校学生组成的志愿者队伍。在这些同学的协助下,博物馆开展了一些教育活动,特别是针对大学生的活动。比如,全校新生的博物馆参观项目就取得了很好的效果。在校园文化建设方面作出了贡献。

博物馆对卫生设施以及中央空调系统进行了改造,今后还要使博物馆的公共设施进一步完善和人性化。

四、社会捐赠

博物馆的发展离不开社会各界的爱护和帮助，这 5 年中先后有王度先生、唐纳德·斯通教授、张小涛等先生向博物馆无偿捐赠了他们个人收藏的文物和作品,他们的无私捐赠不仅丰富了我们的馆藏,而且为博物馆的发展打下了坚实的物质基础。

台湾中华文物保护协会理事长王度先生于 2004 年将自己珍藏的 720 件组文物捐赠给北京大学,以支持北京大学的考古学、博物馆学等学科的建设与发展。王度先生捐赠的文物有紫砂器、法器、熏炉、马鞍、马蹬、马具、带钩、带首、砚、舔笔等。其中一些法器为藏传佛教的文物,很有研究价值。

唐纳德·斯通教授是美国纽约城市大学研究生院名誉退休教授，曾在哈佛大学、纽约大学等多所美国高校任教，也曾到过中国社会科学院和首都师范大学做访问教授。斯通教授非常热爱中国和北京大学,2007年,他将自己珍藏的法国浪漫主义画家德拉克洛瓦的12幅作品无偿地捐献给赛克勒博物馆，这是赛克勒博物馆开馆以来第一次获得西方人士的文物捐赠。这套德拉克洛瓦的版画原石版已经损坏。就是在西方也仅有极少的博物馆收藏有这套版画。2008年,斯通教授再次无私的把自己毕生的收藏36幅珍贵的西洋版画(包括毕加索、马蒂斯、夏加尔、米罗等名画家的画)和一部马蒂斯手绘的书籍以及26件精美的中国文物捐赠给博物馆。特别是马蒂斯的手绘书籍非常精美,是马蒂斯为查尔斯·德·奥尔良的诗歌所做的99幅彩色插图,这些彩色版画大约作于1943年,这些诗歌是由马蒂斯亲手抄写的。书的首页有马蒂斯的亲笔签名,非常珍贵。此外还有毕加索为布丰(自然历史博物学家)所做的插图,版画的手法为蚀刻和糖水技法,这些版画是校本(印于224册的书出版之前)。其中两幅画面上有毕加索的指纹。

画家张小涛先生提出“微观叙事”,这个概念得到了评论界的认可,也引起了西方关注,被西方艺术评论家称为“令人惊异的画家”。2008年,张小涛先生把自己的《溃烂的山水》系列的作品之一捐赠给了博物馆。

五、馆舍改造

博物馆在2006年6—11月期间，对馆舍内部进行了维修和设施改造。主要对博物馆的电力系统以及安保系统进行了改造和更新。并对博物馆的北展厅进行了改建。特别是把原来的墙柜改为通体玻璃展柜。使其更适应陈列个体较大的展品以及书画类展品。也为博物馆日后灵活多样的展览形式提供了物质条件。此外,在展厅安装了一部多媒体播放器,以及两部投影装置。以便配合展览可以为观众播放视频及幻灯等多种背景资料。这次改建还完成了对博物馆的展厅和库房的安全防卫监控系统的升级,实现馆外周界和馆内重要场所的全面不间断监控,极大提高了博物馆安全防范能力。这次改造还重新粉刷了展厅,并对博物馆的中央空调系统也进行了全面检修。

北京市大葆台西汉墓博物馆

BEIJING DABAOTAI WESTERN HAN DYNASTY TOMB MUSEUM

馆　　长　周正义

通讯地址　北京市丰台区世界公园南680米

邮政编码　100160

电　　话　83613073(办公室)　83612852(社教部)

传　　真　83613073

网　　址　www.dbthm.com

电子邮箱　dabaotai @yahoo.com.cn

隶属关系　北京市文物局

性　　质　公办

建筑性质　现代建筑(墓葬遗址为北京市文物保护单位)

建筑面积　2500平方米

展厅面积　2165平方米

占地面积　16000平方米

馆址环境　地处花乡郭公庄南,西北侧与世界公园为邻。

历史沿革　1974年6月发现大葆台汉墓,1974—1975年,对一号墓和二号墓进行发掘。经考古研究,确认墓主人为西汉广阳顷王刘建及其王后。1979年11月,北京市人民政府决定在原址建立博物馆。1983年12月1日,北京市大葆台西汉墓博物馆正式对外开放。

开放时间　9:00—16:00(周一闭馆,节假日除外)

服务设施　纪念品商店,语音导览设备。

交通状况　公交车937支、944支、967、959、480、特7路,至世界公园站下车,步行10分钟即到;或乘692路至世界公园公交总站下车步行200米可至。

概 述

1974 年，大葆台汉墓的发掘，首次向世人展示了两千多年前神奇的纯木结构“黄肠题凑”葬制，无论对汉代考古学研究，还是对汉代历史文化研究，都有重要意义。

作为目前北京唯一一座汉代遗址性博物馆，大葆台西汉墓博物馆承载着北京汉文化的方方面面，积极整合北京地区汉代考古与文献资料，系统研究北京汉代历史文化。同时，充分挖掘大葆台汉墓的遗址资源，推动博物馆教育创新与发展。2008 年年底，大葆台西汉墓博物馆确立了建设“北京地区汉代文化资料中心”和“博物馆青少年教育实践基地”两个中心目标，以更好地服务首都文化建设。

2004—2008 年是北京大葆台西汉墓博物馆重要发展的 5 年，在基础设施改造、展陈研发，特别是在博物馆青少年实践教育活动拓展、北京汉文化研究等方面做了很多工作，取得了一些成绩，进一步扩大了博物馆的社会影响力。

一、基础设施改造

为了迎接 2008 年北京奥运会的召开，加大基础设施改造力度，努力为国内外观众提供一个舒适的参观环境。在靠近馆舍边新建了仿汉代阙门，粉刷并重新安装了博物馆标志柱的字。而且，对部分房屋进行防水、维修，保证了房舍的正常使用。在奥运会前，开展博物馆整体环境整治，对展厅、墓室及办公区内外墙进行了粉刷，修整开放区域的广场路面，公厕也得到了维修，在台阶处增设了无障碍坡道，对开放区域进行了绿化改造，栽种了部分花卉和观赏树种。此外，还进行了综合防雷击工程和技防升级改造，达到了监控、防范覆盖全馆，并安装了漏电报警系统和应急广播系统，提高了大葆台西汉墓博物馆的安全防范能力。基础设施的改造从硬件上保障了博物馆各方面工作的顺利开展。

二、展陈研发

为了便于观众了解大葆台西汉墓发掘情况，同时弥补原有展线太短的不足，全面向世人展示大葆台西汉墓博物馆的馆藏资源和丰富的北京汉文化内涵，2004—2008 年期间，大葆台西汉墓博物馆开辟了一些临时展览，同时进一步扩展科普教育，向社区和街道推出了一系列展陈宣讲活动。

2004 年 12 月 29 日，本馆推出了“大葆台汉墓发现 30 周年纪念展”这一临时展览。此次展览采用大量发掘时的文字及照片资料，以纪实形式回顾了30年前大葆台汉墓发掘的历史场景，同时展出的还有一批当年发掘的部分汉墓随葬器物及金代文物。

2007年年底，本馆又设计推出了“考古人物展”，让人们了解我国著名的考古学家和考古发展历程。为了迎接2008年北京奥运会，大葆台西汉墓博物馆还推出了中国古代体育展、北京地区汉代城址图片展、“中学生历史实践课”宣传展、老山汉墓出土器物图片展等。这就为本馆露天展线增添了新的展览内容。

本馆坚持“请进来”与“走出去”相结合的展陈教育方针，不仅扩展展陈面积和相关内容，而且还把一些好的展览推向社会，让更多的人了解祖国的优秀历史文化。2005年4月20日，准备了具有典型汉代风格的屏风、漆案等家具、汉代投壶礼仪用具及宣传展板和宣传手册，参加“2005中国(北京)国际假日旅游展览会”。同年7月20日，由北京共青团市委、市科委、市委宣传部、市教委、首都精神文明办公室、市少工委等共同主办的“第二届北京青少年科技博览会”在军事博物馆开幕。本馆专门制作了“穿越时空，体验古人生活”的小型科普互动展览参加博览会，推出项目包括：钻木取火、泥条盘筑制陶、汉代民居搭建、手推石磨、辘轳打水、推鹿车、扎篱

大葆台西汉墓博物馆主体建筑

笆等。2006年9月18日，本馆响应北京市委宣传部“送展览进校园”的号召，将“中国火箭史说”这一科普展览送到了比邻的郭公庄村小学。展览结合我国航天事业的发展状况，从历史的角度讲述了中国人探索宇宙的漫长历程，让小学生们了解了历史，丰富了课外知识，受到学校师生的好评。

为了更好地宣传2008北京奥运会和残奥会，设计推出了“2008年北京夏季残奥会知识宣讲活动”。2007年11月15日，社教部人员来到丰台区南苑三营门社区，开展了2008年北京夏季残奥会知识宣讲活动。图文并茂的展板配合讲解员生动的解说，受到了社区居民的欢迎。2008年5月15日、5月18日，大葆台西汉墓博物馆又分别到丰台区云岗街道办事处、丰台区五里店第二社区开展了“2008年北京夏季残奥会知识”巡展活动，受到残疾人朋友的热烈欢迎。

孔繁峙局长在“汉代文明国际学术研讨会”上致开幕辞

三、藏品保管

5年来，本馆逐步改善馆内藏品保管条件，重视藏品保护工作，开展了以下工作：

1. 新建文物库房，改善藏品保护环境

2005年，本馆新建文物库房，同年年底库房工程竣工。2006年，进行库房硬件设施安装工作，同年年底新库房正式投入使用。此外，还定制了文物囊匣和铁制文物柜，文物库房内还配备有恒温恒湿机组、技防设备、中央空调设备。这就从文物保存的大环境和小空间两方面改善了藏品保护的条件，基本能满足博物馆的藏品保护需求。

2. 修复馆藏文物，避免文物价值流失

2004—2005年，本馆聘请兄弟单位文物保护技术人员对馆藏的全部铁器进行了化学保护工作，共修复铁器80余件，铜钱近400枚。从修复后的状态观测显示，之前一直存在的铁器酥粉现象不再出现，修复的铁器状态稳定，化学保护工作取得了积极效果。

2005年年底，本馆又聘请文物保护技术人员开始对馆藏丝织品进行修复，其中一件绣绢经修复得以展开，

其观赏和研究价值均得以提高。截至2008年年底，已完成馆藏大部分丝织品的修复工作。

3.开展文物定级工作，重新评估藏品价值

本馆的首次藏品鉴定工作于1997年进行，当时鉴定馆藏文物中珍贵文物共18件：其中二级文物4件、三级文物14件。2005年9月26日，根据北京市文物局要求，邀请北京市文物鉴定所的4名文物鉴定专家，对馆藏文物重新作了鉴定，有33件藏品被定为珍贵文物：其中一级文物2件，二级文物8件，三级文物23件。

四、青少年实践教育与宣传工作

北京市大葆台西汉墓博物馆自1993年被市委市政府和市科委命名为“北京市爱国主义教育基地”、“北京市科普基地”以来，先后被评为“全国文物系统优秀爱国主义教育基地”、“北京市优秀爱国主义教育基地”、“北京市校外教育先进单位”和“全国科技教育基地”。

2004—2008年，本馆认真贯彻党的教育方针，坚持以弘扬中华民族历史文化，提高广大青少年思想道德和科学文化素质为己任，立足实际，面向社会和学校，努力抓住社会热点，全面配合青少年教育，开拓新思路，开发新项目，充分发挥爱国主义教育基地的功能和作用。同时，积极拓展博物馆的社会教育功能，在奥运宣传和大众科普等方面都取得了很好的成绩。

1.开发历史实践课，探索博物馆教育的新途径

2001年，教育部颁布《基础教育课程改革纲要(试行)》，大力提倡学生探究性学习、合作性学习和自主性学习方式，着重培养学生的实践能力与综合素质。在认真学习和领会《纲要》内容及其精神后，本馆与北京教育学院丰台分院合作，于2004年推出了“中学生历史社会实践课”。该课程主要是通过参观大葆台一号汉墓复原陈列及出土器物，参加模拟考古、书写竹简、投壶礼仪、表演汉剧等实践活动，让学生有机会将自己在课堂上所学到的历史知识应用于实际，尝试着分析问题、解决问题，从而达到提高学生综合素质的能力。

学生参与这些实践活动，不仅在情感上得到了愉悦，知识上有所收获，兴趣上得到了培育，而且在认知上得到了提升，对祖国有着悠久历史和灿烂文化而感到自豪，这就很好地培育和激发青少年的爱国主义情操和民族自豪感。

为了进一步规范和完善这项教育实践活动，更加符合新课程改革宗旨与目标，本馆于2006年10月22日召开了“历史教育模拟实验点评会”。全国历史教学专业委员会理事长陈其博士、人民教育出版社课程教材研究所臧嵘研究员、北京大学考古文博学院宋向光教授、北京师范大学历史学院马卫东教授等教育界和博物馆界的专家出席了会议。与会专家、教师和媒体对本馆的历史社会实践课给予了一致好评，认为这是博物馆考古“从殿堂走向民间”的一次有意义的尝试，走出了一条馆校教育结合的成功之路。

2008年9月1日，北京市教委正式推举本馆为北京地区44家“中、小学生社会实践大课堂”教学实验基地之一。截至2008年年底，已有丰台区、崇文区共7所中小学校在本馆挂牌为教育实践基地。在“北京市第四届德育观摩周”活动中，市教委办公室领导对本馆历史教育实践活动在持续性和内涵性两方面的优秀表现给予了充分肯定和高度评价。

本馆“中学生历史实践课”教育探索，为北京市文博系统的同类研究提供了鲜活的案例和崭新的发展途径。活动开展5年来，“中学生历史实践课”共接待北京市中小学生近2万人次，本馆成为北京市重要的校外科普教育基地。在博物馆历史教育实践上所做的努力和尝试，使得本馆在全市校外教育领域中形成了一定的影响力，为博物馆建立青少年教育实践基地积累了丰富的社会资源。如今，“中学生历史社会实践课”活动已发展成为北京市校外教育领域的一项品牌活动。

2. 开展“共建工作”，关注未成年人教育

从2006年起，为了贯彻落实首都文明办在全市倡导“城乡携手迎奥运，共建文明京郊行”的主题活动，关注农民工子弟的教育，提高农民工子弟的文化素质，本馆先后与丰台区六圈小学和丰台区郭公庄小学签署协议，建立共建关系。到2008年，大葆台西汉墓博物馆先后为这两所学校的近400名农民工子弟学生组织各类科普活动，丰富了他们的课外生活，取得了良好的社会效益。

为了进一步推进共建工作，促进全社会关注农民工子弟的教育，本馆于2008年“六一”儿童节举办了“农民工子弟走进博物馆”活动。此次活动，特别邀请了河北沧州的“农民工子弟”五胞胎与丰台实验小学的少先队员一起免费体验科普夏令营活动。通过参加考古小奇兵、书写竹简等丰富多彩的科普活动，孩子们度过了一个快乐的儿童节。家长对这一活动也感到非常高兴。他们认为，能让自己的孩子走进博物馆，听老师们细心而认真地讲解，快乐地参加各项实践活动，这很好地培养了孩子们对生活的热爱、对祖国优秀历史文化的热爱。

3. 发挥博物馆社会教育功能，开展科普宣传工作

博物馆作为开展社会教育的重要成员，组织大型科普展览是向公众普及知识的重要途径。作为历史类专题遗址博物馆，弘扬优秀传统文化、普及历史知识成为社教工作的重点。自2005年以来，先后组织了多次大型主题展览，向社会宣传科普知识。

2005年7月，推出“穿越时空——体验古代科技生活”科普互动展览。展览不仅有详尽的文字说明，观众还可以亲自动手，如推汉代的鹿车、用辘轳打水等活动，体验古代科技，寓教于乐，给人以耳目一新的感觉。

除了在各类公共场所组织主题展览，还有意识地将展览送进校园，丰富学生的课外生活。2005年至2006年，先后在北京市八一中学和北京市第十五中的校园文化节上开展各类有关古代科技的主题展览，为这些学校的文化活动增光添彩。

除了送展览进校园，本馆还积极为学校的文化活动提供器材和实践指导。2008年9月28日，本馆作为丰台一中的科普实践教育基地，参加了该校“首届校园文化体育节”的开幕式活动。博物馆不仅将馆内的“中国古代体育运动展”送到该校巡展，还特意为此次文化体育节准备了诵读简文、投壶礼仪、推鹿车、推铁环、旱地龙舟等参与项目。该展览项目受到了学校师生的喜爱和好评。

多年来，北京市大葆台西汉墓博物馆在中、小学生校外教育领域积极探索，为北京的爱国主义教育事业作出了积极贡献。

五、做好岗位培训，积极备战奥运会

为迎接2008年北京奥运会的到来，做好奥运期间的服务接待工作，从2006年下半年开始，遵照《北京市窗口服务行业规范标准》，要求全体接待人员在服务过程中，统一着装，挂牌上岗，坚持“以观众为本”，做到微笑服务。同时，博物馆领导确立在售票、验票、讲解、服务、保洁等服务岗位的优质服务标准，即“用心”、“用情”、“用美”去服务，用博物馆人的真诚和热情去服务。

除做好基本的接待工作外，2006年起，为奥运接待工作进行了外文讲解的准备工作，多次组织全馆工作人员进行英语基础培训，形成了全方位多层次的培训体系，覆盖了全馆人员，做到奥运接待工作全馆能够一起上阵的目标。2007年7月，本馆依据外语水平分基础班和提高班对职工进行了外语培训工作，还组织几名外语基础较好的大学生、研究生及博士生有重点地进行口语接待能力及临场适应能力的培训和强化，集中组织预定上岗的讲解员进行反复的场景模拟训练，实现了最接近实战的演练。

在加强外语能力提高的同时，还通过邀请专家现场指导、组织业务骨干参加市文物局组织的岗位培训等方式，以奥运接待为中心，全面加强接待人员的服务礼仪培训。如观看《服务行业行为规范》和《服务行业礼仪规范》等电教讲座片，收效甚丰。同时，组织讲解人员参加了“2007年北京地区博物馆行业演讲大赛”，进行实战演练，取得了良好成绩，提高了讲解员的综合素质。

2008年上半年，大葆台西汉墓博物馆被指定为“奥运宾客备选项目”的接待场所之一。为此，馆领导高度重视，制定了详细的接待方案，指定专门人员负责一线的讲解工作，并在每周的闭馆日和观众较少的时候重点进行有针对性的强化训练和现场模拟训练。同时，继续做好服务礼仪培训，对全体工作人员的言行举止及着装提出了高要求、高标准，并多次召开工作会议总结经验，随时改进。

六、科研工作

今天的北京地区作为汉王朝诸侯国燕国的所在地，是汉王朝经营东北地区的通道和大后方，在汉代历史上具有重要的地位，在汉代文明的形成、发展和扩展中发挥了积极的作用。汉代考古发现表明，北京地区乃当时汉王朝东北部最大的一个政治中心，也是文化中心、交通中心、军事中心，这为此后中国一个政治中心的发展做了前期准备。

尽管已有一些关于北京地区历史文化研究成果，但对北京地区汉代这一断代历史文化之研究远远不够。北京市大葆台西汉墓博物馆，是北京汉文化的重要代表，承载着北京地区汉代历史文化的重要内容，是开展北京地区汉代历史文化研究的重要平台，也是发挥中华传统文化服务首都文化建设的重要基地。

作为一座遗址性博物馆，如何发挥应有的社会功能，一直是本馆工作的重点。经过长期而艰辛的摸索，逐渐理清了两条发展思路：一是继续深入开展历史模拟教育实验活动，拓宽教育基地的文化内涵；二是以大葆台汉墓为核心，全面搜集和整理北京汉代考古成果，深入研究，建设北京汉文化资料中心。

近几年，在北京市文物局党组及相关部门的领导和支持下，本馆扎扎实实推进科学研究工作，为建设北京汉文化资料中心而努力。在学术研究探索的过程中，诸多专家、学者给予很大支持，有的现已成为本馆的学术顾问，如中国社会科学院考古研究所刘庆柱研究员、白云翔研究员，北京大学考古文博学院高崇文教授，中国秦汉史研究会会长王子今教授，中国人民大学历史学院孙家洲教授，北京大学历史系刘华祝教授，北京市社会科学院王玲研究员等。

在专家的帮助下，从搜集资料开始，做一些科研的储备工作。根据自身实际提出了研究思路，即从文献和考古两方面来搜集北京汉文化资料。文献方面，一是全面系统搜集、整理汉代燕蓟地区史料；二是搜集、整理有关全国汉代黄肠题凑葬制发掘和研究的资料与成果；三是搜集、整理有关大葆台汉墓研究的专题性成果。考古方面,在局领导的支持和相关专家的指导下，本馆开展了“北京地区汉代城址调查”课题研究。

为了进一步推进业务研究和扩展学术影响力,本馆组织召开了多次学术研讨会,取得了很好的社会效应和学术影响。2005年11月14日,由本馆发起并组织召开了全国部分地区汉墓博物馆馆长工作座谈会,探讨了汉墓博物馆的合作与发展问题。2008年5月9—11日,由北京市文物局主办、本馆承办的“汉代文明国际学术研讨会”隆重开幕并圆满结束。会议邀请考古界、历史界、博物馆界的120位专家、学者参加，大会共收到90多篇学术论文。此次国际学术研讨会,推动了汉代文明的研究和北京地区汉文化的影响力，加快了北京地区汉代考古和历史的研究。这些都标志着本馆在业务研究方面的开拓,在社会影响力方面的努力。

在学术队伍建设和培养方面，本馆也做了很多工作。一是加强培训,通过内部学习和外部培训两种方式来进行;二是近5年陆续引进了一批业务研究人员,包括2名本科生、1名硕士研究生和2名博士研究生,增强了本馆的学术力量；三是学术研究人员结构得到了很大的改善,现有1名副研究馆员,2名馆员,年龄基本属于中青年,有学术研究潜力;四是学术研究成果方面有了很大进展,2004年至2008年年底，本馆业务人员在《博物馆研究》、《中国文物报》、《北京文博》等期刊上共发表学术论文20篇,《汉代文明国际学术研讨会论文集》和《北京地区汉代城址调查与考证》两部著作预计2009年上半年出版,《汉代燕蓟地区史料汇编》、《汉代“黄肠题凑”葬制研究资料辑录》、《大葆台汉墓研究与探索》、《大葆台汉墓青少年教育做法及其成效》四本科研储备资料集基本完成;五是学术氛围浓厚,学术交流不断加强。随着学术研究力量的增强,领导的重视和上级科研部门的大力支持，大葆台西汉墓博物馆整体学术氛围有了根本性转变,学术交流不断加强,包括内部与外部两个方面，积极参加一些社会学术课题的研究和探讨，这为大葆台西汉墓博物馆今后发展创造了人才方面的条件。

(靳宝 李靖 黄燕 尉威)

孔庙和国子监博物馆

THE CONFUCIAN TEMPLE AND IMPERIAL COLLEGE MUSEUM

馆　　长 吴志友

通讯地址 北京市东城区国子监街13—15号

邮政编码 100007

电　　话 64057214(办公室) 84043234(社教部)

传　　真 64057214

网　　址 www.kmgzj.com

电子信箱 kmgzj@126.Com

隶属关系 北京市文物局

性　　质 公办

建筑性质 古代建筑群(全国重点文物保护单位)

建筑面积 20000平方米

展厅面积 4800平方米

占地面积 50000平方米

馆址环境 东临雍和宫、南临国子监街、西临安定门内大街、北临北二环。

历史沿革 孔庙原为首都博物馆馆址,国子监原为首都图书馆馆址,2005年,两单位先后迁出,同年3月25日,经北京市机构编制委员会办公室批准,成立了“孔庙和国子监管理处”;2008年4月24日,经北京市机构编制委员会办公室批准,“孔庙和国子监管理处”更名为“孔庙和国子监博物馆”;2008年6月14日,“孔庙和国子监博物馆”挂牌并正式对外开放。

开放时间 8:30—17:00

服务设施 无障碍展厅、洗手间和参观设施;3000平米停车场;内设旅游纪念品等服务商店;100部无噪音团队讲解器,50部自助导游器,使用中、日、英、韩、法5国语言。

交通状况 地铁2号线、5号线雍和宫站下车往南;公交116、684、13、117路雍和宫站下车,113、108、104、803、124、758、850路方家胡同下车进国子监街均可到达。

概　述

北京孔庙和国子监始建于元代,历史上曾是中华传统文化的中心,是国家“行礼仪宣教化,昭文明而流教泽”的场所。自2005年开始,经过3年的修缮,基本恢复了清末时期孔庙和国子监的规制和格局,这两座具有700多年历史的古建筑群已成为北京历史文化名城的标志性建筑,这里既是学习和弘扬中华传统文化,开展礼仪和道德建设的理想阵地,也是吸引中外宾客休闲娱乐和参观游览的圣地。

孔庙和国子监原为首都博物馆和首都图书馆馆址,2005年,两单位先后迁出,成立“孔庙和国子监博物馆”;2008年6月14日,“孔庙和国子监博物馆”挂牌并正式对外开放,博物馆下设办公室、研究部、社教部、保卫部、保管部、行政部、文化产业部7个部门,编制人数71名。

古建筑修缮保护

已有700多年历史的北京孔庙和国子监是元、明、清三代皇家祭祀孔子的场所、最高学府和掌管国学政令的机关,这两组建筑群在我国古代建筑中属佼佼者,但这些古建筑群自1938年大修后,没有进行过系统修缮,20世纪90年代开始,国家虽分期分批对孔庙和国子监的重要殿堂进行了修缮,但因经费条件和使用单位办公场所的局限性,修缮内容主要局限在梁架抢险方面,遗留问题较多。2005年4月7日,北京市政府启动了新中国成立以来最大规模的文物建筑修缮工程,该修缮工程被列入“人文奥运”文物保护计划,投资达2000多万元,并于2008年前完工。通过修缮,彻底改变了这两组古代建筑破损严重、布线凌乱、电气线路老化、消防设施不全、安防设备落后、服务设施落后等问题。经过3年的修缮,古建筑基本恢复了清末时期孔庙和国子监的规制和格局,展览和服务设施也达到了接待水平。

文物藏品管理和保护

孔庙和国子监两任领导班子高度重视文物藏品的保护工作,经过几年的工作,先后建立了《库房管理制度》、《藏品保管制度》、《藏品安全操作制度》、《藏品账目登记工作制度》、《文物库房防火、防盗制度》、《孔庙和国子监博物馆地面文物巡视工作制度》、《文物检测记录制度》、《文物藏品展陈巡视记录制度》等一系列较为完善的文物藏品保护规章制度,加强文物藏品的保护工作。由于没有规范的文物库房,博物馆克服重重困难,充分利用现有的条件加强对文物藏品的管理,完成对文物的分类、编目、

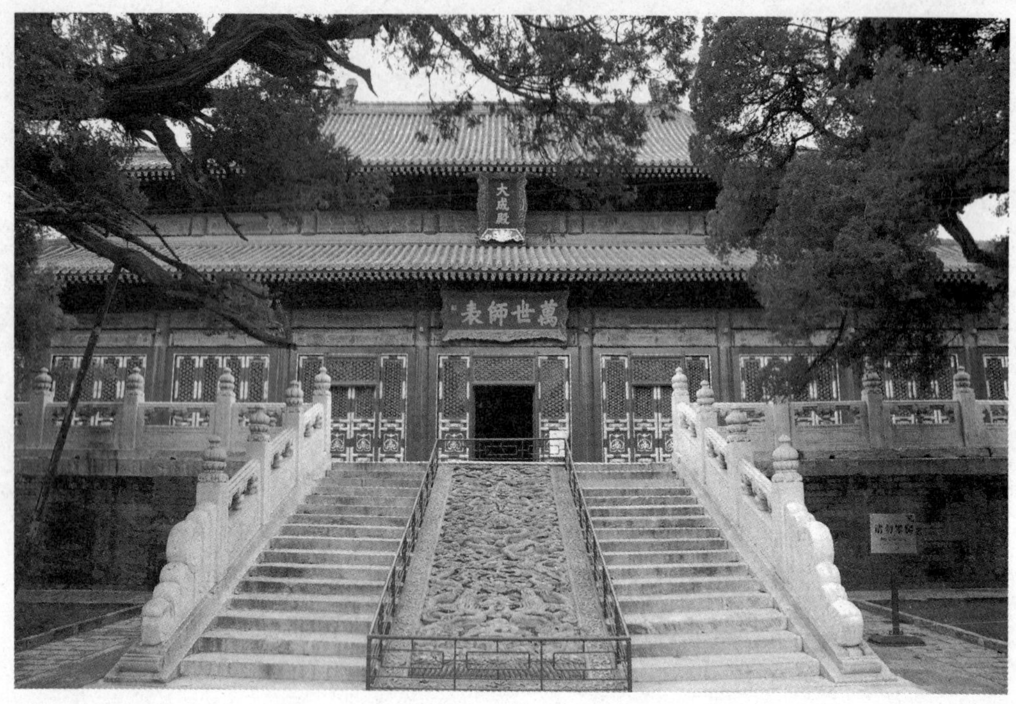

孔庙大成殿

上架入藏工作，并坚持做好日常的库房检测、维护工作，以弥补库房保护条件的不足。2006年3月，博物馆完成与首都博物馆原孔庙保管所的文物移交工作，共接收文物2000余件(套)；2006年9月完成对文物拣选、分类、鉴定工作。目前库存文物共10类1681件，其中一级文物17件(套)，二级文物558件(套)，三级文物351件(套)，一般文物755件(套)。与此同时，开展文物建档、建账工作，并对孔庙、国子监地上石刻文物进行调查、核实、登记、标识。2006年以来，博物馆先后完成对3批新文物的鉴定、定级、登记、入库、输机储存；完成在账珍贵文物《藏品档案》200件、400本的填报工作；完成5份《进士题名碑》碑刻拓片录文工作；完成馆藏品编目检索卡片1497张(其中：馆藏文物三级品检索卡片424张；馆藏一般文物检索卡片806张)，碑刻检索卡片267张；完成馆在账文物1439件(套)器物的标识工作，其中：一级藏品1件，二级藏品427件(套)，三级藏品330件(套)，一般文物681件(套)。另根据展览的需要，先后征集相关文物21类50余件，丰富了展览内容。

科研

开展学术研究和编辑工作是博物馆一项重要职能，近年来，博物馆依托孔庙和国子监所拥有的文化、文物、场地等资源，积极组织博物馆专业技术人员开展与本馆历史传统文化相贴切的学术研究工作，取得了一些成果。2006年以来，博物馆组织出版了3套《孔庙国子监丛刊》(2006、2007、2008年)，编写并出版了《图说国子监》、《孔子孟子传》、《图说中国古代科举》、《进士题名碑掌故缘说》、《“孔颜之乐”的境界》、《世界孔庙》共6本200余万字的学术论著，《续修国子监志》、《北京孔庙国子监述史》文字编写与审定工作已经完成，即将出版与读者见面。

陈列展览

孔庙和国子监有着深厚的历史文化内涵。博物馆在开展孔子、孔子思想、儒学及科举、古代教育制度等方面研究的同时，积极发挥博物馆的展示功能，筹办大型专题展览活动，向国内外观众展示中国博大精深的传统文化。2006年以来，博物馆在北京市文物局和相关研究部门的帮助指下，研究部与相关领域的研究专家学者合作撰写展览大纲，经过专家论证、征求各层次观众群的意见，不断修改、充实，相继推出了《大哉孔子展》、《中国古代科举展》、《北京孔庙历史沿革展》、《大成殿复原陈列》、《辟雍复原陈列》、《国子监复原陈列》等10余项固定展览。展览通过实物、图片、视频、场景相结合的方式，介绍孔子及思想、儒家文化、古代教育、科举制度等。博物馆还开辟了700多平方米的临时展厅，不断举办文化展览活动。采取主办、支持、承办、协办4种方式，积极挖掘社会资源，通过政府、博物馆和文化公司合作，共同搭台，借人唱戏，实现互利多赢之目标。先后与市委宣传部、首都精神文明建设委员会办公室、市文物局、北京大学，以及东城区委、区政府和英国驻华大使馆等单位合作举办展览活动，先后举办了《世界文化名人——孔子展》、《北京伦

国子监大门

敦友好城市图片展》、《我们的节日——中国传统节日文化展》、《孔庙国子监论语书画展》等10余项展览，收到良好的社会效益和经济效益。

社会教育和服务

孔庙和国子监作为全国重点文物单位及北京市爱国主义教育基地，每年都要接待大批国内外观众，开放接待任务重、观众多、压力大。为加强行政管理，促进队伍建设，强化文明服务意识，树立维护博物馆良好的社会形象和声誉，更好地完成服务接待工作，博物馆先后制定并完善了《孔庙和国子监博物馆重要宾客服务接待规程》、《孔庙和国子监博物馆文明服务规范》、《展厅人员工作规范》、《讲解员工作规范》、《票房管理、导览机管理与租借办法》等多项制度规定，对博物馆工作人员的行为举止等做了具体规范，不断提高工作人员的服务水平和质量。

博物馆注重发挥教育功能，采取请进来与走出去的办法宣传传播中国的传统文化。开展义务讲解活动，由博物馆社教部负责安排讲解员，每天义务为观众讲解博物馆传统文化知识。开设国学大讲堂，推出系列精品讲座。国学大讲堂以弘扬、普及中华传统文化为宗旨，以共创和谐社会为目的，文化讲座形式多样。有贴近百姓生活，提高百姓生活质量的；有开启人生智慧、滋养人们心灵的。聘请汤一介、张立文、牛实为、余敦康、楼宇烈、郭齐家、彭林以及名誉馆长阎崇年等国内一批学者和教授讲述中华文明居安思危的忧患意识，富贵不淫、贫贱不移的大丈夫气概，民为邦本的政治哲学，正德、利用、厚生相统一的精神物质兼顾的文明观等。有注重实践特色，宣传人文北京的。结合北京历史与人文和社会热点问题，解疑释惑，建设“人文北京·科技北京·绿色北京”等。举办巡展，向社会民众宣传传统文化。以文字图片、视频载图和流动巡展讲解为主要形式，将博物馆现有反映孔子生平思想和科举制度的固定陈列展览的经典部分制作成可移动的展板，深入到社区、学校，工厂、警营和农村等地区展出，通过通俗易懂的语言和形象直观的图片、图像，向参观群众宣传传统文化，深受老百姓欢迎。

博物馆还专门设立“成贤国学馆”，依托孔庙、国子监得天独厚的文化资源，以“圣贤之地，读圣贤之书，成圣贤之士”为宗旨，举办典籍诵读、国学沙龙等活动，让大众更多的接触传统文化，诚信爱国、明德爱人，逐步形成了博物馆文化新亮点、新品牌。

北京长辛店二七纪念馆

BEIJING CHANGXINDIAN FEBRUARY SEVENTH STRIKE MEMORIAL MUSEUM

通讯地址 北京市丰台区长辛店花园南里甲15号

邮政编码 100072

电　　话 63876355

传　　真 83876355

性　　质 公办

建筑性质 中式古典

建筑面积 2382平方米

占地面积 6600平方米

馆址环境 位于长辛店“二七”机车车辆厂附近

历史沿革 长辛店二七纪念馆收藏和保存着京汉铁路工人革命斗争的大量实物，既是长辛店“二七”大罢工和工人运动的纪念地，又是对青少年进行革命传统教育的好场所。1973年筹建，1977年由北京建筑设计院设计，由中华全国总工会、铁道部、北京市共同投资建造，1983年奠基，1986年竣工，1987年2月7日对外开放。长辛店“二七”纪念馆由4个四合院组成，房屋结构为青水砖墙，房檐嵌黄色琉璃瓦。四面各有一中式门楼，整体设计清新别致，古朴典雅。长辛店“二七”纪念馆共有8个展室，室内放置的展柜中，陈列着“二七”革命斗争的史料和文物，柜外陈设着大件文物、油画和模型等。

开放时间 8:00—11:00　13:30—16:30

交通状况 乘339、309路公交车。

（资料来源：参考互动百科网 www.hudong.com）

北京文博交流馆

BEIJING CULTURAL EXCHANGE MUSEUM AT ZHIHUA TEMPLE

馆　　长 王 丹

通讯地址 北京市东城区禄米仓胡同5号

邮政编码 100010

电　　话 65253670

传　　真 65240567

网　　址 www.zhihuatemple.com

电子信箱 abcd3670@126.com

隶属关系 北京市文物局

性　　质 公办

建筑性质 古代建筑群(全国重点文物保护单位)

建筑面积 1100平方米

占地面积 10000平方米

馆址环境 智化寺位于北京市东城区禄米仓胡同5号，繁盛时期占地有2万平方米。目前东西两路荡然无存，仅保留中轴线上依次分布的山门、智化门、智化殿、如来殿(又称万佛阁)、大悲堂等主体建筑。智化门前是东西对称的钟楼、鼓楼；智化殿前是东西配殿——大智殿与藏殿。除如来殿殿顶是庑殿顶外，其他都是典型的歇山式风格建筑。目前南北进深278.8米，东西最宽44.5米，方圆1万余平方米，是北京市内现存最为完整的明代建筑群。

历史沿革 智化寺，建成于明正统九年(1444年)，系明英宗时期司礼监太监王振的家庙，距今有560余年历史，1961年国务院公布智化寺为第一批全国重点文物保护单位。1982年成立智化寺文物保管所，1992年在智化寺管理处的基础之上成立北京文博交流馆，如今已成为一座以促进文化发展、研究文物、举办民间收藏展示、开展文化交流活动、进行文博信息交流的综合性博物馆。

开放时间 9:00—16:30 (周一闭馆)

服务设施 无障碍参观、纪念品商店、语音导览设备、雨伞、轮椅、存包处。

交通状况 公共汽车44、750、800、810、特2路雅宝路站下；24、674路禄米仓站下；地铁1号、2号线建国门下。

概　述

北京文博交流馆于1992年在智化寺文物保管所的基础上成立，如今已成为一座以促进文化发展、研究文物、举办民间收藏展示、开展文化交流活动、进行文博信息交流的综合性博物馆。下设3个部门，分别为办公室、业务部、社教部。

藏品管理和保护业务

(一)藏品管理

1. 藏品来源：文博交流馆藏品的来源主要为智化寺历史遗留下来的各类文物。

2. 藏品类别：文博交流馆的藏品按照文物属性分为：佛经、佛像、牌匾、钱币、经板、瓷器和其他杂类。

3. 藏品总数：1443件

4. 各类藏品数量：佛经：774件　佛像：190件　牌匾：71件　钱币：232件　经板：141件　瓷器：19件　其他：16件

(二)藏品保护

1. 文物监测工作

根据北京市文物局下达的文件，文博交流馆自2005年起开始对文物库房、展厅、外展的文物进行监测。

在文物库房内安装有监控设备、防盗门，具有一定的防盗措施；库房内外各有一个ABC干粉灭火器，所有文物均保存在铁皮柜中，具有一定的防火防盗措施；库房内部还装有空调，基本可以按照文物存放环境要求来调节温湿度，并有文物库房温湿度记录；库房地面高出外界地面30厘米，库房内部没有任何用水设施及管道，库房屋顶已经做好防水，具有一定的防水措施。

文博交流馆对文物库房中的文物定期进行开柜检查，放置防虫药物，察看是否有发霉、虫蛀、锈蚀等现象。每天对库房温湿度进行记录，在库房内温湿度超过文物保存标准时，打开空调进行调节。

文博交流馆每日对寺内的重要文物展厅和展柜进行温湿度、文物保存状况的记录等工作。重要文物放在可以控制湿度的密闭展柜中，当湿度超过设定湿度时，设备将自动开启，进行除湿。对外展文物定期进行现场查看，记录保存状况。

北京文博交流馆鸟瞰图

2. 文物修复工作

（1）2003—2004年对智化寺馆藏3卷元代佛经进行了回潮、揭展、修补、重裱等修复工作。

（2）2004年对智化寺各殿内11尊佛像进行了清理、加固等修复工作。

（3）2004年4月2005年6月，对馆藏部分明代经书进行了消毒、修补等修复工作。

（4）2004年6月10日—9月25日，为保护转轮藏，对藏殿实施了围幕灌浆防水工程。

（5）2004年8月，对智化寺两个旗杆石质基座进行了清理、加固处理。

（6）2004年8—10月，对馆藏木质家具进行了清理、加固等修复工作。

（7）2005年9月13日—11月25日，对馆藏63块梨园牌匾进行了清理、加固修复工作。修复完成后，为了改善梨园牌匾的存放环境，专门制作了推拉式的铁柜。目前已经安装完毕并投入使用。

（8）2006—2008年8月，文博交流馆委托荆州文物保护中心，对智化寺龙纹大鼓进行了回潮、加固、修补等修复工作。

科研方面，共编辑出版了：《古刹瑰宝——智化寺》、《智化寺》、《古刹智化寺》、《北京智化寺智化殿壁画保护研究》、《以木板为支撑体的古代壁画保护研究》。

陈列展览：钟鼓楼钟鼓文化展、智化寺历史沿革展、

北京文博交流馆展厅

转轮藏艺术展、智化寺藏精品佛像展、智化寺藏精品佛经展、明代寺院建筑展、明朝十六帝展、如来殿原状陈列展、智化寺音乐展。

社会教育活动：小小布艺扎染坊；“绿色·科技·童年”小盆栽活动；“我身边的朋友”动物知识展；传统音乐教育；“工尺谱”拓片。

馆舍建设：2005 年进行电力改造工程。2005 年安全防盗设施改造。2007 年为迎接第 29 届奥运会，进行无障碍设施改造、环境改造等。

文化产业、文化产品和经营情况

2007 年获得市委宣传部文化创意产业补助经费，同期成立博物馆纪念品文化创意产业小组，组织开发博物馆纪念品。2007 年 8 月至 2009 年 5 月，项目组结合前期进行的博物馆纪念品市场调研结果，收集分析北京地区博物馆的特色，按照观众的需求品味，开展博物馆纪念品研发与设计制作。通过自主研发或委托专业的设计公司，确立开发以“记忆北京”为主题的博物馆特色产品五大类，着重选择开发价位在 20—80 元区域的博物馆纪念品，完成针对不同博物馆特色藏品和展览的纪念品 500 余种。新型的纪念品定位于普通公众，以北京丰富多彩的历史文化资源为依托，融趣味性、知识性、观赏性及实用性为一体，具备新颖、时尚、可用性强、包装精美、便于携带等优点。

北京辽金城垣博物馆

BEIJING LIAO AND JIN CITY WALL MUSEUM

馆　　长 王清林

通讯地址 北京市丰台区右安门外玉林小区甲40号

邮政编码 100069

电　　话 63054991(办公室)　63054992(宣教部)

传　　真 63054991

网　　址 www.ljc.ftstm.cn

电子邮箱 ljcybwg@sina.com

隶属关系 北京市文物局

性　　质 公办

建筑性质 现代建筑、古遗址(全国重点文物保护单位)

建筑面积 2500平方米

展览面积 遗址1000平方米、展厅300平方米、石刻展区120平方米

占地面积 2100平方米

馆址环境 位于大观园南侧,右安门外玉林小区凉水河以北50米处。

历史沿革 1990年,在建北京市园林局住宅楼时发现了金中都南城垣水关遗址,被评为当年全国十大考古发现之一。1991年,市政府决定建立博物馆予以保护和展览。1995年,被公布为北京市文物保护单位并对外开放。2001年,被公布为全国重点文物保护单位。

开放时间 9:00—16:00(周一闭馆)

服务设施 免费停车场、纪念品销售、触摸屏导览、语音导览机、免费物品存放柜。

交通状况 59、122、717、939路大观园站下车,向南走;48、19、626路右安门外站下车,向西400米。

概　述

北京辽金城垣博物馆位于丰台区右安门外玉林小区。1990年,在建造北京市园林局住宅楼时发现了金中都南城垣水关遗址。被评为当年全国十大考古发现之一。1991年,北京市文物研究所对该遗址进行挖掘,同年北京市市政府决定,在此建立辽金城垣博物馆对遗址进行原地保护。1995年4月23日正式对外开放。2001年6月25日,金中都水关遗址被公布为全国重点文物保护单位。2003年改陈,主要展览为《金中都历史展》。

辽金城垣博物馆建筑面积近2500平方米,地上二层,地下一层。地下一层即为被保护的金中都南城垣水关遗址。它是现在北京除部分金代城墙外所仅存的金中都城建筑遗迹。水关是古代流经城墙下进出河水的水道建筑。金中都水关遗址残存基础部分,平面呈][形,正南正北,南距今凉水河(金中都护城河)50米,金中都城内的河水即通过此水关流入南护城河。遗址全长43.4米,过水涵洞长度是21.35米,宽7.7米,水关建筑整体为木石结构。与宋《营造法式》规定一致,是目前已发现的我国古代都城水关遗址中体量最大的。是研究我国古代建筑和水利设施的重要实例。

一层为展览大厅,共分两部分。第一部分以照片、线图,以及出土文物为主,介绍了金代中都城水关的发掘、研究及水关价值,并就我国历史上水关的演变作了简明介绍。第二部分是以北京建城发展史为主线,介绍了北京3000多年的建城历史,并重点介绍了女真人及辉煌的金中都、金陵。展陈中的典型代表文物有金代水关遗址中所出土的文物、金代壁画、金代宫城附近出土的琉璃鸱吻和铜辟邪,以及原全国人大常委会委员长王光英先生捐赠的金代家具等。

在院外,石刻展区中较为集中的展现了辽、金时期的石刻文物10余件。有辽代契丹文墓志、金代石虎和石佛。金陵石雕、东不压桥石雕以及金代墓表等有代表性的石刻文物。

2004年到2008年的5年间,辽金城垣博物馆各项工作都有较快的发展。总体看来,博物馆的公益性质得到突出和强化,博物馆经营理念得到认可,博物馆工作方针更加贴近实际,贴近生活,贴近百姓。

一、博物馆社教及科研工作的新发展

在社教工作方面,转变工作方式,发挥馆小办事灵活的特点,立足于所在的右安

辽金城垣博物馆外观全景

门街道，为当地居民提供优质的博物馆参观服务。将街道内的社区、学校、消防中队等多家单位纳入我们的共建网络，拓展博物馆社教工作的辐射面。特别是2006年7月免费开放以后，多次联合右安门街道举办社教活动，丰富当地居民的业余文化生活。同时，根据共建单位需求和社区居民的意愿，举办丰富多彩的文化活动。有的放矢地满足当地不同层次居民及不同单位的精神文明需求。在博物馆硬件建设方面，我们配备了轮椅、语音讲解机、雨伞等便民设施。

提升服务意识，是实现博物馆公益性的前提。在充分创造便于开展工作的外部条件的同时，注重对内部职工的思想教育。制定馆训，组织评比。促进一线工作人员的思想素质的提升，建立为观众服务、为大局服务的意识。这是辽金馆对于实现博物馆公益性的有益探索和大胆尝试。

博物馆科研工作方面，利用在辽金史迹调查课题中取得的经验。继续进行了北京地区元代史迹调查。这项课题意在摸清北京地区元代遗址遗迹的家底，为做好这一时期重要历史文物的保护工作打好基础。此项课题历时两年，取得了一批重要的实物资料。作为本馆新的科研成果，这次调查的资料也将结集出版。

二、博物馆安全保卫工作

博物馆安全保卫工作，是博物馆工作的生命线。近年来，对文物安全的投入逐年加大。不断更新和引进先进的技防设备。扩大人员编制配备专门的安保值班员。建立和完善

辽金城垣博物馆展厅

各种应急预案，未雨绸缪，将安全隐患消灭于萌芽状态。坚持和加强对职工的安全教育，强化员工安全意识。发动群众、群防群治。自建馆以来未发生重大安全事故。

三、北京奥运会相关工作

北京奥运会，是一次世界瞩目的盛会。作为奥运服务接待的窗口单位，从2006年开始，我馆便投入到奥运备战工作中。从馆舍的基础设施建设到讲解接待服务，博物馆的各项工作都集中到奥运接待这一中心工作上面。馆内积极组织人员参加各种奥运培训，提高奥运接待服务水平。本馆先后有3名同志荣获了首都窗口行业奥运会微笑服务大使称号。几年来，经过我馆同志们的不懈努力，在北京奥运会召开之时，以饱满热情的服务接待和亮丽的馆容馆貌，迎接了来自各地的观众，提供优质的博物馆参观服务。受到广大观众的一致好评。

利用北京奥运会的机遇，将各项业务工作提升到一个新的高度。奥运会后，通过认真分析总结，认识到工作还有提升空间。今后本馆将再接再厉大胆创新并且深入细致地开展各项业务工作，继续探索遗址型博物馆发展的新空间、新思路。

北京市西周燕都遗址博物馆

BEIJING MUSEUM OF WESTERN ZHOU DYNASTY YAN CAPITAL SITE

馆　　长 王　策

通讯地址 北京市房山区琉璃河镇董家林村

邮政编码 102403

电　　话 61393049

传　　真 61393412

电子信箱 xizhouguan@sina.com

隶属关系 北京市文物局

性　　质 公办

建筑性质 现代建筑(遗址为全国重点文物保护单位)

建筑面积 5601 平方米

展厅面积 3000 平方米

占地面积 19000 平方米

馆址环境 绿树环绕、环境优美

历史沿革 琉璃河遗址位于北京市房山区琉璃河镇董家林村、黄土坡村一带。遗址面积 5.25 平方公里，涉及 6 个自然村。遗址试掘于 60 年代，正式发掘始于 1972 年，在 1972、1973、1974 年 3 次发掘中有重大发现，并逐渐被学术界重视，定性为西周早期燕国始封地。1988 年，被公布为全国重点文物保护单位。1995 年，在遗址上建成西周燕都遗址博物馆，并向社会开放。

开放时间 9:00—16:00 (周一闭馆节假日除外)

服务设施 免费停车场、免费提供参观轮椅、雨伞、租借语音导览 10 元 / 次。

交通状况 公交车:天桥乘 917 支线开往韩村河方向，商周遗址站下车。自驾车:走京石高速路，窦店出口下高速，走 107 国道往西 3 公里即到。

概 述

琉璃河遗址位于北京市西南43公里处的琉璃河镇，范围包括董家林、黄土坡等6个自然村。东西长3.5公里，南北宽1.5公里，面积5.25平方公里。大量的遗迹、遗物，特别是精美绝伦的青铜器及其价值极高的铭文，把光辉灿烂的燕国早期历史展现在我们面前。琉璃河遗址的独特地位，始终受到国家和北京市政府的关注，自1962年发现以来，发掘和研究工作始终没有间断。1988年，被公布为全国重点文物保护单位。是迄今为止，北京市唯一的一处国家级大遗址文物保护单位。1995年8月，在遗址内建成西周燕都遗址博物馆并对外开放，馆区占地19000平方米，展馆建筑面积3000平方米。西周燕都遗址是中国迄今为止，已知的唯一的一处时代明确且城址、居住区和墓葬区都具备的西周初期的封国都城遗址，它对于研究周初的分封制度、宗法制度、国野制度以及周文化的形成与演变，都有着特别重要的学术价值。该遗址的发现不仅把伟大首都建城建都的历史推进到3000多年以前，并且也为现代北京开放、多元和兼容并蓄的城市文化品格找到了历史的源头。

西周燕都遗址博物馆是一个古文化遗址与文物陈列相结合的考古专业性博物馆。现博物馆机构设置为三部一室，即：办公室、业务部、社教部、保卫部。部室之间职责明确，分工清晰，使我馆的各项工作在平稳推进中呈现出蓬勃发展的新局面。我们的工作定位是：以遗址为依托，充分发挥博物馆特色，强化社教职能，使博物馆成为人们闲暇之余的首选地。

2007年，对馆内固定展览进行重新改陈，新展览为“北京城的起源”，不仅再现了古燕国3000年沧桑的都城城垣、神秘奢靡的贵族墓葬，还展出了制造精美的铜、玉、陶、玛瑙、漆器等艺术珍品。展览内容共分为5部分：北京古史文化、西周燕都古城、燕都贵族墓葬、燕都精美文物、燕国5都变迁。

科研工作是博物馆的一项重要工作，已完成专业论文1篇，题目《商周车马器“笠毂”与“绥”杂议》。在原来文物存档建账的基础上，进一步完善了馆内文物、照片档案工作，记录照片存档388件。为更好的普及与推广新展陈，制作《北京城的起源》光盘，光盘包含了展陈文字、图片、多媒体短片等内容，是新展览的缩影。光盘形式设计比较新颖,内容通俗易懂,有助于观众读懂整个展览。为宣传我国古代先进灿烂的科学技术,制作了《古陶文明》光盘。

2008 年，以奥运工作为重点完善了馆内服务设施：如:完善双语标识、语音导览机、无障碍盲道。为营造一个良好的旅游参观环境,利用自有资金对博物馆的影壁墙、传达室、警卫室进行了粉刷和维修。完成了雨水砖铺设工程。对停车场路面进行了整治及停车位的规划,为游客参观提供了方便。积极推进博物馆环境建设和整治,对博物馆周边环境进行了清理、整顿,合理布置院内绿化地,改造和新种花草、树木 1000 棵,同时,设置了休息椅为游客提供了良好的休息环境。

开展社会教育及对外宣传是我们工作中的重要一项。我馆作为爱国主义教育基地、科普基地、青少年社会大课堂资源单位及校外教育基地,多年来始终坚持“以史育人、科教育人”的办馆宗旨。在认真履行工作职能的同时,我们又充分发挥教育基地优势,开拓创新、重点突出,有针对性的开展了大量的互动项目,深受学校、学生的拥护。实现了博物馆功能与科普职能相互促进的良性循环。

每年我馆都与周边附近的多所学校开展不同形式的宣传活动,由于有些活动设计新颖合理,深受学校的欢迎，目前我们已把此类活动作为我们的品牌项目,长期推广到学校中去。如:“西周馆义务讲解员”活动，就已经成功举办了 7 年，每年都有不同学校、不同年龄的学生参与此项活动,受益匪浅。“考古兴趣小组”在燕化星城中学现已成立 5 年,累计吸收组员达 160 人。2004 年,我馆针对现在提倡的素质教育及中央提出的“三贴近”方针,适时推出了适应广大学生群体的“中国古代科技史”科普系列展。现在已经完成“铜造就的文明”、“承载历史的车马”、“先秦农业”及“古陶文明”四个科普临展。这些展览都已经在周边学校中展出,受到教师和学生的喜爱。

北京焦庄户地道战遗址纪念馆

MEMORIAL MUSEUM OF BEIJING JIAOZHUANGHU TUNNEL WARFARE SITE

馆　　长 马　增
通讯地址 北京市顺义区龙湾屯镇焦庄户地道战遗址纪念馆
邮政编码 101306
电　　话 60461906
传　　真 60461328
网　　址 www.bjjzhdd.com
电子信箱 jzhddz@163.com
隶属关系 顺义区文化委员会
性　　质 公办
建筑性质 现代建筑、地道遗址(北京市文物保护单位)
建筑面积 8000 平方米
展厅面积 2000 平方米
占地面积 48598.88 平方米
馆址环境 位于北京市顺义区龙湾屯镇燕山余脉歪坨山下,距市区 60 公里。
历史沿革 1963 年筹建,1964 年秋建成,名为"焦庄户民兵斗争史陈列室",1979 年,北京市政府宣布为北京市文物保护单位。1986 年,由北京市政府、北京市文物局、顺义县政府拨专款进行维修,命名为"北京市焦庄户地道战遗址纪念馆,于 1987 年 7 月 5 日重新开放。2004 年 9 月,被北京市发改委定为全国红色旅游景区。
开放时间 周三—周日 8:30—16:00(周一、周二闭馆)
服务设施 无障碍参观。
交通状况 从北京方向来 A(京密路):东直门—枯柳树环岛—牛栏山十字路口向右转(直行 20 公里,到焦庄户地道战遗址纪念馆。B(顺平路):东直门—枯柳树环岛—燕京桥—彩虹桥—俸伯路口左转—北小营—木林—焦庄户地道战遗址纪念馆。C(顺平路):东直门—枯柳树环岛—燕京桥—彩虹桥—杨镇—木燕路—木林道口右转—焦庄户地道战遗址纪念馆。

概 述

焦庄户村在战争年代隶属于冀东抗日根据地领导，是通往平西、平北根据地的必经之路。焦庄户在抗日战争时期曾是区公所、十四军分区司令部和第二卫生处卫生所的所在地。

焦庄户地道战遗址，是第二次世界大战中，中国人民抗击日本侵略者的一处重要战争遗址。焦庄户地道是在我党领导下，焦庄户地区的人民与敌人斗争实践中创造的一种独特战法。在地道内安装上翻板、陷阱、暗堡、射击孔等，最后挖成户户相连、村村相通、四通八达、上下呼应，长达 23 华里的地道网。

焦庄户纪念馆始建于 1964 年秋，定名为“焦庄户民兵斗争史陈列室”。1979 年被北京市政府定为市级重点文物保护单位，并改名为“北京焦庄户地道战遗址纪念馆”。北京焦庄户地道战遗址纪念馆是北京市唯一一家以地道为主要参观内容的爱国主义教育基地，先后被北京市政府命名为“北京市青少年教育基地”，被国家六部委定为百家“全国中小学爱国主义教育基地”之一、2001 年 6 月 11 日，被中宣部定为“全国爱国主义教育示范基地”，2004 年 9 月，被国家发改委定为“全国红色旅游景区”。目前，有 78 家单位、学校将我馆命名为爱国主义教育基地。

自 1987 年以来，市、区两级政府先后共投资 6000 余万元，扩建道路、修复地道、新建展馆、恢复抗战民居等。目前，纪念馆占地面积 48598.88 平方米，纪念馆分为 3 个参观区，即展馆参观区（主要以照片、实物、模型为主）、地道参观区（现在供游客参观的地道全长 830 米，其中包括 30 米原始地道）、抗战民居参观区（主要参观老四区区公所、支前小院、第二卫生处卫生所、农具屋等）。

近几年来，纪念馆对发生在抗日战争、解放战争时期可歌可泣的英雄人物及事迹进行搜集、整理，编印了《焦庄户的故事》、《潮白烽火》、《顺义英烈》等 8 本革命历史书籍，组织顺义区的业余词曲作者创作了《第一堡垒美名扬》、《做军鞋》、《焦庄户地道战之歌》、《英雄的赞歌》、《焦庄户告诉我》共 5 首反映焦庄户革命历史题材的歌曲，制作了《北京焦庄户地道战遗址纪念馆介绍》光盘，为广大参观者了解焦庄户地道战遗址的历史提供了教材。为纪念世界反法西斯和抗日战争胜利 60 周年，迎接 2008 年奥运会，充分发挥爱国主义教育基地的功能，2004 年市、区两级政府投资 1212 万元建设 2000 平方米新展馆，并于 2005 年 8 月 13 日对外开放。由市文物局投资 148 万元对抗战民居的房屋进行了修缮，恢复30米原始地道。2006年，纪念馆投资5万元建立了自己的网站，并于11月11日开通。网站设立了纪念馆概况、展区介绍、史海钩沉、革命文物、行车路线等栏目。2007年完成了景观解说牌、道路指示牌、警示忠告牌等标识牌3万余文字的编写工作，确定375块不同材质的多语标识牌，此项工程由市、区投资130万元。

新展馆的开放、抗战民居的修缮、基础设施的建设，完善了景区的规模和功能。

2004年，配合北京电视台为实施中共中央宣传部的重要指示，拍摄了“全国第二批爱国主义教育示范基地”——北京焦庄户地道战遗址纪念馆的宣传片。并组织丰富多彩的活动，在全区中小学生范围内推出“知我顺义，爱我家乡”一日游系列活动，以“缅怀革命先烈，继承革命传统”、“勿忘国耻、警钟长鸣”为主题，开展研讨会，使地道战遗址的爱国主义教育功能得到了升华。

2006年12月2日，纪念馆的领导及工作人员来到北京化工大学理学院，向该院的4000余名师生介绍了纪念馆的历史、现状及未来的发展趋势，当年的儿童团员生动的讲述了地道战当年的抗战故事。会上，学院领导宣布将北京焦庄户地道战遗址纪念馆命名为该院的爱国主义教育基地。

为纪念“七七事变”爆发70周年、中国人民解放军建军80周年，弘扬革命先烈的丰功伟绩，向广大群众和军队指战员宣扬地道战的历史意义和现实意义，由顺义

焦庄户地道战遗址

区委、区政府主办，中央电视台《红星艺苑》栏目、顺义电视台协办的专题演唱会“红色记忆——焦庄户地道战组歌”，于2007年6月16日下午在焦庄户纪念馆隆重举行，有3000余名观众观看演出。

焦庄户地道战遗址炮楼

2007年，本馆积极与区民防局联系、协调，利用现有房屋，建立了面积100平方米民防宣传教育基地。以实物、文字和照片的形式向游人展示人民防空的发展历程，使公民增强国防意识和防灾意识。9月29日，教育基地正式向游人开放。

按照市委、市政府的统一安排，北京焦庄户地道战遗址纪念馆于2008年3月28日免费向社会开放，这标志着教育基地功能又得到了一次升华。

2004—2008年，纪念馆连续被评为首都文明旅游景区，多次被北京市爱国主义教育基地领导小组、顺义区政府及相关部门评为先进单位，2007年3月，荣获首都窗口行业奥运培训协调小组授予的第一届“首都文明服务示范窗口”称号。

北京焦庄户地道战遗址纪念馆得到了党和国家领导人的高度重视和关怀，并留下了墨宝。张爱萍将军为北京焦庄户地道战遗址纪念馆亲笔题写馆名。市、区领导多次来到焦庄户纪念馆指导工作，为纪念馆及地区经济的发展付出了极大的心血。

纪念馆自建馆以来，先后接待国内外观众400余万人次，其中有200多个国家和地区的8万余名外宾来这里参观。自2008年3月28日，免费向游客开放以来，全年接待国内外游客33万人次。

如今，纪念馆越来越受到社会各界的高度重视，目前正在着力打造寓教于乐、亲历参与的模拟地道实战区。

北京市古代钱币展览馆

BEIJING ANCIENT COINS MUSEUM

馆　　长 郭豹

通讯地址 北京市西城区德胜门东大街9号(德胜门箭楼内)

邮　　编 100120

电　　话 62018073

传　　真 62029863

电子邮箱 bjsgdqbzlg@263.net

隶属关系 北京市文物局

性　　质 公办

建筑性质 古代建筑(全国重点文物保护单位)

建筑面积 3166平方米

展厅面积 978平方米

占地面积 5326.4平方米

馆址环境 位于北二环中路,与风景秀丽的什刹海景区相邻,是北京旅游景点之一。

历史沿革 德胜门箭楼建成于明正统四年(1439年),1982年2月,成立德胜门文保所,1985年5月对外开放,1992年在原址上按照清代样式复建了真武庙,成立北京市古代钱币展览馆,1993年10月28日正式开放。

开放时间 9:00—16:00(周一闭馆)

对外开放单位 古钱币交易市场

服务设施 有无障碍通道、无障碍售票和无障碍卫生间;纪念品商店:德泉斋钱币商店;中、英、法、日、韩5个语种的语音导览设备。

交通状况 公交车5、27、44、55、315、345、380、409、635、919路德胜门站,地铁2号线积水潭站B出口向东200米。

概 述

北京市古代钱币展览馆位于西城区北二环德胜门箭楼内。办馆宗旨是:保护德胜门箭楼,挖掘、宣传德胜门文化内涵;收藏、研究古钱币,普及钱币文化知识;对广大群众进行爱国主义教育和历史、科普知识宣传。2004—2008 年,博物馆所做的工作可以集中概括为:完善了博物馆的组织体制;将安全工作确立为首要工作任务;古建筑和文物藏品得到了有效保护;确立了博物馆的发展方向,在继续搞好古钱币收藏、研究和展示的基础上,发挥自身的特色和优势,挖掘德胜门的文化内涵,由原来的古钱币展示"一条腿走路",变成古钱币展示和德胜门展示"两条腿走路";以观众为本,将科普互动项目作为突破口,发挥科普教育基地和爱国主义教育基地的功能;圆满完成了奥运安全和接待服务工作。

队伍建设和日常管理

2004 年初,古币馆在职职工 12 人,临时工 7 人。下设办公室、业务部和经营开发部。5 年来,随着事业发展的需要,博物馆的人员队伍不断壮大。截至 2008 年年底,在职职工达 18 人,临时工 21 人。2008 年,博物馆顺利完成了事业单位岗位设置管理工作,岗位总量为 18 个,岗位设置以管理岗位为主体,下设办公室、业务部和保卫科。

5 年来,博物馆陆续接收了一批大学生和军转干部,优化了人员结构。职工的年龄趋于年轻化,本科以上学历人员的比重不断加大,取得专业职称的人员越来越多。同时,博物馆积极组织业务人员参加各种培训,鼓励他们参加学历教育。这几年,年轻的人员迅速成长起来,在馆中层的舞台上发挥了骨干和中坚力量。目前,人员队伍整体处于新老交替阶段。

2007 年和 2008 年,为做好奥运接待服务工作,古币馆制订了奥运培训计划,开展全员业务培训,对培训对象、培训内容、培训形式、培训要求、考核办法都做了详细的规定。其中培训内容主要包括职业道德、职业素质,以及专业技能、服务规范、奥运知识、外语、礼仪和安全常识等各个方面的内容。通过培训,我馆全体人员都获得了《首都窗口行业奥运培训合格证书》,人员素质得到了明显提高。

全体职工奋发拼搏,认真做好本职工作,支部和党员充分发挥战斗堡垒作用与先锋模范作用,按照"一流的展览陈列、一流的接待服务、一流的工作成果、一流的工作水准"的目标投入到奥运服务保障工作中,展现了首都窗口行业的风采。多名同志获得首都"迎奥运、讲文明、树新风"活动先进个人、北京市宣传系统服务保障奥运先进个人、

博物馆主体建筑全景图

奥运安保先进个人、首都窗口行业奥运培训先进个人等称号。

博物馆工作又好又快的发展，离不开严格的制度和严密的工作程序。古币馆不断建立健全各项规章制度，2007 年，颁布印发《北京市古代钱币展览馆管理制度汇编》，为规范工作人员的日常工作行为、推动各项工作走向规范化奠定了基础。

安全保卫工作

安全是文物工作的生命线，安全工作是博物馆发展的永恒主题。博物馆领导认识到，作为第六批全国重点文物保护单位，地处二环主路的重要地理位置，又是向社会公众开放的场所，古建筑、文物和观众的安全出不得丝毫问题。为此，博物馆在安全方面做了大量工作，不断探索安全工作的长效机制。

首先，不断调整、理顺、加强单位的安保力量，加强安全保卫队伍的建设。撤销了经营开发部，成立了保卫科。由原来的 1 名兼职保卫干部，增加到 4 名专职正式保卫人员。临时工由 7 人增加到 21 人，增加的人员全部用于门口安检、箭楼和城台巡视、展厅等重要岗位的安全和接待服务工作。对人员进行安全培训,做到持证上岗。其次,加强安全保卫的资金投入。在北京市文物局的支持下,先后完成了消防供水、监控室完善、消防应急广播等技防设施。博物馆压缩其他开支,安全支出成为单位的优先开支项目予以保障。2006年起,古币馆自筹用于安全的设备购置、人员经费每年都比2004年增加15万元以上。第三,加强博物馆的日常安全管理工作。逐级签订安全责任书,不断完善各项安全管理制度和应急预案,注重实战演练。对职工进行经常性的培训教育,增强职工的安全意识和责任心,提高他们处理突发事件的能力。坚持经常性的安全隐患排查和整改,如严格出入口的管理、腾退钱币市场占用的消防通道、解决电器线路凌乱老化等问题。尤其突出加强了对合作租赁单位的管理。

特别是2008年,“平安奥运行动”和“文物安全年”为博物馆的安全保卫工作提出了更高的要求,为确保奥运会期间博物馆的一方平安,古币馆严格落实《北京市文物系统“迎奥运、创建2008文物安全年”实施方案》等文件要求,全员动员,集中人力、物力、财力,投入到安全保障工作中。

这些行之有效的措施,保证了整体安全工作有序、顺利开展,保证了单位文物古建和人员的全面安全。古币馆多次被评为西城区安全生产先进单位、社会治安综合治理先进单位,2008年,获得北京市文物局系统“平安奥运行动”先进单位称号。

藏品管理和保护

5年来,按照《文物保护法》和《博物馆藏品管理办法》的要求,古币馆建立健全了馆藏品管理制度、展厅及库房文物日常监测制度,制定了符合本馆实际情况的钱币定级标准。新老保管员顺利实施了交接。在日常工作中,严格出入库管理制度。安排专人对展厅、库房文物温湿度进行监测和记录。组织保管人员参加北京市文物局组织的藏品保管员培训班。

2005年,组织专门力量对馆藏文物进行盘库、登账,对新入藏文物进行鉴定定级。2006年8月,配合全市范围的固定资产清查工作,将馆藏品逐一进行了清点登记并录入系统。解决了长期以来文物藏品底数不明、账目不清的问题。

5年来,古币馆通过申请上级拨款和利用自有资金,不断加大藏品保护的资金投入力度。2005年和2006年,分别完成了文物库房的扩大和改造工程。完善了库房防盗、监控设施。文物库房的面积得到了扩大,首次实现了不同质地文物的分库保管。在库房中安装空调和抽湿机,放置智能温湿度记录仪,监测、控制库房温湿度,解决了长期以来夏季库房湿度大对铜钱、纸币等藏品造成的危害。购置了适合古币馆库房面积和藏品特点的藏品柜。

5年中,征集汉代五铢钱罐等钱币类文物41枚。

5年来,古币馆委托首都博物馆、对馆藏的铁炮和纸币共 11 件藏品进行了修复和保养工作；与北京科技大学合作，对馆藏铜钱中的有害锈进行处理；对银币进行清洗和保养，共计 322 件。对断裂多处、堆于角落，但和德胜门历史密切相关的明代“重修玄帝庙记”石碑进行修复和树立。

2006 年，德胜门被公布为第六批全国重点文物保护单位，2007 年，古币馆组织人员，完成了第六批文物保护单位记录档案的制作工作并上报上级文物主管部门。

陈列展览和科研工作

《中华货币 4000 年》基本陈列，位于德胜门箭楼下真武庙院内，分“中国古代钱币通史”、“古代铸钱工艺”、“中国历代厌胜钱”、“古钱辨伪”和“历代纸币”5 个部分，展线总计 100 余米，展出钱币 2000 余枚，包括了历史上不同时期、不同质地、不同种类的钱币，其中不乏珍贵品种。该展览 1997 年举办，展出时间超过 10 年，展板陈旧，多处破损。2008 年上半年，古币馆对该展览进行了全面更新改造，展览面貌焕然一新。

古币馆馆的另一项基本陈列《德胜门军事城防文化展》，位于德胜门箭楼内一层，于 2007 年 12 月 18 日对外开放。《城防展》挖掘了德胜门的文化内涵，弘扬了优秀古代军事和城防文化。展览将德胜门放入整个北京城防的大背景下，围绕“明代”和“城防”两大主题，分 5 个部分介绍：第一部分，宏观介绍整个城市的防御体系，包括北京城的营建历史；第二部分，以德胜门为例，微观剖析城门城墙的防御功能；第三部分，介绍守城的部队；第四部分，介绍各种攻城、守城器械，阐述攻守技术的不断发展；第五部分，展示著名的“于谦北京保卫战”等经典战例。《城防展》填补了德胜门多年的一个空白，大大丰富了爱国主义教育的内容。德胜门从 1982 年成立保管所开始，到 1993 年更名为“北京市古代钱币展览馆”，直至 2007 年，经历了 26 个春秋。期间，除在箭楼第四层举办过短期“德胜门历史沿革”图片展外，一直没有介绍德胜门历史、攻城守城知识的展览。许多慕名而来的游客，登上德胜门箭楼平台后，看不到德胜门的展览，不了解德胜门的过去，感觉非常遗憾。古币馆克服文物匮乏、资料研究有限、场地腾退等诸多困难，四处征集、借展文物，查找资料，编写展览大纲，终于在 2007 年年底前完成展览。从此，除了观看钱币展览、登箭楼外，观众更可以详细了解德胜门的历史，了解古代是如何攻城、守城的，感受到我国古代经过血与火锤炼出的古代军事城防技术。《城防展》以服务观众为己任，加强了讲解，许多观众纷纷留言，表扬工作人员的热情服务。为丰富观众的参观体验，展览中专设了“称称城砖的重量”、“我来拼拼北京城”、“弩的发射”、“动手装填佛郎机”等科普互动项目，大大提高了观众的兴趣。配合展览，推出的《老北京城游戏棋》、古代攻城守城器械模型、古火炮模型等旅游纪念品，深受观众的喜爱。《北京日报》、《北京青年报》等媒体都对《城防展》进行了报道。《城防展》在奥运期间发挥了重要作用，今后将一直对外开放，成为常设的爱国主义教育阵地。《城防展》开幕后，前来参观的观众络绎不绝。家住附近德内大街邱家胡同的杜玉林老人留言说："十余年来，我参观德胜门箭楼五次。今日，参观箭楼古迹和文物后，感到比前四次要深刻：一是更了解德胜门修建、德外明代保卫战和兵器等历史；二是对展览布展的设计、画面和主体模型等，效果甚好。我学习了历史，受到了教育。感谢文物部门对北京文物的保护和利用，解说员小易的解说清楚，内容丰富。"沈阳、云南、成都等外地游客留言：我们对德胜门有了深刻的了解、上了一堂生动的历史教育课、我要把这里的一切都带回老家，让千千万万的人都想到此一游。还有的游客看了展览以后，心潮澎湃，留下了这样的话：树民族雄心，中华奋起、中华民族必胜！中国加油！奥运加油！

2005年10月—2008年12月，在真武庙中厅内举办了"中国古代铸钱工艺展"，该展览以青少年为重点参观人群，开发了钞版印刷、压币机压币和钱币拓片等科普互动项目，围绕动手项目布置展厅、组织文物、图片、说明文字，并进行讲解。以动手为主、由静变动的展览开放后，取得了很好的参观效果。该展览获得北京市文物局"经济技术创新成果"奖。

博物馆展厅全景

由于没有室内场地举办临展，因此，古币馆利用箭楼平台，作为临展的室外场地。2006年5月16日—7月16日，古币馆与西城区文委合作，在箭楼城台上举办《北京历史文化古都展——西城史迹篇》图片展览。主要以西城区域内的103处文物保护单位为主体，特别对德胜门的历史沿革作了重点的介绍。北京电视台、北京晚报、北京奥组委官方网站等多家媒体给予了报道。在短短两个月的展出期间内，共有来自海内外的游客和观众3.7万人参观了此次展览。2007年5月16日—6月7日，古币馆与海淀博物馆合作，在箭楼城台上举办《北京历史文化古都展——海淀史迹篇》图片展览，全面展示了海淀区域内的70处文物保护单位。此外，在箭楼平台上还先后举办了中法文化交流系列活动之"北京·巴黎名门之秀"、"世界文化遗产——周口店遗址"等众多临时展览。奥运期间还举办了"2008年北京奥运会、残奥会形象元素图文展"。

在钱币研究方面，古币馆开展了对北京地区历史上钱币铸造和流通情况的研究,完成了"燕国青铜铸币合金成份及熔铸工艺研究"科研课题。卢嘉兵、韩战明2位同志合著出版了《古钱币》画册。卢嘉兵、王培伍、顾莹等同志参与了《古钱币艺术品鉴》一书的编写工作。协助出版《中华古币春秋》一书。

为举办《德胜门军事城防文化展》,古币馆业务人员搜集相关文献和图片资料,开展了德胜门和明清北京城军事城防的研究。2007年8月,与武警总队一支队九中队联合举办了"中国古代军事思想研讨会"。

为让国际社会更全面地了解古都北京的文明发展史,反映北京地区历史文物古迹在保护方面取得的成果,古币馆编纂出版了《北京国宝》(中英文)画册。200余幅珍贵的精美图片展示了北京98处全国重点文物保护单位的风采,展现了这座历史文化名城所具有的50多万年的人类发展史、3000多年的建城史、800多年的建都史。罗哲文先生为《北京国宝》题写书名并作序。

此外,古币馆业务人员还撰写了多篇科研论文。

社教工作和社会服务活动

古币馆以传承优秀历史文化,建设人文北京为己任,努力发挥博物馆的社会教育职能,巩固爱国主义教育阵地,构筑公民终身教育的课堂,不断提高群众的思想道德和科学文化素质,为建设社会主义核心价值体系,构建和谐文化贡献力量。

古币馆对中小学生、大学生、研究生、老人、军人和团体游客均有各种免票或优惠措施(每周三前200名观众免票),在一些节日中也免费开放,使更多的人能够走进博物馆,共享文化发展的成果。

大力加强讲解服务,让进馆观众有更多收获。2006年,古币馆重新编写了展览讲解词,使讲解内容贴近生活、趣味性强。组织讲解人员培训,提高讲解水平。对团体观众免费讲解,针对零散观众,每天上午10点和下午2点半,各提供一次集中免费讲解。从2006年6月1日起,增设语音导览机,为观众提供中、英、法、日、韩5种语言的有偿导览服务。设立观众留言本,认真听取观众意见,并及时反馈。建设博物馆志愿者队伍,中央财经大学、对外经济贸易大学和北京四中的学生陆续加入到我馆志愿者队伍中来。

古币馆始终把科普工作作为博物馆的工作重点把科普工作以青少年为服务重点,突出做好科普教育工作。在"中国古代铸钱工艺展"、《德胜门军事城防文化展》中开发多项科普互动项目,在真武庙中院内增设了"打金钱眼"项目,丰富了参观内容,激发了观众的参观兴趣,使他们对文物有了更深入的了解。2006年,古币馆加入"蓝天工程",成为东城区中小学生课外活动基地。先后被评为西城区优秀科普基地、西城区资源共享先进单位。

加强爱国主义教育基地工作,积极开展文化交流活动。和社区合作,举办"知北京·爱北京·寻觅老北京城门城墙活动"。与共建单位回龙观医院联合举办了众多形式多样的活动，如“数典念祖，追溯北京文明”系列活动、送展览到医院、为医院新职工普及北京历史知识普及教育、“同享奥运精神，共促身心健康”为主题的患者走进博物馆活动，共同开展“科技文化卫生三下乡”活动等。2007年开始，与武警北京总队一支队九中队建立了共建关系，博物馆通过展览进军营、举办北京历史知识讲座等形式，让武警战士认识北京、了解北京、热爱北京，为部队建设作出了贡献。

古币馆践行“贴近实际、贴近生活、贴近群众”的“三贴近”要求，每年都走出博物馆，将展览送到学校、社区、乡村、军营等场所，扩大了博物馆的受众。5年来，巡展观众累计达8万人次。

为满足社会的需求，古币馆每年都开展义务钱币辨伪、鉴定活动，获得了钱币收藏爱好者的认可。同时，不断推陈出新，开发具有本馆特色“钱到家”等钱币礼品和古代攻城器械模型等旅游纪念品。

加强博物馆对外宣传力度。争取《北京日报》、北京电视台等媒体对本馆举办的展览及活动进行报道，不断扩大知名度。

馆舍建设、扩建、维修和设施改造

保护、修缮好文物古建筑，是古币馆作为管理使用单位义不容辞的责任。2005—2006年，进行德胜门东西瓮城东西跨院内值房抢险修缮工程，彻底解决了墙体渗漏、木架糟朽等险情。

完善硬件服务设施。特别是为迎接奥运会，2007—2008年，古币馆重点进行馆容馆貌的整治，以整洁、优美的环境接待国内外游客。先后对厕所和周边护栏进行更新改造，粉刷门窗、围墙，完成规范双语标识工作。对已有10多年历史的《中华货币4000年》基本陈列进行更新。在西城区的大力支持下，门前年久破损严重、雨天积水的柏油路面得到了重铺，与公交车场的隔离栏杆进行了更换。馆前面貌焕然一新。

加强安全技防设施建设和维护，提高古币馆的安全系数。2004年安装电视监控系统，并于2007年进行了补充完善，使箭楼内部、展厅、城台、出入口等重点防范部位，都得到了有效监控。2004年修建消防蓄水池，2006年完成箭楼消防供水工程，解决了德胜门箭楼消防水压不足的难题。改造了展厅内的供电线路和照明设施，按规范铺设线路，先后安装了电气设备用电线路安全控制系统、紧急广播，解决了存在的安全隐患。

遗憾的是，制约博物馆整体发展的重大难题长期得不到解决。德胜门箭楼前后公交停车场，堵住了古币馆的大门难以使观众发现入口，破坏了文物古建筑的风貌，车流、人流混杂带来了安全隐患。对德胜门箭楼周边环境进行彻底整治的问题，虽经历届领导努力争取，人大代表、九三学社等多方呼吁，终因公交车站迁址等非常棘手，始终没有解决。

历代帝王庙

TEMPLE OF ANCIENT MONARCHS

馆　　长 王春华

通信地址 北京西城区阜成门内大街131号

邮政编码 100034

电　　话 66120186 66517739

传　　真 66120186 66517739

网　　址 www.lddwm.com

隶属关系 北京市西城区文化委员会

性　　质 公办

建筑性质 古代建筑(全国重点文物保护单位)

建筑面积 6000平方米

展厅面积 2882平方米

占地面积 21500平方米

馆址环境 明清风格古建,环境优美,交通便利。

历史沿革 此庙始建于1530年,在1996年被国务院公布为全国重点文物保护单位。民国时为市立第三女子中学,1972年统编为北京市第159中学,2004年对外开放。

开放时间 9:00—16:00(周一、周二闭馆)

服务设施 无障碍参观、纪念品商店、语音导览设备。

交通状况 公共汽车：乘7、12、42、101、102、103、409、603、814路白塔寺站下车;地铁:阜成门下。

概 述

历代帝王庙是中国古建筑宝库中的精品，是以伏羲、炎黄祖先为祭祀中心，以统一多民族帝王系列和历代功臣名将为祭祀体系的一处皇家庙宇。通过保护利用这一珍贵的历史文化遗产，使历代帝王庙成为吸引海内外华人祭祖炎黄、颂扬先贤、增强历史自豪感和民族凝聚力的重要文化场所。市委、市政府领导和西城区政府高度重视历代帝王庙的保护和利用工作。2000 年以来，北京市启动 3.3 亿元文物抢险工程和“人文奥运文物保护计划”，历代帝王庙被列为重点修缮项目。北京市政府、西城区政府投入 3 个亿，用了 3 年时间办了 3 件事，搬迁学校，全面修缮文物建筑，复原殿内陈设。2004 年 4 月 28 日，历代帝王庙正式对社会开放。历代帝王庙的修缮和开放筹备工作得到了国内著名专家学者的高度重视，在全市、全国和部分海外华人中产生了很大反响。截至 2008 年 10 月，已接待观众近 25 万人次。

工作宗旨

本博物馆的宗旨是遵守宪法、法律、法规和国家政策；遵守社会道德风尚，弘扬中华民族悠久历史文化，增强民族凝聚力，促进国家统一、民族团结；保护、修缮、开放和利用北京历代帝王庙，对北京历代帝王庙的历史文化价值进行系统研究。

业务范围

日常开放；举办长期、短期的展览活动；征集、采集和保管各级文物；组织各种类型的文化活动；展示历代帝王庙祭祀文化；举办各种类型的巡回展览；举办系列文化讲座；进行帝王文化的研究和咨询工作；开展海内外文化交流活动；开发文化产品，开展文化经营；组织相关人员的培训活动。

组织机构

综合部：日常管理、档案、人事、对外接待、藏品征集保管等职责。

社教部：展览讲解、文化交流、文化旅游活动的策划、组织和对外宣传等职责。

财务部：负责会计、劳资、票务、固定资产管理等事务。

安全维修部：安全保卫、设备设施保护维修等职责。

职责范围

本馆坚持公益性的原则，努力提高社会效益，不以营利为目的，充分发挥社会教育功能，传播进步思想、道德、科学技术和文化知识，弘扬优秀文化和科学精神，丰富人民的精神文化生活，提高公众素质，促进国际文化交流。

本馆享有“北京历代帝王庙”名称专有权和依法征集、采集藏品权。

本馆依照博物馆章程开展业务活动。

本馆陈列展览以原物、真迹为主，使用复制品、仿制品和替代品，复原陈列保持原貌。

本馆向老年人、残疾人免费开放，向青少年优惠开放或定期免费开放。

重点工作

开展学术研究活动，广泛宣传历代帝王庙的历史文化价值

1. 在专家和社会各界的支持下，我馆始终高度重视有关历代帝王庙的学术研究活动，成果卓著。目前，促进会已将现有研究成果编辑出版图书6本、大型画册2本、光盘2套、百家姓书签1套。6本图书分别是:《历代帝王庙研究论文集》、《历代帝王庙一百问》、《历代帝王庙与159中学》、《关公的一百张面孔》、《祭三皇五帝——北京历代帝王庙》中文、英文版;2本大型画册分别是:《历代帝王及名臣》和《历代帝王庙》;2套光盘分别是:《走进历代帝王庙》和《数风流人物》。

2. 广泛与海内外团体和机构建立联系，开展文化交流活动。2003年年底，我们邀请山西解州关帝庙、河南洛阳关林、湖北当阳关陵三地文物管理部门领导和专家来京，以“头枕洛阳、身卧当阳、魂归故里、位尊帝王庙”为主题，研究历代帝王庙中入祀人物关羽的特有文化现象，收集、整理与关羽有关的各种资料，在历代帝王庙中的关帝庙合作举办了“关公文化”展览，使来参观的游客对这位中国历史上的传奇人物有了更深入的了解。

3. 2005年4月，应中华炎黄文化研究会邀请，我馆参加了在西安举行的“黄帝祭祀与中华传统文化学术研讨会”及黄帝陵祭祀大典，与来自国内及港、澳、台、日本的60余名专家学者共同研讨。我馆提交了《历代帝王庙文化特点简述》、《祭祀文化的传承和创新——历代帝王庙祭祀场景恢复研究》两篇论文，受到与会专家和同行重视，他们认为，这两篇论文通过对历代帝王庙的研究，论述了我国祭祀文化的传承与创新及一脉相承的历史特点。

4. 2005年8月，我馆参加了北京市人民政府台湾事务办公室主办的“2005京味文化之旅”赴台巡展活动。在台中乐成宫、鹿港天后宫、台南关帝庙参加了3场展演、两场交流活动中，制作了10幅历代帝王庙简介和50幅“三皇五帝与百家姓展览”挂轴，向台湾同胞宣传历代帝王庙的历史文化价值，介绍中华姓氏的源流、迁徙等，还根据台湾姓氏分布特点，印制了2000套台湾地区前100位姓氏源流的书签，近5000台湾民众参与了活动，反响热烈。

5. 2005年8月18日，开通了网站。经过试运转和征求意见，2006年1月，对网站进行了全面改版的工作，建立日常维护和信息更新等程序。网站中除了介绍历代帝王庙的历史价值和文化内涵以外，专门开辟了信息专栏，及时报道工作动态、活动信息等，成为宣传历代帝王庙的一个平台。

创办“相聚历代帝王庙，拜谒三皇五帝”海内外华侨、华人北京寻根之旅活动，开展多种形式的文化活动

2004 年 2 月，我馆参加了北京市旅游局组织的“2004 北京春季旅游项目”东南亚地区的推广活动。2004 年 4 月，在历代帝王庙对社会开放之际，由北京历代帝王庙保护利用促进会与北京市旅游行业协会共同举办了首届“相聚历代帝王庙，拜谒三皇五帝”大型文化旅游活动，活动以“情系中华、拜谒三皇、同舞金龙、相聚北京”为主题，来自 14 个国家和地区的 1200 名海外同胞齐聚历代帝王庙，共同拜谒三皇。著名书法家欧阳中石先生为历代帝王庙提笔作赋。在此次活动中，海外同胞参观历代帝王庙恢宏的建筑群和主题展览，观看再现清代皇帝祭祀历代帝王乐舞表演，亲身感受了中华民族悠久的历史文化氛围，极大的抒发了对三皇五帝作为中华民族共同祖先的认同情感，增强了海内外华夏儿女的凝聚力。

上述活动已经成为北京市和西城区每年秋季的传统旅游项目，至今已举办 5 届，每届活动都有新的亮点。2005 年第二届活动邀请到海外 30 个国家和地区的华人、侨领代表，以及我国台湾、香港、澳门地区的同胞代表 130 余人集聚一堂，并安排了华人侨领代表宣读《拜谒三皇五帝颂文》。2006 年，第三届活动总结前两届的活动经验，除北京市旅游行业协会外，邀请北京海外交流协会、北京市台商投资服务中心共同主办，调整了再现清代皇帝祭祀历代帝王乐舞表演队伍，增加了观赏性。2007 年，第四届活动正值北京筹备举办 2008 年，奥运会的决战之年，近 400 位港澳台同胞代表和海外华人华侨代表在寻根问祖、拜谒三皇、期盼民族复兴、祖国统一之际，以宣读“同一个梦想”奥运祝词与签名的方式，为北京成功举办奥运会祝福。

5 年来协调和组织了多项在历代帝王庙举行的各项文化、展览活动。分别有：2005 年举办“感受西城、品味北京、弘扬中华传统、相约 2008”——“第六届京台青少年交流周开幕式”；2006 年庆祝我国第一个文化遗产日，“责任与使命——亲近文化遗产 传承文明火炬” 青少年宣言发布会活动以及《炎黄情书画展》、《中华龙书画展》、《西城老照片展》、《2000—2006 西城区文物修缮成果展》，以及《弘扬传统文化，迎接北京奥运——2007 西城区民间艺术精品展》、《世界遗产在中国》、《伏羲颂》书画展，西城区博物馆图片展、“成功追索流失海外的中国文物”专题展览等。这些活动或以突出展示三皇五帝为华夏始祖的历史文化内涵为主线，或以中华传统文化丰富的人文资源及深厚的人文底蕴为主题，在社会主义精神文明建设、爱国主义教育及宣传西城区厚重的历史和人文资源方面发挥了重要作用，收到了良好的社会效益。

北京民俗博物馆

BEIJING FOLKLORE MUSEUM

馆　　长 孙爱军

通讯地址 北京市朝阳门外大街141号

邮政编码 100020

电　　话 65510151(办公室) 65514148(社教部)

传　　真 65510151

网　　址 www.dym.com.cn　www.bjms.org.cn

电子邮箱 webmaster@bjms.org.cn

隶属关系 北京市朝阳区文化委员会

性　　质 公办

建筑性质 古代建筑(全国重点文物保护单位)

建筑面积 8093平方米

展览面积 1700平方米

占地面积 19940平方米

馆址环境 位于繁华的朝阳门外大街路北,环境优美、交通便利。

历史沿革 本馆现行馆址东岳庙始建于元代延祐六年(1319),是道教正一派在华北地区的第一大道观,主祀东岳大帝及众神体系。解放后,为北京公安学校、国家安全局北京市安全三局办公用地。1995年,北京市文物局将东岳庙产权下放移交给朝阳区人民政府。1996—1998年,朝阳区政府斥资对东岳庙中路进行为期3年的修复工作。1996年,东岳庙被国务院公布为全国重点文物保护单位、北京民俗博物馆筹建处成立。1997年,按照北京市政府"九五"规划辟为北京民俗博物馆。1999年2月,正式向社会开放。

开放时间 8:30—16:30

服务设施 无障碍参观;可停放40部车;游客服务中心;食品部;纪念品商店:营业面积88平方米;有偿导游服务。

交通状乘 101、109、110、112、420、750、846、858、855路在神路街下车即到。地铁朝阳门站下车向东600米路北。

概 述

北京民俗博物馆位于繁华的朝阳门外大街141号，根据北京市政府“九五”规划，北京市文物局批准建立其为北京地区唯一一座专题类民俗博物馆，馆址是集元、明、清古建群为一体的全国重点文物保护单位——北京东岳庙。

北京东岳庙作为全国重点文物保护单位和拥有近700年历史的丰厚文化遗产，2004—2008年间，北京东岳庙无论从古建收复，还是在功能恢复方面，都发生了巨大的变化。自1999年主体建筑中路部分修缮开放后，从2001年开始，东岳庙二期腾退、修缮工作全面展开，2007年4月26日，北京民俗博物馆与朝阳区教委国有资产管理中心签定《洽谈纪要》，东岳庙东路（原朝阳区下三条中心小学）正式移交北京东岳庙管理，2008年10月，东岳庙东路修缮工程正式启动。至此，北京东岳庙古建筑基本恢复其历史的完整格局。2007年3月23日，“东岳庙西路附属文物修复项目”专家顾问聘任仪式暨《东岳庙西路开放筹备方案》专家论证会在北京日坛会馆举行，2008年春节期间短暂向社会开放，而后继续闭馆修缮。2008年5月3日，举行了“北京东岳庙恢复道教活动场所开光颁证仪式”。

作为公办民俗类专题博物馆，北京民俗博物馆始终以深入挖掘民俗文化、科学研究民俗文化、充分展示民俗文化、大力弘扬民俗文化为宗旨，明确以建设“三个中心”（北京民俗文化的展示中心、活动中心、研究中心）为努力方向，通过丰富多彩的民俗展览、民俗活动，力求使北京民俗博物馆真正成为为社会及其发展服务的文化场所。

本馆现有国家一级文物15件套，国家三级文物5件套，民俗文物近万件套。这些文物上迄汉唐、下至近现代，既有金银饰品、陶瓷玉器，又有生产生活、教育娱乐用品，多方位地反映出民间民俗活动。多年来，本馆以类型多样、数量繁多的藏品向公众传播和展示民俗文化，2004—2008年，本馆共举办包括《人生礼俗文物展》、《十二生肖话民俗展》、《老北京商业民俗文物展》、《中国传统节日文物展》、《中国传统益智玩具展》、《中秋节俗文物展》、《北京非物质文化遗产展示》、《中国传统玩具与游艺展》、《中国非物质文化遗产保护名录——“聚元号”弓箭技艺展》、《北京民俗博物馆建馆10周年特展》、《东岳庙西路民间行业习俗展》、《传统中医药行业用具展》、《东岳庙西廊鲁班、鲁

北京民俗博物馆建筑群

祖殿与鲁班行展》等近70个民俗展览。

北京民俗博物馆每逢重大民俗节日都要举办丰富多彩的民俗活动。借助推碾子、滚铁环、拉洋片儿、抖空竹、学拓碑等动态民俗活动，丰富了春节、端午、中秋、重阳等祖国传统民俗节日文化市场。本馆主办的春节文化庙会是北京的著名庙会之一，2004年至2008年举办了5届春节文化庙会暨北京民俗文化节。每届庙会期间必推出大型民俗展览、高水平学术研讨会、免费的民俗知识讲座、全馆研究成果展示、濒临绝迹的民间民俗活动、民间工艺品展卖、东岳庙庙会传统项目——“祈福迎祥、戴福还家”的福文化展示等，重点突出公益性、参与性，突出文化品位，适应了不同层次观众的文化需求，使人们在春节娱乐的同时，学到知识、增长见识。2008年1月29日，北京东岳庙庙会被列入入第二批国家级非物质文化遗产名录。在历年北京市文化局举办的“我最喜爱的春节庙会(灯会)评选活动”中屡获佳绩。

民俗展览与民俗活动以浓厚的文化底蕴、参与互动的形式享誉京城，尽显民间民俗文化的魅力。常年举办民俗展览，针对岁时节令、传统习俗广泛开展民俗活动，走“以活动推展览互动走向社会”的博物馆发展之路，成为本馆的一大特色。2008年8月7日，美国前国务卿基辛格先生来访时为我馆题词:感谢你们对中国历史的精彩展示。

在科学研究方面，围绕东岳庙历史文化内涵、北京地域民俗等方面，开展了《老北京商业民俗》、《高碑店民俗调研》、《东坝民俗调研》、《幡鼓齐动十三档》、《中国传统节日文化》等课题研究。本馆多次组织包括朱家缙、罗哲文、史树青、刘魁立在内的文物界、民俗界、收藏界的专家学者召开高水平的学术研讨会，如:《高碑店课题研讨会》、《恢复幡鼓齐十三档研讨会》、《端午民俗研讨会》、《老北京商业民俗研讨会》、《首届漕运文化学术研讨会》、2004—2007 年共 4 届“东岳论坛”国际学术研讨会。2004 年，本馆国家级研究课题——《老北京商业习俗》成为文化部中国民族民间文化保护工程第二批试点之一，并于 2005 年以展览的形式进行了课题成果公开展示；2006 年开展的东坝民俗调研课题，历经数年努力，课题研究成果将于近期出版发行；2008 年度，我馆申报的朝阳区级高级研修班课题——“中国传统节日文化”于年内结题，研究成果也将于近期出版发行。5 年来，我馆出版了《北京东岳庙楹联匾额注释》、《北京东岳庙与北京泰山信仰碑刻辑录》、《节日文化论文集》、《第二届东岳论坛论文集》、《传统节日与文化空间——第三届东岳论坛论文集》、《老北京商业民俗文物》、《漕运文化研究》、《高碑店村民俗文化志》、《幡鼓齐动十三档》、《东岳文化与大众生活》、《文化空间：保护非物质文化遗产的重要场域》11 部学术专著；编辑了《北京民俗博物馆年刊》,《北京民俗报》(双月刊)。全馆上下形成了学术研究的好风气，5 年中馆内业务人员共发表学术论文 30 余篇。5 年来，我馆成功申报多项国家级及市级项目：2006 年，《行业祖师信仰习俗》成为北京市非物质文化遗产；2007—2008 年，《北京东岳庙庙会》成功进入为北京市级和国家级非物质文化遗产名录。

博物馆展厅外景

社教工作是博物馆和大众联系的桥梁，本馆注重讲解员队伍整体素质的提高，同时根据展览和活动的内容不同，主动寻找不同的宣教对象，以提高服务水平。为满足公众对民俗自我认知的渴求，北京民俗博物馆与社区形成互动，开展了“博物馆社区行”民俗活动，先后与朝阳区30余个街乡联合举办各种民俗展览和民俗活动，真正实现了与百姓零距离接触。继多年坚持的“民俗活动社区行”后，2007年，本馆开展了“民俗活动校园行”系列活动，博物馆的社教功能进一步外延，将民俗文化带入北京的大中小学校园，充分发挥北京民俗博物馆作为北京市爱国主义教基地的社教职能。几年来，本馆与大中小学校、社团组织以开展活动的方式，联合举办了一系列社教活动，如“端午民俗游”、“中秋传统文化游”、“重阳敬老节”、“首都民俗界中秋赏月晚会”等。此外，本馆还积极参加各级各类旅游咨询会、博物馆日等宣传活动，适时进行免费开放等公益性活动，以吸引观众，扩大影响，增强社教功能。

在博物馆业务发展的同时，本馆也非常重视基础建设工作。5年来，我馆实施了展厅改造、电路改造、供暖改造、古树救护、环境整治、服务设施、无障碍设施等工程；配套了监控系统、避雷防范、夜间照明、保安巡视等安全技防系列工程。在行政管理上，本馆出台一系列内部管理制度。从软硬件各方面严格要求、细致工作，以保证管理水平不断提高，文物古建的安全防患未然。

2008年，北京奥运会和残奥会期间，作为北京民俗博物馆分馆的北顶娘娘庙和龙王庙，因其身处奥运中心区的特殊地理位置，成为人文奥运的重要载体，受到世人的瞩目，龙王庙更是作为奥运村长办公所在地，接待了来自世界各国的首脑人物。几年来，本馆多次召开专题研讨会，聘请业内专家学者对两地的保护利用进行远景规划。

经过5年的发展，北京民俗博物馆——东岳庙作为民俗文化的展示中心、活动中心、研究中心已受到社会各界的广泛关注和认可。

（杨 英）

北京新文化运动纪念馆

THE NEW CULTURE MOVEMENT MEMORIAL MUSEUM OF BEIJING

副 馆 长 郭俊英(法人)

通讯地址 北京市东城区五四大街29号

邮政编码 100009

电　　话 66128596

传　　真 66129868

电子信箱 bjxwhydjng@sohu.com

隶属关系 国家文物局

性　　质 公办

建筑性质 近代建筑(全国重点文物保护单位)

建筑面积 11000平方米

展厅面积 2000.00平方米

占地面积 6683.78平方米

馆址环境 西邻故宫博物院,东与中国美术馆相邻,交通便利。

历史沿革 本馆是建立在原北京大学红楼旧址上的纪念馆。这里曾是新文化运动的中心和五四爱国运动发祥地;以李大钊、陈独秀为代表的中国早期马克思主义者在这里播撒了中国革命的火种。1961年,北大红楼被国务院公布为全国重点文物保护单位。红楼曾长期为国家文物局办公地,2001年,国家文物局机关迁出红楼,委托原中国革命博物馆在红楼一层筹建新文化运动纪念馆,并于当年7月成立新文化运动纪念馆筹备处,2002年4月正式开馆。2007年10月,北京新文化运动纪念馆隶属关系变更,成为国家文物局直属单位。

开放时间 9:00—16:00(周一闭馆)

服务设施 观众放映厅、观众服务部。

交通状况 乘101、103、112、109、111路电车,2、60、685、810、814、846路沙滩站下车;地铁5号线东四站下车,往西倒109、102、846路沙滩站下车。

概　述

2004—2008年，北京新文化运动纪念馆秉承宣传和弘扬“爱国、进步、民主、科学”的五四精神的宗旨，不断推出各种形式的展览，向广大群众尤其是青少年进行生动形象的爱国主义教育。2007年10月，北京新文化运动纪念馆隶属关系变更，由中国国家博物馆下属部门，变更为国家文物局直属单位，为新文化运动纪念馆的发展提供了更广阔的前景。2008年初，纪念馆因红楼进行整体维修，暂时闭馆，纪念馆全力投入“纪念五四运动90周年活动及重新开馆”筹备工作，准备以崭新的面貌迎接广大观众。

5年来，北京新文化运动纪念馆在陈列展览、藏品管理、科学研究、社会教育等方面都取得一定成绩，为弘扬五四精神，推动社会主义文化大发展大繁荣，作出了积极的贡献。

陈列展览

北京新文化运动纪念馆所在地——北大红楼是国家重点文物保护单位。在陈列展览的设计理念上，我们首先从文物保护出发，有计划地恢复红楼旧址，同时在不破坏红楼房屋结构的前提下，在室内作新文化运动专题性陈列。继2003年推出《蔡元培与北大红楼》展览后，2004年4月又推出《新文化运动主将——陈独秀》展览。展览面积140平方米，分为“倡导民主科学，掀起新文化运动”和“投身五四洪流，创建中国共产党”两大主题。通过54张图片和51件实物，真实再现陈独秀在五四新文化运动中的杰出贡献。《新文化运动主将——陈独秀》是国内首次推出的陈独秀专题展览，获得专家学者和社会各界的一致好评。2005年10月，在北京市爱国主义教育基地评优活动中，《新文化运动主将——陈独秀》展览获优秀活动奖。

由于红楼内展厅面积有限，纪念馆另辟蹊径，采取“走出去”的办法，将展览推向社会。从2005年起，纪念馆联合宋庆龄故居、北京鲁迅博物馆、郭沫若纪念馆等6家名人纪念馆开展一系列展览活动。2005年，配合世界反法西斯战争暨中国抗日战争胜利60周年，推出“传承先进文化，追寻世纪名人——纪念抗日战争胜利60周年专题展”；2006年、2007年，配合“5·18国际博物馆日”宣传主题，先后推出“共有的文明——名人与文化遗产”和“历史的记忆——文化名人与和谐文化”专题展览。这些展览在北京大学、清华大学、人民大学等二十几所大专院校，以及部队、社区和中小学校展出，观众达30万人次，取得了良好的社会效益。展览还走出国门，赴韩国、日本、澳大利亚等国家巡回展出，取得了很好的宣传效果。自2006年我国设立“文化遗产日”以来，7家名人纪念馆展览已经成为“文化遗产日”当日必不可少的重头节目。

2007年4月，纪念馆推出《无畏的播火者、勇敢的探索者——纪念李大钊英勇就义80周年》图片展，并将展览送到东华门街道展出。2008年，在纪念馆临时闭馆时，又将《北大红楼与五四名人》展览送到社区巡展，为附近社区居民送上一道文化大餐。

2008年4月，纪念馆顺利完成搬迁工作后，立即着手进行“纪念五四运动九十周年暨新文化运动纪念馆重新开馆”筹备工作，制定了陈列展览、重新开馆的整体规划，以红楼旧址复原为主体，制作新文化运动基本陈列、人物专题展览、文物收藏展，以及纪念五四运动九十年名家书画展、召开学术研讨会等。在整体格局上，突出旧址类博物馆展示特色，在进行深入研究的基础上，力争准确把握北大红楼旧址复原的历史特征，打造人文环境，营造真实历史氛围，做到旧址复原与陈列展览的和谐统一。

藏品征集保管

文物资料的征集、保管，是博物馆工作的重要基础。北京新文化运动纪念馆通过多种渠道，依靠社会力量，不断探求文物征集线索，并取得一定成果。2004—2008年，纪念馆通过各种渠道征集藏品446件。其中比较重要的有2008年5月征集到的李大钊文物资料139件(套)，其中包括李大钊手迹、授课试卷、原版照片、北京大学早期档案、李大钊捐给北大图书馆的书籍等珍贵文物；还包括上个

北京新文化运动纪念馆馆址——北大红楼

世纪50年代朱德、郭沫若等人在红楼建立的“李大钊纪念室”时的珍贵手迹。纪念馆还征集到傅斯年签名本《新潮》、胡适亲笔题签的陈独秀著作《字义类例》、1919年出版的《曙光》创刊号、《马克思经济学说》初版本等。

纪念馆十分重视图书资料的收集整理，成立了资料室，每年都征集、采购有关新文化运动研究、新文化运动代表人物的著作及研究，博物馆研究等图书、杂志，截止到2008年12月，资料室已有图书2500册、杂志20余种。

2008年4月，因红楼进行维修，纪念馆迁往鲁博办公。在纪念馆搬迁过程中，文物藏品的搬迁为搬迁工作中的重点。在搬迁之前，业务部人员集中对馆藏品进行清点，并在此基础上，定制适量的书套和囊匣，便于藏品运输和保护。到3月中旬，囊匣全部制作完毕，藏品也全部装入匣中。然后，再把藏品装入按照藏品的尺寸订做的纸箱中。在三个半月的时间内，纪念馆完成了4000余件（套）馆藏品和2000余册图书资料的清点、包装工作。并于4月15日、16日两天，顺利将藏品放入新库房，经核查，藏品安全无恙，无一损毁。

科学研究

新文化运动纪念馆有一支较强有力的业务队伍，目前有高级职称（副研究馆员）4人，中级职称（馆员）3人，初级职称1人。其中，硕士研究生学历3人，在职研究生学历2人，本科学历3人，具备一定的科学研究能力。纪念馆工作人员除开展一系列展览活动外，还积极参加各

“新文化运动陈列”展厅局部

种学术活动，加强学术交流。2004—2008年，纪念馆工作人员共发表各类文章15篇，出版著作两种。

2003年10月，纪念馆承接了国家文物局“北大红楼历史沿革考证”科研课题，对北大红楼曾经发生过的历史事件、曾经出现过的社团和刊物，以及对中国历史进程产生影响的人物在红楼学习工作的情况进行专题研究，并对红楼建筑本身不同时期的房屋结构、功能、重要机构设置等进行多方位探讨。课题组人员通过查阅原始资料、研读前人研究成果、采访红楼见证人等方式，到2006年10月，共完成5篇红楼历史时期研究概述，共计10余万字。

2008年，纪念馆承担了制定国家标准项目“博物馆讲解等级评定”的工作。纪念馆成立了项目小组，对全国博物馆讲解员情况进行了调查。在标准化有关专家的指导下，完成了“博物馆讲解员等级及其评定标准”（征求意见稿）标准化格式文本。随后，对标准文本征求意见，对28份意见表进行整理汇总，形成《意见汇总表》。经多次讨论和修改，形成了送审稿和编制说明，并如期上报标准办。

纪念馆将继续深入挖掘五四新文化运动思想内涵，加强与学术机构和地方相关纪念馆的合作与交流，促进学术研究深入开展，搭建五四新文化运动历史研究的交流平台，形成以新文化运动纪念馆为中心的合作体系，使新文化运动纪念馆成为庞大的新文化运动信息收藏和研究中心，并利用社会力量，开门办馆，融合专家学者的研究成果，汇集兄弟博物馆、纪念馆，以及社会上的私人收藏家的研究力量，推出形象、直观、生动的文化产品。

社会教育

北京新文化运动纪念馆自从2002年被命名为爱国主义教育基地以来，馆领导根据纪念馆自身的实际情况，因地制宜，扬长避短，制定了依靠社会力量开放办馆的宗旨，积极开展以宣传新文化运动、弘扬五四精神为宗旨的宣传教育活动。

为贯彻《中共中央关于进一步加强和改进未成年人思想道德建设的若干意见》的有关精神，从2004年5月1日起，纪念馆开始对前来参观的中、小学生集体观众实行免票，对中、小学生个人予以半票优惠，切切实实为加强和改进未成年人思想道德建设创造有利条件。同年8月，纪念馆还参加了北京市文物局和北京市教委联合推出的北京市中、小学生“参观护照”活动，在将博物馆、纪念馆和爱国主义教育基地更加广泛面向中小学校的同时，使之成为广大中小学生参观、学习和实践的记录。作为北京市、东城区两级爱国主义教育基地，纪念馆积极响应市委宣传部举办的“逛京城”系列活动和东城区爱国主义教育基地领导小组开展的“掀开历史画卷，激荡爱国情怀”教育基地参观寻访活动。将前来进行纪念活动、主题队会、入党入团仪式、成人仪式和夏令营、秋令营等各项活动的主题思想与本馆的展陈内容相结合，集教育性、知识性、观赏性和参与性于一体。

2005年，纪念馆配合东城区委、区政府与资源单位开展“蓝天工程”活动，并与相关单位签订相关协定。将区域内、校际间及社会上各类教育资源进行整合、利用，通过网络化、数字化的管理信息平台，让全区的中小学生拥有更多的课外活动时间和广阔的课外活动空间。在该项活动中，纪念馆积极配合该项工程POS机的安装、使用和数字传导，为“蓝天工程”的具体实施作出贡献。

2005年5月，北京新文化运动纪念馆入选全国百家红色旅游经典景区。随着共产党员保持先进性教育活动的开展，纪念馆在2005年和2006年度相当长的时间内成为红色旅游和进行“保先”教育的热点。到2006年上半年，前来进行保持共产党员先进性教育活动的机关单位、学校、医院、事业单位共有500余家，受教育人数20000余人。2005年3月19日，在中央政治局委员、市委书记刘淇及市长王岐山的带领下，北京市委市政府、市政协、市人大领导班子全体成员集体来到纪念馆参观，市委领导们饶有兴致地参观了纪念馆的陈列和旧址复原，听取了纪念馆领导和工作人员的详细介绍，并在宣誓厅集体重温了入党誓词。参观后，刘淇书记说，到红楼参观上了一堂生动的保持共产党员先进性教育的党课。

北京新文化运动纪念馆坚持发挥旧址类纪念馆作为爱国主义教育基地的特殊作用。2007年，纪念馆将“传承民族文化，感悟时代责任”图片展送到北京市未成年犯管教所展出。展览通过鲜活生动的语言，丰富多彩的画面和现代展示技术，展现了蔡元培为中国知识界、教育界作出的伟大贡献，以及不屈的爱国精神和民族气节。600多名未成年犯以押犯管区为单位参观了展览。这些在押的未成年犯大多都有厌学并在社会上流浪的经历，很多人从未到过博物馆，没有机会受到这种形象生动的教育。展览丰富的内容、生动的讲解激发了未成年犯极大的兴趣，他们如同置身于纪念馆，纷纷驻足、聆听、观看，不时地作着记录。纪念馆通过这样的活动，帮助未成年犯树立重新做人的信心，使他们在今后的人生道路上努力学习，做一个对人民、对社会有用的人。

北京市昌平区博物馆

BEJING CHANG PING DISTRICT MUSEUM

馆　　长 邢军

通讯地址 北京市昌平区府学路10号图博大楼

邮政编码 102200

电　　话 69741095　80110987

传　　真 69741095

电子信箱 xingchp@126.com

隶属关系 北京市昌平区文化委员会

性　　质 公办

建筑性质 现代建筑

建筑面积 11580平方米

展览面积 1200平方米

占地面积 8845平方米

馆址环境 馆址位于昌平区政府街东延长线上，位置优越，交通便利。馆舍西临中国政法大学、中国石油大学，南临中国化工大学，北临国防大学外训系、工程兵士官学院。馆舍之东是即将建设的昌平卫星城东扩范围。

历史沿革 1988年4月28日，昌平县政府办公会议决定，以文物管理所为基础组建昌平县博物馆，将位于昌平南环路南侧的昌平儿童乐园东楼作为博物馆馆舍并办理使用手续。1988年5月进驻开始筹办展览。2001年7月11日，因昌平博物馆所在的昌平儿童公园整体拆迁建设高层住宅楼，将馆舍临时迁往昌平公园内弘文阁。同年10月，昌平区博物馆、图书馆举行新楼奠基仪式。2004年12月18日，新馆举行开馆仪式并正式对外开放。

开放时间 9:00—17:00(周一闭馆)

交通状况 门前东侧200米为公交昌平东关站，345路（快）、919支线、357路、314路、947路及区域内的小公共汽车途经此站。

概　述

2004 年 12 月 18 日,昌平区博物馆的新馆开馆,这是本馆第二次迁址。新馆位于昌平区政府街对东延长线上,位置优越,交通方便。馆址向北即为十三陵水库。馆址以东,是昌平未来东扩新区的位置,从市区通往昌平的轨道交通正在建设中。

机构设置 2005 年 12 月 19 日，北京市昌平区机构编制委员会办公室明确了将北京市昌平区博物馆机构编入北京市昌平区文物管理所，北京市昌平区文物管理所挂北京市昌平区博物馆的牌子,将二者的功能、编制和人员合一,精简机构,便于开展工作,及时展示辖区内的最新发现和最新研究成果。

北京市昌平区博物馆新馆是区政府投资建设的一个大型文化公共场所，功能完备、设施齐全。配备了文物库房、安全监控室、公共饮水处,电梯和残疾人专用通道,用以满足不同观众群对文化的需求。

昌平区博物馆新馆开馆时推出了 4 个内容的展览,《古代昌平》文物展、《风情昌平》民俗展、《现代昌平》摄影展和《文化昌平》书画展。较全面的体现了昌平地域特点和文化传统,用本地区发现的实物资料,演示了昌平区在漫长历史长河中的起源和发展轨迹,多角度、多方位地向观众展示了昌平区的现代化建设成就,起到了鼓舞和激励的作用,服务于昌平区的各界群体。

昌平区博物馆内景

北京晋商博物馆

BEIJING JIN MERCHANTS MUSEUM

馆　　长 薛　岩

通讯地址 北京市朝阳区建国路58号

邮政编码 100025

电　　话 65566836

传　　真 65566836

网　　址 www.bjjbmuseum.com

隶属关系 北京市文物局

性　　质 民企

建筑性质 仿古建筑群

建筑面积 30000平方米

展厅面积 6500平方米

占地面积 180000平方米

馆址环境 位于长安街沿线，距国贸仅4公里。地铁1号线、八通线、东四环城市环路、京通快速路，另有10多条公交线路从项目经过。通惠东辰紧邻东三环CBD中央商务区、国贸商圈，以及华贸商圈的辐射、外延，长安街东沿线、朝阳路华堂商圈。

服务设施 无障碍参观(含电梯和专用洗手间)；拥有地下车库和地面停车场；设置有商品部；提供语音导览。

交通状况 地铁四惠站下，往东300米路南即到。公交312、475、468、628、649路陈家林站下。

概 述

北京晋商博物馆坐落于北京市朝阳区高碑店乡四惠桥东侧。主体建筑面积3万平方米，建筑群落面积20万平方米。博物馆建设于2006年，2008年8月，主体和基本陈列竣工，正式对外界开放。

北京晋商博物馆是世界最大的晋商专题博物馆，是中国唯一的关于商人与商业的博物馆，投资方为山西远鑫集团，是山西省"建设文化强省"的精品项目之一。晋商博物馆是北京市文物局、民政局正式批准注册的百余家博物馆之一，北京博物馆学会团体会员，是民办非营利性机构。

依托厚重的历史文化底蕴，北京晋商博物馆已经成为北京市朝阳区的一块重要的创意文化产业阵地和高端商务活动场所。博物馆一期工程建筑面积共6200平方米，现已全面竣工投入使用。其中包括了900平方米的古戏台新闻发布中心及400平方米的特色茶院。博物馆的二期工程规划为五星级园林式酒店，是一处集文化、旅游、商务、娱乐等多种功能于一体的大型现代化综合性建筑群落。

文物管理

文物征集——硕果累累，独具风格

晋商博物馆文物的独特之处在于，它囊括了古代商人经商活动所使用的商业具器和生活具器，对晋商文化的保护和研究有着不可估量的价值。收藏品从钞版印章、账本量器到广告包装、商业书信、合同地契无所不包。其中对于当年晋商从事旧式金融业所使用过的金融具器保存得尤其完整，其中不乏价值连城的汇票和记录清中央王朝以及晚清重臣财务出入状况的账本，门类齐全的各种银钱货币。除了专门性文物的收藏，博物馆还注重对于杂项的收藏，目前馆藏杂项也成一定规模，包括晋商生产生活时所使用到的涉及衣食住行的物件，比如马车、茶砖、褡裢、家具以及文房四宝等等，作为晋商活动的一个个生动例证。目前统计，馆藏文物达46000件，在国内相关晋商题材的文物收藏中首屈一指。

文物整理——分类明细，科学管理。

作为博物馆赖以生存的基础，2007—2008年度，北京晋商博物馆业务组进行了系统化、大规模的文物清查整理工作，彻底地对每一件文物都做了信息记录、分类和归档，并建立了文物数据库，采用"易宝藏品管理软件"对每一件藏品的信息进行录入，

晋商博物馆外景

确保文物管理的规范化和文物检索的快捷化。完善文物藏品总账，对馆藏藏品做了总登记账，为文物和博物馆价值评估做了最基础的准备工作。

文物研究——全面清理，重点突破

在文物整理过程中，文物研究也并行不悖。首先把文物的大类分好，然后分组进行进一步研究。对文物进行统一命名，对于印章钞版类，业务人员按照不同的用途、纹饰和质地对其进行分类包装，然后将每一件印章都做若干份印谱，对应印章存放位置装册，并做好目录，方便辨认和查阅。合同、纸币纸质文物则进行分类装册，按照年代或者类别做成目录。杂项类每一件都进行了拍照工作，并对照片进行分类保存，刻盘备份。书信类藏品则进行了全面的点校释读工作，每一份书信都做有释读文稿。在文物研究过程中，在初步熟悉文物的基础上，对其中有代表性的、精美的文物进行重点标识，或者拍照、或者扫描，将文件进行建档存放，为陈列展览的选择使用做了基础准备工作。

文物保护——小心谨慎，操作规范

文物保护分为两部分，一为上展文物的保护，二为库存藏品的保护。2008 年 8 月份博物馆落成以后，文物陆续归入库房。为了使藏品整洁有序，博物馆斥重金购买了一批货架以及保险立柜，然后将各类藏品打包以后，分门别类摆放。文书信件和金融证券类藏品存放于库房中央的保险柜之内，内置防虫防潮设施，能有效地保护文物的寿命与安全。在保管文物、做到文物安全的同时，还凸显陈列的有序性和逻辑性，在业务组工作人员的策划下，库房既是文物的保管场所，同时也可作为贵宾的文物参观场所。对于上展文物，则进行定期检查清理、施放防虫防潮药品、避免有害射线等措施，隔段时间进行通风。

陈列展览

基本陈列："风云晋商"展

2007年，我馆聘请专家为北京晋商博物馆撰写陈列内容设计大纲，2008年1月25日，内容设计开始由清华大学美术学院展示艺术研究所承担。2008年3月中旬，陈列内容设计大纲完成，交由清华大学美术学院展示艺术研究所进行陈列形式设计大纲的策划撰写。

2008年4月10日，在我馆召开北京晋商博物馆基本陈列方案汇报会。会中各领导对陈列方案进行讨论并提出宝贵建议。2008年6月，我馆基本陈列开始施工搭建。

文物上展工作于2008年8月17日开始，至2008年9月8日基本陈列布展基本结束。

临时展览："北京金融业的辉煌历程"大型金融展

2008年10月7日，我馆业务组人员筹备北京金融业的辉煌历程和晋商文物展的上展文物，2008年10月10日至14日进行我馆临时展览——"北京金融业的辉煌历程"及"晋商文物展"的布展工作，展览于10月15日开幕。

其他

库房除了作为藏品保管场所，还兼有陈列展览的功能。在整理文物的过程中，便有目的地将品相好、制作精美的文物突出放置，尤其是杂项类，做到保存与美观并行不悖。

"挂云道人画廊"也在2008年10月下旬迁入我馆一层贵宾室，贵宾室及一层西侧大厅均作为挂云道人所收藏的精品书画的展览区域，书画展于11月初完成，对外开放。

安保工作

博物馆的安保工作，事关重大，关系全局。2006年，在博物馆筹建阶段，便已经开始配备相应的保卫人员，确保基础工作的安全顺利执行。晋商博物馆全体员工都达到一个共识，即要有主人翁的意识，也有保护文物的

接待毛里塔尼亚总理一行

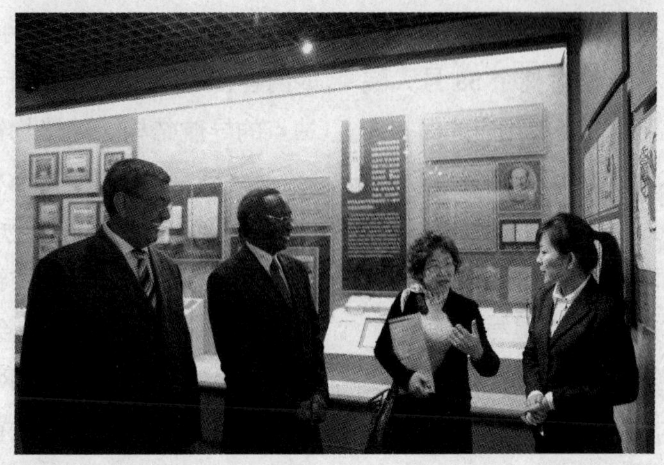

历史责任感,对于博物馆的安保工作,人人有责。博物馆的安全工作,也得到上级主管部门和馆领导的高度重视。博物馆在实践过程中严格遵照国家文物局、市文物局以及上级主管单位的指示精神进行操作。

保卫机构和保卫制度

安全工作是我馆的重中之重,博物馆在安保方面也做了强大的的安保人员配备,监察保卫部作为一个独立部门被开辟出来,主馆区设内卫6人,每人配有对讲机,24小时不间断巡视。我馆还在陈列展览区安装了红外线监控摄像头,在库房和办公区也有相应的防盗措施。

为维护博物馆的正常秩序,保证前来博物馆的观众人身财产不受损失,博物馆对整个58号大院工程配备有相应的保安人员,对于来访者进行登记,对出入车辆进行有效的管理。对博物馆公共区域进行巡视,并填写《巡视记录表》。实行24小时轮班制,填写《交接班登记表》,做到"本班情况清、交接问题清、物品器械清"。

消防安全的预防措施

对于火灾,应当防患于未然。对此,北京晋商博物馆物业安全事务部定期进行消防安全检查,并做记录,对于相关的安全隐患都作出相应措施。对于博物馆的主体,重点检查消火栓、灭火器、安全通道和消防疏散楼梯、机房线路老化情况。针对发现的问题,立即作出应变,发现灭火器过期的,马上更换,没有配备的马上补齐,确保安全出口的随时畅通等。为进一步落实消防安全工作,物业安全部制定了相关从业人员的《安全消防手册》,涉及到"员工安全保卫职责"、"员工安全消防职责"、"几种消防器材和设备的使用方法"、"消防注意事项"等内容。

信息化建设

时代的变化带来人们思想观念上的转变,在信息时代高度发展的今天,采用计算机技术进行工作、学习及业务管理成为一种新趋势。计算机技术的不断发展成熟,使其应用面不断扩展,已广泛应用于文物博物馆工作中。实践充分证明,文物博物馆信息化建设是文博工作实现科学化、现代化管理的必由之路。

北京晋商博物馆的网站建设

2007年10月,开始筹办晋商博物馆网站建设。在风格设计方面,参照其他同类企业及博物馆的网站布局,并结合本馆特色,确定了网站建设的主题。计划要发布的内容,以及网站风格、栏目的体现。2007年12月,创建站点的导航结构。经博物馆业务组与几家网络公司协定,最终确定了网站的整体框架设计。2008年1月,网络组和业务组,开始进行博物馆相关资料的收集整理。包括网站徽标、背景图片、按钮图片以及网站需要的展示内容。2008年2月至5月,组织文档和数据,进行具体的网站建设。首先设计出了网页的页面结构,下大工夫完成了网站精华所在的网站首页,为使风格统一,对设计模板进行了系统化的编程。2008年5月,进入测试站点阶段,检查站点的浏览器兼容性和已经可能存在的错误链接等。2008年6月,将网站投放到中国万网购买的虚拟空间,自此网站正式起用,并完善至今。

管理和办公的信息化

网络系统采用千兆主干交换机互连,百兆到桌面的整体设计思想,网络设备采用业界先进的H3C公司的交换设备。综合办公区的28个信息点于2008年10月份开通完毕,实现了博物馆办公人员人手拥有一台联网的电脑的办公环境。

藏品管理系统

目前,整个博物馆界藏品管理规范化程度与其他行业相比相对较低,这就势必影响计算机迅速、方便、高效、准确优势的发挥,并直接影响藏品管理现代化的进程。因此,实现博物馆藏品管理规范化,是一个摆在我们面前亟待解决的问题。

藏品信息化是博物馆信息化的重要内容,而藏品信息化必须解决信息规范化和标准化问题。这是藏品信息化建设的最为重要的基础性工作,是实现计算机管理的必备基础与前提。在遵循国家文物局颁布的《博物馆藏品信息指标体系规范》的原则上,我馆积极与软件开发公司合作,量身定制,根据本馆藏品的特点开发出相关的藏品管理系统软件,业务人员可以根据藏品特点和关键要素自主设定风格界面和菜单栏,为藏品信息的录入提供了巨大的便利,馆藏的4万多件藏品得以合理有序地归类整理,可供随时检索。目前,业务组的4台电脑均安装有"易宝藏品管理系统软件",包括一台服务器,并实现联机操作和资源共享。

展陈中的多媒体应用

注重声、光、电在展览中的表现,是现代博物馆的一个重要趋势。本馆在制作形式设计时,就依托清华大学美术学院的资源技术优势,将现代多媒体技术充分运用到展线上来。展区设有手动蒙汉、俄汉词典互动器两台,钱帖、老照片电子翻书两台,晋商书信释读浏览器一台,微缩戏台和两套关于晋商品牌和建筑文化的DVD播放器。在参观服务上,本馆配备了讲解导览器,该设备由天津恒达公司提供,这在很大程度上实现讲解自动化。

开放接待

前台接待

博物馆重视接待的第一套程序,即前台接待。前台接待是博物馆给观众的第一印象,因此,前台不仅担负着来客来访登记咨询的责任,还关系到博物馆形象的维系问题。为做好该项工作,博物馆选择了具有山西特色的仿古接待台,配备了专门接待人员和报刊信息资料。针对不同的来访者,再由前台工作人员引导至接洽负责人处,做到接待工作的有序性和合理性。

讲解接待

晋商博物馆目前设专业讲解员2名,由其他馆员进行辅助讲解。配备语音导览系统,遇有散客时,自行使用导览系统即可,团体观众提供人工讲解服务。2008年下半年,本馆在试开放阶段,陆续接待了大专院校、中小学生团体,以及北京市、山西省各级领导的参观团体。同时承接了国内多家政协、知名企业的新年茶话会等项目,目前正在进一步完善接待人员队伍建设。

商品部建设

博物馆的商品营销,是在市场经济体制下对博物馆的生存和发展提出的战略要求,也是新型博物馆的一大亮点。如何打破传统的非营利模式,实现博物馆的营利,做到"以馆养馆",依靠自身力量谋求博物馆的生存,是当代博物馆人面临的一个新课题。

北京晋商博物馆,是一家历史性的专题博物馆,具有独特的文化内涵。展品独特,每一件都与晋商的历史文化息息相关。我馆的商品部,要以晋商文化为大背景,结合丰富的山西元素,制造和设计出符合晋商风格的独特纪念产品。晋商博物馆馆藏大量老照片、图章、牌匾幌子、票据、各类杂项等均可作为商品设计的参考模型。

文化建设

北京晋商博物馆是朝阳区"高新文化产业园区"的重点项目,从建馆伊始,便奠定了"文化产业"的主旋律,文化建设成为博物馆建设的中心,围绕这个中心不断探索,努力积累经验。如何更好地使得晋商博物馆与北京这个文化中心协调,更有效地继承和发扬晋商文化,博物馆进行了一系列努力。

人才队伍建设

2007年至2008年,我馆参与了北京市文物局和首都师范大学联合举办的"文博专业技术人员培训班",选派2名中层管理干部参加该培训班。邀请知名专家来我馆,为我馆业务人员进行为期两天的"讲解艺术"培训。曾邀请我馆顾问石长友先生为馆员作"中国私钞"的讲座,王雪农先生作"讲解词解析"培训,使馆员在一定程度上加深对专业知识的印象,有利于提升业务能力。我馆馆员本着"一专多能"的原则,在做好博物馆学术方面的同时,尽量提升与各部门的协调工作能力,各部门之间通过组织专业技能培训,介绍本部门的工作性质和情况,使得部门之间能做到良好的沟通和合作。

为迎接博物馆2009年的正式对外开放,馆长亲自组织馆员的专业培训,提出接待当中应当注意的问题,对馆员的学习也提出要求。由博物馆业务组,进行"晋商专题系列"培训,取得一定的效果。

校外"德育教育基地"的建设

博物馆属于社会教育机构,在它的基本功能"收藏、研究、教育"里边就凸显出了教育功能。我馆在成立之初,便积极寻找社会教育的定位,从本馆的研究角度和长年成功经商的经验中,提取其精华,将其成功经验和大商人爱国情操展示出来。2008年12月,本馆和科举匾额博物馆、污水处理厂 3 家通过了朝阳区高碑店地区第一批“校外教育基地”的审批。

媒体的交流合作

晋商博物馆作为社会教育的平台，积极加强了晋商文化的对外宣传，与各大媒体合作，通过多种途径来实现宣传教育功能。2008 年，先后与《北京青年报》、《新京报》、《北京科技报》等报刊合作，开辟晋商专栏。接待了大盛魁拍摄组、北京电视台、中央人民广播电台等相关单位的拍摄和采访，并提供相关的素材支持。

图书出版

博物馆结合自身文物的特点，开发具有本馆特色的科普图册和科研资料。已经完成的有《风雨沧桑看晋商》大型图册。2007 年，经过半年多的编辑整理，《清代晋商印谱》一书也付梓出版。

行政保障

管理制度的制定

行政工作在维系博物馆的日常运作方面起着不可代替的作用，有效地规范了博物馆工作人员的工作。2006 年至 2008 年 8 月，行政部针对本馆特点，制定了一系列规章制度，各部门就这些原则制度的基础上，也在不断地补充和完善。如目前制定的《人事管理制度》、《车辆管理制度》、《宿舍管理办法》、《网络管理办法》、《员工制服管理办法》、《安全管理制度》、《应急预案》。

后勤保障

北京晋商博物馆 1 号楼落成装修完以后，三层被辟为员工生活区域，解决了绝大多数员工的住宿问题，让员工不会为住房困难的问题困扰，更加安心地将精力投入到本职工作中。博物馆还拥有供本馆员工使用的餐厅，配备炊事员 2 名，保证了员工的用餐便利和安全。着装方面，公司为每一位员工配发了一套西服作为工作服，统一着装。监察部内卫每人配发迷彩服、警用大衣和军用靴等。

人事管理和福利待遇

在人事管理聘用方面，严格按照《人事管理制度》执行。博物馆一直积极推行“人才战略”，向全社会公开招聘馆员和管理干部，根据员工在工作中的表现，施行优胜劣汰制。对于胜任工作岗位的员工进行定岗定编，一人一档，统一编号统一管理的模式。凡是入职签订劳动合同的员工，均享受社保、失业保险和医疗保险的待遇；平时执行双休日，法定节假日按规定执行；逢年过节，为员工发放慰问品。为丰富职工业余生活，行政部不定期组织员工的文化娱乐、户外旅游等活动。

博物馆的法制建设

博物馆重视依法治馆，建馆以来，一直聘请中银律师事务所作为本馆的法律咨询单位，由该事务所三名律师作为本馆的法律顾问，为本馆的文案、合同协议的订立签订提供了法律依据。做到依法办事，减少和规避民政纠纷和经济损失。

北京市海淀区博物馆

BEIJING HAIDIAN DISTRICT MUSEUM

馆　　长 李　昂

通讯地址 北京市海淀区中关村大街28号

邮政编码 100086

电　　话 51601325　51601326

传　　真 51601326

网　　址 www.haidianmuseum.com

电子信箱 hd126@sina.com

隶属关系 北京市海淀区政府公共服务委员会

性　　质 公办

建筑性质 现代建筑

建筑面积 1631平方米

展厅面积 754平方米

馆址环境 海淀区博物馆位于海淀区黄庄路口东北侧，中关村大街28号，地处中关村科技开发区的核心地带。

历史沿革 海淀区博物馆于2000年9月开始动工兴建，是海淀文化艺术大厦主体结构的一部分，2003年底建成完工，2003年5月，经海淀区编制办批准，正式成立海淀区博物馆，隶属海淀区文化委员会，2005年8月24日起，隶属海淀区政府公共服务委员会，2005年12月26日正式对外开放，2006年7月1日起免费对外开放。

开放时间 9:00—16:30（周一闭馆）

服务设施 停车场、纪念品销售、语音导览机、免费存包。

交通状况 乘公交307、320、332、355、365、386、697、699、681、683、717、718、732、801、808、814、944、运通105、运通106、运通205、特4、特6路海淀黄庄站下车，乘地铁10号线在海淀黄庄站下车即到。

概　述

海淀区博物馆是一座新建的地志性综合博物馆。它以保护各类历史文物,弘扬本地区历史文化,加强地区间的文化交流和促进本地区精神文明建设为宗旨,以征集、保管珍贵历史文物、举办高水平的文物与艺术展览、开展文物、考古、博物馆学及文物科技保护研究为基本职责。

海淀区博物馆通过举办基本陈列、专题陈列、各类艺术展览,向国内外公众全面地展示与宣传中华民族的伟大历史进程与辉煌文化,介绍世界文明与优秀文化,以满足人民群众日益增长的高品位精神文化需求。

管理体制

海淀区博物馆于 2003 年 5 月经海淀区机构编制委员会批准成立,性质为全额拨款事业单位,编制 8 人,隶属海淀区文化委员会。2004 年 5 月 12 日,北京市文物局正式批复同意建立海淀区博物馆。2005 年 8 月 24 日起,海淀区博物馆隶属海淀区政府公共服务委员会。机构设置:馆长 1 名,副馆长 1 名,设有 3 个部:财务办公室、社教展览部、保管陈列部,按照北京市文物局下发的《北京市博物馆条例》开展博物馆的各项工作,各部门及个人按照岗位说明书及职责完成博物馆的各项工作任务。

(一)馆长:负责贯彻执行党的路线、方针、政策、法律法规,执行上级领导机关的指示,努力推进博物馆工作的开展;制定海淀区博物馆发展规划和施行方案;明确职责权限,协调各项活动,营造良好的内部环境;决定专业技术人员和行政人员的任用(聘用)、考核、晋升及培养工作;代表海淀区博物馆处理与馆外的交往事务。

(二)副馆长:协助馆长做好保管、陈列、宣教、安全保卫等各项工作;参与海淀区博物馆发展规划和施行方案的制定;带领业务人员开展学术研究工作;开展文物鉴定、修复和文物保护工作;负责讲解工作;负责绩效考核工作。

(三)保管陈列部:是海淀区博物馆开展文物保护及研究的业务部门,其主要职责是馆藏文物的建账、研究、征集、修复、保护等。

(四)社教展览部:是海淀区博物馆安全保卫、展览推广、信息对外宣传、校外教育的业务部门,其主要职责是:全馆的安全、设备管理维护、展览策划推广、信息发布等。

(五)财务办公室:是海淀区博物馆各项业务工作的保障部门,负责海淀区博物馆的财务、人事、固定资产管理、档案管理、办公用品采购等工作。

藏品管理和保护业务

博物馆藏品是海淀区博物馆开展业务活动的物质基础，必须具有历史价值、艺术价值和一定的科学价值。海淀区博物馆对藏品按等级、按材质分类管理；保管工作制度健全、账目清楚、鉴定确切、编目详明、保管妥善、查用方便；并设立专职藏品保管员、账册保管员，分别管理藏品及账册；经鉴选符合入藏标准的藏品，经过消毒，与其捐赠证明（含公证书）、拨交清单、价购清单等原始单据和凭证一起入藏。

海淀区博物馆设立固定专用的库房，由专人管理，库房设置两名保管员，同出入、同工作，负责库房及库存藏品保管方面的一切工作和安全，其中 1 人为责任保管员。保管部负责人经常检查库房，发现问题及时报告。非保管人员因公进入库房，需经馆长同意，由责任保管员陪同进库。未经允许任何人不准私自进入库房。藏品库房一般不接待参观。

海淀区博物馆主要采用电脑储存文物账目，包括《藏品总登记账》、《藏品分类登记账》、《参考品登记账》、《复制品登记账》及其他辅助账册。藏品拨出或因损坏、合并等原因需注销，均根据北京市文物局的批文，在《藏品总登记账》及《藏品分类登记账》上逐件注销。

海淀区博物馆积极开展藏品保护科学技术研究活动，运用传统保护方法和现代科学技术、设备防止自然因素（温度、湿度、光线、虫害、污染等）对藏

博物馆入口

品的损害。海淀区博物馆努力培养专门技术人员，逐步加强藏品保护科技力量。凡采用新的藏品保护、修复技术，均经过实验，通过主管文物行政管理部门组织有关技术人员和专家评审鉴定后推广运用。未经过实验和评审鉴定证明可确保藏品安全的新技术，海淀区博物馆不随意采用。修复文物由保管部提出，并经馆长批准，由有关专家和技术人员制定修复方案并付诸实施。修复工作完成后，这些资料均归入藏品档案，并在编目卡片上注明。

为了丰富海淀区博物馆藏品的种类和数量，海淀区博物馆面向社会征集文物。海淀区博物馆藏品的征集工作，由专门的、对海淀区博物馆藏品现状较清楚的馆内专业技术人员组成藏品征集小组（藏品征集部），有序开展日常征集以及临时的特殊征集工作。经馆长同意征集的征集品，由藏品征集小组（藏品征集部）联系鉴定委员（两人以上）进行鉴定。经鉴定委员鉴定，有收藏价值并建议征集的征集品，由藏品征集小组（藏品征集部）准备进行征集。征集对象的入藏标准参照文化部2001年4月9日发布施行的《文物藏品定级标准》和专家组综合鉴定报告执行。

科研

科研工作在博物馆的发展中起着基础性、关键性的重要作用。博物馆的科学研究不同于专门从事研究工作的机关，它有自身特点：必须侧重于博物馆工作实际，一方面结合文物藏品进行研究，一方面理论指导实践。只有做好科研工作，才能有效提高展览的科学性和思想

展厅一角

性。在这方面,海淀区博物馆也做了有益的尝试。

2005年出版《海淀博物馆》。该书共收录馆藏文物90件(套),其中瓷器25件、玉器20件、金银器铜器44件、壁画1幅。该书图片精美、文字精当、设计精致,是海淀区博物馆精心推出的海淀区博物馆馆藏文物图集,也是研究欣赏海淀区境内各个时代出土文物不可多得的图文并茂的资料性图书。

《流年·碎影——侯元超海淀黑白摄影作品展》,2006年印刷。本图录是为配合海淀区博物馆"流年·碎影——侯元超海淀黑白摄影作品展"而印刷,书中收录了侯元超关于海淀的黑白摄影作品27幅,包括园林沉思、梵音佛号、名校风流和中关村4个方面的内容。

《发现艺术新空间——4人联展》,2007年印刷。本图录是为配合海淀区博物馆"发现艺术新空间——王建中、张元、宋克、袁元4人联展"而印刷,书中收录中央美术学院、清华大学美术学院4位教授的艺术作品32件。

《中国出土瓷器大全·北京卷》,2008年出版,海淀区博物馆参与编写。该书共收录海淀区博物馆馆藏瓷器21件(套),文物年代包括唐、宋、元、明、清5个时期。

此外,海淀区博物馆还在各类文博学术刊物发表业务论文多篇,内容包括博物馆校外教育建设、馆藏文物研究、文物交易的理论问题等方面。

陈列展览

海淀区博物馆通过举办基本陈列、专题陈列、各类艺术展览,向国内外公众全面地展示与宣传中华民族的伟大历史进程与辉煌文化,介绍世界文明与优秀文化,以满足人民群众日益增长的高品位精神文化需求。

基本陈列:"心灵与历史的对话"——海淀历史文物展

共展出馆藏文物230余件(套),分为3个部分。第一部分:"溯源探古",该部分展出史前时期的海淀文物。在距今约7000—4000年的新石器时代中晚期,清河、田村、白家疃等地已经有了原始人类从事农业和渔猎等生产活动。在与大自然的抗争中,这里的先民们写下了海淀区历史的第一页。第二部分:"古韵沉香",该部分展出战国——元代的海淀文物。在1000多年的历史进程中,受北京地理位置的影响,这里逐渐发展成为北方草原地区与中原地区之间经济、文化交流的重要通道,在我国多民族统一国家形成和发展过程中发挥了重要的作用。第三部分:"丹棱撷贝",该部分展出明、清两代的海淀文物。明代,金山地区被辟为十三陵之外的又一处皇家陵寝区。同时,众多和太监有关的寺庙、道观等文化遗存星罗棋布,成为当时太监政治的历史见证。清代,随着以"三山五园"为中心的皇家园林的建成,这里逐渐发展成紫禁城外的又一个政治中心。

地上文物图片展

海淀区历史悠久,人文荟萃,名胜古迹众多,文物资源丰富,享有"神皋佳丽"、"都下宝地"的美誉。地上文物图片展所展示的,就是海淀区地上文物中的精华。海淀区的地上文物资源无论是在规模上还是在数量上均居全市之首。其中,古典园林和寺庙建筑是海淀区众多文物古迹中的精华,例如享誉中外的颐和园、圆明园。

"心灵与历史的对话"——海淀历史文物展, 地上文物图片展是海淀区博物馆的长期展览。此外,海淀区博物馆还根据广大观众的要求,定期举办各类精品临时展览,宣传海淀悠久历史,弘扬中华传统文化。

社会教育与社会服务活动

海淀区博物馆结合博物馆特点开展形式多样、生动活泼的社会教育和服务活动,发挥社会教育功能,传播有益于社会进步的思想、道德、科学技术和文化知识,弘扬优秀文化和科学精神, 丰富人民的精神文化生活,提高公众素质,促进国际交流。除了通过博物馆各类展览陈列发挥社会教育职能外,海淀区博物馆还通过以下途径发挥社会教育功用,开展社会服务活动:

1. 校外教育

作为北京校外教育协会会员单位、北京市科普教育基地、海淀区青少年校外教育实践基地,海淀区博物馆自 2005 年正式开放以来, 一直致力于充分利用海淀区博物馆资源开展校外教育,积累了一定的经验。海淀区博物馆校外教育形式多样,多次送展览到学校,并根据在校师生的实际需要举办专场讲座, 举行主题活动,受到广大师生的肯定。目前,海淀区博物馆已与北京大学医学部、北京体育大学、北京大学附属中学等多所院校建立了长期联系,校外教育取得阶段性成果。其中,海淀区博物馆与北京大学附属中学联合开展的社会实践基地共建活动成果突出,取得了良好的社会效益。

2. 公共服务活动

为丰富海淀区居民的精神文化生活,活跃农村和社区文化,同时扩大海淀区博物馆的影响,使更多的海淀居民了解海淀区博物馆,进而走进海淀区博物馆。海淀区博物馆积极参与公共服务进万家活动, 定期将精品展览送到农村和社区。通过推送展览, 向广大农村和社区居民宣传了海淀历史,普及了文物知识。展览期间, 海淀区博物馆还利用展览间隙向居民发放海淀区博物馆宣传册,使更多的居民了解海淀区博物馆, 促使他们走进海淀区博物馆, 了解海淀区悠久的历史、灿烂的文化,激发他们热爱家乡之情。同时, 进一步扩大博物馆的社会影响力, 进一步发挥博物馆的社会教育职能。海淀区博物馆在开展公共服务工作的过程中, 不仅积累了宝贵的经验, 同时也在不断进行着反思,形成了初步的博物馆服务理论。2008 年 9 月,海淀区博物馆副馆长焦晋林将这些成果去粗取精, 冶为一炉,撰写了题为《海淀区博物馆公共文化服务体系研究》的理论文章。该文是对海淀区博物馆成立以来在博物馆服务理论方面的成果的一个阶段性的反思和总结, 对于加强海淀区博物馆的服务体系建设、提高海淀区博物馆的服务水平和服务质量,具有一定的重要意义。

3. 专题讲座

为满足海淀区人民群众日益增长的精神文化需要,以及广大文物爱好者对文物知识的渴求,海淀区博物馆定期举办高水平的专场讲座,邀请北京市文物鉴定委员会、北京大学等单位的著名专家和学者开办讲座,讲授文物保护、文物鉴赏、国学文化、海淀历史等方面的知识,受到广大观众欢迎。通过举办讲座,不仅普及了文物鉴赏和文化保护知识,弘扬了传统文化,而且进一步扩大了海淀区博物馆的社会影响,提升了海淀区博物馆的社会教育职能。

4. 志愿者

为了推进博物馆建设,提升社会服务功能,传播科学文化知识,发挥海淀区博物馆公共教育职能,同时弘扬志愿者精神,向志愿者提供实现社会价值和个人价值的多元舞台,为精神文明建设的全面进步作出贡献,海淀区博物馆面向社会招募志愿者。经过培训考核,本着宁缺勿滥的原则,最终招募到的志愿者包括北京大学医学部、北京科技大学、北京大学附属中学的学生团体志愿者,以及以个人身份报名的社会热心人士。目前,这些志愿讲解员已逐步开始来馆服务,他们的讲解受到了观众的积极肯定。

馆舍建设、扩建、维修和设施改造

2004—2005年,海淀区博物馆积极进行开放前的筹建工作。海淀区博物馆的陈列布展工程和技术安全防范工程委托海淀区政府采购中心进行了招标。在施工过程中,严格现场管理、严守工作程序,保证了施工现场的安全和工程的质量。针对原有基本建设中存在的功能缺陷,海淀区博物馆在文物库房、展厅、展廊等部位加装了红外报警器、柱波探测器、震动感应器等技术防范设施。同时,针对有机文物的保护特点和要求,对库房的消防系统进行了改造,采用了七氟丙烷气体灭火系统。为了保证博物馆开放期间观众的安全和身体健康,海淀区博物馆在实际测试的基础上对博物馆原有的通风空调系统进行了改造,确保在观众人数密集的情况下空气的流通以及展厅文物陈列环境的稳定。2005年,为了适应将来的发展需要,保证博物馆文物的安全,海淀区博物馆在原有建筑基础上,对安防中控室、展览区域、库房、工作区域等进行了改造,共分为基础装修工程、通风改造工程、消防改造工程、技术安全防范工程4个方面。

在海淀区领导殷切关怀和大力支持下,海淀区博物馆将迁往海淀公园附近的黎昌海鲜酒楼进行重建。自2008年开始,在公共委、文化委的领导下,海淀区博物馆先后多次对黎昌海鲜酒楼进行了现场考察,并在此基础上起草了迁址可行性报告、文物征集方案、筹备工作计划、迁建经费报告等文件,为博物馆新建工作开了好头。

为了学习兄弟博物馆的相关经验,海淀区博物馆对首都博物馆、中国科技馆(新馆)、中国电影博物馆、中国美术馆、北京艺术博物馆、门头沟区博物馆、昌平区博物馆进行了走访考察,与馆领导进行了充分的沟通和交流,了解他们的筹建过程,借鉴他们的有益经验,从展览布局、艺术设计、建筑规范等方面对新馆建设的相关问题进行了认真的分析研究。

为满足海淀区博物馆新馆陈列布展需要,丰富和充实馆藏,更全面、准确地展现海淀区的历史变迁,海淀区博物馆于2008年9月开始面向社会各界广泛征集相关历史文物。征集范围包括:一、反映海淀区历史发展和地方特色的石器、陶器、玉器、瓷器、金属器、木雕、书画等,具有历史、艺术、科学价值的珍贵实物。二、明清以来跟皇家园林的建设、发展、损毁、保护等有关的各类实物及资料。三、近现代革命文物及与海淀区重大事件有关的各类实物。

文化产业是适应新的经济发展形势而出现的、为满足人们日益增长的文化消费需求而产生的新兴行业,博物馆文化产业是其中一个重要组成部分。海淀区博物馆以文物藏品资源为重要依托，积极设计开发文化产品，努力发展相关的文化产业,增加服务的内涵,提高资源利用效率。目前已开发的文化产品包括:

《京西皇家园林》,海淀区博物馆多媒体宣传片。海淀区文物资源丰富,尤以皇家园林为胜。为了把海淀区“三山五园”所蕴涵的历史准确、完整地展示给观众,海淀区博物馆与北京广播电视大学协商，由北京广播电视大学在其原有的、与我国古建专家罗哲文先生共同合作拍摄的“古典园林艺术”片的基础上制作该片。

其他文化产品:2008年，海淀区博物馆在充分考察实践的基础上,决定开发、采购一批新的博物馆文化产品,以满足广大人民群众不同层次的文化需求。先后上线的文化产品包括布包、笔记本、便签本、时尚系列套装、书签(裁刀式)等10余种。这些文化产品品位高雅,内涵丰富,推出后受到广大观众的积极认可。

以上文化产品由海淀区博物馆办公室负责销售。

北京宣南文化博物馆

BEIJING XUANNAN CULTURE MUSEUM

馆　　长　王其崇

通讯地址　北京市宣武区长椿街9号

邮政编码　100053

电　　话　83167249　63015413

传　　真　63015413

网　　址　www.bjxw.gov.cn/XWWHWxnwhbwg.ycs

电子信箱　xuannanbowuguan@126.com

隶属关系　北京市宣武区文化委员会

性　　质　公办

建筑性质　古代建筑(北京市文物保护单位)

建筑面积　2032平方米

展厅面积　1800平方米

占地面积　5000平方米

馆址环境　坐落在宣武区,西邻北京宣武医院。

历史沿革　长椿寺,始建于明万历二十年(1592),由明神宗生母孝定李太后为来到京城的高僧水斋禅师所建,万历皇帝赐名"长椿",取健康长寿之意,祝愿其母健康长寿。由于受到皇家庇护,长椿寺曾占地颇广,时有"京师首刹"之称。明清之时寺内风景秀丽,是宣南士人燕集酬唱的主要场所,不少文人学者如王渔洋、张问陶、毛西河、查慎行、蒋士铨等均有长椿寺流连吟咏之作。清康熙十八年(1679),北京大地震,长椿寺坍废严重,由文华殿大学士冯溥捐资重修。其后因地震等原因又有多次重修。清中叶以后,长椿寺开始衰败。直至民国时期,这里曾经是殡葬停柩的场所，辛亥革命元勋张振武、清末代状元刘春霖、中国共产党创始人之一李大钊等都曾在长椿寺内停灵。北京解放初期，军管会曾在此办公。后逐渐成为一些单位的办公及居住之地。至20世纪50年代末，长椿寺已完全成为民居之地。由于历经沧桑，现长椿寺所占面积已大大减少。2001年，北京市政府公布长椿寺为市级文物保护单位。2002年，宣武区政府制定长椿寺保护规划并付诸实施，在北京市政府的支持下投资近2亿元人民币，腾退447户居民，并进行了古建复建。2005年底，坐落于长椿寺的北京宣南文化博物馆对社会开放。

开放时间 9:00—16:30(周一闭馆)

服务设施 无障碍参观、轮椅、花镜、放大镜、雨伞、急救药品、触摸屏导览、广告机(影音专题片)、语音导览机(中、英、日三语)、团体参观讲解(提前三日预约)。

交通状况 公交10、38、477、626路宣武医院站下车，5、6、57、109、381、613、687、715、717、743路、特5路牛街路口西站下车；地铁2号线长椿街站C出口，向南500米。

概　述

北京宣南文化博物馆于2005年11月30日正式对外开放,以“宣南文化”为主题,通过不同的侧面生动地展示宣南地区的悠久历史和丰厚文化积淀,成为展示北京文化源头和精华的重要场所,是弘扬中华文明、传承京师文化、宣传宣武文脉的重要窗口。北京宣南文化博物馆坚持贴近实际、贴近生活、贴近群众的博物馆工作宗旨,注重发挥长椿寺——北京宣南文化博物馆的文化窗口展示作用。

博物馆以明代古刹为馆址,建筑形制为佛教寺院,整体建筑坐西朝东,建于明代,后虽有割舍和改建,但建筑格局基本完整。主要建筑集中于东西中轴线上,现尚存的建筑由东向西依次有山门、天王殿、大雄宝殿、藏经阁等主体建筑,两侧有配殿,并有北路跨院。

北京宣南文化博物馆目前与宣武区文物管理所是一个实体单位。所(馆)设有文物保护开发部、宣传教育部、办公室(后勤保卫部)3个部门,其中文物保护开发部和宣传教育部是主要业务部门,文物保护开发部主要负责藏品保管、文物普查、文物征集与研究等业务,宣传教育部主要负责社会教育、对外宣传、参观接待等工作。

北京宣南文化博物馆藏品及实物主要通过北京市文博行业主管部门拨转,区有关部门移交,所(馆)收购、征集以及接受各类捐赠等途径获得。目前,所(馆)内藏品类别有陶瓷、青铜器、玉器、古钱币、书画、文献等,其中以瓷器为主,共有藏品1689件套,其中二级品44件套,三级品473件套。

同时,作为地域性文化博物馆,北京宣南文化博物馆特别注重对宣南文化遗产的保护和利用。建馆以来,先后征集到宣南文化系列中天桥老艺人的代表人物曲剧的创始人魏喜奎、北京琴书泰斗关学曾、杂技表演艺术家金业勤等有保存价值的物品,并征集了牛街回族文化的相关实物。博物馆还重视对宣南文化系列内容进行深入挖掘和研讨。作为北京地域文化的典型代表,宣南文化有着极其丰富的内涵。结合展厅陈列的基本内容,博物馆对宣南文化的主要方面进行了深入研究,主要包括以下方面:以坐落在宣南地区的各地会馆和名人故居为代表的会馆宅邸文化、以琉璃厂为代表的京城士子文化、以京剧为代表的戏曲文化、以天桥为代表的老北京民俗文化、以大栅栏地区老字号店铺为代表的传统商业文化、以鲁菜和回族小吃为代表的饮食文化以及以牛街为代表的回族文化等。

北京宣南文化博物馆展览由基本陈列和临时专题展览构成。基本陈列“宣南历史文化展览”以弘扬宣南文化为主题,布置展陈面积近1800平方米,设有“悠悠宣南”、“宣南士乡”、“先驱足迹”、“梨园胜景”、“老天桥情景模拟”、“城南乐园”、“百年兴商”、“民族团结”、“宣南文化文物保护开发成果”9个常设展厅。自2005年11月正式对外开放至2008年年底,博物馆已接待参观团体545个,游人128717人次,其中港澳台同胞和外国游人647人次,大中学生19541人次。在参观的队伍中,既有全国政协、北京市委、市政府、市人大、市政协领导和本市兄弟区(县)的领导,也有外省、市的领导,既有专家、学者、教授,也有慕名而来的普通百姓。在做好基本陈列参观、宣传的同时,博物馆不定期推出精品特展,曾成功组织了宣南文化代表人物及其精湛艺术的专题展,如“北京曲剧、奉调大鼓创始人魏喜奎先生生平图片展”、“琴书泰斗关学曾先生逝世一周年纪念活动暨生平图片、遗物展”、“故纸遗音,历史回眸,展民族文化风采,迎北京奥运圣火”京城老报纸、老照片、老物件展览、“迎奥运”奥运知识系列展等。同时,博物馆注重传统文化的发掘和文物、文化遗产的传承,在春节、元宵、清明、端午、中秋等民俗节日期间举办民俗知识展览,并不定期推出文物科普展览。

自建馆之初,北京宣南文化博物馆就被列为宣武区爱国主义教育基地和少先队实践教育基地,博物馆经常与辖区内的党、政、军、企事业单位和教育系统单位合作开展主题活动,设立“第二课堂”,开展少先队入队仪式、爱国主义教育活动、社团活动等校外教育活动和社会活动。2008 年,北京宣南文化博物馆成为“建设北京市中小学生社会大课堂”活动首批 481 家资源单位之一,并被北京市教育委员会命名为“北京市社会大课堂中小学课程教学活动实验基地”。

在“5·18 国际博物馆日”、中国文化遗产日等重要节日期间,北京宣南文化博物馆紧密围绕各年主题组织不同形式的文化活动,展示宣南文化和民族文化的独特魅力。如举办宣南文化系列讲座、报告会,书法系列讲座;开展清明节、端午节、中秋节等民俗文化知识的宣传和普及;利用节假日和“5·18 国际博物馆日”、“中国文化遗产日”等有纪念意义的日子,组织“书法名家写春联送游人”、“春节期间为游人送春联和送吉祥物”、“元宵佳节猜灯谜”等活动,并组织国家级、市级“非物质文化遗产”项目“天桥中幡”、“抖空竹”、“扔掷子”,以及传统手工艺“捏面人”、“扎中国结”、“皮影”等大型活动展演,弘扬中国传统文化,推动群众文化的普及和深入。

2007 年,在宣武区委、区政府的大力支持下,博物馆先后投入 300 万元开展“科技提升展陈表现力工程”,用声、光、电科技手段,通过增设触摸屏、广告机等科技设备更新充实展陈内容,设计影音资料、思维驿站、互动游戏、调查问卷等多项环节创设博物馆与观众之间的平台,使博物馆在社会影响力和对参观者的感染力等方面获得很大提升,取得良好的社会效益。自 2007 年 6 月 19 日至 2008 年年底,博物馆在原有 8 个展厅的基础上,新增建 2 个展厅(“老天桥情景模拟展厅”和“多功能厅”),扩大展陈面积 160 多平方米;在 10 个展厅内配备了电视屏幕 16 台,触摸屏 13 台,用滚动方式向游人介绍宣南文化的历史渊源和有关宣南文化内容的珍贵资料,并新增实物展柜 71 个和有较高价值的文物(实物)171 件,配备了 26 台语音导览设备;同时,用“情景再现”、雕塑、油画、模型和景观等形式再现老天桥民俗文化、宣南会馆文化、长椿寺历史等内容;并整合规范了博物馆院内文物(实物)布展格局。2008 年,北京宣南文化博物馆成为北京地区首批 33 家面向社会免费开放的博物馆之一,为了确保游客安全,更好地服务于参观者,博物馆又投入近 30 万元进行“监控中心改造和监控增容工程”,进一步消除了监控盲区。

(王 娜)

北京励志堂科举匾额博物馆

BEIJING LIZHITANG IMPERIAL EXAMINATION STELE MUSEUM

馆　　长 姚远利

通讯地址 北京市朝阳区高碑店文化街1366号

邮政编码 100022

电　　话 87739655　87739254

网　　址 www.kejubiane.com

电子信箱 88slg@sina.com

性　　质 民办

建筑性质 仿古建筑

建筑面积 3000平方米

占地面积 3000平方米

馆址环境 北京励志堂科举匾额博物馆位于朝阳区的高碑店村，地处东长街延长线上，距天安门仅8公里。村内有驰名中外的古典家具一条街和水乡茶楼文化街。

历史沿革 为个人出资兴建，2007年10月对公众开放。

开放时间 9:00—16:30

交通状况 京通高速路高碑店出口往南，过高架铁路桥往东，顺指示牌行车。乘车路线：四惠换363路在半壁店下车往东行800米，小郊亭往南200米，见路口向东50米。

（资料来源参考互动百科网 www.hudong.com）

北京警察博物馆

BEIJING POLICE MUSEUM

馆　　长 张兵

通讯地址 北京市东城区东交民巷36号

邮政编码 100006

电　　话 85225018

传　　真 85225010

隶属关系 北京市公安局

性　　质 公办

建筑性质 近代建筑(全国重点文物保护单位)

建筑面积 2200平方米

展厅面积 2000平方米

占地面积 2500平方米

馆址环境 位于天安门广场东,东临北京市政府,西临国家博物馆,南临前门东大街,北临最高人民法院。

历史沿革 1999年筹建,2001年7月正式开馆。

开放时间 9:00—16:00(周一闭馆)

服务设施 设有纪念品销售柜台、卫生间、存包处、团体预约免费讲解。

交通状况 乘车8、60路正义路南口下车,9、729、723路正义路下车,地铁前门站下车。

北京警察博物馆

BEIJING POLICE MUSEUM

概 述

北京警察博物馆内设办公室和业务部两个部门，办公室负责日常行政管理、接待、信息汇总等工作；业务部负责文物征集、保管和展陈调整等工作。

作为一家行业博物馆，北京警察博物馆从多角度展示了60年来首都公安事业所走过的光辉历程，以及首都民警历经风雨取得的辉煌成就。全馆设4层展厅：一层为北京公安发展史厅；二层为刑事侦察与监所厅；三层为警种职能厅；四层为警察文化及警械装备厅。按照文物管理部门的要求，北京警察博物馆积极做好馆藏文物管理和保护工作，确定专人负责馆藏文物管理工作，建立了文物管理台账和温湿度符合文物保管要求的标准库房，确保了文物的安全，为今后的不断发展奠定了基础。

作为北京市公安局宣传工作的重要窗口，北京警察博物馆以“服务公安中心工作、服务警察队伍建设，面向广大民警、面向广大群众，追求最大的社会效益”为办馆宗旨。自建馆以来，在市局和办公室党委的领导下，北京警察博物馆以深入宣传北京市公安局在维护首都政治稳定、社会安定、经济发展，保障人民群众安居乐业的工作中取得的突出成绩，大力弘扬首都广大民警顽强拼搏、奋勇争先、不怕牺牲的职业精神和良好形象，通过展览展示、举办专题展览、举行纪念公安英烈纪念活动，深入学校、社区开展主题宣传活动等形式，努力在社会各界、特别是在广大中小学生中宣传首都公安工作和警察文化建设成果，普及法律知识，增强人民群众对公安工作的了解、理解和支持，不断提高广大市民自我防范的能力。2004年以来，除不断调整展厅展陈、举办多项临时展吸引观众兴趣外，还先后走出去与有关部门和局属单位联合举办了“警营一日”、“安全防范进校园”、“红领巾 金盾牌——孩子眼中的新警察”少儿摄影大赛、《门头沟科技大课堂展览》、《北京动感科技大本营全国巡回展》等活动，组织学生深入派出所、看守所、警察学院参观，邀请公交总队反扒民警现场传授防范技能，使学生近距离了解公安民警的工作情况，掌握必要的法律知识，受到了有关部门的充分肯定和广大中小学生的广泛欢迎。2005—2008年，本馆连续被评为东城区优秀爱国主义教育基地。北京警察博物馆已成为社会各界了解首都公安事业的一个重要窗口及首都公安机关密切警民关系的纽带和桥梁，是宣传爱国主义、革命传统、普及

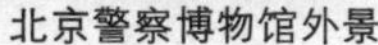
北京警察博物馆外景

北京警察博物馆展厅

法律知识的教育基地。

北京警察博物馆馆舍是美国花旗银行旧址，是全国重点文物保护单位。按照有关部门要求，北京警察博物馆在开展正常工作的同时，大力加强了对馆舍的维修保护，除严格使用电器设备，确保安全的同时，经常组织物业人员对建筑进行日常检查，发现问题及时报修，2004年以来，先后完成了楼顶防水、弧形屋檐及地下室渗漏等修复工程，确保了文物建筑的安全。

北京警察博物馆充分利用行业博物馆的便利条件，大力开展警察文化产品的开发利用。与有关单位合作先后开发完成了警察卡通形象、近代警察帽徽、警帽等文化产品，受到了观众的欢迎。警察卡通形象产品被局属单位和有关部门广泛应用于公共场所的警示宣传，发挥了其应有的社会效果。

作为北京市公安局对外展示的重要窗口，开展对外交流、加强与外地公安机关的横向联系也是北京警察博物馆的重要工作。2004年以来，先后有俄罗斯、韩国、澳大利亚、香港、澳门、台湾等国家和地区的警方来馆参观考察，云南、湖北、陕西、河北、河南等省的公安机关也先后到北京警察博物馆考察学习。通过交流，增进了了解、密切了相互联系，为促进公安工作发展、特别是警察博物馆的繁荣发展起到了积极促进作用。

平西抗日战争纪念馆

MEMORIAL MUSEUM OF PING XI ANTI-JAPANESE WAR

馆　　长 尹红星

通讯地址 北京市房山区十渡镇十渡村

邮政编码 102411

电　　话 61340702(办公室)

传　　真 61340814

电子邮箱 jinianguan@163.com

隶属关系 北京市房山区民政局

性　　质 公办

建筑性质 现代建筑

建筑面积 10158 平方米

展览面积 2500 平方米

占地面积 45000 平方米

馆址环境 平西抗日战争纪念馆位于著名的世界地质公园十渡风景区内,整体环境幽雅、庄严肃穆,是接受爱国主义教育和红色旅游的理想场所。

历史沿革 平西抗日战争纪念馆原名称"平西抗日烈士陵园"。当年曾在平西战斗和生活过的萧克、杨成武、李德仲等老将军老领导的倡导下,1984 年 2 月,由房山县人大常委会筹建平西抗日烈士纪念碑;1985 年 10 月正式对外开放,于 1986 年 5 月,经房山县人民政府批准正式成立平西烈士陵园管理处;1990—1991 年,由房山县人大常委会组织捐款、捐物建立了平西人民抗日斗争纪念馆,并于 1992 年 3 月 26 日正式开馆接待;1993 年,建成配套设施青少年教育培训中心;2002 年,为落实萧克等老将军们的要求及中央领导同志的批示,平西抗日战争纪念馆扩建工程正式启动,并于 2005 年 8 月 29 日抗战胜利 60 周年之际正式对观众开放,将平西烈士陵园更名为平西抗日战争纪念馆。从此,翻开了平西抗日战争纪念馆发展史上新的一页。

开放时间 8:30—16:00(周一闭馆)

交通状况 公交车:917 路十渡支线　天桥—十渡站下车即到　火车:北京南站—十渡站　自驾车:六里桥—京石高速—琉璃河出口—韩村河—十渡。

概　述

平西抗日战争纪念馆隶属房山区民政局，位于北京西南的房山区十渡境内，距京城约100公里。占地面积45000平方米，建筑面积10158平方米，展厅面积2500平方米，展线长620米，展览通过340张历史图片、374件文物、6座大型主题浮雕和2幅半景画，充分地展示和再现了平西军民共同抗击日寇的动人场面以及8年抗战的全部过程，展览更加突出的展示了“没有共产党，就没有新中国”这首红色歌曲在平西抗日根据地的创作过程。平西纪念馆为全额预算事业单位。其工作宗旨：褒扬烈士，教育人民。

平西，即北平（今北京）以西，是晋察冀抗日根据地的重要组成部分，包括当时的房山、宛平、昌平、涞水、涿县、怀来、蔚县、阳原、怀安、宣化12县之境，面积约4万多平方公里。在抗日战争中，平西军民在中国共产党的领导下，为抗击日本侵略者作出了重大的牺牲。为了缅怀抗日战争在平西牺牲的革命先烈，曾在平西抗日根据地生活战斗过多年的萧克、杨成武、肖文玖、李德仲、陆平、肖思明、高鹏先等一大批老将军和老领导倡议，以社会捐资、财政投资、民政拨款、经营创收等多种形式，先后建立了平西抗日烈士纪念碑、平西人民抗日斗争纪念馆、烈士碑林、平西无名烈士纪念地等烈士纪念建筑物和青少年教育活动场地等多项设施。1999年，萧克、杨成武、李运昌、李葆华、孙毅、郑天翔等6位老将军和老干部，联名向中央领导同志写信，要求扩建平西抗日纪念馆并增加晋察冀抗战史料内容。经胡锦涛同志批示，时任北京市委书记的贾庆林责成北京市委副书记龙新民亲自到平西抗日烈士陵园调研。2002年11月2日，平西抗日战争纪念馆扩建工程正式启动。新馆建筑面积4350平方米，展览面积2500平方米，总投资2300万元。于2005年8月29日正式开馆，从此，翻开了平西抗日战争纪念馆发展史上新的一页。

2004—2008年，是平西抗日战争纪念馆发展较为迅速的5年，几年里，从基础建设到纪念馆文物的陈列和展览内容的完善，都发生了天翻地覆的变化。

一、新馆建设

新馆于2002年11月2日举行奠基仪式，因2003年、2004年的非典、禽流感的原因，一度使工程停工。2005年年初，房山区民政局将此项工程建设列为民政局的重点工程，以加强此项工程的领导。从主体的建设、馆内的装修到布展仅用了近9个月的时间就全部完成。展厅面积比老馆的200平方米增加近13倍。并于2005年8月29日暨中国人民抗日战争胜利60周年之际举行了开馆仪式。北京市委副书记龙新民到会并致开幕词。

二、单位名称的变更

平西抗日战争纪念馆原名称为平西抗日烈士陵园管理处。新馆建成后，经北京市房山区机构编制委员会批准，更名为平西抗日战争纪念馆，为全额预算事业单位。

三、培训中心的建设

新馆建成后，为了更好地做好接待老红军、抗战时期的老同志及其家属和参观团体。于2007年2月25日开工建设平西培训中心。2007年12月16日竣工，实现了当年建设当年投入使用的计划。建筑面积5800平方米，投资2700多万元。为老领导、老同志们创造了优美舒适的休养环境。

四、纪念馆免费开放工作

平西抗日战争纪念馆按照北京市委宣传部、北京市文物局的指示精神，于2008年3月28日正式向观众免费开放。平西抗日战争纪念馆作为北京地区首批33家免费开放的博物馆之一，为做好爱国主义教育和免费开放后的一系列工作，将免费开放的各项工作落到了实处。自3月28日免费开放以

平西抗日战争纪念馆

来,纪念馆增加临时人员,加强管理、维持秩序、保持环境卫生。由于工作到位,措施得当，观众参观最高日接待量为 5436 人;零散观众明显多于往年。通过观众的问卷调查，对纪念馆免费开放的举措，观众支持率百分之百。说明这一举措得到了充分的认证，进一步体现了平西纪念馆的爱国主义教育基地的作用。

五、主题展览与流动展览相结合

1. 2007 年与国防大学共同组织了“萧克将军百岁诞辰画展”。7 月 14 日在萧克将军诞辰 100 周年之际，纪念馆举行了隆重开幕仪式。《百岁将军萧克画展》，成为了 2007—2008 年度平西纪念馆临展的精品；展览通过中央领导和著名书画界名人的作品，以及萧克将军个人大型图片，充分展示了萧克将军戎马生涯和百岁灿烂光辉的人生,观众累计达 12 万多人。

2. 北京诗词学会为纪念馆捐献百幅书画,2007 年 8 月 29 日在平西纪念馆举行了捐赠仪式，北京市民政局局领导、房山区政府领导和房山区民政局领导参加了捐赠仪式,副区长马立英向捐赠者颁发了捐赠书。此次活动的开展,吸引了大量的社会各界人士前来参观,累计接待观众 9 万人次。

六、平西抗日战争纪念馆的教育作用

平西抗日战争纪念馆利用难得的历史资料及珍贵的历史文物和大量的历史照片，通过固定展览讲解、流动展览宣传、图书出版、宣传画册的发放等多种形式,将平西军民的英勇气概和伟大的民族精神,传承得尽人皆知。使前来瞻仰、参观的社会各界观众,真正地得到了心灵上的洗礼,爱国主义和革命传统教育在平西抗日战争纪念馆得以充分显现。开馆以来,共计接待全国各地观众 100 多万人,充分发挥了教育基地的作用。

伟大的平西精神永远激励后人。

平北抗日战争纪念馆

PING BEI ANTI-JAPANESE WAR MEMORIAL MUSEUM

馆　　长 高德强

通讯地址 北京市延庆县龙庆峡路口

邮政编码 102109

电　　话 69191619(办公室)　69191919(社教部)

传　　真 69191919

网　　址 www.pingbei.com.cn

电子信箱 pingbei77@yahoo.com

隶属关系 北京市民政局　延庆县民政局

性　　质 公办

建筑性质 现代建筑

建筑面积 1600平方米

展厅面积 550平方米

占地面积 24000平方米

馆址环境 坐落于北京市延庆县著名旅游景区龙庆峡入口处,山清水秀,空气清新。

历史沿革 1985年11月15日,中共延庆县委党史办公室向县委递交《关于建立平北抗日烈士纪念碑的请示报告》,1989年10月,纪念碑落成正式对外开放。1996年北京市民政局出资45万元建设纪念馆,作为市民政局培训中心附属工程同时修建,纪念馆于1997年7月6日建成开馆,2007年6月27日,纪念馆再次扩建,成现有规模。

开放时间 8:30—16:30

交通状况 交通方便,环境优雅。从德胜门乘919路车至延庆东关车站,换乘920路公交车至韩郝庄下车,向北行1公里即到。

概　述

平北抗日烈士纪念园管理处，坐落在京郊著名旅游景区龙庆峡入口处。1992年9月，延庆县人民政府批准成立。2005年4月，更名为平北抗日烈士纪念园管理处。主要负责对烈士纪念建筑物的维护保养，文物资料征集，接待参观学习，发挥爱国主义教育基地作用。纪念园占地面积2.4万平方米，由烈士纪念碑和纪念馆两部分组成。是市级烈士纪念建筑物保护单位、爱国主义教育基地、全国百家爱国主义教育基地、全国爱国主义教育示范基地。馆藏文物441件。展馆分为序厅、影视厅、展厅3大部分。职工13人，下设综合保障、社教和业务3个部。几年来，我们坚持以邓小平理论和“三个代表”重要思想为指导，坚持科学发展观，以“褒扬烈士，教育群众”为宗旨。按照《爱国主义教育实施纲要》、《公民道德建设实施纲要以及关于进一步加强和改进未成年人思想道德建设的意见》的要求，紧紧抓住基地建设、管理和使用3个环节，贴近实际，贴近群众，贴近生活，努力提高工作水平，使爱国主义教育基地成为党员干部了解党的历史、加强党性锤炼的重要场所，成为广大干部群众和青少年培育民族精神、激发爱国热情的重要阵地。先后被民政部、北京市人民政府命名为“全国爱国主义教育基地”、“北京市国防教育基地”、“首都绿化美化花园式单位”、“北京市烈士纪念建筑物保护单位”，“创建首都文明行业达标单位”，被延庆县妇女联合会授予“巾帼文明示范岗”等荣誉称号。2005年11月20日，被中宣部公布为“全国爱国主义教育示范基地”。2006年12月28日，平北抗日战争纪念馆获“北京市校外教育先进集体”光荣称号。2004—2008年的各项工作及活动情况如下：

一、积极探索，不断创新，以生动多样的形式，深入开展爱国主义主题教育活动

1. 与清华大学材研五党支部共同举办“爱国主义教育活动”。活动场地设在纪念园内的树林之中，气氛活跃且不失庄严，同学们通过亲自聆听被邀请的革命老前辈的抗战经历，思想上有了质的飞跃，他们提出很多耐人寻味的话题。当即表示，一定要用自己所学的知识，奉献社会、回报祖国。此次活动举办得非常成功，活动不仅拓宽了教育面，也使我们在爱国主义教育工作上有了新的思路。

2. 与县计生委、延庆二中共同举办了“魅力青春多彩年华——延庆人口文化红色足迹游”，即：“知荣辱，学做人，争做合格中学生”主题教育活动，共650人参加活动，使学生懂得了今天的幸福生活是无数先烈抛头颅、洒热血换来的，要珍惜今天的幸福生活，树立正确的荣辱观等。培养了学生爱国主义、集体主义，吃苦耐劳、艰苦奋斗的优秀品质。“五四”期间，东城区教委、延庆县教委、平北管理处共同组织优秀学生在平北举行“弘扬‘五四’精神在平北纪念碑前做挑战自我的时代先锋”为主题的表彰、演讲、宣誓等活动。使学生带着自豪感、荣誉感、回顾历史，激发爱国精神。

平北抗日烈士纪念园全景

3. 在纪念抗战胜利60周年之际，我馆与延庆县教委、延庆县档案局共同主办“以史为鉴、面向未来、愿世界和平与人类共存”为主题的纪念中国人民抗战胜利60周年大型图片巡回展，于8月15日在黄柏寺部队启动，启动仪式共有3000名中小学生参加活动，展览于8月16日正式在全县各中小学校巡回展出。历经4个月共接待近两万名中小学生，巡回展出20多所学校，受到了社会各界的好评。

4. 制作临时画展。长征胜利70周年和中国共产党成立85周年，馆内推出图片展。每当有参观的团体，他们都不免驻足在画展前。长征留给人们的精神力量是无穷的。红军战士在极端艰苦条件下，战胜了天堑激流、雪山草地，克服重重困难，以坚强的斗争意志和大无畏的革命精神，在人民心目中树立了一座光辉的丰碑。使他们了解先辈所走的路是如此的艰难和曲折，要继承先烈遗志，好好学习，做一个社会栋梁，为祖国添砖加瓦。在中国人民解放军成立80周年之际，我馆举办“壮丽史诗，钢铁长城——庆祝中国人民解放军成立80周年”展览，再现了中国人民解放军成立的辉煌历程。

5. 2008年暑假期间，广泛开展爱国主义和革命传统教育，大力弘扬和培育伟大的民族精神，不断增强民族的凝聚力。本馆和延庆军训基地联合举办抗战主题的夏令营活动，在纪念碑前举行入团宣誓、演讲比赛、诗歌朗诵，倾听从战争中走过来已经进入耄耋之年老战士讲述平北抗战史。

6. 访古稀老人、走抗战路主题队会活动。平北，在抗日战争时期，曾孕育出一大批叱咤风云、可歌可泣的英雄人物，记载着日军残酷地侵华史和我平北大地视死如归的光荣抗战史，留下了许多革命遗址遗迹、文史资料，为我们进行爱国主义教育留下了极其宝贵的精神财富。我们组织中小学生访古稀老人、走抗战路、寻访抗战遗址、遗迹，亲身了解抗日战争的艰难与曲折，使学生铭记抗战历史，学习抗战精神，传承祖国的民族文化和传统美德，争做新时代的好少年。

二、加强文物资料的征集

征集文物史料，丰富教育基地内涵。不断强化“特色”理念，有针对性做好革命历史史料的征集、保护、整理和研究工作，按照时代要求对教育内容进行再挖掘，

平北抗战老首长焦若愚为纪念馆题词

再提炼，坚持把历史与现实结合起来，把革命传统教育与时代精神教育结合起来，丰富教育内涵，拓展教育功能，增强针对性实效性。我馆在经费十分紧张的情况下，千方百计广泛征集文物史料，不断丰富馆藏内容，使馆内的文物资料逐年增加。几年来，累计征集抗战文物414件，整理出版发行《海坨风云》1—10集计240多万字，在纪念抗日战争60周年活动之际，编辑出版《海坨风云颂》书画纪念册。与延庆县文联、文化馆、延庆报社联合举办纪念抗战胜利60周年征文活动。将58篇获奖作品编辑出版《长城正气歌》，深受广大读者的欢迎。

三、陵园扩建工程

2000年，市、县各级政府共同投资近百万元，对陵园进行大规模改造。为进一步优化环境，营造基地氛围，2007年6月27日，纪念馆扩建工程正式破土动工，2008年12底，纪念馆主体工程竣工。为了不影响爱国主义教育示范基地正常活动，避免施工期间长期闭馆，我们在纪念馆广场西侧建立临时展馆。从2007年3月10日到4月15日，经过一个多月紧张施工。4月25日正式对观众开放，展出文物藏品有所增加，如徐智甫的墨盒、陆平用过的毯子、各种钱币等文物，这些都是当时在抗日战争中走过来的老战士用过的随身物品。基地的建设离不开日常维护，我们始终把环境绿化美化作为重点工作来抓，配备专人进行花木管理，由于管理得力，我馆的绿化美化工作效果显著，常年绿草如茵，树木葱茏。做到四季常青、三季有花。让人在思想上受到教育熏陶的同时，在视觉上得到美的享受，使基地成为集教育、休闲、健身于一体的一方净土。

四、健全制度，完善机制，提升基地管理水平

完善规章制度，改进管理办法，实现基地管理的制度化、规范化、科学化。一是建立岗位责任制度，做到定人定岗定责。二是建立服务承诺制度，向全社会公开服务承诺内容，重点在接待、咨询、参观、引导、讲解等方面完善承诺要求，提高服务水平。三是建立免费开放制度。基地坚持把社会效益放在首位，2008年3月28日，平北抗日战争纪念馆免费开放，是北京市第一批免费开放的33家博物馆之一。本馆认真部署，做好接待、讲解、服务等各项准备工作。以崭新的面貌迎接社会各界人士的光临。几年来，在对青少年进行爱国主义教育方面发挥了重要作用，产生了很好的社会影响。最大限度地发挥了爱国主义教育示范基地的作用。

（王亚珍）

卢沟桥历史博物馆

LUGOU BRIDGE HISTORY MUSEUM

馆　　长 孙　涛

通讯地址 北京市丰台区城南街77号

邮政编码 100165

电　　话 83895399　83200732

传　　真 83893484

电子信箱 qyj123-4@sohu.com

隶属关系 北京市丰台区卢沟桥文化旅游区办事处

性　　质 公办

建筑性质 现代建筑

建筑面积 670.73平方米

展厅面积 200平方米

占地面积 23000平方米

馆址环境 坐落在宛平城外,卢沟桥畔。

历史沿革 1981年7月7日成立卢沟桥史料陈列馆,隶属于丰台区文委。2005年,为纪念抗战胜利60周年,对卢沟桥地区进行改造,将原史料陈列馆进行改造扩建。2006年3月10日区文委将卢沟桥史料馆使用权移交给卢沟桥文化旅游区办事处。2007年,经北京市文物局批准,我单位将"卢沟桥史料陈列馆"变更为"卢沟桥历史博物馆"。2008年9月10日,卢沟桥历史博物馆正式对外开放。

开放时间 9:00—16:00(周一闭馆)

服务设施 无障碍参观,设有食品部、小吃部、茶座、咖啡厅、纪念品商店。

交通状况 乘车路线:五棵松乘748、624、759、983路;六里桥乘661、662、309、339、715;丰台乘809、971支、310路抗战雕塑园站下车即到。行驶路线:三环路六里桥,四环路岳各庄桥上京石高速公路行至卢沟桥、宛平城出口延辅路直行至第一个红绿灯右转弯路西即到。

概 述

卢沟桥是1961年国务院公布的第一批全国级重点文物保护单位。1981年7月7日成立卢沟桥史料陈列馆,隶属于丰台区文委。2005年,为纪念抗战胜利60周年,对卢沟桥地区进行改造,将原史料陈列馆进行改造扩建。为更好地保护卢沟古桥,弘扬我们的传统文化和革命精神,向社会更加完整、翔实、全面地介绍卢沟桥。经区领导协调,2006年3月10日, 区文委将卢沟桥史料馆使用权移交给卢沟桥文化旅游区办事处, 卢沟桥文化旅游区办事处以新建宛平县衙与区文委史料陈列馆进行了使用权互换。2007年经北京市文物局批准,我单位将“卢沟桥史料陈列馆”变更为“卢沟桥历史博物馆”,并委托清华美术学院对“卢沟桥历史博物馆”布展进行方案设计。

新展馆占地面积23000平方米,展馆建筑面积为670.73平方米,其中将卢沟桥以室外实物的形式展示。在展示形式、内容及表现手法均有所改进,将采用大量的图片、实物来充实内容。运用三维技术等科技手段再现“卢沟晓月”意境,新增触摸屏互动查询系统等现代科技手段的展览方式进行布展。整个展览运用古朴与现代交融展示手法, 深入地挖掘卢沟桥地区独特的历史文化资源, 充分展示中华民族优秀的传统文化,更好地发挥爱国主义教育基地的作用。新的展馆将让游客免费参观。

卢沟桥历史博物馆一直坚持以征集、收藏反映卢沟桥地区历史文化的文物,进行科学研究、举办展览,传播卢沟桥、宛平城的历史文化及抗战文化知识,对广大群众进行爱国主义教育的办馆宗旨开展各项工作。展馆的展览内容主要由以下4个部分组成:

第一部分 科学之桥

卢沟渡口,自古以来即是通往华北平原的要津。金王朝为了在军事上和经济上加强对华北地区的控制,解决交通运输上的问题,于金大定29年(1189)开始,到明昌三年(1192),在卢沟渡口建成了闻名中外的卢沟桥。由于它设计科学、周密,建造严谨、细致,虽历经800余年仍然结构坚固、完好无损,成为我国华北地区保存最为完整的11孔联拱石桥。卢沟桥建桥技术之精湛,可以说是达到了当时造桥工艺之高峰。

卢沟桥历史博物馆

第二部分 艺术之桥

桥梁是一种独特的建筑物。千百年来，它或高踞于江河之上，承受着人间的重荷；或依偎在山水之间，点缀着大自然的风光。它是建筑，又是文物；是工程技术，又是艺术创作。卢沟桥完美的造型充分显示了我国古代劳动人民的智慧。惟妙惟肖、千姿百态的石狮使卢沟桥光彩夺目；壮观苍劲的碑亭碑文堪称艺术杰作；亭亭玉立的石制华表好似卢沟桥的守护神；乾隆皇帝的御笔使燕京八景之一的“卢沟晓月”更加闻名于世。

第三部分 历史之桥

卢沟桥自建成后一直是军事重地，成为北京重要的西南门户。卢沟桥建成以来，几乎历代都有在此交战的记载。从宋金争战到靖难之变；从李自成进京到第一次直奉战争；从中国军队在卢沟桥打响全国抗战的第一枪到解放战争时期程子华兵团途经卢沟桥为北平解放立下战功，卢沟桥见证了一页页刀光剑影的历史！特别是卢沟桥抗战作为中国人民全面抗战的起点，世界反法西斯战争在东方的爆发点而名闻世界。卢沟桥成为反抗侵略、维护正义与和平的英雄之桥！

除了举世闻名的卢沟桥外，卢沟桥地区还留下了不少历史遗迹。如元大都的规划者刘秉忠墓、明崇祯十三年（1640）建成的拱极城（即宛平城）、清代演炮场等。这些历史遗迹的存在，为卢沟桥地区增添了无限魅力！

居庸关长城博物馆
JUYONGGUAN GREAT WALL MUSEUM

馆　　长 刘文忠

通讯地址 北京市昌平区南口镇居庸关长城

邮政编码 102202

电　　话 69771665

传　　真 69771665

网　　址 www.juyongguan.com

电子信箱 changcheng1665@163.com

隶属关系 北京市昌平区十三陵特区办事处

性　　质 公办

建筑性质 古代建筑(全国重点文物保护单位)

建筑面积 30000 平方米

展厅面积 300 平方米

占地面积 700000 平方米

馆址环境 位于北京市昌平区内,距市区约 60 公里。关城设置在长约 20 公里的关沟峡谷中,由南北两座城门控扼谷中道路,城垣东达翠屏山脊,西驶金柜山巅,与两座城门连接成圆周封闭状军事要塞。自然环境十分优美。

历史沿革 居庸关,是京北长城沿线上的著名古关城。所在的峡谷,属太行余脉军都山地,地形极为险要。始建于明洪武元年(1368),明景泰初年(1450—1454)及其后屡经缮治。城垣周长 4000 余米,南北月城及城楼、敌楼等配套设施齐备。关城内外还有衙署、庙宇、儒学等各种相关建筑设施。清末以后,居庸关关城建筑逐渐荒废。金明昌年间(1190—1195)"居庸叠翠"之名即已列入"燕山八景"。1982 年,居庸关归属八达岭——十三陵风景名胜保护区。1992 年,昌平县十三陵特区办事处对关城建筑进行全面修复。1998 年 3 月正式对外开放。2004 年被北京市文物局批准成立居庸关长城博物馆。

开放时间 旺季(4—10 月)8:00—17:00　淡季(10 月至次年 3 月)8:30—17:00

服务设施 居庸关长城设无障碍参观路线,设有食品、纪念品服务部,提供餐饮住宿、停车场服务。

交通状况 八达岭高速公路南北贯通居庸关与北京市

概 述

多年来，居庸关长城管理处，紧紧围绕十三陵特区总体工作部署，牢固树立景区整体形象，增强班子整体合作能力，岗位上涌现骨干，职工中形成互动，景区建设和经济发展不断创新，旅游总收入逐年递增，旅游接待呈现良好态势。

一、建立有效管理机制

居庸关长城博物馆根据实际研究发展对策，结合以往工作，完善运营管理制度，加强组织力度，加强工作监督，狠抓关键；建立相互协调、相互配合的有效管理机制，杜绝了销售运营中存在的一些矛盾和问题，有利地推动景区整体工作健康有序的发展。

发挥自身优势，形成新的旅游态势。在日常工作中继续发挥自身优势，积极挖掘潜力，加强和提高居庸关长城这一旅游品牌的对外知名度，巩固景区在旅游市场的立足点，积极与500家业务单位加强业务合作，保持良好的业务关系。为了提升文化品位，我们在强化自身建设的同时，努力寻找适合景区发展的新途径，来促进旅游市场的稳定发展和不断扩大。我们始终清醒的认识到只有创新发展，才能在市场竞争中立于不败之地。

2006年，是“中国意大利文化年”。“意大利光雕艺术展”不失时机地被请进了居庸关长城。居庸关博物馆特别成立了“夜长城活动管理办公室”，并由领导选拔精兵强将，经过紧张筹备和精心筹划，6月18日，“梦幻长城·居庸关之夜消夏游暨意大利光雕艺术展”正式拉开帷幕。专门为居庸关量身定做来自意大利的102组光雕作品，借中意文化年之契机，东西文化的两个发祥代表在千年古关——长城脚下实现了中意文化的“第一次伟大的约会”。这些光雕作品与雄伟壮丽的居庸关长城交相呼应，成为全球最大规模的光雕展示。

2007年，国际著名奢侈品牌，“意大利芬迪——2008新款时装长城发布会”被请进了居庸关长城。10月19日，发布会正式拉开帷幕。这是继意大利光雕展之后的“第二次伟大的约会”。世界顶级名模、著名服装品牌、国际名人、国际媒体齐聚长城脚下，居庸关成为全球最大规模的国际著名品牌展示舞台，雄伟壮丽的居庸关长城，成为全球瞩目的焦点，这也是居庸关景区有史以来汇聚国际名人最多、规模最为精典、对外影响力最大的一次文化活动，同时，也有效带动了友邻单位的经济效益。

在日常工作中，每年都有几十家不同企业、单位在景区内，利用不同场地，开展各

居庸关北关城楼

类大中小型活动，如："长城婚礼"、"长城宴会"、"京港同心迎奥运登城赛"、"各年代和品牌的老爷车展示"，以奥运为主题的"残奥会圣火点燃传递"、"香港巨星刘德华长城MTV拍摄"、"傲胜铁人三项颁奖典礼"、"2007好运北京自行车公路赛"、"红十字日"长城健康走、"奥运会倒计时一周年"等具有相当影响力的活动，通过这些活动，不同的时间、不同的形式、不同的内容，向外界进行宣传，使居庸关长城景区的对外影响力达到了统一化、完整化，从而形成了一个新的突破口。

在有效促进和发展旅游经济工作中，居庸关长城博物馆始终坚持"走出去、请进来"的工作理念，不仅始终与具有一定实力的旅行社合作外，还积极地与公交万佳通公司20路专线进行友好联洽，并于2007年6月开通了龙泽轻轨至居庸关的20路长城旅游专线车，不仅打通了一条旅游参观线路，又加大了宣传力度，到目前为止，旅游专线车运营已逐渐进入良好态势。

在重点抓经济效益的同时，景区的基础设施也在同时进行，如云台周

居庸关长城历史陈列

边环境整洁、景区绿化美化扩大工程、供水管道改造、景区标识规范整改等工作。在文物保护方面，与水电维修班组成安全巡视综合检查队，每日进行安全巡视，发现问题及时整改，同时对义务消防员、保卫人员进行安保培训和消防演习，为做好文物安全工作打下坚实的基础。

二、自身建设不断完善

“责任重于泰山”，这是多年来居庸关长城博物馆对自己和全体职工的要求，他们始终把安全工作放在首位，根据自身实际，严格制定各项预防措施，形成了适合景区特点的较强的安全防范体系。在工作中，我们紧抓两个方面：一是外树形象，为游客提供良好的旅游环境；二是内练素质，加大对员工的培训，提高自身素质。积极组织员工参加特区、昌平区及市级各种文艺展示和服务礼仪比赛，并在比赛中均获得了好的成绩。在职工队伍建设方面，积极组织职工参加特区工会组织的运动会和各种文化活动，利用冬季时间开展职工技能培训，提高职工窗口服务水平，不断展示长城员工的精神风貌。2008年北京奥运会和残奥会期间，居庸关长城博物馆不仅圆满地完成了各项赛事及各种接待任务，还使我们的队伍得到了很好地锻炼，同时，也为长城景区经济建设和旅游服务工作起到了很好的促进作用。

延庆博物馆

YAN QING COUNTY MUSEUM

馆　　长 程金龙

通讯地址 延庆妫水北街24号延庆博物馆

邮　　编 102100

电　　话 69143788

传　　真 69181330

电子信箱 yqxwws@sina.com　yqbwg@hotmail.com

隶属关系 延庆县文化委员会

性　　质 公办

建筑性质 现代建筑

建筑面积 6100平方米

展厅面积 2500平方米

馆址环境 北接新华书店、图书馆、文化馆，东临尚书苑小区、西邻延庆第一中学，南面是商业区。

历史沿革 2006年开始筹建，2008年9月30日正式建成开馆。

开放时间 每周三至周日　9:00—16:30

服务设施 内设无障碍参观设施（电梯、残疾人卫生间）、存包柜、休息椅、纪念品商店。

交通状况 919路公共汽车。

概　述

延庆上承妫川神韵，下秉京畿古风，文物资源丰厚。拥有国家级重点文物保护单位1处、市级重点文物保护单位7处、县级文物保护单位106处，此外还有古民居240余处，县文物管理所收藏文物6000多件，代行博物馆部分职能。直到2008年9月30日，延庆文化中心正式落成后，县博物馆才正式成立，并迁入文化中心正式对外开放。

基本设置

延庆博物馆位于延庆妫水北街24号，延庆文化中心最南端，总建筑面积6100平方米，展陈总面积2500平方米，是延庆县政府投资兴建的面向21世纪的大型现代化文化设施，是新世纪延庆县标志性建筑之一，具有完备的研究、展示、教育职能。是目前北京地区规模最大、功能最全的县级博物馆，也是延庆境内唯一一座综合性博物馆，2008年9月30日正式对外开放。

延庆博物馆作为延庆县文化委员会的下属单位，共有在职员工27人。馆内设有开放部、业务部和办公室3个部门。其中开放部负责博物馆参观接待、社会教育、展陈设计、宣传策划和内部培训；办公室负责公文处理，日常接待，档案、车辆管理，财务会计，对外宣传和安全保卫；业务部负责文物普查，考古发掘，地方文史研究，库房管理和文物保护等工作。

藏品管理

延庆博物馆共有库房7个，库存文物6000余件，内部安装有恒温恒湿机等现代化文物库房保管设备，所有库房安有监控器、烟感报警器和电磁门禁。

延庆博物馆成立后，建立了一套库房管理制度，并对所有库存文物重新登记入账，分类入库。库房管理员定期检查库房文物和设备的安全情况，按照库房管理制度作安检记录。

为培养专业的文物保护人员，延庆博物馆多次派职工参加文物修复、库房管理等培训，逐渐培养出一支专业文保队伍。

陈列展览

延庆博物馆设有山川地貌、延庆历史文化陈列、延庆近现代史陈列、延庆民间风俗、延庆社会主义建设成就和临时展厅6个展厅。

妫川风韵——延庆历史文化陈列展厅是延庆博物馆最重要的陈列之一，展厅面积达800平方米，以文物、情景沙盘、通体展柜和独立展柜相结合的形式展示延庆古代历史发展进程。展出了从新石器时代到清末的各类珍贵文物754件，三级以上文物达200余件，其中不乏金贝币、金代石狮、青铜钫、三彩陶罐等文物精品。

近现代史陈列厅

妫川风云——延庆近现代史陈列展厅面积250平方米，方形的展厅入口处为序言，展厅内通过大量革命文物和照片，再现了发生在妫川大地上的革命事件和英雄人物。

妫川风情——延庆民间风俗陈列展厅面积500平方米，展陈内容涉及延庆人民生活的衣食住行、农耕生产、民间工艺美术、民间艺术和婚嫁等，通过民间征集的衣物、生产生活用具和非物质文化遗产等，展示了妫川特有的民俗风情。

妫川风采——延庆社会主义建设成就展厅面积200平方米，以大量图片和翔实的文字，展示了新中国成立后延庆社会主义革命建设和改革开放的辉煌成就。

临时展厅200平方米，可以灵活地适应不同容量、不同内容的展陈需求，开馆时以明清水陆画展亮相。

延庆山川地貌展厅是一个大型沙盘模型，该模型设置在玻璃地台下，并配以灯光设计，展现出延庆整个山川地貌的情况，观众可步行于上，观看延庆的山川地貌。山川地貌厅两侧墙壁设计了反映延庆作为古代军事屏障和现代生态屏障的主题壁画，从历史和现代两个角度归纳表现延庆的发展。

延庆博物馆共展陈文物1000余件、图片500余张，全面展示了延庆的历史文化特色与发展脉络。馆内还配备了报告厅、会议室、贵宾接待室等，使博物馆的功能更加完备，参观环境更加人性化。

其他设施

延庆博物馆拥有众多人性化服务设施和设备，能够满足不同人群的参观需求。主要的功能区间分为：展陈区、社会教育区、综合服务区、业务科研区、行政办公区、藏品库区等，使文物收藏、展览、修复、研究、教育、交流融为一体。

延庆博物馆拥有物品寄存柜、休息座椅、残障人士

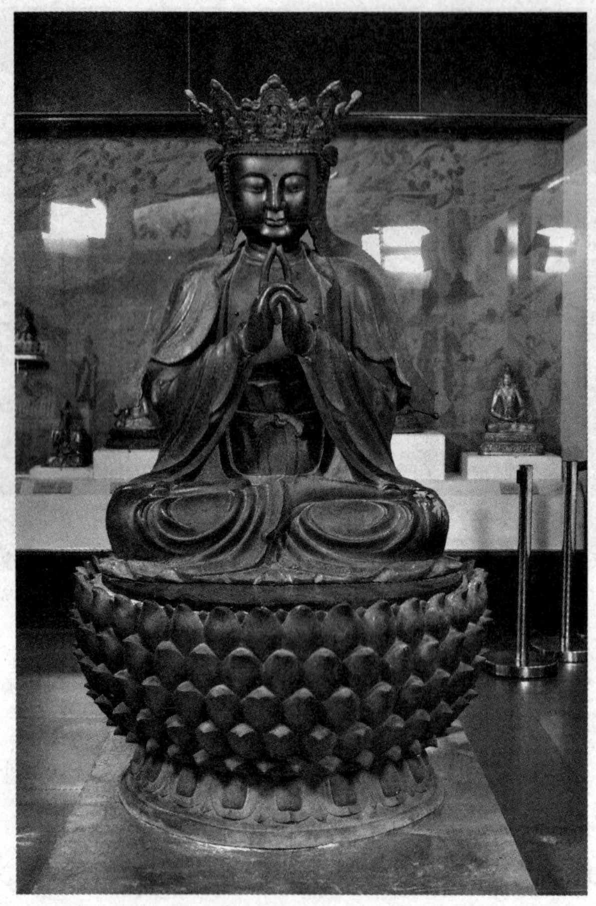

毗卢遮那佛

专用通道、电梯、电子触摸屏等完善的设备设施，并提供免费讲解服务。馆内定期举办专题讲座和主题活动，面向公众传播爱国主义精神、历史及科学知识。

社会活动

"社会大课堂"资源单位。为充分发挥博物馆的教育功能，延庆博物馆与教委合作，开展"社会大课堂"活动，组织中小学生参观延庆博物馆、组织主题活动。让孩子在了解延庆历史、民俗和现代化建设的过程中，受到热爱祖国、热爱家乡、热爱传统文化的教育。目前，延庆博物馆正在开展县情教育基地、传统文化教育基地、爱国主义教育基地、"社会大课堂"市级资源单位创建活动。

改革开放30年成就展。在庆祝改革开放30周年期间，我馆配合县委宣传部，组织全县企事业单位进行爱国主义教育活动。活动中，延庆博物馆的"妫川风采——社会主义成就展"成为参观的焦点，多家单位在延庆博物馆组织干部培训活动。

创新工作

作为一个非营利性单位，延庆博物馆通过走社会化道路，争取社会资金注入等途径解决自身困难。一是博物馆的门票与新华书店和金大陆展陈设计公司合作，通过联合宣传，解决门票制作费用的问题。二是文物保护与科研单位和院校合作，运用新技术的同时还可以节省开支。如与中国文化遗产研究院和国家博物馆合作，对明清铁钟进行修护；与北京建筑工程学院合作编制《延庆县长城文物保护总体规划》；与北京科技大学进行项目合作，对库存的400余件金属文物和部分瓷器、纸质文物、丝织品等文物进行修复。三是协调多方关系，运回明代毗卢遮那铜佛，成为延庆博物馆的镇馆之宝，并且丰富了延庆博物馆的藏品。

明十三陵博物馆

MING TOMBS MUSEUM

馆　　长　张　勇

通讯地址　北京市昌平区十三陵特区办事处

邮政编码　102213

电　　话　60761422

传　　真　60761422

网　　址　www.mingtombs.com

电子信箱　bjsslwwk@sina.com

隶属关系　北京市昌平区十三陵特区办事处

性　　质　公办

展厅面积　600 平方米

占地面积　80000000 平方米

历史沿革　明十三陵是明朝迁都北京后 13 位皇帝陵墓的总称。从 1409 年开始营建长陵，到清初建造思陵，十三陵经历了 200 余年的建设。其陵寝建筑规模宏大、体系完备，保存较为完整。陵区内共计葬有皇帝 13 人、皇后 23 人、皇贵妃 1 人以及数十名殉葬皇妃。除皇帝陵外，陵区内还有明朝皇妃墓 7 座，太监墓 1 座，以及行宫、神宫监、祠祭署等若干附属建筑。十三陵具有陵区建筑整体性突出、陵寝建筑制度独具风貌、自然环境幽雅壮观，保存较完好等特点。其历史遗存不仅是研究明朝陵寝制度、丧葬典制，祭祀礼仪，职官体制和建筑技术，工艺乃至政治、经济、文化等方面的绝好实物资料，还记录着清朝和民国年间的沧桑历史。十三陵不仅是中国帝陵建筑的典型范例，也是中国悠久历史文明的见证。

1961年，明十三陵被国务院批准为全国重点文物保护单位。2003年，明十三陵被列入世界文化遗产名录。1981年6月，经北京市人民政府批准，成立了昌平区十三陵特区办事处，是昌平区人民政府的派出机构。其职责是保护辖区内的文物古迹和自然环境。范围包括十三陵景区、居庸关景区、银山塔林景区。1995年，经北京市文物局批准，成立了明十三陵博物馆，负责十三陵范围内的文物安全、管理和参观游览等事项。下设4个分馆，即长陵博物馆、定陵博物馆、昭陵博物馆和神道博物馆，开展业务工作。2000年初，在定陵大门外广场动工兴建了一座陈列馆，内有十三陵历史陈列，全面介绍明十三陵历史、建筑、墓主及定陵出土文物。2001年4月29日正式对外开放，现十三陵博物馆陈列馆由定陵博物馆负责管理。

开放时间 旺季（4—10月）8:00—17:30 淡季（11月至次年3月）8:30—17:00

服务设施 有无障碍通道及相关助残设施，确保残疾人无障碍参观。停车场面积：大车场20010平方米；小车场：4002平方米；勤务车场：4824平方米；南北海子环保车场：各7128平方米。语音导览设备：可提供中、英、法、日、韩5国语言的语音导游机。游客服务中心：提供游客休息、接待咨询、景区免费宣传册、婴儿车、轮椅、急救药物等各项服务工作。纪念品商店为游客提供有特色的旅游纪念品。定陵餐厅：提供散客及团队用餐服务。营业时间：10:30—15:00。

交通状况 314路公共汽车、22路及23路小公共汽车均可到达。

概 述

多年来，明十三陵博物馆在十三陵特区办事处领导下，始终坚持“保护为主、抢救第一、合理利用、加强管理”的文物工作方针，为贯彻人文北京、科技北京、绿色北京的发展理念，不断完善文物保护措施，加强文物保护的力度，加大资金的投入，在文物保护、管理，文物安全，博物馆建设及科研、宣传等方面均取得了很大成绩。

文物保护管理工作

加强陵寝抢修工作是我们对联合国世界遗产组织做出的郑重承诺，在国家文物局、北京市政府、市文物局、市园林绿化局、昌平区委区政府以及相关部门的大力支持下，我们从2002年开始全面启动了明陵抢修工程，并先后完成了德陵、康陵、庆陵、泰陵的抢险修缮工程。同时，其它文物保护项目也在进行中，2004年上半年，对石牌坊周边环境进行了整治，并安置铁栏杆，对石牌坊进行保护。下半年，又对定陵地宫入口进行了改造。2005年，完成昭陵大殿供桌及龙椅等展品的油饰翻新工作及长陵大殿补铺木地板工作。并积极进行定陵地下文物库房建设项目的前期准备工作，完成了库房选址、地下考古勘探、地质勘探、项目考研报告等工作。加强市场管理，整顿市场秩序，治理陵区道路周边环境，重新油饰公路两侧的铁栏杆万余米，整改房屋外墙颜色，重新粉刷房屋两万余平米，做到统一协调。规范广告牌示。2006年，完成了定陵地宫后殿文物陈列品的油饰见新工作。完成了昭陵□恩门抢险修缮工程。启动了“明十三陵文物保护规划”的编制工作。2007年，完成了康陵□恩门修缮项目。《明十三陵文物保护规划》初稿完成，并召开了明十三陵文物保护规划成果通报会。根据国家文物局、北京市文物局“关于开展第三次全国文物普查工作”的文件精神，结合实际情况，十三陵特区分别成立了普查领导小组、普查领导办公室和普查工作队，并制订了普查工作计划。10月12日，十三陵特区第三次全国文物普查工作正式启动。2008年，完成了定陵明楼东立面下层屋面及宝城墙修缮项目。完成了石牌坊排险保护修缮项目。修缮了献陵监倒塌的监墙。更换了辖区内的古树名木牌示。完成了《明十三陵文物保护规划》文本。启动了银山塔林文物保护规划的编制工作。配合代建单位，继续办理定陵地下文物库房开工前的各项准备工作。配合区文委长城普查队完成了居庸关长城的普查工作。

文物安全管理工作

十三陵特区办事处不断完善各项规章制度，认真做好文物安全管理工作。

成立明十三陵世界文化遗产管理办公室。2003年，明十三陵列入《世界遗产名录》后，成立了明十三陵世界文化遗产管理办公室，加强对明十三陵世界文化遗产的保护、管理与监测工作。城管大队、长陵镇、十三陵镇还成立了相应队伍，负责十三陵地区的环境整治工作。

组织落实。十三陵特区办事处为做好文物安全工作，专门成立了以特区办事处领导、保卫科、文物科、绿化基建科人员组成的"十三陵特区办事处文物保护与安全考核领导小组"，具体负责全特区的文物安全工作的日常巡查、定期季度评定、年终工作考核等。目前，长、定、昭、神4个开放景区，均有一名副主任负责文物安全保卫工作并设有治安保卫组，对景区进行24小时轮岗值班和监控。未开放陵寝和妃子坟及太监墓，各处均设有3位专职护陵人员，24小时轮流职守，负责陵区的文物保护工作。同时，特区保卫科配备专车，设有专职巡陵员，每天对各陵区进行巡视检查，并听取护陵员的工作汇报。

为做好文物安全工作，特制定了一系列文物安全工作规章制度。制定《应对突发事件九大应急预案》、《文物景区拍摄管理办法》及《文物安全保卫工作考核办法》，建立健全文物安全工作责任制，做好防火、防盗等多项预防工作。每年年初，十三陵特区办事处同长陵、定陵、昭陵、神道4个承包单位，及文物科、保卫科、绿化基建科签订《文物保护责任书》、《治安保卫责任书》、《安全防火责任书》、《绿化美化、古树名木保护责任书》、《禁止燃放烟花爆竹协议书》。特区保卫科与护陵员还签订《护陵员岗位责任书》。特区指派文物科、保卫科、绿化基建科以月查、季度考核和随时抽查的方式，对相关单位和个人进行考核，发现问题及时解决。

科技创安。近年来，十三陵特区办事处投入巨资，购置各种安防设施、设备及相关器材，不断完善和加强文物安全工作的硬件设施建设。购置专业消防车，成立专业的消防队伍。辖区内所有文物建筑均按要求配齐避雷针、消防栓及水龙带、灭火器和烟感探头。长陵、定陵、昭陵和神道4个开放景区，已建成景区监控系统，实施24小时无缝隙电视监控。在未开放的陵寝，如献陵、庆陵、德陵安装侵入报警及电视监控系统。

博物馆工作

为进一步宣传、弘扬优秀传统文化，加强公共文化服务体系建设和发展，在展示陵寝文化的同时，十三陵特区不断推出各种展览，以满足人们的不同需求。展览分为固定陈列、临时展览、外展和联合展览。其中，固定陈列有：定陵玄宫原状陈列、定陵地下宫殿出土文物陈列、明十三陵历史陈列、神道原状陈列、昭陵秋祭复原陈列等。临时展览有：定陵地下宫殿出土文物特展、"中外名人在十三陵"大型图片展、世界文化遗产"明清皇家陵寝"神道石雕艺术展、古今十三陵图片展、明代帝陵风水文化展等。另外,定陵出土文物还曾作为中华瑰宝到国内、外进行展出。2004年5—10月,参加了北京市政府在希腊国家美术馆举办的《帝王之都——北京文物珍宝展》。此次展览展品来自首都博物馆、艺术博物馆和定陵博物馆中最具中国文化特色和传统工艺的代表性作品共计101件(套),其中,有定陵出土的7件(套)珍贵文物。展出期间共接待16万参观者,使北京与雅典这两座东西方文明古都的千年文化交融得以继续。展览结束回国后,又在中华世纪坛艺术馆举办了《京华珍宝耀雅典——北京文物赴雅典展出归来汇报展》。2008年,定陵出土的13套(件)珍贵文物,参加了在首都博物馆举办的"中国记忆——五千年文明瑰宝"和"北京文物精品展"。

2006年5月是定陵地下宫殿发掘50周年,为此,十三陵特区办事处在定陵博物馆隆重召开"纪念定陵发掘50周年大会"。定陵发掘亲历人赵其昌先生、国家文物局副局长张柏、北京日报社社长梅宁华、北京市文物局局长孔繁峙、昌平区副区长陈秋生、十三陵特区办事处主任杜高潮等先后讲话。罗哲文先生人在外地不能到会,百忙中题写了"风雨五十年,功业记千秋——纪念定陵发掘50年"以表祝贺。国家博物馆、首都博物馆等博物馆界同仁和明清皇家陵寝各单位代表,以及国家、北京市、昌平区的相关单位领导和部分专家参加了大会,同时为"纪念定陵发掘50周年出土文物特展"剪彩,并参观了该展览及地下宫殿。

为了纪念明十三陵列入《世界遗产名录》3周年,十三陵特区办事处于2006年6月13日在居庸关古客栈召开了"世界文化遗产——明清皇家陵寝保护与发展研讨会"。来自全国各地的30多家单位,约百余名代表及中新社、《北京日报》、《中国文物报》、《中国文化报》、《信报》等10余家新闻媒体参加了研讨会。研讨会历时3天,取得了圆满成功。其收获:①成立了"明清皇家陵寝合作与研究论坛"。②提出建立"陵寝学"学科。研讨会期间,部分与会代表就提交的论文进行了相关阐述。另对长陵、定陵、神道、居庸关长城及云台进行了参观考察。

6月10日是中国第一个"文化遗产日"。十三陵特区办事处的各基层单位积极参加北京市文物局举办的"保护文化遗产——守望精神家园"纪念第一个中国文化遗产日的庆祝活动。活动中共出专题宣传壁报4块、咨询服务台6处、挂横幅6条、贴宣传海报60张、发放各种宣传材料1500份、接受游人咨询2000余人,活动现场气氛轻松热烈,达到了对"中国文化遗产日"的普及与宣传效果。同时,为配合纪念第一个"中国文化遗产日"活动的举行,6月8日,与北京市文物局在明思陵举行了植树活动,共有60余人参加,植树100棵。

按照国家文物局对文物四有工作的新要求,根据市文物局关于对馆藏文物进行清仓查库的工作部署,十三陵特区办事处组成了专题工作小组,认真开展对本馆馆藏文物的清仓查库、文物定级、建档立账工作。同时，对全部馆藏文物进行数码全方位拍照，完善文物记录档案工作。经过1年多时间，完成了全部馆藏文物的清库、定级及拍照工作。

积极参加国家文物局、北京市文物局、北京博物馆学会、北京市文保协会、中国紫禁城学会举办的各种学习讲座。参加“雷锋杯”讲解比赛活动。参加北京市旅游局和北京电视台联合举办的“北京市第四届导游员、讲解员电视大赛”，其中有两名讲解员获得“优秀讲解员”称号。参加北京市文物局组织的“博物馆与北京奥运——2007北京地区博物馆演讲比赛”，取得了一个二等奖、两个三等奖、三个优秀奖及两个组织奖的好成绩。

科研与宣传工作

十三陵特区自成立以来始终把保护文物、合理利用文物和文物研究、宣传放在首位，先后召开了两届研讨会，出版有《明十三陵》、《图说明朝帝王陵》、《明十三陵探秘160问》、《世界文化遗产——明十三陵》、《明代帝陵风水说》、《居庸关的记忆》和《银山塔林》等专著，特别是在2006年，为了纪念明定陵发掘50周年，十三陵特区办事处编辑出版了《定陵出土文物图典》(大16开，共计两卷)。《图典》收录1326张珍贵文物图片，首次全面展示了定陵出土文物精华。由原北京市文物局局长梅宁华作序。定陵发掘亲历人之一赵其昌先生撰写后记。它是研究明代陵寝制度、社会发展的重要实证，具有很高的学术、观赏和收藏价值。配合“定陵发掘50周年纪念大会”的召开，特别发行了“纪念定陵发掘50周年个性化邮品”(个性化专用邮票及纪念封)2000套。出版《世界文化遗产——明清皇家陵寝保护与发展研讨会》论文集、出版北京风光《定陵》、《定陵珍宝》画册，并再版《明十三陵》画册1500本，以促进学术研究与交流。

为了宣传明代历史文化，提升旅游品牌，十三陵特区不仅每年组织各旅游景区参加国内外大型旅游交易会外，还经常在《中国文物报》、《中国旅游报》、《中国文化遗产》和《昌平周刊》上撰写文章，出专版，对十三陵进行宣传。昌平电视台还隆重推出“胡先生开讲”节目，特聘十三陵特区研究员胡汉生讲述“明朝那些事”。

另外，为了宣传世界文化文化遗产，2008年6月，十三陵特区办事处将已出版的定陵发掘报告及定陵出土文物图典、研讨会论文集、部分专著和画册等，共计15种800多套册，价值10余万元的书籍赠送给十三陵、居庸关长城及银山塔林3个景区周边的中小学校，以及昌平区博物馆、图书馆、档案馆和党史办等13个单位。其目的就是要让遗产地周边的公众，特别是年轻一代从小树立爱家乡、爱遗产、爱中华的思想，增强民族自豪感和保护文物的意识，增长历史文化知识，宣传世界遗产理念，为继承和弘扬中华民族优秀文化，为实现中华文明的延续和可持续发展，作出应有的贡献。 **(宋磊)**

长陵博物馆

CHANG LING MAUSOLEUM MUSEUM

馆　　长　杨增斌

通讯地址　北京市昌平区长陵博物馆

邮　　编　102213

电　　话　60761888

传　　真　60761156

电子邮箱　mclglc@163.com

隶属关系　北京市昌平区十三陵特区办事处

性　　质　公办

建筑性质　古代建筑(全国重点文物保护单位)

建筑面积　19589 平方米

展厅面积　1938 平方米

占地面积　219258 平方米

馆址环境　长陵位于北京市昌平区境内,距市区约 50 公里。陵区南起石牌坊,北倚天寿山主峰,右为献陵,左为景陵。东西北三面山势高峻,逶迤连绵,南面有龙虎两山左右对峙,地势较低,势如门户。当中奔流不息的温渝河水自西向东而去,好似天然的护陵河,南北贯通的八达岭高速路直达北京。

历史沿革　长陵是十三陵中的首陵,始建于 1409 年,直到 1540 年才最后完工。陵内建筑曾多次维修,主体建筑保存较为完好,附属建筑多已坍塌,地下宫殿迄今尚未发掘。解放初期设文物管理所,隶属河北省通县专区。1955 年改隶北京市园林局。1981 年隶属北京市昌平区十三陵特区。

开放时间　旺季(4 月 1 日—10 月 31 日)8:00—17:30　淡季(11 月 1 日至次年 3 月 31 日)8:30—17:00

服务设施　食品部、餐厅、游客服务中心、停车场面积 20000 平方米、中英文语音导览设备、无障碍通道。

交通状况　德胜门西站乘 345 支线至昌平东关路口转 314 路;德胜门西站乘 919 支 1 快车至昌平东关路口转 314 路;北京地铁 5 号线天通苑北乘 23 路。

概 述

长陵博物馆是隶属于北京市昌平区十三陵特区办事处的社会科学类专题遗址博物馆,博物馆采取主任(馆长)负责制,现设主任(馆长)一人,负责博物馆的全面工作,下设副主任4人,分管4个部门,28个职能班组。

提高职工素质,强化细节管理。作为窗口行业,长陵博物馆坚持"安全第一,以人为本"的服务理念,始终以"争创一流景区,实现一流服务"为宗旨。随着旅游业的蓬勃发展和日趋激烈的行业竞争,游客对服务水平的要求也越来越高。作为世界文化遗产和国家4A级景区,长陵博物馆始终以"一切为了顾客"作为服务的出发点和立足点,除了严格按照服务规范的要求,坚持优质服务、礼貌服务、科学服务外,还在全园范围内倡导和实践"人无我有,人有我优,人优我强"的细节服务。为了不断提高职工的整体素质和服务水平,博物馆每年分批组织职工进行旅游英语、明史知识、服务礼仪、法律法规的培训。2007—2008年,为了更好的服务奥运,博物馆专门增加了奥运知识和奥运礼仪的培训。

不断的教育和培训,有效的提高了职工的整体素质,使博物馆先后涌现出一批先进个人和集体:讲解员沈志刚于2004年荣获由北京市文物局主办的"北京地区博物馆讲解员选拔赛"二等奖、2005年和付静一起荣获由北京市文物局主办的纪念中华全国总工会成立80周年"帝豪杯"全国职工知识竞赛铜奖。2006年,唐立影被首都窗口行业奥运培训工作协调小组评为"首都文明服务明星"。2007年,刘佳、孔颖、吴丽娜分别荣获北京地区博物馆演讲大赛二等奖和优秀奖。齐振玉荣获年度经济技术创新标兵称号;2008年,在开展"迎奥运、讲文明、树新风——争做首都文明职工活动"中朱兆霞被北京市总工会评为首都文明职工。刘久芹和陈淑先荣获北京奥运会"微笑大使"称号。李梅荣获由北京市旅游局主办的第四届"迎奥运、展风采"北京市导游员、讲解员电视大赛优秀讲解员称号。

在不断提高职工整体素质的同时,长陵博物馆还坚持从细节入手,以规范、科学、严格的制度约束职工、管理职工,不断建立健全各项管理制度,使每个职工在工作中都能做到有章可循、按章办事,博物馆的管理水平也在不断提高,逐步走上规范化、常规化的轨道。

狠抓经济效益，保持持续发展。几年来，随着旅游市场竞争的日益激烈，长陵博物馆在提高职工服务质量、细化服务内容的基础上，把狠抓经济效益，保持经济平稳、持续发展作为博物馆的重点工作而常抓不懈。首先，逐年加大对外宣传力度，不断拓展客源市场。其次，深入实地调研，搞好市场运作。再次，增强协作关系，巩固稳定客源。通过不懈的努力，博物馆的经济效益近年来始终保持着持续、稳定的增长。

挖掘文化内涵，打造旅游特色。“争创一流景区，实现一流服务”，是长陵博物馆始终遵循的服务宗旨。为了提升景区服务特色，博物馆从挖掘明代文化内涵入手，添置、更新明代服饰展品，要求讲解员穿明代服饰讲解。同时，发掘带有明代帝后图案的扑克牌、带有长陵建筑标志的启瓶器，介绍明长陵的各种书籍、明信片、光盘等特色商品，极大地突出了景区特色。

严格落实制度，确保文物安全。长陵是十三陵的首陵，其主体建筑祾恩门、祾恩殿、明楼等至今保存完好，尤其是祾恩殿，全部是用金丝楠木加工制作而成，古色古香。为丰富游客的参观内容，现在祾恩殿内陈列有定陵出土的上百件文物，其珍贵的金银器、玉器、各种首

长陵祾恩门

饰、金冠、凤冠及帝后服饰共计126件(套),每件展品都做工精湛,价值连城。

作为世界文化遗产的一部分,博物馆始终把安全工作置于各项工作之首,为确保景区安全,保护世界文化遗产,博物馆特任命一名副主任专职负责安全工作,并成立了义务消防队、保安队、救援队、监控指挥中心等安全部门,把安全工作层层落实,责任到人。同时,博物馆不断建立健全和完善各项安全制度,先后制定了《文物巡查制度》、《口恩殿交接班制度》、《讲解员岗位责任制》、《突发事件应急预案》《重点部位防火预案》,以及各种消防安全制度和消防、安全预案,并利用会议、月刊、板报等各种形式,经常性地对职工进行安全教育,不断提高职工的安全意识。博物馆坚持每年与各班组签订安全责任书,明确班组的安全职责。各部门、各班组人员各负其责,严格执行各项安保制度。

与此同时,博物馆不断加强安全硬件设施建设,坚持"科技创安"理念,首先于2005年2月9日,在景区售票处、收票处安装了电子售票及电子门禁设备,实现了会计室、售票处、检票处的办公联网;同年5月,先后在口恩殿、口恩门安装了烟感报警设备,完成了武警三级网和长陵管理处监控网的工程,使长陵景区24小时的监控范围达到90%以上、车场无监控死角;更换配备消防设备设施,加强消防演习。博物馆安全设施的配套完善,有效的保护了文物古迹。

坚持以人为本,完善景区设施。作为世界文化遗产和国家4A级景区,除了为游客营造一流的服务软环境,博物馆始终把景区基础设施建设放在重要位置。为了充分体现"以人为本"的服务理念,为职工和游客创造优美舒适的工作及旅游环境,几年来,博物馆不断更新和完善景区设备设施,先后完成了多项环境改造和治理工程,有效的增强了景区功能,提升了景区形象,为游客创造了更加优美的环境,提供了更加细节的服务。

(长陵博物馆)

定陵博物馆

DING LING MAUSOLEUM MUSEUM

馆　　长 郑普田

通讯地址 北京市昌平定陵博物馆

邮政编码 102213

电　　话 60761424

传　　真 60761643

网　　址 www.mingtombs.com

电子信箱 dinglingbowuguan@yahoo.cn

隶属关系 北京市昌平区十三陵特区办事处

性　　质 公办

建筑性质 古代建筑(全国重点文物保护单位)

建筑面积 90000平方米

展览面积 3000平方米

占地面积 182000万平方米

馆址环境 定陵博物馆位于十三陵陵区西南,距长陵约2.5公里。背靠大峪山(原名小峪山,因修陵改为大峪山)。西有昭陵,东有长陵,前有温榆河。

历史沿革 1959年10月,定陵博物馆建馆,原属于北京市文化局,1961年被国务院公布为全国重点文物保护单位。1972年划归北京市园林局,1981年起隶属昌平县十三陵特区。

开放时间 旅游旺季(4月1日—10月31日)8:00—17:30　旅游淡季(11月1日—3月31日)8:30—17:00

服务设施 景区车场、售票、检票、第一、二陈列室、公厕、十三陵博物馆、餐厅及停车场均设有残疾人无障碍通道及相关助残设施，确保残疾人无障碍参观。停车场面积:大车场:20010平方米;小车场:4002平方米;勤务车场:4824平方米;南北海子环保车场:各7128平方米。 语音导览设备:可提供中、英、法、日、韩5国语言的语音导游机。游客服务中心:提供游客休息、接待咨询、景区免费宣传册、婴儿车、轮椅、急救药物等各项服务工作。定陵餐厅:提供散客及团队用餐服务。

营业时间 10:30—15:00

交通状况 德胜门乘345快车或919支1、919支3路公交至昌平东关，换乘314路至定陵。北京地铁5号线天通苑北,换乘23路至定陵。

概　述

定陵始建于1584年，1590年建成，耗银800万两。明末清初及民国时期曾遭破坏。解放后为了进行考古与历史学方面的研究，1955年郭沫若、吴晗、沈雁冰等联名上报国务院，请求发掘长陵，得到批准。由中国科学院考古研究所、文化部文物局、北京市文物调查研究组联合组成长陵发掘委员会。为了慎重起见，决定先对定陵进行试掘。1957年7月，定陵地宫被打开，出土各类文物近3000件，一时轰动中外。经国务院批准，1959年10月，在原址建立了定陵博物馆，向中外游人开放。

作为国家重点文物保护单位，定陵博物馆始终坚持"有效保护、合理利用"的文物工作原则，严格贯彻执行《北京市明十三陵保护管理办法》，从博物馆基础建设、展览宣传、古建及文物保护、安全保卫、环境整治等方面加强管理，深化改革，于2000年年底获得国家旅游局颁布的"AAAA级风景名胜区"称号。

定陵博物馆隶属于十三陵特区办事处，下设办公室、外联、财务、讲解班、售票班、检票班、票务管理组、游客中心、治安班、监控班、安检班、市场管理组、绿化班、花卉班、园务班、公交服务组、后勤组、食堂、车队、餐厅20个班组。一直以来，定陵博物馆始终以党的十七大报告重要思想为指导，以科学发展观为统领，以构建和谐景区为目标，特别是2008年，在金融危机、地震灾害等一系列不利因素的影响下，博物馆全体职工不畏艰难，勇担重任，坚持不懈，无私奉献，以良好的精神风貌、一流的服务圆满完成了对奥运大家庭及国家首脑和政要的外事、内事导游讲解任务，包括美国前国务卿基辛格、黑山总统夫人、萨摩亚总统、瑞典国王及王妃、比利时外交大臣等，接待奥运官员1800余人次。

博物馆基础建设及展览宣传

定陵博物馆目前主要陈列地点为地下宫殿、陵区内第一、二陈列室的地宫出土文物展及于2001年对外开放的十三陵博物馆展厅。定陵地下宫殿及其丰富的随藏文物为我们研究明朝中后期的经济、政治、典章制度、丧葬制度等提供了极为宝贵的实物资料，具有极高的历史文物价值。为了让观众了解更多的明朝及定陵相关历史知识，向观众展出更多的出土文物，博物馆定期更换展出内容，补充展出了明皇朝世系、相关历史、历代帝后画像、十三陵全景模型、珍贵出土文物等内容。2004年，第二陈列室举办有“中外名人在十三陵”大型图片展，吸引了许多游客前来参观，取得了较好的效果。2008年，为进一步拓展博物馆文物展览范围，经过一个多月的精心筹备，定陵博物馆第二陈列室的“明代帝陵风水文化展”于2008年8月正式对外开放，众多专家学者、中外游客慕名前来参观。此次展览从风水术的起源与发展到明朝帝陵的卜吉与风水特点都进行了详尽介绍，充分展示出十三陵的悠久历史与明文化的深厚内涵。

古建及文物保护

在各级领导的大力支持及所有文物工作者的共同努力下，同时，随着2002年新《文物保护法》的颁布，定陵博物馆的文物保护措施也日益完善，《文物保护突发事故应急处理预案》、《安全防火管理制度》、《交接班管理制

定陵博物馆正门

度》、《夜间值班制度》等多项规章制度逐步建立落实，使文物保护管理有章可循。同时，博物馆始终按照“人防、物防、技防相结合”的原则，最大限度严密安全防控措施，把风险降至最低。依据“游客聚集数量、控制难易程度”等标准，划分重点防控区白天8小时值勤巡视。景区内外主要区域及交通要道均设有电子监控设施，陵外博物馆24小时监控不断，陵内地宫8小时监控不断，实现了对公共区域、重点部位的全面监控。

确保文物保护利用与旅游开发健康发展。定陵博物馆严格贯彻执行国家下发的《关于加强旅游区文物保护工作的通知》，在旅游开发中坚持“保护中开发，开发中保护”的原则，对陵区文物古迹及地宫出土文物做到保护与开发兼顾。始终坚持“保护为主、抢救第一、合理利用、加强管理”的方针，制定文化和旅游结合的工作思路，取得了一定的社会效益和经济效益。

为了实现文化成果的扩散和普及，让更多的游客享受文化成果，我们积极加强与各博物馆同行间的交流和合作，发挥各自优势，互相学习、借鉴关于文物保护工作的宝贵经验。同时，充分利用各种媒介和“5·18国际博物馆日”、“世界文化遗产日”、《文物保护法》颁布纪念日宣传活动等形式，向广大游客宣传文物保护法的重要性、必要性及营造全社会关心支持文物保护工作的良好氛围。

安全保卫

不断运用科技手段加强博物馆安全保卫工作建设。科技创安工程的实施，使景区安保得到了有力的保证，目前定陵地宫入口安装的安检系统，可对进入地宫参观的游客进行安全检查，保障地宫以及游客的安全。监控室内共安装高速彩色球形云台摄像机28台，匀速彩色球形云台摄像机18台，地埋金属管线3万余米，包括50门内部程控电话，10个宽带网络接口，雷达/红外报警4套，可进行监控的监控中心3处，实现了从定陵公路入口到地下宫殿，覆盖整个景区的全方位电视实时监控管理，由监控班组对各处尤其是重点部位进行24小时监控，并可实现全方位的紧急广播。这两个系统的建成完工标志着我馆的安全保卫工作进入了现代化历程，得到了国家旅游局及北京市领导的高度肯定，有效保证了游客和文物的安全。

强化旅游市场监督，依法加强定陵景区市场管理。为杜绝景区内乱停乱放车辆，加强与工商、城管、公安、交通、卫生等有关部门的密切配合，成立联合执法分队，协同作战，实行分片包干治理，加大对旅游市场的联合执法监管力度，深入开展迎奥运、讲诚信，保安全、展形象专项行动，不断规范旅游市场秩序和经营行为，加强宣传教育和城市管理执法，严厉查处破坏市容环境的不文明行为，确保为奥运宾客提供一个安全、有序、整洁的旅游环境。

环境整治

为创建国际一流景区，实现一流服务，为游客创造一个安全、整洁、优雅、舒心的旅游环境，博物馆注重对景区绿化美化及设施的保养工作，不断加大对文物古建、古树名木的管理力度，严格控制污染源及人为破坏，以保护风景名胜区的资源。

绿化古树的养护管理是博物馆环境管理工作的一项主要业务工作，根据景区绿化管理要求，设专人对景区的古树名木、绿植花卉进行养护，逐株登记建档，立牌标明，做好专项保护。为有效防范和应对美国白蛾等外来林业有害生物，保障景区绿色景观完整和生态安全，逐步健全林业病虫害防冶检疫机构，加强检测检疫，并多次组织开展专题培训，提高专业人员防范意识和技术水平，圆满完成了3800棵古树名木、460株乔灌木、1.8万平方米绿化草坪以及景区内桃园和柿园等的绿化及养护工作，更好地维护景区风貌。同时，在黄金周及重要节日时期，为营造热烈友好喜庆的氛围，博物馆花卉班员工艰苦奋战，认真设计、摆放节日花坛，为游客提供良好的游览环境。

为使环境保护工作更趋科学化、规范化，博物馆始终按照ISO 14001环境管理体系及要求，在硬件和软件方面着力进行整治。景区内重点区域及各人群密集区合理配置、更新废物箱(果皮箱)，在适当场地场所配备清洁袋，在各公共卫生间发放公益纸巾，倡导文明吐痰、文明处理废弃物；在不破坏文物的基础上改建景区内各坡道，使其坡度减缓，保障残疾人的顺利通行；不断对新建的停车场进行绿地改造。2005年，拆除原景区大门两侧的花墙，重新修建为环保停车场；2006年，投资5万元更新了游客中心的设施；为避免雨季路面积水，自2005年起，逐步将陵区及无字碑附近的水泥砖重新铺设为渗水砖；按国家5A级景区的标准先后对大车场、南海子及陵区内的所有公厕统一进行改建，改建后均达到四星级以上标准；为进一步规范定陵景区标牌设施，与区旅游局共同完成景区内所有标识牌的更新、替换。2008年初，购置垃圾清扫车，极大地节约了人力提高了劳动效率，同时也避免了过去人工作业时尘土飞扬的现象，大大提高景区环境质量；为确保景区周边环境的整齐，在市场摊位外围种植了近500米松柏绿化带，并统一粉刷市场商棚和围栏。

内部管理

完善制度建设，争创5A景区。定陵博物馆始终注重景区各项管理制度的创新和完善，同时注重制度管理的规范性，突出目标管理与责任管理。在目标管理与责任管理上，做到工作有计划、计划有目标、目标有责任、责任有督查、督查有落实。在2006年5A景区的申报过程中，逐步规范完善了各班组日常工作流程、岗位规范、日常培训等方面的内容，经收集汇总后，制定出定陵博物馆详尽规范的制度文档，也解决了多年来办公文档不完善、文件材料码放凌乱的现状。通过此次整理、规范、完善，使博物馆的各项规章制度和各种文件资料齐备，便于查找，为今后的工作打下了良好的基础。此外，进一步完善档案管理制度，建立健全并严格执行档案收集、鉴别归档、档案整理等制度，以严密的制度规范档案管理工作。2007年初，统一将具有保留价值的档案进行收集、整理，例如，将定陵博物馆自开馆以来的各类门票扫描后，制作成电子档案保存归档；为规范我馆人事档案管理，实现办公自动化，利用人事管理软件将员工简历、照片等资料录入电脑，使员工的各项信息一目了然，查阅方便、快捷。

加强业务练兵，确保优质服务。在从业人员培训考核方面，制定文明服务规范和标准，不断提高景区人员的自身素质和业务水平。利用旅游淡季，开展丰富多彩的业务练兵活动，针对不同岗位的特点，对职工进行专业技能、服务礼仪、外语、手语、急救、奥运知识等方面的培训，结合景区实际，通过长期教育、短期培训，馆内学习、馆外交流等方式，从各方面加强全体干部职工综合素质，提高业务工作水平。

早在申奥期间，博物馆已注重对员工外语方面的培训，组织一线职工学习英语，每年1—3月或年底的11—12月组织集中培训并考核，通过几年的培训，博物馆已有数十人分别获取了全国公共英语一、二、三级证书。近年来，更是掀起了“学好外语迎奥运，文明礼貌树新风”的学习热潮，我们根据实际情况，按职工年龄、工种和学历等，重点对35岁以下的青年职工制定了短、中、长期目标相结合的详细的培训计划和考核评比办法，深入开展外语口语、手语服务的培训活动，要求员工掌握100句迎奥运旅游外语及手语知识。自2006年初开始，博物馆及各班组分别组织开展8次基础培训，5次强化训练，3次笔试、口试考核，参加人数累计200余人，考试合格率100%。在北京市、昌平区以及十三陵特区举办的各项奥运英语竞赛与活动中，参赛选手均取得了较好的成绩，为奥运会服务接待工作打下良好基础。同时，以奥运为契机，在职工中广泛开展《北京奥运窗口行业员工读本》学习与宣传活动，使员工掌握相关奥运知识及服务礼仪，并以书面问卷形式对职工进行考核，经培训考核，我馆共有300余名职工获得《首都窗口行业奥运培训合格证书》，占职工总人数的95%以上。

不断加强对景区导游、讲解员的业务知识和技能的培训，多次组织“一级讲解员”考核评比提高讲解员整体素质。并通过专家授课及外派学习的方式，进一步提高全体讲解员的业务水平，一大批青年的行为成为基层管理工作的模式，为加强单位管理起到了示范作用。几年来，定陵博物馆讲解班多次荣获“先进班集体”、“读书自学成才先进集体”、“全国巾帼文明示范岗”、“迎奥运微笑服务先进集体”的称号。2006 年，她们成功地接待了国际奥委会主席罗格及夫人一行，并受到好评。2007 年 10 月，定陵博物馆 4 名讲解员参加了北京地区博物馆行业奥运演讲大赛，并获得了第三名的好成绩。在 2007 年北京市旅游局、北京电视台联合举办的第四届“迎奥运导游员讲解员电视大奖赛”上，讲解员金津被评为“优秀讲解员”。2008 年，定陵博物馆讲解班荣获“北京奥运会微笑服务示范岗”称号，讲解班班长陈京红被评为“首都服务奥运好先锋”及“北京奥运会、残奥会先进个人”。

在强化软件教育的基础上，为使员工能够更好地学习，博物馆先后投入大量资金用于培训硬件补充，为实现电教化教学，先后配备笔记本电脑、幻灯机、投影仪、投入上万元购买了 50 部步步高学习复读机和学习资料，专门邀请中国石油大学、昌平财贸干校等大专院校老师授课，购买了中国人民大学教授金正昆主讲的“服务礼仪”、“公关礼仪”、“社交礼仪”等《现代礼仪系列》全套光盘，使培训活动更加简便快捷，同时大大提高了职工学习兴趣。

2008 年奥运前夕，为检验培训成果，宣传奥运精神，普及奥运知识，营造奥运氛围，组织职工开展丰富多彩的文体活动，将理论性学习与综合实践活动结合起来，举办奥运知识竞赛、迎奥运征文演讲比赛，使大家在活动中关注奥运、了解奥运、参与奥运、体验奥运、感受奥运、奉献奥运。

（定陵博物馆）

昭陵博物馆

ZHAO LING MAUSOLEUM MUSEUM

馆　　长 申凤全

通讯地址 北京市昌平区昭陵博物馆

邮政编码 102213

电　　话 60761435

传　　真 60761435

隶属关系 北京市昌平区十三陵特区办事处

性　　质 公办

建筑性质 古代陵寝建筑(全国重点文物保护单位)

建筑面积 23000 平方米

展厅面积 1200 平方米

占地面积 35000 平方米

馆址环境 昭陵博物馆位于十三陵特区西面,距长陵约 3 公里,背靠大峪山,前有温榆河,左邻定陵,右侧为北京友谊林、九龙池及 110 国道德胜口大桥。

历史沿革 昭陵是明十三陵中第九座皇陵。1961 年 3 月,国务院公布为国家重点文物保护单位。1981 年以前隶属北京市园林局十三陵管理处。1981 年,以后改属北京市昌平县十三陵特区办事处。地面建筑时有修缮,1987—1989 年,在原基础上重建了祾恩殿、左右配殿、祾恩门、碑亭等,1989 年开始筹备陈列工作,1990 年 8 月成立了昭陵管理处,1990 年 9 月 1 日正式开放。1991—1992 年宰牲亭峻工,1993 年布置明朝人物张居正、海瑞、戚继光的陈列展览。由于后期陈列文物年久失修,经请示上级批准于 2005 年暂时关闭展览。

开放时间 旺季 8:00—17:30　淡季 8:30—17:00

服务设施 停车场面积:大、小车场面积 15300 余平方米,可容纳车辆 130 余辆。语音导览设备:向游客提供中英文语音导览设备。游客中心向游客提供优质服务。

交通状况 立水桥站乘 23 路至终点站昭陵。佳运园站乘 22 路至终点站昭陵。

概 述

昭陵是明朝第十二位皇帝穆宗朱载□和他的3位皇后的合葬陵寝，是明十三陵中地面建筑修复最完整的皇陵。这里环境优雅、景色宜人，是人们休闲旅游、了解明文化的极佳景区。昭陵博物馆是十三陵特区办事处下设6个景区之一，昭陵管理处现有一个党支部，13个班组其中含办公室、财务室、外联部、票务班、讲解班、检票班、绿化班、园务班等部门，强大的团队诚心服务八方来客。

作为窗口行业，昭陵博物馆为了向游人提供丰富的景区看点，利用自身的有利资源合理开发利用，举办各种展览，为游客了解明十三陵的历史文化提供大量信息。在大殿内设有明昭陵秋季祭祀复原陈列，这是明代中叶以后陵祭中等级最高、礼仪最隆重的祭陵活动。西配殿内陈列有穆宗朱载□的蜡像、明昭陵帝后史料、李太后教子的场面以及明朝与蒙古瓦剌部落“隆庆议和”事件的泥塑等。东配殿内陈列有明代亲王与妃嫔墓室的模型、明代皇族墓葬史料、从亲王墓内出土的部分文物及珍贵的历史照片等。在宰牲亭内设有明朝人物张居正、海瑞、戚继光的陈列。

此外，昭陵博物馆为向游客提供优质的服务，打造学习创新型团队的同时，还做了如下工作。一方面，强化制度管理，领导们以身作则加强理论学习与实际相结合，遵循“以人为本、游客至上”的服务理念，以“争创一流景区，实现一流服务”为方针，严格制定管理制度，约束职工、管理职工、服务职工。为了更有效的提高景区服务质量，成立监查小组，并定期进行顾客满意度调查的数据分析，掌握一线服务的最新信息，切实将各项服务管理工作真正落到实处。

作为国家重点文物保护单位，古建及文物保护一直是重中之重的工作。博物馆在原有的设施基础上，于2004年6月3日启动监控系统安装工程，对博物馆的停车场、广场、主要出入口、通道、林木、地面建筑、宝城围墙等进行实时电视监控及录像，主监控室内的大屏幕及多画面分割显示、主要领导的分控显示都加强了博物馆的安全保卫工作，为博物馆的系统管理提供科学的技术保障。各职能部门间的内部电话通讯为领导的宏观调控和统一管理提高了时效。2005年3月10日—4月10日，博物馆投入巨资更新烟感报警装置，排查安全隐患，加大文物保护力度，为游客提供舒适安心的休闲环境。为了更好地保护世界文化遗产及游客的人身安全，2006年8月1日—9月16日，对博物馆的祾恩门进行修缮；2006年10月23日，对宝顶两侧院墙进行修缮。

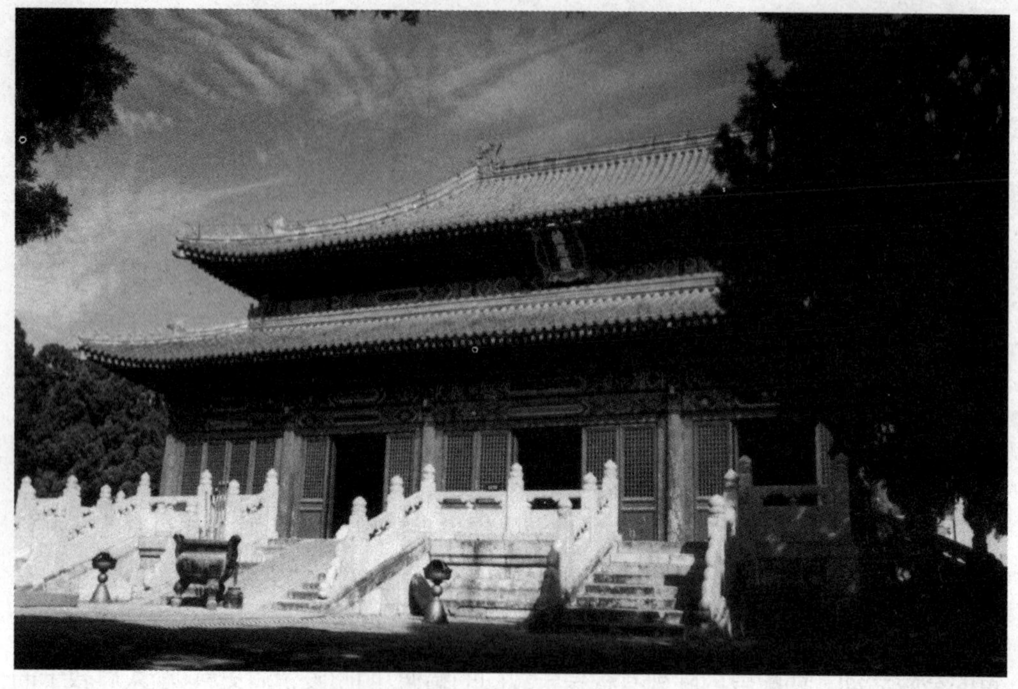

明昭陵祾恩殿

为了完善内部的管理机构,2006 年 11 月 21 日,游客中心正式起用,对外向游客提供相应的服务,此项工作使博物馆服务的硬件设备设施进一步得到完善。在改善基础设施的工作中,为了绿化美化景区的参观环境,2006 年 3 月 29 日—4 月 9 日,更换绿篱 750 延长米。2006 年 4 月 2—20 日,对停车场进行改造,大大方便了旅游车辆通行。2006 年 10 月 15 日,对博物馆的主出入口进行改建,不但改善了职工的工作环境,而且改观了景区的视觉效果。为了净化景区的空气环境,提高空气质量,于 2007 年 7 月将燃煤锅炉更换成燃油锅炉,减少了人为废气的排放。2007 年 10 月 8 日,为方便游客的参观,景区内更换标识 71 块。2008 年 3 月底—4 月 29 日对景区门口停车场进行改造,砌起围墙,搭建了新的警亭,并更新农贸市场内的商亭 25 个、柜台 26 个。2008 年 7 月,博物馆安装宽带,起用现代化的办公设备,加速信息交流,提高了工作效率。

(昭陵博物馆)

神道博物馆

THE SACRED ROAD MUSEUM

馆　　长　沈立涛

通讯地址　北京市昌平区神道博物馆

邮政编码　102200

电　　话　89749383

传　　真　89714295

隶属关系　北京市昌平区十三陵特区办事处

性　　质　公办

建筑性质　古代建筑(全国重点文物保护单位)

建筑面积　5377平方米

占地面积　32000平方米

馆址环境　明十三陵总神道,即长陵神道。位于昌平区北3公里处,是进入陵区的主要通道。两侧有龙山、虎山相峙而立,好似守卫陵区的卫士。陵区的大门就建在这两山之间。山上建有护陵边墙,与北面群峰山口相连,将陵区环抱。中间有神道贯穿南北,由石牌坊、大红门、神功圣德碑亭、石像生、龙凤门等建筑组成,碑亭以北长达800米的距离内共矗立着36尊石像生(其中石兽12对、石人12尊),雕工精细,均用整块巨石雕刻而成,具有很高的文物和艺术价值,堪称"石雕艺术博物馆"。公路两侧是果园,春季花香四溢,秋季果实累累,为古老的神路增添了新的景色。

历史沿革　神道是长陵的附属建筑,始建于明宣德十年(1435),规模宏大,它是长陵主体建筑完工后陆续建成的,直到嘉靖十九年(1540)才最后完工。解放后修昌赤公路从神道中间通过,为了保护神道文物,北京市政府决定将公路改在神道两侧,1990年7月竣工。同年设立管理机构,作为旅游景点对社会开放。

开放时间　淡季(每年的11月1日至3月31日)8:00—17:00　旺季(每年的4月1日至10月31日)8:00—18:00

服务设施　环保型电瓶车3辆。南北停车场面积分别为8468.3平方米和10164平方米。纪念品商店200平方米。游客服务中心50平方米。语音导览设备有语音导读机10台。四星级厕所一座。

交通状况　由德胜门乘坐345、919路支线公共汽车到昌平,然后换乘314路或在立水桥乘坐22路小公共,南新村站下即可。

神道博物馆

THE SACRED ROAD MUSEUM

概 述

明十三陵总神道(长陵神道)是十三陵的第一个景点,也曾是明代官人进入陵区的必经之路。随着我国旅游事业的蓬勃发展,对外宣传的力度加大,各种服务设施的不断完善,绿化美化的环境治理以及服务水平的提高,吸引了大批中外游人慕名而来。

不断完善各种旅游服务设施 为争取5A级旅游景区,管理处加大了硬件的投入,充实了游客中心的服务设备,电子触摸屏、婴儿车、轮椅、投诉电话等,在南北售票处增设了残疾人售票窗口,为不同的游客提供方便条件,使服务更趋于人性化。并在景区内建立了方便游人的医务室,全心全意的为游客服务。为确保景区文物的安全,投资120万元在景区以及周边安装了摄像探头设备,并专门成立监控组,实现了覆盖整个景区的全方位24小时监控管理。安装了内部程控电话,增添了广播器材,保持通讯畅通。由于游客的不断增加,为进一步解决游客参观游览的方便,在原有2辆参观车的基础上,又添置了1辆环保型电动游览观光车。

加强素质教育,提高服务水平 作为窗口行业,我们始终坚持"以人为本"的服务宗旨,坚持文明用语、微笑服务,切实将游客满意作为我们服务的出发点和立足点。为提高广大干部员工的思想觉悟和服务水平,适应新形势的要求,每年都利用旅游淡季开展服务礼仪、强化外语、绿化美化、道德教育、消防演练以及急救措施等一系列培训,鼓励大家学习,热爱本职工作,增强一心为游客的服务理念,使员工的思想素质、服务水平上了一个新台阶。为配合科学发展观的学习,神路党支部还组织全体党员到北京航天城参观,增强民族自豪感。另外,还不定期的举办各种宣传教育活动:发放宣传册、为游人做义务咨询、免费提供热水等。同时,内部建立职工阅览室,购置各种书籍,在员工中形成读书学习的好风气,努力创建学习型的单位。管理处现有在职工作人员107名,其中本科学历6人、大专学历52人。

规范制度管理,强化措施落实 建立健全有力加强博物馆管理和调动全体员工积极性的规章制度、服务规范,强化员工的工作作风、服务标准,强化服务制度管理。要求各班组将岗位职责、行为规范上墙,做到有章可循、按章办事,专门设立督查组进行监察,从而有效约束了职工的行为,使管理水平得到提高。并经常组织员工学习《北京市旅游管理条例》、《文物保护法律法规》等有关法律法规,以提高员工法律法规意识。

内部管理完全按照 ISO 9001 国际质量体系和 ISO 14001 国际环境管理体系的要求去做，不断采取自查方式，对景区内所存在的问题，及时加以解决，提出整改办法，落实整改措施。

安全保卫工作 没有安全做保障，博物馆的一切工作就无从谈起。博物馆严格执行《北京市文物局安全保卫工作规范化管理暂行规定》，做好保卫工作。在重点部位，设置安全检查员，张贴警示标志，加强规范管理。增设巡查员、夜间值班人员，签订安全责任书，责任到人。定期对消防器材进行安全检查，定期对义务消防队员进行实操演练，及时更换过期灭火器材，使消防器材的使用保持在最佳状态。成立应急小组，建立突发事件应急预案，自博物馆成立至今，安全工作实现了无火灾、无盗窃、无爆炸、无治安事件发生和重大政治责任事故的发生。

加大宣传力度，扩大景区知名度 成立天马旅行社昌平分社，扩大宣传，拓展经营渠道，取得了经济效益和社会效益双丰收。组织开展对外宣传活动，在神道中间的花架廊，以十三陵神道博物馆内的石雕艺术为基础，充分挖掘其文化内涵，成功举办了《明清皇家陵寝神道石雕艺术展》、《古今十三陵图片展》，其图片汇集了明清皇家陵寝神道石雕之精华，以及十三陵的古今风貌，展示其艺术成就，宣传世界文化遗产。

环境的整治与改造 对神路北门外近 100 米的路面进行了铺修，改造了坑洼不平的路面，整体环境得到了改善。拆除了神路内 1500 多米破损不堪、影响景观的草坪铁围栏，使之与景区的环境更加协调。对北车场个体摊棚进行了整体改造、北院办公区进行了全面修缮、油饰。为了保障空气质量，奥运会前，改造了 3 台燃煤锅炉为燃油锅炉，提升了景区硬件的档次。

抓好绿化美化环境工作 神路博物馆绿化面积较大，达 350 多亩，树木品种达 25 种，绿化任务重，专业性强。为了保持好优美的环境，养护好草坪及树木，对绿化工作加强了管理。神路树种杂、面积大，再加上原有的绿化技术人员由于年龄大，部分已经离岗，出现了技术人才的青黄不接状况，严重影响绿化工作的发展，针对这一问题，我们一方面从外选调专业技术人员加以充实，另外立足培训现有绿化队伍，在打药、施肥、修剪、培育等方面形成了专业一体化，确保了神路绿化美化工作不断提高。目前，已对景区内的 370 棵垂柳进行了修整。新栽种 100 棵美国红栌、72 棵红叶海棠。在大红门处补栽沙地柏 2000 棵、榆叶梅 260 棵，绿化美化了景区环境。

经过 5 年的建设和发展，博物馆的知名度正在不断提升。北京奥运期间，圆满的接待了 420 名奥运官员。接见了美国前国务卿基辛格先生等外国贵宾及工作人员，受到一致好评。

（神道博物馆）

香山双清别墅纪念馆

MEMORIAL HALL OF XIANGSHAN SHUANG QING VILLA

馆　　长 张渝丽

通讯地址 北京市海淀区香山公园内双清别墅

邮政编码 100093

电　　话 82590297

传　　真 62599886

网　　址 www.xiangshanpark.com.cn

电子信箱 jyglk126.@.com

隶属关系 北京市香山公园管理处

性　　质 公办

建筑性质 近代建筑

建筑面积 497.7 平方米

展厅面积 497.7 平方米

占地面积 7862 平方米

馆址环境 双清别墅坐落在香山公园南麓,是一座极为淡雅幽静的庭院,院内银杏成荫,叠石环抱,甘冽的泉水汇聚一池,清澈莹净。

历史沿革 香山双清别墅坐落在香山公园南部的香山寺旁,因有两股清泉而得名。据史料记载,清乾隆十年(1745),乾隆皇帝营建香山静宜园,在此修建"松坞云庄",在院南建"栖云楼"(静宜园二十八景之一),将两股清泉命名为"双清",并在院南侧的崖壁上御笔亲提"双清"二字。1860 年被英法联军焚毁,1917 年,著名教育家熊希龄先生在香山地区创建"香山慈幼院",将此处辟为私人宅邸,更名为"双清别墅"。1949 年 3 月 25 日,中共中央书记处自河北省平山县西柏坡村迁至北平（今北京），进驻在香山，当时毛泽东主席就住在双清别墅。1980年对外开放。1992年，为纪念毛泽东主席诞辰100周年，北京市委指示要在香山双清别墅举办“毛泽东在双清”展览，经过历时两年的筹备工作，“毛泽东在双清”展览于1993年7月1日开始对外预展，并向社会各界征求意见，同时继续修改完善，补充了部分内容。1994年10月24日，“毛泽东在双清”展览被列为北京市第二批青少年教育示范基地。2008年11月，根据市委宣传部下发的《关于报送第四批全国爱国主义教育示范基地推荐材料的通知》精神，“香山双清别墅”向市委宣传部申报晋升全国爱国主义教育示范基地。

开放时间 全年对外开放。8:30—16:00

服务设施 食品部、茶座、纪念品商店。

交通状况 318路 老古城—香山；331路 新街口豁口—香山；360路 动物园—香山；360路快车 动物园—香山；698路 城南家园北—香山；714路 阜成路—香山；696路 孙河乡政府—香山；634路 西直门—香山公园东门。

概 述

双清别墅隶属香山公园管理处，是香山公园管理处下设的一个班组，双清班具体负责“双清别墅纪念馆”馆藏文物的保护，展室义务讲解，室内卫生保洁，食品部、茶座、纪念品出售等日常服务工作。护园队夜间值班员（保安公司人员）负责夜间巡视、检查、保安工作。相关职能部门分别负责“双清别墅纪念馆”各项工作的开展及院内卫生的清洁、建筑物的维护工作。

香山公园管理处园长兼双清别墅纪念馆馆长；经营管理科科长兼双清别墅纪念馆副馆长；服务一队队长、书记兼双清别墅纪念馆队长、书记。双清别墅有 9 名正式职工；夜间值班人员 4 名；卫生间和景区保洁人员 2 名。

香山双清别墅位于香山公园南麓的半山腰，环境幽雅，以其苍翠的竹林、遮天蔽口的银杏、挺拔的松柏、古朴的建筑引人前往。然而真正使这个地方闻名天下的并不是它的秀美风光，而是因为这里曾是毛泽东主席住过的地方，曾是中共中央的指挥中心，曾发生过扭转中国命运决定中国前途的大事。党的七届二中全会在西柏坡胜利闭幕后，以农村包围城市为战略思想的毛泽东主席实现了他的夙愿，提出要大踏步地前进，到北平去！1949 年 3 月 25 日，中共中央书记处自河北省平山县西柏坡村迁至北平(今北京)，进驻香山，当时毛泽东主席就居住在双清别墅。朱德、刘少奇、周恩来、任弼时 4 位书记居住在与双清别墅比邻的来青轩遗址上的房屋内。1949 年 6 月 15 日，毛泽东主席等中央领导迁驻中南海。从 1949 年至 1956 年，香山静宜园一直归中央人民政府军事委员会管理，对外称“劳动大学”。

毛泽东、朱德、刘少奇、周恩来、任弼时五大书记在这里共同指挥了渡江战役，进行了解放全中国的伟大进程，进行了国共谈判和筹备召开新的政治协商会议，制定了新中国经济建设根本方针及各项政策等。毛泽东主席和朱德总司令在双清别墅共同发布了《向全国进军的命令》。毛泽东主席在此先后撰写了《南京政府向何处去》、《人民解放军占领南京》、《论人民民主专政》等重要文献和不朽诗篇，并会见了诸多民主人士和爱国志士，为建立新中国奠定了坚实的基础。

双清别墅在中国革命史上具有重要的历史意义和现实意义，它见证了中国革命从农村走向城市，从胜利走向胜利的伟大转折和光荣历程。周恩来总理曾经说过：“这是毛泽东发布渡江作战、解放全中国命令的地方，要记住这个地方。”

香山双清别墅纪念馆共分“毛泽东在双清”和“毛泽东在双清活动陈列”两大部分。第一部分是实物陈列展览，按毛泽东主席当年在双清别墅生活并工作的情形恢复办公室、会客室、卧室、六角红亭、防空洞等处。该展室将老一辈无产阶级革命领袖毛泽东

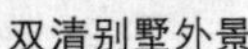
双清别墅外景

双清别墅展厅

主席艰苦朴素的生活作风和宵衣旰食、忘我工作的革命精神淋漓尽致地展现出来。第二部分是图文陈列展览，内容分为3个部分：从西柏坡到北平香山；毛泽东同志在香山；领袖生活在香山。该展室从时间和空间上翔实地反映了在中国革命即将取得成功，以及向全国进军这一重要历史时期毛泽东主席和其他中央领导人所创造的不朽功绩。

双清别墅是广大青少年进行爱国主义和革命传统教育的校外课堂，是企事业单位、学校组织过主题党日、团日、队日活动的好场所。香山公园充分利用资源优势，每年在特殊纪念日、暑期和红叶文化节期间开展"红色游"系列活动。通过参观原状陈列、导游讲解和观看史料宣传片，来缅怀世纪伟人的丰功伟绩，进行爱国主义教育。双清别墅纪念馆的一砖一石都镌刻着伟人的足迹，唤起游客无限的思念。其特殊的建筑风格、珍贵的史料收藏、精美的陈列展览和优美的参观环境吸引着大量的游客来这里参观游览。双清别墅自2004年至2008年年均接待游客76.2万人次。

多年来，香山公园十分重视对双清别墅各项设施的维护、建设和利用工作。

2005年2月，对双清别墅院内及周边进行维修改造。增加了展览内容和4台扩音器，更换高清晰度液晶电视机和电视柜、更换说明牌示、更新地毯60平方米、加固护栏20余米、增设护栏10余米、改造部分电路、对地图等重要藏品采取保护措施、改善双清别墅纪念馆的陈展环境，对庭院进行席纹砖地面修补、门窗整修、防空洞刻画清理。8月，对双清六角红亭按原样进行基础台明归安、大木结构修理、铁皮屋面及水泥地面修补等落地翻修建设。公园完成电视监控视频系统一期工程，双清别墅增设监控点。同时，完成对周边环境设计改造工程，调整植物164株、新植苗木近30种、增加地被植物8种、增加绿地面积3640平方米。

2006年11月，我园重新修缮双清别墅院内水池，彻底解决多年来存在的池壁及池底渗水以及无法正常补水等问题。该工程项目于2007年4月竣工。

2007年9月，将原"毛泽东在双清"展览中的夜间报警装置更换为红外报警器，"毛泽东在双清活动陈列"展览增加红外报警器。

通州区博物馆

TONGZHOU DISTRICT MUSEUM

馆　　长 郑旭升

通讯地址 北京市通州区西大街9号

邮政编码 101100

电　　话 69515255

传　　真 69515255

电子信箱 bwg5255@sina.com

隶属关系 北京市通州区文化委员会

性　　质 公办

建筑性质 古建筑(区级文物保护单位)

展厅面积 180平方米

占地面积 1914平方米

馆址环境 地处通州区中心繁华地带。

历史沿革 通州区博物馆馆址原为三官庙(供奉赐与福寿之天官,赦免罪恶之地官,外除困厄之水官等神像),清康熙十二年(1673)修。1923年,北京万国道德会通州分会在三官庙废墟上重建二进四合院做为会址,会标"卍"。故在大厅、前厅、后厅的墀头上都雕刻有此字,俗称"万字会"。1935年12月,汉奸殷汝耕组建伪冀东防共自治政府,通州"万字会"会址又成为汉奸活动据点。1964年重修,改为"东颐饭店",不久关闭。1978年,后为原通县老干部局使用。1991年,经重修改建为通州博物馆。1992年1月,正式对外开放。现为通州区文物保护单位。

开放时间 8:30—11:30　14:00—17:00　(周一闭馆)

交通状况 乘坐322、938支4、342、666路公交车。

概　述

通州区博物馆在通州区文委的领导和支持下，文博战线全体人员紧密团结在党委周围，不断开拓创新，使我区文博工作自2004—2008年间取得了一定的进步，也为今后的发展奠定了更为坚实的基础。

一、坚持理想信念，忠诚博物馆事业

坚定不移地为建设中国特色社会主义而奋斗，坚定不移地贯彻执行党和国家的文物工作方针、政策，增强繁荣和发展博物馆事业的使命感和责任感，脚踏实地地做好博物馆的资料征集保管、展示和宣传等各项工作。

二、坚持党的根本宗旨，心系群众、服务社会

牢固树立全心全意为人民服务的宗旨观念，牢固树立立党为公、执政为民的思想；在博物馆工作中坚持"贴近实际、贴近生活、贴近群众"的原则，把弘扬运河文化、满足观众的需求作为博物馆工作的根本出发点和落脚点，充分发挥爱国主义教育的基地作用，努力服务于观众、服务于社会。

三、全力以赴开展文物安全保护工作

为了有效地保护好我区的地上、地下文物安全，避免安全事故发生，将各种事故消灭在萌芽状态，力保全区文物的安全。我馆采取多种有效的措施，加强全区文物的安全管理：第一，和各文物保护单位层层签订文物保护安全责任书，明确责任制；第二，加强对我区建设施工单位的宣传，最大限度地避免施工过程中对文物的破坏，杜绝出现哄抢现象；三是通过广播、电视、报纸等媒体形式宣传报道文物保护工作，利用"文化遗产日"、"国际博物馆日"等重要纪念日举办活动，提高广大群众对文物保护的认知度；第四，充分发挥文物保护热线的作用。

四、全力以赴开展博物馆的展陈工作

通州博物馆位于区级文物保护单位万字会院内，是古建遗址类区级博物馆，成立于20世纪90年代初，硬件展陈设施相对落后，但通过挖掘潜力、苦练内功等新举措，在固定展览基础上推陈出新，围绕大局，积极筹办多种形式临时展览，满足了各界人士不同文化需求。自2004年至2008年，我馆先后举办了中国（北京·通州）京杭大运河文化节——运河文化展、《与圣火同行——通州篆刻作品邀请展》、《寻找逝去的年画——赈灾义展》等60多个展览，吸引观众17万余人次。

2008年，为配合国家对有条件博物馆实行免费开放通知的精神，通州博物馆虽不在免费开放之列，但仍积极创造条件为免费开放做准备，为百姓提供高品质文化休闲场所。博物馆原有票价由3元降至1元,对中小学生、老年人、军人、残疾人实行免票制度,并在经济条件困难的情况下,改善了馆舍的内部环境,为群众提供了良好的参观环境。

五、措施到位,力保安全,全区文物单位平安过节

为确保文物保护单位安全,我馆在每年元旦、春节期间,加大监督与检查的工作力度。努力做到抓早、抓紧、抓细、抓落实。主要措施有:一是组织了有各乡镇、街道办事处、文物保护单位主要领导参加的“春节烟花爆竹安全管理工作动员大会”,聘请北京市火灾防治中心工作人员对文保单位负责人现场讲授了防火安全技能知识;二是向各单位下发市文物局《关于贯彻落实〈北京市烟花爆竹安全管理规定〉的通知》文件,提出要求强化落实;三是组织各单位积极张贴禁放标识,标明禁放区域具体范围;四是对各单位的安全设施、消防器材的配备、预案、值班及通讯等情况,进行了重点检查,在重点燃放时段,进行了检查与“零”报告制度。2004—2008年我区文物保护单位没有一起因燃放烟花爆竹引起的火灾事故发生。

六、提前运作,服从大局,作好旧城拆迁改造中文物保护

通州旧城改造,是新城建设总体的要求,是增强城市功能、改善城市形象的重要举措,是改善居民居住环境、提高生活质量的民心工程。但随着城市改扩建的继续,给我区文物保护工作带来了极大的挑战。2008年,为了有效保护好位于新城南街地段拆改范围内的区级文物保护单位——王芝祥故居,我馆及时与区规划局进行了沟通,与开发商进行了磋商,确保了拆改中文物单位原址保护及古建的安全,并向拆迁部门提供了该地区存在零散石刻详细名录和位置,以便在拆迁过程中加以保护。此外,从文物保护的角度出发,还对潞城镇、西集镇、张家湾镇的镇域规划提出了文物保护意见,从而为该地域的文物保护工作打下了坚实的基础。

七、坚持文物巡查制度不放松,加强日常管理力度

我馆除按照市文物局要求进行每年两次的文物巡查以外,还在元旦、春节、五一、十一、奥运等重点节日前,对全区的文物保护单位进行安全检查,发现隐患及时处理,以确保安全无事故。2008年,加大了文物保护单位安全设施、设备是否齐全,线路等是否存在安全隐患的检查力度,经各方努力,文物安全状况有了明显的改观,保证了辖区内文物保护单位的安全无事故。

八、全力以赴、多渠道地开展文物征集工作

近年来,在区财政的支持下,先后通过媒体定向征集、文物保护热线等有效方式,加强馆藏品的征集力度。2008年,又积极通过与重点捐献人的联系,努力开辟新的征集途径,确保征集数量与质量。目前征集到如汉代空心砖、唐代墓志铭、清代“点石斋”画报、冀东及抗战时期关于通州的历史文献资料等有着相当历史及艺术价值的文物。其中不乏精品，为博物馆增加了专项馆藏，为将来运河博物馆的兴建储备了高品质的文物藏品。

九、全力以赴开展第三次全国文物普查工作

开展文物普查工作是为了全面贯彻落实“保护为主、抢救第一、合理利用、加强管理”的文物工作方针，发掘、整合文物资源，增强全民文化遗产保护意识，全面掌握全区不可移动文物的基本情况及其发展态势，为研究制定全区文物保护政策和事业发展规划提供科学依据，提高文物保护、利用、管理水平，促进社会主义先进文化建设。目前，已完成了文物普查资料的复核、录入工作及实地普查工作，

近年，我区已将“三教庙”、清真寺等近10处古建单位修缮完毕，下一步如何做好这些文物单位的安全管理与合理利用工作，将是今后工作中的重中之中。为全力做好“人文奥运”——“运河人文景观”的接待与服务工作，全力推介大运河文化遗产与通州新城新形象，今年重点以“三教庙”景区的对外展示与品质服务为试点、积累经验，以过渡到全区有条件的文物单位，逐步实行对外开放。

春节期间举办了“三教庙”文化庙会，本次庙会意在宣传弘扬运河文化为主旨，活动的举办为文物单位合理利用积累了宝贵的经验。在2008年新实施的传统节日清明节期间，与北关小学共同举办了“祭先辈，新生入队；赏春景，培育爱心”清明祭扫踏青主题活动。活动中有400名小学生参加，首先到市级文物单位——李卓吾墓前进行祭扫、宣誓入队，然后进入“三教庙”景区，体验儒、释、道与运河文化及奇石展览。

在端午节期间，与广西玉林吉时展览公司共同举办了“端午节 三教庙 海洋生物展览”。活动期间，上百种活体鱼类、龟类、珊瑚等海洋生物、近百种奇特的海底生物标本及丰富的海洋生物知识展板，为全区数千名少年儿童提供了课堂上、书本上“品尝”不到的海洋生物科普知识大餐，同时也让孩子们切身体验到了“三庙一塔”古建筑群的雄伟与壮观。

2008年5月18日，经过为期近3个月的精心筹备，《寻找逝去的年画》展于“国际博物馆日”当天在通州区博物馆隆重开展。展品全部为清代至解放初期的年画精品，其中清代戴连增的《连年有余》、手工绘制的《杨家将》等可以称得上精品中的珍品。

十、完成了馆藏墓志系统的整理工作

2008年，对馆藏的40多方通州出土的墓志铭进行了系统的整理，这些墓志铭对研究通州的人文历史有着重要的历史价值，我馆对每块墓志都进行了拓片的制作，并对志文加以了详细的注解，完成文字录入，目前进入校对阶段，将集结成册，为喜爱通州历史的人提供一部有价值的参考工具书。

恭王府管理中心

ADMINISTRATION CENTER OF MANSION GONG'S PALACE

主　　任 孙旭光

通讯地址 北京市西城区前海西街17号

邮政编码 100009

电　　话 83288149

传　　真 83222177

网　　址 www.pgm.org.cn

电子信箱 gwf@pgm.org.cn

隶属关系 中华人民共和国文化部

性　　质 公办

建筑性质 古代建筑(全国重点文物保护单位)

建筑面积 17000平方米

展厅面积 1000平方米

占地面积 61120平方米

馆址环境 恭王府坐落于历史悠久、人文景观独特的什刹海风景区内,西有庆王府和涛贝勒府,南有北海公园和郭沫若故居,北有醇王府和宋庆龄故居。

历史沿革 恭王府营建于清代乾隆中后期,初为和珅私宅。嘉庆四年(1799),为庆郡王永□府第。道光三十年(1850),被赐予恭亲王奕䜣,庆王府过渡到恭王府。民国二十六年(1937),因小恭王溥伟无力偿债,北平地方法院对恭王府进行了拍卖,辅仁大学以19.9万元购得,产权随归辅仁大学所有。建国后恭王府收归国有,被很多单位和居民占用。20世纪70年代末,国家开始重视恭王府的腾退保护。1979年,文化部修建队开始进驻;1981年,恭王府修建队正式成立;1982年,恭王府修复管理委员会成立;1986年,恭王府管理处成立;2003年,文化部恭王府管理中心成立。2008年8月20日,恭王府向社会整体开放,成为北京唯一向社会开放的清代王府。

开放时间 8:30—17:00

服务设施 设有游客服务中心、无障碍参观、食品部、茶艺室、纪念品商店等。

交通状况 乘坐13、107、111、118、701、810、823、850路到北海北门站下车,往北即可到达。

概 述

推行综合改革 2003年中心成立以后，根据文化部等四部委《关于深化文化事业单位人事制度改革的实施意见》的精神，制定了《恭王府管理中心综合改革方案》、《恭王府管理中心人员聘用暂行规定》、《恭王府管理中心首次人员聘用工作实施细则》等改革系列文件。通过稳步推进，逐步建立了单位自主用人，职工自主择岗，形成人员能进能出、职务能上能下、待遇能升能降的人事管理机制。在建立以聘用制和岗位管理为基本内容用人制度的同时，也制定了与单位人事改革相适应的分配激励机制。在分配制度上，实行按岗位、按贡献、按责任大小的分配原则。在低收入人员收入不降低的前提下，拉开分配档次，彻底打破严重的平均分配主义大锅饭。由逐年递增制平稳过渡到按效益浮动制。

确立发展的思路 恭王府具有物质文化遗产和非物质文化遗产的双重属性，既是一个保留了完整清代王府建筑的全国重点文物保护单位，又是一个包含了丰富文化内涵、优秀民族文化遗产的文化空间和展示平台。

以王府的历史、文化、旅游为基本定位。在以旅游、观光为主要社会功能的基础上，增加文化内涵，提高文化品位，使环境更加优美、设施更加完善、服务更加到位、质量更加提高、产业更加壮大、管理更加到位、藏品逐步增加、展览更加丰富、研究更加深入。争取建设以王府文化为特色的国家级博物馆，创办5A级景区，创建恭王府及其文化生态区，使之成为王府文化游览、休闲娱乐、文化活动等多种功能的综合文化区，打造文化旅游品牌和中国传统文化的亮点。

古建修缮 2004年3月，恭王府管理中心府邸古建修缮办公室（简称修缮办）成立；8月《恭王府保护规划》（清华大学建筑设计研究院设计）得到国家文物局批复；同年8月，恭王府府邸文物保护修缮工程设计单位进行招投标，清华大学建筑设计研究院中标，成为工程的设计单位。2005年3月，《恭王府府邸文物保护修缮工程设计方案》得到国家文物局原则同意。同年9月进行了工程监理和施工方招投标，北京国金管理咨询有线公司成为工程的监理单位，北京房修一建筑工程有线公司成为工程的施工单位。2005年12月5日，恭王府府邸文物保护修缮工程开工仪式举行。

5年间，恭王府府邸文物保护修缮工程投入经费2.1亿元，其中国家财政拨款1.6亿元，恭王府自筹资金0.5亿元。整个修缮工程拆除楼房、非古建用房11650平方米；

恭王府府邸——宫门

修缮建筑总面积12600平方米（府邸建筑总面积12800平方米）。同时，2004年和2005年又自筹资金3000多万元对花园进行了保护性修缮。

安全保卫 安全工作是恭王府的头等大事，是各项工作的重中之重。首先从制度入手，制定了《护卫队管理制度》、《恭王府消防安全责任书》、《黄金周旅游安全预案》、《恭王府维护稳定安全预案》、《职工安全吸烟承诺书》、《恭王府府邸修缮工程安全工作管理办法》、《施工安全须知》、《恭王府运送物品车辆出入证》、《明火作业申报表》、《恭王府晚间活动消防安全协议书》、《关于加强和规范施工项目管理办法》等20多个与安全管理有关的制度和办法。同时加大科技防控的投入力度，先后投入3000万元，形成了立体的安全防控网，确保恭王府安全运营的环境。

观众参观“福寿绵长——恭王府福文化文物特展”
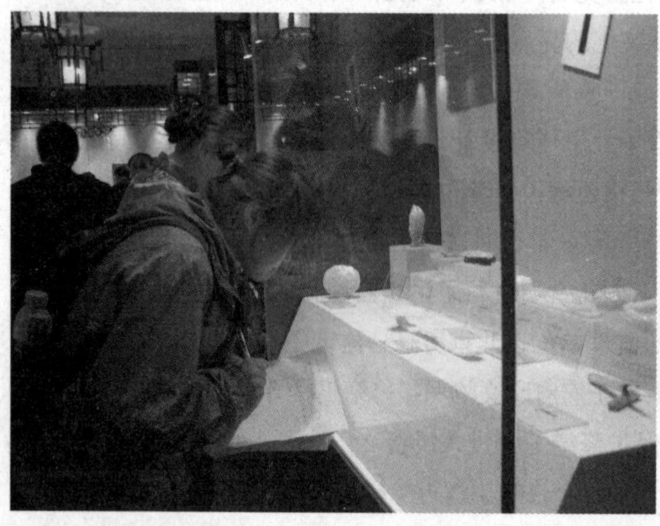

业务建设 “王府文化”是恭王府工作的重心所在，业务研究围绕着王府文化这一主题展开。分为3步走：

第一，围绕王府文化进行文物征集、展览设置、资料收集、课题设定等基础建设工作；

第二，加强业务队伍培训，敦促科研成果面世，使恭王府的业务研究在王府文化研究领域中，具备国内乃至国际的对话能力；

第三，在科研的基础上，把恭王府建设成中国唯一的王府文化的展示、保护、研究、开发中心。

恭王府现有文物藏品

近千件，有家具、字画、铜器、玉器、织绣、漆木器、瓷器等，其中尤以明清家具收藏为特色。先后举办过溥心□书画展、爱新觉罗家族书画作品展、恭王府福文化文物特展、恭王府花园对外开放及府邸修缮工作成果展、清代王府老照片展、明清家具精品展、佛造像艺术展、海峡两岸书画作品展、丹麦文物特展、恭王府历史沿革和博物馆建设成果展、清代王府文化展基本陈列展等陈列；举办了龙王庙复原陈列、福晋休息室复原陈列、贵宾休息室复原陈列、多福轩室内复原陈列、锡晋斋原状陈列、水法楼原状陈列等复原性展览。

出版了《清代王府及王府文化国际学术研讨会论文集》、《老照片中的大清王府》、《清宫恭王府档案总集——奕䜣秘档》(10册)、《恭王府明清家具图集》、《华府美宅》、《恭王府》等多部书籍专著。2005年，召开了第一届"清代王府及王府文化国际学术研讨会"。

社会教育 作为传统文化的教育基地，充分发挥它的教育功能，通过集体预约的形式于每周一对未成年人进行免费开放。还专门培养了适合青少年教育的义务讲解员，为集体参观的未成年人提供免费讲解服务，几年间共接待了来自大兴、海淀、西城等北京周边的中小学生集体参观教育活动约 3000 人次；免费接待周边部队机关的军人干部参观学习活动约 500 人次；每年邀请北京市红彤彤残疾人俱乐部的全体会员及集体预约的残疾人团队免费参观，并提供轮椅、拐杖、手语讲解等特殊服务，累计免费接待残疾人约 500人次。

恭王府还与西城区柳荫街小学组织成立了"恭王府绿化环保科技小组"，环保小组的成员在不同季节来恭王府花园对各类植物、植被进行观察记录等实践活动，为学校的社会实践活动提供了平台。2008 年 9 月，恭王府第一批志愿者服务队伍通过培训考核正式上岗为观众提供免费讲解服务，志愿者免费讲解的时间累计达 4500 小时，取得了良好的社会效益。

开放经营 2004 年以来，恭王府的游客接待量每年都在大幅度增加。2008 年，游客总人数为 200 余万人，相比 2004 年已增长了 55.1%，其中散客人数比 2004 年增长了 186.8%。在巩固旅游地位的同时，积极发展有恭王府特色的旅游产品，产品种类由 4 年以前不到 10 种发展到现在的 400 余种。此外，还着力打造大戏楼非物质文化演出市场，加大商标注册力度。

公务及外事接待 2004 年以来，先后接待过刘云山、贾春旺、田纪云、王光英、迟浩田、李铁映、李长春、曾培炎、吴仪、江泽民、刘琪、马凯等领导同志；还先后接待了荷兰王国公主、台湾中国国民党主席连战、亲民党主席宋楚瑜、台湾中国国民党副主席江炳坤、汤加王国王子、美国前国务卿基辛格、丹麦王储、毛里求斯总统、比利时首相、爱沙尼亚总理等境外政要。

圆明园展览馆
EXHIBITION HALL OF YUANMINGYUAN

馆　　长　解秀清

通讯地址　北京市海淀区清华西路28号

邮政编码　100084

电　　话　62568872

隶属关系　圆明园管理处

性　　质　公办

建筑性质　现代建筑(遗址为全国重点文物保护单位)

建筑面积　634平方米

占地面积　1500平方米

馆址环境　位于长春园西洋楼中部北端。

历史沿革　1979年建立200平方米简易展厅。1985年建立600平方米展览馆,其中设立2个展厅,一个录像厅。1996年,被列为全国中小学爱国主义教育基地,1998年被国防教育委员会列为北京市国防教育基地。

开放时间　7:00—18:00

交通状况　公交车特4、特6、105、205、717、664、432、681、365、320、628、696路等。

概 述

一、流散文物回归

文物,作为文化遗产的重要组成部分,是人类宝贵的精神财富,是历史发展的见证,也是后人传承文明的文化渊源。历史上的圆明园是一座中国文化的宝库,自1860年被英法侵略军野蛮劫掠、焚毁后,其收藏品逐渐流散于世界各地。只有圆明园遗址公园,才是圆明园流散文物的最好归宿,多年来我们一直致力于呼唤文物回归的工作中。在党和政府的关怀、社会各界的大力支持下,国家文物局和北京市文物局先后正式批复全面启动"圆明园流散文物回归"大型文物保护工程;中国科学院院士、北京大学教授侯仁之,国家文物局专家组组长罗哲文,国家清史编纂委员会主任、中国人民大学教授戴逸等23位著名专家学者联名发出了《圆明园散落文物回归圆明园遗址倡议书》。经多方努力,流散在北京教育网络和信息中心的8件汉白玉石构件及中共中央组织部机关事务管理局所属西单横二条34号院内的一对汉白玉石鱼于2006年7月7日和11月7日正式回归圆明园。此次圆明园文物回归,为流散在国内及国外的文物回家开启了先河,具有重要的历史意义。圆明园展览馆举办了流散文物展览,希望通过展览增加人们对圆明园及圆明园文物的关注与了解,以利于圆明园流散文物的保护与利用工作能够真正落到实处,也希望促使更多的圆明园流散文物尽早回归!

二、社会实践课堂

作为全国爱国主义教育基地,多年来,圆明园展览馆一直把爱国主义宣传教育作为首要工作,积极与周边学校、部队加强联系与合作,开展义务讲解服务活动,成为新生入学、新兵入伍的第一课堂。圆明园展览馆走进学校,让爱国主义宣传教育走进课堂。2008年,为迎接奥运会的到来,圆明园展览馆与清华大学、北京林业大学共同开展"我参与我奉献"志愿者讲解活动,学生们大量查阅与圆明园历史相关的书籍,精心书写讲解词,利用节假日休息时间,热情为游客服务,得到游客的高度赞扬。如今,圆明园展览馆已被海淀区团委命名为志愿者服务基地。

三、"5·18"国际博物馆日系列讲座活动

每年的"5·18"国际博物馆日,圆明园展览馆都积极配合北京市文物局、北京博物馆学会,开展系列活动,为游客提供服务。通过开办展览、专题讲座、组织讨论、游客问卷调查等活动,使游客对圆明园的历史、现状与发展有更加深入的了解和认识。

密云县博物馆

MIYUN COUNTY MUSEUM

馆　　长 祝自祥

通讯地址 北京市密云县西门外大街2号

邮政编码 101500

电　　话 69088441

传　　真 69088443

电子信箱 wwguofeng@163.com

隶属关系 北京市密云县文化委员会

性　　质 公办

建筑性质 现代建筑

建筑面积 1150平方米

展厅面积 800平方米

历史沿革 密云博物馆于1991年由县政府正式批准建制，现有员工21人，自建制后至2002年年底，馆舍一直占用的是由北京东城区美术馆后街路西迁建于密云实施异地保护的清代大公主府，占地33亩，总建筑面积2345平方米，设三个展厅，位置比较偏僻。2002年，县委、县政府在大力实施生态精品卫星城建设的同时，为更好地发挥博物馆的功能，投资在密虹公园北侧临街新建了密云博物馆新楼大楼，新馆大楼外观为圆柱形，室内分上下两层共设两个展厅，展厅总面积800平方米，2003年1月，密云博物馆新馆正式向社会开放。

开放时间 夏季:8:00—11:30　14:00—17:30（周一闭馆） 冬季:8:00—11:30　13:30—17:00

服务设施 无障碍通道:门口两旁各一条3米长的无障碍护栏通道；厅内有四个安全出入口；两层楼之间有一条较宽敞的楼梯安全通道，楼梯两旁设安全护栏；停车场面积500平方米。

交通状况 东直门乘坐980路公交车，密云果园站下车，超市发商场对面100米处。

概　述

密云博物馆新馆开馆后，在二层展厅举办了3个固定展陈，分别是《密云历史文化陈列》、《杵臼文化陈列》、《刘祯祥捐献文物陈列》，这3个固定展陈至今仍在展出。一层展厅为临时陈列厅，2004—2008年5年内，在该展厅分别陈列过《书画、奇石、根雕工艺展》、《生态密云摄影展》、《工艺美术展》、《迎奥运剪纸展》、《北京市和河北10区县书画展》5个临时展览。

在《密云历史文化陈列》中，按历史顺序共分：史前文化、夏商周战国、秦汉、隋唐、宋辽金、元代、明清7个部分。共展示历史文物照片30余幅，较重要的有辽代锥塔、杨令公庙原貌；元代的龙泉寺、番字石刻；明代的燕山勒功碑（十面碑）、司马台长城等。该陈列展示由原始社会至明清各时期的文物共200余件，其中不乏精品，如：史前的原始野牛角化石及新、旧石器时代的石器；商周的陶乳鬲、高足罐；战国的青铜剑、红陶炉（火锅）；唐代的三彩注子、三彩炉；冶山塔出土的宋代绿釉净水瓶；辽三彩盘、三彩马蹬壶；元代的内府梅瓶、龙泉窑、均窑、彭城窑瓷器；明代的大铁炮、大铁钟等。另外还陈列了一些唐至清代的精美石雕石刻等文物，可使观众大饱眼福。

在《杵臼文化陈列》中，共展出中外各式杵臼66件。杵臼具有悠久历史，自古至今一直陪伴人类生活，目前，我们已收集到中外各民族多种杵臼200余件，为弘扬华夏杵臼文化，供爱好者观赏研究，特举办了此陈列。

在《刘祯祥捐献文物陈列》中，共展示刘先生捐献的文物37件，以明清的瓷器为主。刘祯祥先生是我县六、七、八、九届政协委员，是我县著名的私企业主，也是文物爱好者，近年来精心征集收藏了很多民间零散文物，在密云博物馆开馆之际，他将收藏中的353件文物无偿捐献给县博物馆。

在《奇石、根雕、书画工艺展》中，共展出工艺品90件。其中奇石20件，根雕10件，奇石、根雕都是以自生形态及畸变形态的石料和木料为艺术创作对象，通过构思立意、艺术加工及工艺处理，创作出人物、动物、器物等艺术作品。展出书画60件，通过书画作品展示，表现了我县广大书画爱好者爱家乡、爱密云，追求艺术的高尚情操。

在《生态密云摄影展》中，以保水富民、经济腾飞、民俗旅游等精美图为主要创作题材，展出作品60件。通过生动、鲜活的摄影画面，从不同角度反映我县广大人民群众在创建生态密云过程中，顾全大局、创新务实的精神风貌和创建成果。以激励全县

密云博物馆外景

观众参观展览

人民为创造幸福美好的生活而继续奋斗！

在《工艺美术展》中，展出作品分别为纳鞋垫（40件）、葫芦烫画（12件）、工艺编织（10件）、玻璃彩绘（6件）、十字绣（5件）、手工艺（4件），共展出工艺作品77件。本次工艺美术展览，充分反映了密云人民创作的精彩的工艺美术成果，体现了作品“民族性、多样性和地域性”的特点，突出了工艺美术植根于民间，来源于生活的原生态理念，是对密云地区民间工艺美术普查、抢救、保护的一次成果展示。

在《迎奥运剪纸展》中，共展出作品50件。其中最为突出的是一幅长2008厘米，是北京市城区和郊区人民，以实际行动，盼奥运、迎奥运为题材的剪纸画面。学生作品占95%，他们以十二生肖为创作对象，把动物“人性化”，用不同的奥运体育项目如：田径、自行车、游泳、拳击、排球、体操、举重、乒乓球、射箭、射击、帆船帆板、马术，来展示人们迎奥运的热切心情。

在《北京市、河北省10区县书画展》中，密云为最后展区，展出作品80件。其中书法40件，多为隶书、楷书、草书、篆书；绘画40件，以山水、花鸟、人物为主要题材。抒发了作者热爱生活、追求高品位文化的思想感情。为实现我县水源区发展战略，建设国家级生态县，创建和谐社会作出了贡献。

（任武成 于晓民）

颐和园管理处

THE SUMMER PALACE

馆　　长　阚　跃

通讯地址　北京市海淀区新建宫门路19号

邮政编码　100091

电　　话　62881144

传　　真　62881077

网　　址　www.summerpalace-china.com

电子信箱　yiheyuanyanjiushi@126.com

隶属关系　北京市公园管理中心

性　　质　公办

建筑性质　古建筑群（全国重点文物保护单位　世界文化遗产）

建筑面积　70000余平方米

展厅面积　13551平方米

占地面积　300.59公顷

馆址环境　颐和园地处华北平原北缘，属于西北山区向东北平原过渡的地带。全园由万寿山和昆明湖组成，分前山前湖建筑与后山后湖建筑两大部分，是一座在自然山水环境基础之上经人工精心改造而成的大型皇家园林博物馆。

历史沿革　颐和园的前身即清漪园，始建于清乾隆十五年(1750)。清朝初年，皇家曾占用瓮山一带作为养马草料场，档案中有不少犯过的太监被发往瓮山铡草的记录。乾隆即位后，对城内三海、西郊圆明园、畅春园、静宜园及承德避暑山庄等皇家园林进行了大规模的扩建。咸丰十年(1860)10月6日,英法联军抵达海淀;7日抢掠清漪园陈设;19日开始焚园。清漪园陈设被毁掠一空,建筑大部分被烧毁。1888年3月,光绪发布谕旨,改清漪园旧名为颐和园。颐和园工程持续了10年,1895年,由于甲午中日战争被迫结束。1912年2月,清朝灭亡。1914年6月,颐和园对社会售票开放,收入大部分归清室所有。1928年7月1日,颐和园正式由民国政府接收,成立"管理颐和园事务所"并委派官员管理。1949年中华人民共和国成立后,颐和园的保护和管理受到中央、地方政府和领导人的极大重视,多次拨专款修缮古建筑;1961年3月4日,颐和园被国务院列为第一批全国重点文物保护单位;1998年12月2日,颐和园又荣列"世界文化遗产"名录。

开放时间 6:30—18:00

服务设施 无障碍参观:科学设计并建成了两条环形无障碍通道,共计近万余延长米;配设了无障碍厕所和免费轮椅,安装了3部无障碍专用电话,设置了无障碍售票窗口,无障碍统一标志76个。停车场四处,11200平方米,近2000个停车位,食品部7个,纪念品商店13个,综合类商店16个。语音导览设备:颐和园在各门区设置便携式可选择电子导游器出租点,该导游器具备可引导游览的电子导游图,采用自动感应方式在抵达景区内时自动讲解,目前电子导游器数量达600个,实现了汉语普通话、粤语、美式英语、英式英语、日语、法语、德语、西班牙语及韩语9个语种,覆盖全园主要游览区的一流电子导游讲解服务,为游人提供了全方位的旅游指引。

交通状况 30余路公交汽车、旅游专线汽车直达或途径颐和园。地铁4号线将于2009年9月底通车,直达颐和园北宫门。

概 述

颐和园始建于1750年,是中国现存最完整、规模最大的博物馆式皇家园林,也是全国第一批重点文物保护单位，全园主要由万寿山和昆明湖组成，总面积300.59公顷,园内现存的各式宫殿、园林古建筑3000余间,面积约7万平方米,园藏文物4万余件,古树名木近1600株。1998年荣列《世界遗产名录》,联合国教科文组织对颐和园的评价是——"北京的颐和园是对中国风景园林造园艺术的一种杰出的展现,将人造景观与大自然和谐地融为一体;颐和园是中国的造园思想和实践的集中体现,而这种思想和实践对整个东方园林艺术文化形式的发展起了关键性的作用；以颐和园为代表的中国皇家园林,是世界几大文明之一的有力象征"。

作为中国园林艺术史上的里程碑和世界级的文化瑰宝，颐和园继承了中国传统园林文化的精华,涵盖了人类自然与人文领域里的众多科学、艺术成就,并在当今首都的政治文明建设、精神文明建设和城市现代化建设发展进程中，日益显示突出作用,年接待海内外旅游者达1000万人次,其中海外旅游者超过15%,成为北京展示文明形象、对外交流的重要窗口。

为促进世界文化遗产的可持续发展，颐和园长期以来一直坚持和深化"文化建园"的工作方针,在有效保护的前提下,积极为中外游客提供优质展览、优美环境、优良秩序和优秀文化,实现求知、求乐、求学、求健的目的,让游客满意在颐和园。除了固定的原状陈列展览,还结合颐和园工作不断推出各类专题展览,如:澹宁堂精品家具展、清华轩老照片展、水木自亲皇家电话专线展、耕织图文化展、水操学堂历史展,2009年,为迎接建国60周年大庆,还特别推出了颐和园荣誉展、颐和园全景展以及晚清外交与清外务部公所展。原状展览和专题展览的有机结合,使颐和园的展览格局呈现出内容上的丰富多彩、地域上的涵盖广泛、形式上的和谐统一等特点。

一、颐和园是差额事业单位,管理处下设12个机关部门,包括办公室、党委工作部、工会、文物管理部、研究室、园林部、经营部、财务部、建设部、管理部、劳动部、保卫部;16个基层科级事业单位,包括殿堂队、园务队、基建队、游船队、园艺队、后勤队、旅游服务队、西区管理队、苏州街队、护园队、社区管理中心、文昌院队、花卉研究所、耕织图队、导游服务中心、综合管理督察队;3个科级企业单位,包括商店、听鹂馆、颐和园宾馆。在行政管理上实行园长责任制,机构分(科)队、班、组三级管理。

中轴线建筑群

主要业务部门:研究室、文物部、建设部、园林部、设计室、文昌院。

正式职工1269名,其中管理人员337名,基层工作人员932名。管理人员中专业技术干部190人,其中从事园林、建筑、文物等相关专业技术人员77名,占管理人员的24.1%;管理人员中博士1人,研究生14人,大学108人,大专126人,专科以下66人;

二、颐和园的陈设最主要的来源是慈禧太后利用万寿庆典收存的贡品和置办的陈设,还有一小部分清漪园时期留存下的陈设品以及从其他宫苑调拨来的陈设品。藏品种类有铜器、瓷器、珐琅器、玉器、玻璃器、竹木类、牙角类、家具、贴落、古籍、杂项、书画等。藏品总数近4万件。

颐和园在藏品宏观与微观管理保护工作中,建立了系统、完善的文物管理制度,加强展藏文物的科学管理。积极引进和探索先进的文物保护措施,使文物管理工作在“质”和“量”上获得全面提升。近两年下大力开展了和正在进行了文物建档管理工作以及颐和园内部分地面文物库房的整理工作。

在对殿堂原状陈设文物的保护上,颐和园开始探索用高仿制品替代文物原件,将原件存入库房妥善保管，目前已经成功完成了排云殿、仁寿殿等几个重要展室内的贴落、匾联等纸绢类文物的仿制。

传统技术和现代科技的应用。

在颐和园排云殿内外修缮及重新布展过程中，文物保护人员对内檐棚壁从面纸、内层纸、施工工艺等方面进行现场勘察与科技考古，经过系统研究和资料搜集，复原了清代皇宫建筑内檐棚壁糊饰技术，从而在挖掘和传承传统棚壁纸张糊饰工艺的基础上进一步提高了其传统科技的含量，较好地达到了恢复古建内檐历史风貌和延年益寿的目标。同时完成了《以颐和园排云殿建筑群内檐修缮实践为起点的中国传统建筑内檐棚壁糊饰工艺应用的初步研究》的科研课题。

在纸绢类文物保护中，颐和园文物部尝试运用现代科技，以传统宣纸和传统装裱技术为载体，以现代化的摄影、打印技术为创新手段，仿制了排云殿内的贴落、匾额，用以替换排云殿建筑群内部的贴落和匾额原件，既保护了殿内因长期裸露陈放濒临损毁的大量纸绢类文物，又保持了殿堂内部原状陈设效果。

三、颐和园专门从事文物保护、研究、展陈的部门有：文物管理部、研究室、建设部、园林部、文昌院文物队、设计室等，专业技术人员设计文物、园林、绿化、古建、修复等领域。

颐和园管理处对颐和园的相关研究分为历史文化研究和科学技术研究两部分。颐和园的科学研究始于建国后的五六十年代，领域涉及园林、古建筑可移动文物

2007年修复园藏慈禧油画像

等。2004年以来,相继有《颐和园彩画历史信息的研究与保护》,摸索出更好保护现有文物古建彩画的新方法。

《建立颐和园害虫生态控制体系的研究初探》,以求建立一个很少需要人为干涉的园林植物害虫生态控制体系。

《颐和园生物多样性与城市环境质量之关系的研究》,旨在探寻颐和园生物多样性变化与海淀区城市环境质量之间的相关关系。

《颐和园的整体形象设计及旅游品的设计开发》,将经营理念、企业文化、经营内容、企业规模、产品特性等要素,传递给社会公众。

2005年,《关于桂花反季节开花花期控制的试验》,通过对桂花在花芽分化到花蕾形成期间合理地控制肥、水,特别是控制环境温度不使用任何化学物质催花促使其提前开花放香。

2005年,《颐和园佛香阁鎏金宝顶维修及保护的课题研究》,从理论上总结出鎏金工艺的传统做法步骤,结合佛香阁维修工程,将佛香阁鎏金宝顶进行保护性维修。

2006年,《颐和园重点景区露天陈设空间艺术分析及复原研究》、《颐和园琉璃艺术的历史信息研究与保护》,以及对石刻、石雕及石质建筑的研究,都将使颐和园的历史文化研究和科学技术研究更上一层楼。

近16年间,颐和园共申请立项有关园林、历史、文物、建筑、植物、灯光照明、计算机网络等课题46个,目前完成21个,其中17项获市、局级科技进步奖。今年在研的课题9个,其中市级课题2个(园林夜景照明、水),今年结题的2个。

在文物保护研究方面的课题有:“露天陈设空间艺术”、“瓦当艺术”、“颐和园历史人文地理研究”、“佛香阁镏金宝顶”、“颐和园内外檐匾联保护研究”、“长廊彩画艺术”、“排云殿修缮工程中治理拟裸蛛甲等虫害实验”、“中国古建内檐棚壁糊饰技术的研究与应用”等。

在可移动文物的保护上,颐和园着力加大科技投入,积极利用科技手段开展文物保护,完成了耶律铸墓的前期保护,对园内500件隔扇芯进行了珂罗板的复制工作,抢救了一批文物;开展石质文物保护性实验,投入80万元,首次对所有环湖古石栏杆进行了全面修整;展开了颐和园砖雕、彩画、琉璃等专项课题研究,对颐和园文物的科技保护取得了一定成果。2000年建成了文昌院文物库馆,实现了园藏文物恒温恒湿的储藏环境,建立了电子账目。利用科技手段对排云殿、仁寿殿等殿堂文物进行修复、烫蜡、保养、除尘,以及复制、仿制和保护;进行了殿堂内裸蛛甲等病害的治理;在原状殿堂展陈中充分挖掘传统工艺,结合现代科技手段,实现了内檐棚壁糊饰的新突破。

四、颐和园的展览分为两种类型,即原状陈列和专题陈列。原状陈列包括仁寿殿、乐寿堂、玉澜堂、宜芸馆、德和园、永寿斋、排云殿、佛香阁等。陈列总面积7851.9平方米,展出藏品数1920件。颐和园原状陈列是颐和园区别于其他博物馆的重要特点。作为中国皇家园林的代表,颐和园在掇山理水、建筑布局上是集大成者,而与建筑、园林相互依存的原状陈列同样是琳琅满目的,陈设内容涉及铜器、瓷器、玉器、木器、漆器、书画、古籍、珐琅、钟表、竹器、乐器等,几乎囊括了中国传世文物的所有门类。这些原状陈列殿堂,虽然各具风格,但都华丽精美,皆为皇家宫殿特定的陈设形式,既重实用,又重美观。比如仁寿殿是皇帝临朝听政之所,其陈设风格显得庄重、大气。乐寿堂是慈禧太后居园时的寝宫,陈设品数量繁多,品质精美,堂内中央一组紫檀宝座御案、象牙嵌螺钿玻璃镜屏风和一对孔雀羽毛掌扇,宝座两旁紫檀方几上一对康熙青花大盘, 四周各一镀金九桃大香炉,豪华的陈设彰显着乐寿堂的与众不同,也体现着屋子主人的地位和喜好。玉澜堂是光绪皇帝的寝宫,1898年,戊戌变法失败后,光绪皇帝被软禁于此,殿中陈设既有乾隆时期"书斋"的特点,又有光绪"寝宫"的模样,因东西配殿早已被慈禧太后封堵,所以为数不多的陈设只在正殿中。宜芸馆作为光绪皇后隆裕的寝宫, 布置较为考究,100余件陈设品和100余件家具, 将宜芸馆装扮得极为富丽。

颐和园专题陈列包括:文昌院文物精品展、澹宁堂精品家具展、清华轩老照片展、水木自亲皇家电话专线展、耕织图文化展、水操学堂历史展,德辉殿的排云殿佛香阁大修展、颐和园荣誉展、颐和园全景展以及晚清外交与清外务部公所展。展览面积6200平方米 。

五、为发挥博物馆的社会教育功能, 颐和园采取4种形式开展: ①研究性社会宣传教育;②新闻性社会宣传教育;③文化展览性社会宣传教;④科普活动性社会宣传教育。每年均设置相应的研究、展示、科普与新闻宣传费用,并向参与科普活动的青少年提供免票、讲解、参与现场活动等优惠。每年的4—5月组织科普文化宣传月活动、9—10月组织"颐和秋韵桂花文化展"、春节举办"苏州街宫市"等文化宣传活动,向公众普及传统文化与科技知识,宣传颐和园造园艺术与园林文化。大力推动研究成果的转化,出版发行《颐和园文化》、《北京志——世界遗产卷——颐和园志》、《北京公园志——颐和园志》、《颐和园250周年纪念文集》、《颐和园文物精华》、《颐和园排云殿佛香阁大修实录》、《颐和园建筑彩画艺术》等研究专著,以及多种版本的《颐和园画册》、《颐和园导游书》, 编辑出版《颐和园》杂志等书刊杂志。注重文化宣传的形象化,积极主动或协助拍摄各种题材的文化宣传片,以影视形式宣传颐和园文化,与北京台、中央台等多家媒体合作的颐和园文化片等时间长短题材各异的数十部(集)专题片以及正在与央视合作的大型文化记录片《颐和园》均起到了良好的宣传展示效果。同时，根据颐和园的阶段工作特点，大力宣传颐和园的遗产保护工作，如排云殿、佛香阁、长廊、仁寿殿修缮，前后有组织、有策划地在中央及地方的电视、报刊、网络媒体上进行修缮的新闻报道、深度文化报道、修缮工艺流程报道近200多条。

颐和园充分利用网络资讯传播的简便、快捷、内容丰富多样的优势，开办中、英文版本的颐和园网站，全面介绍颐和园的历史、景观、文化、旅游服务、研究等内容，开辟专门的科普文化宣传栏目，提供网民的互动交流空间，多种手段、多种方式地展示宣传颐和园文化。

颐和园从2003年开始打破常规用人机制，果断实施导游社会化，与国际关系学院合作，开展讲解志愿服务，满足广大中外游客需求，解决了导游力量在旅游旺季供不应求的实际情况，5年里，志愿者队伍从当初的30人壮大到现在的近百人，志愿者服务模式也从当初的单纯讲解扩展到现在的讲解、咨询、语言流动服务等多种形式，并能以中英法粤语提供全程讲解服务。

六、在保证日常建筑零修基础上，投资总额超过500万元以上的大型修缮恢复工程有东宫门、听鹂馆、大船坞、耕织图，以及排云殿、佛香阁等，其中2004年完成的耕织图景区复建工程投资1.2亿元，整治面积超过20公顷。2005年以来，颐和园全面落实"金碧辉煌迎奥运"工程，积极实施了多项古建修缮工程。以"尊重历史，科学保护，服从现实，永续利用"为原则，重点修缮排云殿、佛香阁、长廊、仁寿殿、湖光山色共一楼、鱼藻轩、对鸥舫、涵虚堂、霁清轩、原清外务部公所、谐趣园等古建筑群。

七、颐和园在经营活动中积极探索和开发具有颐和园文化特色的经营内容，拓展特色商业专营店，打造名园传统特色品牌：开设了仁寿南殿特色工艺店，建立听鹂馆食品店，成功开发"百年颐和"系列白酒产品和耕织图织锦图册等特色工艺品，并根据游客需求和季节特点调整商品结构，做到精品化并更具自身特色，适应颐和园发展需要。近几年，颐和园大力发展文化产业，加大文化产品开发力度，开发制作的文物仿品有颐和园铜牛、耕织图手卷、隔扇心仿制品、清代钱维城《活色生香》册页、仿西周方鼎、战国鸟尊、清代犀尊、清代象形铜炉、铜麒麟、清代佛手形紫砂壶，以及清代宫廷御用瓷器文玩等。

（谷 媛）

慈悲庵博物馆

CIBEI NUNNERY MUSEUM

园　　长 肖绍祥

通讯地址 北京市宣武区太平街19号

邮政编码 100050

电　　话 63532385　63588801转219、220

传　　真 63522245

隶关系属 北京市公园管理中心

性　　质 公办

建筑性质 古代建筑(北京市文物保护单位)

建筑面积 885平方米

展览面积 651平方米

占地面积 3000平方米

馆址环境 位于陶然亭公园内中央岛西南侧,距公园南门200米,距公园东门、北门约1000米。

历史沿革 慈悲庵系创于元代(1271—1368)的古庙。清康熙二年(1669)重修。康熙三十四年(1697),工部郎中江藻于庵内西部增建陶然亭。乾隆年间建文昌阁,后屡有改建修葺,至光绪二十三年(1897)成此规模。1946年曾修缮。1978年8月列为北京市文物保护单位。同年,北京市人民政府决定重修,并设立陶然亭革命纪念馆,以保留古建原貌及近现代历史上进步人士和革命家在此活动的旧迹。1979年10月竣工,对外开放。

开放时间 9:00—17:00

服务设施 无障碍参观。

交通状况 公园南门:(北京南站)特3、运通102、运通202、721、744、122、744支、926(支)区间、800、927延长线、958、986、938、20路;公园东门:(太平街、游泳池)724、14、电车106、电车102、40、613、特5、66、343、603路;公园北门:(陶然亭)59、819、40、724、613路公交车均可到达。

概 述

慈悲庵位于陶然亭公园湖心岛西南端,系创于元代(1271—1368)的古庙。慈悲庵自明朝中叶起为士人名流游息之地,清代建陶然亭后尤盛。至近代,则因许多著名的爱国者和革命家多曾与此有所联系而闻名于世。如鸦片战争时期的林则徐、龚自珍、魏源、黄爵兹;戊戌变法时期的康有为、梁启超、谭嗣同;辛亥革命前的秋瑾;民国初年的孙中山;五四运动前后的李大钊、毛泽东、周恩来等老一辈无产阶级革命家等。因此,慈悲庵、陶然亭有"人民革命的摇篮"之称。

2008年,慈悲庵成为北京市爱国主义教育基地。由陶然亭公园名亭队下属大庙班共8人负责日常管理维护工作。每到清明节前后,很多中小学学生都要来高石墓扫墓,祭奠革命先烈。导游班的导游员们在此设导游台,义务为广大青少年提供讲解服务。配合教育部门搞好爱国主义教育工作。同时,还为青少年开展丰富多彩的文化活动(如:暑期活动等)。

展览陈列是博物馆的中心工作,在公园管理中心拨款的支持下,2005年,配合陶然亭公园纪念建亭310周年,开园50周年图片展览于10月1日在慈悲庵开展,此次展览共设展板40块,展出图片150余幅,内容涉及公园历史变迁,园林绿化、基建工程、景观建设等多个方面50年的变化,突出展示了公园深厚的历史文化内涵以及开园50周年各个方面的发展建设成果。修补李大钊、周恩来陈列室部分陈列展品,并对陈列展品进行防腐处理。油饰更新慈悲庵内抱柱联、楹联。补充了制作陶然亭慈悲庵简介牌示(中英文对照及示意图)。2007年,为了进一步挖掘公园深厚的历史内涵和独特的文化特色,充分保护利用慈悲庵文物建筑,按照年度工作计划,以文昌阁及科举历史为主要内容,在慈悲庵内的文昌阁等处开辟了展室,共展出展板9块,展柜6个,介绍了文昌阁的历史背景和科举制度的历史沿革。2008年,慈悲庵26块牌匾全部油饰见新。其中匾额10块,抱柱联16块,并对文昌阁外部进行了油饰。

5年中,慈悲庵博物馆围绕保护和利用的原则,积极开展相关工作,取得了良好的社会效益。

冀热察挺进军司令部旧址陈列馆

MEMORIAL HALL OF JI-RE-CHA HEADQUARTERS SITE

馆　　长　李秀民

通讯地址　北京市门头沟区斋堂镇马栏村

邮政编码　102309

电　　话　69819995

隶属关系　门头沟区斋堂镇马栏村委会

性　　质　公办(村办)

建筑性质　古代建筑

展厅面积　240 平方米

占地面积　920 平方米

馆址环境　马栏村内

历史沿革　1938 年底，中共中央和中央军委决定成立冀热察挺进军及冀热察军政委员会、冀热察区党委,统一领导冀热察党、政、军民抗日工作。于 1938 年,建立了抗日根据地。1939 年,冀热察挺进军司令部设在马栏村。斋堂地区成为敌后抗日根据地的前哨阵地。冀热察挺进军司令部旧址陈列馆始建于 1996 年,是村解决产权、征集文物、搜集资料、村民捐款共同建起的北京第一个村级博物馆。1997 年 7 月 7 日,肖克、肖文久、武光、藏伯平等 30 位老将军为冀热察挺进军司令部旧址陈列馆剪彩揭牌,正式开馆接待参观游客，同年 9 月 23 日被列为北京市青少年教育基地。冀热挺进军司令部 1995 年,被列为市级文物保护单位。2000 年 10 月,又被列为市级国防教育基地。建馆 10 年来接待参观游客 20 多万人次,收到了很好的社会效益和经济效益。为了适应参观游客的心理,在 2007 年 7 月 7 日展馆建馆 10 周年纪念之际,我们对展览内容进行了重新调整,通过重新布展丰富了展陈内容,增加了科技含量,使得参观游客更加赏心悦目。2008 年 3 月 28 日,展览馆又被列为免费开放博物馆之一,通过免费开放,参观游客与日俱增,达到年接待参观游客 5 万人次。挺进军司令部旧址陈列馆将使马栏村这个有悠久历史和光荣传统的古老山村,成为京西大地一颗璀璨的明珠。

交通状况　乘地铁 1 号线至苹果园站转乘 929 路支线到马栏村。

文化艺术

中国工艺美术馆

CHINA NATIONAL ARTS & CRAFTS MUSEUM

馆　　长 高显莉

通讯地址 北京市西城区复兴门内大街 101 号

邮政编码 100031

电　　话 66053476(办公室)

传　　真 66053476

网　　址 www.cnacm.org

电子信箱 cnacm@sohu.com

隶属关系 文化部中国艺术研究院

性　　质 公办

展厅面积 3390 平方米

馆址环境 中国工艺美术馆位于北京市西长安街复兴门立交桥畔,是我国第一座国家级工艺美术博物馆。工艺美术馆的建筑把传统建筑风格与现代装饰艺术相结合,具有浓郁的民族特色,高低错落有致,犹如一朵含苞待放的花蕾。馆内有序厅、陈列厅、珍宝馆几部分。

历史沿革 1977 年 12 月,国务院批准筹建中国工艺美术馆,该馆 1985 年 12 月奠基,于 1989 年 10 月竣工,1989 年 11 月, 举行了中国工艺美术馆落成典礼,1990 年 7 月正式对外开放。中国工艺美术馆建立后隶属于国家轻工部(现轻工业联合会),2001 年划转国家经贸委(现国资委)管理,2006 年 11 月 8 日,中央机构编制委员会批复中国工艺美术馆划转文化部中国艺术研究院管理。

开放时间 9:30—16:00(周一闭馆)

服务设施 停车场　食品部　纪念品商店

交通状况 1 路公交车至复兴门站下车,地铁 1 号线、2 号线至复兴门站下车。

概 述

中国工艺美术馆于1990年正式对外开放,是收藏、陈列当代中国工艺美术珍品的国家级博物馆。中国工艺美术馆的主要职责是:发掘、整理、研究传统工艺美术技艺,征集、收藏、展示中国传统工艺美术珍品等。

中国工艺美术馆是国家拨款的事业单位,共设立了党委办公室、办公室、人事部、财务部、展览展出部、保管部、保卫部7个部室。

博物馆陈列厅内荟萃了当代中国工艺美术的精华,主要种类有玉器、象牙雕刻、木雕、石雕、陶瓷、漆器、织绣、抽纱、景泰蓝、金银摆件、花丝镶嵌、锡器、斑铜等。其中包括老一辈工艺美术大师、专家、教授的传世佳作以及历年获国家金奖或国际金奖的优秀作品等一批国家级珍品。馆内荟萃了我国当代最优秀的工艺美术珍品,是展示中华民族工艺美术艺术瑰宝的最高殿堂。

博物馆年度平均观众人数达到26255人。

一、雕刻厅

内容:展示当代中国工艺美术玉雕、牙雕、石雕、木雕等雕刻类珍品。其中4件大型国宝翡翠珍品:山子“岱岳奇观”、花薰“含香聚瑞”、插屏“四海欢腾”、提梁花篮“群芳揽胜”则为古今罕见的稀世国宝。

二、陶瓷厅

内容:展示全国陶瓷重点产区,如景德镇、德化、醴陵、石湾、龙泉、钧瓷、宜兴紫砂等当代中国工艺美术大师及当代优秀工艺美术师的陶瓷类珍品。

三、综合厅

内容:展示全国重点产区如:四大名绣、金属工艺、漆器、抽纱织绣、民间工艺、民族服饰等当代中国工艺美术大师及当代优秀工艺美术师的珍品。

藏品管理及重要展品

对馆藏珍品,博物馆工作人员本着科学保护、合理利用、宣传教育的指导方针,对社会各界的优秀工艺美术作品及濒临失传的民间手工艺优秀作品等,采取有偿征集、无偿捐赠。馆藏珍品来源主要为有偿购买、接受各类捐赠等途径获得。馆藏珍品特色为建国后优秀工艺美术珍品,建立了珍品技术档案,由专人管理,分年度、品类进行登记、编目、附彩色图片、中英文文字说明和专家鉴定意见,并建立了电子文档,进行系

博物馆主体建筑全景

统管理。组织人员分赴各地调查、征集珍品，不断补充调整、丰富展品。国家为保护传统工艺美术，促进工艺美术事业的繁荣与发展，特制定了《传统工艺美术保护条例》，条例中指出国家对珍品需采取保护措施，收购的珍品由“中国工艺美术馆”或者省、自治区、直辖市工艺美术馆、博物馆珍藏，它必将对抢救和保护传统工艺美术产生积极而深远的影响。

主要馆藏四件大型翡翠国宝珍品介绍

翡翠山子 “岱岳奇观”，高80厘米、宽85厘米、厚52厘米，重363.8公斤。根据玉料的形状和质地选用中国的泰山作为雕琢的题材。正面的玉料绿色青翠，设计为泰山的阳面，而背面呈深沉的油青色，则设计为泰山的阴面，背阴的山峦，树木色暗而沉重，做工简练，突出了玉料庞大的体积及其质地。最妙的是，在背面右上方边缘有一块玉石呈红棕色（翡—氧化铁褐斑），根据“泰山观日出”的景色，巧妙设计成一轮正在山颠徐徐升起的红日，隐现于油绿的山岩绝壁之间，正是泰山日出的奇观。

翡翠花薰 “含香聚

瑞”,高71厘米,宽65厘米,厚39.5厘米,重274.4公斤。玉料是长方形体。创作设计成一件球形花薰。作品是由底足、中节、主身、盖和顶5部分组成。以主身和盖组成的球体为中心。9条龙在其周围以圆雕手法处理。在盖、中节、底足镟以隐起龙、凤、龟、麒麟,以及青龙、白虎、玄武、朱雀等四灵和四神图案。盖镌镂空卷草图案,耳饰两大活环,纽耳下、中节共8小环。外形美观,层次丰富,主身及盖严丝合缝,显示出我国当代玉雕的最高水平。香薰玲珑剔透,比例和谐均匀而又富于变化,具有古色古香、雍容华贵、庄重挺拔、雄浑典雅的神韵。这是对传统艺术及技巧的发扬光大,托古创新的结晶。

翡翠花篮 “群芳揽胜”,高64.3厘米,宽42.3厘米,厚30厘米,重87.6公斤。玉石呈扁三角形。将这块玉料设计成一个花篮。深沉的玉中膛掏空,花篮镂空成竹编样的孔目,花篮变薄了,玉色又变绿了,还化成链子、提梁,制作了十几种花卉,提高了作品的高度。花卉叶子自由穿枝过梗,由于除去裂纹和杂质,使油青色翡翠由于薄而透亮呈浅绿色。提高了作品的品味。这件作品整体效果丰满潇洒、疏密有致、花盛叶茂、富有生气,是历史上最大的玉雕花卉作品。

翡翠插屏 “四海腾欢”,高73.5厘米,宽146厘米,厚1.8厘米,重77.8公斤。玉石形状方而正。这块翡翠料质地最好、色泽最美。“四海腾欢”对原玉的色彩运用上堪称一绝,充分利用翡翠绿的部位设计为龙,用深浮雕手法精心刻画,突出重点、突出绿色。在白、粉白、浅青色等部位设计为云彩和海水波纹,以浅浮雕手法琢碾而成。龙被缭绕白云遮挡,时隐时现。白、绿相映成辉,利用材料色彩相互交错的特点,处理好龙、云、海水波纹的关系。原材料有一条棕色的绺(裂纹)本是缺陷,但被巧妙地处理成从龙嘴里喷出的云气,整个作品上下呼应,天连水、水连天,9条龙有升有降、吞云吐雾、云随龙动,使方正呆板的插屏画面充满了生气。

馆舍的建设、扩建情况

为了使国家艺术珍品得以更好的展示、保管、传之后代,在中央和国务院领导同志的关心及国家有关部门的支持下,择地扩建新的中国工艺美术馆的工作已在进行当中。

博物馆展厅局部图

中国电影博物馆
CHINA NATIONAL FILM MUSEUM

馆　　长 杨永安

通讯地址 北京市朝阳区南影路9号

邮政编码 100015

电　　话 64311588(办公室) 51654567(服务咨询)

传　　真 64311588

网　　址 www.cnfm.org.cn

电子信箱 cnfm@cnfm.org.cn

隶属关系 北京市委宣传部

性　　质 公办

建筑性质 现代建筑

建筑面积 37930平方米

展厅面积 9870平方米

占地面积 11581.67平方米

历史沿革 2005年12月29日主体建筑落成。2007年2月10日正式对公众开放。2008年3月28日免费开放。

开放时间 9:00—16:30(周一闭馆)

对外开放单位 展厅、电影厅、商店、影吧、咖啡厅、餐厅。

服务设施 综合服务区包括多功能厅、报告厅、贵宾厅、临时展览厅,可以为电影界的集会、研讨和庆典活动提供场所。除此之外,还配备有快餐店、商店等设施。在休闲区,观众不仅可以得到充分的娱乐和休息,还可以找到上百部电影图书、音像制品和独具特色的纪念品。在拓展服务功能的同时,中国电影博物馆还拥有充足的免费停车位,解除了有车族的后顾之忧。提供6国语言(中、英、法、德、日、韩)导览器,方便中外观众依个人兴趣,按照自己的需求播放讲解内容,自行参观。

交通状况 (1)公共交通:乘坐402、418、688、973路公共汽车在南皋站下车。(2)自驾车路线:东直门—机场高速(酒仙桥出口)—酒仙桥路—大山子环岛—环铁北桥—南皋路、南影路—中国电影博物馆;望京—大山子桥—酒仙桥路—环铁北桥—南皋路、南影路—中国电影博物馆。

概　述

中国电影博物馆是经国务院批准，由国家广播电影电视总局和北京市人民政府共同建设的大型公共文化设施，是纪念中国电影诞生100周年的标志性建筑，是展示中国电影百年发展历程、博览电影科技、传播电影文化和进行学术研究交流的艺术殿堂，是爱国主义教育基地和科普教育基地。

凭借丰富的展陈、完善的设施、优质的服务、先进的技术，特别是2008年3月28日免费开放以来，观众人数明显增加。截至2008年12月31日，观众已经突破47万4千余人次。越来越多的中外观众徜徉于这光影的世界，在触手可及的万幅画面里、在真实详尽的电影史诗里、在色彩斑斓的音画海洋里，探寻银幕背后的神秘故事，完成只属于自己的电影圆梦之旅。

馆内共设立13个部室，分别是办公室、组织人事部、财务部、技术部、开发部、保障部、保卫部、藏品部、展陈部、活动管理部、影院部、研究部、社会教育部。

藏品管理与保护业务

明确馆藏范畴 藏品的主要来源是社会捐赠和征集，主要征集具有时代特征和馆藏价值，并且是与电影创作相关的影音、资料、实物等物品。

制定行业标准 于2008年成立了"中国电影博物馆藏品鉴定委员会"并制定了《中国电影博物馆藏品鉴定标准》(试行)。

进行科学分类 依据电影藏品特点，同时为便于藏品管理，目前将馆藏品分为软类、硬类、音像3大类。其中，软类包括剧本、手稿、服饰、海报、设计图、出版物和电影文献；硬类包括道具、牌匾、奖品、器材和其他(如眼镜、证件、印章等影人的生活、工作用品)；音像包括照片和电影音像制品。

建立完善的藏品管理制度 按照博物馆工作流程，建立了从藏品普查、征集、入账、入库、提用、注销等一套完善的藏品管理制度。

采用信息化管理 目前，正在积极建立藏品信息数据库，以提高藏品保管工作的效率，更好地利用藏品，为研究、陈列、教育等各种需求及时地提供各种藏品信息，同时确保信息安全。

藏品保护 一是建立了完善的藏品保护制度及工作流程，每日定时巡查。二是完善库房防盗措施，建立了库房远程监控系统和门禁系统。三是不断改进藏品保护条件。例如对剧本、手稿等定制了用无酸纸制作的档案袋和信封，为照片、底片特制了照片底片档案册，为光盘特制了光盘档案册、为海报定制了海报袋和海报筒。

科研

以电影学、博物馆学和媒介文化领域为主要关注点，以电影历史、电影艺术，电影、博物馆观众、博物馆运行管理等方面为重点方向，着重开展以下3方面工作。

中国电影博物馆外景

1. 开展课题研究

重点开展如下4类项目研究。一是在探索博物馆在公共文化领域内的功能定位与机制创新研究。完成了《中国电影博物馆探索公共文化服务新模式》(5000字)，详细介绍了开展公共文化服务的做法、成效、经验和启示，发表在全国广播影视界唯一的国家级行业年度报告——《2009年中国广播电影电视发展报告》(广电蓝皮书)中；完成了《博物馆免费开放的实践与思考——中国电影博物馆免费开放效果调研报告》(2008年度北京市宣传系统调查研究重点课题)等课题。二是针对电影、博物馆观众开展调研。其中，《电影观众偏好取向及相关问题问卷调查分析报告》发表在中文社会科学引文索引(CSSCI)、核心期刊《当代电影》。三是开展观众满意度问卷调查。完成了《中国电影博物馆2008年度观众满意度与免费开放效果问卷调查报告》等成果。四是开展电影技术研究。《浅谈70mm巨幕放映设备晶闸管的过流保护》等论文发表在全国电影技术专业刊物《现代电子技术》上。此外，还开展了电影理论与艺术方面的研究，《当你绝望时——太阳照常升起》发表在全国中文核心期刊《电影文学》。

2. 编辑、出版《影博·影响》

《影博·影响》(中国电影博物馆馆刊)是中国电影博物馆主办的一份独具特色的综合性专业月刊。其宗旨是传播先进文化，拓展国家级电影博物馆公共文化职能，服务电影、博物馆观众和行业人士，促进观众、业界之间的沟通交流。改版以来，相继刊载了汤晓丹、鲁明、李道新、王宜文等电影界名家及学者的文章，为电影、博物馆研究工作提供了阵地和平台。

《影博·影响》注重拉近观众与电影业界、博物馆界的距离，策划、开展了“难忘的光影记忆”——纪念改革开放 30 周年征文与影片推荐活动。特别是 2009 年以来，相继举办了贺岁片观众座谈会、北京地区影院经理与观众座谈会等活动。特别是结合新中国成立 60 周年，策划、开展了影片推荐及征文等活动，并邀请嘉宾，开展“观众与老电影”系列座谈会。

3. 举办学术活动

结合博物馆的建设与发展，邀请了电影界的 10 位专家（包括电影史、电影技术等领域），成立了专家顾问委员会。2007 年，召开“中国电影博物馆建设与发展座谈会”，中国电影博物馆专家顾问委员会主任委员刘建中，委员陆兆亨、王晓棠、李前宽、寇鸿烈、张建勇、朱天纬、顾欣台、马思泽；电影史学专家程季华、解治秀；表演艺术家于洋；电影技术专家邸世杰、薛殿玉、李善坤、高五峰以及中国电影博物馆布展领导小组办公室成员参加了会议。2008 年 7 月，召开了“推进博物馆免费开放有关问题及对策研究座谈会”，邀请了博物馆界、国家发改委、全国人大教科文卫委、青少年教育界、高校的有关专家和领导研讨座谈。2008 年 9 月，举办“纪念延安电影团成立 70 周年座谈会”，中华全国新闻工作者协会党组书记翟惠生、国家广电总局电影局副局长张宏森、中宣部文艺局影视处处长王强、北京市委宣传部常务副部长陈启刚和 10 位当年延安电影团的老艺术家、13 位延安电影团成员的亲属以及 8 位电影界及新闻界的嘉宾出席了座谈会。2008 年 12 月，与中国儿童电影制片厂联合主办“纪念改革开放 30 周年——中国少年儿童电影与博物馆社会教育座谈会”，馆长杨永安，中国电影集团公司副总经理、中国儿童电影制片厂厂长江平，电影艺术家、中国儿童少年电影学会名誉会长、中国儿童电影制片厂第一任厂长于蓝，以及来自电影艺术界、教育界、文博系统的 21 位专家及学者和部分师生及家长代表参加了研讨、座谈。

2007—2008 年，连续两年举办了青年论坛，主题分别为“我们这 10 年——庆祝香港回归 10 周年、两地青年导演论坛”和“第二届青年论坛之青年编剧论坛”。论坛吸引了王小帅、张一白、顾长卫、等 20 余名内地和香港青年导演，谢晓东、吴兵等 10 位青年电影编剧的积极参与。

陈列展览

1. 文化展览：电影历史的流金岁月

中国电影博物馆是中国电影发展历程的记忆者和叙述者。它力求表达中国电影的独特韵味和无穷魅力，着力谱写中国电影百年的辉煌篇章。

中国电影博物馆常设展览为《百年历程 世纪辉煌》，全面展示了电影

博物馆展厅

100年的历史和成就，固定展厅20个，展线长度2970米，介绍电影1500余部，涉及图片4300余张、电影工作者450多位。

1—10展厅为展览区，位于二层和三层，分别是“电影的发明”、“中国电影的诞生和早期发展”、“革命战争时期的中国电影”、“新中国电影的创建与发展”、“改革开放新时期的中国电影”、“美术电影”、“儿童电影”、“科学教育电影、译制电影、新闻纪录电影”、“香港、澳门地区电影”和“台湾地区电影”。它们展示了不同时期、各个阶段、不同地域的电影发展和广大电影工作者的重要艺术成就，介绍了故事片、科教片、新闻纪录片、译制片、美术片、儿童片等不同类型的电影，构成了一部电影知识百科全书。

在第一展厅的序厅里，中国电影的多个“第一”尤其引人注目。从1905年中国人独立拍摄的第一部影片《定军山》，到中国电影历史上的25项第一，再到人民电影事业的8项第一，以及新中国电影的7项第一。这40项“第一”记载着中国电影人前赴后继的奋斗脚印，也铸就了中国电影的灿烂辉煌。

1895年12月28日，电影在法国的卢米埃尔兄弟手中正式问世。展厅不仅复原了世界第一场电影的放映地——法国巴黎大咖啡馆，更收藏着全世界唯一一部卢米埃尔摄影机的高仿真品。它同时具备摄影机和放映机的功能，具有极高的收藏、研究价值。

从最早的任庆泰、郑正秋、黎民伟、夏衍、袁牧之5位中国电影开拓者，及早期的电影明星阮玲玉、金焰、胡蝶、王人美，到革命战争时期的赵丹、白杨、周璇，以及20世纪60年代的22大明星，再到以泥塑形式展出的、改革开放前新中国电影的100个经典银幕形象，改革开放新时期成名的影人，一张张或熟悉、或陌生的面容，通过展板、文物、触摸屏和视频资料，向观众述说着那一段尘封的记忆。

《定军山》的拍摄场景、《义勇军进行曲》(国歌)的创作场景、延安电影团时期的窑洞、20世纪60年代电影院休息厅和农村露天电影院等场景的复原，依靠仿真布局、全景壁画、微缩模型和光电投影等现代化展陈工具，给观众身临其境之感。

《骄傲的将军》、《三个和尚》等动画片的创作画稿原件，《神笔马良》、《半夜鸡叫》、《阿凡提的故事》木偶片的剧情场景复原，以及小铃铛的塑像，三毛、海娃、嘎子和潘冬子的蜡像，则把观众带回到那个多姿多彩的童年。

作为华语电影的重要组成部分，香港、澳门、台湾地区不仅出品了大量优秀影片，还诞生了许多优秀导演及演员，可谓星光灿烂。此外，精彩电影的场景复原和珍贵藏品，如台湾著名导演李行捐赠的珍贵展品、大量精美的原版台湾电影海报等，也让观众大饱眼福。

2. 技术博览：银幕背后的“魔术”揭秘

11—20展厅为博览区，位于四层，分别是“电影拍摄”、“电影美术”、“电影特殊摄影”、“传统电影特技”、“数字特技”、“电影录音”、“电影剪辑”、“电影洗印”、“电影动画”和“形形色色的电影”。通过幻影成像等现代展示设备，它们揭示了电影制作的奥秘，充分展示了电影从拍摄、剪辑、美术、配音、配乐，到特技、洗印的一系列制作过程，并让观众置身展厅就可以欣赏水幕电影、立体电影、环幕电影和魔毯电影等形形色色的特种电影。

其中，我国最早的影视外景基地——上海车墩电影摄制基地的模型，再现了南京路、石库门弄堂、苏州河两岸、欧式庭院等多处具有鲜明时代特色的景区，和摄影队在外景拍摄的微缩景观。摄影棚内按照拍摄需要和气氛搭建的农家小院和作战指挥所，可以营造出朝暮、四季、风雨雷电等特殊效果。仿制电影《林家铺子》的小镇商业街，原汁原味地展现了20世纪30年代中国江南所特有的风土人情。

观众的参与性和互动性是博览区最突出的特色。在这里，观众可以走进农家小院，体验田园生活；登上吉普车，模拟汽车撞树；驾驶摩托车，逃离火山、恐龙；乘坐飞毯，俯瞰城市风光。或者选择影片为主人公配音，亲手制作刮风、下雨、骏马奔腾、电闪雷鸣等音效；还可以动手剪辑，感受剪辑后的不同效果所带来的不同感受。

不仅如此，中国电影博物馆还分别于2007年、2008年开辟了国家有突出贡献的50位电影艺术家肖像摄影展和中国电影蜡像馆，向观众展示50位有突出贡献的艺术家肖像和林则徐、邓世昌、江姐等经典角色蜡像。

除了基本陈列，博物馆还不定期举办临时展览。如2008年的“小型电影器材展”、影片《一个人的奥林匹克》捐赠物品展览、“人民电影先锋——纪念延安电影团成立七十周年展览”；2009年的“袁牧之诞辰一百周年纪念展”等。

3. 电影放映：类型多样各取所好

除了参观，中国电影博物馆还专门为观众配备了6个现代化电影厅：巨幕（IMAX）电影厅、数字电影厅、3个普通电影厅和六号放映厅。其中，巨幕影厅拥有目前世界上最好的影像系统，宽27米、高21米的超大银幕和高端的六声道音响系统，带给观众强烈的视觉冲击和逼真的音响效果，远远超越了普通电影院的观影感受，被誉为“电影的终极体验”。数字影厅则采用比利时原装进口的“巴可”数字放映机，图像如水晶般清晰，音效逼真，色彩动人。35毫米放映厅可放映35毫米电影和宽银幕立体声电影，能够满足不同观众的爱好。截至2008年12月31日，共服务电影观众21.4万余人次。

在放映服务中，一方面同步放映最新电影作品。另一方面，精心挑选优秀国产影片，开辟专门影厅公益放映，并按月举办主题展映活动，如“‘电影祝福奥运’中国体育电影展映”、“‘喜看今日路，胜读百年书’纪念改革开放30周年系列电影展映”、“纪念延安电影团成立70周年纪录片展映”等，并以情感、创业、教育等专题，开展了“庆祝新中国成立60周年系列公益电影展映”。此外，还结合时事、业界信息，举办了“永不消逝的记忆——孙道临影片展映”、“战胜灾难——抗灾电影展映”和“‘他为电影而生’——谢晋电影展映”等。

社会教育

“电影大讲堂”是中国电影博物馆履行公益性文化事业单位职能、开展社会教育的重要形式之一，也是其着力打造的系列化、品牌化专业传播活动之一，包括“快乐课堂”、“佳片赏析”、“前沿讲坛”3个版块，分别为小学、中学、大学、资深影迷等不同群体量身打造。“快乐课堂”倡导课外快乐教育，培养少年儿童对电影文化的兴趣及良好的道德品质。“佳片赏析”以优秀、经典影片欣赏和主创人员讲述影片背后故事、观众与主创人员互动为主要形式。“前沿讲坛”关注电影热点，为影迷搭建交流、探讨电影艺术和文化的平台。

2007年以来，葛存壮、谢芳、翟俊杰、濮存昕、冯小宁、李道新、苏牧、顾长卫、蒋雯丽、郑洞天、周星驰等多位电影界的著名艺术家、专家、学者和知名人士受邀讲座和参加活动。至2008年年底，“电影大讲堂”共举办62期，吸引了417所大、中、小学校的学生参与。

中国电影博物馆还开展了“光影人生 永恒记忆”老艺术家与青年志愿者座谈会、“我唱电影歌 童心齐飞翔”经典电影歌曲联唱活动。并紧贴时事，举办了“情系汶川”诗朗诵、纪念改革开放30周年系列活动等，传播、弘扬爱国主义、民族精神和先进文化，受到了社会广泛关注和好评。2007—2008年，举办了“我拍DV电影 献给2008”首届北京地区青少年DV电影作品大赛。此外，还专门邀请于蓝等艺术家、儿童电影专家学者和师生及家长，举办“儿童电影与博物馆社会教育”座谈会，探讨用电影开展青少年爱国主义教育工作的规律和特点。

中国电影博物馆特别关注社会弱势群体，面向京郊农村中小学生、进城务工人员子弟、残疾中小学生等社会弱势群体开展公共文化服务，如“电影放映车走进务工子弟校园——大兴蒲公英中学”等活动，均收到良好的社会效应。

社会服务活动

中国电影博物馆积极策划、举办各类活动。两年来，先后举办了北京、香港两地青年导演论坛暨作品展映，中国影坛著名表演艺术家电影物品捐赠仪式，中国电影博物馆之友新年音乐会和“中国电影博物馆之夜”实验音乐剧首演，百分百感动——奥运故事DV作品征集等活动，承办了第11届北京·香港经济合作研讨洽谈会文化创意产业发展(电影)论坛。连续三届参加了中国(北京)国际文化创意产业博览会。这些活动使中国电影博物馆同业界建立了紧密的联系。

结合不同观众的需求，中国电影博物馆还定期举办各种有针对性的活动。如面向参观群众的电影器材、道具、剧照等临时展览；面向电影观众的月度主题展映；面向青少年学生的电影大讲堂、社会大课堂、公益观影团；面向会员的亲子乐园、电影动漫社区行、观影沙龙；面向《影博·影响》(中国电影博物馆馆刊)读者的征文、影片推荐、影人观众座谈会；面向电影工作者、艺术家和业界专家的“纪念延安电影团成立70周年座谈会”、藏品捐赠仪式、网络视听节目“对话·博物馆”等。2007至2008年，参与各项活动的观众累计达2.8万余人次。

馆舍建设、扩建、维修和设施改造

中国电影博物馆一期工程于2002年11月22日，奠基开工，2003年7月30日，基槽开挖完毕，2003年8月5日，基础施工完毕。2003年8月12日，进行主体施工，至2004年12月28日，主体工程施工完毕。2005年12月28日，室内外装修工程完毕。于2007年1月24日，通过了由北京建筑工程质量检查站组织的国家建筑工程竣工验收，验收结果为合格。2008年12月，一期工程顺利交接。

文化产业、文化产品和经营情况

博物馆的文化经营活动是博物馆社会教育、文化服务功能的拓展和延伸。围绕“电影”主题，成立了以电影光盘为主要商品的商店。电影光盘种类繁多，包括国内老电影、最新上映电影以及国外经典影片，供观众选购。另外，开发了纪念章、钥匙扣等十余种电影博物馆的纪念品在商店销售，满足了观众珍藏纪念的需要。商店还卖一些电影相关方面的书籍，方便观众更好地了解电影知识。为满足观众的综合需求，商店还提供一些适合在电影院食用的包装食品；在一层和四层分别设置了卖食品和饮料为主的休闲区。咖啡厅经营现磨咖啡，茶以及其他饮品，更有书刊杂志供阅览使用，有电脑供观众网上冲浪，也是观众休闲的理想选择。

在确保公益性的前提下，还主动投身文化创意产业链条的上游，策划、实施北京市文化创意产业重点项目，拍摄中国第一部大型巨幕风光故事片《情定北京》。

中国邮政邮票博物馆

CHINA NATIONAL POST AND POSTAGE STAMP MUSEUM

馆　　长 朱　熠

通信地址 北京市东城区贡院西街6号D座

邮政编码 100005

电　　话 65185522　65185511

传　　真 65185511

网　　址 www.cyzypm.com

隶属关系 中国邮政集团公司中国邮政文史中心

性　　质 公办

建筑性质 现代建筑

建筑面积 23524平方米

展览面积 4500平方米

馆址环境 馆址位于建国门内贡院西街6号,与中国社科院、长安大戏院毗邻。

历史沿革 前身为邮电部邮票发行局资料室,1984年9月,成立博物馆筹备处,1985年7月,经邮电部批准正式成立中国邮票博物馆,旧馆址位于宣武门东大街2号。1994年划归邮电部邮电文史中心。2000年3月21日,隶属国家邮政局邮政文史中心。2002年10月,迁址新馆,2007年8月22日正式开馆,更名为中国邮政邮票博物馆,隶属于中国邮政集团公司中国邮政文史中心。

开放时间 9:00—16:00(周一闭馆)

服务设施 停车场面积2000平方米,设有邮局、存包处、茶座、咖啡厅,备有语音导览设备和放大镜

交通状况 乘1、4、37、52、特1、120、728、802路公交车在北京站口下车,9、特2、703、729路公交车在北京站下车,地铁建国门站A口下车。

概 述

中国邮政邮票博物馆隶属于中国邮政集团公司,是收藏和利用邮政、邮票文物进行相关学术研究与交流的国家级专业博物馆。现藏有2000多件邮政历史文物,30多万种,逾亿枚中国及世界各国的邮票和相关文物。自2002年10月迁入新馆后,确定了以正式开馆为工作重点,以完善库房和藏品管理正规化、科学化建设为中心目标的5年规划。

经过近4年的筹备,2007年8月22日,原中国邮票博物馆更名为中国邮政邮票博物馆,展览陈列正式对社会开放。4500平方米的展览大厅分别设有"邮票馆"、"邮政馆"、"特展厅"和"珍宝馆"。展场中以大量的实物、图表、景观、模型回顾了中国邮政源远流长的发展历史,不断更新的邮票专题展览,向观众展示了中国100多年来邮票发行的历史和异彩纷呈世界各国邮票。特展厅与珍宝馆中轮换展出了馆藏邮票原图和各历史时期出现的珍贵邮票等文物。

为不断开阔眼界、创新思路,馆领导先后参加了"2006北京国际博物馆馆长论坛"、"2008年当代博物馆与文化创意产业高层论坛",应澳门邮政局邀请前往澳门参加"澳门通讯博物馆启用仪式"等活动。这些活动使我们了解到世界博物馆发展的最新动态,学习、借鉴了其他博物馆先进的管理经验,提高了领导层对今后博物馆发展方向的认识。馆先后派送人员参加"北京地区文博单位藏品保管员培训班"、保管专业交流会议、学术前沿论坛、北京市文物局举办的社教工作经验交流会和文物局举办的讲解员培训班、司法部举办的"司法鉴定培训班"等。在馆内举办相关业务讲座、组织集体参观学习等,这些活动都有力地促进了馆内人员的业务学习热情,提高了队伍的业务素质。

向社会全面开放后,围绕着如何扩大博物馆的社会影响力,提升博物馆品牌形象的目标,开展了大量深入细致的工作。如:建立了中国邮政邮票博物馆专用网站,利用网络媒体,扩大宣传的范围。加强教育基地的建设,深入中小学校,结合教材内容开展邮政与集邮文化的宣传,2007年8月,被东城区教委授予"蓝天工程"精品课程资源单位。2008年5月,被中国通信学会授予"科普教育基地"。2008年夏季,参与了北京奥运会期间的"奥运博览会"的筹备与展览工作,出色完成了博览会官方展品及国外特邀嘉宾展品的筹备、展出以及对讲解员的培训工作。随着社教宣传工作的逐步展开,中国邮政邮票博物馆不仅成为了邮政行业教育的基地，其社会教育的功能也日益显现。

中国邮政邮票博物馆机构设置分为：研究保管部、展览陈列部、社会教育部和中国邮票鉴定室。

研究保管

根据收藏的文物不同，研究保管部下设4个组：历史票组、新中国邮票组、外国邮票组(万国邮联交换票)、邮政文物组。

迁入新馆后，文物藏品库房面积比原来增加了数倍，文物及档案的保管条件有了极大的改善，馆内对各类藏品实行分库保管。并着手建立健全岗位责任制和各项库房保管的规章制度，经过几年的实践，库房的科学化管理水平得到极大地提升。

几年来，保管部按期完成了对最新发行的中外邮票整理、入藏工作；完成了对1949年以前万国邮联交换票的清点建账工作；历史票组和区票组完成了对清代、民国、解放区近万枚邮票实寄封的整理工作；新中国邮票图稿库完成了对邮票原图的分类、核对、登记等工作。各组为展览、研究和邮票鉴定提供及时有效的利用服务。

进入新馆后，馆内在文物保护工作方面做了大量的工作。对馆内收藏的邮票绘制手稿分批进行装裱修复，展藏一体的装裱形式很好的解决了文物的展出与收藏问题。保管部坚持每日对库房的温湿度进行登记，每年根据记录制作库房温湿度变化曲线图，并从中寻找规律，对如何更好地保护邮票文物进行专业方面的深入研究工作。

2004年，完成《中国邮票史》第九卷的编辑出版工作。在首届全国优秀集邮图书评选活动中，《中国邮票史》、《中国邮票博物馆馆藏珍品选》荣获一等奖。利用馆内丰富的藏品与专业刊物《集邮博览》联合创办“封面的故事”专栏，向社会逐一介绍馆藏珍品，扩大了博物馆的影响。奥运会前夕完成出版了《奥林匹克邮票图鉴》一书，在北京市文物局第四届学术研讨会上两篇论文被收录到研讨会论文集中。

展览陈列

博物馆重要的社会职责之一，就是通过自己的藏品对社会公众进行教育，传播科学文化知识。在这一点上，邮票博物馆有着得天独厚的优势。展厅里不仅有固定陈列，还有丰富多彩的专题展览。几年来邮票博物馆的专题邮票展览在国内的集邮领域里已经颇具影响，许多省、市遇有重大纪念活动时，都把能否邀请到邮票博物馆的展品视为提升活动档次的重要标准之一。在展览工作上，注重不断更新、推出新的专题邮集，使邮票馆对外展览的工作能够具有持久的活力。2004—2008年期间，中国邮政邮票博物馆共举办国际、国内巡回邮展和专题展览共计74次。

2004年6月举办的《奥运风采》邮展，是迁入新馆后的首次亮相，获得圆满成功。当年9月至10月，还举行了《人民的胜利》、世界邮政日和《中国·印度》邮票展览，吸引青少年和各界观众，扩大了博物馆的社会影响。2005年，紧密配合国内大事又新推出《航空航天》和《走向海洋——纪念郑和下西洋600周年》等专题邮展。2006年，参加邮票钱币博览会等展览。2007年，完成了博物馆布展和面向社会全面开放工作。在奥运年里，参与了“2008奥林匹克博览会”邮票展览的组织、布展设计等工作，并在“2008奥林匹克博览会”展出了《同一个世界 同一个梦想》大型专题邮集，在开馆一周年纪念日时邀请包括萨马兰奇先生在内的“国际奥组委珍品收藏专题邮集”在本馆展出，体现了博物馆的专业性和人文奥运的理念。不断推新的展览，也吸引更多的观众了解邮政邮票博物馆，了解中国邮政。

社会宣传

社教部是博物馆近年新成立的一个部门，它承担博物馆社会宣传教育功能，它也是博物馆面向社会的一个展示窗口。

社教部加强对外宣传，扩大博物馆的影响。负责博物馆在各种媒体上的新闻宣传和专题报道，接待报社、电视台记者采访，使中国邮政邮票博物馆知名度在行业内、国内外不断扩大。积极与外交部、文物局、北京东城区教育局、北京邮政公司、集邮协会、部队、大学等单位联系，邮寄宣传信函，组织团体参观。完成《中国邮政邮票博物馆》网站的准备与制作工作，对网站进行有效管理，定期更换网页内容，建立了对网站点击率逐周逐月上报制度，以不断提高博物馆在社会的影响力。参加了北京市文物局组织的市部分博物馆观众调查交流活动。对回收的上百份观众调查表数据进行了统计、分析，为馆里今后如何进一步提升博物馆的工作提供了科学依据。社教部承担了为“2008奥林匹克博览会”培训解说员的任务，使毫无讲解经验的大学生胜任了大型展会的讲解工作。参与北京东城区教委的“蓝天工程”，成为北京市教委“社会大讲堂”博览课的示范单位。和北京东城区少年宫联合组织活动“邮博乐酷 奥运情浓——小邮迷走进中国邮政邮票博物馆”。在2008年的博物馆日，与北京市文物局联合举办“探宝”活动。举行“同等的机会，同样的梦想”全国儿童青少年防治艾滋病主题绘画创作大赛获奖作品颁奖仪式。

鉴定征集

2004年4月2日，根据中华人民共和国司法部令第62号《司法鉴定机构登记管理办法》，经北京司法局批准授予中国邮票博物馆邮票鉴定室司法鉴定资格，这是对邮票博物馆权威性的认可。

司法局在批准邮票博物馆的邮票司法鉴定资格之前，对邮票博物馆的鉴定场所、鉴定设备、鉴定人员的构成和鉴定的方法及程序都进行了详尽了解与实地考察。在此基础上对邮票博物馆的司法鉴定资格给予了认定。鉴定室6名成员均通过了北京司法局的培训及考试，并取得司法部颁发的“司法鉴定人员执业证”。

邮票鉴定室取得司法鉴定资质后，先后为邮政局、法院、检察院、公安局、纪律检查委员会等部门出具司法鉴定报告，并出庭作证。配合国家邮政局行管司，鉴定室人员讲授邮票辨伪知识，参加国家邮政局组织的“联合查处假票组”活动。根据邮票鉴定的实际情况，定期编辑《辨伪鉴定信息》，发给全国行管部门、国家邮政局和鉴定专家，得到了他们的好评。2004 年和 2005 年，邮票鉴定室组织了邮票辨伪培训班，使学员通过培训、参观、实物比对，基本掌握了如何分辨真假邮票的技能。2006 年，邮票鉴定室研讨、修改了《邮票文物出境审核标准》(修订稿)。2006 年，召开了“邮票鉴定室工作会议”。会议聘请了各领域相关专家 14 人为新一届邮票鉴定室鉴定专家。2007 年，亚洲集邮联合会主席来馆访问期间，参观了鉴定室，并听取了鉴定室工作介绍，博物馆与国际鉴定委员会的联系进一步加强。

藏品是博物馆存在的基础，不断丰富文物的收藏是博物馆业务工作至为重要的一环，藏品数量的多少、质量的高低也是衡量博物馆社会地位及其存在价值的最主要标志，直接关系到博物馆各项社会职能的完成，影响着博物馆事业的发展。中国邮政邮票博物馆始终把文物征集工作放在重要位置，注重做好对珍罕邮品的重点征集工作。2004—2008 年，通过各种渠道，接收集邮家、邮票设计家和爱国人士的捐献，以及相关单位的移交，从而使馆藏品不断得到补充、丰富，为邮票研究工作提供了丰富的档案资料。

随着博物馆的影响不断扩大，接受社会的捐赠也越来越多。2007 年，接受了著名集邮家张恺升先生两次捐赠珍贵资料和专著 18 册，接收成安玉、崔峄捐赠“野战邮便”信箱文物 1 件。2008 年，文物征集的范围、数量、质量都比往年有所提升。先后接受了俞鸿昌先生捐赠的大清邮政时期两张空白单据；接受邮政集团公司捐赠的奥博会全套文字与实物档案一份；接受中国集邮总公司捐赠的编号为 00029 的《世界邮票大全》；还征集到了中外珍邮，以及邮政历史文献 15 册；向北京邮政管理局征集到残奥会闭幕式专用邮筒、残奥会闭幕式专用明信片；向北京奥组委征集到残奥会上邮政演出人员演出服装两套。通过主动积极的征集行动，不仅丰富了馆内文物收藏，也为今后的文物征集工作积累了经验，拓宽了渠道。

中国现代文学馆

NATIONAL MUSEUM OF MODERN CHINESE LITERATURE

馆　　长 陈建功
通讯地址 北京市朝阳区文学馆路45号
邮政编码 100029
电　　话 84645310
传　　真 84645310
网　　址 www.wxg.org.cn
电子信箱 wxg@wxg.org.cn
隶属关系 中国作家协会
性　　质 公办
建筑性质 现代建筑
建筑面积 一期建筑面积1.4万平方米;二期在建面积1.4万平方米。
展厅面积 一期1500平方米;二期在建1500平方米。
占地面积 46亩

馆址环境 中国现代文学馆位于北京市朝阳区文学馆路45号,东临芍药居小区,南临北京对外经济贸易大学,西临北京工业大学设计学院,北为北四环东路,是一组园林式的建筑群。

历史沿革 1981年,在巴金率先倡议和一大批著名作家的响应下,中国作家协会主席团扩大会于当年4月20日通过组建中国现代文学馆的决议,经报国家有关部门批准后,10月13日成立建馆筹备委员会。1985年1月5日,中国现代文学馆在中国作协第四次全国代表大会上正式宣告成立。同年3月26日,时任中国作协主席的巴金在临时馆址北京西三环北路十八号的万寿寺亲自主持了开馆典礼,并出任文学馆名誉馆长。2000年5月23日,正值毛泽东《在延安文艺座谈会上的讲话》发表58周年纪念日,坐落于北京市朝阳区芍药居文学馆路的文学馆新馆正式对外开放。2007年8月10日,文学馆二期工程破土动工;至2008年12月31日,施工仍在进行中。二期工程完成后,文学馆建筑面积将达到28000平方米,中国现代文学馆为国家级博物馆,也是目前世界最大的文学博物馆。

开放时间 9:00—16:30(周一闭馆)

服务设施 无障碍参观、停车场面积100平方米、茶座、咖啡吧、纪念品商店。

交通状况 125、409、119路公交车至中国现代文学馆站;地铁5号线芍药居站或惠新东街南(北)站、地铁10号线惠新东街南(北)站均可到达中国现代文学馆。

概 述

中国现代文学馆的主要任务是展示中国现当代文学发展历史以及重要作家、文学流派的文学成就，以助益于民族文化品位的提升；收集、保管、整理、研究中国现当代作家的著作、手稿、译本、书信、日记、录音、录像、照片、文物等文学档案资料和有关的著作评论，以及现当代文学书籍、期刊等，以助益于先进文化的薪传。它是中国现代文学的资料中心，集文学展览馆、文学图书馆、文学档案馆，以及文学理论研究、文学交流功能于一身，其任务是收集、保管、整理、研究、展示中国现、当代作家的著作、报刊、手稿、书信、日记、录音、录像、照片、文物等文学资料。

主要业务部门：资料室、征集室、展览交流部、编研室、信息影视部、茅盾故居、办公室。

藏品管理和保护业务：

1. 藏品分类保管：文物库、手稿书信字画库、照片库、特藏库、图书库、报刊库、作家文库；

2. 恒温恒湿，防尘、防虫、防紫外线；

3. 藏品登记、整理、编目分类及保管利用均实行计算机管理；

陈列展览：

A 座有 3 个面积各为 500 平方米的展厅：

一层展厅的“20 世纪文学大师风采展”，展示了鲁迅、郭沫若、茅盾、巴金、老舍、曹禺、冰心 7 位文学大师的写作和生活环境的模拟实景。

二层展厅展出“中国现当代文学展”，回顾中国文学的百年辉煌，集中展示作家群体和经典作品的风貌。

三层展厅展出“作家文库展”，共展出了 55 位作家的个人文库和 19 位作家的模拟书房，全部展品都是作家或其亲属捐赠的藏书和实物。

文学馆对作家整批捐赠的藏书、手稿等文学资料，建立以其姓名命名的文库，目前已有(依姓氏汉语拼音排序)阿英、艾芜、巴金、冰心、陈白尘、陈荒煤、邓拓、丁玲、郭小川、胡风、刘白羽、沙汀、唐达成、唐弢、王辛笛、夏衍、萧军、萧乾、姚雪垠、俞平伯、臧克家、张光年、张天翼、周而复、周扬等 100 余座文库。其中港澳和台湾及海外华文作家的文库有柏杨、卜少夫、李辉英、梁凤仪、梁羽生、林海音、周仲铮、朱秀娟等。

茅盾故居位于北京东城区后圆恩寺胡同内，隶属于中国现代文学馆。茅盾先生晚年直至去世前一直在那里居住。故居始终保持着先生生前的原貌，有专人管理，每周二至周日对外开放。

（程小玲、李莉）

中国国家画院美术馆

THE ART GALLERY OF CHINA NATIONAL ACADEMY OF PAINTING

馆　　长　舒建新

执行馆长　陈凤新

通讯地址　北京市海淀区西三环北路54号

邮政编码　100048

电　　话　68411369

传　　真　68416559

网　　址　www.cnapm.com

电子信箱　cnapm@126.com

隶属关系　中国国家画院

性　　质　公办

建筑面积　2800平方米

展厅面积　1900平方米

馆址环境　坐落于中国国家画院院内，位于西三环东侧紫竹桥与花园桥之间，紧邻首师大。

开放时间　9:00—16:00

对外开放单位　书吧、摆放画册供观众休息翻阅。

服务设施　有无障碍通道

交通状况　公共汽车、小公共、地铁、专线车。紧挨西三环紫竹桥有多班公交直达（紫竹桥南站）。

概 述

中国国家画院美术馆前身为中国画研究院展览馆,2006年初更名为中国画研究院美术馆,重新装修改造,2007年开馆后更名为现在的中国国家画院美术馆。

下设策展部和展览部两大部门,两部门是在馆长舒建新、执行馆长陈风新两位馆长的领导下,通过积极有效的管理机制,完善内部管理,并坚持以人才兴馆、学术强馆、服务立馆的办馆理念为指导开展工作。为提高我馆在学术建设方面的主动性和积极性,通过各种形式,积极策划具有较高学术含量的展览。在2004—2008年,曾先后举办过各类重要的艺术大展,如:《回望》当代中国画山水、花鸟、人物大型展览,《流金岁月——中国近现代美术家文献展》、《意合当代中国画、油画学术邀请展》、《20世纪中国画名家作品系列观摩展》、《水墨五洲》、《以心接物——全国艺术院校学生作品展》、《天境幽韵——当代中国画名家青城山写生作品展》、《走进康巴——当代中国画名家写生作品展》、《水墨本味——2008当代中国画名家作品展》、《天高云淡——当代中国画名家康巴写生作品展》等。

在做好展览的同时,为更好的发挥社会教育功能,2008年起开展了学术课堂讲座活动,在一年内分别邀请了著名的画家及理论家史国良、田黎明、梅墨生、张立辰、邵大箴等老师,开设《写实人物画的传承与发展》、《关于中国画意象造型的思考》,《中国画的笔墨和气象》、《中国画的笔墨问题》、《中国画创新问题的思考》等讲座。所有这些讲座的开设,极大的增强了本馆立体与平面的结合,促进了观众与画者之间的交流与互动,提升群众对中国绘画理性的认识与思考,体会艺术家的创作思路与艺术理念,进一步了解中国绘画的发展现状和发展历史,从而起到展览与理论学习相结合,立体观展的效果,推进了文化与学术建设和公益事业的发展。

为了能更好地服务于社会、服务于美术界。我馆加强了人员的规范化管理。其中包括人员的学习培训,安保措施的规范,礼仪办公的具体措施等,从而使其能以更人性化的服务、更超前的办公意识、更规范的工作态度走在中国当代美术馆的前列。我馆展览部在每个展览的布置、展览的效果、展览的服务上做出了努力,保证了所有展览的顺利进行。此外,通过设立展馆外围书吧,增加了观众休息室,也起到了人性化服务的作用。在宣传教育方面,馆网站管理逐年规范并正规化,展览信息及国内外艺术资讯及时地发布到网站,观众可以足不出户了解到当下的艺术状态及国家画院美术馆的展览活动安排,服务了社会。同时，我馆提供广告设计，制作海报、请柬的寄发等工作。我馆在自身发展的同时也积极参与到为社会服务的活动中去。2008年奥运期间，为配合文化部及国家画院的工作安排，曾经接待了罗格夫人及奥运的其他贵宾前来参观，并在奥运期间特意安排了与奥运有关的展览及相关活动，其中包括对罗格夫人及其他大使的中国绘画技能的演示与讲解。通过展览，展现出中国文化的独特性与审美性，对美术馆的宣传起到一定的推动作用。同年，中国国家画院与中国美术馆合作举办纪念改革开放30年的《新时期中国画之路》大型展览，我馆发挥了主力军的作用。在筹措展品、装裱、拍照等工作中。

画院外景

中国国家画院美术馆自2007年6月重新开馆以来，填补了没有收藏的历史，在没有任何收藏经费的条件下，2008年美术馆已收藏了一些高水准，高档次的绘画作品，从内容分类上有油画，国画，素描，速写等。从作者的年龄结构出发，对老中青三代艺术家的绘画作品，本着作品的学术性与思想性，创作手法的多样性，进行了有针对性的收藏与学术研究.

画院内廊

目前，在展览、收藏、研究、交流及社会服务等各项工作向科学的、艺术的、国际化的平台迈进，为我馆文化功能的建设打下坚实的基础。在以后的工作进程中，我馆还将继续发挥主观进取精神，加强内部的科学管理，坚持以学术性、精神性为一体，不断完善和强化自已，努力提升我馆的文化品牌和学术定位，为中国画这一传统艺术的继承和发展贡献力量，也为中国的美术馆事业的发展增添一份光彩。

中国美术馆
NATIONAL ART MUSEUM OF CHINA

馆　　长 范迪安

通讯地址 北京市东城区五四大街1号

邮政编码 100010

语音电话 84033500 64001476

传　　真 64034953

网　　址 www.namoc.org

电子信箱 bgs@namoc.org

隶属关系 文化部直属事业单位

性　　质 公办

建筑性质 现代建筑

建筑面积 主楼建筑面积2.3万平方米，画库建筑面积4100平方米，总建筑面积2.71万平方米。

展厅面积 8000平方米

占地面积 2.5万平方米

馆址环境 中国美术馆位于北京市东城区五四大街1号，左有美术馆东街与隆福寺相连，右与皇城根公园、沙滩北大红楼为邻，南与王府井商业街相隔咫尺。

历史沿革 中国美术馆建立于1963年，毛泽东主席题写“中国美术馆”馆额，明确了中国美术馆的国家美术馆地位及办馆性质。中国美术馆是以收藏、研究、展示、传播20世纪以来中国美术的优秀成果，向社会提供美术文化公共服务，开展国际美术交流的国家造型艺术博物馆，是国家重要的公益性文化事业单位和民族文化艺术的标志性设施。

中国美术馆建筑主体为1958年兴建,藏品库为1995年兴建,现有员工131人。

开放时间 9:00—17:00

对外开放单位 艺术书店销售各类艺术图书,包括:美术史论、中外美术画册、美术设计、美术期刊等。

服务设施 无障碍参观:正门入口处设有残障专用坡道,馆内设有残障专用电梯,各层楼均设有残障专用洗手间。停车场面积:110个停车位。衣帽间:前台可提供问询、衣物存放服务。可索取《中国美术馆展讯》、展览宣传页。备有轮椅、婴儿车。茶座、咖啡厅:设在一层展厅东侧。食品部、餐厅:设在后院辅楼。纪念品商店:设在一层展厅西侧。语言导览设备:凭身份证件可在前台租用常设陈列展览的中英文语音导览机。电子导览设备:一层正门及东西侧门入口处备有电脑导览,可查询本馆简介及部分馆藏品资讯。

交通状况 乘公交:101、103、104、108、109、111、112、420、685、803、810、814、846路至美术馆站;2、60、819路至沙滩站。地铁路线:1号线至王府井站;5号线至东四站。

概 述

中国美术馆坚持以邓小平理论和“三个代表”重要思想为指导，坚持科学发展观，努力贯彻党的文艺“二为”方针和“双百”方向，不断满足人民群众日益增长的文化需求。通过策划组织高水平的各类美术展览，反映中国美术创作的最新成果，推动社会主义美术大发展大繁荣；通过开展国际美术交流，引进高层次美术展览，推动中国美术“走出去”，传播中国优秀美术成果；通过开展丰富多彩的公共美术教育活动，实施社会美育，提升公众的审美水平；通过内部管理机制改革和专业建设，建构美术博物馆的专业标准，不断提高公共文化服务水平。建馆40余年来，经过历史积累和不断努力，中国美术馆已成为美术收藏、展览、教育、研究和对外交流的中心，被誉为中国美术的最高艺术殿堂，在国内拥有良好的社会声誉，在国际上不断扩大影响。

按照中央关于加强公共文化服务体系建设、提高公共文化服务水平的要求，近年来，中国美术馆以文化创新为动力、以弘扬和培育民族精神为己任，把向社会提供优秀美术成果、为广大公众服务作为工作中心，努力探索提高公共文化服务水平的内容、方式和手段，取得了较好的业绩。通过加大自主策划的学术与经费投入，实施展览精品策略，每年举办各类大型主题展、藏品专题展、群体展和艺术家个展100余个，反映了中国美术文化的时代特色，在倡导和引领代表先进文化的艺术思潮和美术创作起了重要作用。

2004年举办的《法国印象派绘画珍品展》是法国文化年的开场大戏。此次展览由中华人民共和国文化部和法兰西共和国文化通讯部主办，中国美术馆和奥赛博物馆承办。这次展览获得空前的成功，成为“法国文化年”中最受欢迎的项目之一。2005年，再度推出《仲夏法兰西——北京》作为中法文化年的闭幕大展，这一系列展事成为了历时两年的中法文化艺术交流活动的灿烂霞光。法国文化年闭幕系列展的主办单位是中华人民共和国文化部、法国文化通讯部，承办单位是中国美术馆和法国驻华大使馆。闭幕系列展由8个展览组成，首先推出的3个展览是《卢浮宫馆藏版画——法国版画400年》，《凡尔赛馆藏拿破仑油画及铜版画展（1800—1804·从波拿巴到拿破仑）》，《蓬皮杜艺术中心藏法国摄影作品展——摄影师眼中的巴黎》。

2006年，中国美术馆策划主办的《农民·农民藏品暨邀请展》第一次集中反映了20世纪以来中国美术中的农民主题和当前美术创作中的农民形象与农村题材，从引导美术创作角度响应了中央关于建设社会主义新农村的号召。除了展开学术研讨在文化界形成影响外，中国美术馆还通过组织农民工专场、打工子弟小学学生参观、印制年历赠送农民等活动，拉近了高雅艺术殿堂与百姓的距离。《参考消息》以“中国美术馆打造‘亲民’形象”为题的长篇报道，有代表性地反映了社会舆论的评价。

2007年，中国美术馆和古根海姆美术馆合作主办《美国艺术300年：适应与革新》

展览。此展是在中国举办的第一个全面介绍美国艺术的重大展览。精选了130余件在美国艺术史中占有重要位置的作品，跨越了从17世纪晚期北美殖民地时代至21世纪初当代美国各历史阶段，系统地勾画了美国艺术300余年的发展轨迹，是我国观众深入认识和理解美国文化一次难得的机会。在《美国艺术300年》大展期间，中国美术馆携手渤海银行策划实施了“邀请10万大学生走进美术馆”的大型教育项目，使60余所京津地区大学的在校学生得以走进美术馆，期间组织了6场“大学生艺术专题研讨会”，参加的大学师生达近千人，每场研讨会专门邀请专家主持，与大学生探讨艺术与审美话题，该项目获得了社会媒体的大篇幅报道。

2008年，历时两个月的《盛世和光——敦煌艺术大展》作为奥运年的开年大展，所引起的观众热情与社会影响为历年罕见，共接待参观60余万人次，创造了中国美术馆单个展览参观量、日参观量之最。春节6天假期就有4万观众走进中国美术馆。在筹办敦煌展览过程中，中国美术馆的领导多次赴敦煌与敦煌研究院的领导磋商，经过研究、分析、选择，最终确定了10个原大原状复制石窟，100多件临摹壁画、彩塑精品及藏经洞出土文献等文物赴京展出的方案。为配合此项展览，美术馆设计人员对展厅和主楼做了精美展示设计和外沿包装，媒体以“中国美术馆变成了莫高窟”为题，吸引了全国各地的观众参观。这次展览组织周密、设计独特、宣传到位、服务细致认真，来自敦煌的15位优秀讲解员，可以提供5种语言的免费导览讲解，同时还配备了50多位志愿者为观众服务。很多观众一看就是一天，有的一次没看够，连着来看四五次甚至七八次，还有一些家长带着孩子来到美术馆现场临摹壁画，国际观众也十分踊跃。在展览的留言册上，密密麻麻写满了观众的感言。

在组织好展览项目的同时，坚持以人为本，服务公众，不断丰富公共教育的内容。馆内常年举办专家讲座，普及美术知识，提高观众欣赏水平；在重要展览期间提供语音导览和志愿者讲解；开展多种类型大学生、中小学生和儿童美育活动，组织农民工、残疾人等专题美育活动，年受益者超过10万人次；不断扩大免费参观范围，并通过美术馆网站、图书馆、《中国美术馆月刊》等形式扩大美术传播，观众量逐年增长，2008年，观众量达到106万人，充分体现了公益文化事业单位的社会效益。

中国美术馆坚持为国家积累美术财富，收藏各类美术作品10万余件，总量居国内美术馆第一，在世界当代美术馆中属收藏大馆，形成了与故宫博物院所藏中国古代美术作品相承的中国现当代美术发展序列。藏品中有任伯年、吴昌硕、黄宾虹、齐白石、林风眠、蒋兆和、傅抱石、潘天寿、吴作人、刘开渠、滑田友、华君武、叶浅予、李可染、张仃、吴冠中、靳尚谊、詹建俊等中国美术大家之作和大量经典之作，有历届全国美展的获奖作品以及当代美术名家之作，反映了20世纪以来中国美术发展的历程，凸显了“五四”以来中国美术发展的主流。还收藏有品类丰富、质量优秀的大批民间美术作品，堪称非物质文化遗产中的瑰宝。此外收藏有包括4幅毕加索在内的西方现代艺术系列以及俄罗斯、日本、非洲等外国美术作品，初步形成国际艺术收藏的基础。通过对藏品的学术研究、数字化信息库建设和组织藏品专题展，发挥了藏品资源在公共教育和国家艺术交流中的作用，较好地实现了博物馆的专业功能。

随着全社会对艺术品重要性的认同和中国美术馆社会声誉的提高，越来越多的艺术家将自己的作品捐赠给国家作永久收藏，表现了他们对艺术对祖国的炽热之情和赤诚之心。2004年，著名版画家李平凡先生将他毕生创作的版画作品以及收藏的日本浮世绘木刻，日本现代版画等1000余件作品无条件地捐赠给中国美术馆，感动并震动了中国美术界，社会舆论纷纷赞扬这一高风亮节。2005年，艺术家捐赠工作更加踊跃：张仃先生捐赠中国画、年画、漫画等作品133幅；刘迅先生捐赠个人所藏国内外美术作品1783件；华君武先生捐赠漫画2124幅；李松山、韩蓉夫妇捐赠非洲木雕及油画158件；于希宁先生捐赠中国画72幅；王树村先生捐赠所藏民间木版年画55幅；马正荣先生捐赠贵州少数民族背扇120件；宗其香先生的家属捐赠宗先生国画、水彩画作品36幅；周韶华先生捐赠水墨画作品46幅；王琦先生捐赠个人收藏国内外版画、水墨画816幅；伍必端先生捐赠俄罗斯版画149件；刘宇廉先生家属捐赠油画、连环画、岩彩画13件；彦涵先生捐赠版画、水墨画52幅。2006年，“长安画派”创始人赵望云先生的家属在他百年诞辰之际向中国美术馆捐赠了包括30年代写生在内的351幅作品，同年还接受了香港著名雕塑家文楼先生捐赠的15件金属材质又具有现代理念的雕塑作品。2007年又有沙孟海、曾竹韶、唐一禾、苏高礼、郁风和黄苗子、邓伟、汪刃锋等艺术家的450余件捐赠作品入藏中国美术馆。2008年，著名画家靳尚谊先生以及庞均先生、王树村先生、滑田友先生、王晋之先生、冯今松先生还有吴作人先生的家属共向中国美术馆捐赠了500余件作品。捐赠态势使中国美术界掀起了一阵又一阵的奉献热潮。

陈列工作在收藏在工作的基础上也有所拓展，2004年的《大俗之雅——中国美术馆乙酉新春民间美术大展》，馆藏年画、剪纸、刺绣、脸谱等多有陈展，《中国美术馆藏近现代名家作品——任伯年、吴昌硕、齐白石、黄宾虹》、《馆藏路德维希夫妇捐赠国际艺术品陈列》；2006年的《中国美术馆陶瓷艺术邀请展》、《中国美术馆篆刻艺术邀请展》；2007年的《中国美术馆藏年画精品展》、《影戏华彩——中国美术馆藏皮影精品展》等，由于精心打造、全力推出，均获得良好的社会反响。

中国美术馆是我国国际艺术交流的重要窗口。通过执行国家对外文化交流协议和与世界著名艺术博物馆建立友好合作关系，不间断地引进来自各国的优秀美术展览。近年来举办的《法国印象派绘画珍品展》、《俄罗斯艺术300年——国立特列恰科夫美术博物馆珍品展》、《美国艺术300年：适应与革新》、《从提香到戈雅:西班牙普拉多博物馆藏艺术珍品展》、《意大利艺术、意大利生活》系列展、《奥地利新抽象绘画展》、《墨西哥艺术展》等高水平展览，为美术界和公众了解与认识世界优秀美术、体现我国对外开放的文化形象起了积极的作用，深受社会的欢迎。与此同时，根据“中国文化走出去”的战略部署，通过组织藏品和征集当代美术，在欧、美、亚洲多国和台、港、澳举办了大量现当代中国美术展和民间艺术展，产生了广泛的影响。2006 年筹组了《展开的现实主义——1978 年以来中国大陆油画》展览赴台北展出;2007 年先后赴日本、韩国、俄罗斯、奥地利的举办中国当代艺术展项目，其中赴日本展览 3 个:《岁岁年年——馆藏民间美术精品展》、《海上传灯——馆藏吴昌硕作品展》和《继往开来——馆藏现代书法作品展》，赴韩国举办《浮游——中国艺术新一代》，赴俄罗斯举办《开放的中国艺术》和《中国印——李岚清篆刻艺术展》，赴奥地利的维也纳举办《中国——面对现实》当代艺术展;2008 年先后赴德国、新加坡、意大利等国举办了《中国水墨赴德国展》、《中国园林设计赴德国展》、《中国当代艺术赴新加坡展》、《馆藏刘迅作品赴意大利展》等精品展。

此外，举办的《中国美术馆国际学术论坛》、《亚洲美术馆馆长论坛》、《国际美术教育论坛》、《国际美术管理论坛》等国际学术项目，吸引了来自世界许多国家以及国内学者专家与会，开展了积极的国际学术对话与交流。由文化部主办，中国美术馆发起承办的“亚洲美术馆馆长论坛——东盟中日韩主题会议”于 2006 年 8 月 29 日至 9 月 3 日在中国美术馆成功举办，这是亚洲美术馆界第一次历史性的盛会，也是中国美术馆建馆以来组织的规模最大的一次国际性会议，会议通过了《亚洲美术馆馆长论坛的决议》，选举产生了“中国博物馆学会美术馆专业委员会”及其领导机构，配合此次论坛，中国美术馆特别策划组织了《时代之遇——新加坡美术馆藏东南亚美术精品展》、《中国美术馆国际设计邀请展》两个特展，国内外媒体对论坛给予纷纷报道，成为 2006 年中国美术界的一个热点和焦点，并为 2007、2008、2009 年亚洲美术馆界每年一次的论坛奠定了基础。

中国美术馆丰富而精彩的展览还为国事活动提供了服务，胡锦涛主席、温家宝总理、江泽民同志、吴邦国同志、贾庆林同志、李长春同志、李瑞环同志、李岚清同志、陈至立同志、李铁映同志、刘延东同志等党和国家领导人都前来参观并作出重要指示，给予中国美术馆的工作以莫大的鼓励。接待了西班牙国王及王后、比利时王储及王妃、荷兰王子代表团、英国前首相布莱尔夫妇、现任首相布朗夫妇、挪威王后、瑞典国王及王后，蒙古国总理等外国首脑和重要外宾的参观访问。

中国美术馆二期扩建工程自 2004 年 9 月由国家发改委报国务院立项以来，各项筹备工作正在积极进行，虽然因建设用地的易址和方案的几经修改，目前根据新确定的奥林匹克公园中心区的馆址，新馆建设已进入新一轮的项目审批阶段。

中国紫檀博物馆

CHINA RED SANDALWOOD MUSEUM

馆　　长 陈丽华

通讯地址 北京市朝阳区建国路23号

邮政编码 100123

电　　话 85752818

传　　真 85752812

网　　址 www.redsandalwood.com

电子信箱 fuwah@china.com

隶属关系 香港富华国际集团

性　　质 民办

建筑性质 现代仿古建筑

展厅面积 9569平方米

占地面积 25000平方米

馆址环境 四周居民区、酒店、绿化地带

历史沿革 中国紫檀博物馆于1999年9月19日起正式向社会开放，是目前中国大陆规模最大的民办专题类博物馆之一，并于2004年1月被国家旅游局评定为"AAAA"级旅游景区。

开放时间 9:00—17:00(周一闭馆)

服务设施 游客自助储物柜、便民服务处、游客中心、医务室、失物招领处、游客休息区、开放式影视区。

交通状况 京通快速路高碑店出口北侧；地铁1号线四惠东站下车换乘八通线至高碑店站；728、312、666、649、506、475、397路至高碑店站；718、115路至康家沟站。

概 述

中国紫檀博物馆外景

中国紫檀博物馆于1999年9月19日正式向公众开放，是迄今中国首家规模最大，集收藏研究、陈列展示紫檀家具为主，反映明清家具艺术的专题类民办(私立)博物馆。2004年1月，中国紫檀博物馆被评为国家4A级旅游景点单位。

中国紫檀博物馆由中国紫檀博物馆馆长，香港富华集团董事长陈丽华女士投资兴建，坐落于北京市朝阳区东四环京通高速路高碑店北侧。开馆10年来，中国紫檀博物馆已经成为高碑店地区的地标性建筑。

中国紫檀博物馆占地25000平方米，仿明清建筑风格。其正门采用纯木结构；五层主体建筑使用磨砖对缝工艺；1000多平方米的馆前广场采用传统大青砖铺设后浸润桐油的海漫斗板地面，无论是规模还是材质在北京仿古建筑中都是罕见。

中国紫檀博物馆展厅面积为9569平方米，馆内设有中央大厅、陈列厅、会议厅、宣传厅、贵宾厅及临时展厅，展出藏品近千件。其中，有近百件清、明时期的家具原件。其余展品多为近30年来新仿故宫传统贡作精品。馆内所有展品皆是由紫檀、黄花梨、乌木等百年珍贵木材雕制而成。

中国紫檀博物馆设有多项服务设施。博物馆馆前设有停车场以及自动存包处。博物馆内除展厅外设有：讲解服务处，提供中、英、日3种语言讲解以及语音导览设备；工艺品商店，专营木雕、绣品等独具特色的旅游商品，商店内还备有紫檀博物馆邮票、首日封、明信片、光盘等纪念品供游人购买；茶室，设有水吧、中式茶座，提供中国名茶及茶点；丽华阁餐厅，提供长安俱乐部的餐饮以及京剧等传统演出；多功能会议厅，提供可供会议、娱乐的多媒体视听服务以及住宿；博物馆花园，提供规模100人以上的自助式餐饮、休闲活动。此外，博物馆无处不在的无障碍服务设施，提供包括坡道、轮椅、电梯、残疾人专用厕所、老花镜、手杖、婴儿车等，方便残障人士、老年人、儿童使用的设施，更突出紫檀博物馆以人为本的服务宗旨。

中国紫檀博物馆对外开放时间为：星期二至星期日9:00—17:00(16:30止票)，星期一闭馆。

中国紫檀博物馆周围的交通配套设施较为完善，有312、728、115、718路公共汽车可到达，康恩专线车以及地铁八通线也经由此处。

中华世纪坛世界艺术馆

BEIJING WORLD ART MUSEUM

馆　　长 王立梅

通讯地址 北京市海淀区复兴路甲9号

邮政编码 100038

电　　话 59802288　59802222

传　　真 59802255

网　　址 www.worldartmuseum.cn

电子信箱 office@worldartmuseum.cn

隶属关系 中华世纪坛管理中心

性　　质 公办

建筑性质 现代建筑

建筑面积 4.2万平方米

展厅面积 8000平方米

占地面积 4.5公顷

馆址环境 位于中国人民军事博物馆与中央电视台之间,北倚玉渊潭公园,南望北京西客站。

历史沿革 2001年1月,中华世纪坛艺术馆对外开放,2006年1月,建成中华世纪坛世界艺术馆。

开放时间 9:00—18:00(冬季至17:30,提前半小时停止入馆。除夕下午闭馆。)

服务设施 无障碍设施室外停车场:5700平方米，车位212个。地下停车库:6845平方米,车位280个。纪念品商店:200平方米。语音导览设备(基本陈列、特别展)。

交通状况 32、65(单行)、414、617路至玉渊潭南门站,1、21、65、68、308、320、337、728、802路至军事博物馆站，地铁1号线在军事博物馆站A出口。

概 述

2005 年 3 月 28 日，中华世纪坛世界艺术馆由北京市编制机构委员会批准成立，是中华世纪坛管理中心所属的文化事业单位。

中华世纪坛世界艺术馆是中国第一家以世界艺术为收藏、展示、研究对象的艺术类博物馆。它以传播世界文明、促进文化交流、普及艺术教育、服务大众需求为宗旨，以各国博物馆、艺术馆、学校等文化教育机构为合作伙伴，致力于建设一个各种文明的交流平台和世界艺术的展示窗口。本馆常年开放，年观众量约 50 万人。

本馆机构分为业务、经营和保障体系。业务部门包括办公室、展览部、保管部、教育部和信息中心、展场管理部等，负责展览策划制作、展品管理、公众教育、信息采集、对外联络、展场管理和综合管理等。经营部门包括营销推广部、商品部和设施经营部，负责门票推广销售、商品开发销售及物业设施开发经营。保障部门包括保卫部、设施部和公众服务部，负责安全保卫、设施运行维护和开放服务。

本馆基本陈列《伟大的世界文明》，是中国第一个以世界文明为主题的大型展览。展览以来自欧美 14 家博物馆的 328 件青铜器、壁画，陶器、珠宝、雕塑等实物，展示了古代埃及、古代西亚、古代希腊、古代罗马、印度和美洲六大文明。展览对于展示世界文明的多样性，促进不同文明之间的交流、对话、借鉴，促进各种文明和平共处、取长补短、共同发展，是一项有益的探索和实践；对于提高民众文化素质与促进民族精神的现代化，具有重要的意义。此陈列自 2006 年 9 月 28 日开放以来已接待上百万观众。

本馆还先后举办了一系列特展，其中包括：《意大利文艺复兴艺术展》、《从莫奈到毕加索——美国克里夫兰博物馆精品展》、《俄罗斯大师双人展》、《庞贝末日——源自火山喷发的故事》、《想象的时空——杰利·尤斯曼回顾展》、《朱利安·施纳贝尔——美国当代大师绘画展》、《300%西班牙设计展》、《中国非物质文化遗产精品展》、《日本浮世绘艺术珍品展》、《古典与唯美——西蒙基金会藏欧洲 19 世纪绘画精品展》、《传承与守望——翁同□家藏书画珍品展》等。这些展览与基本陈列呼应、补充、外延和细化，成为世界文明和艺术的系列展示。

本馆于 2008 年推出“收藏与展示”主题年，开创了用一个主题将全年自办、合办、协办及他办的同类展览整合成系列的模式，以传达自己的理念和文化主张。

为了普及艺术教育，本馆与学校及校外教育机构合作，以知识讲座、亲子活动、创意

中华世纪坛艺术馆外景

活动、教研活动、馆校合作教学活动等多种形式吸引广大艺术爱好者、教师和学生走进艺术馆，并走向社区、企业和学校开展教育活动，充分发挥博物馆的公益作用。2008年，本馆成为北京市中小学生社会大课堂首批重点推介的10家资源单位之一。与此同时，本馆不断拓展与各大媒体的合作，扩大教育传播范围。本馆除加强官网建设之外，先后与百度、搜狐、国际在线、大旗网、雅昌艺术网、艺超网等网络平台和法国公共博物馆和国家凡尔赛不动产、法国国家博物馆联合会等机构，以制作展览专题网站、开展系列互动活动、推出在线艺术展等形式进行广泛合作。其中，与百度合作的“世界艺术馆在线”，在上线初期日点击量最高曾达到50万人次，成为我馆一个传播更广泛、内容更丰富、刷新更及时、互动更便捷的展示窗口。本馆与《收藏》杂志共同策划的“世界之窗”栏目，受到数十万读者的欢迎。

本馆利用强有力的国际关系，加强交流，积极联络，

展厅局部

并以开放的意识、互利共赢的愿望、精诚合作的态度、孜孜追求的精神，吸引和打动了各国的业内人士，形成了一个多学科、多层面的包括意大利、美国、英国、俄罗斯、日本等国30余家博物馆和文化机构在内的国际化合作团队。本馆还设立专家委员会以确保强大的专业支持力量，由国内社科、文博、艺术、宣传、教育领域的35位一流专家组成，对本馆的业务发展处于较高的学术和艺术水准起到保障作用。本馆还拥有一支近两百人的志愿者队伍，在讲解服务、协助完成教育活动、讲座等方面，发挥了重要作用。

为寻求国际合作和促进馆际交流，本馆先后举办3次国际博物馆馆长论坛，围绕世界艺术馆在中国的建设与发展、当今世界进程中博物馆面对的问题与挑战、博物馆与收藏等博物馆界关注的话题展开研讨，取得良好效果，在业内形成影响。本馆的科研成果包括《关于建立中国第一个世界艺术博物馆调研报告》荣获北京市2004—2005年度宣传文化系统调查研究一等奖；研究论文《形为意用 意为物创》、《儿童美术取向的博物馆教育策划个案研究》入选北京市博物馆学会第五届学术会议；《在馆校互动中促进校外教育——中华世纪坛世界艺术馆的实践》参加了2007北京校外教育论坛。2008年由本馆开题的“北京‘世界艺术’资源开发平台”项目被列入北京文化创意产业发展专项资金项目，目前已经启动，正在推进过程中。围绕展览，先后编辑出版了18种图书。

本馆利用展览资源，初步形成了与上海、广东、湖南、湖北、浙江等地的跨区域的联展馆线，逐步完善展览策划、经营、制作、推广、衍生品开发和综合服务的合作模式并初见成效。本馆围绕展览进行的随展衍生品开发和经营，注重借鉴国外先进经验并结合本馆特色，已逐步形成独特的风格和比较成熟的模式，在几次特展中均取得良好成效。

北京人民艺术剧院戏剧博物馆

MUSEUM OF BEIJING PEOPLE'S ART THEATRE

馆　　长 于文萍

通讯地址 北京市东城区王府井大街22号

邮政编码 100006

电　　话 85120003　65246789-6001

传　　真 85120185

网　　址 www.bjry.com

隶属关系 北京人民艺术剧院

性　　质 公办

建筑性质 现代建筑

建筑面积 1600平方米

展厅面积 1300平方米

馆址环境 位于繁华的王府井大街北侧,地处北京市中心区,交通便利。

历史沿革 北京人艺戏剧博物馆是一座以北京人艺话剧艺术发展历程为主题的博物馆,于2002年10月开始筹备建馆,2005年1月开工,2007年1月全面建成开放。戏剧博物馆建筑面积1600平方米,由首都剧场四层改造建设而成,共设有10个展厅。目前,它正以崭新的面貌迎接八方来客。

开放时间 10:30—19:30(周一闭馆)

对外开放单位 纪念品商店

服务设施 无障碍参观、衣帽间、纪念品商店

交通状况 公共电汽车:乘103、104、108、803、420路至灯市西口站,乘101、109、846路至美术馆东站,地铁:5号线至东四站。

概　述

北京人民艺术剧院戏剧博物馆位于北京市东城区王府井大街22号首都剧场四层，是国内首家展示话剧艺术的专业性博物馆。2002年建院50周年之际，为更好的保存和研究50年以来丰富的艺术生产资料，剧院决定筹建博物馆。2004年由北京市建筑设计研究院对剧院办公区四层进行建筑改造设计，于2005年1月对首都剧场四层进行改造施工，2005年9月，土建工程结束。由北京清尚建筑装饰工程有限公司进行展陈设计，并于2006年11月28日全部完成。

博物馆于2007年1月1日试开放，同年6月12日正式对社会开放，展区面积约1300平方米，目前馆内展出展品800余件。

博物馆下设藏品部、研究部、展陈部、社教部。藏品部负责藏品资料保管、藏品管理研究、文物征集及文物修复工作；研究部负责资料整理研究，集结论著，展览陈列文案设计等；展陈部负责展览策划、陈列形式设计，举办各种专题的展览；社教部负责组织宣传教育、外事接待、制作话剧纪录片、举办系列艺术讲座等。各部门相互协作，旨在为观众展现人艺50多年来的风雨光辉历程，为话剧爱好者与专业人士提供一个更为开放的研究空间，为中国话剧历史留下一笔翔实丰富的物质文化遗产。

博物馆以丰富的图文资料、大师手稿、优秀的舞美设计图纸、经典剧目、舞台布景模型、逼真的道具、服装以及各类舞台上使用的效果道具和灯具为展陈主体，集中展示了北京人艺建院历史、剧院奠基人、优秀剧目、国内外交流、舞台美术等内容，馆藏品种包括有独特历史价值的郭沫若、老舍、曹禺、焦菊隐等一代戏剧大师们的早期手书文稿、导演手记、往来信件等珍贵资料，记载着几代艺术工作者追求舞台艺术精品的过程，真实反映了北京人艺50年来走过的艺术历程，展览内容中英文对照，方便国内外不同需求的观众参观游览。不仅如此，戏剧博物馆还根据北京人艺演出的经典剧目和纪念活动定期举办相关内容的临时展览，并在剧院赴外地演出的同时举办专题展。

博物馆入口处设置寄存处，方便观众寄存衣物，配备残疾人轮椅以满足特殊人群的参观需要；无偿为观众提供多种宣传页，如博物馆简介、经典剧目宣传页等，以满足观众参观、学习、研究、留念等多方面的需求。

观众可以通过电话预约、现场领票的方式入馆参观。馆内除了有专业讲解人员提

展厅局部

供有偿服务外，所有开放区域配有供观众使用的触摸屏 6 台，多媒体播放器 3 台。同时在服务台进行纪念品的售卖，有十几种戏剧博物馆特色的纪念品、人物传记、经典剧目艺术评论书籍及戏剧音像制品等。博物馆为满足广大观众需要，特别推出一系列艺术专题讲座，我们聘请了多位话剧界、文化评论界等知名专家为观众作精彩讲座，收到良好的社会反响。

博物馆历来重视学术研究工作，一直致力于话剧理论的总结研究，2007 至 2008 年出版著述舞台艺术理论集——《〈茶馆〉的舞台艺术》、《〈雷雨〉的舞台艺术》、《〈蔡文姬〉的舞台艺术》、《〈天下第一楼〉的舞台艺术》4 本；人物文集——《焦菊隐》画册、《于是之》画册；舞台美术专著——《戏剧档案》、《周总理与北京人艺》、《笑忆青春——解放战争 3 年中的北平剧联合祖国剧团》共计 10 本论著。此外，根据展览和研究工作的需要，不定期邀请话剧研究学者及人艺老艺术家进行座谈，将老一辈艺术家的宝贵经验、感悟、艺术成就以文字或纪录片的形式记录下来，推进北京人艺话剧艺术乃至中国话剧艺术研究工作的发展。

北京红楼文化艺术博物馆

MUSEUM OF RED CHAMBER CULTURE AND ART

馆　　长　马俊潼

通讯地址　北京市宣武区右内西街18号

邮政编码　100054

电　　话　63544993

传　　真　63544993

网　　址　www.bjdgy.com

电子信箱　dgygwh@yahoo.com.cn

隶属关系　北京市宣武区人民政府

性　　质　公办

建筑性质　现代仿古建筑

建筑面积　25979平方米

展厅面积　17700平方米

占地面积　13000平方米

馆址环境　南二环宣武区、丰台区交界处，与大观园酒店紧邻

历史沿革　北京红楼文化艺术博物馆是依据我国古典文学名著《红楼梦》而建造的，位于城区西南隅护城河畔。1986年正式对外开放，名为"北京大观园管理处"，1988年改称"北京大观园管理委员会"，1996年被批准为"北京红楼文化艺术博物馆"，现为一个机构两块牌子。经20余年发展建设，已成为具有古典园林外观、红楼文化内涵、旅游经济属性，博物馆功能齐全的活动场所。

开放时间　冬季7:30—17:00　夏季7:30—5:30

对外开放单位　图书馆、电影院　4D动感电影院

服务设施　无障碍参观；投资制作了14处26个无障碍坡道；停车场面积4300米。食品部、小吃部、茶座、咖啡厅；食品部；语音导览设备。各景点内声控语音讲解。

交通状况　乘10、56、59、特3、122、351、395、423、721、744、800、816、819、922、939路公交车均可到达。

概 述

依据中国古典文学名著《红楼梦》建造的北京大观园，1996年正式成为“北京红楼文化艺术博物馆”，这座具有古典园林外观、红楼文化内涵、博物馆功能齐全的文化场所，是京城一处极富特色的旅游文化胜地。在占地13公顷的范围内，40余处亭台楼阁、佛庵庭院配以山形水系、繁花名木、鹤鸣鹿啼，宛若人间仙境。红楼文化艺术博物馆的艺术魅力和深远价值得到了社会广泛的公认。

红楼文化艺术博物馆常年举办各种文化活动和有特色的展览，同时也加大了宣传力度。以平均每月推出3项活动的频率，进行了宣传报道。通过电台、电视台、报刊、网站等多种媒体宣传达几千余条。大大提高了红楼文化艺术博物馆的知名度、美誉度和社会认知度，以特色活动吸引媒体宣传，以新闻宣传吸引观众参观。

红楼文化艺术博物馆拓宽办园思路，将工作重点转移到探索文化创意产业的道路。一是尝试融资办馆。借鉴奥运会的运作模式，红楼文化艺术博物馆力求同知名企业合作，吸纳社会资金共同办馆。二是抓住机遇，合作办馆。2006年8月，北京电视台面向全球华人海选“红楼梦中人”的活动启动后，红楼文化艺术博物馆看到普及红学、提高红楼文化影响的契机。随即推出“体验红楼梦中人——大观园古装试穿”——红楼文化普及月活动。三是开发品牌产品。2007年，红楼文化艺术博物馆开通了大观园至采育“九九桃王”采摘专线，推出“省亲御桃”冠名果品，形成采蟠桃、吃农家饭、观手工制品的乡村特色游。

红楼文化艺术博物馆坚持走文化建馆之路，突出红楼文化内涵，深度挖掘特色活动。几年来的实践证明，创新才有活力，创新才能发展，才能创造良好的社会效益和经济效益。

主要业务部门 行政办公室、党办、人事财务科、文展导游科、巡查保卫科、园务园艺科、物业管理科、旅行社

2007年5月开发了“巡盐御史署”景点《真州巡盐御史署》，以“幻影成像”的高科技手段，采用声、光、电等方法，利用真人拍摄、电脑编程、立体投影等方式，真实地再现了当年盐漕商运、民间易货和上缴税银的场景。

陈列展览 科研方面有《红楼文化艺术展》是北京红楼文化艺术博物馆的主要陈列，也是国内目前最大的综合性红楼展览。红楼文化艺术展共分为5大部分，力图通

红楼文化艺术博物馆水面全景

过大量实物、资料、模型向观众展示红楼文化艺术的博大精深。

第一部分:元妃省亲馆

展陈主线是贾元春加封贤德妃后经皇帝恩准回府省亲的重要场景和相关史料。展厅正中的地台及屏风宝座是元妃接受国礼朝拜的地方，其设计是参照北京故宫储秀宫的规格制作,以图符合明、清两代的皇家仪制，为丰富观众对皇室仪规的了解，特别展出了与贾元春加封贵妃相似的，现藏于故宫档案馆的"贵妃封册"和"记名秀女排单"复制件。由满汉两种文字撰写。

由天津泥人张创作室创作的一组大型泥塑"元妃省亲",这组充满了民族风韵的泥塑,神态各异地展现了元妃省亲(暗喻当年康熙南巡4次下榻曹家)时的盛况。

大型绢塑"奉喻联诗"。描写的是元妃回府省亲,命宝玉和众姐妹联诗的场景,这组绢人制作精美,既华丽又不媚俗,既符合原著又经艺术再加工。

第二部分:大观园馆

展览分4部分向观众介绍了北京红楼文化艺术博物馆的由来、建造过程及各方面反响。

1.梦中的园——200多年来,曹雪芹塑造的琼林玉苑,像一个富贵高深的神奇幻影,引得多少文人雅士幽思遐想。

2.圆梦的史——红楼遗梦200年，国盛文兴琦园展。今天开建的北京红楼文化艺术博物馆,终于圆了几代人的梦想。

3.园中的梦——大观园梦想成真后，红楼庙会、红楼书画、红学讲座……一系列具有鲜明特色的活动陆续

季羡林题刘国龙手抄本

展开。

4. 梦中的荣——北京大观园建成后，受到各级领导、各界专家的厚爱，也得到了社会广泛赞誉和认同。

第三部分：红楼文化艺术馆

《红楼梦》中涉及的工艺品很多，民间红楼题材的工艺品也很多，展览正是从这一背景出发，将部分以《红楼梦》为题材的工艺品及各种剧目的红楼梦剧照展示出来。

第四部分：曹雪芹家世生平馆

《红楼梦》是中国文学史上最伟大而又最复杂的作品。曹雪芹也是中国文学史上最伟大也最复杂的作家。展览用大量图片和文字以及模型来揭示曹雪芹家世生平。由著名雕塑家钱绍武先生创作的曹雪芹铜制头像重2吨。

第五部分：红学著作及研究馆

着重介绍了《红楼梦》的各种版本和几十年来红学研究的成果。自《红楼梦》这部不朽名著诞生后，在中国文学评论史上，对它的研究随即兴起，并不断发展。今天对《红楼梦》的研究已经成为专门学问。红学的研究正是在不断的纷争中有所突破并不断发展。

《真州巡盐御史署》——《红楼梦》的作者曹雪芹的祖父曹寅为康熙皇帝的宠臣，身兼多项官职，其中一职为钦差“巡盐两淮盐漕监察御史”之职。真州巡盐御史署是一处临江高楼。在《赠曹荔轩寅使君真州》诗云：“闻到高楼临水起，使君坐卧此楼间。帆樯竞作鱼龙戏，宾客空和燕雁还。”真州盐署在今扬州地界。有趣的是：《红楼梦》中林黛玉之父林如海亦是皇帝钦点的“巡盐御史”之职，任职地点亦是扬州。

临时展览

1. 张运祥潍县木版年画展。张运祥是中国民间工艺美术大师、木版年画传人。本次共展出的60幅年画作品均为张运祥本人创作，题材有红楼内容和民俗内容，并进行现场演示。

2.《红楼梦故事图》彩石雕刻镶嵌连屏展。共52幅，长70米，高2.3米。每幅即为一个红楼故事，52幅屏风相连，构成了一个完整的红楼系列场景图。屏风上的人物形象、亭台楼阁、花鸟器物均为浮雕。

3. 阿龙满清老北京物

件展。阿龙(宋振忠)北京著名老物件收藏家。宋振忠家世为满族正白旗,他收藏的清代老物件极为丰富。《红楼梦》是清代产生的一部名著。满清老北京物件展的推出，对世人了解历史、了解红楼文化背景是弥足珍贵的。

4. 杜春耕红楼艺术品收藏展。杜春耕先生是中国红学会理事、著名红楼艺术品收藏家。展出的是民国时期至解放初的红楼人物烟标招贴画，共展出作品55幅。

5. 郭建燕收藏展。展品有《红楼梦》木版人物画。清代孙温绘《红楼梦全图》,丁世弼绘红楼梦连环画、刘旦宅绘红楼梦连环画、红楼剪纸连环画,早期红楼小书及1700余枚红楼人物火花和十几种带有插图的红楼读物。

6. 老票证展。北京档案馆举办老票证展，用实物和图片回顾了当年的历史,引起许多观众的共鸣。展览分不同时期详细介绍了那个时期的社会状况和流通票证。从解放区的票证到文革后的各种票证,直至废除票证,把实行票证的时间、过程、历史用文字配以图片与实物共同展示出来。

7. 潘慎教授女书书法展。潘慎先生是中国女书书法创始人,研究女书第一人。作者以自己独创的书法方式,将女书这种文字奇葩,展示给书画爱好者。女书是世界上唯一一种女性文字，流传于中国湖南江永县,“女书”是人类历史上一个独特而神奇的文化现象,也是一个植根甚古、牵涉面颇广、信息含量十分丰富的文化现象。女书文字的特点是书写呈长菱形,也被称为“蚊形字”,目前搜集到的近1000个字符,所有字符只有点、竖、斜、弧、圆圈5种笔划。

社会教育

北京红楼文化艺术博物馆作为传播传统文化、红楼文化的教育基地,2006年3月和首都医科大学商议:双方建立共建关系,长期开展互动活动,为学生提供了参与社会活动的场所。

2006年7月,北京大观园管理委员会与武警北京市总队七支队七中队和共青团首都医科大学公共卫生与家庭医学学院团总支举行绿地认养签字挂牌仪式。

2008年6月，北京红楼文化艺术博物馆与北京未成年犯管教所建立了警民共建单位。为少年犯讲解园林花卉的概念、内容、分类等一系列知识。培养他们有一技之长。

2008年7月,与首都经贸大学旅游管理系共建暑期社会实践活动基地。

2008年,被团市委定为“奥运培训实践基地”。

社会服务活动

2006年加入北京市公园年票。

常年为宣武区各单位及白纸坊街道提供场地,举办各种宣传周、活动日,为白纸坊街道腰鼓提供训练场地。

每年“八一”建军节来临之际,北京大观园连续两天开设大观园之夜——梦幻红楼大型音乐喷泉水幕电影专场演出，慰问宣武区驻地武警七支队、宣武消防支队官兵指战员及家属。

北京红楼文化艺术博物馆近年来大力开展公益活动，服务社会。每逢节假日如：庙会、三八节、儿童节、教师节等，实行票价优惠。在高考、中考结束后举办考生免费游园专场活动。

馆舍建设、扩建、维修和设施改造

2007年，北京红楼文化艺术博物馆自投资金9.5万元实施总造价43万元的双语牌示、无障碍设施工程，改造标示牌328块(其中：景点导向牌3块，景观解说牌28块，道路指示牌58块，服务导引牌89块，警戒忠告牌150块)，新建无障碍设施26个。

2007年底，为进一步满足人民群众对广场演出和奥运期间文化活动的需求，北京红楼文化艺术博物馆在南门广场建一座大型露天演出广场；省亲别墅内改建露天剧场。在2008年奥运期间承担文化演出任务。

2008年奥运前后北京红楼文化艺术博物馆对馆内外配电灯光、景区监控、广播系统、无障碍设施、甬路路面、技防设施硬件进行了更新改造，更换添置箱式变压器2台、安保探头22部、对讲机17部、广播点60个，消防箱2个、水带4条、水枪2支、灭火器50个、应急灯10个、手持安检器4支，完成了5大类28种278块牌示的更新，增加了14处无障碍设施26个坡道，文化广场安装铁艺护栏，西门内4000平米渗水地砖翻新铺装，装修嘉荫堂等的改造，购置新打药车一部，建了科普展室。

文化产业、文化产品和经营情况

为展示红楼魅力，至今已成功举办了14届的红楼庙会深受广大国内外游客的好评。元妃省亲是红楼庙会的名牌，2007年又增加了“贾母贺寿”、“宝黛成婚”古典寿礼及古典婚礼的表演。“宝黛成婚”荣获“市民最喜爱的春节庙会”特色创意活动奖。2008年奥运年的春节庙会，大观园向社会征集喜爱《红楼梦》的中外志愿者，参与红楼庙会元妃省亲古装表演。创意开发了“探春归省迎奥运”的舞台情景剧，由十几个国家的留学生组成的洋省亲队伍，成为2008年庙会的亮点。

2006年重拍《红楼梦》，海选“红楼梦中人”引起了社会对《红楼梦》的再次关注，引发了对红学研究演绎的又一轮新浪潮。2006年8月20日，北京电视台面向全球华人海选“红楼梦中人”的活动启动后，北京红楼文化艺术博物馆看到普及红学、提高红楼文化影响的契机。随即推出“体验红楼梦中人——大观园古装试穿”——红楼文化普及月活动，凸现出红楼特色活动的影响。引起了北京电视台的重视，马上前来洽谈合作之事。此后全国首个现场报名点设在了大观园，一系列活动随之展开：抽取海选报名幸运者游览北京红楼文化艺术博物馆；名师讲坛、美食文化，直到海选面试地点选在北京红楼文化艺术博物馆……作为北京唯一现场报名点的北京红楼文化艺术博物馆再一次成为世人关注的亮点。

在探索多种模式经营的同时,北京红楼文化艺术博物馆努力挖掘文化内涵,以红楼文化为特色,在全区群众文化事业发展中占有一席之地。多年来,北京红楼文化艺术博物馆与新闻媒体、专家学者开展多项合作,举办展览、论坛、纪念会等活动,扩大社会影响。北京红楼文化艺术博物馆紧紧围绕红楼文化,搭建了一个红学学术研究平台,成为普及红楼文化的重要载体。2006年2月,在北京大观园管理委员会成立20年、"北京红楼文化艺术博物馆"建馆10周年之际,北京红楼文化艺术博物馆开展向社会征集红学书籍、刊物、字画、瓷器、艺术品等红学资料的活动。红学爱好者们积极响应,向红楼文化艺术博物馆捐赠红学书籍、字画、工艺品等800余件。

2007年5月开发了"巡盐御史署"景点。以"幻影成像"的高科技手段,采用声、光、电等方法,利用真人拍摄、电脑编程、立体投影等方式,真实地再现了当年盐漕商运、民间易货和上缴税银的场景。

如何开发与《红楼梦》相关的旅游产品,将品牌转化为生产力,北京红楼文化艺术博物馆尝试着探索一条发展创意产业之路。利用品牌优势,联合农业基地,开发冠名产品,延伸经营触角。提出了利用工业理念发展现代农业,将红楼文化附加在农产品上。京郊大兴县采育镇的"九九桃王"以个大、味美、无污染而著称,但一直不被人们所认识。在考察了采育的种植环境后,北京红楼文化艺术博物馆决定在采育建立桃园基地。2007年3月31日,九棵桃树落户大观园,采育镇无污染的绿色大桃走进了北京红楼文化艺术博物馆。桃园基地的落成也使北京红楼文化艺术博物馆的影响地域延伸到了乡村。推出"省亲御桃"冠名果品,著名红学家周汝昌老先生特意为北京红楼文化艺术博物馆桃园基地题词:"修篁凤馆翠潇湘,寿果瑶池红采育。"

2007年6月,博物馆向国家工商总局申请注册了"刘姥姥"商标,旨在用于陆续开发四季养生杂粮、柴鸡蛋等农副产品,进一步开发红楼品牌的特色产品。"文化酒"时代的来临,使北京红楼文化艺术博物馆看到了开发名著酒的美好前景。通过挖掘红楼文化内涵和有效的投融资渠道,由北京红楼文化艺术博物馆监制的红楼宴酒于2007年9月10日正式投放市场。借助景区、红楼文化的优势和品牌影响力,把红楼文化附加在酒文化上,是丰富红楼文化内涵的拓展。

北京艺术博物馆

BEIJING ART MUSEUM

馆　　长 杨　玲

通讯地址 北京市海淀区西三环北路万寿寺内

邮政编码 100081

电　　话 68456997(社教部)　68413380(办公室)

传　　真 68472390

电子信箱 bjartm@126.com

隶属关系 北京市文物局

性　　质 公办

建筑性质 古建筑(全国重点文物保护单位)

建筑面积 14000平方米

展厅面积 1000平方米

占地面积 30000平方米

馆址环境 本馆位于明清皇家寺院万寿寺建筑群中路,坐落于北京西北地区长河沿线中部北岸,坐西北朝东南。西临西三环北路,南望紫竹桥,北毗中国剧院,东有广源闸、紫竹院名迹。现存七进清式建筑群,庭院宽畅,建筑高大雄伟,历史遗物完整,融园林建筑于寺中的建筑风格。馆前长河疏浚整修一新,设有游船码头。

历史沿革 建于明万历五年(1577)的万寿寺于1979年2月被列为市级重点文物保护单位,2006年被公布为全国重点文物保护单位。1985年6月北京市政府颁令在此成立北京艺术博物馆筹备处,1987年8月正式建馆。1994年馆舍全面开放。万寿寺古建在成为馆舍时期历经1984年、1993年、2003年3次大规模修缮。

开放时间 9:00—16:30(周一休息)

服务设施 无障碍参观设施、语言导览设备。

交通状况 西三环北路有万寿寺站，可乘201、300、323、362、374、394、482、534、658、699、74、817、836、849、944、967、968、运通(103、108、110)、特5、特8、特10等公交车到达。

概 述

北京艺术博物馆建馆于1987年。2007年,北京艺术博物馆迎来了建馆20周年的纪念日。在回顾20年历程的活动中,艺术博物馆认真总结过去的发展经验,为推动博物馆事业进一步发展奠定了新的基础。

2004年至2008年的5年,是艺术博物馆事业发展中的重要5年。在这5年间,艺术博物馆坚持为社会服务的根本原则,以人为本,不断提高服务质量和水平;以弘扬文物艺术为宗旨,重视文物藏品的保护利用,重视文化精神的传播,不断提高学术研究水平。5年中,博物馆的各项事业都得到了较大的发展,博物馆的知名度得到了扩大,观众的满意度增加了,各项社会服务活动不断增加。博物馆从内部建设到外部服务都有了很大的进步。博物馆队伍的建设也有了较大的发展,具备更高学历和学识的人才不断充实着业务队伍。随着队伍的壮大,成果也不断涌现,向社会提供着较高层次的文化产品。博物馆馆舍的建设在这5年中也有了新的起色。万寿寺古建得到最新的修缮。特别是万寿寺东路的回收工作有了明显的成果,为进一步修缮和利用东路打下了基础。

2005年,艺术博物馆开展了机构改革工作,对馆内的部门进行了调整,将原来的7个部门减少到5个,其中合并了原有的3个部门,增加了一个部门。经过调整的部门有办公室、保卫科、保管陈列部、社会教育部、事业发展部。博物馆职工数量也从过去的30余人增至40余人。馆内实施岗位聘任制,逐年聘任。人事制度的改革推动了人才队伍的建设,中高级人才是博物馆业务的主要力量。北京艺术博物馆根据上级的规定,目前实施的是管理单位体制。为了培养优秀的干部队伍,北京艺术博物馆积极鼓励全体职工参加文化知识、业务技能的学习与培训,支持业务人员参加学术交流;为此制定出切实可行的计划和制度,在物质和时间上给予大力支持。

在这5年中,艺术博物馆在藏品整理方面开展了大量的工作,对馆藏全部8万余件藏品进行了清点和账目核对,最终获取了藏品的各种数据,包括电子账目的完整建立。历年通过征集等渠道入藏新的藏品260余件;历年修复文物藏品上百件,技术保护设施不断完善,藏品保护工作逐年上台阶;同时对万寿寺内相关不可移动文物也实施了修复。

2004年开始对馆藏文物进行新账、旧账、文物三对照工作,以后逐年展开,并开始建立文物大账体系以及电子账目。这样就从根本上全面着手解决了艺术博物馆长期

北京艺术博物馆

加强了展厅、库房的日常文物保护和环境监测工作，随时掌握文物保护状况。在展厅及库房设置温湿度记录仪器，常年保持24小时无间断记录工作。

5年来，北京艺术博物馆在科研工作中取得丰硕成果，不仅出版了大量学术专著，还发表了大量学术论文，它们都代表了艺术博物馆的研究水平和工作成绩。5年中，艺术博物馆也在积极开展科研课题的研究，在一些文物研究项目上取得突破进展。配合展览和研究工作举办一些学术论坛，学术讲座、学术交流活动。

5年来先后出版了有关文物研究方面的论著和图录、科普读物，如《明清颜色釉瓷器》、《古典家俱》（口袋书）、《竹木牙角30问》、北京文物鉴赏丛书——《古钱币》、《清代青花瓷》、《中国古代陶瓷鉴赏与收藏》；博物馆学专著《当代西方博物馆发展态势研究》，万寿寺历史研究专著《北京长河史万寿寺史》等。参与《北京文物大系金银器卷》和《北京文物

以来藏品账目未尽的问题，这是一件对艺术博物馆藏品管理具有深远意义的工程。到2008年，这项工程终于按期完成。全部8万余件藏品具备了账卡各种信息资料档案储备，电子账目也完善建立，为艺术博物馆藏品的进一步研究利用保护打下了深厚坚实的基础。

从2004年就开始的文物修复工作主要涉及几个方面：明清古典家具残件的组装修复、破损字画的装裱修复、丝织品修复、万寿寺内残存石碑修复、石碑拓片制作等等。这些文物修复工作是文物修复计划实施的一部分，对于重要文物的抢救有着重要意义。特别是丝织品和字画的修复，使一批重要残损文物获得新生。家具修复增加了馆藏，使一批残破文物化零为整，以新的面貌向世人展示。万寿寺石碑的修复对于保护不可移动文物做出了努力。

2004年以来，北京艺术博物馆利用有限经费积极从全国各地征集馆内所需文物。2004年从西藏地区征集到丝织文物6件。2005年全年共征集书画藏品7件、扇子套6件、扇坠12件。2006年藏品征集工作获得重要成果，征集到石涛、蓝瑛等明清诸家扇册一套、允禔“克绍家声”横幅一件；征集织绣及相关用品29件套。

2004年以来逐步改善展厅及库房内文物保管设施。

大系瓷器卷》的编写工作。参与《文物精粹大系》工艺品卷、文房卷、精选版的编辑工作。《明清家具》下卷的编写工作。

万寿寺乾隆御碑亭

专业人员踊跃在学术刊物上发表专业论文，文物研究方面的有：《北京出土的元明景德镇瓷器》、《元代的辨线袄》、《托普卡比宫藏元青花大盘的比较研究》、《渗金多宝佛铜塔考》、《北京艺博藏的两幅乾隆皇帝书画》、《紫砂干果桃式杯》、《古书画修复现状之分析考查》、《北京艺术博物馆家具展赏析》等。博物馆学研究方面的有：《寻找文化的契合点——论博物馆的文化传播理念》、《从新媒介环境下传播方式的特点看博物馆数字信息的利用》、《艺术类博物馆与青少年美育》、《网络传播与博物馆观众视角》。万寿寺历史文化研究的有：《万寿寺中路建筑群的五大格局》、《万寿寺东路建筑群的历史变迁》、《万寿寺非物质文化遗产之建筑风水文化》等。

北京艺术博物馆为进一步发展事业，于2005年聘请专家学者共同研讨、编制、修订《艺博10年发展规划》。积极参加国家文物局主办的《加强博物馆展示宣传和社会服务工作调研》的课题工作。配合博物馆展览《解读石涛》书画展主办学术研讨会。编辑印制《北京艺术博物馆建馆20周年工作回顾纪念图册》。开展“明代佛经丝织裱封研究”课题项目。与中国文物交流中心合作，主办《印章艺术的传承与发展》学术研讨会，参加由中国博物馆学会、北京博物馆学会、苏州博物馆主办的《博物馆建筑与陈列》学术高峰论坛，北京市文物局主办的《学术前沿论坛》等。

博物馆的各项展陈经过全面改造后于2004年正式向社会推出。博物馆以新的形象、新的展览水平、新的服务质量面向社会大众。主要基本陈列有：《明清瓷器展》、《明清工艺品展》、《佛教艺术展》、《万寿寺历史沿革展》，每年博物馆还向社会推出藏品临时展览一项，以满足观众需求。展览加强了与博物馆界的合作和交流，扩大了艺术博物馆在博物馆界的影响。每年积极向外推出藏品巡展，获得当地观众的欢迎。主要展览有《福寿文化艺术展》、《解读石涛画展》、《扇子艺术展》、《清皇室书画展》、《民国政要书画展》、《中国印》等。

历年利用博物馆临时展厅举办多项临时展览。2005

年举办《首都科技界迎春书画展》、《纪念抗日战争胜利60周年中国书画家作品展》、海淀老龄大学《四君子研究组画展》、《萧鸿鸣八大山人诗意画展》等展览。2005年“中法文化年”期间，举办了法国画家西西《中国的印记》画展。在北京国际美术双年展中，举办《意大利当代艺术家达诺·费思达作品展》。重阳节期间，与北京石刻艺术博物馆、大钟寺古钟博物馆、北京市古代钱币展览馆等单位联合到阳台山老年公寓进行《福寿文化艺术展》巡回展览。2006年举办《净池与黄亚平书法展》、《张正花鸟书画展》、《首都科技工作者首届摄影展》、《“5·18博物馆与青少年”书画展》、《日本东京都练马区民间手工艺作品展》；2007年为庆祝建馆20周年举办《藏珍览物华——馆藏精品展》和《藏珍览物华——明清家具展》2项临时展览。2008年为迎接北京奥运会举办《奥林匹克运动历史》、《四君子研究组画展》、《奥林匹克与中国》、《“七彩童年——童心巧手绘奥运”儿童书画作品展》等。2008年开展元青花文化创意产业《元青花瓷器珍品大汇展》展览筹备工作。赴全国20多个省与30多家博物馆达成借展意向。2008年参加由中国文物交流中心主办，全国30多家博物馆参与的《大三国志》展，在日本东京富士美术馆等6个城市巡展，引起轰动。

2004年以来，艺术博物馆加强了与共建单位的合作，积极开展社区服务，社会教育工作取得显著成绩。多次到社区开展教学讲座，与学校共同办学。根据社区需要，先后组织万寿寺街道、青年政治学院居委会、紫竹院社区的老人来馆参观，结合博物馆建筑和展线文物，先后组织清华大学传统文化小组、北京信息管理学校工美专业、中国青年政治学院的学生，进行现场教学。此外在石景山少儿图书馆举办“走进博物馆——文物的故事”的专题讲座。通过观众调查、与科协座谈、以及到其它博物馆参观，艺术博物馆拟定了两套科普项目。

艺术博物馆严格执行博物馆对中小学生免费开放的规定，并认真做好免票参观的公示、接待及服务工作。同时还参加了由市文物局和教委联合举办的“走进博物馆”中小学生免费参观护照活动。

为配合博物馆展览进行宣传报道，艺术博物馆历年在中央电视台《艺术品投资》栏目，中央电视台数字电视台、中央人民广播电台、北京广播电台《博物乐园》栏目中介绍博物馆和万寿寺。

艺术博物馆还提供对青少年、老年团队、社会团体的讲解服务。在正常开放日内上、下午各对零散观众进行一次免费讲解。积极热情做好中小学生、老年观众、现役军人的免票参观接待工作。

参加历年“国际博物馆日”的宣传活动，参与“博物馆简介、博物馆门票、纪念品、触摸屏内容评比”活动；制作了“5·18”宣传周内所使用的宣传页及宣传展板；举办了“5月18博物馆之夜——艺博专场”；开办“馆藏精品鉴赏专场”服务项目。

2006年实施《中国传统编织工艺》科普项目，设计制作编结、传统织机展板，开展现场教学活动。2007年艺术博物馆加强与周边社区、学校、部队等单位的联系，开展巡展活动多次。另与首都博物馆、北京民俗博物馆合作，到北京化工大学等20余所院校进行“迎奥运民族文化校园行”主题巡展活动，把博物馆的精品展览带入校园。

2007年，为更好地为观众服务，了解观众需求，艺术博物馆设计了“观众需求调查问卷”，在展厅发放，并根据调查结果建立了“观众需求调查数据库”。2008年为配合《中国印》展览，更好地与观众产生互动，增加一套触摸屏系统。该系统以中国传统的篆刻艺术为基础，结合三维数字化，互动为一体的综合数字展示方案，参与者可进行虚拟临摹、篆刻。

2008年在全馆开展迎奥运培训活动，并通过市有关部门检查验收。制定《北京艺术博物馆迎奥运培训计划书》，编制9份培训和考核材料，对全体职工和展厅工作人员进行了以职业技能、职业规范、职业礼仪、奥运及残奥会知识、外语、手语为主要内容的多次培训。经过考核，全馆职工和工作人员全部领到《首都窗口行业奥运培训合格证书》，持证上岗。

北京艺术博物馆的馆舍为明清皇家寺院万寿寺古建群中路。万寿寺东路一直在其他单位的管辖内，由居民占住使用着。为此，万寿寺东路长期存在着使用不安全的情况，也威胁到博物馆的安全。艺术博物馆积极与有关部门联系、协调配合，为万寿寺古建的安全工作投入了巨大的财力和物力。

2004年2月27日万寿阁油漆彩画开始，7月10日完工，标志着万寿寺中路修缮及万寿阁复建工程顺利完工。该工程已于9月24日通过全面验收。

2005年，万寿寺中路二期修缮工程启动，2006年冬工程结束，至此，万寿寺中路的修缮工程全部结束。2007年初，万寿寺东路移交到北京艺术博物馆，并开始推动原有居民住户的拆迁工作。万寿寺东路规划作为博物馆馆舍的一部分。

在园林局、园林监理等有关方面专家的指导下，艺术博物馆长年进行古树复壮工作。于2005年完成了全部古树的复壮工作。

2004年艺术博物馆与合作单位聚雅堂工艺美术品中心联合开发出多种具有万寿寺“寿”文化特点的系列旅游纪念品，并投入销售。2007年实施馆藏印章拓片、扑克牌及青花瓷器3种旅游纪念品的设计研发工作。积极开发创意产业项目，与北京市元青花文化交流中心合作开发“世界藏中国元青花瓷器精品大汇展”，被北京市文化创意产业促进中心列为重点资助对象，并作为展览项目参加了第二届中国(北京)国际文化创意产业博览会。

（孔祥利）

北京石刻艺术博物馆
BEIJING STONE CARVING ART MUSEUM

馆　　长 高景春

通讯地址 北京市海淀区白石桥五塔寺24号

邮政编码 100081

电　　话 62186081 62173543

传　　真 62174709

电子信箱 shikeguan@126.com

隶属关系 北京市文物局

性　　质 公办

建筑性质 古代建筑(全国重点文物保护单位)

建筑面积 5800平方米

展厅面积 4870平方米(其中露天3970平方米;室内900平方米)

占地面积 17500平方米

馆址环境 北京石刻艺术博物馆位于白石桥东侧长河北岸,馆址设于明代寺庙真觉寺遗址内。其南临长河,与北京动物园隔河相对;北与国家气象局接壤;西为首都滑冰馆;东与中苑宾馆和北京动物园海洋馆遥遥相望。

历史沿革 北京石刻艺术博物馆原为五塔寺文物保管所。"五塔寺"是明代真觉寺、清代又名正觉寺。该寺创建于明代永乐年间(1403—1424年),是根据西域番僧班迪达朝贡金佛及金刚宝座塔建筑式样,皇帝颁诏,赐地建寺,并依照印度佛陀迦耶大塔营建金刚宝座式塔。该寺在清乾隆年间曾重修。清末,寺内建筑毁于大火,今仅存金刚宝座式塔和塔前大殿殿基及一些附属石刻文物。民国时期,此寺又经修缮,加设了院墙等建筑。1961年,经国务院批准,列为第一批全国重点文物保护单位。1980年,建立五塔寺文物保管所。1982年对外开放。1987年10月,以塔为中心,成立了北京石刻艺术博物馆。

开放时间 全年开放 室内展厅:8:30—16:30 塔室与露天展区:8:30—17:00

服务设施 本馆分别在展厅入口、塔室、露天碑廊等21处设有无障碍设施;旅游纪念品的小卖部1处,5种语言的语音导览设备。本馆停车场可同时容纳20辆车停泊。

交通状况 可分别乘319路、320路、332路、695路、697路、717路、634路、645路、653路、689路、86路、特4路、特6路、运通105路、运通106路、运通205路等16条交通线路到"国家图书馆"站下车,下车后往东500米即到。

概　述

北京石刻艺术博物馆以北京地区的石刻文物为主，进行收藏、研究宣传和保护，将北京石刻艺术博物馆建成北京地区石刻资料的汇集中心，建成保管、研究和展示北京地区石刻历史文化和艺术魅力的中心。石刻馆为全额事业单位，编制40人。机构设置为："三部一室一科"，即：资研部、保管部、社会教育部、办公室、人事科。2005年经文物局批准，调整为：科研部、保管部、社会教育部、办公室、人保科。

我馆2005—2008年连续4年获得"首都精神文明单位"，2006年本馆党支部被市文物局评为"基层先进党支部"。2008年被中共北京市委组织部评为"北京市党员电化教育示范播放点"、被北京市文物系统评为"平安奥运行动"先进单位。2007年本馆副研究员刘卫东被评为"全国文物保护先进个人"。

藏品管理进一步规范化，普查征集有序进行

北京石刻艺术博物馆是北京地区唯一一座以收藏石刻文物为主的专题性艺术博物馆，藏品管理一直是本馆的一项重要的基础性工作，经过近几年来的努力和细致深入的工作，藏品管理进一步规范化。从2005年开始，依照上级要求，本馆对馆藏文物开始进行重新鉴定。为做好该项工作，本馆成立了以保管部为主的专门工作班子，馆学术委员会为此还起草了"北京地区石刻文物鉴定参考标准"。目前，已将我馆备案的三级品以上文物进行了重新鉴定，并正在依藏品顺序重新定级。同时，还完成馆藏品照片的整编建档、所有在账馆藏品文物的检索卡片的编写以及对藏品档案、藏品账补充完善等。2006年8月市文物局将精宝软件的升级版易宝软件配发到位，并对相关使用人员进行了集体培训和个别辅导。目前已基本掌握了升级后管理系统的使用。

库房作为保管文物重要的基础性设施，一直是困扰本馆多年的难题。从2005年开始，对馆内现有库房进行调整、改造及扩充。首先在位置和集中管理方面做了一定的改变，将大部分小件石刻文物移至后罩楼北侧夹道集中存放。2007年本馆文物库房面积新增30平米，专门存放瓷杂文物的、石刻文物库房在馆内增至160平方米。2007—2008年我馆自筹资金8万元为资料库房购置密集架，并购置了抽湿设备，本馆拓片资料保存环境有了很大改观。对室外库区内的小件石刻设置了防护网罩，使其保护的安全系数大大增强。

为掌握石刻文物保护的变化状况，尤其是一些外借文物和展线文物的使用情况，2004年，本馆建立“外借文物”的自检和检查制度，要求借用单位每季度自检一次，加强对借用文物的管理。2005年，本馆制定《展线文物监测制度》，及时把握文物的变化情况。2006年至2007年，本馆在政府专项资金支持下还先后对馆藏品“山水石屏”底座、“绩溪义园刻石”、“鄂恒书法刻石”以及“延寿寺香火碑”碑座等4件石刻文物实施了修复。

北京石刻艺术博物馆

2004年到2008年，通过群众举报、捐赠以及配合执法部门的查处封存等多种渠道，本馆共征集各类石刻文物82种。作为本馆的特色工作——石刻普查，自20世纪90年代中期开始，为及时掌握全市石刻文物的保护现状、变化情况，在2004年之前，已对通州、大兴等6个区县的石刻文物保护现状、存在数量做了专项普查。2004年起到2007年，又继续对石景山区、密云县、延庆县、朝阳区、昌平区、怀柔区、海淀区、西城区、宣武区等12个区县的石刻文物保护情况做了专项普查，获取了大量的珍贵资料，为了解全市石刻文物情况，推动保护研究工作奠定了坚实的基础。

根据本馆业务工作特点制定科研规划，科研工作进行得有声有色

从2004年起，经过业务人员的不懈努力，本馆的科研工作取得了一定成绩，业务人员在各级各类学术刊物上发表学术论文数十篇，同时，还结合业务工作申报了局属课题《俄罗斯东正教北京传教使团研究》和“北京市社科规划课题《新日下访碑录》”，由本馆业务人员独立完成。通过参与课题的研究，业务人员的业务水平有了整体的提高。

本馆“石质文物保护研究”课题，通过专家评审，于2005年6月正式立项，列为市科委课题。此课题立项前已对未风化的石质文物采取添加纳米成分的材料实施了室内实验，获得一些重要数据。立项后，在课题资金的支持下，本馆建立了石质文物防风化实验室，就青石、汉白玉、砂岩等风化石刻材质作了切片。目前，对这些切片正在进行室内实验，下一步还将逐步展开现场试验，以观察新研制的防风化材料效果。经过一年多的室内及现场试验，此立项课题《石质文物保护研究》已于2007年10月通过了专家评审并如期结题。

近几年来业务人员除了完成课题研究和本职工作外，还积极撰写学术论文，于2007年与文物出版社《书法丛刊》编辑部联合出版了一期《北京石刻艺术博物馆专刊》。本馆科普丛书《会说话的石头》第一部“北京的石刻”列入市局出版计划，已于2007年9月由学苑出版社出版。

为扩充学术委员会力量，本馆对这一机构进行了调整，吸纳本馆具有副高级专业职称的业务人员共5名进入此机构。在新调整的学委会的指导下，本馆不断开展科研工作并加强对业务人员的培训，科研水平得到了明显提升，科研队伍逐步壮大，截至2008年，业务人员中，具有中高级职称人员达到11人，其中有高级职称人员7人。

挖掘自身潜力，开拓特色项目，充分发挥博物馆的社会教育职能

北京石刻艺术博物馆作为“北京市爱国主义教育基地”、“北京市青少年校外活动先进单位”、“海淀区青少年历史教育基地”、“海淀区青少年美育教育基地”，近年来充分利用博物馆自身资源，开创新思路，展开了丰富多彩的特色活动。

一、组织落实，确保社教工作的开展

北京石刻艺术博物馆每年针对当年的特点设计全年社教工作主题和实施计划，并纳入全馆的中心工作。每年石刻馆不仅拨出部分经费，确保活动的开展。同时还针对社教人员进行专门的培训，加强队伍建设，更好地为观众服务。北京石刻艺术博物馆由一名副馆长分管社教工作，并成立了北京石刻艺术博物馆青少年校外教育活动办公室，由社教部工作人员组成，一共5名，全部为大专以上学历，其中高级职称1人，中级职称2人，初级职称2人。他们承担着石刻馆对社会的教育与服务工作。除一般的接待讲解外，侧重青少年各类教育活动的策划和组织，每年我们都组织“爱北京、爱博物馆”活动；注重科学文化知识的传播，组织各种临展、巡展、讲座、科普等活动，为青少年教育提供服务。2006年10月为能广泛深入地开展青少年校外科普活动，我馆增设了“石刻坊”科普教室，用于青少年的科普讲座及科普动手等活动，教室可容纳60余人，并配备了手提电脑、投影机、摄像机、数码相机等电教设备，为青少年活动增加了新的场所和设备。

二、抓队伍建设，提升社会教育服务水平

为了提高社会教育的工作水平，近几年我们对社教人员开展了一系列培训，包括岗位培训、外语培训、普通话培训、科普考察等，经过馆里组织有关专家进行考核，社教部5人全部通过且持证上岗，全体人员获得国家语委普通话考试一级乙以上的好成绩。

为配合2008年奥运会，石刻馆与大钟寺、艺博、古钱币博物馆的社教人员在石刻馆进行外语培训，累计96学时。通过学习，各馆社教人员均在原有基础上有所提高。组织社教部门全体人员参加文物局组织的奥运礼仪培训课程，并顺利完成了奥运会接待服务工作。每年派专人参加北京市科委组织的科普工作培训班。

三、组织开展形式多样青少年教育活动

1. 把课堂搬进博物馆，利用文物藏品进行教学

石刻馆社教部与各大中小学校建立了广泛的联系，一些学校把博物馆作为学生的第二课堂，利用展品进行直观教学，使教学更加生动、有趣。如北京服装学院、中央工艺美术学院、北京城市学院等学校都选择在石刻博物馆定期进行实地参观教学，同时我馆免费提供讲解服务。这种博物馆与学校联合教学的形式，受到广大师生好评。

石刻馆常年开展拓片教学活动。4年来先后与海淀书协、西城区金融街少年宫、西城少年书法班、海淀温泉第二中学共同举办"少儿书法拓片科普教学活动"，参加人数达3000余人次。我们从馆藏品中选择了清代以后名家书法碑刻作为教具，同时由专人授课，并动手演示拓片技法，在专业教师的指导下，同学们动手实操。将评选出优秀的作品举办展览，使同学们在实践中，不仅提高了学习兴趣，还学到了课堂以外的知识。

2. 举办"双爱"活动

北京石刻艺术博物馆作为"北京市青少年校外活动先进单位"，已经连续多年举办"爱北京、爱博物馆"活动。

北京石刻艺术博物馆与海淀教委联合举办"双爱"活动，石刻馆与大钟寺、艺博共同"送展下乡"，展览送到海淀区山后西北旺小学、第47中学。巡展参观人数5200人次，讲解达5200人次。

举办"爱北京、爱博物馆"青少年优秀绘画、书法作品展"赴马来西亚参展。

3. 博物馆走进课堂，尝试博物馆直接为教学服务

在海淀教委的大力支持下，我馆于1999年与海淀温泉二中建立了共建关系，尝试博物馆直接为学校素质教育、教学服务的新路子。每年由石刻馆在事业经费中拨出部分专款用于共建活动。我们陆续将《北京地区精品石刻》、《北京的胡同》、《京西历史遗迹》等优秀巡展送到学校，对地处城乡结合部的同学们介绍北京历史即传统文化，加强青少年爱祖

国、爱北京的教育。

我们还在温泉二中先后举办了“拓片技法”等科普专题讲座，听讲座的师生达2000余人次。配合“拓片技法”讲座，我们每年在温泉二中初三年级利用美术、劳技课时间，开展拓片实践教学活动。每次教学同学们的热情很高，连老师们都争先恐后地要试一试。通过亲自动手实践，同学们不仅掌握了拓片技巧和书法知识，还学习到了石刻文字的保护方法，增加了学生的科普知识和动手能力。

自2007年开始，每年参加学校组织的“科技节”活动，配合科技节组织相关展览及科普动手活动。

虽然北京石刻艺术博物馆的经费并不充足，但是为了奖励那些家庭困难、学习成绩优秀的同学，2002年开始我们在温泉二中设立了“石博助困奖学金”。由石刻馆每年拨出3000元专项款，目前全校从初中到高中已陆续有300名同学获得该奖学金。

4. 走出博物馆举办巡展

为了更好地为学校、社区服务，我们利用博物馆资源，制作不同题材的展览，进行巡展，其中有《中西文化交流》、《北京精品石刻》、《北京的胡同》、《京西历史遗迹》等。将展览送到海淀、西城、东城、昌平等多个区县的学校、社区进行巡展，累计参观人数达20余万人次。

四、开拓创新，开发适合青少年的动手项目

2006年在北京市科委、北京市文物局的支持下，北京石刻艺术博物馆建立了“石刻坊”科普教室，用于举办青少年科普教学活动。科普教室内容包括拓片技法教学；石刻自然风化实验；观看科普教学片等。截止到2008年底参加活动的师生达5000余人。

五、执行市中小学生免费参观规定，普及青少年历史文化知识

为了使更多的青少年来石刻博物馆参观，学习历史文化知识，我馆按照北京市文物局对局属博物馆的规定于2004年1月1日开始执行《北京市中小学生参观实行免费开放通知》。为了做好学生团体及个人的接待工作，我们公布了预约电话及免费讲解电话。

六、建立志愿者服务基地，提高社会化服务水平

我馆于2002年建立石刻馆志愿者服务基地。配合志愿者基地工作的开展，社教部为志愿者进行了有计划、有步骤的培训。首先组织志愿者来馆参观，包括理工大学、北京民族大学、北方交通大学等5所学校，1000余人次；其次组织有关石刻文化知识的专题讲座，其中在馆内4次，在北方交通大学举办1次，参加人数800余人次。通过培训，志愿者们对石刻博物馆的内容有了深入的了解，为他们上岗服务，打下了基础。

北京工艺美术博物馆
BEIJING ARTS AND CRAFTS MUSEUM

馆　　长 张立石
通讯地址 北京市东城区王府井大街200号
邮政编码 100005
电　　话 65289326(办公室) 65288866-4031(社教部)
传　　真 65289326
网　　址 www.gongmeigroup.com.cn
电子邮箱 bwg@gongmeigroup.com.cn
隶属关系 北京工美集团有限责任公司
性　　质 公办
建筑性质 现代建筑
建筑面积 3.2万平方米
展厅面积 500平方米
占地面积 550平方米
馆址环境 地处繁华的王府井大街南口，北与新东安商场相望，南与东方广场毗邻，门前是王府井步行商业街。
历史沿革 1987年3月6日经北京市人民政府批准成立北京工艺美术博物馆，位于北京市东城区沙滩后街30号。1987年8月29日正式对外开放。1989年8月至1995年8月转为内部开放。1995年8月迁至朝阳区东土城路13号内部开放。1999年9月11日迁址到王府井工美大厦六层重新对外开放。2001年8月22日调至王府井工美大厦四层。
开放时间 9:00—17:00(全年开放)
交通状况 展厅位于工美大厦四层。乘103、104、803路东长安街站下车，乘地铁或1、10、52路等长安街沿线车王府井下车均可到达。

概　述

北京工艺美术博物馆隶属北京工美集团有限责任公司,创建于1987年,开创了全国企业办博物馆的先河。本馆位于王府井南口,工美大厦四层,面积550平方米,她荟萃了北京当代传统工艺美术的精华。工艺美术大师的传世珍宝为热爱工艺美术的广大观众提供了一个欣赏高水平艺术品的殿堂。

机构设置

博物馆实行馆长负责制,下设三部一室,展览展陈部负责藏品管理,展厅陈列,接待讲解,库房管理,门票、小卖部销售;文化交流部负责对外交流、中外艺术展,合作接洽,工艺精品销售等项业务;财务部负责全馆日常财务核算管理;办公室负责日常事务管理工作。

藏品管理

馆藏品3800余件(套),主要种类有:玉器、象牙雕刻、景泰蓝、雕漆、陶瓷器、书画、木石雕刻、金银摆件、丝织、刺绣、皮影等共26大类。2004年将藏品全部拍照,实现计算机管理。2006年对各类藏品进行评审定级,评定一级、二级、三级藏品共702件,上报市文物局。先后两次对馆藏书画进行了专家鉴定评估。2004年以来,新增部分馆藏品,其中包括复制故宫珍品金质三足爵杯——金瓯永固杯、第29届奥运会批准授权推出的“奥运徽宝典藏版”和“奥运徽宝黄金珍藏版”两方徽宝均为限量发行的第0001号,北京工美集团赞助2008年北京残奥会奖牌用玉环样标。2008年更新配齐了藏品包装盒,对个别藏品进行了修复。2006年以来引进实施ISO9001质量管理体系,强化对藏品的全面管理。

陈列展览

展厅面积500平方米,固定展示作品200余件,以传统工艺美术“四大名旦”(玉器、象牙、景泰蓝、雕漆)为主,其中包括一些极具影响的艺术珍品:潘秉衡的珊瑚《六臂佛锁蛟龙》、王仲元的翡翠《三秋瓶》、《龙盘》、《虾盘》、王树森的羊脂白玉《毛主席像》、杨士惠领衔制作的巨型象牙雕刻《飞夺泸定桥》、杜秉臣的雕漆《花篮盘》等代表了20世纪五六十年代北京传统工艺美术的最高水平,是不可多得的国之瑰宝。每件展

品配有中英文介绍，为观众提供了良好的参观环境。

接待服务

博物馆每年接待大量的中外观众和国家各级重要领导。2007 年 4 月 21 日，全国人大副委员长李铁映来馆参观，对珍贵的展品给予了极高评价。本馆已成为一些院校定点参观实习的基地。

展览展销

2004 年至 2008 年北京工艺美术博物馆凭借优越的地理位置，先后承办了《爱沙尼亚珠宝展》、《志贺千宗玻璃油草色绘画作品展》、《中非石木雕刻艺术展》、《感悟非洲·津巴布韦石雕艺术品展》、《中国名窑名作展》、《北京工艺美术大师精品名作展销会》、《纪念象牙雕刻大师杨士惠从艺 65 周年牙雕作品展》、《奥运商品大礼包销售活动》等共 50 余项展览，取得了很好的社会效益和经济效益。对宣传民族文化、拓展工美事业起到了积极的推动作用。

基础建设

北京工艺美术博物馆不断加强基础管理工作。2004 年至 2008 年对保安监控、防火系统及库房设施等加强了防护。展厅布局合理，灯光适度，新增大屏幕彩电及音响设备。整修、扩建了精品展销厅，更新部分展柜。加装库房防盗监控报警系统。购置必备的现代办公设备，安装宽带，提高了办公自动化、信息化管理水平。

（贾荣津　王琇）

北京戏曲博物馆

BEIJING TRADITIONAL OPERA MUSEUM

馆　　长　霍建庆

通讯地址　北京市宣武区虎坊路3号

邮政编码　100052

电　　话　63518284　63529134

传　　真　63529134

网　　址　www.beijinghuguang.com　www.beijingxiqu.com

电子邮箱　bjhg1@beijinghuguang.com

隶属关系　北京京都文化投资管理公司

性　　质　国企

建筑性质　古代建筑(北京市文物保护单位)

建筑面积　3200平方米

历史沿革　北京湖广会馆始建于清嘉庆十二年(1807),道光十年(1830)重修并增设戏楼。该馆原址为清代达官名流故居,后成为两湖举子进京赶考住宿之地。1912年8月25日,孙中山先生在此成立国民党。这里是北京市文物保护单位。1896年12月,全国人大、政协部分委员呼吁提出修复湖广会馆,建立北京戏曲博物馆的提议。得到北京市市委领导的重视。在上级领导的大力支持下,北京湖广会馆于1996年5月8日修葺重新对外开放。1997年9月6日,北京戏曲博物馆被批准为北京市第一百家博物馆并在此成立。这里是北京市唯一一所对外开放带有戏楼的会馆之一。

开放时间　博物馆参观9:00—17:30　戏楼演出19:30—20:50　每年农历除夕闭馆一天。

服务设施　免费停车场、纪念品销售、餐饮

交通状况　乘车路线:66、102、14、15、23、34、57、715、603、68、6路等虎坊桥下车。

北京戏曲博物馆

BEIJING TRADITIONAL OPERA MUSEUM

概　述

北京戏曲博物馆利用北京湖广会馆特色阵地，旨在弘扬民族文化、振兴国粹戏曲。静态的实物展示和动态的戏楼演出相辅相成，全面展示了北京湖广会馆两百年的发展历史、以及我国戏曲艺术的博大精深，成为融赏戏、博览、旅游观光及对外文化交流于一体的多功能文化场所。

会馆建筑群　主要建筑有："大戏楼"、"乡贤祠"、"文昌阁"、"子午井"、"宝善堂"、"楚畹堂"、"风雨怀人馆"等。馆内雕梁画栋曲径走廊，是典型的明清庭院式建筑风格。

戏楼　建于 1830 年，为木质榫卯式结构。戏楼分为上下两层，一层是八仙桌环绕，二层是贵宾包厢。大戏楼古朴典雅、古色古香。每天的京剧演出把戏楼打造成戏曲艺术的殿堂。

子午井　位于博物馆门前。挖井年代不详。纪晓岚《阅微草堂笔记》云此井："子午二时汲则甘，余时则否，其理莫明……故名'子午井'。"民国年间，曾鸠工庀材，觅工淘浚，使之复原。因其神秘莫测，成为宣南胜迹，当时达官名流都以能饮子午井水为荣。

榛苓公墓碑　立于博物馆门前两侧，是当年梨园公益会集资购买宣武门外大猪营田地十二亩四分一做剧界同仁义园的义举而立碑留念。碑文分别由梨园界书法名家徐兰沅和时慧宝篆刻。

北京湖广会馆馆史展　在博物馆一展厅，介绍了北京湖广会馆 200 年的沧桑历史，重张后在继承与发扬中重铸辉煌的今天。

中国戏曲史略展　馆内收藏众多的戏曲文物资料，无声地述说了中国戏曲艺术的发展历程。

北京湖广会馆、北京戏曲博物馆属企业办馆，博物馆没有专项资金用于文物征集。除小部分市场收购外，馆藏品多为友情捐赠。北京戏曲博物馆馆藏品 1208 件，暂无定级。

北京戏曲博物馆自成立以来，力求把这里打造成对外宣传祖国优秀民族文化的窗口，对会馆文化戏曲艺术的发扬与传承起到积极的推进作用。

机构设置：共分为大戏楼、博物馆、业务部、综合办公室 4 个部门。

人员编制：博物馆工作人员 6 人，大戏楼工作人员 24 人。

（王学伟）

北京百工坊博物馆

MUSEUM OF ARTS CRAFTS WORKSHOP

通讯地址 北京市崇文区光明路乙212号

邮政编码 100061

电　　话 67112480

传　　真 67140179

网　　址 www.jcbgf.com

电子信箱 jcbgf@jcbgf.com

建筑性质 现代建筑

建筑面积 4.2万平方米

占地面积 2万多平方米

馆址环境 企业位于崇文区体育产业园区,毗邻天坛旅游文化商圈。企业西至左安门内大街,东邻龙潭北里小区,南邻国体足协和器件三厂,北邻光明路。

历史沿革 百工坊博物馆是中国首家以汇集国家级大师、展示、推广其技艺和作品,传播文化的大型工艺美术综合文化服务平台,2005年对外开放。设有各类民间工艺作坊,民间工艺传承人在此展示和传承古老技艺,成为民间文化遗产的展示基地,北京市旅游景点之一。

开放时间 9:00—17:00

服务设施 纪念品展销

交通状况 乘坐北京公交116路、34路、35路、36路、41路、6路、60路、684路、707路、743路、8路、807路957路、957路快车、958路在“北京体育馆”下车。

(资料来源参考互动百科网 www.hudong.com)

北京皇城艺术馆

BEIJING ART GALLERY OF IMPERIAL CITY

馆　　长　姜海岩

通讯地址　北京市东城区菖蒲河沿9号

邮政编码　100006

电　　话　85115104(办公室)85115114(社教部)

传　　真　85115104

网　　址　www.huangcheng.org

电子信箱　huangcheng@bjdch.gov.cn

隶属关系　北京东方文化经济发展集团

性　　质　公办

建筑性质　仿古四合院

建筑面积　3700平方米

展览面积　2500平方米

占地面积　1200平方米

馆址环境　坐落于明清北京皇城东南隅,天安门东侧的菖蒲河公园内,整体环境幽静典雅,交通方便。

历史沿革　北京皇城艺术馆是北京市和东城区两级政府重点项目,2002年北京市60件实事之一——菖蒲河公园的配套项目。在北京市委、市政府的关怀下,东城区委、区政府的具体指导下,和社会各界的大力支持下,由东城区下属国有企业北京东方文化经济发展集团投资兴建。旨在展示、研究、发掘、传播北京明清皇城历史、文化,唤起社会对北京明清皇城的保护意识,为明清皇城保护的各项工作提供支持、贡献力量。皇城艺术馆自2002年初开始筹建,2002年9月主体建筑与菖蒲河公园同时落成,2002年10月时任中共中央总书记、国家主席、中央军委主席的江泽民同志视察了筹备中的皇城艺术馆,并亲笔为皇城艺术馆题写馆名。2003年4月18日北京市文物局正式批准皇城艺术馆成立,2003年6月20日隆重举行开馆典礼,正式开馆接待观众。

开放时间　10:00—17:30

服务设施　工艺品销售部　多功能厅

概 述

皇城，位于京城之内，环绕在宫城之外，是拱卫皇宫并为皇宫提供各种服务和生活保障的特殊城池。北京皇城始建于明代，是明、清北京城4座城垣（紫禁城、皇城、内城、外城）的第二重，历经明、清两代五六百年的风风雨雨，数十朝帝王建设经营才达到了今天的规模。旧时皇城中有着大量金、元、明、清等历代的历史文化遗存，以及为数众多的宫殿园林、祭祀坛庙、水系桥梁、御库衙署等等，其中大部分都是国家级和北京市级的重点文物保护单位。如举世闻名的天安门城楼，著名的皇家园林北海、景山，皇家祭神拜祖专用的太庙（今劳动人民文化宫）、社稷坛（今中山公园），皇家寺庙普度寺，都位于皇城之内。北京皇城因其特殊的地域和空间，形成了鲜明、独特的历史文化，保存了别样的社会风情。其特有的唯一性、整体性、真实性、艺术性，是中华民族灿烂文化的重要组成部分，是全人类共同的珍贵文化遗产。

近年来，北京市和东城区两级政府为保护明清皇城进行了大量的工作。先后建设了皇城根遗址公园、菖蒲河公园，修缮了普度寺、宣仁庙、凝和庙，专门通过了《北京皇城保护规划》，并准备将明清北京皇城整体申报世界文化遗产；于2003年6月开馆的北京皇城艺术馆，正是这一系列皇城保护工作的重要组成部分。

皇城艺术馆作为一座专门展示、研究、发掘、传播北京明清皇城历史文化的现代化专业博物馆，坐落于天安门东侧的菖蒲河公园内，馆舍为砖木结构仿古四合院式建筑，建筑面积3700平方米，展厅面积2500平方米，分地上、地下两层，共设有展厅3个、多功能厅1个、电子艺术馆1个、文物库房3间。整体建筑外观为明清民居的建筑形式——青砖灰瓦，朱漆大门；馆内庭院草绿竹青，古朴怡然。建筑整体幽静典雅，完全符合明清皇城的历史风貌。馆内恒温恒湿，设有红外监控、电子报警、气体灭火、烟感、门禁、喷淋、录像监视系统等先进的文物保护设施，具备防火、防盗、防潮、防蛀等功能。符合“文物系统博物馆风险等级和安全防护级别的规定”的相应技术条件。

皇城艺术馆自开馆以来，以独特的视角，丰富的内容形式，吸引了社会各界人士的广泛关注，取得了良好的社会效益。截止到2003年底，共接待了国内外观众两万余人，为弘扬北京皇城文化，展示明清皇城风情，弥补我国关于皇城研究的空白发挥了重要的作用。开馆至今，接待了温家宝总理、贾庆林主席、黄菊副总理等党和国家领导人，以及包括孙家正、周巍峙、郑欣淼、周和平、单霁翔等文博行业领导的视察；还迎来了戴姆勒·克莱斯勒公司CEO施伦普、法国体育部长让—弗朗索瓦·拉穆尔等国际友人以及100多个国家的驻华使节的参观，他们都对展览给予了极高的评价。在过去的2003年中，皇城艺术馆也为皇城的研究、发掘工作做了许多工作，先后出版了《皇城》书籍和多媒体光盘，在本馆网站上发表了多篇研究性文章，得到了许多业内专家的认可和好评。

2002—2003年的两年中，是皇城艺术馆从无到有的两年，皇城艺术馆经历了筹备的艰难、开馆的喜悦和经营的辛劳，最终换来了各界观众和专家、领导的认可。目前，皇城艺术馆的各项工作正在市、区两级领导的关心和社会各界的支持下走向正轨。在今后的发展规划中，皇城艺术馆将通过丰富多彩的展览，规模不一的学术交流、讲座，全面翔实的各类出版物，更加深入、细致地发掘研究皇城历史文化的内涵和渊源。同时将不断征集各类文物、资料，增加馆藏数量，丰富陈列内容。为填补皇城研究的空白，为继承弘扬华夏先民的智慧和创造成果，为人文北京奥运建设，发挥其应有的作用。

陈列工作

展览陈列工作是博物馆各项工作的核心和基础。在2004年到2008年的5年间，本馆先后策划、举办或承办了“帝京拾趣——北京城历史文化图片展”等32个各种类型的专题展览，为弘扬皇城历史文化，传播经典艺术作品、促进中外文化交流发挥了应有的作用。

一、帝京拾趣——北京城历史文化图片展

北京城是一座有着近3050年建城史的古城，人文渊薮，财物阜充，曾作为金、元、明、清四朝的首都，千百年的历史发展，使北京拥有了丰富的历史遗存，深厚的文化底蕴和独特的社会风情。为了迎接即将到来的北京建城3050周年，皇城艺术馆经过长时间的艰苦筹备，利用馆内近1500平方米的展厅，于2004年9月推出了“帝京拾趣——北京城历史文化图片展”。本次展览展示了主办方通过各种渠道搜集的近300张反映昔日北京城垣、建筑和社会风情的历史照片，这些照片大部分由奥斯伍尔德·喜仁龙先生、小川一真先生、赫达·莫里逊女士、汤用彬先生等多位中外作者拍摄，其中一半左右的照片是新中国成立以来基本没有在国内各种媒体上公开发表过的。从时代上看，跨越了从清朝末年到新中国成立前夕的近百年时间，这些内涵丰富、积淀厚重的照片资料传递着大量的历史信息，为后人探寻旧都风情，研究京味文化，提供了许多重要的静态实景线索。

该展览以明清北京城垣为基本主题，由城垣文化引申出昔日北京城的著名景点、重要建筑、社会风情等各方面内容。展览整体划分为两大部分，即城墙城门和建筑风情。每个部分又划分为多个子单元，如城墙与城门部分包括紫禁城、皇城、内城、外城4个子单元，建筑与风情部分则包括皇家宫阙、京师御苑、坛庙教堂、王府春秋、街巷名迹、店铺商号、街头叫卖、造作工艺、艺术娱乐、婚丧嫁娶10个子单元。通过这两部分的展览，主办方力争让来自不同文化背景的人们感受到北京这座东方都城的无穷文化魅力，不管这些照片中传递的信息今天还是否存在，它曾经拥有的璀璨都已成为凝固的历史，供现代人感悟和品味。

展览自2004年末开幕，至2005年中闭幕，共接待了各界观众10万余人，同时还接待了国务院副总理曾培炎、全国政协副主席徐匡迪、建设部部长汪光焘等有关领导的参观。展览被数十家京城媒体争相报道，《北京日报》利用整版片幅对展览进行了专题报道，与此同时我馆还以展览为基础与中央电视台科教频道合作拍摄了4集专题片《北京——城与门的记忆》，该片于2005年1月在中央电视台科教频道《发现》栏目分4期播出并取得了良好的社会反响。

为了服务观众，皇城艺术馆特意编辑了展览画册，让观众更为直接、方便地获取展览中的资料。同时考虑到学生团体的理解和接受问题，特别根据他们的年龄特点，主办方设计了拆装斗拱等多个观众可以动手参与的项目，在沉重的历史展览中增添了几分勃勃生机。

在展览的筹备过程中，皇城艺术馆得到了北京东方文化集团巨大的资金支持，以及东城区文化委员会等许多单位和众多各界专家的热心帮助。主办方深知这样的一次展览远远不能展现昔日北京的全貌，但是我们在极力向每位观众展示一个真实的旧北京。正如朱家□先生所说：她是一座无法用言语形容的可爱城市。

二、毕加索·紫禁城——毕加索北京艺术大展暨毕加索时尚艺术季

2005年3月至5月，经法国巴黎毕加索基金会、意大利文化艺术中心授权，我馆与中国对外艺术展览中心、东方现代艺术馆、北京人民广播电台等联合举办了《毕加索·紫禁城——毕加索北京艺术大展暨毕加索时尚艺术季》在我馆举行。

作为中法文化年的交流项目之一，本次展览共展出了毕加索在不同时期创作的《大自然》、《流沙》、《塞莱斯蒂纳》、《卡门》、《斗牛》、《贡戈拉的二十首诗》、《可笑的男人》和《三角帽》8个系列265件版画、素描及水彩画作品，详细展示了毕加索创作风格的转变。它是迄今为止亚洲地区规模最大的毕加索作品展。

此次展出的毕加索版画全部来自全球唯一拥有毕加索毕生大部分画作的机构——法国毕加索基金会。毕加索基金会通过意大利文化中心和法国洛代沃博物馆从欧洲各国私人收藏家手中将画作租借而来，集成完整的8个系列，在中法文化年之际远渡重洋来中国巡展，作品的安全是此行的重中之重。两百多幅画作总估价超过1亿元人民币，它们都是从法国、意大利用特殊空运箱直接空运来华，在画作抵达中国前，国外主办方特别派遣安全人员对整个运送过程进行看管。皇城艺术馆为了确保画作安全，投入大量资金改造了馆内的技防设备，增加了保卫力量，做到24小时监控，确保馆内展品的安全。

为使画作的艺术魅力得到最大体现，主办方对上下两层的展馆进行了重新布置。为了体现“毕加索·紫禁城”的文化冲突效果，馆内大部分展板都被设计成皇城墙特有的红色，顺着“红墙”行进，还会经过一扇极具中国特色的挑檐大门。更有意思的是，展厅的顶部还悬挂了数十只用综合材料做成的白鸽，让人不由得联想起毕加索最著名的画作之一——《和平鸽》。另外，中厅一进门处摆放了一扇磨砂玻璃屏风，上面的图案是此次的参展作品《斗牛》，等到太阳偏西时，阳光透过玻璃屏风，就会在地上形成清晰的《斗牛》图案。

为了更好地服务观众，主办方在展出期间安排了一系列相关的艺术活动：为少年儿童举办“大师画，我也画”活动，请小画家们对毕加索的作品进行现场临摹；邀请国内美术家进行现场版画制作表演，举行与毕加索立体艺术相关的服装秀和彩绘展示等等。鉴于以前类似展览中出现过讲解机数量严重不足的情况，主办方此次还特别招募了数十名讲解志愿者作为毕加索文化使者，届时为入场观众免费提供作品介绍、问题解答等服务。

展览在北京地区引起了较大的社会反响，在开展第一天，皇城艺术馆就迎来了3000余名观众参观，其中既有美术学院的学生，也有白发苍苍的老知识分子，甚至还有远道而来的佛教僧人。展览为承载着数百年历史文化的北京皇城中带来一缕西方文化的别样光彩。

三、意大利文艺复兴

2006年12月25日至2007年1月30日，本馆与中国美协、意大利贝利尼博物馆等有关单位联合举办了《意大利文艺复兴巨匠原作展》。该展览共展出了49幅意大利文艺复兴时期的绘画名作，所有49件作品全部是佛罗伦萨著名的私人博物馆贝利尼博物馆的收藏，以14世纪至18世纪的城市风景画、世俗风情画和宗教题材作品为主，包括享有“意大利文艺复兴三杰”之称的达·芬奇、拉斐尔、米开朗基罗等大师的原作，国际保价折合人民币35亿元。其中米开朗基罗的浅浮雕《耶稣下十字架》的保险金额高达7亿元人民币，是展品中保额最高的作品。这件雕塑家中年创作的作品是彩陶的，将油画和雕塑的技艺完美结合，据说连框子也是原装的，据传有人曾出7200万欧元要求购买这件作品。一件骑士钢笔素描的背面则有达·芬奇的亲笔签名。拉斐尔的木版油画《巴蒂斯塔布道》非常有趣，画家还把自己的形象绘制在画中一个不起眼的地方。

除“三杰”的作品之外，本次展览还囊括了14世纪到18世纪文艺复兴预备期、发展期、鼎盛期以及晚期代表画家的作品。如贝阿托·安吉利科的《圣母玛利亚怀抱婴儿坐在宝座上》、以人物画见长的威尼斯画派代表人物提香的《穿盔甲的男人》，以及德国文艺复兴先驱丢勒的铜版画《犀牛》等。

本次展鉴全部展品的总保值高达35亿元人民币，是我馆自开馆以来接待规格最高的国际交流展览。

四、幻想与表达

由西班牙“LaCaixa”基金会和北京文化艺术基金会共同主办的“幻想与表达”——西班牙现代美术展于2007年6月至8月在我馆举行，正在中国访问的西班牙胡安·卡洛斯国王和索菲亚王后共同为展览揭幕，国际奥委会终身荣誉主席萨马兰奇、第九届全国政协副主席、中国宋庆龄基金会主席胡启立、北京市副市长孙安民等领导共同于6月28日来到我馆，出席了该展览的开幕仪式。

“幻想与表达”——西班牙现代美术展是由欧洲第三大社会工程基金会——西班牙“LaCaixa”基金会和北京文化艺术基金会共同主办，北京皇城艺术馆承办的一次大规模的国际艺术交流展览，也是2007中国西班牙年的一个重要组成部分。本次展览以西班牙的现代艺术为主题，共展出了15幅西班牙现代艺术大师的作品，其中不仅有装置艺术、油画，也有影像、摄影作品，参展的作品出自安东尼·达比斯、西格玛·博克、杰拉德·瑞奇特、米盖尔·巴赛洛等世界知名艺术大师之手。在这些作品中，艺术家们表达了他们对现实生活的不同看法。并借助丰富多彩的媒材展示了他们的世界观：油画、照片、录像或是装置艺术均信手拈来、运用自如。20世纪80年代的表现画与最现代的幻想并存。这些幻想涉及的都是我们这个支离破碎、备受约束以及纤细易碎的世界本身。在这次展览中主办方着力创造出一个敏感的空间，在这个空间里以一种充满诗意、象征的方式观察这个客观世界，同时也以一种批判的观点来思考人与世界之间的关系。

五、加拿大原住民的杰作

2008年8月1日至10月7日，由中国国家博物馆和加拿大文明博物馆联合主办，北京皇城艺术馆协办的“加拿大原住民的杰作：加拿大文明博物馆珍藏展”在皇城艺术馆举行。文化部副部长孟晓驷、加拿大驻华大使罗岚、加拿大文明博物馆馆长维克多·拉宾诺维奇、国家博物馆馆长吕章申、国家博物馆名誉馆长潘震宙、文化部外联局副局长张瑞、国家文物局博物馆司副司长张建新、国家博物馆副馆长董琦、周志强等领导于8月1日共同来到我馆，出席了展览的开幕式。

本次展览的展品共计150件(组)，主要由大平原地区的猎手和武士、五大湖地区的农耕者、在最艰苦的环境中生存的北极民族、捕食鲑鱼的西海岸人等4部分组成，展品的种类非常丰富，包括羽毛制品、木器、象牙制品、皮制品、金属制品等，很多展品的装饰异常复杂，装饰材质也多种多样。展览表现了加拿大原住民创造力、适应力和生存力的结晶，充分显示了加拿大原住民为加拿大历史的发展和世界文明的繁荣所作的重要贡献。本次展出的大量珍品制作精美，工艺高超，艺术性强，全面印证了原住民对加拿大历史发展和世界文明繁荣的重要贡献。本次展览之所以选在奥运会开幕前夕来到北京，就是希望通过展览向北京观众、中国观众和奥林匹克观众传达原住民的信息，使这次展览不仅仅是展品的交流，更是文化和思想的沟通。这个展览有效地反映了加拿大政府在保护民族文化遗产方面的不懈努力，给广大的中国观众留下了深刻的印象。

"加拿大原住民的杰作：加拿大文明博物馆珍藏展"是加拿大在国外举办的同类题材规模最大的展览，堪称中、加文化交流史上的大事，也是2008年北京奥运会期间的重要文化活动。在展览期间，本馆积极配合国家博物馆做好展览的各项相关工作，根据展览需求在展品进馆前对展厅进行了全方位的改造调整，更新了馆内的温湿度控制设施，重新编制了安保工作方案，为展览的顺利举行，发挥了积极的作用。

六、其他展览项目

除上述重要展览项目外，我馆在2004年至2008年还举办了数量众多、形式多样、内容丰富的文化展览项目，其中许多展览在北京乃至全国范围内都引起了广泛的关注，产生了积极的影响。这些展览主要包括：匠心天成——传统牙雕工艺及明清家具文化展、传承、创新——2005年北京皇城艺术馆优秀艺术家邀请展、风雨城管路——首届北京城管书法、美术、摄影作品展、西方眼——约根·路德维希·菲舍尔夫妇收藏中国绘画作品展、圣天阁书画典藏精品展、让·米歇尔·巴斯奎特纸本作品回顾展、周昌新艺术展、箧风雅韵——六人书画作品展、北京十友书法展、艾生水墨家园——艾生个人作品展、汉莎在华首航80周年纪念历史图片展、阎玉国个人书画展、吴国全个人艺术展、真诚的笔墨——八人书画作品联展、团结就是力量——南北书法群落联盟展、埃及印象——采风汇报展、千态万想——韩国现代美术展、意大利文艺复兴绘画巨匠原作展、味道的颜色——欧享尼亚·马尔克斯画展、瓜达卢贝帕迪亚收藏墨西歌传统服装展、"魅力纺织"展览会、马尔克斯—吕沛兹个人艺术展、"科学与艺术"——林文杰当代艺术展、"幻想与表达"——西班牙现代美术展、当代捷克设计展、"基克拉迪群岛：爱琴海文明的杰作"考古文物展、北京档案珍藏展、成时代媒体中国——新媒体艺术展、世界奥林匹克邮票收藏展、加拿大原住民的杰作：加拿大文明博物馆珍藏展等。

保管工作

良好地保管各类文物资料是博物馆日常工作的重要组成部分，皇城艺术馆历来十分重视此项工作。2004年至2008年我馆保管部门在馆领导的指导之下加强保管的各项工作，通过强化规章制度，学习业务知识，提高人员素质等方式使我馆的文物征集保管工作提高了一个层次。本馆为强化文物保管工作，结合完善岗位规章制度的要求，对《库房管理规范》、《展（藏）品进出库管理制度》、《馆内安全管理制度》、《每日巡查制度》等藏品保管制度进行了修订。在这5年间，保管人员坚持每日巡查展区和库房内的展（藏）品保管情况和库房、展区内的温湿度变化，坚持双人入库、入库登记，坚持各类物品出库严格登记，定期与藏品总账进行核对等，切实确保了各类文物资料藏品的安全。

为了配合文物征集工作的开展，2005年本馆保管部门在充分调研的基础上制定了一套合理可行的《皇城艺术馆文物征集办法》和《皇城艺术馆文物征集方向》，目前已获得馆领导批准，为文物征集工作奠定了良好的基础。

2006年按市文物局的要求成功完成了每三年一次的国有文物清库工作，根据市文物局的要求对全部馆藏进行了清理、登记，为进一步的文物保护与利用奠定了基础。

为了充分利用本馆在文物保管方面的优势，发挥本馆作为区博物馆的应有作用，2007年初按照区有关领导的指示，在区文委和资产经营公司有关领导的协调努力下，与区文物管理所签属了《文物委托保管合同》，顺利承担了东城区文委国有文物的保管任务。2007年1月底东城区文物管理所686件国有文物安全运抵文物库房，由本馆长期保管。为了做好上述文物的保管工作，对库房条件进行全面调整，并制订了详细的保管工作方案以及火灾、盗窃、爆炸、地震、疫情和大群体集中参观等多种应急预案，目前上述文物在我馆保管情况良好，本馆还根据区文委的授权利用部分国有文物，对本馆基本陈列《皇城风情展》进行了调整，使得展览内容更加直观生动。

为了提升保管人员业务素质，在馆领导的支持下，2004年至2008年间共安排4批次保管人员参加北京市文物局、中国博物馆学会、北京博物馆学会等单位组织的保管员专业培训活动。这些工作取得了显著的成效，目前本馆的文物保管工作运行良好，制度完善，岗位职责健全，人员专业。

宣教工作

爱国主义教育是博物馆的一项重要职能，本馆历来十分重视此项工作。在2004年12月被命名为东城区爱国主义教育基地后，特别是在2008年1月被命名为北京市爱国主义教育基地以来，本馆专门为开展爱国主义教育工作组建了专门机构，制定了相关制度，缔结了大量的共建单位，接待了近10万名中小学生、未成年人参观。

2004年12月被东城区委区政府命名为第二批东城区爱国主义教育基地，自那时以来本馆一直牢记自身的爱国主义教育职责，为了更好地开展爱国主义教育工作，成立了以馆长作为组长，由馆内各部门负责人为成员的皇城艺术馆爱国主义教育基地工作小组，负责爱国主义教育基地各项工作的协调开展，工作小组定期召开会议，制订爱国主义教育基地有关制度和工作计划，部署并监督馆内各部门对国家、市、区爱国主义教育基地管理部门有关规定和本馆爱国主义教育基地工作计划的实施。

2004年至2008年，本馆爱国主义教育基地工作小组先后制定了《北京皇城艺术馆免票和优惠参观办法》、《北京皇城艺术馆爱国主义教育工作管理办法》两个有关爱国主义教育工作的规章制度。明确了对青少年学生和老年人、残疾人等特殊群体的免票和优惠参观政策和馆内各部门在爱国主义教育基地各项工作中的职能、责任，以及对爱国主义教育基地工作的计划考评等内容，使爱国主义教育基地工作的开展有据可依。

在接待未成年人、学生来馆参观方面和组织展览、教育活动是博物馆爱国主义教育工作的核心，本馆和上级单位的有关领导一直都十分重视这项工作的开展。本馆开馆以来始终坚持对中小学生优惠开放，并在2005年起对全部经预约的学生团体参观实行免票，开馆近6年来共接待了近10万名中小学生、未成年人、来自共建社区的社区群众参观。与此同时皇城艺术馆还积极的通过报纸、广播、电视、网络等多种媒体进行自身宣传吸引广大中小学生来馆参观。

在接待学生参观的同时，注意主动与北京地区各中小学校加强联系，开展精神文明共建活动，先后与宣武区广内街道、东城少年宫、史家小学等多家学校、社区和教育单位建立了共建关系。并积极与各级共青团组织、各街道和社区未成年人保护组织联络，在每年的寒暑假期间都组织多次社区青少年集体参观。为了做好中小学生和学生团体的接待工作，本馆还专门对讲解员组织了培训，并针对中小学生的年龄特点撰写了学生团体专门用的讲解词。

除了上述常规性的联络和接待活动外，在2004—2008年间组织过许多不同形式的特色教育活动。在2005年《毕加索·紫禁城——毕加索北京艺术大展暨毕加索时尚艺术季》期间专门与北京人民广播电台合作组织了“大师画我也画”主题活动，来自北京和全国各地的数百名中小学生参加了此次活动，交来了自己临摹的毕加索作品，并组织专家对学生作品进行了评比，对优秀作品举行了专题展览。

2006年北京皇城艺术馆利用本馆资源优势，与东华门街道以及南池子、菖蒲河社区，在经过一段时间的紧张筹备，在北京市档案馆等相关单位的积极协助下，在众多社区老街坊、老住户的热情帮助下，共同策划了反映皇城文化，体现社区风情的专题社区展览《百年长街南池子——南池子地区历史变迁展》，这个展览整体以南(北)池子地区的历史发展为主题，分为皇城宝地、古巷遗珍、旧戏新编、和谐社区以及领导关怀、百姓风采6个组成部分，通过大量历史和当代摄影作品，配合文字说明，从历史遗迹、胡同街巷、建设发展和百姓生活等各个侧面集中反映了南池子地区的历史变迁、社区建社和文化名人等内容，说明了南池子地区的历史变迁。

2008年3月和12月与首都博物馆合作先后两次出资组织了“寻访老北京皇城”主题户外参观活动，由首博社教部和皇城艺术馆资料信息中心共同组织近百名首博会员参观了皇城根遗址公园、皇城四合院、普度寺、菖蒲河公园等皇城特色景点，最后全体参观者来到皇城艺术馆详细了解了北京皇城的历史变迁、城垣规划的有关知识。此次活动不但受到了全体参与者的好评，而且也为本馆的爱国主义教育活动树立了一个与其他文博单位在教育活动上的横向联合，充分发挥各自资源特色服务于公众教育的良好典型。

2008年4月受北京市文物局的委托，皇城艺术馆与首都博物馆合作承担了“第二届我看博物馆公益摄影大赛”的摄影交流活动，活动中200余位摄影爱好者走进皇城艺术馆，用相机记录下了他们眼中的皇城艺术馆。活动当日组委会还在馆内组织了“活用光线、拍出精品”的专题讲座，为摄影爱好者讲述摄影技巧，在专家的指导下，摄影爱好者们拍出了许多精品作品，大赛的手机组一等奖就产生于皇城艺术馆。本次活动获得了极大的好评，皇城艺术馆于2008年5月18日被北京市文物局、北京市科委和北京日报报业集团联合授予“第二届我看博物馆公益摄影大赛活动组织贡献奖”。

在展览、教育活动等传统教育形式之外，本馆还重视通过网络、出版物和媒体等形式构建以博物馆为中心的教育体制；同时积极参加各级文物、教育部门组织的各种社教活动，先后成为了《北京地区博物馆通票》、《北京地区中小学生博物馆参观护照》、东城区蓝天工程资源单位；除此以外皇城艺术馆还积极通过本馆出版物和在《今日东城》等公众媒介上发表科普文章的形式，向有深度教育需求的受众，提供具有一定内含和专业性的教育资源。

本馆在宣教工作方面开展的诸多努力获得了市、区两级有关部门的积极认可。于2004年12月被东城区委区政府命名为东城区爱国主义教育基地，2005年5月被团市委命名为北京市“青年文明号”单位，2007年1月被评为“2005—2006年度东城区优秀爱国主义教育基地”，2007年12月获评“东城区爱国主义教育基地特色活动”，2008年4月被授予第二届“我看博物馆”公益摄影大展组织奖，2009年1月被评为“2007—2008年度东城区优秀爱国主义教育基地”。

数字化、信息化工作

随着计算机信息技术和网络技术的高速发展，数字化与信息化已日益成为现代博物馆建设发展的主题。本馆十分重视数字化、信息化建设，2004年专门在原“电子艺术馆”的基础上，经过资源整合组建了负责信息化工作的专业部门——资料信息中心，为博物馆的信息化工作服务。2004年至2008年，本馆的信息化工作得到了馆领导和上级单位领导的关心和市、区科技、信息化部门的支持，取得了快速的发展。

2006年下半年，在北京市信息化工作办公室、北京市科协和东城区政府信息中心的共同支持下本馆成功完成了“北京皇城艺术馆网站”动态改版项目。在北京市信息化工作办公室的直接支持下，本馆资料信息中心在2006

年10月正式启动这一改版项目，工作人员首先对馆内原有网站的运营情况和博物馆网站的功能需求进行了详细的分析，经过分析本馆确定了网站改版的工作方向,本馆首先将网站名称由原来的"皇城艺术馆网站"更名为"皇城艺术在线",为开展基于网络的教育运营活动打下了良好的基础,与此同时本馆将原有皇城艺术馆网站的栏目、内容、形式等方面进行了重新规划整合策划,制订了改版工作的基本方案。根据上述方案对前台页面进行了全新设计,加入了大量既传承历史又新颖美观的美术元素,而后又在区信息中心技术人员配合下采用了先进的ASOP电子政务公共管理与服务支撑平台作为基础系统,配合皇城网站情况进行了重新开发,为皇城艺术在线网站量身订做了先进的ASOP网站后台程序,目前的皇城艺术馆网站已经顺利完成动态升级工作。升级后的网站设有最新资讯、明清皇城、中外艺术、展览动态、文化服务、展馆简介六个栏目,全部栏目均由动态后台支持,目前网站运转正常,点击良好,成功地发挥了通过网络对全世界宣传皇城艺术馆、宣传北京皇城历史文化的作用。

2007年,在北京市信息化工作办公室、北京市科协、北京市文物局"中小博物馆信息化建设资金"的直接支持下,本馆完成了"数字皇城"网络多媒体演示平台开发项目。"数字皇城"网络多媒体演示平台是专为配合北京数字博物馆平台建设,进一步提高北京皇城艺术馆数字化水平而建设的一套可以基于网络、触摸屏、多媒体光盘等多平台发布的多媒体演示系统,在内容方面将分为历史变迁、城垣规划、拱卫服务、园林水系、宗教祭祀和今日皇城6个组成部分，在形式方面可以通过图文、动画、视频等形式反映明清北京皇城的各方面情况,目前工作人员已经完成了项目的策划方案、脚本设计,并初步完成了美术设计，目前正在积极和相关技术公司合作,进行后期的程序开发工作。开发完成的项目成果将分为网络、触摸屏和多媒体光盘3个版本，该系统已于2007年4月正式制作完成,5月在"第二届北京地区数字博物馆研讨会"上"数字皇城"网络多媒体演示平台参与了会议的交流展示，获得了有关专家的一致好评，被列为"数字博物馆、科技馆推荐项目"。8月该项目正式通过北京市科协组织的专家验收，网络版在北京数字博物馆平台发布运行。

2008年皇城艺术馆被北京市信息化工作办公室、首都之窗运行管理中心指定为"北京奥运数字博物馆"的参建单位,参与了"北京奥运数字博物馆"人文北京分馆京城变迁部分的内容策划任务,既通过互联网宣传了北京皇城文化,也为北京奥运贡献出了自己特有的一份力量。

在市、区相关部门的大力支持下，在馆领导的高度重视下，本馆信息化工作必将在我馆未来的事业发展中发挥越来越重要的作用。

（李晨）

北京金台艺术馆
BEIJING JIN TAI ART MUSEUM

馆　　长 袁熙坤

通讯地址 北京市朝阳区农展南路1号朝阳公园内

邮政编码 100026

电　　话 65019441(办公室、社教部)

传　　真 65014694

网　　址 www.jintaimuseum.org

电子邮箱 jintaimuseum@jintaimuseum.org

隶属关系 北京怡苑文化艺术促进会

性　　质 民企

建筑性质 现代建筑

建筑面积 3900平方米

展览面积 1600平方米

占地面积 30000平方米

馆址环境 金台艺术馆地处北京东部风景秀丽的朝阳公园西区内水碓湖畔。东临四环，西临第二使馆区、景园大厦、京达花园、碧湖居等高级涉外公寓，南临中央国际商务区中心(CBD)，北临第三使馆区；湖馆之间有改革开放以来历届党和国家领导人的植树纪念林、海外政要种植的国际友谊林和国际名人雕塑园。地理环境优越。

开放时间 10:00—16:00

服务设施 国际友谊厅　节假日休闭馆10000元/场　面积800平方米　容纳400人（多功能性质的活动场所）餐饮部　配合各类活动　定时订餐(中餐、中西式自助餐鸡尾酒会)停车场　配合各类活动时间　参加活动者免费提供（停车位100辆)。

概　述

由全国政协常委、艺术大师袁熙坤先生集资创建，1997 年 6 月 30 正式开馆，迄今为国内最大民间艺术收藏馆之一，同时是北京一处重要人文景观和一处设施完善的对外文化交流窗口。

建筑面积 3900 平方米，设施完备，整体建筑风格独特，由跌宕错落的 5 座金字大屋顶构成。馆内有 800 多平方米、净高 20 米的大展厅、光线充足的二层跑马廊展厅及 100—200 平方米不等的多个厅堂，适用于不同规模的艺术展览及文化沙龙活动，还可承办各种高品位的中小型会议。

主要特色收藏为：袁熙坤先生 20 世纪 90 年代筹资从海外抢救回国的千余件中华历史文物，经文物专家鉴定其中一、二级文物不乏其数；袁熙坤先生应邀写生创作并获其签名首肯的近两百幅国际名人水墨肖像画，以及被誉为“东方油画”的袁熙坤先生的数十幅动物油画；袁熙坤应邀创作的数十尊国际历史文化名人雕像；第 29 届奥林匹克景观雕塑大赛国际巡展获奖的优秀展品 290 件 / 组；馆长袁熙坤先生，是国际上因雕塑获总统最高荣誉勋章和国际文化部门权威艺术奖章最多的中国艺术家，收藏有上述袁熙坤先生所获 10 多个国家的勋章和奖章。

金台艺术馆以“提高文化品位、促进民族艺术发展，增进中外文化艺术交流”为宗旨，自开馆以来举办了《摩洛哥综合艺术展》、《白俄罗斯美术作品展》、《中国所藏日本文物精品展》、《以色列当代设计展》及《波兰共和国国庆日·波兰招贴画展》等百余次国际文化交流活动。白俄罗斯总统卢卡申科、委内瑞拉总统查韦斯、厄瓜多尔总统古铁雷斯、摩洛哥首相优素福等国际政要曾亲临金台艺术馆为展览活动揭幕和剪彩。

特别成功和特色的方面：国际文化交流、体育与文化结合、历史与时尚融合独家特色收藏。

本馆管理体制：股份制、董事会

机构设置：业务部、外联部、办公室、财务部、文物保管部

分支机构：金台艺术馆、金台艺术馆基金管理委员会、文物鉴定委员会

基本陈列有：《海外文物回归展》、《国际名人肖像展》、《国际名人雕塑展》、《明清古典硬木家具精品展》、《奇石展》

北京美特斯邦威服饰博物馆

MUSEUM OF METERSBONWE'S FINERY

通讯地址 西城区西单北大街111号,西单国际大厦五层

邮政编码 100032

电　　话 63989282—5007

网　　址 www.mbmuseum.org

性　　质 民企

建筑性质 现代建筑

展厅面积 1000余平米

馆址环境 位于北京繁华的西单商业街

历史沿革 北京美特斯邦威服饰博物馆是美特斯邦威集团创办的服饰专业博物馆。2005年12月,上海美特斯邦威服饰博物馆康桥东路总馆正式开馆;2007年9月,在"中华商业第一街"的上海南京东路,上海美特斯邦威服饰博物馆南京东路展区顺利开张;2008年5月9日,位于武汉的华中最大的服饰博物馆——武汉美特斯邦威服饰博物馆正式免费开放;2008年7月开馆,北京美特斯邦威服饰博物馆获得北京市文物局审批,全年免费开放。展区展陈主要分为6大板块:历代服饰文化厅,清代袍服厅,民族之最厅,苗族厅,黎族厅和织绣厅。

开放时间 10:00—22:00

交通状况 乘22、808、626、604、690路或地铁1号线至西单站下车。

(资料来源参考互动百科网 www.hudong.com)

北京松堂斋民间雕刻博物馆

BEIJING SONGTANGZHAI MUSEUM OF TRADITIONAL CHINESE FOLK CARVING

馆　　长 李　伟

通讯地址 东城区国子监 3 号院

邮政编码 100094

电　　话 64018718

电子邮箱 songtang@stghyy.com

网　　站 www.stghyy.com

性　　质 民办

建筑性质 明清建筑(四合院)

建筑面积 458 平方米

展厅面积 458 平方米

馆址环境 位于国子监街,东临雍和宫大街

历史沿革 1999 年,李伟(松堂)个人投资在琉璃厂东街筹建并于 2001 年 10 月建成开馆,2008 年 7 月 12 日迁址到国子监街重新开馆。

开放时间 9:00—18:00 (周一闭馆)

交通状况 地铁 2 号线或 5 号线雍和宫站下车，步行至雍和宫对面牌楼下即到。

乘车路线:13、116、117、124、807、104、108、803、850 路公交车至雍和宫或定安门站下车即到。

(资料来源参考互动百科网 www.hudong.com)

北京睦明唐古瓷标本博物馆

BEIJING MUMINGTANG ANCIENT PORCELAIN SAMPLE MUSEUM

馆　　长 白　明

通讯地址 北京市崇文区东花市北里东区 1 号

邮政编码 100026

电　　话 67187266

传　　真 67186936

性　　质 民办

建筑性质 现代建筑

建筑面积 680 平方米

展厅面积 428 平方米

占地面积 680 平方米

馆址环境 花市大街东,明城墙遗址南侧。

开放时间 9:00—21:00

服务设施 茶座 书籍销售

交通状况 乘 610、525、12 路环线,白桥下车; 乘 43、44、48 路东便门下车;乘 57、23 路广渠门下车。

概　述

北京睦明唐古瓷标本博物馆位于崇文区东花市北里东区 1 号，展览面积 428 平方米,其中设有展区、触摸区、饮茶区、研习区、阅览区。馆藏中国古代陶瓷标本约 5 万件,日常展出约 1200 件,可随时根据主题,变换展出的内容。在触摸区,为中外广大参观者提供一个“触摸历史”的平台。在这里人们可以触摸到唐、宋、元、明、清以来各朝各代珍贵的古陶瓷标本。用实践活动体现着该馆“拼对文明碎片,链接文化基因”的馆旨。

北京韩美林艺术馆

BEIJING HAN MEI LIN ART MUSEUM

馆　　长　周建萍

通讯地址　北京市通州区梨园镇九棵树东路68号

邮政编码　101101

电　　话　59751888

传　　真　59755288

电子信箱　hmlysg@yahoo.cn

隶属关系　北京市通州区文化委员会

性　　质　公办

建筑性质　现代建筑

建筑面积　9999.6平方米

展厅面积　约4000平方米

占地面积　19712平方米

馆址环境　北京韩美林艺术馆位于北京市通州区梨园镇梨园主题公园内,馆建面积近万平方米,是目前世界上较大的以个人名字命名的公办艺术馆。建筑主体为方形几何体,外观颜色呈灰色调。艺术馆交通方便,环境幽雅。

历史沿革　北京韩美林艺术馆始建于2008年6月25日,馆址为北京市通州区梨园镇九棵树东路68号梨园主题公园内。

开放时间　9:00—17:00 (周一闭馆)

服务设施　1. 艺术馆设有大坡道与电梯等无障碍设施,目前可免费为团体10人以上游客提供讲解,为婴儿提供婴儿车以及为残疾人提供轮椅等便利工具。2. 停车位较充裕,院内可提供15辆小型汽车停放;院外八通轻轨"临河里"站停车场可提供30辆车位。3. 艺术馆前台设有衣帽及包裹寄存间。4. 艺术馆设有咖啡厅,可提供咖啡、冰激凌、茶水、小吃等饮料与食品。5. 艺术馆设有艺术品商店,可提供书籍、咖啡具、布老虎、彩印花布、豆豆壶等艺术衍生品。

交通状况　1. 公交车　乘938路、938支、支1、2、3、5、6、7"通州小街桥东"下车向前路口右侧; 2. 地铁　八通轻轨"临河里"站下车西侧即到;3. 自驾线路　沿京通快速路,出"八里桥"收费站,沿京津公路至八通轻轨 "临河里"站。

概 述

2006年,韩美林先生将他潜心创作的2000件艺术作品,包括雕塑、陶瓷、书法、绘画、民间工艺品等捐给北京市通州区人民政府。为了展示和收藏这些作品,通州区人民政府投资,用两年时间兴建了北京韩美林艺术馆,并于2008年6月25日开馆当天,举行了隆重的艺术品捐赠仪式。

北京韩美林艺术馆位于北京市通州区梨园镇梨园主题公园内。它是继杭州韩美林艺术馆之后国内最大的以韩美林先生个人名字命名并以其个人作品为主题的公办艺术馆。该馆建筑面积近万平方米,主体建筑为灰白色调,内部装修简约,空间开阔,可同时容纳2000名观众参观,是目前世界上较大的个人艺术馆。

艺术馆分6个展厅:序厅、工艺品厅、卡纸装饰画厅、书法与国画厅、雕塑厅、影视厅。藏品包括绘画、书法、雕塑、工艺品等在内的2000多件作品。这些作品继承了我国优秀的传统文化,融合了现代艺术元素,形成独具特色的艺术风格。在展厅内,还有韩美林先生个人近1000件作品在这里轮换展出。

北京韩美林艺术馆是我国目前个人作品展出数量最多、艺术门类最为丰富的艺术类博物馆。自2008年6月开馆以来,艺术馆本着以人为本的宗旨,将人的发展和愉悦作为重要任务,坚持为大众与社会发展服务,为青少年提供欣赏、享受与实践艺术的课外活动场所。在艺术馆的发展过程中,我们将工作的重点放在对外宣传与社会教育方面,今后将重点收藏韩美林先生的艺术作品;同时,认真履行爱国主义教育与校外艺术教育的职责。开放至今,得到来馆参观社会各界的一致好评。北京韩美林艺术馆于2008年荣获北京市通州区梨园镇政府颁发的"文明单位"荣誉称号,荣获北京市旅游局颁发的"AAA级国家级旅游景区"荣誉称号。

北京韩美林艺术馆成立至今,已经形成了自己独特的组织体制,设有馆长、常务副馆长、馆长助理等职位,下设办公室、资料研究部、财务部、讲解导视部、安保部等四部一室。

办公室主要负责艺术馆日常管理工作;各部门的沟通与协调;制定和完善各项管理规章制度;监督各项规章制度的实施;对外联络及接待工作;物资采购和管理;公文的起草、文件的上传下达及档案管理;组织召开各项行政会议,会议记录、草拟会议纪要、检查落实决议的执行情况;印章管理、物业管理、车辆管理、食堂管理;馆领导交给

北京韩美林艺术馆外景

的各项临时性工作。

资料研究部主要负责韩美林先生作品的收藏和保管；馆藏艺术作品的专题研究和展览的策划；艺术馆出版物的编辑出版；展览作品的临时保管；艺术馆艺术档案资料的收集、整理和保管。

财务部主要负责对艺术馆的资金运转和资产互动实行监督管理；编制财务计划；健全各项财务管理制度及资金管理制度；按时上缴各种税费等。

讲解导视部主要负责来馆散客与团队的接待及各个展厅的讲解与服务工作。全体导视员均是经社会公开招聘、岗前培训后上岗服务的，多数具备双语讲解能力。针对服务对象的不同，年轻有为、朝气蓬勃的导视团队，每人的讲解均能体现出极强的人性化与个性化。现场声情并茂又富有感染力的特色讲解，已成为艺术馆对外展示吸引游客的一大亮点。

安保部主要负责制订部署保安部的工作计划；负责艺术馆内外安全执勤工作，以及贯彻安全保卫和消防应急方案的落实等具体工作。

各部门分工明确，权责明晰，既有分工又有合作，经过一年的辛勤工作和坚持不懈的努力，已经逐渐使艺术馆的服务管理体制趋于完善，整个艺术馆正以蓬勃的姿态向更高的文化艺术领域拓展。开馆以来，先后颁布了各项规章制度。主要有《办公室管理制度》、《展厅管理规定》、《固定资产使用管理规定》、《电脑使用管理规定》、《藏品保管规定》、《突发事件应急预案的规定》、《设备检修维护管理规定》、《环境卫生管理规定》等，这些制度是指导艺术馆实施标准化管理的纲领性文件和行动准则，随着艺术馆的进一步发展，今后将不断得到充实和完善。

艺术馆的藏品管理采用科学的管理方法。为实现藏品保管工作的数据化，特将展品的信息统一录入到计算机，方便了每件展品的管理。对藏品所涉及的全部数据工作项目，制定了一套统一的定义和程序，为外展、科研、统计等方面提供了便利。至2008年底已完成2000件藏品科学编码与计算机录入工作，实现了馆藏品的科学化与信息化管理。另外，加强了艺术品库房的安全措施，在地下库房设有24小时监控录像和数字IC防盗门，并有完善的艺术品出入库审批与登记制度。为了更好地保护库房内藏品，2008年底前在艺术馆地库内设置了恒温恒湿设备系统，使湿度达到40%—60%，温度到达23度左右，避免了微生物与霉菌的生长和繁殖，对艺术品的保护起到了决定性作用，从而达到更好地保存藏品的目的。

在展陈设计上，主要通过造型艺术品反映韩美林先生对艺术及人生的感悟，给人以美的教育。展陈作品主要通过绘画、书法、雕塑、瓷器、民间工艺品等几大类，来展现韩美林先生的创作艺术内涵与精神境界。紧紧围绕展陈的内容，通过对作品、场景、方式进行提炼、剪裁和充实。在平面的布局与参观路线上，既考虑到了展览内容的需要，又考虑到了观众的参观便利。

在空间和立面的安排上，艺术馆的设计工作还考虑到了空间的充分利用与使用上的变化和谐与统一，在展品的布置上，考虑到观众视角的高低上下限适应的范围量，极大地减少了观众视觉的疲劳。在艺术风格的表现方面，整个艺术馆氛围的朴素、庄重、大气、隐退却不失精彩之处，恰好与展品浓郁的中国艺术风格相呼应，具有强烈的艺术感染力，是韩美林先生艺术风格的具体体现与表达。

北京韩美林艺术馆开馆以来，先后举办与承接了多项社会公益性文化宣传教育活动。如2008年8月7日，

展厅局部

艺术馆接待了新华社、《人民日报》、《解放军日报》、哥伦比亚广播公司、凤凰卫视等多家媒体记者来馆参观报道。尤其在北京奥运会召开期间,先后接待了国际奥组委主席罗格夫人安妮·罗格,台湾新党主席郁慕明,国家发展银行行长陈元,国际篮联永远荣誉会长程万琦以及北京奥组委主席刘淇等贵宾来馆参观。2008 年 12 月 3 日,在艺术馆四楼笔绘厅举行了北京地铁首套(鼠年)纪念票新闻发布会。

为了让更多的青少年了解韩美林先生的作品,艺术馆自开馆以来一直向广大在校学生免费开放。2008 年,先后接待了清华大学美术学院□中央美术学院、北京联合大学、北京工业大学、北京市潞河中学、北京育才学校、北京二中等大、中等院校师生来馆参观。

为让来馆客人更深地了解韩美林先生的作品,艺术馆还专门设有影视厅。主要播放有关韩美林先生艺术人生的精彩画面,其中《北京韩美林艺术馆开馆仪式》、《韩美林(延安)希望小学——我们的孩子来北京》、《天书》、《人体》等,不仅向广大观众展现了一个卓越的人民艺术家坎坷的人生经历,而且可以深深地体验到韩美林先生源源不断的天才勤奋的创作才华;尤其是他那难以忘怀、难以割舍的浓浓的爱国情怀,更能打动参观者的心。

影视厅空间疏朗、布置优雅;宽大屏幕投放设备,画面清晰,音质纯正;加之精心剪裁的内容与舒适的独坐靠椅,不仅使观者疲劳顿消,而且会再次得到片刻赏心悦目的艺术熏陶。

北京韩美林艺术馆除了展厅内展出的艺术作品外,还在馆内的艺术品店推出了一系列由韩美林先生亲自主持设计的艺术衍生品,如彩印丝巾、彩印花布、蓝染布、布老虎、壁布挂鱼、天书杯、天书盘、青瓷杯、咖啡具、豆豆壶、小画片、小雕塑等,各类衍生品种类较多,制作精美,可供各阶层的人士选择。

为满足热爱韩美林先生艺术的读者以及专业研究人士的需求,在艺术品店内,还辟有“韩美林先生文库”。主要有大象出版社出版的《韩美林自述》,百花文艺出版社出版的《天书》、《闲言碎语》,海南出版社出版的《韩美林绘画自选集》及《韩美林雕塑自选集》等专门介绍与韩美林先生有关的著作,众多出版读物深受广大读者喜爱。艺术品店内摆放的各类精品,均体现了艺术馆对外交流上不尽的审美理念,同样能满足广大观众对真善美和人生价值的追求,相信会给您带来美的享受与艺术的熏陶。

北京韩美林艺术馆成立以来,在对外宣传与联系方面,不断有新突破,到目前为止,已经成功制作了三期艺术馆馆报,供内部交流学习。与此同时,北京韩美林艺术馆网站也正在积极筹建中。

古陶文明博物馆

ANCIENT POTTERY CULTURE MUSEUM

馆　　长　路东之

通讯地址　北京市宣武区右安门内西街12号

邮政编码　100054

电　　话　63538811　63538884

传　　真　63538844

网　　址　www.gtbwg.com

电子信箱　gtbwg@sohu.com

隶属关系　北京市民政局

性　　质　民办

建筑性质　仿古建筑,使用建筑坐南朝北;展厅为半地下。

建筑面积　800平方米

展厅面积　400平方米

占地面积　800平方米

馆址环境　古陶文明博物馆位于北京市宣武区右安门内西街12号(大观园公园北门,大观园酒店后200米)。环境幽静,距离公交车站约800米。

历史沿革　1996年5月,路东之、周晓陆草拟"合作创办东方文明博物馆协议书",并由周晓陆致信中国人民大学校长李文海,倡议以路东之藏品为基础,在中国人民大学内合办"东方文明博物馆"。1996年6月,路东之至中国人民大学图书馆商谈合办"东方文明博物馆"事未果。1996年9月上旬,路东之向北京市文物局提交"关于筹建东方文明博物馆的申请及可行性报告"并填写相关报表。1996年9月12日,路东之与大观园管理委员会主任林宽签订场地租赁合同。1996年10月中旬,以吕济民为组长的文博专家组对路东之藏品及其办馆相关情况进行综合考察与论证,给予充分认可与肯定。路东之经多方征求意见,决定改馆名为“古陶文明博物馆”,并重新报请北京市文物局批复。1996年10月30日,北京市文物局局长单霁翔在市文物工作会议上宣布批准北京首批4家私立博物馆成立,古陶文明博物馆名列其中。1996年12月上旬,收到正式批准成立古陶文明博物馆的市文物局(1996)京文物字第499号文件。1997年1月,北京市机构编制委员会核准注册古陶文明博物馆为民营事业单位,馆长及法人代表为路东之。1997年6月15日,古陶文明博物馆正式开馆。2002年4月至今属北京市民政局民办非企业至今。

开放时间 9:00—17:00(除周一、节假日部分时间闭馆外全年开放、无须预约)

服务设施 纪念品商店

交通状况 公交:10、19、48、59、122、395、410、626、716、特3、741、937路等公共汽车,大观园西门站。

概　述

古陶文明博物馆1997年初由收藏家路东之创办，以保护和弘扬中华古代文化遗产为宗旨；以确保原路东之梦斋收藏所有权、名誉权、完整性获得永久性保障，最大限度地发现并实现其价值，将陶类文物的收藏保护、鉴赏研究、宣教展览、信息传播、艺术创作于一体，以期建立古陶文明的权威收藏、鉴定、研究与传播体系为基本任务，以变个人秘藏之宝为社会共有之物，并最大意义上发现与实现中华古陶文明的价值和尊严。它是融科学、历史研究及旅游观光为一体的专题性博物馆。布置展陈面积近400平方米，展出陶类文物近千件。

博物馆组织体制为馆长负责制，馆长下设办公室兼财务室、库房兼保管部、纪念品部兼工作室、宣教部兼展览部。

博物馆管理体制为理事会制，共有5名理事，定期召开理事会会议制定博物馆发展规划、工作计划，审议工作完成情况和财务状况。

藏品管理和保护

对文物和藏品，本着积极抢救、科学保护、合理利用、宣传教育的指导方针，对社会各界及海内外的相关文物，采取有偿征集，无偿捐赠；藏品来源主要为有偿购买途径获得；藏品特色为唐代以前的各历史时期的陶类文物，约3600件。

文物藏品是国家宝贵的科学文化财产，是博物馆、陈列馆业务活动的物质基础，也是科学研究的重要资料。为了更好地保护和管理好文物藏品，充分发挥藏品的作用，根据《中华人民共和国文物保护法》和国家文化部印发的《博物馆藏品管理办法》的有关条款，特制定《文物藏品安全管理制度》。日常涉及藏品工作严格依据制度办理，并注重文物的保护工作，做到积极建立健全文物藏品账目，定期查看藏品，定期用蒸馏水等进行保养。每年年终时，保管部门对藏品总数及增减变动数字进行一次认真的统计，并列表上报主管领导。

科学研究

古陶文明博物馆自成立以来，始终重视馆藏品的研究，拥有历史、考古、美术、古文字、摄影等专业性人才，经过一定的积累，古陶文明博物馆收集了大量的古陶相关研究资料，建立了古陶文明资料中心，并取得了显著的研究成果。自2004年提出“古陶文明坐标系理论”，路东之馆长一直在条件极其简陋且没有任何资金支持的情况下主持“坐标系”基础工程。《古陶文明坐标系》是一个归纳、总结、整理和提供人类与古陶文明相关全部内容的文博课题工程，拟建立尽量完整的、权威意义的单一门类综合知识体系与资料信息数据库，是一个随时处在补充、修正、更新、完善过程中的综合课题计划，是一个成长着的、发展与变化中的人类古陶文明相关知识体系的共有资源，也是一个既能服务于社会大众也能应用于专业科研、同时又利于宣教传播与产业开发的创意文化产业工程。2009年3月的全国政协会议上，中国社科院学部委员、考古所学术委员会主任刘庆柱联名多位社科界委员提交了一份《关于援助古陶文明坐标系计划的提案》，与此同时，文艺界委员，著名演员黄宏则提交了《建议援助古陶文明坐标系计划的情况反映》的提案。2008年2月由路东之馆长历时3年编撰，由紫禁城出版社出版发行图录式大型学术著作《问陶之旅——古陶文明博物馆藏品掇英》。

陈列展览

基本陈列有：

(一)《彩陶渊薮》

《彩陶渊薮》展出距今约5000—3000年，甘肃、青海、宁夏境内出土，以马家窑文化、齐家文化、唐汪文化、辛店文化为主的黄河文明彩陶近百件，其中有许多保存至今仍惊绝完美的珍稀之品。

(二)《瓦当大观》

《瓦当大观》展览是第一个按年代、地域和功能划分的专题瓦当展览，展出从战国至东汉数百年间不同地域、不同功能、不同品类的瓦当140件，其中多有珍稀孤品。

(三)《封泥绝响》

《封泥绝响》展出秦汉封泥175件，这是迄今最重要的封泥专题展览。这批以秦代中央和郡县职官印为主的秦封泥基本上涵盖了秦始皇三公九卿政治体制的各级各类属官，揭示了数十个失载的郡县、宫苑名称，揭示了许多与秦始皇及其秦代文明相关的鲜为人知的政治、经济、文化内容，从而被考古界、秦汉史学界的专家称为“秦始皇批阅文书的遗物”，是“可以弥补《史记》《汉书》缺憾的珍贵文献”，是“统一的中国封建王朝第一部百官表和地理志，是中国百代政治体制的源头档案。”

(四)《古陶序列》

《古陶序列》展出周秦汉唐2000年间不同器型与品类的陶制文物130件，从中可以看出古陶文明的演进与发展脉络，较为全面地反映了华夏先民有关陶的创制、使用和审美。

(五)《文字的美奥》

《文字的美奥》以多载体与文字相关内容的文物为展品，以表现“文字的美奥”为主题，分为“甲骨拾遗”、“陶文演义”、“微刻奇观”、“玺印荟萃”、“砖文敷美”、“文献存真”6组内容。

(六)《拆散的结构及其他——路东之美术作品展》

《拆散的结构及其他——路东之美术作品展》是一个不断改变和正在完成过程中的展览，内容与形式都别具一格，没有开幕式也没有结束日期，展品由“拆散的结构ABC系列、梦斋文献系列、梦斋考古系列、梦斋原拓本系列、世纪末寄怀曲系列、新世纪寄怀曲系列、兼照自己的灯类系列、鸟和太阳与天地和人彩墨系列”等多组内容构成，展品随机变化，似是而非，充满先锋精神与另类色彩，并包含行为艺术的成分在其中。

社会教育、社会服务活动

古陶文明博物馆的展品跨越新石器时代到唐代。为充分体现当时时代特点和结合学校教育活动，古陶文明博物馆更换了部分展品。在办好展览的同时坚持以科学发展观为指导，适应时代发展的要求，立足建设首都优秀服务窗口行业的任务，以强化工作效能为动力，进而使博物馆事业获得发展。

博物馆以传播知识为理念，尽最大可能发挥社会教育功能。应相关院校相关专业学生的要求，古陶文明博物馆分别接纳了来自中央民族大学、北京科技大学、北京联合大学等高校学生到馆实习。博物馆全体工作人员从展品陈列、讲解、文物维护与修复等方面为学生提供充足的学习空间，起到了校外教育培训的作用。在丰富学生知识的同时，也极大地丰富了他们的视野、眼界、社会、博物馆相关工作知识。博物馆在接待学生时也吸取学生们提出的宝贵建议，如有学生提到可与高校社团开展联谊活动，不仅可以丰富学生的课外生活，而且也可以发挥本馆的社会教育功能等，这些建议都为我们的工作提供了参考。与此同时，博物馆还接待北京大学文物专业学生、北京科技职业学院师生到馆免费参观。北京市15中分校师生到馆参观并现场观看瓦当拓片制作，此信息被刊登在北京地区博物馆科普促进中心简报第四期。为了让更多的人走进博物馆，博物馆开展、参加各种宣传活动。如每年度5月18日国际博物馆日活动，及“博物馆及博物馆相关行业产品展销会”等；积极参加东城区教委推出的“蓝天工程”，积极申请加入北京市科普教育基地。

古陶文明博物馆定期组织工作人员学习市文物局下发的各项文件，领悟传达文件精神以便及时应用到工作中去，发现问题及时查漏补缺。在奥运会及残奥会准备期间，本馆积极参加各类语言性培训课程（包括：法、德、意、西、英、日等语言），并做到工作人员间相互交流、沟通，做到学以致用，实践中收到很大成效。

古陶文明博物馆开馆12年，馆舍显得小，不利于自身发展，但靠自身力量难以实现扩建。曾于2008年与一家地产公司洽谈合作，最终搁浅。

博物馆的文化产业、文化产品和经营情况不甚理想，作为非营利的私营博物馆遇到了方方面面的压力。其中最主要的是资金压力。

自开馆以来古陶文明博物馆接待了许许多多来自欧美、东南亚国家的客人，尤其是受中国传统文化影响的日本和韩国客人。在对外交流合作方面作出了一定的贡献。通过这些交流活动，增强了各国客人对中国的了解、对中国古代文化文明的崇敬。不但开阔了我们的视野，而且增加了我们在国际间进行交往与合作方面的知识。

老甲艺术馆
LAO JIA ART MUSEUM

馆　　长 贾浩义(老甲)

通讯地址 北京市昌平区霍营老甲艺术馆

邮政编码 102205

电　　话 81706415

传　　真 81706445

网　　址 www.laojia-art-museum.com.cn

电子信箱 info@laojia-art-museum.com.cn

性　　质 民办

建筑性质 现代建筑

建筑面积 1000 平方米

展厅面积 400 平方米

占地面积 3000 平方米

馆址环境 坐落于北京北郊附近的霍营，环境幽雅，绿地鲜花，四季常青。西临回龙观，北临平西府，南向立水桥，对面是农垦干部管理学院。

历史沿革 1994 年筹建，1996 年竣工，1997 年 10 月 16 日开放。占地 3000 平方米，展厅面积近 400 平方米。老甲艺术馆的建筑呈长方形，构造简洁大方，展厅正面矗立着四根石柱，柱后是 80 平方米的根据老甲代表作《众志成城》的浮雕，烘托出艺术馆建筑的分量与气氛。老甲艺术馆虽远离繁华闹市，但仍有众多艺术家、学者、收藏家及欧美和亚洲等各界人士不断来访，以及难以计数的社区居民和全国各地的美术爱好者来参观。

开放时间 周六、周日及节假日 9:00—11:30，1:30—5:00 团体参观，其他时间须预约。

服务设施 停车场、纪念品商店

交通状况 乘地铁 13 号线霍营站下转乘 371、462、681、839、441 路霍营站即到，步行约 15 分钟。

概　述

老甲艺术馆以陈列老甲作品为主，同时为国内外艺术家提供展示平台。主要功能是展示、创作、研究、讲学、研讨、普及、交流等；艺术馆的宗旨是传播艺术种子，创造艺术氛围；本着创作、展示、研究、交流和普及为主旨进行活动，团结知名与不知名画家以及美术爱好者，共同为社会做些力所能及的事。

老甲艺术馆设有展厅开展展览活动，老甲艺术馆工作室为研究艺术的基地，并设有藏品储藏库，以及保安室。

老甲艺术馆在2004年到2008年间组织了一些对内及对外的国际展示交流活动，2007年在开馆10周年之际对艺术馆进行整修，扩大，并举行了10周年庆典；出版了艺术馆10周年纪念册，汶川大地震时进行了捐款，并在奥运期间举办了奥运特展。

老甲艺术馆外景

胡同张老北京民间艺术馆

HU TONG ZHANG BEIJING TRADITIONAL FOLK ART MUSEUM

馆　　长　张毓雋

通讯地址　北京市丰台区卢沟桥宛平老城城内街82号

邮政编码　100072

电　　话　83896573

网　　址　www.hutongzhang.com　blog.sina.com.cn/hutongzhang

电子邮箱　hutongz@sina.com

性　　质　民办

建筑性质　现代建筑

展厅面积　700平方米

占地面积　350平方米

馆址环境　胡同张老北京民间艺术馆位于丰台区卢沟桥文化旅游区核心地带，坐落于旅游区宛平老城西城楼脚下。距卢沟桥100米，距中国人民抗日战争纪念馆200米。

历史沿革　胡同张老北京民间艺术馆成立于2007年5月2日。是北京唯一一座由私人创办的，立体活态展示北京民间文化、历史、民俗风情的博物馆。由民间收藏家、艺术家张毓雋创办，并首任博物馆馆长至今。

开放时间　9:00—15:00

对外开放单位　胡同张京昆票房

服务设施　胡同张工美服务部、胡同张京味餐饮、MP3语音导览。

交通状况　乘公交车301、715、809、971等，抗战雕塑园站下车。驾车路线：京石高速五环卢沟桥出口，卢沟桥前进入宛平城西门，城内车位免费。

概 述

工作宗旨及重点工作

北京胡同张老北京民间艺术馆以非赢利地传承老北京民间文化,服务社会大众为目的。依照宪法、法律及相关法规、国家政策之规定,遵守社会道德风尚而成立。胡同张老北京民间艺术馆是一座全面立体展示北京民间文化艺术的博物馆,同时也是一个探索民间文化发展模式的全新的文化创意产业项目。胡同张创意推行全新的活态博物概念,以北京悠久历史人文文化为底蕴,依托丰富的实物展陈、独有的非物质文化遗产表演资源。以参观者的情感和生活记忆为切入点,突破传统的博物馆展览形式,使文化与参观者零距离,完整地再现北京历史文化的同时也生动地保存了老北京的民风民情、社会生活以及宝贵的非物质文化遗产。博物馆全馆展览由北平味道、民间玩具收藏、精品手工艺品收藏、重温传统游戏、手工艺制作体验和京味票房茶馆 6 大部分组成。胡同张留人赏、留人品、留人听、留人尝、留人玩。让参观者全身心地体验老北京的民间文化以及老北京那种人与人之间和谐、亲切、质朴的情感。

组织体制及主要业务部门

胡同张老北京民间艺术馆主要业务部门设置有:馆藏及展览展示部、社会教育及公益事业部、公共关系及服务部、技术维护部、馆长办公室。实行理事会决策制。目前共有理事 4 人,理事长张毓隽,理事高翔、刘宸 、张君。胡同张老北京民间艺术馆实行理事会民主决策制,按时定期召开理事工作会议。由理事长张毓隽主持。

藏品管理及保护业务

博物馆藏品管理及保护业务由馆长张毓隽直接领导,理事刘宸具体负责,实行电脑化管理。要求对于博物馆建立前的藏品要全部登记录入博物馆藏品管理文档,对于建馆后入藏的展品则分批次登记录入藏品管理文档。其中明确注明所有藏品的收藏时间、入藏时间、藏品名称、年代、材质、品目、特征等。

对于藏品的收藏,胡同张老北京民间艺术馆建立了专门的藏品收藏库房,馆藏及展览展示部负责人直接管理,登记。严格要求藏品收藏的硬件条件。同时配有专人 24 小时监控藏品安全。对于展陈中的展品,则实行人员监控和每周核查制度,并且责任到人。外借展览展品,借出和回收都由馆藏及展览展示部专人登记,并同外借方签订外借协议及保全书。并派专人至外借展览处督导工作。

胡同张老北京民间艺术馆技术维护部负责配合馆藏及展览展示部共同完成展品

的保护、修复、整理工作。建馆至今，胡同张老北京民间艺术馆共修复入藏藏品120件。

科研

胡同张老北京民间艺术馆科研项目主要为《老北京市井街巷文化保护与传承项目》，该项目旨在发掘和整理北京城市街巷文化、商业情况及民生情况。通过直观立体的市井文化作品《北平味道百米老街》真实再现。同时整理和编撰了相关资料10万多字。目前此项目的主要负责人为馆长张毓隽，研究员刘宸。该项目于2008年获得北京市委组织部优秀人才科研项目培养计划的经费扶持。

展览

胡同张老北京民间艺术馆常设展览有：

《北平味道百米老北京街巷展》：由胡同张老北京民间艺术馆馆长张毓隽创作的立体全面展示北京民间市井文化的艺术作品。该作品全长100米。取材于民国时期北京老城区内真实的历史文化场景，其中的老字号店铺、老行当、老宅门皆真实存在，具有艺术性和学术研究的双重价值。

《中国民间玩具展览》：该展览展出由馆长张毓隽个人收藏的中国民间玩具1000件。按材质分为泥、瓷、陶、木、纸、绢、金属、玻璃8种。年代跨度由汉代至现代。

《北京民间非物质文化遗产展览》：该展览展出由馆长张毓隽个人收藏的北京民间非物质文化遗产精品。其中包括北京泥塑、传统料器、传统绒花、鬃人、毛猴、北京面人、京味文玩、传统风筝、京剧脸谱等非遗精品。

《老北京生活照片展览》：该展览展出老北京民间市井生活老照片。

《老北京生活场景展览》：该展览展出有馆长张毓隽创作的北京老房子、民国中堂、“文革”岁月三大一比一生活场景。参观者可以在场景内着传统服饰体会故去年代的生活。

《北京生活老物件展览》：展览北京民间生活老物件100件。展品时间跨度自清末至20世纪80年代初期。

社会教育

为了向社会宣传和普及北京民间传统文化，传承中华民间非物质文化遗产，实现博物馆的科普教育目

胡同张老北京民间艺术馆

主要展品百米老街

标，胡同张老北京民间艺术馆举办“胡同张老北京民间艺术馆——非物质文化遗产移动博物馆”主题活动。将北京民间文化展览带进校园、社区、单位、团体等公共场所，让更多的人能够面对面地感受到北京文化的魅力，在群众的心中种下一颗传统文化的种子。移动博物馆的展陈主要由实物展示和图片展示两部分组成。其中，实物展示是组织北京民间非物质文化遗产传承人将非遗作品及博物馆有特色、贴近北京百姓生活的展品带到移动博物馆的展览之中。通过玩赏、聆听、体验、制作等多种方式，让参观者直观地接触展品、感受文化、获得知识。利用这些展品的文化内涵打动参观者、提升对中华民族民间文化的认同感和自豪感，获得良好的社会效益。第二部分图片展示为胡同张老北京民间艺术馆设计制作的民间文化科普展板共计30余块。内容涉及我馆简介、馆藏展示、北平味道百米老街展示、玩具展示、文物展示以及北京民俗知识等方面。由实拍照片、老照片、文字说明组成。

社会服务活动

博物馆社会服务项目主要有胡同张老北京民间文化一日行文化交流项目，胡同张非物质文化遗产移动博物馆项目。同时胡同张老北京民间艺术馆还开展了《消失老字号查询》、《北京民间文化资料免费搜索》等业务。

馆舍建设、扩建、维修及设施改造

2007年11月博物馆一层胡同张工美服务部改扩建。新增建营业面积20平方米。

文化产业、文化产品和经营情况

胡同张老北京民间艺术馆是胡同张老北京民间文化创意产业项目的一期项目。该文化创意产业项目以博物馆及文化旅游为切入点；以文化餐饮、文化休闲、非物质文化遗产传承、旅游纪念品艺术品设计研发为周边产业开拓方向。力图打造北京文化名片。目前博物馆经营情况良好，实现了预期的社会效益，但仍需增加自身造血功能，解决博物馆发展的先天不足之瓶颈。此外由胡同张老北京民间艺术馆主持设计的各类艺术品、文化旅游纪念品在全国及北京市各类旅游纪念品设计大赛上多次获奖。

（刘 宸）

国际友谊博物馆

INTERNATIONAL FRIENDSHIP MUSEUM

馆　　长 张　健

通讯地址 北京市东城区雍和宫大街戏楼胡同1号

邮政编码 100007

传真电话 64040710

网　　址 www.friendshipmuseum.com

隶属关系 国家文物局

性　　质 公办

类　　型 社会科学类专题艺术博物馆

建筑性质 古代建筑(全国重点文物保护单位)

建筑面积 办公区面积3120平方米,库房区面积3480平方米。

历史沿革 1981年初，中央宣传部批准筹建国际友谊博物馆。1984年国家编委定编。1991年12月25日经人事部批准,转为正式建制单位。1990年9月—1992年12月,1997年12月—2000年1月,先后两次借用中国革命博物馆展出基本陈列,后均因展厅维修撤出。曾以故宫文华殿作为办公用地和文物库房,1989—1992年先后迁至劳动人民文化宫、景山服装厂及柏林寺藏经楼办公。2002年10月,一座近3500平方米的现代化藏品库房建成,极大地改善了藏品的保管条件。

概　述

国际友谊博物馆是国家文物局直属的国家级博物馆，担负着征集、收藏、保护、研究、展示新中国对外交往中党和国家领导人受赠的外交礼品的任务。目前，国际友谊博物馆已收集到来自世界五大洲170多个国家和地区的近2万件珍贵礼品，包括金银器、玻璃器、玉石雕、陶瓷器、牙骨雕、雕塑、绘画、织物、漆器、首饰、标本等30多个种类上百个品种。这些礼品或具有重大的政治意义，或有重要的历史价值，是现代中外友好往来遗存的珍贵文物，与重要事件和重要人物有着密切的联系；或具有较高的艺术价值，充分反映了世界各民族异彩纷呈的文化魅力和艺术风采；或具有极高的经济价值和收藏价值，有些珍贵化石和动植物标本堪称稀世瑰宝。国际友谊博物馆藏品大多兼有双重性，或者既是外交礼品，又是外国艺术精品；或者既是外交礼品，又是珍贵化石标本。馆藏品的双重性，决定了国际友谊博物馆与其他博物馆截然不同的鲜明特色和风格。

2004—2008年的5年中，在国家文物局的领导下，国际友谊博物馆认真学习实践科学发展观，以求真务实的态度和作风，克服没有固定馆舍的困难，按照“一手抓生存，一手抓发展，做好国礼文章，打造友博品牌”的工作思路，以服务社会、服务观众为主旨，以“国礼神州行”系列展览为带动，努力提高陈列展示、文物保护、学术研究、基础建设和社会服务工作水平，积极实现博物馆社会服务功能，扎实推进博物馆事业向前发展。

一、积极举办“国礼神州行”系列展览，努力实现博物馆社会服务功能

国际友谊博物馆是全国唯一的专门收藏和展示党和国家领导人受赠的外交礼品的博物馆，也是唯一的专门收藏和展示世界当代艺术品的博物馆，所收藏的藏品大都是经过外国元首或其他代表人物精心挑选的，具有独特地域代表性、浓郁民族风格的工艺珍品或艺术杰作，蕴涵着很高的历史价值和艺术价值。多年来，本馆克服没有固定展址的困难，探索出一条开放型博物馆的道路，打破博物馆院墙，把精美的艺术品送到全国各地，深入社会，深入群众，在民间传播异域文化，展示世界的美好，展示新中国辉煌的外交成就。

2005年春，国际友谊博物馆推出了“国礼神州行”宣传计划。“国礼神州行”计划是贯彻落实“三贴近”要求，为构建和谐社会服务，从一个独特的角度展示新中国辉煌外交成就，促进中国人民与世界各国人民的友谊，反映党和国家领导人为外交事业和中国的稳定与发展作出的贡献，宣传他们廉洁自律、克己奉公的高风亮节，对观众进行生动的爱国主义和革命传统教育，为观众营造世界文化艺术审美环境的积极行动。

在广西南宁举办《东盟十国国礼特展》

“国礼神州行”是友博的品牌，它是在深刻总结以巡展为主的100多次各类展览工作经验，深入挖掘展示内容，不断完善展示手段，显著提升展示效果的基础上，经过科学分析和策划提出来的。它超越了以往的国礼展，更广泛、积极地推动友博的展览走向全国各地，走入千家万户，走近广大观众，让观众了解、熟悉“国礼”以及国际友谊博物馆，让友博更加了解、熟悉观众，增强博物馆与观众之间的互动。它促使友博人解放思想，更新观念，勇于探索，开拓创新，不断加强和完善社会服务工作，更好地实现博物馆的社会服务功能。

2005年4月，“国礼神州行”的第一篇——“国礼中原行”系列展览在河南省郑州市拉开帷幕，随后在河南省南阳市、鹤壁市和三门峡市展出，它为当地的先进性教育活动提供了一个生动有益的课堂。2005年9月到2006年4月，“国礼神州行”的第二篇——“国礼新疆行”系列展览在新疆自治区昌吉市、乌鲁木齐市、喀什市等地展出，这是友博第一次在新疆自治区举办展览，且正值自治区成立50周年，为突出地域和民族特色，贴近和吸引各民族观众，友博在展览中展示了部分伊斯兰风格的礼品，并展出了一些在新疆工作过的领导同志受赠的礼品。“国礼新疆行”系列展览受到当地政府、企事业单位和各民族观众的广泛关注和热烈响应。2005年11月到2006年8月，“国礼南粤行”系列展览分别在广东省东莞市、江门市、中山市举办。2008年9月到2009年4月，“国礼陕西行”系列展览分别在陕西省铜川市、西安市、宝鸡市、汉中市举办。

在积极规划展览线路，努力整合展览资源，办好系列巡回展览的同时，友博还服务于大局工作，配合国际交往、北京奥运会等重要活动举办了《东盟十国国礼特展》、《世界瑰宝——中华人民共和国国际礼品展》等展览。其中,2005年10月举办的《东盟十国国礼特展》作为东盟博览会的一道风景线，展出了东盟十国赠送的228件造型优美、风格各异、别具匠心的礼品,展览兼顾历史背景、区域文化、民族艺术、各国风情，多方面、多角度地展示了东盟国家多姿多彩的文化风貌，展示了中国与东盟国家的传统友谊，增强了文化交流，彰显了和平友谊发展的主题。《世界瑰宝——中华人民共和国国际礼品展》是由国家文物局主办，国际友谊博物馆和中国人民革命军事博物馆共同承办的，展览汇聚来自百余个国家的300多件礼品，在北京奥运会期间，向广大中外朋友展示了绚丽多彩的世界优秀文化成果，展示了中国与世界日益广泛、日益紧密的联系,弘扬了相互了解、友谊和团结的奥林匹克精神，并祝愿中外友谊传遍四海,世界未来更加美好。

“国礼神州行”作为品牌,它还包括了其他以国礼为基础的各类展览和活动，如纪念伟人的《周恩来外交礼品展》、《邓小平外交礼品展》,纪念中泰建交30周年的《泰国国礼艺术特展》,庆祝青岛奥帆赛的《帆影海韵——国际友谊博物馆馆藏舟船海洋类题材礼品展》等。

2006年起,为进一步拓宽展宣领域,以举办国礼图片展和图片与实物(含国礼复仿制品)相结合的展览方式,主动送展到农村、校园和社区,利用国际博物馆日和文化遗产日等时机进行宣传。2006年国际博物馆日之际,赴北京市通州区觅子店乡小学,为400余名师生举办了图片展,并通过座谈等形式,帮助师生们了解和熟悉博物馆及其文化。2007年5、6月份,在黄骅市博物馆举办的《新中国国务礼品图片展》,把国礼图片与国礼复仿制品一起展示,结合开展“看国礼谈体会”征文和组织征文获奖小学生来京参观文化遗产等活动,增强了小学生们对文化遗产的了解和认知。

随着工作的不断推进,国际友谊博物馆又提出采用更加灵活的方式,把展览送到企业和军营等处,让更多的观众在自己的工作岗位上就能够近距离感受国礼文化,并为此专门制订了相关方案。

这些形式多样的展览和活动与巡展和特展有机地结合在一起,形成了一系列具有鲜明特色的文化教育宣传活动。“国礼神州行”是国际友谊博物馆业务工作的中心。通过举办“国礼神州行”系列展览,达到服务社会、服务观众、宣传品牌、检验和带动基础工作,不断提高影响力和知名度,推动新馆建设的目标。

二、加强和完善基础工作,提高博物馆建设水平

1. 推行人事制度改革

国际友谊博物馆人事制度改革工作，从2004年上半年开始启动，到2005年8月底结束，历经一年多时间。友博在国家文物局党组的指导下,在全体干部职工的共同努力下,依据中组部、人事部有关文件精神,按照稳定、改革、发展的工作思路,本着促进工作、规范管理、提高效率的原则,把人事制度改革与探索工作创新相结合,合理设置机构,合理配置岗位,顺利地推行了全员聘

用制，建立起新的运行管理机制，为开创工作新局面打下良好的基础。

2. 加强制度建设

把制度建设作为加强基础工作的重点,按照科学性、适用性、系统性相统一的原则,以提高制度建设的质量和水平为出发点与落脚点,认真对待工作中出现的问题,客观地进行分析和研究,从提高针对性和突出操作性入手,建立、健全和完善了一批规章制度,进一步明确了工作责任,理顺了工作程序，提高了工作效率,促进管理和工作的制度化和规范化。

3.拓展多元化陈列主题

切实重视提高展览宣传工作的创新能力，在不断挖掘藏品资源的基础上,深化研究,积极策划多元主体、多种形式的陈列展览,不断提升"国礼神州行"品牌内涵。5 年中,推出了欧洲瓷器精华展、非洲木雕艺术展、佛教艺术展、饰品艺术展、宝石矿石类礼品展、舟船海洋类礼品展和区域礼品艺术展等不同主题的展览,进一步丰富了品牌内容,提高了品牌质量,为把"国礼神州行"系列展览更加广泛地推向社会奠定了扎实的基础。

4. 建设藏品管理信息系统

结合馆藏情况，开展了藏品管理信息系统建设工作,历经几年努力,该系统已初步建成。这套系统在理清藏品账目的基础上,对于藏品分类、定位存放、运行状态等指标做出了明确要求，并具有很好的查询检索功能。藏品管理信息系统投入使用,进一步完善了藏品动态管理工作,提高了藏品取放的快捷度和准确度,使藏品管理基础工作进一步科学化,为各项业务工作提供了有效的文物信息保证。

5. 开展科学研究工作

为了加强"国礼神州行"巡展中的文物保护工作,友博编辑出版了《巡回展览中的文物保护文集》,并在此基础上开展了"巡回展览文物保护规范"课题研究。该课题充分考虑巡展中的各个环节,合理划分研究区域,以规范条文的形式明确了巡展中文物使用和保护工作程序。2008 年,该课题研究工作基本结束。

在广泛征集国礼的基础上,与地方政府、国礼生产企业、国礼制作者积极联系,收集中国外赠国礼的相关资料,进行汇总整理和分析研究,深入了解国礼在国际交往中的作用,以期在将来形成完整的中外交往中互赠国礼的资料档案,有力地促进国礼展。

5 年中,国际友谊博物馆以"国礼神州行"系列展览为带动,以服务社会、服务观众为主旨,深化基础工作,努力发挥博物馆社会服务功能,取得了丰硕的成果。今后,将进一步学习实践科学发展观，把创新的思路贯彻到工作中,加强研究,积极实践,着力解决影响和制约事业发展的主要问题,努力开创博物馆事业发展的新局面。

何扬吴茜现代绘画馆

HEYANG AND WUXI MODERN PAINTING MUSEUM

馆　　长 何 扬

通讯地址 朝阳区金盏乡长店村1128号

邮政编码 100018

电　　话 84338157

传　　真 84338157

电子信箱 heyangwuxi@yahoo.com.cn

性　　质 民办

建筑性质 现代建筑

建筑面积 900平方米

展厅面积 工作室约300平方米，展厅面积400平方米

占地面积 1400平方米

馆址环境 地处郁金香公园和天安高尔夫球场近邻，馆内有别墅型与园林型鸟语花香景观。

历史沿革 原馆址位于东城区豆瓣胡同的一所四合院内，2001年因拆迁迁建新馆。

开放时间 8:00—16:00

对外开放单位 1.展厅；2.工作室；3.绘画培训班，院内别墅式艺术长廊和小园林景观。

交通状况 公共汽车有672路、郁金香公园终点站，418、364路长店路口东站。

概　述

何扬吴茜现代绘画馆是集收藏、研究、陈列、展览、交流和休闲为一体的现代造型艺术博物馆。

一、为私人博物馆事业奉献自己的一切

何扬吴茜现代绘画馆的创建人立志从事中国私人博物馆事业的建设与发展，是1996年经北京市政府首批的4家私人博物馆中第一家私人美术馆。2001年迁在郊区（朝阳区）投资兴建新馆，至今已有8年历史。

博物馆主体建筑500平方米，发展为今天的900平方米的完整的新型博物馆，付出了辛勤的劳动，总投资将近400多万元。因地处郊区利用自有的土地面积宽松，修建园林式庭院和大型工作室，给参观的观众以新奇、优美、独具诗情画意的环境，栽种果树，松柏，银杏，珍稀物种美国香柏和药用杜仲等绿化面积占总面积的60%，使人赏心悦目。赢得了艺术家和观众的赞美和好评。

二、响应北京市政府的号召，为迎接奥运会做出的艺术奉献

本馆每年举办展览，同时注意开展中外艺术家之间的学术交流。2005年5月举办德国艺术家丹特斯现代作品展，德国访华大使馆文化参赞及国内外贵宾200余人参加了开幕式。

在北京申办奥运会成功后，北京市政府每年都组织著名画家创作表现北京的大型美术展览《北京风韵展》。创作了巨幅的参展作品有《慕田峪长城》、《肃王府国槐》、《牛街清真寺大殿》、《恭王府西洋门》、《红楼梦大观园》。与吴茜合作的《北海濠濮涧》、《卢沟桥的早晨》等，截至2008年奥运会召开每年都有作品入选。其中《牛街清真寺大殿》被北京市政府永久收藏。

三、何扬吴茜现代绘画馆的收藏与创作活动

在何扬吴茜现代绘画馆长期陈列的有何扬的《新主题画派的作品》、《老北京的传说故事》、《牛棚里的黑白艺术》、《超写实中国画》北京风韵展参展作品部分有吴茜参与辅助绘画成分。吴茜展出的有《新水墨画系列》、《传统人物画系列》、《大写意花鸟画》等作品。2008年何扬创作的建筑与装置艺术作品《拆迁纪事》，油画《八卦的色彩》。

博物馆陈列展览除常年艺术作品的展览外，每半年部分更换一次最新的艺术作品展览。在每年的博物馆日和节假日免费对周边地区的乡村中小学、幼儿园开放。

观复博物馆

GUANFU MUSEUM

馆　　长　马未都

通讯地址　北京市朝阳区大山子张万坟金南路18号

邮政编码　100015

电　　话　64338887　64337775　64362308

传　　真　64362329

网　　址　www.guanfumuseum.org.cn

电子信箱　office@guanfumuseum.org.cn

性　　质　民办

建筑性质　现代建筑

建筑面积　4500平方米

展厅面积　3500平方米

占地面积　5000平方米

馆址环境　位于朝阳区机场辅路东侧，北京市新兴的文化创意产业区内，与电影博物馆、铁道博物馆相邻，东侧为蟹岛度假村和郁金香花园。

历史沿革　1993年北京市文物局出台博物馆登记办法，收藏家马未都先生提交成立私立博物馆的申请。1996年10月30日获北京市文物局批准成立，1997年1月18日观复博物馆在琉璃厂西街53号正式对外开放。2001年9月，观复博物馆迁至朝内南小街；2004年7月再次迁馆至朝阳区大山子张万坟，并实行理事会制。2007年5月更名为观复博物馆。

开放时间　9:00—17:00　周一16:00闭馆　春节休息四天(年三十至正月初三)

服务设施　停车场面积500平方米；食品部、小吃部、茶座、咖啡厅、纪念品商店。

交通状况　公共汽车、小公共、地铁、专线车。公交汽车：东直门乘坐909、688、418路公交车，张万坟下车回行100米即到；自驾车：走机场辅路，过五环桥后继续直行，第二个红灯路口看见“观复博物馆”指路牌后右转，前行2公里即到，停车位充足。

概 述

2008年1月,观复博物馆作为中国第一家私立博物馆已经走过了整整11年的风雨历程。这11年不仅仅是观复博物馆发展的11年,也是整个中国私立博物馆积极探索的11年。

在国内私立博物馆举步维艰，甚至刚出现就被迫关门的困境中，观复坚持了11年,也积极探索了11年。在这期间,观复博物馆两次迁址、接连在其他省市创办地方馆,之后又大胆改制,这段艰难的探索之路到今天看来是成功的。

经多年筹备,2004年7月观复博物馆迁至北京新兴的文化产业区——朝阳区大山子新址。新馆占地5000平方米,其中展区面积3500平方米,新馆的建成,解决了长期以来制约观复博物馆发展的根本问题,并促使服务、管理等各项工作迈上一个新的台阶。

这一年,世界属于中国。从中法文化年的延续、到雅典奥运会中国全线丰收以及闭幕式的“8分钟”表演。中国以她几千年的文化底蕴感染着世界,中华文明的传承与发展在此显得尤为重要。在展示文化这一方面,私立博物馆是非常好的载体,它的生存与良性发展是我馆一直探索的问题。

观复博物馆自成立伊始一直秉承“源于社会、服务社会,弘扬和保护民族文化”的宗旨。按照中央提出的“贴近实际、贴近生活、贴近群众”的要求,从社会发展和实际出发,深入挖掘文物藏品的丰富内涵。并以此为平台,通过不断提高展览和服务水平,在与全民共享文物资源的同时,坚持“古为今用,推陈出新”;通过加强国内外交流,发挥出博物馆的窗口作用。

2004年观复博物馆改为理事会制,由单一“家长式”管理改为多级、多元化管理,以便让支持博物馆事业的理事们共同做好并承担这份社会责任。如今的观复博物馆,已由理事们承担起了对博物馆的社会责任。理事制单位是可以延续、可以继承的,只有这样才能把观复博物馆变成社会财富而不是个人财富。马未都馆长坦言:“这是一个必然的转变,与一个人的高尚与否毫无关系。我们随着年龄的增长,希望很多东西应该有一个好的去处,这个最好的去处就是博物馆,把这些留给社会,当我们不在了的时候,这个博物馆依然能够发挥作用,博物馆有一个很好的机制,无论多少代人走过,这些东西依然存在和保留。”这就是马未都馆长对收藏的终极梦想。

观复博物馆全景外观

在不断自我完善中，观复博物馆以其平易亲近、典雅古朴的开放式展览，赢得了广泛好评。在2004年6月18日揭晓的“首届中国收藏年度排行榜”中，入选“中国十大民间博物馆”。

为进一步提高观复博物馆的专业学术水平，促进学术研究以及同国内外专家同行的交流，2004年，美国波士顿艺术博物馆、美国华盛顿研究会等国内外专家同行先后来观复博物馆进行交流切磋；摩根财团、苏富比、瑞士信贷等公司负责人参观后都给予了好评。2004年5月16—17日马未都馆长出席国际博物馆馆长论坛；2004年11月，马未都馆长参加“第四届全国民间收藏文化高层论坛”，并作名为《收藏与博物馆》的报告。两场论坛马未都馆长均以极具说服力的演说，赢得了赞誉。

观复博物馆力求从自身的资源优势和社会需求出发，着力完善博物馆的社会功能，实现文化推广与社会各界的沟通。2004年5月28日，观复博物馆布置的名为“魏紫姚黄——明清紫檀·黄花梨家具展”在中华世纪坛展出。魏紫姚黄是牡丹花的两个极品，而紫檀、黄花梨就是家具中的魏紫姚黄。这次展览集中展示了观复博物馆近百件馆藏精品，建设部副部长等国家领导人参观后给予了高度评价。

2007年6月，观复博物馆大胆尝试，成功举办了“红色新闻兵的红镜头——李振盛见证香港回归”摄影展，引起了轰动，也从另一个侧面展示了中国私立博物馆对展览内容选择的开放性心态和国际化高度。我们策划的摄影及绘画作品的专题展览，以及组织的文化交流讲座等活动都是对“观复”这一品牌打造和博物馆经营的有力尝试。2007年11月30日，在北京市文物局主办的“首届

展厅内景

中国文物国际博览会”上，观复博物馆作为中国民间收藏力量的代表受邀出席，会上展出的精品充分体现了中国民间收藏的鉴赏水平和发展势头。

任何国家都没有将自己民族的文物全部保藏起来的能力。国家的许多藏品往往来自民间的收藏，世界各大博物馆，都有大量私人捐赠的藏品。与国家级博物馆相比，观复筹措资金方面压力较大，但还是竭尽全力购藏流失海外的文物。2007 年 6 月，观复博物馆以重金购得“乾隆霁蓝描金粉彩花卉大瓶”，使这件流失海外一百余年的国宝重回祖国怀抱，给观复的成绩单上增添了浓重的一笔。

2007 年 12 月，马未都馆长受邀登上《百家讲坛》，讲述《马未都说收藏》，包括《家具篇》、《陶瓷篇》、《杂项篇》共 44 讲。马未都馆长也成为《百家讲坛》第一个讲文物、收藏类的主讲人。

作为新中国第一家私立博物馆，创始人马未都馆长一直致力于博物馆功能的改造，力求使博物馆提供全方位的文化服务。他坦言，自己建立博物馆的初衷在于让自己的藏品昭然天下，吸引更多的人前来，并且看清看懂、重拾、正视、尊重并享受自己民族的文化，这是其开设博物馆的真正意义之所在。马馆长希望人们能够从中国传统文化中汲取有益的东西，提高生活品质，同时强调要看重文物背后所蕴涵的历史文化意义，建立新的意识形态。

观复博物馆自实行理事会制后，各项事务开展得更加生机勃勃，重点工作为以下几点：首先要充实展品内容，至今仍在不断从香港等地买进藏品。其次，在展览陈列方式上独树一帜。新的展馆有众多宽敞的展厅，各类文物被很“随意”地展示，如同家居装饰一般，给人以极大的亲和力。宽敞的展览空间不但避免了观众的拥挤，同时也解决了库房藏品不见天日的资源闲置问题。第三，开放博物馆的相关产业，借助博物馆自身的资源优势及独有的格调韵味吸引来自国外大财团的总裁、政界知名人士前来捧场，博物馆在提高知名度的同时也享受了经济回报。第四，继续利用知名度来获取发展壮大的资本。当博物馆经营成功后，知名度随之上升，本馆接受知名企业的“冠名”，并配合其作与文化有关的宣传特展等。

图书与博物馆对于弘扬保护古代文化而言，都是不可或缺的。在提供优质展览的同时，本馆的图书出版工作也成绩显著，取得了良好的社会效应。2008年开始着手出版“观复博物馆馆藏精品图集”，其中第一册与第二册已经出版问世，为广大文物爱好者提供了精美的文化大餐。此套图书制作精良，内容翔实丰富，囊括千余件馆藏精品，是博物馆的重点项目之一。

2007年1月18日，是开馆的第十个纪念日。马未都馆长深获教益，坚定了发展私立博物馆的决心。如今，观复博物馆已经成为许多知名人士必到的场所之一，成为行业内一支小小的生力军。

做好宣传展示和社会服务，是博物馆工作的根本任务。为了更好地满足全社会对博物馆文化的需求，服务于建设以人为本的和谐社会的要求，以及力求把博物馆的展示宣传和社会服务提高到一个新的水平，2007年，马未都馆长和十几位新任理事一起把资金投入到更多文物的收藏和博物馆的扩建中。

2008年对于观复博物馆来说是个丰收年。它主要取得了两方面的成绩。首先，赢得了很好的社会知名度；其次，取得了不俗的经济效益。对于一个博物馆来说，良好的社会知名度和经济效益是其稳定蓬勃运营下去的基本保障。

2008年是值得每一位国民骄傲和自豪的奥运年。在这一年里，观复博物馆也以自己独特的方式迎接着奥运会的到来。奥运期间，接待了奥运火炬的设计者——联想集团的贵宾。活动期间，进行了50场讲解，接待总人数约为1600多人。在博物馆所有工作人员的配合和协调下接待工作有条不紊地进行着，最终圆满结束了这次接待任务。博物馆以自己特有的形式为奥运圣火在中国的传递增添了靓丽的一笔。

2008年由于《百家讲坛》的热播使马未都馆长成为了一位知名的文物收藏鉴赏家，更使得我们的博物馆备受关注。另外，中央电视台《人物》、《大家》等很多知名的栏目、报社对马先生和博物馆的采访宣传为本馆做了很好的舆论导向，观众人数大增。

博物馆在这一年里还发展了很多会员。吸引观众以会员的形式加入，是一件对博物馆和会员本人都非常有益的事情，让博物馆尽快成为一项由公众宣传、由公众支持的公益文化事业。

观复博物馆计划3年后将迁至新馆，目前正做迁馆准备。

“我办博物馆的目的，是为了教育中国人都来喜欢自己的文化、认识自己的文化、利用自己的文化，从而达到认识自己民族的目的。严格地说，我们与其他亚洲国家的人在人种上没有什么太大的区别，我们区别于他们的是我们自己特有的文化和传统。这样才能加强我们的民族性。”这就是马未都馆长的心愿。

炎黄艺术馆

YANHUANG ART MUSEUM

馆　　长　何炬星

通讯地址　北京市朝阳区亚运村慧忠路9号

邮政编码　100101

电　　话　64911195

传　　真　64911195

性　　质　民办

建筑性质　现代建筑

建筑面积　13000平方米

展厅面积　6000平方米

占地面积　18000平方米

馆址环境　位于北京亚运村,毗邻国际会议中心、北辰购物中心、名人大酒店、远大中心、阳光广场、交通银行,环境优美。

历史沿革　1991年9月建成开馆,2008年7月重张。

开放时间　10:00—16:00(周一闭馆)

对外开放单位　餐厅

服务设施　无障碍参观、停车场面积100平方米、食品部、小吃部、茶座、咖啡厅。

交通状况　乘108电车及328、358、380、387、612、713、849路等公交车于炎黄艺术馆下车。

概　述

宗旨：

遵循百花齐放、百家争鸣、推陈出新的文艺方针，继承黄胄先生的艺术理念，弘扬中华民族艺术优良传统，推动中国画和民族美术事业的发展。

业务范围：

1. 征集收藏近现代及当代中国画为主，同时收藏古代中国字画、文物和其他艺术品；

2. 举办中国画和民族艺术品的陈列和展览；

3. 开展中国画鉴赏、研究、出版、教学研讨活动；

4. 开展国际艺术交流，吸收各国艺术精华；

5. 研究并弘扬黄胄先生的艺术理念和思想；

6. 举办其他有助于弘扬中华民族艺术传统的活动。

主要业务部门为展览部、学术研究部、公关宣传部、财务部、保卫部、行政管理部等。

藏品的收藏、保护、研究、展示等建立健全的规章制度。具有保障藏品安全的设备设施，并由专人履行保卫职责。建立藏品总账、分类账及每件藏品的档案。本馆以馆藏品为基础，开展有关专业学科及应用技术的研究，提高业务活动的学术含量，促进专业人才的成长。设立文物鉴定委员会，聘请鉴定专家、收藏家对本馆收藏的艺术品进行鉴定研究。

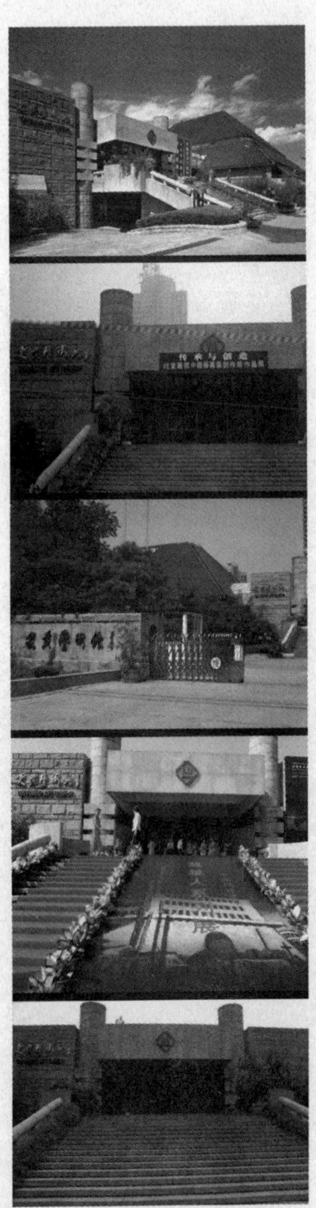

炎黄艺术馆外景

保利艺术博物馆

POLY ART MUSEUM

馆　　长　蒋迎春

通讯地址　北京市东城区朝阳门北大街1号新保利大厦15层

邮政编码　100010

电　　话　65008117

传　　真　65010263

电子邮箱　polyart@263.net

隶属关系　中国保利集团公司

性　　质　国企

建筑性质　现代建筑

建筑面积　3000平方米

展厅面积　2000平方米

历史沿革　1998年12月创建，1999年12月开放，2007年6月从保利大厦二层迁入新保利大厦。

开放时间　9:30—16:30(国家法定节假日、每周日闭馆)

服务设施　无障碍、中英文语音导览、纪念品销售、衣帽寄存、咖啡厅、卫生间。

交通状况　驾车：东二环东四十条桥西南角新保利大厦；公交地铁：地铁2号线东四十条站；44路东四十条桥南，118、42路东四十条桥西。

概　述

保利艺术博物馆是中国首家由大型国有企业兴办的博物馆，以弘扬中华民族优秀传统文化艺术，抢救保护流失海外中国珍贵文物，推进企业文化建设为宗旨。自成立至今，本着“不求多而全，只求精、珍、稀”的收藏宗旨，保利艺术博物馆积极从海外抢救保护珍贵的中国文物。工作重点集中于以下3方面：

(1) 中国古代青铜器、石刻的佛教造像为主的文物艺术品的征集、研究、保护和展示。

(2) 其他类别文物艺术品(如绘画、工艺美术、重要考古发现等)的交流与展示。

(3) 社会与公众教育和文化服务、学术交流与国内外文化交流。

组织体制、主要部门、管理体制

保利艺术博物馆隶属于中国保利集团公司，业务受保利文化艺术有限公司指导，下设展览部、文物征集与管理部、社教宣传部及办公室等部门。

保利艺术博物馆的藏品主要分中国古代青铜器、中国古代石刻佛教造像及圆明园铜像等3个专题。建馆10年来，累计征集藏品数百件，其中国家一级文物10组/件，国家二级文物38组/件，国家三级文物72组/件。

为了满足学术研究和展览的需要，保利艺术博物馆聘请国内近50位权威专家、学者担任顾问，由这些专家们对每件馆藏文物进行细致认真的研究、修复与保护工作。

保利艺术博物馆现建有两个专题陈列馆，其中“中国古代青铜艺术精品陈列”，展出商代早期至唐代(约公元前16世纪至公元9世纪)的青铜珍品100余件(组)，展现中国古代青铜文明的发展历程与独特魅力，其中商周时期的倗季凤鸟大尊、"伯卣、神面卣、王作左守鼎、遂公盨等，皆为举世罕见的珍品。

“中国古代石刻佛教造像艺术精品陈列”，通过30余件北朝至唐代(公元5世纪至8世纪)的石刻佛教造像，勾勒出巅峰期中国佛教艺术的风彩。其中北朝晚期(公元6世纪至7世纪)山东青州地区雕造的一批佛教造像，其保存之好，工艺之精，举世罕见。

2000年春，保利艺术博物馆在香港抢救保护了即将再次流失的3件圆明园国宝——牛首铜像、虎首铜像、猴首铜像，在社会上引起巨大反响。2003年，全国政协常委、著名企业家何鸿燊博士又将猪首铜像捐赠给保利艺术博物馆。近10年时间里，中

保利艺术博物馆展厅主入口

国保利集团公司与保利艺术博物馆以圆明园国宝为爱国主义主题教育的重要素材，展开全国范围内的巡展，截至2009年7月，保利艺术博物馆与有关方面合作，先后在香港、北京、上海、成都、重庆、武汉、广州、深圳、哈尔滨、西安、天津等国内45座中心城市，举办“圆明园国宝全国巡展”活动，接待观众逾1400万人次，取得了巨大的社会效益，更得到各方人士的一致称赞与好评。

2001年12月至2002年6月，保利艺术博物馆馆藏120件(组)文物珍品在台北和台中分别展出，宝岛台湾一时轰动，好评如潮。

保利艺术博物馆成立之初设于北京市东二环保利大厦内二层，展出面积近1000平方米。2007年，由美国SOM公司设计的新保利大厦落成，全部展厅与馆藏迁至新保利大厦。

保利大厦的建设投资超过20亿元人民币，在规划和建设过程中为保利艺术博物馆量身订制了新的展出空间、办公场地和藏品管理场所。在保持原有展出面积的基础上，迁址后的博物馆新开辟了近千平方米的临时展览空间，以适应与国内外其他文博机构的交流与合作。

保利艺术博物馆邀请国内知名室内环境工程公司——清华工美，为新址设计制作了具有更佳展示效果、更多科技含量、更优接待环境的展览展示场所，并配备了高科技展览展示设备，以更好地服务公众与管理馆藏，还开发制作了多语种语音导览、多媒体展示平台等设备。

文化产业、文化产品和经营情况

保利艺术博物馆以馆藏文物艺术品为基础，陆续开发了30余种以青铜器、佛教石刻造像和圆明园国宝为蓝本的复制品、工艺品、纪念品和图书出版物等文化产品。

保利艺术博物馆始终坚持探索和实践文化创意产业的目标，特别是2007年新馆落成后，先后举办了数十次影响重大、社会反响热烈、社会效益突出的展览活动。其中《旷代风华——辽宁省博物馆藏中国古代书画名品》展览，展览规模较大，艺术水平高受到了社会各界的普遍赞扬。2008年北京奥运会期间推出的《从三星堆到金沙——来自古蜀王国的珍藏》，在学术意义上第一次将古蜀王国两大重要考古发现进行了比较性展览。

崔永平皮影艺术博物馆

BEIJING CUI-YONGPING ART MUSEUM OF SHADOWPUPPET SHOW

馆　　长　崔永平

通讯地址　通州区马驹桥金桥花园16楼4单元1楼

邮政编码　101102

电　　话　60502692

性　　质　民办

建筑性质　普通住宅

展厅面积　250平方米

馆址环境　情境洋房以欧洲气质为宗，以自然与城市结合的小镇风范为境。

历史沿革　博物馆创建人崔永平积50余年私人收藏的基础上建立的民办博物馆。馆藏品包括明清、民国各个时期，陕西、山东10余个地区的约计12万余件，展出5万余件。2004年4月22日正式开馆，为中国古老的濒临失传的民间艺术——皮影戏创建了一个生存与传承的空间。

开放时间　9:00—16:00

交通状况　乘坐723、927、976、926、通州区小12路公交车均可到达。

(资料来源参考互动百科网 www.hudong.com)

人物纪念

毛主席纪念堂

CHAIRMAN MAO ZEDONG MEMORIAL HALL

通讯地址 北京市东城区天安门广场人民英雄纪念碑南面

邮政编码 100011

性　　质 公办

电　　话 65132277 65243382(咨询参观事宜)

传　　真 65120909

网　　址 cpc.people.com.cn/GB/69112/113427/

建筑性质 现代建筑(北京市级文物保护单位)

建筑面积 2.8万平方米

占地面积 57200平方米

馆址环境 位于首都北京中轴线中心,与雄伟的天安门南北相对,其东为国家博物馆,西为人民大会堂。

历史沿革 1976年11月24日破土动工,1977年5月落成,同时成立了毛主席纪念堂管理局,直属国务院。1982年改属中央办公厅。1977年8月20日,毛主席遗体移入毛主席纪念堂。1977年9月9日,中共中央在这里召开《隆重纪念伟大领袖和导师毛主席逝世一周年暨毛主席纪念堂落成典礼》。当天,纪念堂正式对外开放。1982年12月,中共中央书记处决定,在毛主席纪念堂设立毛泽东、周恩来、刘少奇、朱德革命业绩纪念室。于1983年12月26日毛泽东同志诞辰90周年纪念日对外开放。1999年7月经中央政治局常委会批准,增设了邓小平、陈云革命业绩纪念室,并对原有4个纪念室进行调整和补充,形成以毛泽东为首的党的第一代领导集体革命业绩纪念室群体,集中反映了6位老一辈无产阶级革命家为中国人民革命事业所建立的丰功伟绩。纪念室于2001年7月1日正式开放。

开放时间 8:00—12:00(周一闭馆)

服务设施 毛主席纪念堂堂内一层有北大厅、瞻仰厅、南大厅;二层有毛泽东、周恩来、刘少奇、朱德、邓小平、陈云革命业绩纪念室和电影厅。

交通状况 乘1、2、4、17、20、37、52、57、802路到天安门或乘地铁到天安门下车。

(资料来源参考互动百科网 www.hudong.com)

中华人民共和国名誉主席宋庆龄同志故居

THE FORMER RESIDENCE OF SOONG CHING LING, HONORARY PERESIDENT OF THE PEOPLE'S REPUBLIC OF CHINA

主　　任　林洛宴

通讯地址　北京市西城区后海北沿46号

邮政编码　100009

电　　话　64044205

传　　真　64035997

网　　址　www.sql.org.cn

隶属关系　中国宋庆龄基金会

性　　质　公办

建筑性质　古代建筑与仿古代建筑(全国重点文物保护单位)

建筑面积　5000平方米

展厅面积　1170平方米

占地面积　20108平方米

馆址环境　毗邻德胜门,坐落于后海北岸,临近积水潭地铁站、北二环路、德胜门内大街。

历史沿革　始建于清康熙年间,为大学士明珠府第,乾隆时易为和珅别院;嘉庆年间为成亲王府;清末为醇亲王府花园。20世纪60年代初,经周恩来总理提议,改建为宋庆龄在北京的住所。1963—1981年宋庆龄在此居住和工作,直至1981年5月29日逝世。之后,中央决定筹建宋庆龄故居,于1981年10月命名,1982年5月29日正式对外开放。

开放时间　全年开放　4月1日至10月31日　9:00—17:30;11月1日至3月31日　9:00—16:30

对外开放单位　录像室

服务设施　无障碍参观、卫生间(残疾人卫生间)、纪念品商店、语音导览设备。

交通状况　地铁积水潭站(B出口)、北二环路德胜门公交车。

概 述

中华人民共和国名誉主席宋庆龄同志故居坐落在北京风景秀丽的后海北岸。这里原来是末代皇帝爱新觉罗·溥仪的父亲载沣的王府花园，园内曲径回廊，楼堂亭榭；湖水环绕，山石嶙峋；绿树浓阴，花香四溢。是一处雍容典雅，幽静别致的庭院，占地面积两万多平方米。新中国成立后，周恩来总理受党和政府的委托，决定借此王府花园，精心设计施工，葺旧更新，在原有主体建筑以西，接建一幢两层主楼，作为宋庆龄的住所。

宋庆龄自1963年4月迁居于此，一直工作和生活到1981年5月29日逝世。1981年10月，这里被命名为“中华人民共和国名誉主席宋庆龄同志故居”；1982年5月29日正式对外开放。此后，被列为“全国重点文物保护单位”、“北京市青少年爱国主义教育基地”、“中央国家机关思想教育基地”和“全国青少年教育基地”。这里不仅是一处旅游名胜，更是一个学习中国近代史和现代史、对广大青少年进行爱国主义教育、开展丰富多彩社会实践活动的好地方。

组织体制:事业单位

主要业务部门:办公室、展览部、研究室、物业部、事业发展部

管理体制:中国宋庆龄基金会直属事业单位，实行主任(馆长)负责制。

馆藏品管理和保护:

藏品管理

藏品来源:馆藏文物主要为宋庆龄的遗物；筹建宋庆龄生平展时，从国务院等相关单位调拨了一批藏品；之后主要通过宋庆龄生前身边工作人员、生前好友以及海外朋友的捐赠以及从社会上征集来增加藏品。

建筑花木:故居院内古建、古树、名木花卉系原醇亲王府花园遗留之物，此外也有宋庆龄生前养植或喜爱的花木品种。

藏品类别:故居藏品主要有生活用品、纺织品、绣品、瓷器、木器家具、书信、手稿、绘画、原版照片、纪念品等。

藏品总数:21000千余件。

重要藏品:孙中山签署遗嘱的钢笔，孙中山、宋庆龄使用过的手枪，宋庆龄的母亲送给她的结婚礼物——百子图被面、结婚绣服等 。

宋庆龄同志故居

藏品保护

措施:故居成立以来进行过 6 次文物清理。2006 年 1 月,对故居藏品重新进行清理、编目、建卡、扫描、拍照、数据录入等,至今仍在进行中。根据藏品的质地,分柜分类存放,定期清洁,防止文物的腐蚀;2006 年,修复明清木器家具 36 件,宫灯 10 盏。2007 年,为加强原状陈列文物的保护,采取窗玻璃贴膜方式以阻隔紫外线,降低室内温度。由于条件有限,长期以来故居的藏品存放于临时库房,文物得不到很好的保护。为了加强藏品的保护,数年来故居努力争取建设文物库。在中央领导同志的关注下,宋庆龄故居文物库工程(含新展厅)终于在 2008 年一季度正式开工建设,来年二季度竣工。届时故居除原状陈列外的所有孙、宋文物将进入新建文物库,并采用现代科技手段加以存放或展出。

科研

宋庆龄故居设有研究室,其主要任务是开展有关孙中山、宋庆龄的研究、非政府组织的研究、文物保护、史料收集、整理等。现有工作人员 11 名,其中,高级职称 1 名,中级职称 4 名,博士学位研究人员 1 名,硕士学位研究人员 1 名。

博物馆陈列展览

展陈名称内容:原状陈列展和宋庆龄生平展。

陈列艺术设计特点:宋庆龄生平展利用宋庆龄的大客厅和大餐厅,尽可能保留原建筑风格,基本采用自然光照明。透过窗户,将室内、外景色融为一体,有利于展厅通风,节能。展柜采用防紫外线玻璃,展架、展柜颜色与古建风格统一。展览设计形式简单,无过多装饰,与宋庆龄一生朴素求实的风格相一致;充分利用文物优势,使用传统的展览方法,使观众有“到宋庆龄家中做客”的感觉。展览多处采用相关文物组合展出的形式,配以照片说明,给观众以情景再现的感受。

展出藏品数:2915 件

重要展品:宋庆龄陪嫁百子图被面及绣服,孙中山送给宋庆龄的结婚礼物——毛瑟牌手枪,孙中山签署遗嘱的钢笔,捐给延安国际和平医院的大型 X 光机,绣服,宋庆龄写给鲁迅的信等。

社会教育、社会服务

中华人民共和国名誉主席宋庆龄同志故居 1982 年 5 月 29 日正式对

外开放。此后，被列为“全国重点文物保护单位”、“北京市青少年爱国主义教育基地”、“中央国家机关思想教育基地”和“全国青少年教育基地”。

宋庆龄生前卧室

宋庆龄故居专门成立了负责教育基地工作的组织机构，与北京市众多的学校和幼儿园建立了密切的联系，有组织、有计划地开展社会教育活动，为他们提供主题队、团活动场所；利用节假日，为青少年举办大型综合游园活动；关注弱势群体，对残疾、贫困、失足青少年等特殊群体开展社会教育。并与在京的6家名人故居联合，举办走进校园巡展活动。近年来，宋庆龄故居不仅将关爱、教育活动集中在北京市，还将视角延伸到部分外省市国家级贫困县、革命老区，为当地的孩子们发运慰问品、图书、文具和举办爱国主义教育性质的展览等。

另外，宋庆龄故居坚持开展社会公益活动、两岸文化交流和国际文化交流活动。宋庆龄故居坚持每年将展览制作出不同专题，到社区、学校和外省市进行巡展。2005年为纪念中国人民抗日战争暨世界人民反法西斯战争胜利60周年举办了专题展览。2006年以“博物馆与青少年”为主题举行的名人与先进文化专题展览、2007年组织的“博物馆与和谐社会”展览、2008年结合奥运会举办的“名人与世界文化”、“名人与北京”等展览已经走进北京市百余所大中小学校，受到广大青少年和教育工作者的极大好评。

馆舍建设、扩建、维修和设施改造：

2007年5月29日，宋庆龄故居文物库暨新馆奠基，将于2009年5月竣工并面向社会开放。

奥运会前，宋庆龄故居加强了残障观众设施改造。

北京上庄纳兰性德史迹陈列馆

EXHIBIT HALL OF NALANXINGDE

馆　　长　黄兆桐

通讯地址　上庄乡上庄水库北岸往西300米

邮政编码　100094

电　　话　80713599

性　　质　公办

建筑性质　仿清建筑

建筑面积　1750平方米

占地面积　1.5万平方米

馆址环境　附近存有其祖茔、故居明府花园及上庄东岳庙、玉河桥、古井碑刻等遗迹。

历史沿革　陈列馆建于1998年,1999年对外开放。占地面积1.5万平方米,主体建筑占地面积1750平方米,是按照纳兰性德笔下"郊园"风格设计建造的砖木结构仿清四合院格局。由主展厅、录像厅和书画厅3部分组成。

开放时间　9:00—12:00

交通状况　颐和园北宫门乘303路公共汽车上庄水库站下车往西。

(资料来源参考互动百科网 www.hudong.com)

北京鲁迅博物馆

BEIJING LU XUN MUSEUM

馆　　长 孙　毅

通讯地址 北京市西城区阜成门内大街官门口二条19号

邮政编码 100034

电　　话 66165654　66156549

传　　真 66165654

网　　址 www.luxunmuseum.com.cn

隶属关系 国家文物局

性　　质 公办

建筑性质 现代仿古建筑。鲁迅故居近代建筑,老北京四合院(北京市文物保护单位)。

建筑面积 8400平方米

展厅面积 1200平方米

占地面积 10800平方米

馆址环境 鲁迅博物馆位于北京西城区阜成门内。朝南的大门前,一条约100米的林阴道直对阜成门内大街,向东可望到白塔寺中的白塔,向西约100米则是西二环路。

历史沿革 1936年10月鲁迅逝世,中共中央发出《告全国同胞书》,提出建立各种纪念设施。1945年10月郭沫若在《新华日报》发表文章,建议建立鲁迅博物馆。1949年1月北平解放,北京市军管会文化接管委员会文物部开始筹备鲁迅故居的恢复工作。1952年2月,文化部文物局正式接管鲁迅故居,并在故居原样的基础上进行了修缮。1954年初,文化部决定在鲁迅故居东侧筹建鲁迅博物馆。1955年9月,文化部审定建馆方案。1956年7月,博物馆工程竣工,9月预展,10月19日鲁迅逝世20周年纪念日正式开馆。1975年10月28日周海婴上书毛泽东主席,提出加强鲁迅研究等建议;11月1日毛主席在周海婴原信上作了指示:“我赞成周海婴同志的意见,请将周信印发政治局,并讨论一次,作出决定,立即实行。”12月国家文物局根据毛主席指示精神,决定扩建鲁迅博物馆,增设鲁迅研究室。1993年,馆内兴建新陈列展厅和文物库房及其他配套设施,1996年10月,鲁迅博物馆重新开放。2006年10月19日,鲁迅博物馆举行了隆重的鲁迅逝世70周年暨建馆50周年纪念大会,改造后的《鲁迅生平》陈列迎来各界观众。

开放时间 9:00—16:00(周一闭馆)

对外开放设施 鲁博书屋和语音导览系统。

交通状况 乘坐101、102、103、13、42、603、823、812等路公交车至阜内大街站下车,乘坐121、409等路公交车至终点站阜成门下车。乘坐地铁至阜成门站即可到达。

概　述

建设与管理

2004年至2008年，北京鲁迅博物馆在国家文物局直接领导下，各项工作都有突飞猛进的发展。由于全馆同志的积极努力，近几年来工作取得了一定成绩，多次受到上级和北京市的表彰。至2004年，本馆连续6年被评为北京市爱国主义教育基地先进单位。至2005年，连续9年被评为中央国家机关文明单位、文化部文明单位。2006年度被评为“首都窗口行业奥运培训工作先进单位”。

2008年2月北京鲁迅博物馆经专家评议，国家文物局确定，成为首批全国一级博物馆。

期间迎来了鲁迅博物馆建馆50周年的喜庆日子。2006年10月19日举行鲁迅逝世70周年暨鲁迅博物馆建馆50周年纪念大会，全国人大常委会副委员长许嘉璐发来贺信，全国政协副主席张梅颖，文化部部长孙家正，文化部副部长、中国鲁迅研究学会会长郑欣淼，国家文物局张柏局长、单霁翔副局长等领导以及各界人士300多人出席纪念大会。当日下午，举办纪念鲁迅先生逝世70周年座谈会。

继匈牙利共和国赠送本馆的裴多菲铜像坐落本馆庭院落之后，2007年9月25日，正值鲁迅先生诞辰126周年，藤野先生铜像揭幕式在北京鲁迅博物馆庭院内隆重举行。这尊铜像是由鲁迅的老师藤野先生故乡——日本福井县芦原市政府赠送中国的藤野严九郎先生半身铜像。文化部副部长、中国鲁迅研究会会长郑欣淼，日本驻华使馆新闻文化中心主任道上尚史，日本芦原市市长桥本达也、议长山川丰，芦原市日中友好协会副会长齐藤贞夫，日本东北大学副校长大西仁及鲁迅医学笔记研究小组成员等中日两国人士出席揭幕式。中日鲁迅研究专家学者、鲁迅博物馆的全体员工等近百人齐聚鲁迅博物馆，参加盛大的揭幕仪式。北京鲁迅博物馆已于数月前将两尊中国艺术家精心设计制作的鲁迅铜像分别赠送给仙台东北大学和福井县芦原市政府。

几年来，为更好地保障鲁迅博物馆各项工作顺利开展，本馆先后制定了多种严格的规章制度，如《科级以下行政人员晋升职务办法》、《新进人员聘用办法》、《临时工管理办法》、《技术工人考工升级办法》、《职工学习培训管理办法》、《财务收支管理规

北京鲁迅博物馆

定》、《固定资产管理办法》、《内部会计管理办法》、《藏品、图书的征集采购范围》、《文物藏品、一般藏品、图书期刊界定标准》、《文物藏品定级标准（暂行）》、《文物藏品、一般藏品管理办法(暂行)》、《图书、期刊管理办法》、《文物藏品使用办法（暂行)》、《一般藏品使用办法（暂行)》、《图书、期刊使用办法(暂行)》、《藏品、图书使用收费标准(暂行)》、《信息中心建设、管理办法(暂行)》。

馆党委先后制定了《北京鲁迅博物馆党风廉政责任制实施细则》、《北京鲁迅博物馆党委关于〈建立健全教育、制度、监督并重的惩治和预防腐败体系实施纲要〉的实施意见》及《任务分解方案》、《北京鲁迅博物馆党务公开实施方案》、《北京鲁迅博物馆党员学习制度》、《北京鲁迅博物馆党支部组织生活制度》、《北京鲁迅博物馆党委领导班子民主生活会制度》、《北京鲁迅博物馆党员发展制度》、《北京鲁迅博物馆党委开展争先创优活动制度》等10项制度和措施，从而使本馆的党建工作做到了制度化。

馆内对干部职工任职实行聘用(聘任)制。2006年有3名干部经过职工竞聘岗位大会分别被聘为陈列部主任、文物资料部副主任和保卫科科长。2007年有2名干部分别被聘为老干部科科长和汽车出租公司经理。2008年有4名干部经过竞聘走上处级领导岗位。2007年1月本馆完成人事制度改革后对全体职工的第二次聘用（聘任）工作。2008年5月，根据人员结构及岗位需求，公开招聘录用6人。

藏品管理和保护

鲁迅博物馆是收藏鲁迅文物最丰富的文博单位，共收藏鲁迅文物2万余件，其中包括鲁迅的遗物、手稿、书信、藏书、汉画像、金石拓片、外国版画等。另外还收藏有“五四”学人蔡元培、陈独秀、胡适、许寿裳、刘半农、沈尹默诸家手迹和鲁迅友人瞿秋白、江绍原、冯雪峰、萧军、萧红等人遗物近万件，近期还新建了胡风文库。

为不断丰富馆藏资料，2004年以来本馆先后采访了96岁的老作家张中行先生、版画家赵延年先生、力群先生和原中央美术学院院长张仃先生等老作家老艺术家，为其录音录像。

由于鲁迅博物馆文物保护工作规范到位，得到鲁迅同时代人的后人的大力支持。江小蕙兄妹将江绍原先生所藏书信151封（原件149封，复印件2封）全部捐赠本馆收藏。胡风亲属将胡风及夫人梅志生前所用、所藏的文物捐赠我馆，实现了梅志先生生前的遗愿。李豫先生将其父李何林的笔记、讲义及其他遗物捐赠本馆。徐崇善将徐梵澄先生的手札、墨宝等捐赠本馆。本馆还收到朱之春捐赠的《朱希祖文存》、《文史大家朱希祖》签名本、盛曩捐赠的盛祀回忆鲁迅手稿一件5页及其著作《词调词律大全》3册、萧耘寄来的捐赠品《萧军全集》(20卷)签名本、姚锡佩捐赠的图书杂志近千册和同心出版社赠送的6册《鲁迅家庭大相簿》。这些珍贵资料和文物的收藏，不但丰富了鲁迅博物馆的馆藏，而且还给研究者们提供一个极好的资料平台。

10多年前，鲁迅博物馆就与东方永德软件公司合作研究开发信息化系统。2004年和2005年，利用原来的文本又开发了Windows平台上运行的“鲁迅著作全编检索系统”单机版和局域网版。2006年又在此基础上研发了“鲁迅著作全编检索系统”、“鲁迅译作全编检索系统”和“《鲁迅研究月刊》全编检索系统”，同时也与东方永德软件公司合作开发了鲁迅著译版本、鲁迅研究文献在线检索系统。

鲁迅博物馆藏品、图书数据库以及管理系统数年来不断扩展，至2005年，这两大数据库共采集7万多条数据、3万多张图片；同时，开发了藏品管理系统、图书管理系统、外文图书管理系统、报刊管理系统。整个管理系统既可以完成日常藏品、图书数据的采集、查询、统计，又可以完成藏品的总账、分类账、档案的存储与打印。

2006年1月，经国家文物局正式批准，本馆成立了信息中心（处级部门）。北京鲁迅博物馆网站于建馆50年之前正式开通运行。

由于几代工作人员的精心保管，并采取了各个时期最好的保护措施和手段，至今，这些文物不但仍完好无

2005年7月11日"鲁迅的读书生活"展在西藏博物馆举行开幕式

损，而且还得到了很好的开发和利用。目前,本馆的收藏与管理工作正在走上科学化、规范化、信息化和数字化。2005年,本馆被国家文物局评选为"全国馆藏一级文物建档备案工作先进集体",本馆编制的一级文物藏品档案被国家文物局评为"优秀档案"。退休职工江小蕙同志荣获2006年"全国文物保护工作先进个人"荣誉称号。

科研

近年来，研究人员完成了馆内外的各项科研项目。完成《鲁迅译文集》(8卷)、《鲁迅藏品精选丛书》(5卷)、《韩国鲁迅研究论文集》、《鲁迅珍藏汉代画像精品集》、《鲁迅画传》的编辑工作,还撰写了《改革开放三十年鲁迅博物馆事业的发展历程》等书籍。研究人员根据自己的研究方向不断潜心地深入研究,撰写并出版了《鲁迅书影录》、《鲁迅版本书话》、《颠覆与传承——论鲁迅的当代意义》、《走近先哲》、《我注鲁迅》、《鲁迅杂考》、《鲁迅文学书简》、《鲁迅文化史》和《旧物记——胡风遗藏纪事》等研究专著,发表研究论文几十篇。我馆副研究馆员葛涛博士申报的"'网络鲁迅'研究"课题作为2008年度国家社科基金项目获得了国家哲学与社会科学规划办公室的立项批准。

鲁迅研究室成立至2006年已有30年,被评为全国社会科学核心期刊之一的《鲁迅研究月刊》至2006年也走过了30年的历程。编辑部在人员少、工作量大的情况下,保质保量地出版了每月1期的《鲁迅研究月刊》。至2008年12月,已出版了320期。

主办或与有关单位联合举办了各种学术研讨会。2004年与青岛大学共同主办的"鲁迅研究20年周年国际学术研讨会"在青岛大学召开。2005年7月与沈阳师范大学联合举办了由中、日、韩三国学者参加的"现代东亚语境中的鲁迅研究——中韩鲁迅研究对话"国际学术研讨会。2005年9月,与日本东北大学、日本驻华大使馆、日本仙台市政府联合举办的"鲁迅的起点:仙台的记忆"国际学术研讨会在本馆举行。日方30多名代表和北京、上海、绍兴等地的部分学者参加学术交流活动。2005年10月举办的"鲁迅与胡适"学术讨论会,聚集了北京、上海、广州、杭州、长沙、太原、青岛、黄山等地的30多名专家和学者。鲁迅博物馆先后召开的其他学术会议有"李何林学术思想研讨会"、"林辰先生逝世周年追思会暨《鲁迅传》(林辰著)首发式"、"高校鲁迅作品教学研讨会"、"莫言作品学术研讨会"、"鲁迅与陈独秀学术研讨会"、"汪曾祺作品研讨会"、"缅怀张中行——《说梦楼里张中行》出版研讨会"、"与毕淑敏共飨'心理晚宴'"、"阎连科作品学术研讨会"、"纪念阿垅百年诞辰学术研讨会"、《北京苦住庵记》研讨会和《2008年中国当代散文与创作研讨会》等。

为了充分发挥科研单位和高等院校在科研、教学和人才培养方面的优势,实现资源共享、优势互补,共同促进学术事业的发展和高层次人才的培养,本馆早在2002年与青岛大学签订了联合招收研究生的协议,馆内5位专家被青岛大学聘为硕士生导师(中国现当代文学方向)。2004年1月与青岛大学联合招收的第一届研究生5人来馆学习。2004年9月与青岛大学联合招收研究生4名。2007年和2008年各招收两名硕士研究生。我馆与青岛大学联合创办的"鲁迅研究中心"共同出版了《鲁迅研究年鉴》(2006年)和《多维视野下的鲁迅研究——新时期鲁迅研究二十年》(上、下卷)。

馆内专家还应邀到北京市第四聋人学校、北京月坛中学、北京三中和大兴区等地分别作题为"直面苦难的鲁迅"、"鲁迅与日本"、"鲁迅与读书"的演讲。

许多国内外人士对鲁迅研究事业和鲁迅博物馆事业作出出色贡献,本馆予以表彰并聘任日本学者丸山口先生、木山英雄先生和台湾著名作家陈映真先生为荣誉研究馆员。授予鲍耀明先生为荣誉馆员,止庵先生为客座研究员。

本馆于2004—2008

年先后被国家文物局高评委评审为有任职资格的研究馆员5名，副研究馆员5名。

陈列展览

鲁迅生平陈列是鲁迅博物馆的基本陈列，作为全国十大陈列展览精品的原陈列已显陈旧，展厅内部的设施也出现许多伤痕，不能适应现代观众的需要，因此在国家文物局的大力支持下，本馆陈列改造方案于2006年初开始筹备实施。3月10日组织陈列设计方案评标会，经过鲁迅研究界、博物馆界和美术界等方面资深专家评审，北京朗景艺术工程设计制作公司中标承担设计制作任务。在2006年10月19日鲁迅逝世70周年暨建馆50周年，制作完工的部分展厅以新的面貌出现在前来参观的各界人士面前。之后又完善了其他展厅和陈列的“纪念部分”。新陈列内容中增加了近年来新的研究成果，形式上也运用了新的展示手段。总之，新陈列在陈列经验上有了较雄厚的积累，形成自己的传统和陈列个性。该陈列就是在继承优良传统的基础上本着还原鲁迅，贴近鲁迅的宗旨进行的一次探索。

本馆将策划制作的“鲁迅的读书生活”流动展览推向国内外。于2004年2月应香港浸会大学之邀，作为该校“鲁迅节”系列活动之一赴该校展出。举办者说：“望透过有关之活动，让鲁迅那些高贵的，有利于人类文明健康发展的思想及精神得以传承下去。”在香港举办包括鲁迅展览在内的“鲁迅节”，这还是第一次。所以在香港知识界、文化界、科学界反响强烈。香港电视台、香港文汇报、大公报等10多家新闻媒体予以报道。《鲁迅的读书生活》在澳门理工大学展出期间，澳门行政长官何厚铧莅临参观。《鲁迅的读书生活》展览2005年7月西藏自治区成立40周年日的前夕，应邀赴雪域高原西藏博物馆展出，这是内地人物展览第一次在西藏博物馆展出，也是该馆向西藏自治区成立40周年的献礼项目。《鲁迅的读书生活》展览还先后到黑龙江省黑河市博物馆、齐齐哈尔市博物馆、河北省博物馆、保定直隶总督博物馆、黄骅市博物馆、河南省博物馆、福建省晋江市博物馆、苏州大学图书馆、苏州独墅湖图书馆、陕西师范大学、西安西北大学和北京大学、北京师范大学、中国人民解放军医学院总院、北京和平街一中和北京门头沟博物馆巡回展出。“鲁迅的读书生活”展览于2005年11月和2006年1月分别应邀走出国门赴韩国和新加坡展出。

近年来，本馆举办了各种各样的临时展览。“纪念李何林先生百年诞辰图片展”、“爱新觉罗·毓岚收藏展”、“海峡两岸·中国藏书票大展”（2004）、“王小波生平展”展览、“法国皮尔·阿麦画展”、“赵延年1938—2004年木刻作品展”(2005)、“中国印·生肖魂——陈冠英、张维萍刻石书画展”、“王梦庚复制乾隆御笔玺印暨书法金石展”(2006)、《汪曾祺的一生》展览、“第三届北京文学节·

百名作家手稿展”(2007)、《许广平同志诞辰110周年纪念展》、“元国梁《古都版画》展”、《太行山人张小平画展》(2008)。2005年5月在鲁迅博物馆举行的“中日身美书法展”是以凝结着中日文化因素的“身美”字而展开的展览。中华全国新闻工作者协会主席邵华泽、中国文化艺术发展促进会常务副会长刘德有、国家文物局原局长张德勤等10多位德高望众的中国学者和日本众议院议员——原总理大臣羽田孜、日本身美之会名誉会长石原信雄、日本身美之会会长伊藤尚子等近20名日本朋友及各界人士约200余人出席开幕式。2008年4月在第二十四届中国兰亭书法节举办之际，北京鲁迅博物馆与上海鲁迅纪念馆、绍兴鲁迅纪念馆联手在鲁迅故里——绍兴古镇举办“鲁迅手迹珍品展”，展出馆藏鲁迅手迹(条幅、手稿、书信等)约计55件，大部分都是从未公开展览过的鲁迅手迹，都系国家一级文物。这次是三大国内专门的鲁迅纪念研究机构首次联展馆藏的鲁迅精品。2008年9月北京鲁迅博物馆与有关单位共同举办的“镜匣人间——周海婴八旬摄影展”在北京孔庙和国子监博物馆举行隆重的开幕式。国家广电总局副部长赵实、前国家文物局局长、中国博物馆学会理事长张文彬等出席开幕式。10月1日全国政协主席贾庆林亲往国子监参观周海婴摄影作品展。

社会教育

随着全球性现代化进程的加速，现代意义的博物馆教育功能，已经发生根本的变化。作为北京市第一批命名的爱国主义教育基地，鲁迅博物馆不仅脚踏实地努力做好日常的接待讲解工作，还开展了形式多样的教育活动。如在社区举办“社区居委会黑板报展览”、“社区青少年书画展览”，组织“学鲁迅争作文明小市民主题队会”，举办“认知历史，崇尚科学讲演会”等。2004年，本馆开展的“我喜爱的鲁迅名言”活动，为各界观众提供了便捷了解鲁迅的通道。这种名人与观众超越时空的“对话”，场面热闹非凡，留言生动感人。本馆编写的《鲁迅生平》、《北京鲁迅故居》、《鲁迅诗选》、鲁迅遗印、《鲁迅名言录》等宣传小册子得到观众特别是学生和老年人的普遍欢迎。本馆与北京新源西里小学共同举办的“心系奥运会，奉献我真情”大型义卖会于2008年5月12日在本馆正式拉开帷幕。这次所得善款全部捐赠给2008年奥运会残奥运动员，以表达北京少年儿童以及社会各界人士对奥运的企盼和祝愿。本馆在拓展博物馆教育功能，延伸博物馆展览的教育内容，建立与公众沟通的信息反馈平台，提高博物馆的知名度等方面进行了积极的探索与尝试。

本馆与北京报业集团同心出版社联合举办的“在鲁迅身边听讲座”活动自2005年3月27日开始在本馆多功能厅举办，每两周一次，观众免费听讲。

至2006年5月28日，共举办讲座29次，受到社会公众的欢迎。

值得一提的是，本馆与北京名人故居、纪念馆联手，开辟宣传工作的新领域。如：共同组织“向北京部分中小学生赠送名人名言”活动；向北京鲁迅中学、育英学校、清华大学团委等赠送《百馆百宝》、《走进博物馆》、《梅兰芳》等书籍；在王府井、地坛公园举办“漫步名人故居”展览；在清华大学推出“共有的文明——名人与文化遗产”展览；在清华大学百年大礼堂举办纪念“5·18国际博物馆日”文艺晚会；在北京大学推出“传承先进文化、追寻世纪名人暨纪念中国人民抗日战争胜利60周年——名人在抗战中”展览；在金帆音乐厅举办“纪念世界反法西斯战争暨中国人民抗日战争胜利60周年——中华魂”音乐朗诵会；在新浪网上推出了“中华魂——抗战知识问答”等项活动。2005年本馆到边远农村的贫困小学(河北省廉台小学)开展文化扶贫活动，送去展览、书籍、办公用品和文化用品，该校校长感慨地说，名人馆带来的不仅是宝贵的精神财富，她们带来的是爱心和希望啊。2007年初，本馆把“名人与文化遗产”展览送到北京市未成年犯管教所，用文化名人的精神之光，疗治少年服刑人员精神世界的疾病，300余名服刑人员有序地参观了展览；同时，本馆还为少管所的服刑人员捐赠了部分书籍。2008年，为了做好奥运会、残奥会期间北京的文化宣传和普及，进一步增强北京市的文化含量，本馆在奥运会、残奥会期间联合推出了“名人与北京历史文化展”，为五湖四海的来宾和全国各地的观众献上了一道丰盛的文化大餐。本馆的“中国名人展”走出国门，2004赴新加坡、马来西亚，2005年赴韩国，2006年赴日本等地展出。为增强国际间文化交流与人民间相互了解作出一份贡献。

设施维修和改造

本馆于2005年初对陈列厅、鲁迅故居、地下文物库房安全防范系统进行了升级改造。3月25日此工程通过国家文物局执法督察处组织的安防专家组的验收。2006年5月，本馆的庭院内基础配套设施改造工程开工。此次施工，将路面材料改为大理石板材，更换室外地下的上、下水管道及供暖管道，新建雨水收集池，对馆院内重新进行绿化。9月，馆内安防、空调、语音导缆工程通过监理方验收。 （王惠敏）

北京李大钊故居

FORMER RESIDENCE OF LI DAZHAO

馆　　长　王 洁

通讯地址　北京西城区文华胡同24号

邮政编码　100031

电　　话　66089608(办公室)　66089208(业务部)

传　　真　66089208

网　　址　www.lidazhao.org

电子信箱　lidazhaoguju@yahoo.com.cn

隶属关系　西城区文化委员会

性　　质　公办

建筑性质　民国时期四合院建筑(北京市文物保护单位)

建筑面积　503.57平方米

展览面积　304.44平方米

占地面积　1112平方米

馆址环境　北京李大钊故居坐落于西长安街南侧新文化街风貌保护区的文华胡同,与北侧的民族文化宫相望,为民国时期民居建筑,质朴宁静。

历史沿革　北京李大钊故居位于北京市西城区文华胡同24号(原石驸马大街后宅35号)。1920年春至1924年1月,李大钊及家人在此居住近4年,这是他在故乡之外与家人生活时间最长的一处居所。这里见证了李大钊传播马克思主义、创建中国共产党、领导北方工人运动、促进第一次国共合作等一系列最具代表性的革命实践活动,也是他简朴生活和高尚道德情操的真实写照,具有丰富厚重的文化内涵。北京李大钊故居作为中国共产党及其创始人的重要活动地,在党的历史上有着重要的历史地位和文物价值,1979年8月21日,被公布为北京市重点文物保护单位。在中共北京市委、北京市人民政府的领导下,中共西城区委、西城区人民政府高度重视李大钊故居的保护工作,在北京市文物局和首都开发集团的支持下,2006年李大钊故居修缮工程被列为北京市人文奥运文物保护计划2006年度的修缮项目,同年2月15日开始居民动迁,5月底搬迁工作启动,6月28日举行北京李大钊故居修缮工程开工仪式,施工单位为北京市文物古建公司。历时一年,圆满完成居民搬迁、故居修缮工作。2007年4月28日,李大钊同志英勇就义80周年之际,正式向社会开放。2007年3月李大钊故居获得博物馆资质,4月被命名为“西城区爱国主义教育基地”。

开放时间　9:00—16:30(周一、二闭馆)

服务设施　语音导览设备免费讲解服务。

交通情况　地铁1号线,复兴门站,西单站;地铁2号线,复兴门站,长椿街站;7、10、38、477、626路公交车,新文化街西口站,15路公交车,民族文化宫站。

概 述

工作宗旨

严格遵守宪法、法律、法规和国家政策，遵守社会道德风尚；作为爱国主义和革命传统教育基地，面向全社会，特别是广大党员、青少年以及人民群众，进行爱国主义、革命传统教育；宣传李大钊同志的精神和思想；对李大钊故居进行文物保护；深入探索和研究李大钊同志的论著和思想。

机构设置

下设办公室、业务部 2 个部门。负责北京李大钊故居的对外开放、保护管理、维护修缮、藏品保管和宣传陈列等工作。

藏品管理和保护业务

李大钊故居开放前夕，在红色收藏家范强明、和宏明处获得捐赠和征集的《新青年》、《甲寅》、《新潮》等文献资料 41 件，李大钊图书资料 70 件，作为馆藏品收藏。

2008 年 4 月 26 日，李大钊故居在“北京德宝国际拍卖有限公司春季拍卖会”上成功拍得《燕京大学近代文编》、《史学要论》（1923 年版）、《中国大学学术讲演集》和《少年中国第二卷上册》4 件珍贵文献资料。经文物专家鉴定，目前共有馆藏一级文物 2 件，2 级文物 1 件，三级文物 5 件。上述文献资料对李大钊故居的研究、社教等工作具有极其重要的意义，同时填补了馆藏文物的空白。

为了更好地保护、利用文物，故居聘请专家协助建立了文物藏品档案，购置专用文物装具，用专业化的手段保管和利用文物。

科研工作

“研究”是博物馆不可或缺的重要功能之一，为弥补李大钊故居编制少、专业研究人才匮乏的不足，李大钊故居聘请专家作为顾问，同时与相关专业社团建立密切联系，现李大钊故居已成为中国李大钊研究会、北京大钊学社的会员单位。

2007 年 9 月，李大钊诞辰 118 周年前夕，与中国李大钊研究会在李大钊故居共同举办了“纪念李大钊同志诞辰 118 周年座谈会”，15 位李大钊研究方面的知名专家参加了会议。

同时在专家及专业社团的协助下，李大钊故居的专业研究能力得到不断提升，在此基础上，制作完成了第一批出版物：

2008年初，拍摄制作《北京李大钊故居》专题片（DVD）；

2008年底，编辑出版“带你走进博物馆系列丛书”——《北京李大钊故居》。

基本陈列、展览

北京李大钊故居展陈由“故居复原陈列”和“李大钊在1920—1924”专题展厅两个部分组成。“故居复原陈列”根据有关文献记载展现李大钊及家人居住时的原貌，包括堂屋、东西耳房、东西厢房共13间文物建筑；“李大钊在1920—1924”专题展厅，分为“传播马克思主义”、“创建中国共产党”、“促成第一次国共合作”、“精神永存光照千秋”4个部分，着重介绍李大钊在此居住的4年期间从事的革命实践活动、宝贵的思想理论遗产及崇高的人格风范。

李大钊故居院内铜像

社会教育

自2007年4月28日对外开放至2008年底不足两年的时间，占地面积仅千余平方米的北京李大钊故居，为充分发挥博物馆社会教育功能，针对自身特点，在工作中扬长避短，不断探索：

1. 以全程人性化优质服务，弥补小馆展陈面积的不足

因李大钊故居面积所限，展陈部分仅用十几分钟便可参观完毕，特别是“专题展厅”部分多是理论介绍，对观众而言不免枯燥，如采用一般博物馆松散的自助参观模式，很难达到社会教育的真正目的。为此，李大钊故居针对自身特点，推出了全程免费讲解，让观众自购票起，即享受到人性化的优质服务。原本十几分钟的参观时间，在讲解员的详细介绍下，可延长到40分钟左右。观众从讲解员口中不仅了解到更多李大钊的生平事迹，更在讲解员对李大钊溢于言表的敬仰中受到感染。自2007年开放至今，李大钊故居的《观众留言簿》已写满厚厚两本，其中充满观众对李大钊的由衷敬仰和对工作人员的感谢赞誉之情。

优质的讲解服务现已成为李大钊故居的特色之一，良好的口碑相传，也对李大钊故居起到了积极的宣传作用。

2. 以丰富多彩的主题活动，弥补传统宣教的形式单一

（1）“清明时节，缅怀名人，走进故居”清明节系列主

题活动

2008年4月4日是国家正式列为法定民俗节日的第一个清明节，作为革命先烈故居和爱国主义教育基地，本馆认为这是一次绝佳的宣传时机，借“清明”这一中华民族传统节日，将缅怀先烈与弘扬民族精神、倡导文明祭扫融为一体，本馆与北京其他名人故居共同探讨，联合推出了“清明时节，缅怀名人，走进故居”系列文化活动。在清明当天，本馆以鲜花代门票，寄托对先烈的哀思。故居清明当天迎来各界参观人士百余人次。此次活动被《北京电视台》、《北京晚报》、《北京西城报》等多家媒体报道。

（2）“奋斗成就理想”爱国主义宣传周主题活动

2008年4月20日，为配合西城区爱国主义宣传周活动，李大钊故居与西城区青少年儿童图书馆携手在故居开展“奋斗成就理想”主题活动。活动中，来自西城区6所小学的20多名选手参加了“手抄报评比”、“眼力大考验”、“听力大考验”、“幸运对对碰”、“好运福娃”比赛。寓教于乐，让同学们在轻松活跃的气氛中了解伟人、了解奥运知识，激发了他们爱国、报国的热情。这次活动的成功举办也为本馆今后开展学生课外活动积累了宝贵的经验，为本馆多种业务活动的开展开辟了一条崭新的思路。

（3）“缅怀先烈，宣誓明志”故居开放一周年主题活动

2008年4月28日，李大钊故居与西城区委宣传部共同举办了“缅怀先烈，宣誓明志——纪念李大钊英勇就义81周年暨故居开放一周年”为主题的少先队建队活动，来自□水河小学40名二年级学生在鲜红的少先队旗下宣誓授巾，活动宗旨是让孩子们铭记先烈、树立社会责任感，同时在故居开放一周年之际，再次宣传故居，增强社会效益。西城区委常委李江、副区长阎傲霜参加了此次活动，北京电视台《缤纷西城》栏目组、《北京西城报》对活动进行了全程报道。

（4）“做党的忠诚卫士　当群众的贴心人”市纪委主题参观活动

2008年5—6月，北京市纪委在全市开展“做党的忠诚卫士　当群众的贴心人”主题活动。5月22日，市委常委、市纪委书记马志鹏带领市纪委机关200余名干部参观李大钊故居。党员们在参观中接受党史教育、学习李大钊的革命精神。此次活动累计接待市纪委机关及纪检系统单位团体48个，共计597人次。

（5）“李大钊与志成精神”征文活动

2008年9—12月，李大钊故居与西城区教委面向西城区中小学生，举办“李大钊与志成精神”征文活动，共计收到征文3000余篇。12月24日，征文颁奖仪式在北京市第三十五中学举行。同时，宣布北京李大钊故居为“北京市第三十五中学德育实践基地”，并授牌；李大钊故居聘请三十五中高一年级23名同学为义务讲解

员。区委宣传部副部长田玖龙、区文委副主任陈洪成出席活动。

3. 以多种形式的临时展览，弥补专题展览的内容局限

(1)在故居院内推出时代主题展览

2008年1—5月，正值党的十七大胜利闭幕，李大钊故居临时展窗内展出了以“光辉的历程”为主题的展览，党走过的光辉历程一目了然、历次大会盛况鼓舞人心。

奥运期间，故居在院内举办了以“中华名人展”为主题的中英文对照展览。展览重点介绍了宋庆龄、李大钊、鲁迅、郭沫若等8位中华名人的生平事迹，旨在通过展览向中外游客宣传中华文明的博大精深与中华名人的道德风尚。

2008年10月，奥运会圆满结束，在新中国成立59周年之际，李大钊故居院内再次推出临时展览“影响中国——改革开放30年最具影响力的30件大事”专题展览。展览回顾了中国在改革开放30年中最具代表性的30件大事，再现了改革开放的历程和中国的巨变。

(2)参加北京8家名人故居纪念馆组织的各类外展

李大钊故居开放后，为进一步扩大影响，积极与兄弟博物馆交流，成为北京8家名人故居纪念馆中的一员，携手推出一系列外展，联动宣传效果显著：

应澳大利亚澳中国际交流促进会的邀请，2007年11月23—12月4日，李大钊故居首次参加了由郭沫若纪念馆牵头，联合宋庆龄故居、鲁迅博物馆等共9家名人故居纪念馆在澳大利亚悉尼大学举办的“中华名人展”。此次展览集中展示了9位杰出人物的生平活动和丰功伟绩。澳中国际交流促进会、澳中友好交流协会的负责人以及悉尼大学中文系的教授们参加了开幕式。此套展览悉尼大学中文系图书馆将永久保留，作为中文教学的辅助材料。

2008年5月18日，世界博物馆日，北京8家名人故居纪念馆推出了“文化名人与世界文化”主题展览。此次展览在王府井地铁站的文化长廊内展出，宣传的重点为李大钊同志对中国共产党的贡献和伟大的革命精神。

2008年7月中旬，参加北京8家名人故居纪念馆联合主办的第8届“世纪名人万里行”赤峰巡展活动。

奥运期间，北京8家名人故居纪念馆在月坛公园聚福殿举办了“中华人民与北京历史文化展”临时展览。

李大钊烈士陵园陈列馆

MARTYR LI DAZHAO'S CEMETERY

主　　任 陈华林

通讯地址 北京市海淀区香山东万安里1号

邮政编码 100038

电　　话 62591044

网　　址 www.lidazhao.com.cn

性　　质 公办

建筑性质 仿古庭院式

建筑面积 1000平方米

占地面积 2200平方米

馆址环境 陵园位于北京西郊，风景秀美的香山脚下、万安公墓中部，坐西朝东，为一传统庭院式建筑。

历史沿革 1927年4月28日，李大钊同志等20位革命者被奉系军阀张作霖残酷杀害。1933年4月23日，应其夫人赵纫兰的请求，北京社会各界力量将李大钊烈士公葬于香山东侧万安公墓。1960年，万安公墓收归国有，定名为北京市万安公墓。1982年，为纪念李大钊烈士，中共中央决定在万安公墓院内建立李大钊烈士陵园。中央为此撰写了李大钊烈士碑文，邓小平同志为李大钊烈士纪念碑题词。1983年10月29日，李大钊烈士陵园落成典礼隆重举行，党和国家领导人胡耀邦、彭真、薄一波、杨尚昆等出席了典礼仪式。1986年，北京市重点文物保护单位李大钊烈士陵园，经国务院批准，被民政部定为全国重点烈士纪念建筑物保护单位。1987年，彭真同志为陵园展室题写了"李大钊烈士革命事迹陈列室"匾额。1992年，被北京市政府命名为青少年教育基地；1995年，被民政部命名为全国爱国主义教育基地；1996年，被国家教委、民政部、文化部、国家文物局、共青团中央、解放军总政治部等命名为全国中小学爱国主义教育基地；2002年，被中宣部评为爱国主义教育示范基地；2005年，定为全国一百个红色旅游经典景区之一；2006年，陵园进行全面维修改造，更新展陈；2007年4月28日，纪念李大钊英勇就义80周年暨《永远的丰碑——李大钊生平思想展》开幕式活动在陵园隆重举行。李大钊烈士陵园已成为爱国主义教育和革命传统教育的重要基地。烈士雕像前可容纳500余人的小广场，1983年10月29日落成并对外开放。

开放时间 8:00—15:00

服务设施 墓地建筑属陵园，前面有可容五六百人举行纪念活动的广场。

交通状况 乘360、737路公交车。

（资料来源参考互动百科网 www.hudong.com）

老舍纪念馆

LAOSHE MEMORIAL MUSEUM

馆　　长 舒　济

通讯地址 北京市东城区灯市口西街丰富胡同19号

邮政编码 100006

电　　话 65142612　65599218

传　　真 65599218

网　　址 www.bjlsjng.com

电子信箱 bjlsjng@yahoo.com.cn

隶属关系 北京市文物局

性　　质 公办

建筑性质 近代四合院建筑(北京市文物保护单位)

建筑面积 300平方米

展厅面积 200平方米

占地面积 400平方米

馆址环境 在老舍故居基础上建立起来的,位于北京市东城区灯市口西街丰富胡同19号,地理位置优越,紧邻著名的天下第一街——王府井大街。这里公共交通四通八达。

历史沿革 1984年5月,被公布为北京市文物保护单位。1997年7月,老舍家属将故居捐献给北京市。1998年北京市文物局对故居进行全面修缮。1998年7月成立纪念馆。1999年2月1日在老舍先生诞辰百年时纪念馆对外开放。丰富胡同19号是一所普通的四合小院,是1950年初老舍由美国归国后购置的,他在这里生活了16年,写下了《龙须沟》、《茶馆》、《正红旗下》等新中国成立后的全部作品。1984年5月"老舍故居"被北京市人民政府列为市文物保护单位。1999年2月1日正值老舍先生诞辰百年,纪念馆建成并正式对外开放。

开放时间 9:00—16:00(周一闭馆)

对外开放单位 老舍书屋

服务设施 纪念品商店。四国语言发音的语音导览设备。

交通状况 公共汽车:乘2、60路汽车妇产医院下车。乘103、104、108、111、420、803、814路灯市西口下车。地铁:乘地铁5号线灯市口下车。

概 述

老舍纪念馆是在老舍故居的基础上建成的，于1999年2月老舍诞辰一百周年之际正式对外开放。建馆以来，老舍纪念馆以保护故居和藏品、征集和研究藏品及资料、推出展览和活动、广泛开展社会教育为基本工作任务，紧紧围绕老舍“生在北京、长在北京、死在北京，他写了一辈子北京，老舍和北京分不开，没有北京，就没有老舍”这个主题开展业务和研究工作；努力把老舍纪念馆建设成为老舍图书资料收藏研究中心和教育活动中心是纪念馆的工作宗旨。

老舍纪念馆是北京市文物局下属的正处级事业单位，馆长作为主要领导负责全馆工作，下设办公室、业务部两个部门。办公室主要负责全馆的行政办公、财务、人事、安全保卫、后勤保障等工作，业务部主要负责藏品征集与保管、陈列展览、社会教育、对外开放与接待、科研等工作。

老舍纪念馆馆藏文物数量为1903件。入藏品总登记账共有：1797件，对1966年以前藏书作了鉴定，一级文物：2件；二级文物：7件；三级文物：20件。参考品：21件。中外书籍：1414件。照片、图片资料：676件。音像资料：118件。杂志文件类资料：488件。字画：23件。多年来，纪念馆积极面向社会征集与老舍相关的珍贵资料，多次接受捐赠，其中最有代表性的是老舍子女捐赠的胡洁青画作和文艺界友人致晚年胡洁青的信件。由于馆内库房条件简陋，各类藏品的保存条件有限，纪念馆也一直致力于改善藏品的保存环境，通过增加温湿度监测设备、防潮设施等途径保证大量纸质藏品的安全和完好程度。另外，纪念馆还对现有藏品和资料不断进行整理和鉴定，于2005年对较早的老舍作品版本进行了鉴定，新增一级文物2件。今后，纪念馆还将对现有藏品资料进行逐步整理和鉴定，特别是近年来新入藏的珍贵资料，力争在不断扩大馆藏的基础上，实现图书资料收藏研究中心的目标。

纪念馆业务人员在各项业务工作的基础上，围绕老舍和博物馆等主题积极开展科研工作，先后发表了多篇专业论文，并在北京地区博物馆学术会议上多次获奖，如《论我国博物馆的法律地位》、《名人故居的文化传承浅析——以老舍纪念馆为例》等，出版著作《带你走进博物馆——老舍纪念馆》（文物出版社2007年1月）。

老舍纪念馆的固定陈列包括老舍故居原状陈列和生平陈列两个部分。原状陈列的主要内容为老舍客厅、老舍书房兼卧室、胡洁青画室兼卧室等。陈列保持了老舍生

春天的丹柿小院

前的原状，展出了老舍生前使用过的多件珍贵物品。2006年改陈后推出陈列名为《走进老舍的世界》,在介绍的基础上,对老舍生平、文学创作、社会文化活动等多方面的成就进行了综合性的展示。

针对场地狭小的现状，纪念馆结合自身特色推出了多项临时展览,或在故居内展出,或外出巡展,都取得了良好的效果,得到了社会各界的一致好评。其中影响较大的临时展览有《老舍幽默小品赏析展》、《老舍作品外文译本展》、《1966—2006老舍离去四十年》、《老舍与中国话剧百年展》等。在各项临时展览中,纪念馆不拘泥于一种形式,在内容设计和形式设计上都不断探索和开拓新形式,不仅重视展览本身的特色，还注重与展览环境的协调与搭配,每项展览都尽量做到使观众耳目一新。像《老舍幽默小品赏析展》就选用了老舍幽默诗文中的经典语句,搭配上著名漫画家方成、丁聪等人的漫画，板面设计活泼自然，让观众在笑声中了解老舍作品幽默的写作风格，体味幽默背后蕴涵的人生哲理。

除固定陈列和临时展览，老舍纪念馆还在每年的老舍诞辰纪念日、老舍逝世纪念日、国际博物馆日、清明节等时间推出系列文化活动，在社会教育工作中积累了大量的宝贵经验,取得了优异的成绩。

《走进老舍的世界》展览

2004年2月老舍诞辰纪念日，纪念馆举办了“追寻老舍作品外文译者”活动开幕式，除推出《老舍作品外文译本展》外，还聘请多位国外的老舍研究专家为荣誉馆员，感谢他们在研究和翻译老舍作品、促进中外文化交流等方面作出的贡献。开幕式上请到了各国驻中国大使馆的多位文化参赞，向世界各国发出了追寻老舍作品外文译者的邀请，大家一起品尝老北京的传统小吃，共同了解老舍作品，在热烈的气氛中纪念这位伟大的作家。

2005年国际博物馆日期间举办的“老舍杯 Flash 作品创作大赛”也是我馆近年来举办的最为成功的特色活动之一。大赛面向全国征集以老舍作品为主题的 Flash 作品，从百余件参赛作品中评选出了9件获奖作品，其中一等奖1件、二等奖3件、三等奖5件，另外还颁发了两个特别纪念奖，分别颁给了一名外籍留学生和一名高中生。此次活动将传统文化与多媒体结合在一起，促进了老舍作品在青少年中的传播，也为博物馆社会教育开拓了新的形式。

传统活动“老舍话剧作品演出”多年来也广受欢迎，在纪念老舍逝世的活动中，在老舍故居院内，由爱好话剧演出的青年志愿者和在校中小学生共同演出老舍著名话剧作品的片段，吸引了不少青少年前来参加。演出前我馆会请北京人民艺术剧院的老表演艺术家为业余演员们进行指导，演出现场还会请到许多文化界的著名友人，大家齐聚老舍故居，在亲切友好的氛围中缅怀老舍、回味老舍作品，成为了“丹柿小院”内的一个传统。在众多演出中，最具代表性的有青年志愿者表演的《茶馆》片段和方家胡同小学的小学生们表演的童话剧《宝船》片段等。

从清明节被国家规定为法定节假日以来，老舍纪念馆在清明期间也推出了“清明时节，缅怀名人，走进故居”系列文化活动。在2008年清明节的活动中，纪念馆配合清明的主题推出了临时展览，还组织了用鲜花缅怀老舍的活动，大量自发而来的观众用手中的鲜花表达对老舍的怀念之情。中小学生们在故居院内集体听老舍家属为他们讲课，还通过集体献花、诗朗诵等形式缅怀老舍。清明活动也固定成为了我馆的一项基本活动，在每次清明期间都将举办下去。

除了独立举办临时展览和文化活动外，老舍纪念馆还同北京其他7家名人故居、纪念馆联合开展活动、举办展览，经过近10年的联合发展，已经成为了首都文化界的一个品牌，在促进北京文化发展、建设人文北京的过程中，发挥了重要的作用。8家名人纪念馆先后到过新加坡、马来西亚、日本、韩国、新西兰等多个国家举办展览和活动，在国内也访问过山西晋中、内蒙古赤峰等多个地区，在北京进学校、进社区、进部队、进少管所，影响非常广泛。

老舍纪念馆注重改善开放和服务环境，树立为观众服务的理念，通过增加服务设施、引导标志标牌等满足观众的需求，还在讲解接待方面多下工夫，为观众营造良好亲切的参观环境。纪念馆常年接收来自北京各高校和中小学的学生来馆做志愿讲解员，对他们进行岗前培训，由他们在课余时间来馆为观众提供义务讲解，既为他们提供了社会实践的机会，也促进了讲解接待工作的发展。这些志愿讲解员们态度热情大方，讲解耐心细致，许多同学还能用英文为外宾提供讲解，受到了国内外观众的称赞，也成为了纪念馆的一道靓丽风景线。纪念馆从开馆伊始就本着服务社会的理念，实施低票价开放，从2004年起，又先后实行周三免费开放日、中小学生免费参观等优惠制度，2008年3月28日又在中央和北京市的集中部署下成为了第一批免费开放的博物馆面向社会免费开放。实行免费开放后，纪念馆在提高接待服务水平上下大力气，面对观众数量增加的压力，努力保障安全优质开放，在北京奥运会和残奥会期间接待了来自世界各地的万余名观众，没有发生一次事故、没有接到一次投诉，出色地完成了向免费开放的过渡。今后，纪念馆还将在改善开放环境、提高服务水平上不断努力，让每一名来馆参观的观众都能满意而归。

（王红英）

茅盾故居
FORMER RESIDENCE OF MAO DUN

馆　　长 郭丽娜

通讯地址 东城区交道口后圆恩寺胡同13号

邮政编码 100088

电　　话 64040520 64044089

传　　真 64044089

网　　址 www.wxg.org.cn

电子信箱 master@wxg.org.cn

隶属关系 中国现代文学馆

性　　质 公办

建筑性质 近代建筑,老北京四合院(北京市文物保护单位)

建筑面积 572.6平方米

展厅面积 80平方米

占地面积 850.7平方米

馆址环境 茅盾故居位于后圆恩寺胡同,东邻白云宾馆(原为蒋介石北京官邸),西邻南锣鼓巷文化一条街,南邻前圆恩寺胡同,北邻菊儿胡同。馆内由一个二进四合院组成,庭院内有两拢花草和一个葡萄架,茅盾半身铜像坐落在庭院中,第三个展厅和会客室组成院落前庭,后庭为起居室兼卧室。

历史沿革 茅盾故居所在地,原房主为国民党天津市警备司令部稽查主任秘书。新中国成立以后,是中央政府机构用房,1976年茅盾由原文化部宿舍迁入,到1981年3月病逝,在这里度过了一生最后的5年。茅盾逝世后,1982年2月18日中国作家协会党组向中共中央宣传部提出书面报告,请求把茅盾生前的最后寓所保留下来,作为茅盾故居,收藏他的遗物,供后人瞻仰、学习。1982年2月24日中央领导批复同意。1982年6月11日办理移交手续。1982年8月23日中央书记处讨论通过《作家协会党组"关于编辑出版《茅盾全集》、筹建茅盾研究会的报告"》;1984年5月24日北京市政府公布茅盾故居为北京市文物保护单位。1985年3月27日茅盾故居正式对外开放。

开放时间 9:00—16:30(周一闭馆)(除国家法定节假日每周一闭馆)

服务设施 无障碍参观

交通状况 公交104、107、108、113路交道口站下车,公交5路汽车鼓楼站下车。

概　述

茅盾故居院内的雕像

工作宗旨：研究茅盾生平、著作和学术思想，从事相关文物的收藏整理、展览宣传。

机构设置：茅盾故居下设业务办公室、行政办公室，分别处理日常接待、讲解、宣传和安全保卫工作。

藏品管理和保护业务：茅盾故居藏品主要包括茅盾撰写、收藏、他人赠送的书籍和期刊共计6000余册；茅盾使用过的家具、衣物等用品。

基本陈列、展览：在重点保留茅老卧室、起居室、书房等原状陈列的基础上，分设3个陈列室展出“茅盾生平”。

社会教育：2004年，与北京名人故居、纪念馆共同推出《世纪名人万里行》和《漫步名人故居》巡回展览，在劳动人民文化宫、崇文区图书馆、西城区图书馆、福绥境社区、王府井图书大厦等地巡展，此展览还参加了2004年什刹海文化旅游节；在“五一”黄金周期间，联合4家名人纪念馆与《北京晚报》共同举办“金秋走近文化名人”系列文化活动。2005年与北京名人故居、纪念馆共同开展文化扶贫活动，将“追寻世纪名人”展览和筹集捐赠书籍1800余册，文化用品1800余件送到河北定州息仲乡连台小学；联合北京名人故居、纪念馆在金帆音乐厅举办音乐朗诵会《中华魂》，纪念世界人民反法西斯战争和中国人民抗日战争胜利60周年；名人故居、名人纪念馆与大学生杂志社推出“国难时的名人”专刊；在北京大学会议中心百周年纪念讲堂举行“传承先进文化，追寻世纪名人”文化进校园系列展暨纪念抗战胜利60周年展开幕式活动，随后该展览在人民大学、农业学院等22所高等院校进行了巡展，并参加了在北京冬季书市暨北京第二届青年读书节活动。2006年，北京的名人故居、纪念馆与文化部艺术司、中共北京市委宣传部、北京市文物局、中国博物馆学会、北京博物馆学会和清华大学团委联合在清华大学组织“文化名人进校园”系列文化活动；2008年，名人故居、纪念馆在位于西城区后海的国家名誉主席宋庆龄同志的故居，举办与北京青年政治学院青年志愿者的签约仪式并进行了为期一周的“清明时节，缅怀名人，走进故居”系列文化宣传活动；由北京市文物局主办，8家名人故居、纪念馆及国家话剧院、中国儿童艺术剧院共同发起的“文化艺术进校园”活动的启动和签约仪式在北京舞蹈学院举行。　**（郭丽娜）**

北京郭守敬纪念馆

GUOSHOUJING MEMORIAL HALL

馆　　长 李　娜

通讯地址 北京市西城区德胜门西大街甲60号

邮政编码 100035

电　　话 83224766　83224626(社会教育)

传　　真 83224766　83224626

网　　址 www.gsjjng.com

电子信箱 bjgsjjng@126.com

隶属关系 北京市西城区文物保护研究所(西城区文化委员会)

性　　质 公办

建筑性质 现代仿古建筑

建筑面积 400平方米

展厅面积 287.8平方米

占地面积 800平方米

馆址环境 坐落在秀美的西海北岸的汇通祠内,建筑造型得体,格调素雅,步入园中,小径蜿蜒,假山叠石,错落有致,登高放眼,清水悠悠,小桥卧波,林阴掩映。

历史沿革 位于什刹海西海北岸的汇通祠内。汇通祠始建于明永乐年间,旧称法华寺,又称镇水观音庵。清乾隆二十六年(1761)重修,改名汇通祠,并立御制诗碑。1976年修建地铁时,汇通祠被拆除。1986年9月,北京市西城区政府决定复建汇通祠,辟为郭守敬纪念馆,用以纪念郭守敬的历史功绩。1988年10月1日,正式对外开放。2007年8月至2008年8月,西城区政府对纪念馆进行修缮,完善基础设施,并将原有的展览内容及形式进行调整更新,主题定位为——“纪念科学巨星,弘扬民族创新”,于2008年9月28日正式对外免费开放。重建的纪念馆占地面积近800平方米,建筑面积400平方米,辟有4个展厅。

开放时间 9:00—16:00(周一闭馆)

交通状况 地铁2号线积水潭站B出口西侧,乘27、635、83路积水潭桥东站;乘22、38、47积水潭桥南站。

概　述

北京郭守敬纪念馆在2007年8月—2008年8月期间进行重新修缮，于2008年9月28日对社会免费开放。2008年12月经北京市西城区机构编制委员会批准由西城区文物保护研究所对其进行日常开放管理，加挂“北京郭守敬纪念馆”牌子，为一个机构两块牌子。北京郭守敬纪念馆为西城区文化委员会所属的全额拨款事业单位，依据《北京市博物馆条例》负责纪念馆的保护维修、对外开放和安全管理，并研究郭守敬与北京城的发展，征集相关文物，举办展览。纪念馆下设外联部、社教部、财务部等。

2007—2008年是郭守敬纪念馆的基础设施和对外宣传工作取得显著成效的两年，也是郭守敬纪念馆综合配套改革继续深化和结构调整迈出实质性步伐的两年。两年来，在全馆同志的共同努力下，各项工作稳步推进，在馆舍修缮、完善基础设施、外宣教育和展览内容及形式上都取得了显著进展。主要成果概要如下：

1. 各项工作进展顺利，取得一定水平的成果

2007—2008年，郭守敬纪念馆全面进行了调整，许多项目已取得良好进展。在基础研究方面，首次成功将原有的郭守敬纪念馆展览内容及形式进行调整更新。填补了原有展览馆中无视频宣传的空白，使前来参观的游人耳目一新。

2. 制订郭守敬纪念馆发展规划，勾画郭守敬纪念馆的发展蓝图

制订郭守敬纪念馆发展规划，是全馆的一件大事，在规划编制过程中，始终注重民主、科学决策，努力使规划成为群体智慧的结晶。郭守敬纪念馆的发展规划体现以下特点：一是注重科普性的国民经济急需；二是市场经济下的科技宣传投入；三是点面结合，突出重点。例如：郭守敬纪念馆的布局和宣传做到了电子版的宣传、文字版的宣传及音像方面的宣传。2007年7月，乾隆御制诗碑《汇通祠》被上级部门定为西城区文物保护单位，为争取其他方面的项目打下了重要基础。

3. 加强郭守敬纪念馆的基础修缮工作，探索新的服务机制

为推动郭守敬纪念馆的对外宣传，2007年8月—2008年8月，西城区政府对郭守敬纪念馆进行修缮，完善基础设施，并将原有的展览内容及形式进行调整更新。改造后的郭守敬纪念馆主题定位为：纪念科学巨星，弘扬民族创新。2年来从科研结构、组织结构、队伍结构、运行机制等方面入手，进行了改革调整的尝试。通过评议、筛选、论证，辟出了4个展厅。

第一个展厅：郭守敬生平大事

以大事记的形式宣传郭守敬不平凡的一生，本展厅内设计独具匠心，展墙为弧形与穹顶，寓意着郭守敬60余年的科技生涯和不断创新发展的风雨历程，成就辉煌且惠及今人，彰显郭守敬在世界科技史上的地位。展厅地面的正中为“元大都城示意图”。

北京郭守敬纪念馆全景

展厅的穹顶是“郭守敬星图模型”，高达2.4米。展厅的弧形墙壁上，按照郭守敬生平年代从小到大顺序进行排列，以元代最有代表性的元青花瓷版画形式排列郭守敬生平大事，在每幅相连瓷版画之间安装了手工刻制的汉白玉说明文字板，同时用创作画——“元代积水潭长卷景物图”作为展墙底图，使展厅的环境营造出元代文化氛围。

第二个展厅：元代积水潭

元代积水潭分为以下4部分：

(1)积水潭的形成过程

(2)大都城选址

(3)大都城规划

(4)元代围绕积水潭的水利工程

以5张图片分别展示永定河的风光：

(1)史前至清中期永定河河道

(2)永定河河道、高粱河关系图

(3)《水经注》所记蓟城附近水系

(4)辽时期燕京附近水系

(5)金代白莲潭及其支引水道图

第三个展厅：大都治水

该展厅主要由永定河引水工程、引玉泉水工程和开凿通惠河工程三大水利工程组成。

(1)永定河引水工程，这种以重开金口河为核心的设计，上可灌溉京西北土地，下可作为京畿的一条运河，漕运西山木石用于大都城建设。其目的是保障营建大都城所需建筑材料的水路运输供应。这是历史上唯一一次成功实现永定河引水工程，为现在北京城市引水奠定了基础。

(2)引玉泉水工程，水源引自玉泉山泉水，经过专辟的河道，不与其他任何河流交汇，单独注入大都城内皇城中。金水河行径路线约在今长河西南侧，流至今西直门南水关入大都城，沿今赵登禹路、太平桥大街南流，经前泥洼胡同东流，至甘石桥分为两支：一支沿今灵境胡同向东入皇城；另一支绕皇城向北然后东折，在今北海幼儿园前入皇城。

(3)开凿通惠河工程，通惠河源头昌平神山白浮泉经大都城到通州李二寺入白河，全长164里104步，瓮山泊以下共设闸24座，闸距约一里左右，上开下关，上关下开，保证有足够的水量行船。通惠河开通后，标志京杭运河全线贯通。当年的积水潭码头，也就是现今的什刹海后海一带成为京杭运河北终点码头。南来的商船纷纷聚泊在这里，一时成为了全城最繁华、最热闹的地方。

第四个展厅：测天制历

该展厅内重点展示天文、历法及仪器制造方面的成果。

（1）奉诏改历——编制《授时历》。《授时历》是我国古代最优秀的历法之一，它提出的回归年长度为365.2425日，与世界通行的公历——《格里历》回归年数值一致，但比《格里历》早颁行300年。

（2）建太史院和司天台：太史院内的主体建筑高7丈、分3层的司天台，是当时世界上规模最大、设备最完善的天文台。

（3）创制天文仪器：在浑仪的基础上创制出新的天文仪器，能测量天体的赤道坐标和地平坐标，底座上的正方案可测量方向，比丹麦天文学家第谷制造的相似仪器早了300多年。

（4）浑仪：又叫浑天仪，是我国古代传统的天文观测仪器。

（5）仰仪：是用来测量天体球面坐标的仪器，锅状铜制半球仪器，直径1丈2尺，深6尺。

展厅内景

（6）玲珑仪：是用来观测太阳、星辰和月亮位置的仪器。

（7）正方案：是用来测定方向的仪器，它是依据太阳的运行来测定方向的，比指南针还要准确。

（8）高表：是以太阳为观测对象的仪器，通过测量正午时的表影长度来测定节气和年长。元代以前使用八尺圭表，郭守敬把八尺圭表改为四丈高表，提高了观测精度。

（9）窥几：是配合高表测量使用的，测量月亮、星星的影长、推算地平高度的仪器。

（10）大明殿灯漏：又叫七宝灯漏，是世界上第一台大型机械报时钟，比西洋钟早了400多年。

4. 社会教育

2008年9月28日开馆至年底郭守敬纪念馆共接待游客14720名。

从开馆以来，我们一直注重纪念馆社会教育职能的体现，为了让更多的人了解郭守敬这位科技巨星，我们积极想办法做宣传，充分发挥好市科普及爱国主义教育基地作用，积极申报校外教育协会会员和社会大课堂成员，开展青年志愿者讲解活动，建立少年科技岗，目的在于搭建起更多更广泛的社教实践平台，以供各个年龄阶段的朋友前来感受这位前辈的丰功伟绩，弘扬民族创新精神。

郭沫若纪念馆

GUO MORUO MEMORIAL MUSEUM

馆　　长 郭平英

通讯地址 北京西城区前海西街18号

邮政编码 100009

电　　话 83225392(办公室兼公众教育中心)
83225985(传达室)

传　　真 83225392

网　　址 www.guomoruo.net

电子信箱 gmrjng@263.net

隶属关系 中国社会科学院

性　　质 公办

建筑性质 近代建筑四合院(全国重点文物保护单位)

建筑面积 2279平方米

展览面积 998平方米

占地面积 7000平方米

馆址环境 位于什刹海风景区前海西畔,平安大街(地安门西大街)路北,南望北海公园静心斋。馆内由四合院和庭院组成,郭沫若全身铜像坐落在草坪上。郭沫若在世时的庭院景观——铜钟、石狮、石洗以及银杏、西府海棠、牡丹、藤萝等和他生前的办公室、客厅、卧室依然如故。东西厢房、后罩房辟为陈列室。

历史沿革 郭沫若纪念馆所在位置清末为恭王府属地,1922年间由乐达仁堂购买,修建了现在的庭院。新中国成立以后,这里先是蒙古人民共和国驻华使馆馆舍,后由宋庆龄居住。1963年11月郭沫若由西四大院胡同5

号迁入,到1978年6月病逝,在这里度过了一生最后的15年。次年,郭沫若著作编辑出版委员会迁入本院办公,随后酝酿组成"郭沫若纪念馆筹备小组"。1982年2月中共中央书记处决定把这里定名为"郭沫若故居",同年8月经国务院批准,列入全国重点文物保护单位。1982年11月16日,为纪念郭沫若诞辰90周年,郭沫若故居举行定名仪式,同时举办短期郭沫若生平展。1988年6月12日,郭沫若逝世10周年之际正式开放,中国科学院、中国社会科学院和全国雕塑规划小组共同建造的郭沫若全身铜像同时落成,国家副主席王震为之揭幕。郭沫若子女捐赠的大量文物成为本馆藏品主体。1992年北京市政府命名郭沫若故居为"北京市青少年教育基地"(现更名为"北京市爱国主义教育基地")。1994年中国社会科学院决定将本馆馆名更改为"郭沫若纪念馆"。2000年5月,经过为期一年的全面维修后再度开放。

开放时间 9:00—16:30(周一闭馆),每年最后一个周二至来年农历初三,为冬季休整期,预约接待团体观众。

服务设施 无障碍参观,有轮椅备用。

交通情况 公共汽车有13、107、111、118、701、810、823、850路等,北海北门站下车。

概 述

工作宗旨:研究郭沫若生平、著作和学术思想,从事相关文物的收藏整理、展览宣传。

机构设置:下设研究室、文物与陈列工作室、公众教育与资讯中心、办公室4个处室。从事郭沫若研究、文物管理、宣传教育、展览展示、举办各种文化活动,同时承担中国郭沫若研究会和"郭沫若中国历史学"的日常工作。

藏品管理和保护业务:郭沫若纪念馆藏品主要包括郭沫若《甲骨文字研究》、《两周金文辞大系》等古文字研究著述,《奴隶制时代》、《蔡文姬》、《武则天》等大量史学研究、文学创作的手稿;郭沫若的书法作品、题跋拓本、版本书籍,以及与党和国家领导人的往来信函,文化界著名人士的馈赠书画等文物。这些文物是我馆藏品的精髓,也是研究中国现代社会思想文化进程的一批重要文献,其中相当数量的藏品具有极高的历史价值、文化价值和艺术价值。

为了加强对藏品的管理和保护,本馆从2004年开始在完善原有相关规章制度的基础上不断细化出新的条例,同时根据藏品的不同类别制定具体的防护措施。本馆专业人员积极参加文物系统组织的培训班和学术交流研讨会以开拓新思路,提高自身的专业水平。本馆在2005年分类立项,启动藏品数字化工程。目前,本馆已完成国保单位的建档立卷工作,将《郭沫若图片集》和《郭沫若于立群书法选集》进行了数字化处理。2008年上旬与雅昌文化公司合作采用数字技术将纪念馆馆藏傅抱石"拟九龙渊诗意"巨幅山水图复制成功。几年来,本馆通过社会收集和得到郭老亲属、兄弟博物馆及国内外友人的支持,征得郭老手迹、照片、资料32件(册),在丰富本馆藏品的同时,也向社会提供帮助与服务,2004—2008年共提供郭老书法咨询30余次,2007年还为中国妇女儿童博物馆捐献馆藏珍贵照片、文物复制品4种19张。2008年文物迁移新库房,新库房采用密集柜与木质柜结合使用的方式,将文物陆续分类上架,版本书加封保护书套,手稿精品装入樟木匣。2008年"汶川大地震"后,根据文物防灾减灾经验交流,再一次调整密集柜中文物存储类别,以利藏品的有效保护。

科研工作

主要围绕郭沫若研究和博物馆学两个学术领域进行。在郭沫若研究方面除依靠本馆科研人员,我们还充分调动挂靠在我馆的中国郭沫若研究会所集中的学术力量和学术资源,以各种合作方式开展研究工作、学术资料收集整理工作,进行对外学术交流。使我们的研究工作代表着目前郭沫若研究这一领域的最高水平,同时使我馆成为整合这一学术领域学术资源的中心。

郭沫若纪念馆垂花门

2004年是郭沫若的史学论著《甲申三百年祭》发表60周年。我馆与中国社会科学院历史所、中国郭沫若研究会联合举办了“纪念《甲申三百年祭》发表60周年学术座谈会”，举办专题展和面向社会的学术讲座，与中国郭沫若研究会、四川省郭沫若研究学会合作编纂出版了历史文献集《〈甲申三百年祭〉风雨六十年》。

2005年逢抗战胜利60周年，我馆与中国郭沫若研究会、青岛大学联合举办以“郭沫若与中国知识分子在民族解放战争中的文化选择”为主题的国际学术讨论会。参加学术讨论会的有来自中国社会科学院、国内各高校、科研机构和韩国、日本、德国、美国等国家的专家学者55人，收到论文33篇。我馆与上海出版博物馆合作，协助整理出版吉少甫主编的《郭沫若与群益出版社》一书。此外，还与北京市社会科学联合会联合举办社会科学宣传周，由王戎笙、郭平英在国家图书馆“文津讲坛”举办“郭沫若书法辨伪”、“北京的名人故居”等系列讲座。

2007年，为纪念郭沫若诞辰115周年，经中国社会科学院批准，举办了第三届郭沫若中国历史学奖评活动，经个人申报、专家组推荐和评奖委员会的评选，共27部学术专著获奖。中国郭沫若研究会、中国现代文学研究会、乐山师范学院联合主办了“当代视野下的郭沫若研究”国际学术研讨会在四川乐山举行。与会者有中国、日本、韩国、德国的专家学者83人。会议研讨的主要问题有：“如何评价郭沫若及其研究”、“当代视野下郭沫若研究的思路”、“郭沫若研究文献的建设”等，收到论文60篇。

2008年是我国走上改革开放之路的30年，我馆与中国郭沫若研究会联合主办的“郭沫若研究学术讨论会”在北京举行，会议的主题是“郭沫若研究的回顾与思考”，研讨的主要问题有“新时期30年郭沫若研究的回顾和反思”、“郭沫若与民族精神家园”、“郭沫若文献史料的整理”。我馆与中国郭沫若研究会组织14位中国学者参加了在日本九州大学由日本郭沫若研究会主办的“郭沫若研究国际学术研讨会”，蔡震应邀在讨论会上做主报告。此外，在纪念馆开放20周年之际，我馆还与雅昌文化公司联合主办了“大幅面中国书画数字复制技术研讨会”。在中日和平友好条约签订30周年前夕，馆内新扩建展厅首次推出专题文物展“跨着东海——郭沫若与中日文化交流”。

科研课题

2004年以来陆续完成、结项课题:《郭沫若书信文存》(2004年)、《郭沫若与日本文化》(2005年)、《郭沫若网站改版》(2006年)、《郭沫若全集数据库光盘》(2007年)、《科学家郭沫若》(2007年)、《郭沫若生平暨郭沫若纪念馆中英文简介》(2007年)、《郭沫若与友人》(2008年)、《〈女神〉及佚诗》(2008年)。

目前有的研究课题:中国社会科学院A类重大课题“郭沫若生平与学术思想研究”,馆重点课题“郭沫若文稿书稿手迹档案”、“郭沫若文献史料考论”、“郭沫若纪念馆观众调研”、“文化的记忆·郭沫若画传”。

基本陈列、展览:在重点保留郭老会客室、办公室等原状陈列的基础上,分设“郭沫若的文学世界”、“郭沫若与中国史学”、“郭沫若的人生历程”3个主题陈列室。

社会教育:2004年,与北京名人故居、纪念馆共同推出《世纪名人万里行》和《漫步名人故居》巡回展览,在劳动人民文化宫、崇文区图书馆、西城区图书馆、福绥境社区、王府井图书大厦等地巡展,此展览还参加了2004年什刹海文化旅游节;与国家图书馆“文津讲坛”联合举办《“甲申年”说〈甲申三百年祭〉》学术讲座,在“五一”黄金周期间,联合4家名人纪念馆与《北京晚报》共同举办“金秋走近文化名人”系列文化活动,并在郭沫若纪念馆举行新书作者签名活动。2005年,为庆祝中古建交45周年,与中国社会科学院国际合作局、古巴驻华使馆在纪念馆内联合举办“艺术节——献给古巴诗人尼古拉斯·纪廉和中国诗人郭沫若”活动,古中两国小学生表演和朗诵了两位诗人的诗作;与北京名人故居、纪念馆共同开展文化扶贫活动,将“追寻世纪名人”展览和筹集捐赠书籍1800余册,文化用品1800余件送到河北定州息仲乡连台小学;举办向中小学学生赠送《名家名言录》仪式暨“我爱和平——中小学生录郭沫若抗战名言”硬笔书法比赛颁奖仪式;联合北京名人故居、纪念馆在金帆音乐厅举办音乐朗诵会《中华魂》,纪念世界人民反法西斯战争和中国人民抗日战争胜利60周年;名人故居、名人纪念馆与大学生杂志社推出“国难时的名人”专刊;在北京大学会议中心百周年纪念讲堂举行“传承先进文化,追寻世纪名人”文化进校园系列展暨纪念抗战胜利60周年展开幕式活动,随后该展览在中国人民大学、中国农业学院等22所高等院校进行了巡展,并参加了在北京冬季书市暨北京第二届青年读书节活动。2006年,北京的名人故居、纪念馆与文化部艺术司、中共北京市委宣传部、北京市文物局、中国博物馆学会、北京博物馆学会和清华大学团委联合在清华大学组织“文化名人进校园”系列文化活动;与北京市西城区宣传部等单位,在北京十三中学共同举办的“追寻名人光辉足迹,弘扬爱国主义精神——西城区爱国主义进校园、进社区、进机关系列展览”主题活动。2008年,名人故居、纪念馆在位于西城区后海的国家名誉主席宋庆龄同志的故居举办与北京青年政治学院青年志愿者的签约仪式，进行了为期一周的“清明时节，缅怀名人，走进故居”系列文化宣传活动；由北京市文物局主办，8家名人故居、纪念馆及国家话剧院、中国儿童艺术剧院共同发起的“文化艺术进校园”活动的启动和签约仪式在北京舞蹈学院举行；为迎接奥运会和残奥会，郭沫若纪念馆编写印制了中英文对照图册《走进郭沫若纪念馆》，印制了免费向观众提供的中、英、法、日、韩5个语种的简介。

馆舍建设、扩建、维修和设施改造

1. 供电增容项目

2005年投资59万元，新装250千伏安箱式变电站一座，将原单项220伏，75安供电设备改造成为三相380/220伏400安变电站。供电能力成倍提高，为日后进行馆内危基本建设、危电改造、文物保护、展览陈列改造、参观和办公环境改善提供了基础条件并预留相当储备。

2. 文物库房与展厅翻扩建项目

2006年至2007年，基建投资600万元，该项工程经北京市文物局、国家文物局审批，北京市规划委批准实施，纪念馆西侧院内，建筑面积843.09平方米。地下238.69平方米为馆藏库房面积，全现浇钢筋混凝土结构，以达到防震防盗目的。地上604.4平方米用于展览和配套用房，为框架结构，部分为砖混结构。该工程采用现代化施工手段，依照古典房屋建设的单层建筑。周围台明条石环边，外墙摆砌停泥砖，（“下碱”和“四缝”）清水磨砖对缝，前廊红柱通长至柁，双重挑檐，硬山砖博缝，悬山博缝板，垂脊出捺，黑灰筒瓦屋面，主入口下为通长石台阶，中有前出廊，有雕花镂空门窗，上有额枋雀替、菱角木、燕尾枋。因为选择了勾连搭结构形式，在不突破规划脊高限制的前提下，尽可能加大了展厅的跨度及使用面积。整个建筑是按明清民居形式建造，古朴、典雅、简洁、实用，和郭沫若纪念馆原有整齐的四合院混为一体，不仅完善了纪念馆的使用功能，也为郭沫若故居新添一景。

3. 文保展览设施项目

2008年，投资56万元，包括展厅活动展板、恒温恒湿展柜、文物库房存储密集柜。这些设施的建成，使纪念馆大量文物有了较完善可靠的保存库房；新建展厅展示功能增加，具有展出较珍贵文物的条件，提升了我馆的展陈档次，增加的移动展板设施以满足多年来社会对郭老墨宝、手稿等文物精品真迹研究欣赏的需求。

4. 消防、安防设施改造项目

2008年，投资57万元，将馆内原有消防设施进行更新改造。改造消防、安防中央控制室一间，约15平方米。新增消防探头60个，覆盖了故居室内及走廊。安防设施按照国家文物局、北京市文物局的要求进行改造，新增视频监控点位32个，红外对射监控装置3组，巡更系统。将新建的文物库房和展厅的消防、安防系统与故居的系统合为一体。

5. 更新馆内标识项目

2008年，校订更新馆内中英文展览说明牌，根据“迎奥运”文字规定重新设计制作指示标记。

（赵笑洁）

徐悲鸿纪念馆
XUBEIHONG MUSEUM

馆　　长 廖静文

通讯地址 北京市西城区新街口北大街53号

邮　　编 100035

电　　话 62252042

传　　真 62217054

网　　址 www.xbhjng.cn

电子信箱 xbhjng2005@126.com

隶属关系 北京市文物局

性　　质 公办

建筑性质 现代建筑

建筑面积 3800平方米

展厅面积 900平方米

占地面积 4100平方米

馆址环境 安静悠闲,环境优美宜人。

历史沿革 1954年建馆。1966年"文化大革命"开始后因修地铁原馆拆除。1973年筹备重新建馆。1982年底新馆建成。1983年3月1日正式对外开放。

开放时间 9:00—16:30(周一闭馆)

服务设施 门口有一个纪念品销售窗口，停车场有12个固定车位,门口有存包处,无咖啡厅等消费场所,有座椅休息,有语音导览器出租。

交通状况 公交线路有409、22路等积水潭桥南下车，地铁2号线积水潭站下车C口出。

概 述

徐悲鸿纪念馆自建馆以来一直本着保护为主、合理利用的指导方针把徐悲鸿的艺术展示给广大的观众,2004年到2008年经历了变革的4年，在确保文物安全的前提下举办各种展览为全国的观众介绍徐悲鸿的艺术。平均每年在全国范围内举办2场的徐悲鸿精品画展,观众人数均达到3万左右。

2005年是徐悲鸿诞辰110周年，在文物局的支持下徐悲鸿纪念馆在人民大会堂举办了隆重的纪念活动,全国美术界的领导和文联的领导,各美术学院的领导、全国著名的画家及徐悲鸿的弟子到场参加并举办艺术研讨会探讨徐悲鸿的艺术和新时期的美术教育和美术创作,随后出版了《艺术巨匠徐悲鸿》精品画册。

为纪念徐悲鸿诞辰,南京电视台历时两年多拍摄制作了8集纪录片《徐悲鸿》,该片远赴法国、印度等徐悲鸿学习和游历的地方采访多位徐悲鸿的朋友,对研究徐悲鸿增加了许多鲜活的资料,并且走遍国内与徐悲鸿有关的地方采访多人记录,为多年来记录徐悲鸿最为细致翔实的一部巨著,拍摄完成后在CCTV4国际频道播出,反响强烈,许多观众表示对徐悲鸿有了新的认识。

2006年和2007年徐悲鸿纪念馆外展规模和水平达到新的高度,无论经济效益还是社会效益均获得空前的提高。国内和国际上举办了各种宣传徐悲鸿的活动,提升了徐悲鸿纪念馆的影响力。

2008年是奥运年,徐悲鸿纪念馆凝聚全体智慧和能力,力保奥运期间的文物安全和博物馆秩序正常,完美地完成了文物局下达的任务,获得了嘉奖。

徐悲鸿纪念馆共有5个职能部门:

陈列保管部:主要负责馆内业务工作和藏品有关的保管工作、资料收集、整理、保存、陈列展示等工作。

社教部:负责馆内社会教育,社会活动和馆内讲解工作。

保卫科:负责馆内的文物安全和日常的展出秩序。

办公室:负责文件的上传下达,人事和劳资、财务工作。

行政科:负责日常的设备维护和后勤工作。

展厅展示:徐悲鸿原作及生平介绍,展示中国传统文化,以连体式木质结构通透大玻璃为主,布局结构合理,展出空间充裕。

文物修复上采用传统技术和现代科技的应用:多次邀请法国修复专家来馆,配合他们一起利用传统的手段,现代的材料修复油画。馆内每年也分批对国画利用传统手段修复装裱。

徐悲鸿纪念馆是北京市爱国主义教育基地,经常举办爱国主义教育夏令营等活动。还经常组织周边学校举办走近大师,临摹比赛和书画比赛。为观众提供免费讲解,并有座椅、轮椅、雨伞等便民设施。

徐悲鸿纪念馆有自行研发的纪念品10余种,有徐悲鸿先生画作复制品6种,徐悲鸿作品纪念邮票、画册数种。价格上分为高中低档,最便宜的是仅售10元的纪念邮封。

徐悲鸿纪念馆外景

梅兰芳纪念馆

MEI LANFANG MEMORIAL MUSEUM

馆　　长 刘占文

通讯地址 北京市西城区护国寺街9号

邮政编码 100035

电　　话 83223598

传　　真 83223598转83

网　　址 www.meilanfang.com.cn

电子信箱 info@meilanfang.com.cn

隶属关系 中华人民共和国文化部

性　　质 公办

建筑性质 现代建筑四合院

建筑面积 716平方米

展厅面积 540平方米

占地面积 1136.84平方米

馆址环境 护国寺街与德胜门内大街交汇处

历史沿革 梅兰芳纪念馆是一座较为典型的北京二进四合院，其前身为清庆王府的一部分。1951年至1961年梅兰芳在此居住，1966年8月梅兰芳的夫人福芝芳及子女迁出。1984年9月被列为北京市文物保护单位，1985年12月梅兰芳纪念馆成立，1986年10月正式对外开放，2001年10月被列为西城区爱国主义教育基地。

开放时间 9:00—16:00(周一闭馆)

服务设施 纪念品商店

交通状况 地铁、专线车。乘22、38、47、409、690、810、826路公共汽车护国寺站下车，进护国寺街；或乘13、42、107、111、118、701、823、850路公共汽车厂桥站下车，向北进护国寺街；或55路公共汽车刘海胡同站下车。

概 述

梅兰芳纪念馆是文化部直属的公益性事业单位，是以展览梅兰芳的文物、纪念梅兰芳的业绩；以文物征集、鉴定、保管、复制与修复；文物展览及相关研究为工作重点的单位。

梅兰芳纪念馆是一座典型的北京二进四合院，其前身为清庆王府的一部分。1951年至1961年梅兰芳在此居住，1966年8月梅兰芳的夫人福芝芳及子女迁出。1984年9月被列为北京市文物保护单位，1985年12月梅兰芳纪念馆成立，1986年10月27日正式对外开放，2001年10月被列为西城区爱国主义教育基地。

梅兰芳纪念馆占地1000余平方米，朱漆大门上悬挂着邓小平同志亲笔题写的匾额"梅兰芳纪念馆"。进门后迎面青石砖瓦的影壁前，安放着一座梅兰芳的汉白玉半身塑像。在屏门内小影壁前，摆有四个石质刻花小圆墩和一个花岗石的水池。东、西、北房筑有穿廊，红漆圆柱，廊沿上有鲜艳的彩绘。院内有两棵柿子树，两棵海棠树，寓有"事事平安"之意。

梅兰芳纪念馆现有3个部分，正院保存故居原貌，会客厅、书房、卧室和起居室内的各项陈设均按梅兰芳生前生活起居原状陈列。外院展览室以大量珍贵图片扼要地介绍梅兰芳一生的艺术生活和社会活动。另两展览室用作专题展览，不定期地更换内容。西跨院为办公区，属于故居的一部分，暂不对观众开放。

梅兰芳纪念馆是一所名人故居纪念馆，又是重要的参观、接待场所，其每年接待观众人数为13000人次，主要工作职能如下：

在展示方面，本馆在收藏、研究的基础上，推出新陈列，展示梅兰芳先生辉煌的艺术人生，适当更换展品丰富展示内容。积极创造条件，把本馆的特色陈列推介到外面去，扩大梅兰芳先生及京剧艺术的社会影响。在服务方面，树立与时俱进的服务理念，不仅要针对观众服务，还要对社会发展提供多方面的服务，具体而言，主要是提供陈列讲解、巡回展出、改善休闲服务设施，美化参观环境、提高工作人员业务素质和工作技能以及职业道德。积极做好每一次重大的接待工作，完成上级行政部门和业务部门布置的其他工作。

根据现有的人员编制和工作需要，馆内设5个部门，即办公室、展览宣传部、文保研究部、信息资料室、销售部。近年来本馆的体制机制改革主要体现在人事方面。按照人事部先后出台的《关于试行聘用制度的政策》、《公开招聘暂行规定》、《岗位设置管理

梅兰芳纪念馆院落

试行办法》、《聘用合同范本》等一系列政策文件，在人员引进方面，本馆自2006年开始实行公开招聘，对公开招聘的范围、条件、程序做出了规定，以扩大选人事业、提高人员素质。在人员管理方面，推行岗位管理，包括规范岗位设置，实施竞聘上岗，完善考核奖惩，实行合同管理。本馆自2001年开始实行中层干部竞聘上岗，各部门工作人员重新聘任的机制，积极配合国家人事制度改革，加快人事制度改革步伐。

本馆在2006年进行了全面、系统的制度建设工作。制度建设具有全局性、稳定性和长期性的特点，是各项工作顺利开展的基础，也是本馆在今后工作中开展文化创新的重要保障。制度建设工作的完成，为本馆今后的进一步发展和建设打下了坚实的基础。在制度建设过程当中，我们从纪念馆的实际出发，充分考虑到制度的可操作性和时效性，让它更适合纪念馆的工作；同时，我们立足当前，又着眼于长远，既考虑到了当前的工作需要，又着眼于制度建设的前瞻性，充分考虑到了今后工作中可能出现的新情况，使制度能较长时间内发挥作用。

进校园活动方面，2005年、2006年的“文化名人进校园”活动在政府和社会各界大力支持下、在兄弟单位工作人员的共同努力下，取得了可喜的成绩。2005年，北京7家名人故居纪念馆共同推出了“文化名人进校园”

故居客厅

活动，以纪念抗日战争胜利60周年为主题，先后在北京的22所高等院校中进行巡回展览，近50万名学生观看了展览。2006年，又以“共有的文明——名人与文化遗产”为主题，继续进行“文化名人进校园”活动。此展览坚持“贴近实际、贴近生活、贴近群众”的原则，通过展览生动的语言，丰富多彩的画面和现代声光技术，使青少年产生阅读经典、走近名人，深入了解现代文化的兴趣。此活动选在纪念“5·18”国际博物馆日这一天从著名的清华园开始并出发，走进北京多所中小学，是有着特殊的意义的，我们主要是试图通过这一系列文化活动，以名人纪念馆为宣传纽带，带动各界为全社会营造良好的文化氛围作贡献。进校园活动是应长期发展的一项事业，应尝试着建立起活动的长效机制，广泛动员社会各界对进校园活动的关注和支持，集中体现和展示博物馆在进校园活动中的良好风貌。

开发利用文物资料方面，积极争取政府拨款以及利用馆内创收的资金，针对部分文物（书画作品）进行重点修复和复制。编辑出版工作也在多方面的努力下取得了丰硕的成果，包括图书、音像制品、邮品等，其中也不乏一些精美之作。多年来，本馆一直致力于研究、整理及编辑出版工作，旨在宣扬梅兰芳先生的精湛艺术及其精神、弘扬祖国优秀传统文化。在大家的共同努力下。自2006年开始着手编辑的《梅兰芳藏名家书法集》已在2008年底出版成册，2009年正式与读者见面。本部书法集是从梅先生留存的上千幅书法作品中精挑细选出百余幅作品汇集成册。这部书法集不仅给广大的热爱梅兰芳先生和书法艺术的读者们提供了与大师对话的平台，也为戏曲院团教学机构和研究者、收藏者提供了珍贵的史料。

曹雪芹纪念馆

CAO XUEQIN MEMORIAL MUSEUM

馆　　长 黄亦工(北京市植物园副园长兼)

通讯地址 北京市植物园内

邮政编码 100093

电　　话 62591561—2028 62595904

传　　真 62595904

网　　址 www.caoxueqin.com

电子信箱 fanzhibin1979@126.com

隶属关系 北京市植物园

性　　质 公办

建筑性质 古代建筑

建筑面积 2000平方米

展厅面积 1800平方米

占地面积 3公顷

馆址环境 位于北京市植物园内,共有3个院落、23间展馆(含临展用房5间)。纪念馆周边有碉楼、古槐、河墙、关帝庙、王锡彤墓、梁启超家族墓、卧佛寺等历史文化旅游资源。

历史沿革 1984年4月22日,曹雪芹纪念馆正式对社会开放,为中国第一家曹雪芹纪念馆。1996年,曹雪芹纪念馆进行第二次布展,扩建展室6间,并充实、调整了部分展览内容。2001年10月27日,党中央总书记江泽民视察曹雪芹纪念馆,对曹雪芹的历史地位给予极高的评价,并指示北京市委书记贾庆林帮助纪念馆解决发展中遇到的问题。根据江总书记指示,纪念馆进行了扩建和重新布展。2003年2月,新展正式对外开放。2007年,针对固有展览中存在的问题,结合红学研究和纪念馆实际情况,纪念馆制订出新的展览方案,并通过了北京市公园管理中心、清史专家、红学专家和博物馆专家们论证,获得一致认可。2008年6月27日,曹雪芹纪念馆第五次展览正式对外开放,丰富的内容和展品,极大地激发了参观者的兴趣,获得了领导、专家和游客的一致好评。

开放时间 春、夏、秋 8:30—16:30 冬 9:00—16:00(周一闭馆)

服务设施 无障碍参观、雪芹茶舍茶座、解味书屋、纪念品商店、广播导览设备。

交通状况 公交737路、904路、331路、833路、360路、854路、特6、112路北京市植物园站、卧佛寺站下车。

概 述

曹雪芹纪念馆为北京市植物园下属单位，以宣传曹雪芹、弘扬中国优秀历史文化、增强国人爱国心、凝聚力为建馆宗旨，致力于曹雪芹、《红楼梦》文物、资料的收集、整理、研究及相关知识的展览、普及教育工作。

纪念馆下设办公室、资料研究室、导游接待组。纪念馆日常工作由常务副馆长负责，具体工作由各部门分工负责，各司其职；同时，在馆长的领导下，互相配合。为了满足参观者的需要，宣传本馆及学界研究成果，下设“解味书屋”、雪芹茶舍等服务设施。

纪念馆设专人管理藏品。由于曹雪芹(含其家族)、《红楼梦》的文物异常珍贵而稀少，多数都保存在国家和高校各博物馆，纪念馆的藏品收藏主要有正白旗三十九号“题壁诗”及曹雪芹叔父题名之《海棠画册》；此外，相关文物、书籍、资料的收藏、保护和利用，我们都有严格的管理。

科研是展览的基础，没有扎实的学术研究，也就不可能为展览提供扎实的学术支持，也就不可能提供高质量讲解服务，因此，纪念馆重视并强化学术研究：

2004 年，再版了甲戌本《石头记》——《脂砚斋重评石头记》1000 册。著名红学家冯其庸先生作序，北京植物园园长张佐双作跋；

2005 年，出版了《曹雪芹纪念馆》一书，这是纪念馆建馆 21 年来第一部系统、全面介绍曹雪芹纪念馆的作品；

2006 年，与中国艺术研究院《红楼梦学刊》编辑部合作，出版了《红楼梦学刊》(黄叶村曹雪芹纪念馆专刊)，纪念馆提供 3 篇论文及大事记；

2007 年，完成北京市公园管理中心课题：《清代健锐营研究——以碉楼研究为中心》，获中心二等奖；

2008 年，启动“曹雪芹(西山)传说”申报非物质文化遗产工作；开展传说的采风与整理工作。

纪念馆坚持博物馆的四个基本功能不放松，积极从事相关资料、文物的收藏、研究、展览，除固定展览外，坚持每年推出两个临时展览，先后推出了《红楼群芳谱》——黄世鹏《红楼梦》人物绘画展、何志华先生清代服饰展、《红楼梦》版本艺术展、乾隆金川之役与健锐营、《红楼梦》展、《红楼梦》文化艺术展、《红楼梦》与中国玉文化展。临时展览的推出，引起了京城各界的关注，宣传了纪念馆的工作，给参观者以知识和文化的享受，受到到馆参观的党和国家领导人及社会各界的高度评价。

纪念馆一排展室

几年来,随着国人对中国文化的回归和相关媒体的策划,“红学热”席卷国内,作为目前中国第一家、也是规模最大的一家以曹雪芹、《红楼梦》为主题的博物馆,纪念馆承担着传播红学文化知识的责任。为了让爱好者能够得到真实可靠的信息,我们一面加强展览内容的调整与丰富,一面开设了红学讲坛,邀请专家就《红楼梦》、曹家家世、清代历史等进行专题讲座,起到了较好的效果。对打到我馆、专门进行相关咨询的电话,专门设置专人接听、专人解答,解决了咨询者的疑问,起到了很好的宣传效果。

2008年,第29届奥运会在北京召开,这是中国文化走向世界的大好机遇。按照公园中心和北京市文物局相关规定,纪念馆积极做好接待工作。我们不仅对讲解员进行了专业培训,同时,还在布展内容上下工夫。

为了做好这次展览,我们组织人员对红学研究现状进行研究,对我国历史文化名人博物馆的特点进行总结,并对曹家足迹所至和遗留文物进行了考察,制订出展览大纲和具体方案,先后二十次易其稿。

稿件先后经过了博物馆界专家、红学专家、北京市公园管理中心、北京市植物园各级领导的审查,获得了较高的评价。在集中领会领导、专家精神的基础上,形成了如今的详细方案。展览对外开放后,参观者对纪念馆新的展陈结构、展览中增加的实物和详尽的文字内容给予较高的评价,认为达到了较高的水平。

为了合理调整参观路线,将原有的一段展室进行了适当延伸,增加了30多平方米的展室面积。

为了保证参观秩序,保护展览,特意加增了监控措施。为了保证展品、展板的质量,维护游客的参观环境,特意增设了空调,调整了采暖设备。

博物馆文化产业和文化产品的开发经营,是博物馆增强自我造血功能的重要举措。在纪念馆过去4年的发展中,我馆加强了博物馆文化产品的开发和销售,现在的“解味书屋”有书籍200余种,不少都是市面上已经绝版的书籍;工艺品数十种。这些纪念品和书籍的开发与营销,不仅增加了纪念馆自身的造血机能,也满足了游客购买纪念品留念的需要。

詹天佑纪念馆

ZHAN TIANYOU MEMORIAL HALL

馆　　长 周建昌

通讯地址 北京市八达岭特区

邮政编码 102112

电　　话 69121006 69121516

传　　真 69121006

电子信箱 ztyjng@163.com

隶属关系 中华人民共和国铁道部

性　　质 公办

建筑性质 现代建筑

建筑面积 6533平方米

展厅面积 1800平方米

占地面积 9340平方米

馆址环境 地处八达岭旅游景区,环境优美,交通便利。

历史沿革 1961年铁道部决定筹建詹天佑纪念馆,1962年在青龙桥车站设立临时陈列室。1984年9月,铁道部科学技术馆及铁道学会共同举办"京张铁路和詹天佑史料展览",同年10月,铁道部决定筹建詹天佑纪念馆,并成立以铁道部李轩副部长为首的筹建委员会,下设办公室,开始进行文物征集和史料编研,全国政协副主席吕正操亲自选馆址。詹天佑纪念馆于1987年11月6日建成,并开始接待内部参观。1988年4月1日起向公众开放。

开放时间 8:30—16:30,周一闭馆,节假日不休息。

服务设施 无障碍参观,停车位,纪念品商店。

交通状况 北京站、北京北站有开往八达岭的旅游列车,北京北站有开往八达岭的S2线城铁,德胜门有开往八达岭的919路公交车。

概 述

詹天佑纪念馆坐落于八达岭风景区，是为纪念清末民初杰出的工学家、我国民族铁路事业的开拓者及中国近代科技事业的先驱——詹天佑先生而建的一座专题人物纪念馆，旨在弘扬詹天佑先生爱国主义精神和科技创新的光辉事迹；同时，进行铁路科学知识的宣传普及工作。1987年11月6日建成开馆。

展陈面积近1800平方米，基本陈列展览是《詹天佑生平事迹展》，展出藏品318件，包括实物、图片、图表、沙盘、模型等，陈列设计朴素典雅，简练明快，按照历史年代布展，全面生动地展现了詹天佑引进西学、振兴中华的光辉一生。主题突出，构思严谨，布局合理，天然采光和人工照明相结合，用光适当，并通过现代传媒，利用模拟沙盘演示系统增强趣味性、互动性和参与性。

詹天佑纪念馆坚持固定展览、临时展览和巡回展览相结合的方式。国际科学与和平周中国组委会相继授予我馆“最佳组织奖”、“优秀活动奖”和“科学和平贡献奖”。北京市、铁道部、中国侨联、中国科协等相继命名我馆为“爱国主义教育基地”和“全国科普教育基地”。

5年来的工作如下：

一、广泛开拓客源，提高服务水平

广泛开拓客源，提高行业服务水平，充分发挥博物馆社教职能。詹天佑纪念馆一方面积极与近100家旅行社联系，签订门票优惠协议；另一方面，向200所中小学校发邀请信，对有组织的中小学生实行免费接待。对北京市、延庆县等广大中小学生团体参观，给予特殊优惠甚至免费，促进校外教育资源的共建共享。例如，北京小学已将参观詹天佑纪念馆作为其毕业班学生的必修课。2007年，詹天佑纪念馆与旅游公司合作，将门票经营和客源组织委托给旅游公司，使参观游客大增，提高了经济和社会效益。据统计，截止到2008年10月，詹天佑纪念馆平均每年接待观众约1.5万人次。

詹天佑纪念馆对于新聘讲解员，首先进行岗前培训，使其能够胜任讲解工作；同时面向普通成人、中小学生等不同受众群体，编写了不同版本的讲解词，力求做到因人施讲。

二、加强业务培训，坚持“人才兴馆”

努力培养一支稳定的、有着一定学术水平和专业技能的管理干部、业务干部队伍，是全面提升服务水平的关键。詹天佑纪念馆重视科学普及工作，不断健全科普工

詹天佑纪念馆全景

作制度，主动研发铁路科普项目，积极开展主题突出、内容丰富、形式新颖、针对性强的系列科普活动。为加强科普工作者的队伍建设，尤其重视业务人员的科普培训，不断充实专业讲解队伍，定期组织参加相关科普教育培训，加强业务学习，激发科普工作者的积极性，为科普发展提供后续人才资源。

为适应奥运期间窗口行业工作需要，根据北京市文物局相关要求，詹天佑纪念馆针对全馆职工定期进行相关奥运培训，培训内容主要包括职业道德、职业素质与技能、服务规范、奥运知识、外语和安全常识等内容。同时，积极组织职工参加“迎奥运，讲文明，树新风”礼仪知识网络竞赛活动，深入开展“迎奥运微笑服务行动”。

为进一步提高我馆业务人员应急救助、科普活动和社教工作能力，分别组织员工参加北京市文物局组织的“北京地区博物馆从业人员急救知识培训班”、“第六届北京地区博物馆科普培训班”和“北京地区博物馆社教工作培训班”。

三、举办多样展览，拓展教育途径

为充分发挥爱国主义教育基地和科普教育基地的作用，加强青少年的社会主义荣辱观教育，宣传普及铁路科技知识，詹天佑纪念馆始终坚持固定展览、临时展览、巡回展览相结合的展览宣教方式，积极探索各种有效的教育模式。

首先，2008 年 11—2009 年 7 月，詹天佑纪念馆固定展览改陈实施。新展陈区别于原展览最突出之处，就在于不是单纯地按照人物的生平年代布展，而是生平年代与专题事件两条线索相结合，抓住重点，有所侧重，凸显人物的思想和精神层面的展示。采取馆藏文献、历史照片、沙盘模型、场景复原等多种展出形式，利用先进的声光电手段加以展示。增加“快速发展的中国铁路”一单元，把新中国成立以后、改革开放以来，特别是党的十六大以来，中国铁路建设所取得辉煌成就，即大秦重载铁路、京津城际、京沪高速、第六次大提速、新客站建设、技术装备现代化、青藏铁路等最先进的技术成果加以集中展示，点线结合，内容精练。

其次，举办特色科普展览。全国科普日期间，詹天佑纪念馆按照中国科协开展全国科普日活动的统一部署，精心组织，认真筹划，推出“节约能源资源，保护生态环境，保障安全健康”系列科普展览，宣传节能、环保、安全、健康等方面的科学观念、知识和方法，倡导建立资源节约型和环境友好型社会，形成科学、文明、健康的生活方式和工作方式。并对于科普日期间前来参观的中外游客，尤其是青少年给予适当优惠措施，一定程度上提高了游客参观的积极性，观众量明显增加，提高了全国科普日活动的吸引力和参与度，增强了观众对全国科普日活动的了解和参与意识。

再次，适时举办巡回展览。2004 年 4 月，詹天佑纪念馆与广州市荔湾区文化局在沙田联合举办“清代首批公派留美广州西关幼童文物展”，纪念詹天佑诞辰 143 周年。2005 年 10 月，与张家口市委在张家口市展览馆共同举办《纪念京张铁路肇建百年大型图片史料展览》，纪念京张铁路肇建 100 周年。2006 年 11 月，北京交通大学第二届“詹天佑精神”活动月启动，同时宣布成立第二届“詹天佑班”，活动得到了詹天佑科学技术发展基金会的大力支持，詹天佑纪念馆制作“詹天佑事迹巡回展”和天佑会堂“詹天佑历史图片”陈列展览。原铁道部副部长、现任詹天佑科学技术发展基金会理事长蔡庆华，詹天佑科学技术发展基金会副理事长兼秘书长宋凤书，基金会副秘书长赵炎等领导亲临会场，并参观了展览。

四、参加社会活动，重视博物馆营销

詹天佑纪念馆始终贯彻“以人为本”的服务理念，贴近生活，服务观众，充分发挥博物馆“收藏、研究、教育、展览”的职能，积极参加社会公益性活动，尤其是“5·18 国际博物馆日”、全国“科技活动周”、“国际科学与和平周”等项大型活动，大力宣传铁路文化。“国际科学与和平周”中国组委会相继授予詹天佑纪念馆“最佳组织奖”、“优秀活动奖”及“科学和平贡献奖”。被北京市、铁道部、中国侨联、中国科协等相继命名为“爱国主义教育基地”和“全国科普教育基地”。在新的历史时期，我馆将与时俱进，着力加强青少年的思想道德建设，弘扬爱国主义的主旋律。立足我国和谐铁路建设，积极开展铁路科普知识宣传教育，力求成为青少年爱国主义教育和铁路科普教育的生动课堂。

2004年11月30日—12月7日，为加强博物馆国际间的交流与合作，为促进博物馆的事业发展，为促进博物馆的事业发展进行探讨和沟通，学习国外先进的展陈理念和手段，詹天佑纪念馆参加中国铁道博物馆组织“英国国家铁道博物馆考察之行”，先后参观了位于约克郡的英国国家铁道博物馆和设在希尔顿的国家铁道博物馆分馆以及西约克郡的铁路旅行博物馆，由英国铁路爱好者创建的铁路志愿者博物馆。

2005年10月，为纪念京张铁路肇建100周年，弘扬以爱国主义为核心的民族精神和以改革创新为核心的时代精神，詹天佑纪念馆与张家口市委合办的“纪念京张铁路肇建百年大型图片史料展”在张家口市会展中心隆重开展。实物陈列、纪录片播放和文字图片介绍是此次展览采用的主要形式，展览通过时代背景篇、肇建过程篇、运通商兴篇、跨越腾飞篇这4个篇章向观展来宾详细介绍了京张铁路肇建的历史背景、所遇技术困难、取得的成就以及在我国近代历史上的重大意义等诸多内容，使人印象深刻。

2006年4月26日，武汉市隆重举行“詹天佑诞辰145周年纪念”座谈会，会议得到了武汉市政府的大力支持。詹天佑纪念馆、广州詹天佑故居、武汉詹天佑故居陈列馆和武汉博物馆界代表及新闻单位记者共百余人参加。同时詹天佑纪念馆与相关单位合编出版《詹天佑书信选集》、《詹天佑文集》和《詹天佑画册》。并邀请中央电视台走遍中国栏目组拍摄《詹天佑》电视专题片，以扩大社会宣传力度。2008年，协助新筹建的北京铁路博物馆复制文物，扩大了詹天佑纪念馆文物教育传播的社会功能。为纪念京张铁路通车100周年，开发了“京张铁路百年钢轨”纪念品，获得了很好的社会效益和经济效益。

2008年11月29日—12月1日，参加国家文物局及博物馆学会等单位在全国农业展览馆举办的“2008年博物馆与相关产品与技术博览会”，扩大铁路行业博物馆宣传力度。

五、开发教育资源，促进交流共享

詹天佑纪念馆面向北京市尤其是延庆县中小学生，依托自身资源优势，联合相关场馆、教育机构开展“阳光少年行动”系列活动、爱国夏令营活动，既丰富了学生的业余生活，又宣传了铁路科学知识。拓展服务延伸，继续办好巡回展览，随着巡回展览文化流动的实践而成为有我馆特色的流动博物馆，让“每一个人”都拥有获取信息、利用知识、享受文化、开阔眼界的权利，缩小市民与博物馆的距离，传播文明薪火，净化社会风气，由此拓展了社教工作的新思路。

整合教育资源，搭建校外教育平台。如2006年与北京市银河小学举办“我爱长城，我爱红领巾”活动；2007年与北京市巨人小学举办夏令营活动；2007年与昌平部分中小学举办京张铁路南口历史资料展；2008年寒假期间联合中国长城博物馆、平北抗日战争纪念馆、马文化博物馆与县教委在延庆各中小学组织“迎奥运展风采”征文、演讲活动。此类活动，学校参与广泛，家长支持，成效显著，为青少年提供了展现才华、展示风采的平台，也为奥运会成功举办营造了良好的社会氛围。

坚持以人为本的理念，推进展览走进社区和高校。2007年11月，与昌平档案馆在昌平共同举办《中国人的骄傲——京张铁路南口段历史图片展》，展览在学校、社区、军营和机关单位巡回展出，对于宣传中国早期铁路科技文化、营造人文奥运的社会氛围都将起到良好的推动作用。2008年9月，正值兰州交通大学建校50周年，詹天佑纪念馆协助詹天佑科学发展基金会完成交通大学校庆纪念园——“天佑园”的建设；同时在兰州交通大学推出“詹天佑生平事迹展”巡回展。

詹天佑大型浮雕

完成外事接待任务，增进中美友谊和交流。2007年，应中华人民共和国国家主席胡锦涛邀请，以理查德·莱文校长为首的耶鲁大学百名师生访华，由团中央国际部具体安排，于5月19日参观访问詹天佑纪念馆。在铁道部领导、中国铁道科学研究院领导亲自部署和指导下，铁道博物馆、詹天佑纪念馆精心组织外事接待工作。詹天佑纪念馆专门设计和制作《詹天佑纪念册》赠送给詹天佑先生的母校——耶鲁大学和理查德·莱文校长。参观结束时，理查德·莱文校长在留言簿上签名留言：“耶鲁大学百名师生代表团很高兴了解到我们优秀的毕业生为他的祖国作出的杰出贡献，耶鲁以他为荣。”耶鲁大学师生访华团对此次参观非常满意，并深表感谢。团中央国际部对此次接待工作给予了高度评价，共青团国际联络部部长倪健谈到：“这次安排耶鲁大学百名师生访华团参观詹天佑纪念馆内容丰富，效果很好，耶鲁师生很感兴趣，对增进中美之间友谊交流，起到了很好的桥梁和纽带作用。”

六、丰富文物馆藏，推进数字化管理

藏品是博物馆存在的物质基础，藏品的数量与质量在一定程度上决定着博物馆的规模与地位。詹天佑纪念馆本着“保护为主，抢救第一，合理利用，加强管理”的原则，对与詹天佑相关的历史文物及近现代铁路文物，采取有偿征集，无偿捐赠。藏品来源主要为有偿购买、接受各类捐赠、野外采集等途径获得。

詹天佑纪念馆严格落实岗位责任制，加强文物库房管理，对于入库藏品实行经常维护和定期保养相结合的方法，按时清理、施放药物、防霉防虫、保证藏品存放的各个环节不出问题。展柜物品定时检查，常年监测，消除隐患，发现问题及时处理。藏品管理工作逐步规范化。一方面，对于新征集文物首先进行前期隔离、清理消毒、修复，然后进行分类、登记、拍照、建档、入库。并采用北京世纪易格软件开发有限公司开发的“易宝藏品管理系统”，建立藏品管理系统与藏品数据库，实现藏品信息化管理。有关藏品的各种信息都可以记录在藏品信息管理系统中，不但管理查询方便快捷，而且有利于文物资源共享；另一方面，加强文物库房环境监测，安置恒温恒湿设备，对藏品实行按材料质地分类保存收藏。在不损害藏品的前提下，对于部分馆藏文物进行复制，复制品忠于原状。实现了既有利于保护藏品，又可以为陈列、研究服务的目的。

收藏是博物馆的主要功能之一，藏品保管不同于任何部门，它的目的是追求无限延长文物存在的寿命，为科学利用提供方便。詹天佑纪念馆立足于本馆实际，将逐步使藏品保护的基础理论系统化、保养修复技术科学化、维护管理方法现代化，把培养科研人才作为纪念馆工作的重要环节，列入博物馆的十一五发展规划。

七、健全文博制度，搞好安防工作

文物安全是博物馆工作的生命线。纪念馆文物藏品主要见证了清末民初中国铁路发展的历史，反映中国铁路从无到有，从由外国人在中国修建铁路到中国人自己修建铁路的历史变迁，詹天佑先生大量的历史遗物见证了其为早期中国铁路事业发展和工程学术事业的开拓所做出的卓越成就。现今拥有历史实物、历史文献、历史照片等藏品计2039件(套)，藏品保护严格按照《中华人民共和国文物保护法》、《博物馆藏品管理办法》执行，保存现状良好。

我馆始终将文物安全作为博物馆工作的重中之重，常抓不懈，针对火灾、地震、盗窃等突发性事件，制定了应急预案，成立由馆长组成的应急事件处理小组，值班室昼夜安排有人值班，不得擅自脱岗离岗，遇有警报全馆值班人员可以迅速联动。我馆展厅监控为红外线报警设施，我馆进一步加强人防力度，将人防与物防结合起来，形成综合立体的保护网络，确保昼夜值班人员充足，明确职责，互相监督，每天按时交接班，认真巡视展厅并填写交接班记录。

（付建中）

民族 宗教

中央民族大学民族博物馆

THE MUSEUM OF ETHNIC CULTURES

馆　　长 宋才发

通讯地址 北京市海淀区中关村南大街27号中央民族大学民族博物馆

邮政编码 100081

电　　话 68933341

传　　真 68933425

网　　址 bwg.cun.edu.cn

电子信箱 mdbwg@163.com

隶属关系 中央民族大学

性　　质 公办

建筑性质 现代建筑

建筑面积 4800平方米

展厅面积 1600平方米左右

占地面积 2050平方米左右

馆址环境 坐落在中央民族大学校园内，舒适、敞亮、安静。

历史沿革 中央民族大学博物馆始建于1951年，当时称中央民族学院研究部文物室，著名的民族学家杨成志先生是文物室的第一任主任。1982年改为中央民族学院民族研究所文物研究室。1988年9月16日，经国家民委批准正式成立中央民族学院民族博物馆。1993年随着学校更换学校名称，"中央民族学院民族博物馆"也相应地改称为"中央民族大学民族博物馆"。为支持和推动博物馆的建设与发展，2002年学校决定将总面积4800平方米的旧图书馆进行装修改造，作为新博物馆投入使用。新馆于2004年9月26日正式投入使用。

开放时间 每周一—周五 8:30—11:30 14:30—17:30(周三、五下午及寒暑假、国家法定节假日闭馆)

服务设施 停车场面积300平方米左右；衣帽及包存放处；语言导览设备；触摸屏。

概 述

中央民族大学民族博物馆始建于1951年，是以全国56个民族的文物为主要收藏、展示和研究对象的民族学专业博物馆。内设综合管理办公室、藏品部、陈列部、研究室和学生志愿者中心等机构。馆藏有各民族的锦旗、革命文物、土特产品、生产工具、服装、皮毛、古器物、历史文献、珠宝器、武器、乐器、宗教用品等14类文物，共2万余件。其中服装、首饰、宗教器物、台湾少数民族文物等数量大、精品多，有些还是新中国成立初期各族人民赠送给毛泽东主席和党中央的礼品，具有极高的历史、艺术与学术研究价值。是全国历史较长、规模较大、藏品较多的民族类博物馆之一，是北京市唯一的全国民族团结进步教育基地、北京市海淀区爱国主义教育基地、海淀区青少年校外教育实践基地。

2004年以来，博物馆全体职工认真贯彻执行党的各项方针、政策，统一思想、牢记责任，充分考虑自身特点和实际，紧密结合改革开放和现代化建设需要，坚持贴近实际、贴近生活、贴近群众，更好地传播民族知识、弘扬民族文化、促进民族团结，为构建社会主义和谐社会服务的宗旨，拟定每年的工作计划、提出工作中的重点、难点，实行岗位负责制，把工作落实到科室、人，积极推进博物馆的建设和发展，进一步做好各项工作，取得了可喜成果。

一、加强领导，统一认识

中央民族大学是国家“211工程”和“985工程”重点建设大学之一。是我国56个民族传统文化和民族团结进步大家庭的缩影，是党和国家为解决中国民族问题，培养少数民族干部和高级专门人才而创建的高等学校，是中国高等教育体系中拥有56个民族师生的国家重点大学，是一所具有多元文化特征，在民族地区和少数民族中有着广泛影响力的大学。建校以来，学校始终把宣传各民族优秀传统文化、进行爱国主义和民族团结教育为核心的祖国观、民族观、人生观和世界观放在学生思想政治教育和人才培养工作的重要位置，着力构建和谐、稳定、团结的育人环境。民族博物馆是中央民族大学宣传党的民族理论与民族政策，进行民族团结和爱国主义教育重要的和最直接的窗口。中央民族大学博物馆根据不同历史时期党和国家及学校建设和发展形势的需要，举办了数十次各种类型的展览和宣传活动，搭建各民族群众沟通的平台，对宣传党和国家的民族政策，普及民族知识，传播各民族优秀的传统文化，促进各民族

中央民族大学民族博物馆北方民族服饰文化厅

之间的相互了解和友谊，加强民族团结，发挥了重要作用。

二、加大投入，强化管理

民族博物馆现在使用的馆舍是由原学校图书馆改造装修，2004 年 9 月正式投入使用的。馆舍总面积 4800 多平方米，其中，大小展厅 8 个，库房 6 个。藏品柜已全部更换为钢制密集柜、通体柜和单体柜，库房已实现恒温恒湿。展厅加装了小型中央空调，温度已达到可控。为了更好地宣传各民族优秀文化和发挥民族团结进步教育基地的作用，更好地为本校师生及社会公众服务，近两年来，学校在保证博物馆原有办公、文物征集等经费不变的情况下，还多方面筹集经费，加大资金投入力度，进一步完善和加强博物馆基础设施和服务平台建设。

1. 2006 年学校从“211 工程”经费中投入 20 多万元，进行了“中央民族大学数字民族博物馆”一期工程建设。工程内容主要包括网站建设和《台湾少数民族文物展》展品的多媒体制作。其中包括 9 件展品的三维拆装动画、9 件展品的外形三维数字化和 124 件展品的平面数字化等。二期工程为教育部“中国大学数字化博物馆建设(二期)”项目:《中央民族大学数字化博物馆》，经费 12 万元。本期工程以北方民族服饰和南方民族服饰两个展厅的展品为主要内容，将通过三维互动和平面数字化等多媒体方式，实现 200 多件展品的网上虚拟参观浏览。2008 年博物馆向国家发改委申报的《数字民族博物馆》项目获得批准，该项目资金为 400 万元，力争在 3 年

时间内，建立起凸显以中华民族优秀物质文化和精神文化为特色的数字化民族博物馆网站，从中央民族大学博物馆现有的馆藏文物中，挑选出3500余件进行数字化处理（其中将500余件精品进行三维展示的数字化处理），以多媒体的形式在网页上全面展示。项目完成后将建立起一个虚拟的集观赏、学习、研究和交流为一体的数字民族博物馆。

2. 2004年学校投资700万元用于原图书馆大楼改造成博物馆的工作已经完成，几个展厅的展览同时推出，库房也正式投入使用。2007年学校又投入5万多元，对“中央民族大学校史展”进行全面改版，扩大了展厅中央展墙的面积，增加了“光辉的事业，伟大的关爱”、“桃李芬芳，英才辈出”和“心系民族大学，情暖民族教育”三部分内容，突出地反映了学校从筹备、成立到后来的建设和发展过程中，始终得到党和国家，特别是历代最高领导集体的高度重视和亲切关怀的历史，反映了党和国家重视和关心民族教育事业，重视和关心少数民族干部和各类专业技术人才培养的历史。

3. 2008年学校投资12万多元，对库房电源线路进行改造，以确保博物馆用电安全。投资5万元左右，对展厅所有玻璃进行维修加固，对所有英文标识进行修订、更换和补充完善。

为了进一步规范博物馆建设，强化行政和业务管理，2006年8月重新修订了《中央民族大学民族博物馆

中央民族大学民族博物馆大厅《中华民族》丝毯壁画

人。针对职工中文博专业人员少，业务能力不够强的情况，博物馆采取请进来、走出去的方式，曾先后邀请故宫博物院、国家博物馆和本校民族学与社会学学院的专家学者来馆举办专题讲座，如《中国少数民族吉祥文化》、《民族文化与民族服饰的关系》、《文物藏品的预防性保护》等。组织大家到首都博物馆、抗日战争纪念馆等博物馆参观学习，支持职工积极参加中国博物馆学会、中国民族服饰研究会等学术团体的学术交流活动，多次参加国内外学术会议，还鼓励、支持4名职工在职攻读硕士和博士学位，着力提升年轻职工的专业素质和业务水平。在寒、暑假及征集文物的同时进行田野调查等，帮助大家拓宽专业视野，提高科研能力。

博物馆领导本着推出人才，提高科研能力的理念，鼓励职工在做好博物馆各项工作的同时，积极投入科研工作，取得了可喜成果。近几年来在各类

管理文件》;2008年结合全国贯彻科学发展观，再一次结合本单位实际情况，修订了《安全保卫规定》、《假期值班规定》、《设备管理规定》及《藏品征集和捐赠暂行办法》等;制定了《中央民族大学博物馆关于突发事件应预案及重大事故处理办法》。志愿者中心的各项管理规章也日益健全和完善。

三、培养人才，壮大队伍

4年来，在进一步加强和改善博物馆基础设施、服务平台和管理制度建设的同时，还大力加强人才队伍的培养和建设，努力创造一流环境，建设一流队伍，提供一流服务。

1. 加强职工队伍建设、提高科研能力

博物馆有专家委员会，共享中央民族大学的各类资源。本馆现有职工13人，包括8个民族成分。其中，教授、研究馆员2人，副研究馆员3人，博士3人，硕士4

刊物发表民族学及博物馆学方面的论文100余篇,出版著作10余部,承担省部级课题多项。其中,有关中国少数民族服饰的研究、传统文身研究、鄂伦春文化研究、鄂温克文化研究、瑶族文化研究等方面成果较多。拍摄专题片《文化瑰宝的荟萃之地——中央民族大学博物馆》。人类学纪录片《峡谷绝唱——即将消失的独龙族文面》。

2. 志愿者队伍建设、培养讲解人才

为了弥补博物馆工作人员少，接待能力有限的不足,更好地为观众服务,提高展览接待及讲解服务水平,同时也为了实现博物馆管理育人、服务育人的功能定位,为学生搭建开阔视野、增长知识、锻炼自我、服务社会的平台,2004年5月,博物馆创立了"中央民族大学民族博物馆志愿者中心",主要招募本校本科生、研究生作为志愿者,利用业余时间开展义务接待和讲解工作。并适当吸收他们参与博物馆的其他业务活动,支持他们创办了《青园》杂志,为他们搭建起增长知识、锻炼自我的平台。受到各有关部门领导、广大观众和同学们的一致好评,报名参加的人数逐年增多。2008年3月第六批志愿者招募考试时,计划招收20多人,报名人数多达300余人,竞争之激烈,致使有的同学戏称报考民族博物馆的志愿者比考硕考博还要难。

为了保证志愿者的素质和水平,志愿者中心除了严把招新考试关外,更加注重新成员的培训和志愿者队伍严格规范的管理。制定了一系列管理规章,如《民族博物馆志愿者中心章程》、《民族博物馆志愿者中心管理条例》、《民族博物馆志愿者仪表及讲解礼仪规范》、《民族博物馆志愿者星级管理规定》和《民族博物馆志愿者中心纪律守则》等,取得非常好的效果。既规范了管理、严明了纪律、强化了责任意识,也充分调动了志愿者的工作热情和积极性,凝聚了队伍,形成了合力。博物馆对新上岗的志愿者讲解员进行定期或不定期的礼仪礼貌及专业知识的培训,只有通过专门培训、考核合格的志愿者才能持证上岗。从而使博物馆志愿者队伍的建设、接待和讲解服务水平不断提高，逐渐跻身高校博物馆界、民族博物馆界,乃至全国博物馆界志愿者队伍建设的先进行列。

四、拓展内容,丰富形式

博物馆常设展览为《中华民族传统文化展》,该展览包括《北方民族服饰文化》、《南方民族服饰文化》、《生活文化》和《宗教文化》4个展厅。专题展览有《台湾少数民族文物展》、《中央民族大学校史展》、《少数民族文字书法展》、《中国诺苏彝族宗教文化生活展》、《文明的符号——中国民族古文字陈列》等。

为了充分利用博物馆在文物藏品、资料信息、人才资源、地理位置等方面的优势，更好地发挥本基地在民族团结进步事业方面的功能和作用，近两年来，博物馆在馆内展览场地无法扩大的情况下,挖掘潜力,拓展思路,从展览内容和形式上下工夫、做文章，不断拓展展览及其他宣传教育活动的内容，丰富和活跃展览及其他宣传教育活动的形式，以更加鲜活和富有感染力的实物、文字及图片资料，以更加灵活多样的展示和宣传手段，紧紧围绕我校校训“美美与共、知行合一”和“民族平等、团结和共同发展繁荣”的主题，大力宣传党和国家的民族理论、民族政策、民族法律法规和民族知识，宣传中华民族悠久的历史和灿烂的文化，宣传“汉族离不开少数民族、少数民族离不开汉族、各少数民族之间也相互离不开”的思想，取得了良好效果。

1. 积极拓展展览内容

台湾是祖国领土不可分割的组成部分，高山族是中华民族大家庭的一员。为了更广泛地宣传这一不可辩驳的历史事实，让更多的观众特别是广大青年学生更好地了解台湾和高山族的历史与经济文化状况，2006 年博物馆与台湾少数民族研究所共同推出了《台湾少数民族文化展》。该展览分“历史篇”和“文化篇”两部分，用文字和图片相结合的形式分别介绍了郑成功收复宝岛与祖国统一、抗击荷兰和西班牙殖民统治、抗击日本殖民统治、“雾社事件”、当代台湾少数民族的正义之士等历史事件和人物，展示了高山族各族群的人口、分布、传统服饰、饮食、建筑、生计、祭祀、歌舞等物质和精神文化状况，并在校内外进行巡回展出。展览受到热烈欢迎和广泛好评。

《中央民族大学校史展》共分发展历程、教学改革、科学研究、党的建设和发展图强 5 个部分，用图片、文字和实物相结合的形式，全面总结了建校 50 多年来学校根据党和国家民族工作的需要，紧紧围绕少数民族和民族地区经济建设和社会发展对人才的需求，不断进行学科、师资队伍、基础设施、管理体制等方面的建设，办学规模不断扩大，办学层次和水平不断提高，逐步由以民族学科为特色的文科高等学校发展壮大成以民族类学科为特色、文理兼备、多学科协调发展的综合性大学的历史。为了更好地展示、宣传党和国家重视民族大学的建设发展、关心民族教育事业的丰功伟绩，展示和宣传中央民族大学建校 50 多年来的辉煌成就，2007 年博物馆对校史展进行了较大规模的改版。扩大了展厅中央展墙的面积，增加了“光辉的事业，伟大的关爱——党和国家领导人对我校的亲切关怀”、“桃李芬芳，英才辈出——我校培养的部分省部级以上领导干部和知名人士”和“心系民族大学，情暖民族教育——党和国家领导人给我校的题词”三部分内容，使整个校史展在原有基础上内容更加全面、丰富，重点更加突出。一幅幅珍贵的照片，就像一部部教科书，彰显了党和国家，特别是历代最高领导集体对中央民族大学的高度重视和亲切关怀；彰显了学校为民族团结进步事业和少数民族、民族地区的发展所作出的重大贡献。如从 1951 年到 1966 年，毛泽东、朱德、刘少奇、周恩来、邓小平、陈云等老一辈党和国家领导人曾经20次亲切接见学校师生，4次来学校视察及参加活动的照片，特别是1957年6月28日毛泽东、朱德、刘少奇、周恩来、邓小平、陈云等老一辈党和国家领导人在中南海亲切接见学校全体师生的照片，人物之多、场面之壮观、意义之深远、震撼力之强大，使广大师生员工观看后都深受教育、感动和鼓舞。

2007年博物馆在修改完善《少数民族文字书法展》时，又重新精选了蒙古、朝鲜、藏、维吾尔、哈萨克、柯尔克孜、锡伯、彝、傣、壮等十几个民族的格言、谚语，旨在让观众在欣赏绚丽多姿的少数民族文字和书法作品的同时，还能从中得到启发，有所感悟，领会其中所蕴涵的深刻哲理，帮助和激励广大观众，特别是青少年树立正确的人生观、价值观、世界观，培养他们的爱国主义情怀和民族平等团结的思想。如维吾尔族格言："青春是增长知识的春天，青春是创作灵感的源泉。你鲜活的生命是一碗奶，青春是上面最美的怡涟"；柯尔克孜族格言："良驹你不可能追上，恶名你不可能洗去"；彝族格言："贤士静思量，英雄不鲁莽"；傣族谚语："想吃饭要勤下田，想吃鱼要勤入渊"。

2. 努力开拓新的展览和宣传教育方式

当今的时代是一个信息化的时代，互联网的出现和广泛应用，使人们可以突破时间、地域的限制而共享信息资源和进行全天候的交流。2006年学校投资20多万元建立了博物馆网站。网站中设立了本馆概览、信息快递、展览展示、藏品集萃、学术研究、民族天地、政策法规、文物鉴赏、服务指南等专栏，全面介绍博物馆的情况、信息，推出了网上虚拟展览。

2006年博物馆拍摄了电视专题片《文化瑰宝的荟萃之地——中央民族大学民族博物馆》，利用视频手段全面介绍博物馆的历史、现状、藏品特色和展览内容等。编辑出版了以介绍馆藏民族服饰为主要内容的画册《五彩霓裳——中央民族大学民族博物馆馆藏民族服饰集萃》。

2006年底，博物馆与台湾少数民族研究所合作推出了《台湾少数民族文化展》，制作了33块活动展板，先后在本校及北京大学、北京理工大学、北京外国语大学、北京舞蹈学院、中国人民大学等高校巡回展出。2008年4月又以海淀区育新小学为起点，开始进入中小学校。2007年本馆还与海淀区人民政府民族宗教侨务办公室合作，共同推出了一台《多彩中华，和谐海淀——民族文化进社区专题展》。本展览分多彩中华、和谐海淀和政策解读3个部分，分别介绍了56个民族的概况、海淀区的民族构成和民族工作情况，以及党和国家的部分民族政策、民族法规等。展览也以活动展板的形式，到海淀区的各个社区进行巡回展出，目前该展览还在展出之中。这种图文并茂、生动活泼而又机动灵活的展览方式，受到广大观众的一致好评。北京市民委领导、海淀区政府领导也给予了高度评价。

2004年9月26—30日承办全国政协“庆祝中华人民共和国成立55周年、中国人民政治协商会议成立55周年”系列活动之一“中国各民族服装服饰大展”。全国人大常委会副委员长傅铁山，全国政协副主席王忠禹、丁光训、白立忱、阿布来提·阿布都热西提、李兆焯以及有关部委和全国政协专门委员会的各方面负责同志，全国政协常委、委员以及有关部门的负责人出席了这次活动的开幕式。其间，举办民族服饰展演12场，观众达6000多人次；民族服饰展览接待观众6000多人次。承担这次表演任务的是民族大学民族博物馆与本校成人教育学院共同开办的“民族服饰设计与表演”大专班的学生。学生中有获得“亚洲风采”的冠军、“全国精英模特大赛”的亚军、也有国际十佳男模获得者和多个城市的形象大使和知名品牌代言人。此外，学生们参加了许多社会公益演出，动态展示宣传中华民族服饰文化的博大与精深。

2008年四川省汶川遭遇特大地震灾害期间，全馆职工积极捐款、捐物，为灾区人民献爱心。积极为国家民委、文化部、国家文物局共同举办的《抢救汶川地震灾区羌族文化特展》提供展品，并派出6位同志前往北京民族宫协助布展。

4年来，博物馆的传统展览项目《中国少数民族传统服饰展》也继续走出校园，先后在吉林省长春市、北京市华宇商厦、北京市新光天地展出。

民族博物馆在做好本馆展览和文物征集工作的同时，还接受国家民委的委托，在2007—2008年间为全国妇联“民族服饰展”征集文物并移交国家妇联，在捐赠交接仪式上获得全国妇联和国家民委领导的好评。

五、立足本校，服务社会

为学校的教学和科研服务、为社会服务、为外事服务，是本馆的宗旨之一。博物馆的展览和各种宣传教育活动，首先都是立足本校，面向全校师生员工的。(1)博物馆的展览每周二都向全校师生免费开放，其他时间的教学参观可以随时预约和安排。每年9月都要承担新生的入学参观教育任务。可以说每一个民族大学的学生，入学后的第一堂民族文化知识课、民族理论与政策课都是在这里进行的。(2)基地还根据各院系、各专业教学、实习和研究工作的需要，提供专业的展览讲解、文物鉴赏、专题讲座、文献及图片资料等服务。(3)根据各院系教学和科研工作的需要，与他们联合举办各种类型的专题展览。如《穿越千年的毕摩经颂：中国诺苏彝族宗教仪式生活专题展》就是基地与哲学与宗教学系联合推出，而《文明的符号——中国民族古文字陈列》是与少数民族语言文学院联合推出的。2008年4月，博物馆还与新闻与传播学院联合举办了《中国少数民族鞋文化展》。

作为北京市唯一的全国民族团结进步教育基地、海淀区爱国主义教育基地和海淀区青少年校外教育实践基地，本馆在努力为学校的教学、科研和外事工作服好务的同时，还积极面向社会，为社会服务。每年来博物馆参观的有全国人大、全国政协、国务院港澳台办公室、共青团中央、国家教育部、统战部、财政部、中纪委、国家民委以及北京市各政府部门的领导和团体，也有来自美国斯坦福大学、法国巴黎十三大学校长、加拿大路德大学常务校长、挪威奥斯陆大学校长、泰国皇家 RAJABHAT PETCHABUL 大学教授、英国伯明翰食品旅游创意研究学院、新加坡国立大学、日本东京大学、哈萨克斯坦欧亚大学、瑞典民间歌舞团、乌兹别克斯坦国民大学、爱尔兰都伯灵大学校长、韩国建阳大学、马来西亚多媒体大学、中亚 7 国华侨参观团、美国肯尼迪艺术中心、波利尼西亚文化中心、奥斯陆大学人权研究中心、土耳其等中亚四国官员、埃塞俄比亚体育部官员、英国大学国际交流处、乌兹别克斯坦对外友协、哈萨克斯坦驻华使馆、英国使馆文化教务处等 100 多个国家的大学、政府官员、教育机构、科研机构、社会团体以及我国香港、澳门、台湾地区的众多使团的参观和交流。馆内举办的各种展览，也已成为幼儿园、中小学校、高等院校师生及社会公众接受民族知识、民族传统文化和爱国主义教育的第二课堂。博物馆每年都要接待北京大学、清华大学、中国人民大学、北京语言大学、北京服装学院和国防大学等高校大量的学生参观，为他们的教学和实习提供热情周到的服务。特别是国防大学，每年都安排来自 80 多个国家的上百名外籍军官前来参观，党的民族政策和各民族优秀的传统文化在国内外得到很好的传播。

为更多地吸引社会观众，博物馆的展览门票采取了多种优惠制度，对老年人、残疾人免费；学生半价；“5·18 国际博物馆日”、中国文化遗产日免费开放；“六一”国际儿童节对青少年免费开放。本馆还一直参加北京市文物局组织的通票参观活动，为广大观众提供大幅度的门票优惠。

总之，中央民族大学民族博物馆立足本校，在为本校的教学、科研、外事和民族团结进步教育事业服务的同时，积极挖掘潜力，拓展思路，采取多种手段和方法，努力为社会服务，为巩固和发展平等、团结、互助、和谐的社会主义民族关系，为维护社会稳定和祖国统一，促进少数民族和民族地区经济社会发展的大局服务。充分发挥了传播民族知识、弘扬民族文化窗口和作为全国民族团结进步教育基地、爱国主义教育基地、青少年校外教育实践基地的各项功能和作用，达到了预期建设效果。 **（祁春英 李少梅）**

中国佛教图书文物馆

EXHIBITION HALL OF BUDDIST CLASSICS AND RELIC OF CHINA

馆　　长 学　诚

通讯地址 北京市宣武区法源寺前街7号

邮政编码 100052

电　　话 63553772

传　　真 63559884

电子信箱 fjbwg@sina.com

隶属关系 中国佛教协会

性　　质 公办

建筑性质 古代建筑(全国重点文物保护单位)

建筑面积 3500平方米

展厅面积 3000平方米

占地面积 12000平方米

馆址环境 位于京城南,古刹法源寺的一部分,前为南横街,后临近两广路,东为西砖胡同,西为教子胡同。

历史沿革 成立于1980年5月

开放时间 8:30—15:30

服务设施 1000平方米面积的停车场,一处纪念品商店。

交通情况 公共汽车有10、19、48、102、105、109、626路,东面是地铁4号线菜市口站。

概 述

中国佛教图书文物馆的工作宗旨在于展示佛教文化遗存，推动社会文化发展；工作重点在于保护并征集佛教古籍、文物，以及其他相关的历史文物。该馆由馆长负责制，主要业务部门有文物处、图书处、研究室、电脑室。该馆的古籍和文物分别由图书处和文物处负责管理和保护。现所陈列的展览有历代佛教造像、古老佛龛、法源寺历代石刻三类。该馆除免费向广大佛教徒开放外，还向社会收费开放。

自2004年以来，该馆维修了办公用房，增添了电脑办公设施。由政府经济支持对馆址所在的法源寺进行了全面大修。

一、筹建新馆

自2004年佛教文物图书馆提出，基于古籍文物的安全保护和今后发展的需要，非常有必要建立较大规模和现代化发展条件的新馆。经过数年努力，对新馆的建设问题已得到了上级有关部门和社会越来越多有识之士的支持。

2008年3月，全国政协会议期间，在全国政协常委、中国佛教协会会长一诚提议下，由宗教、侨联、民主党派、文艺等界别的政协委员62人联名提出“要求建立中国佛教博物馆的提案”。该案提出后，得到了国家宗教局的支持性的答复。就建立中国佛教博物馆一事，会长一诚以书面和口头的方式分别向全国政协主席贾庆林、中共中央统战部部长杜青林等领导提出，得到了他们的重视。

二、征集文物

于2004—2008年的5年当中，本馆自筹资金征集了南北朝至清代石、铜、木各种材质的佛教造像百余件，以及瓷器、陶器类其他文物共有2000余件。

三、全面清查馆藏古籍和文物

本馆负责的古籍和文物，分藏于法源寺、广济寺、灵光寺中，多年来保存管理状况存在混乱现象。

于2007年3—8月，组织力量首先对存于法源寺内的文物进行了一次全面的清查登记。于2008年4—8月，又组织力量对古籍作了清查工作。

四、申报国家古籍保护名录

为了保护历代古籍，于2007年5月由国家8个部委局联合成立了“国家古籍”保护中心。本馆作为宗教界唯一一家博物馆，参加了保护中心的挂牌成立仪式。

中国佛教图书文物馆大门

当年8—9月，国家古籍保护中心前后3次派专家到本馆考察工作，其中一次由文化部副部长周和平率有关方面的部门和专家进行了实地考察。在有关专家的帮助下，对馆藏敦煌藏经和宋版书的情况进行了测量与登记。

2008年4月28日，由国家古籍保护中心 于友谊宾馆举行了《国家珍贵古籍名录》和第一批全国古籍重点保护单位颁证授牌会议，国务委员刘延东出席并作了重要讲话。在这次会议上，为佛文馆申报的北宋开宝五年刻本《大般若波罗密多经》第五百八十一卷、明代《永乐南藏》六千三百六十一卷(全套)等5部被列入保护名录的古籍颁发了证书。

云居寺石经博物馆

THE YUNJU TEMPLE EXHIBITION HALL OF STONE-CARVED SCRIPTURES

馆　　长 云桂荣

通讯地址 北京市房山区云居寺

邮政编码 102407

电　　话 61389604(办公室)　61389612(社教部)

传　　真 61389604

网　　址 www.yunjusi.com

电子信箱 info@yunjusi.com

隶属关系 北京市房山区人民政府

性　　质 公办

建筑性质 古建筑(全国重点文物保护单位)

建筑面积 9800平方米

展厅面积 5630平方米

占地面积 2000000平方米

馆址环境 位于北京市房山区境内,距市中心70公里,东接上方山,西俯拒马河,与世界文化遗产周口店猿人遗址相毗邻。

历史沿革 1961年3月4日被国务院首批公布为全国重点文物保护单位,1976年5月15日成立云居寺文物保管所,1988年6月24日经北京市政府同意,市编委批准成立云居寺文物管理处。1992年被评为“北京市旅游世界之最”,1995年正式注册为“石经陈列馆”。1997年被市政府命名为爱国主义教育基地。2004年被北京市政府批准为北京市级风景名胜区。2006年12月15日云居寺塔、藏经洞及石经被国家文物局正式公布为申报世界文化遗产预备清单单位。

开放时间 夏季 8:30—17:00　冬季 8:30—16:30

服务设施 无障碍参观、停车场面积1000平方米、食品部、小吃部、茶室、纪念品商店、语音导览设备。

交通状况 天桥乘坐917路(房山线)到房山城关镇政府或张坊下车换乘12路、19路、31路小公共汽车到云居寺十字路口下车。北京西站乘坐7095次列车到云居寺站下车。自驾车路线:京石高速琉璃河出口下道,经韩村河、云居寺路口右转到云居寺;或京石高速至阎村出口下道,沿京周路经周口店路口左转、云居寺路口右转到云居寺。

概 述

云居寺位于北京西南房山区境内，距市中心70公里。寺院占地面积7万多平方米,加之石经山,保护范围和建控地带面积为2平方公里。1961年3月4日被国务院首批公布为全国重点文物保护单位。1988年,云居寺由文物保管所改为云居寺文物管理处。1992年,作为世界上保存石刻经版最多的寺庙入选“北京旅游世界之最”。1995年12月,正式注册登记为“云居寺石经陈列馆”。1999年5月,由北京市政府批准正式恢复为宗教活动场所。1997年被市政府命名为爱国主义教育基地。2001年成为国家AAAA级旅游景区。2004年被北京市人民政府批准为市级风景名胜区。

云居寺始建于隋末唐初,经过历代修葺,形成五大院落六进殿宇。两侧有配殿和帝王行宫、僧房,并有南北两塔对峙;寺院坐西朝东,环山面水,形制宏伟,享有“北方巨刹”的盛誉。1942年云居寺被日军炮火夷为废墟。1985年成立云居寺修复绿化委员会,进行了一期修复工程和周边绿化。1998年后,进行了石经回藏及二期修复工程。目前,云居寺基本恢复了被炸前的规模。云居寺是佛教经籍荟萃之地,寺内珍藏着石经、纸经、木版经号称“三绝”。“石刻佛教大藏经”始刻于隋大业年间(605年),僧人静琬等为维护正法刻经于石。刻经事业历经隋、唐、辽、金、元、明6个朝代,绵延1039年,镌刻佛经1122部、3572卷、14278块。像这样大规模刊刻,历史这样长久,确是世界文化史上罕见的壮举,堪与文明寰宇的万里长城、京杭大运河相媲美,是世上稀有而珍贵的文化遗产。被誉为“北京的敦煌”、“石经的长城”和“世界之最”。“房山石经”是一部自隋唐以来绵延千年的佛教经典,不仅在佛教研究、政治历史、社会经济、文化艺术等各方面蕴藏着极为丰富的历史资料，而且在书法艺术上有着重要的文化价值和艺术价值。除石经外,纸经藏量22000余卷,木版经藏量3000余块。唐辽古塔共有15座。另外,还珍藏着紫铜佛像、铜钟、铜锅、碑刻、题记等级别较高的馆藏文物。

2004—2008年,云居寺石经陈列馆认真贯彻执行党的路线、方针政策,认真贯彻执行文博行业和文物保护等方面的法律法规,以服务社会为已任,以举办2008年奥运会为契机,积极响应“人文奥运、绿色奥运、科技奥运”的号召,不断创新管理理念,提升全员素质,加大资源保护力度,优化馆内外环境,完善配套设施,强化优质服务,始终坚持以人为本和可持续发展的理念,在上级部门和全体干部职工的共同努力下,确保了平安、和谐和可持续发展。

2004年,云居寺认真贯彻落实“三个代表”的重要思想,根据馆内的实际情况,提出了“四位一体,统筹兼顾,贯彻综合管理方针,追求‘三好’目标,达标、增效、创优的

云居寺外景

指导思想”，使全体干部职工进一步明确了办馆宗旨和重点工作。以文物的保护、管理、研究、利用为主线，成立了申报世界文化遗产办公室。在提升文化品位上，实现“六个一”工程，推出了“千年刻经史连环画展”、“云居寺老照片展”专题展览和反“法轮功”临时展览。投资40万元对寺内、外进行设备设施及环境改造。2004年云居寺成为市级风景名胜区。

2005年是“十五”规划的最后一年，云居寺按照十五规划和年初工作部署，以“把云居寺文物保护好”、“把云居寺建设好”、“让职工生活一天比一天好”为目标，加大各方面的建设力度，启动了石经山防盗掘技防工程、石经山基础设施建设、改造了寺院南侧小树林。为推广云居寺红色旅游，发挥爱国主义教育基地的作用，举办了第一届春联大赛、纪念抗战胜利60周年等活动。在编辑《宝藏》杂志的基础上，还推出了内部刊物《云居周讯》，各项工作都取得了新的进展。

2006年云居寺以构建“和谐云居、平安云居、效益云居、亮丽云居”为主线，紧紧抓住“八荣八耻”社会主义荣辱观教育这个契机，全面落实奥运培训计划，做到有领导、有组织、有计划、有考核。在文物保护方面，完成了石经山防盗掘技防工程，改变了石经山无技防设备的历史。尤其是在国家文物局、市文物局等上级部门的支持和指导下完成了石经地宫防渗漏治理工程及辽金石经再次回藏工作，改善了辽金石经的保护条件。完成了石经山旅游配套设施工程并加大石经山的绿化美化，使石经山景区面貌焕然一新。

2007年是备战奥运会的决战之年，云居寺紧紧抓住这一历史机遇，以没有最好，只有更好作为检验工作的标准，为了确保文物保护、旅游接待、宗教活动、森林防火4项重点工作的有序开展，以科室、队为单位分别制定了各部门的折子工程，使各项工作有计划、有督办、有检查。坚持对职工进行奥运培训，寓教于乐，相继开展了“迎奥运，庆十一，岗位大比武”和“云居寺迎奥运全员健身活动”等喜闻乐见的活动。在创优服务方面，以争创全国青年文明号为主，内强素质，外树形象，以导游班为核心打造一支优秀的服务队伍，进一步提高了服务接待水平。实施了厕所改造工程、亮灯工程、标识牌建设工程，绿化美化工程，使景区硬件设施和景区环境得到进一步提升。

2008年是奥运之年，为实现平安奥运的目标，云居寺积极响应“人文奥运、绿色奥运、科技奥运”的号召，积极参与奥运、服务奥运、奉献奥运，在全馆掀起了我参与、我奉献、我快乐的热潮。继续深化“全程式体贴、零缺点服务”的理念，在奥运服务接待中很好地发挥了“窗口”行业的示范带头作用，被评为奥运服务先进单位。在安全方面，层层落实安全责任制，对全员实行网络化管理。在物防上，得到市文物局的大力支持，完成了“三水”和消防报警系统改造工程。文物保护取得新进展，南塔复建、《云居寺文物保护规划》编制被列入重要日程。开设了“千年石经山”、“佛舍利之谜”、云居寺历代人物展并改造了舍利馆、墨宝斋等展览。

总之，在2004—2008年5年的工作中，云居寺不断开拓创新，各项事业都取得了新的发展。所做的主要工作如下：

一、管理与制度建设

云居寺是1961年国务院公布的第一批文物保护单位，1999年5月，由北京市政府批准正式恢复为宗教活动场所。1995年12月，正式注册登记为“云居寺石经陈列馆”。1997年被市政府命名为爱国主义教育基地。2001年成为国家AAAA级旅游景区。2004年被北京市人民政府批准为市级风景名胜区。2006年成为北京唯一一家申报世界文化遗产预备清单单位。为发挥好各方面的职能作用，云居寺根据工作实际内设机构为：文物保护科、旅游接待科、安全保卫科、综合管理科、党政办公室、申遗办公室，房山区第二专业森林消防队挂靠云居寺管理。为做到统筹兼顾，文物保护、旅游接待、护林防火、宗教活动4项主要工作，使各项事业有序开展，2004年，云居寺提出了“四位一体，统筹兼顾，贯彻综合管理方针，追求‘三好’目标，达标、增效、创优的指导思想”，使全体干部职工进一步明确了我馆的宗旨和重点工作，并依据相关法律法规，逐年修编完善各类制度，使各项工作有章可循。

1. 以人为本抓管理

2001年云居寺通过了ISO9001质量管理体系和ISO14001环境管理体系双认证。一是用认证理念实施管理，实行PDCA的工作方法。每年年初，以科室、队为单位分别制订全年工作计划表，使全体干部职工职责清，任务明。贯彻认证中“写你所做的”的理念，2005 年 8 月，开办了内部刊物《云居周讯》，真实地记录了各部门每周所做的重点工作，成为大家交流工作、沟通思想的平台，也为后人留下了宝贵的档案资料。二是通过总结多年来管理经验、企业文化，编印成了《管理手册》。内容包括《云居人敬业誓词》、《云居寺指导思想》等 10 项内容，对各项工作起到了指导作用。三是强化员工培训。云居寺借着 2008 年举办奥运会的契机，坚持采取内部自培、请进来和走出去的方式对职工进行了文明礼仪、安全知识等方面培训。为开阔干部职工眼界，相继组织广大干部职工到承德避暑山庄、定陵、云台山等地参观学习。四是丰富职工文化生活。党支部精心组织了 30 多次“唱响春天演唱会”、跳绳比赛等有意义的活动，通过活动提高了大家的精气神和身体素质，让云居人焕发出了蓬勃朝气。五是积极为职工办实事，包括为职工过生日、开通班车等。通过上述举措，让职工体会到了云居大家庭的温暖，极大地调动了职工的积极性和创造性。在奥运会和残奥会期间，云居人同心同德，以永不言败的团队精神实现了平安奥运的目标，并获多项殊荣。

2. 强化制度定规矩

没有规矩不成方圆，健全、完善的管理制度和工作标准是管好人，做好事的基础。为了进一步强化制度建设，云居寺每年都责成班子成员对各部门的制度、标准、责任制体系等管理文件进行了重新审核。本着集中整合、可操作性强的原则先后修订完成了《考勤管理制度》、《统一着装挂牌制度》和《票务管理制度》、《劳动管理制度》、《劳动规章制度实施细则》等。采取修编一个，通过一个，贯彻一个的方法；同时还对安全保卫责任制体系、卫生管理责任制、消防安全责任制等进行了重新修订。做到了责任分工明确，事事有人抓，有人管。

二、文物保护、研究与利用

1. 加大三防保安全

把云居寺国宝级文物保护好是云居寺的首要工作。为此，云居寺不断从人防、物防、技防上加大保护力度。建立严密的文物安全责任制体系。有健全的组织机构，有专门的科室，实行日检、周检、月检三级检查制。人防上，在原有防盗、防火三级责任制体系的基础上，不断总结安保经验，实行了划片管理，责任到人。在石经山藏经洞区新建值班用房，改善值班住房条件，加强了人防力量。依据《文物保护法》制定了《云居寺文物安全管理措施》、《云居寺文物安全操作规程》、《云居寺文物检查制度》，并与各部门逐年签订《文物安全责任书》。尤其是奥运之年，为实现平安奥运的目标，云居寺明确了主管安全的领导和主控科室，成立了平安奥运安全工作领导小组，制定了《奥运期间各岗位职责分工》，明确了奥运会期间的职责和任务，与全员各岗位签订了 43 份

《云居寺奥运安全网格化管理责任书》。开展了“平安奥运从我做起”征文、“迎奥运,安全知识培训”、安全知识问答和排查隐患抓整改等活动,形成了齐抓共管的局面,实现了平安无事故的目标。

在物防方面,一是依照国家文物局和北京市文物局的指示,2006年完成石经地宫渗漏治理工程及辽金石经再次回藏工作。2006年5月29日启动了云居寺石经地宫渗漏治理工程。在国家文物局、市文物局、房山区委、区政府和区文委等相关部门的大力支持下,在中国建筑学会防水技术专业委员会专家和北京古代建筑保护设计所的技术指导和监督下,5月29日至6月11日将辽金石经搬出地宫,6月21日,北京市海马建筑防水工程有限公司施工人员正式进寺施工,至9月28日石经地宫库体防水施工结束。与此同时,按照设计单位的要求,安装了恒温恒湿设备、制作了加厚、纯棉、纯白帆布袋并进行防腐处理,按要求制作完成所需沙垫和木条。为保障石经再次回藏后,以全新的面貌接待游客,在专家指导下,对参观廊精心设计、精心施工。在经过设计单位的验收后,于10月24日开始了石经的再次回藏,11月19日将辽金石经全部回藏于地宫中。在回藏过程中,云居寺本着高度负责的态度,对石经进行逐块拍照、逐一测量建档。做到了不丢失,不损坏,不磕不碰。在长达半年的工作中,云居寺本着求真务实的原则,以对石经高度负责的精神,克服游客抱怨、新闻媒体炒作、石经安全隐患大等诸多困难,确保施工质量,关注每一个细节,终于将石经顺利归安。

二是改善了库存文物的保存环境,将文物库房搬迁至弥陀殿,使库存文物及原库房外石刻文物全部搬入新库房。三是投资21万元对寺内消防报警系统进行维修更换。四是投资6万元,在围墙上方安装了长860米的铁质漆皮防护网。五是在市文物局的支持下,完成了避雷设施整改工程、“三水”管道整改工程、消防报警系统改造、消防水系统改造工程。六是对毗卢殿前的两块倾斜的清代石碑进行了圆木捧戗加固。

在技防上,为了加大石经山的技防力度,在市文物局的支持下,实施了防盗掘技防工程,填补了石经山技防的空白,为石经山洞区文物保护提供了可靠的技术保证。

2. 以申遗促保护

云居寺以申报世界文化遗产为契机,2004年3月26日举行了申报世界文化遗产办公室挂牌仪式,成立了申报世界文化遗产办公室。国家文物局原顾问谢辰生、国家历史文化名城保护专家委员会副主任郑孝燮为申遗办公室揭牌。市规划委员会高级规划师李准先生等10余名专家以及市文物局、房山区的有关领导参加了挂牌仪式,并就遗产申报工作召开了专家座谈会。与会专家一致对以房山石经为代表的文物价值给予高度评价、对申报名称提出多种参考意见。遗产办公室成立后积极工作,在加强日常文物保护监测的基础上,启动了《云居寺申遗文本》写作、《云居寺塔及石经文物保护规划》编制等工作，目前，云居寺正在抓紧编制文物保护规划。为了弘扬和传播优秀文化，利用“5·18国际博物馆日”、“文化遗产日”开展了“修复南塔募捐启动仪式”、“我心中的博物馆——云居寺”有奖征文、专家讲堂等活动，加大了遗产的宣传。2006年云居寺塔、藏经洞及石经被批准为北京唯一一家申遗预备清单单位。

2008年北京（房山）历史文化旅游集聚区正式成立，云居寺“经文化”被确定为集聚区核心。云居寺文物保护规划编制、南塔修复工作被提到重要议程。为加快《文物保护规划》编制进度，云居寺请中国文化遗产研究院编制《云居寺塔及石经文物保护规划》，同时，积极筹备南塔复建工作，启动了南塔募捐活动、完成了南塔地质勘察、文件报送等准备工作。

3. 文物研究与利用

近年来，云居寺抓住编写《云居寺志》的契机，责成专人广泛收集有关云居寺的文献、图片等历史和档案资料，收集有关云居寺的档案资料3000份、收集云居寺老照片500多张，为研究云居寺历史提供了有力的佐证。2004年，云居寺文保科对云居寺30年来出土的石经、石经题记、舍利石函和历史上文人墨客的手迹等11件出土石刻文物进行了整理研究。2008年，投资7万多元编辑出版了《贞石录》。此书以碑文提要、录文、图影方式收录了115块贞石，为研究云居寺悠久的历史文化提供了丰富、翔实的资料，并且也将祖先留存的这笔不可再生的特殊文献资料以图书的形式留给了后人。在辽金石经的保护上，共整理了2006年石经再次回藏的照片19882张，建立了完善的辽金石经档案。

在保护好文物的基础上，云居寺采取多种形式以文物为载体传播优秀文化，按照“三贴近”的要求，先后推出和更新了“千年刻经连环画展”、“云居寺老照片展”铝经展、《天竺之魂——印度古国青铜佛像图片展》、龙藏木经展等10余个展览。另外，还在寺内墙面适宜位置制作了《二十四孝》、《快乐歌》等120多块图文并茂的文化墙。这些内容健康向上、形式多样的展览和文化墙受到了广大观众的一致好评。对启发人的智慧，净化人的心灵，促进人与人的和谐起到了积极的作用。

三、社会教育与服务

1. 打造优秀的服务队伍

博物馆有着服务社会、服务大众的职能，为发挥好这一职能作用，云居寺以举办奥运会为契机，进一步强化优质服务，坚持争优创先，打造服务品牌。在馆内广泛开展“青年文明岗”、“岗位标兵”等争创活动。以争创全国青年文明号为抓手，内强素质，外树形象，以导游班为核心打造一支优秀的服务队伍。一线员工始终牢记“全程式体贴，零缺点服务”的质量方针，用优质的服务赢得了领导和观众的好评。2007年，经过多年不懈地努力和精心打造，云居寺导游班荣获全国巾帼文明岗称号，并被国家旅游局和共青团中央命名为全国青年文明号，是2007年度北京市唯一一家获此殊荣的先进集体，实现了云居寺导游班多年来争创全国青年文明号的愿望。2008年，云居寺被选为奥运会宾客备选参观景点之一，为打造一支业务过硬服务一流的接待队伍，坚持培训经常化。采取导游员互相讲课、馆员背导游词和走出去培训等方式增加了一线人员的业务培训，大大提高了人员的业务能力。在管理上，加大了从停车、售票等全过程的监督检查力度，做到及时发现问题，严格落实整改。奥运期间，旅游接待科启动了城市志愿者服务岗亭，全员齐努力，圆满完成了奥运接待任务。在北京市妇联举办的“首都各界‘庆三八、迎奥运、展风采’活动”中，云居寺荣获北京市“三八红旗先进集体”称号；还被授予“服务奥运先进集体”和“迎奥运窗口行业职业技能竞赛”等荣誉称号。

2. 发挥教育职能

云居寺既是博物馆，又是北京市政府命名的宗教活动场所、爱国主义教育基地。为发挥好应有的职能作用，积极开展真善美教育，相继开展了“弘扬人间正教、反对‘法轮功’邪教”临时展览、开设了佛教文化专题展览。先后与周边学校开展了“迎奥运书法比赛”、“沿袭传统文化，弘扬石经文化”为主题的爱国主义教育活动。整体营销实现“六个一”工程，即一个好的宣传定位、一个好的宣传口号、一个好光盘、一本好的解说词、一张好的导游全景图和一支好的导游队伍。推出了学写字、学拓裱、学印刷“三学”参与项目，制作了《云居禅语》、《快乐歌》、《二十四孝》等为内容的文化墙。为弘扬传统文化，推出了喝腊八粥、清明戴柳、浴佛节放生等10多项民俗活动。印制了《云居寺宣传折页》、《千年刻经史连环画》、《二十四孝》、《云居寺导游词》、《亲切的关怀》、《机缘巧合故事》等书籍。云居寺通过开展多种形式的教育活动，在构建和谐社会中发挥了独特的作用。

四、环境与基础设施建设

1. 美化环境

在环境建设上，云居寺提出的理念是“精心呵护云居寺的每一寸土地”，一年三季有花四季有绿。对绿地制定了“四无一平”的标准，即无杂物、无砖瓦石块、无杂草、无白色垃圾和草地平整。坚持每年春夏季开展“绿化美化大行动”，全员参与绿化、美化，5年来，共栽种各种苗木10000多株。实施了扩绿工程，加大了景区地面的绿化面积。绿化美化石经山，在石经山接待站周边空旷的地方，消防队结合实际情况进行补绿，改变了过去树种单一的情况，栽植观赏性植物黄栌600余株、嫁接菱枣树620余棵。投资20万元，在寺外南边小树林处建“南苑”休闲公园一座。投资2万元在停车场建竹廊160平方米。2005年，外围整治得到稳步拓展，拆除东停车场临时建筑15间，面积220平方米，并给予了绿化美化。2006年，对寺外停车场进行修补扩建、对与之毗邻的小树林进行清理整治，建成一个能够让游客休息、纳凉的开放式小公园。

2.基础设施建设

2004 年共投资 40 万元对寺内古建及基础设施进行维修。投资 15 万元对寺内及石经山线路进行整改。2005 年市区财政投资 400 万元进行了石经山基础设施建设、防盗掘技防工程及施茶亭修复工程,主要工程项目有:游人步道、停车场、供水工程、环保生态厕所、仿古三星级厕所、污水处理设施、供电工程、游客中心和其他附属设施等项目,这一建设使石经山的接待能力大大提高,是继 1985 年和 1998 年后云居寺第三次大的建设工程。

2006 年云居寺自筹资金 60 万元,完成了行宫院大修等基础设施建设。进一步加大了石经山基础设施建设力度,安装了石经山中英文景观标识、保洁箱、新建了三星级厕所一座、环保厕所一座、新建石经山景区上、下两个停车场,并新建石经山仿古牌楼和竹亭各一处、栽种侧柏等 4000 多棵树,绿化美化环境 2000 多平方米,使石经山景区的面貌焕然一新。

2007 年寺外环境治理取得明显效果。借公路局大修云居寺路的机遇,铺设柏油停车场 1300 平方米、铺设款龙桥、云居寺门口至断龙桥出口柏油路面 1600 平米。在标识建设方面,按照北京市旅游局下发的《关于落实北京市 2007 年拟办重要实事(旅游建设项目)第 40 项近期工作安排的通知》精神,争取上级支持 100 余万元,自筹 40 万元,完成了云居寺标识牌建设工程。

2008 年云居寺积极争取政府资金支持项目,根据市政管委 2007 年改建、新建厕所要求,把寺内度母殿二星级厕所和毗卢殿四星级厕所列入改建项目,升级改造成生态、水冲双用厕所,并把石经山厕所改建成了生态泡沫免水冲厕所、对寺外东停车场厕所进行了升级改造,这是云居寺星级公厕建成以来最大规模的升级改造,全面提升了全寺的公厕硬件水平。自筹资金 20 万元用于寺内古建修缮及基础设施建设。积极争取市旅游局的支持,争取到无线导游讲解器专项款支持,完善了导游讲解设施。

以上是我馆 5 年来所做的主要工作,没有更好只有最好,我馆将以科学发展观为指引,在今后的工作中,云居寺将继续谱写蓬勃发展的新篇章。

北京中华民族博物院

CHINA NATIONALITIES MUSEUM

馆　　长 王 平

通讯地址 北京市朝阳区民族园路1号

邮政编码 100029

电　　话 62063618(办公室) 62063646(社教部)

传　　真 62063650(办公室) 62063626(社教部)

网　　址 www.emuseum.org.cn

电子信箱 office@emuseum.org.cn

隶属关系 北京中华民族园有限公司

性　　质 民企

建筑性质 现代建筑

建筑面积 3.8万平方米

展厅面积 3.3万平方米

占地面积 30公顷

馆址环境 位于北京国家奥林匹克公园内,周边环绕北四环中路、北土城西路、中轴路和北辰西路,交通便利。

历史沿革 1992年一期工程(北园)动工;1994年6月开放;1997年二期工程(南园)动工;2001年9月开放,9月29日举行北京中华民族博物院开幕式。

开放时间 旺季 8:00—19:00　　淡季 8:00—18:00

服务设施 无障碍参观,8个无障碍窗口,停车场有残疾人车位10个,无障碍卫生间5座,其中无障碍厕位10个,停车场面积1.5万平方米,食品部、小吃部、茶座、咖啡厅餐厅2个,纪念品商店8个。

交通状况 乘113、839路民族园路站下车直达。 乘345、55、315、344(快)、695、670、825、919、689或618路,在祁家豁子站下车向东。乘407在北辰路站下车向西。乘21、380、409、849、645或653路,在熊猫环岛站下车向北。乘386、660、740、939、944、658、689或656路,在北辰桥西站下车向南。乘地铁10号线在北土城路站下车即到。

概　述

工作宗旨,重点工作

中华民族博物院占地50公顷,是一座复原、收藏、陈列和研究中国56个民族文化、文物、社会生活的大型人类学博物院。它以博物馆与园林景观相结合,以静态陈列与动态表演相结合;通过各种专题展览、节庆活动,从环境、建筑、歌舞、农耕、餐饮、传统手工艺等方面,记录历史,展现今天,再现中国各民族风情、传统和文化。中华民族博物院的宗旨是:展现民族建筑,保护民族文物,传播民族知识,研究民族遗产,弘扬民族文化,促进民族团结。

组织体制,主要业务部门,管理体制

中华民族博物院行政归属单位为北京市民政局社团办,行业管理隶属于北京市文物局。属自收自支、独立核算、自负盈亏的民办事业单位。内设行政、人事、财务、物业、安保、工程技术、活动、环境、文物、信息、社教、经营、餐饮13个部门。

藏品管理和保护业务

中华民族博物院有馆藏文物近7万件,大多征集自少数民族聚居的边远地区。藏品按年代划分,跨越旧新石器时代、唐、宋、辽、金、元、明、清直至近代;按种类划分,涵盖衣食住行、生产劳作、文艺娱乐、婚丧嫁娶、礼仪祭祀、文化教育、医药卫生、经营贸易、体育保健等方方面面的用品;按质地划分,有竹、木、金属、砖、丝、麻、棉、石、纸、漆、瓷、牙、骨等各种天然、人造材质。其中最具特色的收藏品是中国56个民族的服装、服饰、绣品,老百姓传统生产生活用品等。博物院设立有专门的文物部门负责文物的保护、管理、修复、研究工作。文物库房面积500平方米。文物部员工10人,其中一半以上是具有高级职称和中级职称的专业人员。文物部建立有较完善的管理制度,分别有《文物部规章制度》、《文物部工作规范》、《文物库房管理制度》、《文物库房安保制度》等,并落实执行,定期自检自查。各种登记、手续、工作记录齐全。院内设有专门的安保人员对文物库房实行24小时人防保卫。

陈列展览

中华民族博物院的主体是中国56个民族的博物馆,拥有面积达6000平方米的主展厅,用作各种陈列展览。博物馆内文物资源主要分为馆藏建筑和馆藏文物两大部分。馆藏建筑为56个民族的分馆建筑群。每个分馆以院落、村寨或城镇的形式展现不同民族的建筑风格、居住习俗和生活环境;建筑按民族地区有代表性的传统民族建筑

1∶1复原，由各民族工匠利用当地原材料，按民族习俗和传统工艺完成；室内外按各民族生产、生活习俗原状陈列，陈列物品均征集自民族地区。建筑形式丰富多样，有南方民族的竹楼、吊脚楼，西部民族的石雕房、土窑洞，北方民族的土坯房、撮罗子，有山地民族的木楞房，草原民族的毡包房，还有伊斯兰风格的西域民族建筑等，其中撒拉族、畲族分馆建筑为原拆当地清朝时期的民族建筑，运至北京落架复建而成。各民族分馆的环境根据该民族生活地区的人文地理特点，从地形地貌、植物配置、农耕生产、风俗习惯、宗教信仰等方面设计，力求展现这个民族生产、生活环境的全貌。

博物院内山环水绕、梯田错落，由高山、峡谷、湖泊、小溪、草原、密林、溶洞、瀑布、人造雨林等构成从山地到平原、从南方到北方、从水乡到沙漠等多种风格的生态景观。点缀其中的还有许多民族地区特有的自然景观和人文景观，如土林、崖画、图腾柱、佛塔、石窟、嘛尼堆等。

院内主展馆和各民族博物馆展出民族、民俗文物万余件。主要展览有：《庶民——我们的历史，我们的根》、《中华民族百姓传统生活饰品展》、《中华的56个民族》、《藏族文化系列专题展览》、《羌族文化遗产展》、《中华传统稻作文化展》、《新疆艾德来丝绸展》等，从多个方面展现中国各民族老百姓的传统生活面貌，展品贴近百姓生活。

社会教育

社教工作主要围绕“民族团结进步教育、民族文化宣传”为主题开展。一是和少数民族地区建立、巩固合作关系。把聘用民族员工，改为由少数民族地区政府派出文化交流团，各个民族地区轮换。这样做，既满足院内民族文化展示、讲解工作的需要，又使更多地方、更多数量的少数民族青年，能够有机会到北京来见世面。这些青

北京中华民族博物院南园全景

展厅内景

年回到家乡大多数都成为可用之才。二是为游客做好服务工作。我们每月都发放观众调查表,以便及时掌握观众的要求和反映。几年来,每月的调查表回收率都是100%。对观众的意见,每月、每年都做汇总分析,反馈给院领导和有关部门,调整工作。三是青少年爱国主义教育和民族团结教育工作。社教部积极加强同北京及周边城市教委、中小学校的联系,根据学校民族教育的需要,设计了"走进民族大家庭游园活动"、"今天我成年"、"画我眼中的少数民族"、"民族园杯北京青少年民族知识大赛"等一系列活动,不仅圆满完成了政府交给的教育任务,而且争取了学生市场,取得了可观的经济效益。

社会服务活动

不断丰富博物馆的陈列展览、演出活动,美化园林环境,满足旅游者的需要,使人们在游览、欣赏的同时,获得文化生活的满足,受到潜移默化的教育。不断完善院内服务设施:翻建门区售票处,翻修卫生间,更新各种标识牌,加强无障碍设施建设,设立游客中心为观众提供休息、咨询、急救等服务。为游客提供更加方便、舒适、安全的游览环境。

馆舍建设、扩建、维修和设施改造

1. 畲族博物馆民居部分:2004年8月竣工,建筑是清康熙五十五年(1716年)原建于福建省福安市溪潭镇马山村的畲族传统民居拆迁至北京原状复落建。民居为带院落U字形三层连体民居。建筑面积672平米。投入资金40万元。

2. 珞巴族博物馆:2004年4月竣工,主体建筑为珞巴族木楼,根据西藏珞瑜地区珞巴族传统民居建筑1:1复原。建筑面积80平方米。投入资金12万元。

3. 游牧民族毡包:2005年月竣工,蒙古族毡包1个,根据内蒙古赤峰地区蒙古族传统民居1:1复原,建筑面积87平方米;裕固族毡包3个,根据甘肃省肃南地区裕固族传统居住帐篷1:1复原,建筑面积112平方米。投入资金3万元。

4. 保安族博物馆:2005年8月竣工,规划为院落形式,正房、厢房呈曲尺形布局,根据甘肃积石山保安族居住地区保安族传统民居1:1复原。建筑面积200平方米。投入资金15万元。

5. 畲族博物馆廊桥：2005年11月竣工，该桥原在浙江省景宁畲族自治县英川镇木耳口村，因当地水利工程而拆除。此桥始建于清朝康熙三十五年（1696年），为木构伸臂起拱廊桥。现将这座廊桥复建于民族园。投入资金90万元。

6. 羌族观音庙：2005年6月竣工，观音庙建于羌族博物馆北侧，建筑面积10平方米。投入资金4万元。

7. 黎族博物馆：2006年8月竣工，规划为村寨形式，按海南省保亭黎族自治县的黎族传统民居1∶1复原建设。由地居式船形屋、高架船形屋、金字形屋、山栏架、谷仓等组成。投资20万元。

8. 票房扩建工程：2006年12月竣工，该项目房屋样式是山东威海海草房形式，建设地点位于民族园北园外原票房西侧，更多的考虑到无障碍设计更能适应使用的需要。总建筑面积约138平方米。投资20万元。

9. 达斡尔博物馆翻建：2007年4月竣工开馆，达斡尔族博物馆按内蒙古莫力达瓦地区达斡尔族传统民居1∶1复原，2006年8月，重建博物馆民居主房和西仓房。建筑面积152平方米。投资20万元。

10. 东乡族博物馆：2007年8月竣工，博物馆按甘肃东乡族庭院式民居建筑形式1∶1复原，由正房、厢房、厨房、牲畜棚、院落等组成。建筑面积180平方米。投资20万元。

11. 土族博物馆：2008年3月竣工，博物馆按青海省互助土族地区传统民居1∶1复原为平顶平面院落形式，由正房、东西偏房、角房组成。建筑面积500平方米。投资50万元。

12. 满族博物馆：2008年7月竣工，博物馆主体建筑为皇堂子，由北京市古建研究所以已拆除的北京皇堂子为蓝本1∶1设计复原。皇堂子为清代宫廷式建筑，由祭神殿，拜天圜殿，尚神殿和戟门等建筑组成，建筑面积482平方米。投资120万元。

13. 锡伯族博物馆：2008年7月份竣工，博物馆规划为院落形式，按新疆伊犁察布查尔锡伯族传统民居建筑1∶1复原。院落由正房、东厢房、西厢房、储藏室、菜棚及畜棚组成，建筑面积189.7平方米。投资25万元。

14. 俄罗斯族博物馆：2008年8月竣工，博物馆规划为连体院落，按新疆地区俄罗斯族传统民居1∶1复原，由民居木刻楞房8间和东西配房4间组成，建筑面积360平方米。投资70万元。

15. 塔塔尔族博物馆：2008年12月竣工，博物馆规划为庭院环境，按新疆伊犁地区塔塔尔族传统建筑1∶1复原，由曲折形一明二暗主房、贮藏室、厨廊及外廊组成，建筑面积113平方米。投资17万元。

（汪 昆）

北京东韵民族艺术博物馆

BEIJING DONGYUN ETHNIC ART MUSEUM

馆　　长 王东旭

通讯地址 北京市朝阳区孙河乡前苇沟村村北甲1号

邮政编码 100015

电　　话 84329101

传　　真 84329102

电子信箱 dxy_2002@hotmail.com

性　　质 民办

建筑性质 现代建筑

建筑面积 1820平方米

展厅面积 1600平方米

占地面积 2500平方米

开放时间 提前预约

交通状况 在三环乘641路或在东直门外乘955、935、359路到东苇路下车，向前行100米见红绿灯向右转，继续前行100米头一路口左转，前行50米即到。

概 述

东韵民族艺术博物馆展厅

北京东韵民族艺术博物馆是一座具有中国民族特色的民办博物馆，陈列着数千件(套)少数民族及民俗文化的实物。

北京东韵民族艺术博物馆馆长王东旭1950年12月出生，汉族，大学学历，原是一名口腔科医生，1987年赴日本城西齿科大学留学。王馆长1988年开始接触中国少数民族文化，曾于1989年、1990年与国家民委合作，在日本成功举办了《中国少数民族服饰展》，首次较全面地将我国少数民族文化介绍给日本民众，引起很大社会反响。1999年起，王馆长入驻朝阳区孙河乡前苇沟村，辞去所有工作，专门从事民族民俗文物的收藏、整理和研究工作，并着手筹建民族艺术博物馆。

经过数年的不懈努力，并在很多专家、学者的指导帮助下、在各级政府的大力支持下，2008年3月经北京市文物局批准，正式成立"北京东韵民族艺术博物馆"，是北京市目前唯一的一座展示少数民族文物的博物馆。旨在保护、传承民族文化，并不断研究，挖掘其博大内涵，探寻祖先的精神世界，发扬人文精神，提高对少数民族文化的艺术价值、历史价值的认识，更好地为全社会服务。

东韵民族艺术博物馆的主要业务是：征集、收藏、展示、研究和探索民族民俗文物；召开各种少数民族题材的学术研讨会、论坛；举办民族文化知识讲座及培训班；与国内外相关的文化机构交流等。

东韵民族艺术博物馆目前有民族服装服饰厅、蒙藏厅及民俗生活用具厅等3个陈列厅，展厅面积约1600平米。展品包括少数民族服装服饰、纺织、染织、刺绣、蜡染、编织物、银饰、木雕及祖先的生活用具、生产劳动工具、交通工具、古建筑构件和一些宗教用具、佛教雕塑、戏剧面谱等。

东韵民族艺术博物馆收藏和展示的这些精美绝伦的少数民族文物，表现着我们祖先的勤劳，智慧以及对生活、对生命的热爱，对美好未来的期盼，为了让子孙后代记住我们的祖先创业的艰辛和对美好生活的憧憬，东韵民族艺术博物馆，把收藏、保护、展示、研究和探索少数民族文物，作为东韵人终生的课题和使命。东韵博物馆在展陈方式上，充分体现了本馆的设计理念及价值取向、学识和情感。它为中国民办博物馆的生存和发展，提出了新的理念和模式，受到了国内外业内人士的肯定和赞扬。

（张月娥）

北京服装学院民族服饰博物馆

ETHNIC COSTUME MUSEUM OF BEIJING INSTITUTE OF FASHION TECHNOLOGY

馆　　长 徐 雯

通讯地址 北京市朝阳区和平街北口樱花路甲2号

邮政编码 100029

电　　话 64288261(办公室)

传　　真 84250852

网　　址 www.bift.edu.cn

电子信箱 bwg@bift.edu.cn

隶属关系 北京服装学院

性　　质 公办

建筑性质 现代建筑

建筑面积 3000平方米

展厅面积 1600平方米

馆址环境 位于北三环和平街北口以北，元大都遗址东南侧的北京服装学院内,南与北京中医药大学一路相邻,北与北京对外经贸大学隔河相望,西与中日友好医院毗邻。

历史沿革 筹建于1994年,1995年4月向北京市教委申请筹建北京服装学院民族服饰博物馆,1999年5月获得批准。2000年10月31日,北京市文物局批准成立并定名为"北京服装学院民族服饰博物馆"。2001年5月28日正式对外开放,成为全国第一家以民族服饰命名的专业博物馆。

开放时间 周二、四上午8:30—11:30;下午1:30—4:30;周六下午1:30—4:30。

对外开放单位 中国民族传统服饰工艺传习馆

服务设施 纪念品柜台

交通状况 乘13、62、117、119、367、361、419、416、422、713、725、730、807、847、特8路、运通101路均可到和平街北口、樱花东街或中日医院站。沿中日医院南围栏向东行300米即到。

概 述

北京服装学院民族服饰博物馆自建馆以来一直致力于中国民族民间服饰的收藏、展示、研究及相关的教学工作，遵循学校“为教学服务、教学与科研相结合”的部署，面向学生、面向社会。多年来博物馆工作人员积极参与文化遗产的抢救保护工作，经常深入中国各民族地区，对具有文物价值的民族服饰尽可能地收集、整理、研究，对即将消失的民族服饰工艺开展田野考察记录工作。随着国家民族民间文化遗产保护工程正式启动，北京服装学院民族服饰博物馆的民族文化遗产抢救工作亦积极开展，针对馆藏所需，有计划、有针对性地征集了大量珍贵的民族、民间服饰和古代服饰，完善了馆藏，也为学校、为国家保存了一笔丰厚的民族服饰资源。

北京服装学院民族服饰博物馆坚持“收藏、展示、教学、科研为一体”的建馆方针，紧扣民族服饰文化遗产保护和民族服饰文化学科建设这两大工作主题，以特色求发展。北京服装学院民族服饰博物馆深刻认识到学术水平决定博物馆的发展和社会影响力，坚持“学术兴馆、科研建馆”的发展理念，注重学术研究的科学性、现实性与前瞻性，从而提升科研水平，提升展陈的学术内涵。

北京服装学院民族服饰博物馆是北京服装学院的处级部门，受北京服装学院、北京市文物局双重领导。机构设置情况：馆长室、办公室、研究部、文保部、陈列部、监控室。

藏品管理

近年来，北京服装学院民族服饰博物馆致力于内部各个环节的整顿、管理，尤其是对库房的改造、藏品的保护及藏品账目的整理和建设工作。

1. 遵照《国家文物保护法》及北京市文物局的有关规定，建立了北京服装学院民族服饰博物馆文物库房各项规章制度，诸如：《藏品编目规定》、《藏品管理制度》、《藏品提取规定》、《文物库房总账工作人员守则》、《保管员岗位责任制度》、《库房管理制度》等等。

2. 在北京服装学院招标办、纪检审计有关部门的大力协同下，全新的现代化密集柜库房已于2008年6月建成。

3. 重置安全防护设施，2007年8月更换新的监控系统。

4. 加装库房防盗门，增强藏品安保系数。

5. 除仓库保管员外，还配备了专门的文物修复保护人员。

科研

教学工作是学院各项工作的中心，民族服饰博物馆本着“以教学为中心”、“一切为了学生成才”的理念,从培养全面发展的高素质人才出发,优化服务内容,充分利用馆藏陈列以及网络、多媒体触摸演示系统及视频播放设备等先进宣传、教育手段,为北京服装学院师生及参观者提供更方便、更快捷、更丰富、更直观的教学辅助演示及展示服务,并增加了周六下午半天的开馆时间,为不方便平时参观的师生提供参观服务。另外,北京服装学院民族服饰博物馆利用学术和资源优势,于 2008 年建立了“中国民族服饰传统工艺传习馆”为社会各界提供了学习传统技艺、动手实践的条件和场所,营造了高层次的文化学习环境。

2005 年协助学院申报建立硕士点并于当年获得批准,使北京服装学院具有民族学科中国少数民族艺术专业的硕士学位授予权,有利于民族服饰文化学科的建设。中国少数民族艺术是一级学科民族学下设的二级学科,重在培养高层次民族艺术研究的专业人才,其研究对象主要是以中国少数民族服饰文化和工艺为基点,对民族服饰艺术进行理论与实践的研究。该硕士点有 3 个研究方向:中国少数民族服饰文化研究、中国少数民族服饰艺术研究、中外民族服饰文化比较研究。我馆将研究生的培养教育纳入博物馆的科研工作中,使研究生充分利用博物馆的资源优势,并结合博物馆的科研项目开展学习和研究,培养高素质的民族服饰研究专门人才和应用型人才。同时,还聘请在博物馆界德高望重、在民族学领域卓有建树的专家学者担任我馆名誉教授及顾问,参与博物馆的科研与教学工作。

2005 年我馆申报了北京市哲学社会科学规划

博物馆主入口大厅

项目《民族服饰工艺文化研究》并得到批准,同年出版了《中国民族服饰工艺研究丛书》。

2006年完成北京市教委《中国民族服装款式结构研究》科研项目并通过验收。

2007年完成北京市哲学社科“十五”规划项目《中国民族服装工艺文化研究》。

2008年完成北京市教委《当代中国民族风格服饰研究·北京篇》科研项目并通过验收。

陈列展览

除了长期的馆藏陈列展览外,近几年来民族服饰博物馆还多次成功举办国内外展览,为弘扬我国民族精神、传播民族服饰文化作出了积极的贡献。

2004年11月27日,举办《新疆风土与服饰文化展》。北京市委副书记龙新民出席了剪彩仪式并致开幕词。

2005年9月18日,成立民族服饰研究会。同期举办《民族服饰博物馆馆藏精品展》。

2006年6月8日,成立中国博物馆学会服装专业委员会暨首届服饰文物保护与研究研讨会。同期举办《乡土天工——迎接第一个非物质文化遗产日特展》,还邀请了来自广西、云南、贵州等地10余位身怀绝技的织绣染工艺传人在现场为观众演示传统的纺织技艺和优秀的织绣染工艺。

2007年6月8日,我国第二个文化遗产日,北京服装学院民族服饰博物馆受邀在中华世纪坛金色大厅参加文化部主办的《中国非物质文化遗产专题展》之——《中国传统纺织技艺展》。

2007年9月27日,北京服装学院民族服饰博物馆应中国非物质文化遗产保护中心之邀,参加在刚刚落成的国家大剧院展厅举办的《中国非物质文化保护成果展》。

2008年5月8日,北京服装学院民族服饰博物馆应北京市校外教育协会之邀,参加在中国国际展览中心举办的“北京国际教育博览会(2008)”暨北京市校外教育成果展。

2008年6月14日,北京服装学院民族服饰博物馆应中国民族博物馆之邀,参加在民族文化宫举办的《四川地震灾区羌族文化展》。

2008年11月29日,北京服装学院民族服饰博物馆参加由中国博物馆学会、中国自然科学博物馆协会、北京市文物局在中国农业展览馆举办的《2008博物馆及相关产品与技术博览会》。

社会教育

北京服装学院民族服饰博物馆以它丰富的社会功能服务于学院的教学、科研以及社会各阶层的多方面需求,这充分展现了我馆培养人才、专研学术、传播文化、教化社会的积极作用。博物馆在培育民族精神,弘扬民族文化,努力进行社会教育方面做了很多工作。首先,建立了信息化系统工程,在互联网上建立了网上博物馆,实现民族服饰文化教育资源的共享。第二,展厅建立了多媒体导览系统,使每位到馆参观的人，可以通过轻松点击,浏览展品;另外博物馆在展厅入口处安置了多媒体视频设备,为参观者播放民族服饰的影像资料,从而使观众获取更多的知识和信息。第三,采取请进来、走出去的办法,以多种形式不定期地举办有关民族民间服饰文化讲座,为学院及外校的师生们在专业教学方面提供了丰富的学术信息和方便学习的条件。第四,建立了中国传统民族服饰工艺传习馆,为民族传统服饰工艺的传授、与观众实现互动以及青少年亲自动手学习创造了良好的条件。第五,经常性地参加国家及市文博系统举办的巡回展示及有关活动,扩大影响,在弘扬中华民族精神,培养爱国主义情操,发展先进的民族文化,维护民族团结、充分发挥博物馆特有的社会教化作用等方面作出了应有的贡献。第六,积极参与社会教育活动，民族服饰博物馆现为北京市爱国主义教育基地、北京市校外教育协会理事会员、北京市蓝天工程资源单位。2004 年至 2008 年民族服饰博物馆积极参加了北京市文物局举办的“5·18 国际博物馆日”宣传活动,并数次获得好评。同时,成为中国博物馆协会的团体会员单位。

社会服务活动

2004 年博物馆承办了中国民族学学会 2004 年年会暨“文化遗产与民族服饰”学术研讨会,来自国内、台湾、日本等的 90 多位服装或民族学领域的专家教授参加了会议,对于促进北京服装学院的学术交流起到了积极的作用。

2005 年，博物馆承办了中国民族服饰研究会成立大会,来自全国 15 个省区的 75 位代表参加了成立大会并对

展厅局部

中国民族服饰文化遗产的保护和传承进行了专题讨论。

2006年,博物馆承办了中国博物馆学会服装专业委员会成立大会，来自全国的60余位博物馆馆长和服饰研究专家出席,对于增进全国各地博物馆之间的合作交流,充实中国博物馆学会的组织机构起到重要作用。

2006年,博物馆与广州中山大学联合举办中国民族服饰研究会第二届年会暨“民族服饰与非物质文化遗产保护”学术研讨会。

2004—2006年,博物馆参加了北京市文物局组织的博物馆通票活动,参观率大大提高,同时坚持对中小学生、老人和残疾人实行免票,并做好服务和讲解工作,传播了民族文化知识，也扩大了北京服装学院的知名度，带来了很好的社会影响。

2008年3月19日,根据北京市政府专题会议及博物馆免费开放工作会议部署，北京服装学院民族服饰博物馆被列为北京市首批33家免费开放的博物馆之一。2008年3月28日,博物馆正式对全社会实行免费开放。

2008年5月20日，北京服装学院民族服饰博物馆“中国民族传统服饰工艺传习馆”经过重新装修、布置和整理,正式向社会开放。

2008年12月,以旨在 弘扬民族精神,传播民族服饰文化,传授中国民族传统服饰技艺,拓宽对社会培训服务内容的“中国民族传统服饰工艺短期培训班”筹备及招生简章草拟、发放工作进行完毕。次年,第一批培训者将在这里完成学业。

馆舍建设、扩建、维修和设施改造

北京服装学院民族服饰博物馆原有基础较好,但展示空间有限，库房储存条件较差，这两年在北京市文物局的关心帮助下,在学院领导的大力支持下,博物馆在馆舍建设、扩建、维修和设施改造等方面做了不少工作，取得了一定的成绩。

1. 2007年8月,重置安全防护设施，更换了新的监控系统。

2. 2007年12月,对原有库房进行整理、维修,加装库房防盗门。

3. 2008年5月20日,北京服装学院民族服饰博物馆“中国民族传统服饰工艺传习馆”经过重新装修、整理和布置,正式向社会开放。

4. 2008年6月,将原有2号库房建成全新的现代化密集柜库房。

5. 2008年10月,北京服装学院民族服饰博物馆向学院申报了关于“汉族服饰、奥运服饰展厅”的扩建项目,已获批准。

民族文化宫博物馆

MUSEUM OF CULTURAL PALACE OF NATIONALITIES

馆　　长 雍继荣

通讯地址 北京复兴门内大街49号

邮政编码 100031

电　　话 66019375

传　　真 66019375

网　　址 www.cpon.cn

电子邮箱 mzgbwg2306@yahoo.cn

隶属关系 中华人民共和国国家民族事务委员会

性　　质 公办

建筑性质 现代建筑

建筑面积 地上37159.4平方米,地下15119.2平方米

展览面积 3400平方米

占地面积 28766.8平方米

馆址环境 位于西长安街路北,坐北朝南,东临中华全国供销合作总社,西接民族饭店,白墙绿瓦,巍峨壮观,是新中国成立10周年首都十大建筑之一。1999年被国际建筑师协会第二届大会选为“当代中国建筑艺术精品”之一,1994年在北京“我喜爱的民族风格建筑”评选活动中,荣列50座中选建筑榜首。场馆内外环境幽雅,适宜于举办多种类型陈列展览。

历史沿革 1958年筹备,1959年10月1日落成开放,1979年改称民族文化宫展览馆,1996年恢复民族文化宫博物馆称谓。

开放时间 9:00—16:30

服务设施 停车场面积2000 平方米。展厅内设有沙发座休息室和小卖部。在举办大型展览时设有临时书店。

交通状况 乘地铁1号线、2号环线、4号线或乘公交1、7、10、15、22、37、38、47、52、83、102、105、109、337、477、603、604、626、690、728、802、808、826路在民族文化宫、西单、太平桥或复兴门站下车步行5到10分钟即可到达。

概　述

民族文化宫博物馆于1959年10月建成并正式对外开放。1980年、1982年、1985年作为团体会员分别首批加入中国自然博物馆协会、中国博物馆学会和北京市博物馆学会。1995年12月成为北京市首批登记注册的55座博物馆之一。

民族文化宫博物馆共收藏全国55个少数民族和汉族古代、近现代藏品50000余件,藏品包括生产工具、生活用品、服装服饰、民间乐器、钱币印玺、文书封诰、工艺美术、宗教用品等。另有图片资料50000余幅,图书文献资料2000 余册,音像资料100余小时。作为全国各少数民族重要的历史文化遗留物,这些藏品和资料不仅得以科学地收藏和保管,而且为举办不同类型的民族文化展览、开展多种形式的学术研究和交流提供了坚实的物质基础。

从2004年以来,民族文化宫博物馆依然属自收自支的事业单位。自2008年上半年开始,在中央领导的亲切关怀下,民族文化宫博物馆将纳入国家重点扶持的公益性事业单位,相关编制、经费正在落实中。

一、积极开展对外文化交流

5年来,民族文化宫博物馆积极开展对外文化交流活动,先后前往秘鲁、澳大利亚举办展览,为宣传我国民族政策、宗教政策,展示我国少数民族多姿多彩的文化,促进各国人民间相互了解与信任,发挥了积极作用。

应秘鲁第一夫人埃莲·卡尔普·德托莱多博士的邀请,由民族文化宫博物馆承办的《中华瑰宝——中国少数民族传统文化展》大型展览于2005年7月25日至10月10日在秘鲁首都利马文化中心展出。展出各类实物400余件、图片200多幅。此展览是中国在拉美国家首次全面介绍中国民族文化的大型文化活动,也是中秘两国建交以来中国在秘鲁举办的首次规格最高的展览活动。

为配合在澳大利亚墨尔本举行的“2007第十二届大都会国际研讨会”的召开,应澳大利亚维多利亚博物馆和澳大利亚多元文化基金会的邀请,2007年10月7日—2008年3月24日,民族文化宫博物馆在澳大利亚墨尔本移民博物馆成功举办《仪式与传奇——中国面具展》。共展出来自中国5个省、3个民族自治区和17个少数民族的98件/套展品。展览还同时放映“中国少数民族面具”、“中国傩面具”和“藏族羌姆”3部录像资料片,生动形象地反映中国少数民族面具和文化风俗。

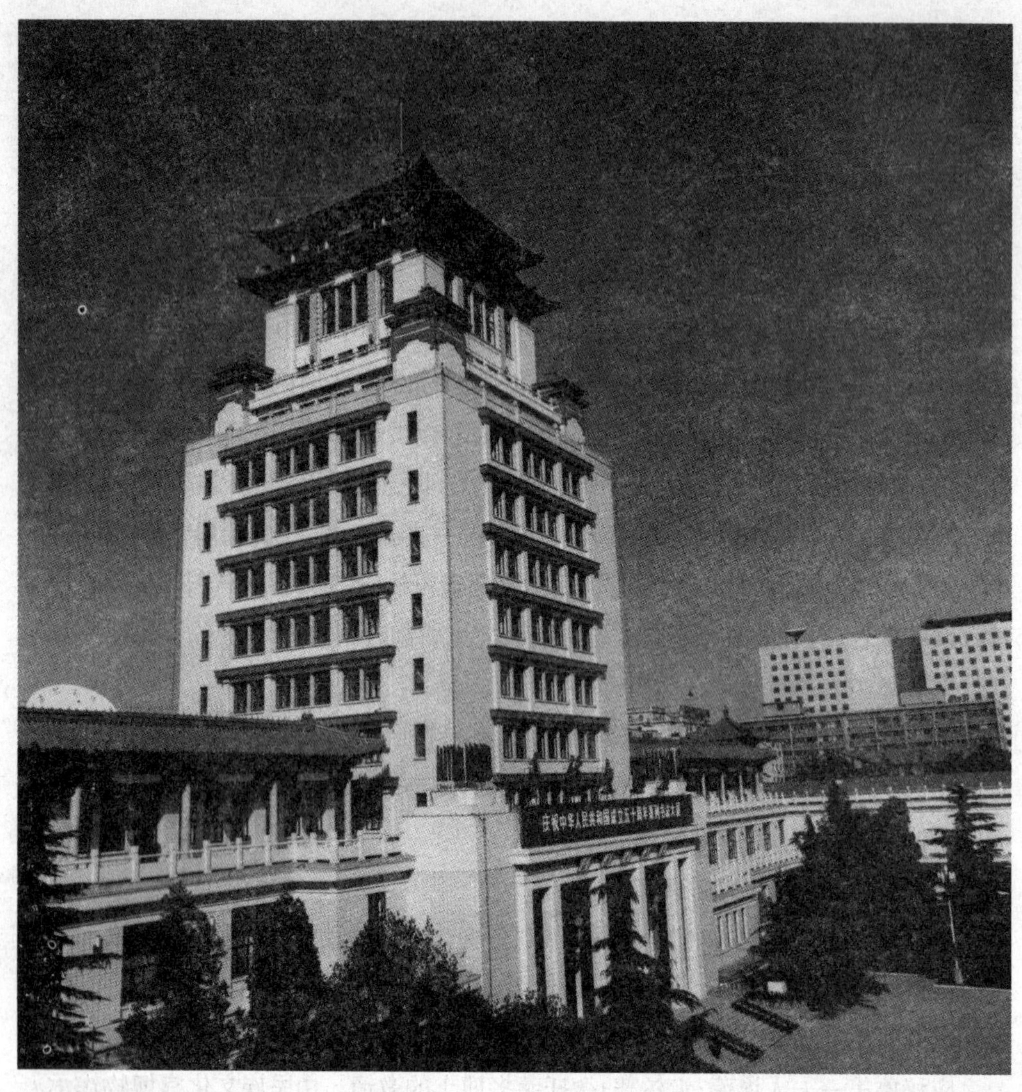

民族文化宫外景

二、大力举办民族专题展览

5年来，由民族文化宫博物馆主办或承办的17个展览相继到南京、合肥、香港、佛山、泉州、长沙、杭州等地及在本馆展出。取得了较好的社会效益，对于加深各民族之间的相互了解、促进民族团结进步事业、构建和谐社会发挥了积极作用。

由民族文化宫分别与南京国际展览中心、安徽省博物馆共同举办，民族文化宫博物馆和展览馆承办的《永远的彩虹——中国少数民族传统服饰展》于2004年5月13—22日、5月28日—6月6日先后在南京国际展览中心和安徽省博物馆展出。此次展览共展出民族文化宫博物馆所藏中国各少数民族传统服饰精品200余件及相关民俗图片资料。

由民族文化宫博物馆举办的《中国少数民族传统服饰展》于2004年9月

10日在民族文化宫展出。

为庆祝西藏自治区成立40周年,由国务院新闻办公室、中央人民政府驻香港特别行政区联络办公室及西藏自治区人民政府共同主办的“雪域明珠·中国西藏文化周”活动在香港举行。作为“雪域明珠·中国西藏文化周”活动的项目之一,由民族文化宫博物馆承办的《中国藏传佛教文物展》于2005年7月15—21日在香港会展中心展出。

由中共国家民委直属机关委员会、中共河北沧州市委员会共同主办,民族文化宫博物馆承办的《民族英雄马本斋与冀中回民支队——一个中国农民镜头里的抗日英雄展》于2005年8月9—16日在民族文化宫开展。一位民族英雄,一支英雄武装,一个普通中国人对抗日战争以及抗日英雄们历史的记忆与尊崇,构成了本展览的内容及其深沉的历史感。

由文化部、国家发改委、国家民委、国家文物局等9部、委、局共同主办,民族文化宫博物馆参与协办的《中国非物质文化遗产保护成果展览》于2006年2月12日—3月16日在中国国家博物馆展出。民族文化宫博物馆为展览提供了包括民族服饰、工艺美术制品、唐卡、民族典籍等类别的150件精品文物及100余幅图片。

为庆祝民族博物馆专业委员会的成立,民族文化宫博物馆和贵州省博物馆于2006年2月17—19日在民族文化宫推出《中华瑰宝——中国民族地区与民族地区博物馆藏品特展》。特展由《民族文化宫博物馆馆藏文物精品展》、《中国少数民族服饰展》、《贵州少数民族服饰展》、《历世达赖、班禅敬献中央政府礼品展》、《民族文化宫珍藏名家书画精品展》等5个专题展览构成,展出馆藏文物精品800余件,图片资料300余幅,充分展示了我国各少数民族多姿多彩的文化风采和我馆馆藏文物优势。

由民族文化宫博物馆和泉州市博物馆承办的《中国藏传佛教文物展》于2006年7月28日—8月30日在泉州市博物馆开幕。此次展览展出的72件展品是从民族文化宫博物馆馆藏藏传佛教文物中选出的部分精品,展览分为造像、法器、唐卡等3个单元陈列。

由中国博物馆学会、中国自然科学博物馆协会和北京市文物局联合主办的《2006年博物馆及相关产品与技术博览会》(简称“博博会”)于2006年9月16—19日成功举办。作为中国博物馆学会民族博物馆专业委员会龙头馆,民族文化宫博物馆应大会主办、承办单位的邀请,积极参加了相关工作。在精心做好组织工作同时,还编写制作了以“半个世纪的光辉历程,大时代铸就民族团结进步丰碑”为主题的民族文化宫博物馆专题展览。通过对博物馆历史发展、田野调查、文物与资料工作、陈列展览工作、学术科研工作、民族博物馆专业委员会、历年展览年表等专题内容的生动展示,反映出半个世纪以来民族文化宫博物馆为宣传党的民族政策、弘扬民族文

《中华瑰宝——中国民族地区与民族地区博物馆藏品特展》序厅

化、增进民族团结、共同繁荣发展等方面所作的努力和成就；展示了博物馆在民族文物征集、抢救、保护、民族文化展览、社会宣传、科研等方面所取得的成果。民族文化宫博物馆亮相“博博会”，与西藏自治区博物馆、贵州省生态文化博物馆、广西壮族自治区博物馆、广西民族博物馆等共同构成了“博博会”上一道独具多元文化特色的我国民族博物馆方阵。

由民族文化宫博物馆主办，佛山市博物馆等单位协办的《藏传佛教——达赖班禅敬献毛主席及中央国宝展》于2006年10月1—5日在佛山市举行。此展览展出的20件珍贵文物，是民族文化宫博物馆收藏的精品。这些珍贵的历史文物，是藏传佛教文化艺术的杰作。

由中国西藏文化保护与发展协会主办，民族文化宫博物馆等单位协办的《中华瑰宝——西藏文化展》于2006年10月10—28日在首都博物馆展出。该展览适逢首届“中国西藏文化论坛”在京开幕之际，旨在向国内外宣传西藏独具特色的优秀传统文化，介绍近百年来中国政府在保护和发展西藏文化方面所做的努力和取得的成果，从而进一步促进西藏地域文化、民族文化的保护和发展。民族文化宫博物馆为这次展览提供了百余件珍贵文物，分宗教典籍、金铜造像、宗教法器、供器、民俗用品、服饰等门类，并撰写了展览文字，协助展览布置。

经中央统战部、国家民委、文化部和国家文物局等

《西藏今昔——大型主题展》开幕式

部门批准，由民族文化宫博物馆承办的《历世达赖、班禅敬献中央政府礼品暨藏传佛教文物展》于 2006 年 11 月 6—10 日在香港国际展贸中心成功展出。展览以翔实的历史资料，反映出历世达赖、班禅同中央政府的亲密关系；历世达赖、班禅的封号、权力和地位，是由中央政府确认和批准的；展览雄辩地说明，西藏自古以来就是中国领土不可分割的一部分。

为迎接香港回归 10 周年的到来，“香港各界青少年庆回归系列活动·中华民族文化周”在香港举行。作为系列活动的重要组成部分，民族文化宫博物馆承办的《中华瑰宝·中国少数民族文化展》和《美丽的家园——中国少数民族和民族地区图片展览》于 2007 年 5 月 3—5 日在香港会议中心成功举办。共展出中国 55 个少数民族文物 400 余件，图片 300 余幅。展览让世人看到了一个和平发展的中国的缩影，看到了中国各民族平等、团结、互助、和谐、共同发展的风貌，展示了中国绚丽多姿的民族文化和民族地区丰富的物产资源，宣传了中国的民族政策和民族工作成就。

由民族文化宫博物馆主办的《历世达赖、班禅敬献中央政府礼品展》于 2007 年 4 月 26 日—5 月 15 日在湖南长沙市博物馆成功举办。此次展览展出的近百件珍贵历史文物及有关图片，是从民族文化宫收藏的历世达赖、班禅敬献中央政府礼品中精选出来的。

由杭州市文化产业促

进会、杭州市西湖区人民政府等单位主办,民族文化宫博物馆等单位承办的《中华瑰宝——中国少数民族文化风情节暨大型民族文化展演》活动,于2008年2月9—24日在浙江世贸国际展览中心成功举办。此次展演活动规模宏大,形式活泼多样,包括中国藏传佛教文物精品展、中国少数民族乐器展、中国少数民族面具展、中国少数民族服饰展等4个专题展览和相关民族工艺演示,以及内容丰富的中国少数民族民间音乐舞蹈专场演出和互动活动。展演活动得到杭州市民的真诚欢迎,盛赞展演活动是春节期间为杭州人民提供的"一场少数民族文化盛宴"。

庆奥运展风采——民族文化宫《中国少数民族艺术珍品展》2008年7月18日—9月18日在中华民族艺术博物馆成功展出。该展览作为"奥林匹克之旅——中华民族艺术珍品文化节暨中华民族艺术珍品展"的重要组成部分,成为北京奥运期间宣传展示中国少数民族文化艺术的重要窗口和阵地。该展览分为中国少数民族工艺品、中国藏传佛教器物和中国少数民族服饰3部分。

当北京成功申办2008年奥运会举办权后,达赖集团在境内外实施了一系列针对北京奥运会的破坏活动。2008年3月14日达赖集团有组织、有预谋,精心策划和煽动了西藏拉萨打砸抢烧严重暴力事件,给人民生命财产造成很大损失,严重破坏了当地的经济秩序和社会稳定。为回击达赖集团和国际反华势力在我国西藏事务方面制造的种种谣言和谬论,还西藏历史与现实真相,由中共中央统战部、国务院新闻办公室、国家民族事务委员会、西藏自治区主办,民族文化宫和西藏展览中心承办的《西藏今昔——大型主题展》,于2008年4月30日—9月20日在民族文化宫隆重展出。此展览以160件实物和近500幅图片向观众揭示了旧西藏的落后、残酷与黑暗,展现了新西藏在中央亲切关怀和全国各族人民的大力支持下,西藏经济社会所呈现的跨越式发展。

"5·12"汶川大地震后,为加大对羌族文化抢救性保护的宣传动员,根据中央领导批示精神,由国家民委、文化部、国家文物局共同主办,中国民族博物馆和民族文化宫共同承办了《四川地震灾区羌族文化展》。根据宫领导的统一部署和要求,博物馆加班加点地开展相关工作,拣选并提供馆藏羌族文物展品60余件,提供馆藏羌族图片资料40余幅,并积极参加了展览大纲讨论和展览布置工作,为羌族文化抢救性保护的宣传动员工作,为《四川地震灾区羌族文化展》的丰富和如期展出,作出了积极贡献。该展览于6月14—30日在民族文化宫展出,日接待观众2000余人,得到全社会的广泛关注。

三、牵头组建民族博物馆专业委员会

为适应全国民族与民族地区博物馆事业蓬勃发展的新形势、新要求,积极推动全国民族博物馆事业的快速发展,在国家文物局和中国博物馆学会的大力支持下，民族文化宫博物馆和全国20多家民族与民族博物馆共同发起成立了中国博物馆学会民族博物馆专业委员会。2006年2月17—19日，由中国博物馆学会和民族文化宫共同主办的中国博物馆学会民族博物馆专业委员会成立大会暨首届学术研讨会在北京举行。国家民委、国家文物局领导，以及来自全国各省、市、自治区68家博物馆、文化事业单位的领导和专家学者共100多人出席了会议。成立大会取得了多项成果。这次会议和为庆祝会议召开而举办的《中华瑰宝——中国民族地区与民族地区博物馆藏品特展》引起了社会各界以及媒体的广泛关注。中央电视台、新华社、人民日报海外版等19家媒体集中报道了会议和展览的盛况，中国民族报、《中国民族》杂志等辟专版进行报道，高度评价民族博物馆专业委员会成立的重大意义，誉为“全国民族博物馆组建联合舰队”。

2007年10月27—29日，“全国民族文物界定、分类、定级专题研讨班暨民族博物馆专业委员会年度工作会议”在北京举行。大会共收到论文80余篇。来自全国40余家民族与民族地区博物馆馆长、高级专业人员90余人参与了这次盛会。与会专家围绕国家文物局课题《馆藏民族文物界定、分类、定级办法》展开广泛讨论，发表真知灼见。民族博物馆专业委员会主任李铁柱作了《中国博物馆学会民族博物馆专业委员会2006—2007年度工作报告》。

国家文物局主持召开的“馆藏民族文物界定、分类、定级办法”研究课题成果验收会于2008年11月14日举行。与会专家认真听取了课题承担方代表关于“课题实施与完成情况的报告”和“民族文物藏品定级办法及标准的编写说明”，仔细审阅了课题组提交的相关材料，对课题研究成果进行了深入的讨论和审议。最后，会议原则通过了该课题的验收。“馆藏民族文物界定、分类、定级办法”，是国家文物局于2007年3月委托中国博物馆学会开展的重大课题。中国博物馆学会随即组织该会所属中国民族博物馆专业委员会和民族文化宫博物馆开展相关工作。2007年4月17日，中国博物馆学会召开了课题启动会议。会议成立了由民族文化宫博物馆牵头，中国博物馆学会民族博物馆专业委员会相关博物馆和院校专家参加的课题组。经反复修改，数易其稿，课题组撰写了《馆藏民族文物界定、分类、定级办法课题调研报告》，编制了《馆藏民族文物定级办法与标准》及相关附件，编撰了《馆藏民族文物界定、分类、定级办法课题资料汇编》（60余万字），完成了课题委托方国家文物局要求的各项任务。

雍和宫藏传佛教艺术博物馆

YONG HE GONG MUSEUM OF THE ART OF THE TIBETAN BUDDHISM

馆　　长 鲍洪飞

通讯地址 北京雍和宫大街12号

邮政编码 100007

电　　话 64044499(总机) 64043769(办公室)

传　　真 84045569

网　　址 www.yonghegong.cn

电子信箱 Yonghegong@China.org.cn

隶属关系 北京市人民政府宗教事物管理局

性　　质 公办

建筑性质 古代建筑(全国重点文物保护单位)

建筑面积 40000平方米

展览面积 660平方米

占地面积 66000平方米

馆址环境 坐落于市内雍和宫大街北端，北倚二环路，与地坛公园隔路相望,西临国子监、孔庙。

历史沿革 雍和宫是北京最大的藏传佛教格鲁派寺院，占地面积66000平方米。历史上曾是清代雍正和乾隆两代帝王的在潜之居。清康熙三十三年(1694),康熙帝将原址为明内务府的官房赐予四皇子允祯为“贝勒府”。康熙四十八年(1709),允祯晋封为“和硕雍亲王”,贝勒府随之升为“雍亲王府”。康熙六十一年(1722),康熙帝驾崩,允祯登基即位,遂改名为胤禛,并由太保街的雍亲王府迁居皇宫。雍正三年(1725),胤禛降旨将雍亲王府提升为行宫,并赐名“雍和宫”。雍正十三年(1735),胤禛暴死，其灵柩在清宫只停放了19天就移厝于雍和宫永佑殿内。移棺之前,仅以15天的期限昼夜施工,将雍和宫中路殿堂易为黄色琉璃瓦,以示皇家殿宇。乾隆二年(1737),雍和宫永佑殿更名"神御殿",专门供奉雍正帝的影像。乾隆按季节到此行礼上祭,僧人日日诵经,雍和宫成了清帝供祭先人的影堂。鉴于京城没有传播藏传佛教经典、仪轨的场所,并为遵循"缅忆过庭、以昭崇奉之孝",及"安藏辑藩,定国家清平之基于永久"之道,乾隆九年(1744),乾隆皇帝在征询三世章嘉活佛的基础上,正式将雍和宫改为藏传佛教寺院。此工程由皇宫内务府总理工程处承办,到乾隆十年(1745)八月落成。寺院规制以原有建筑为轮廓,而门窗殿饰、法轮殿的5座宝塔,则吸取了藏式建筑的特点。乾隆皇帝派三世章嘉活佛首任雍和宫住持,并封其为"管理京师寺庙扎萨克达喇嘛","振兴黄教大慈大国师"。乾隆赐雍和宫藏语寺名"噶丹敬恰林"(意"兜率壮丽洲")。自此,雍和宫正式成为藏传佛教活动的重要场所。新中国成立后,雍和宫焕发出勃勃生机。1954年,毛泽东、周恩来、朱德、刘少奇等国家领导人亲临雍和宫视察,并对僧人的生活、寺院的管理给予了极大的关怀。1961年,雍和宫被列为全国第一批重点文物保护单位。十年动乱期间,承蒙周总理的关怀,使雍和宫得以保护下来。1981年,作为宗教活动场所对外开放。

开放时间 9:00—16:30

服务设施 游客服务中心9:00—16:30免费导游处(语音导览租机处)9:00—4:30商品部 停车场9:00—16:00。

交通情况 地铁雍和宫站和汽车13、116、62、117路均可到达。

概 述

雍和宫，自1995年被北京市文物局正式登记注册为“雍和宫藏传佛教艺术博物馆”之后，集宗教场所、旅游景点、博物馆于一身，除宗教、旅游功能外，一直秉承着博物馆的办馆宗旨，坚持为社会和社会发展服务，运用现有资源为社会公众服务。除保持各殿堂原有的基本陈列形式外，自2004年至2008年，在原有长期展览“藏传佛教与雍和宫”的基础上举办了“十一世班禅与雍和宫”、“藏传佛教皇家寺院——雍和宫”和“雍和宫藏传佛教造像艺术展”等几个专题展览。

这些专题展览，是在原有基本陈列的基础上，精心挑选了一些馆藏精品，用来展示藏传佛教博物馆的宣传主题。如“十一世班禅与雍和宫”图片展，就是通过43幅图片向观众展示了十一世班禅大师4次亲临雍和宫讲经说法，接见中外宗教人士的有关情况。

2008年第29届奥运会在北京举办，我馆推出了“藏传佛教皇家寺院——雍和宫”展和“雍和宫藏传佛教造像艺术展”。“藏传佛教皇家寺院——雍和宫”展于宫内班禅楼。展览将雍和宫最具代表性的收藏汇聚在一起，包括佛教造像、唐卡、法物、法器还有宫廷御制品等，展示了雍和宫自改为藏传佛教寺院始，就以其特殊的身份而备受清廷重视，承担着培养“尊国政，谙例律，知举止”的宗教人才的重任。它像一条中央政府连接青藏、蒙古草原的宗教纽带，成为汉、满、蒙、藏等兄弟民族之间文化、人才交流的一座桥梁；同时，七世达赖、六世班禅、三世章嘉等多位活佛高僧在这里也留下了他们爱国爱教维护中华一统的千秋佳话。

“雍和宫藏传佛教造像艺术展”展于宫内戒台楼，是佛教造像专题展，展出佛像105尊，除了为数不多的元、明时期的佛像外，大多为清中期制品，均为宫内所藏佛教造像的精品之作，展览通过一尊尊生动形象的藏传佛教造像艺术，来体现西藏、蒙古等民族传统的审美观念和独特的艺术形式，以及汉满蒙藏民族文化交融所形成的文化艺术成果。

同时，雍和宫自开放以来经过努力恢复了各项佛事活动，是非物质文化遗产的继承与发展。这些佛事活动的举行，不仅向观众展示了佛教文化的内涵，而且伴随着活动所展示的法物与法器，也是博物馆展示活动的重要内容。例如每年农历腊月的腊八舍粥活动、正月末的金刚驱魔神舞活动，已成为京城民俗活动的亮点。

雍和宫主入口牌楼

雍和宫的管理体制主要分为行政和业务两大部分，实行馆、部两级制。馆长下设办公室，是领导的辅助部门。主要是协助馆长了解、掌握全馆的各种情况，处理馆内外的各种行政秘书事务。行政方面设有人事、保卫、总务、财会等人员和部门；业务方面设有保管部、陈列部、群众教育工作部。陈列部主要负责陈列展览的研究、设计、制作、布置等工作；保管部主要负责文物标本的征集、鉴定、研究，以及藏品的管理、科学保护等工作；群众工作部主要负责接待、组织观众、陈列讲解及其他形式的社会教育活动。

雍和宫的馆藏文物主要分为各种质地的佛像、唐卡、字画、法物法器、棉丝织品、瓷器、木器、民族生活用品等几大类。由于清代雍和宫具有朝廷家庙性质，所以雍和宫藏品主要来源于清宫廷赐予、蒙藏地区进京进贡以及清宫造办处铸造的佛像、法器等。

多年来，雍和宫为了准确鉴别藏品的历史、艺术和科学价值，在藏品管理和保护方面，严格按照《中华人民共和国文物保护法》和文化部1985年、1986年制定的《博物馆安全保卫工作规定》和《博物馆藏品管理办法》的有关规定，进行藏品的科学管理与保护，对藏品的接收、鉴定、登账、编目、建档以及库房的管理，藏品的提用、注销、统计以及藏品的保养、修复和复制等工作均作了明确规定，定期组织库管人员对藏品进行清理、核对，对未鉴定的文物聘请专家组织鉴定。先后对明代青铜器“须弥山”，清代乾隆皇帝生母所绣唐卡“绿度母”像，清乾隆皇帝的“洗三盆”以及活佛转世掣签所用的“金奔巴瓶”进行了复制，换下真品进行妥善保护。2004年，雍和宫完成了ISO9000、ISO14000国际质量环境体系认证工作。还自筹资金，对建筑、佛像、唐卡、法物等文物进行全面维护，加强了科学化管理。出版了各类书籍、画册、VCD光盘多种，并与第一历史档案馆合作整理清代雍和宫档案史料，已出版十二册。与瑞典斯文·赫定基金会合作翻译出版了1942年英文版《雍和宫》第一册，初步整理了该基金会藏雍和宫老照片等。

堆锈绿度母像

文物管理处 保管所

正阳门管理处

ZHENGYANGMEN ADMINISTRATION

馆　　长 卢迎红

通讯地址 天安门广场南端正阳门管理处

邮政编码 100051

电　　话 65118110　65118119

传　　真 65118110

电子信箱 sunnygate@163.com

隶属关系 北京市文物局

性　　质 公办

建筑性质 古代建筑(全国重点文物保护单位)

建筑面积 城楼5091.8平方米　箭楼4664平方米

展厅面积 1000平方米

占地面积 城楼3074平方米　箭楼2146平方米

馆址环境 位于首都中心区域天安门广场的南端,北面为毛主席纪念堂,东西两面分别为国家博物馆及人民大会堂,南面为百年商贸老街——前门大街,整个周边区域人流密集,地理位置优越而特殊。

历史沿革 始建于明永乐十七年(1419),是明清两代京师内城的正南门,坐落于老北京中轴线上。初称丽正门,明正统年间改称正阳门,是一座典型的古代城市防御性建筑。正阳门自建成历经兵灾火毁,屡次重建,1900年八国联军侵华,正阳门被毁,1906年按照崇文、宣武两门形制重建并保存至今,但瓮城于1915年前门交通改建工程中被拆除。随着时代的变化,正阳门城楼与箭楼已不兼备军事防御功能,逐渐成为北京人的文化与娱乐场所,是老北京的象征。1988年国务院公布正阳门城楼和箭楼为第三批全国重点文物保护单位,同年8月18日成立正阳门管理处。1990年1月21日箭楼对外开放。

开放时间 旺季8:30—16:30　淡季9:00—16:00(周一闭馆)

服务设施 纪念品出售点、语音导览设备。

交通状况 公交17、22、48、59、69、82、120、126、301、646、690、729、803、特4、地铁2号线等到前门站下车即可。

概　述

本馆为古代建筑遗址类博物馆,以“保护为主,抢救第一,合理利用,加强管理”为工作宗旨。由于正阳门地理位置非常特殊——处天安门广场最南端,并且位于北京城的南北中轴线上，无论是其自身具有的文物保护价值还是其地理位置所赋予的政治安全使命,都使得本馆的安全工作成为保障其他各项工作的根本内容。在保护文物、保证安全的基础上本馆对正阳门进行了合理利用,积极开展宣传、教育及科研工作,努力使之成为一座宣传、研究北京城门城墙历史文化及老北京民俗文化的代表性博物馆。本馆现设置保卫科、业务部、办公室 3 个部门机构,从事安全保卫、展览陈列、社会教育、资料收集、科学研究和日常维护等工作。

因本馆藏品保存的有部分珍贵照片,没有其他文物收藏,不设文物库房。馆内领导和工作人员对展览制作、资料收集及接待服务等工作相当重视。为维护古建及迎接 2008 年北京奥运会这一盛大赛事,正阳门城楼自 2005 年 7 月起闭馆进行了全面整体修缮,并重新布置展厅固定陈列,2006 年 9 月城楼重新对外开放,推出《正阳门历史文化》展览,分别从明代北京城垣、清代北京城垣、京都国门——正阳门、正阳门的规制、正阳门的职司、几见兴亡的正阳门、正阳门的火毁与重建、正阳门的关帝庙与观音庙、民国初年改建正阳门、正阳门“北平国货陈列馆”、前门地区的商业文化等方面陈展,对正阳门的文化内涵进行了深入介绍，同时以高度的责任感及精益求精的态度推出了高质量的英文翻译。展览展出至今,获得了中外观众好评,具有一定的社会知名度。

除展厅内固定陈列外,还先后推出了:《砖的故事》、《奥林匹克精神——图说奥运三大理念》、《城墙记忆》等巡回展览,既有关怀青少年成长的内容,也有介绍城墙文化,普及奥运理念等知识。《珍惜生命　学会生活——青少年自我保护》展览以卡通画的形式从生活各方面生动活泼地告诉青少年朋友如何远离危险与自我保护，并在巡展活动中分发学生一份《青少年安全教育手册》,以童谣和卡通画的形式,告诉青少年防火、防盗,以及交通安全防护知识,深受同学、老师和家长们的喜爱;2008 年青少年自我保护展在半步桥小学巡展后,为了让学生加深印象取得更好的教育效果,本馆特意配合学校对学生们进行了安全知识的竞赛,取得了不错的学习效果。2007—2008 年《砖的故事》在巡展期间也同时开展了以该展览为题的科普活动,先后在各巡展学校带领学生们参与“亲自动手制城砖”的活动。学生们在“制砖”过程中,体验了和泥、拉坯、烧制等古代传统的制砖工艺，对于传统文化的弘扬起到了很好地推动作用。其中，在白云路小学举办的活动中，学生还把一块“小城砖”作为礼物送给了参加活动的吉布提共和国参赞。《奥林匹克精神——图说奥运三大理念》更成为了众多学校在奥运前期向学生们普及奥运知识的好帮手，从2008年3月起到奥运开幕前，数十家学校和单位组织观看了《奥林匹克精神——图说奥运三大理念》，观展的人数达到了17000多人次。

正阳门城楼外观

为迎接奥运，本馆自2007年即开始筹备保证安全与接待水平的各项工作。2008年以来，本馆接待区域内陆续添设休息设施及雨具等便利设施方便游客，并更换各类中英文标识，以求更精确、更便利地为国内外观众提供指示。业务部工作人员加强展览讲解练习，熟练了英文讲解，同时也对馆内工作人员进行了英语口语培训，并自2008年4月起每日带领工作在第一线的临时职工练习常用英语，有效提高了全馆的接待服务水平。在安全保卫工作上，除原有保卫人员外，自馆长而下全馆人员轮流巡视接待区域，全力保障平安奥运。在全馆人员的努力下，成功实现了奥运期间正阳门零事故、零投诉。另外，为了更好地迎接奥运在北京召开，同时也能让学生有一个更好地接触文化并锻炼自己的能力，与北京市半步桥小学共同启动了“小小志愿者微笑服务迎奥运”的活动，从2008年4月至11月，学校有近200名学生作为志愿者来到正阳门参加了志愿讲解活动，活动促进了学生对传统文化的理解，锻炼了他们口才与交流能力，收到了很好的社会反响。

在科研工作方面，本馆起步较晚，但自2006年以来，在领导的高度重视下，科研工作逐渐进入发展的轨道，积极开展资料征集及研究，截至2008年底，管理处先后编辑出版了中文、英文、日文版的《正阳门》图册和文物背后的故事丛书《帝都之门》，另外已经完成了《北京正阳门》书稿编写和论证工作以及《北京城垣历史资料长编》课题的初步论证，为下一步的深入研究奠定了基础。

（贾若钒）

北京市团城演武厅管理处

JIANRUIYING MILITARY TRAINING BASE

馆　　长 程　利

通讯地址 北京市海淀区香山南路红旗村1号

邮政编码 100093

电　　话 62591609(办公室)　62594750(社教部)

传　　真 62594750

电子邮箱 tcywt@yahoo.com.cn

隶属关系 北京市文物局

性　　质 公办

建筑性质 古代遗址(全国重点文物保护单位)

建筑面积 6637平方米

展厅面积 978.76平方米

占地面积 28668.77平方米

馆址环境 东临巨山农场,西临香山南路,南临巨山农场,北临中科院植物园。

历史沿革 始建于清乾隆十四年(1749),是北京地区保存较为完整的武备建筑群。民国时荒废,后成为北京市农事试验场的一部分。新中国成立后由巨山农场使用。1979年被公布为市级文物保护单位。1988年,市政府决定移交北京市文物局管理,当年成立团城演武厅管理处。经修缮,1992年对外开放。2006年6月被公布为全国重点文物保护单位。

开放时间 9:00—16:00(周一闭馆)

服务设施 轮椅等无障碍设施、免费雨伞、免费存包、多语种语音导览器等辅助参观设备。设有纪念品商店。停车场面积:300平方米。

交通状况 乘运通112、318、360、360快车、698、714、505路红旗村下车，北行300米即到。

概 述

团城演武厅位于风景秀丽的香山南麓,始建于清乾隆十四年,是集城池、殿宇、碉楼、校场为一体的武备建筑群。作为一家古代军事类博物馆,团城演武厅集文物保护、陈列展览、宣传教育各项功能为一体,致力于弘扬中国传统军事文化。2004—2008 年 5 年间,团城演武厅以"提高文博人员素质、增强博物馆活力、树立博物馆特色品牌"为目标,开拓进取,锐意创新,不断走上博物馆社会化、正规化的科学发展道路。

一、加强文物保护,丰富博物馆馆藏

文物保护工作一直是团城演武厅的重要工作之一。2005 年团城演武厅再次进行修缮,修缮项目包括:南北城楼油饰,城内南券门内墙面拆砌,城内地面修补,实胜寺碑亭维修等 4 项工程。修缮后,文物古建得到更好的保护和利用。2006 年团城演武厅被列为全国重点文物保护单位。2007 年完成团城演武厅国保档案的资料搜集、整理工作,将各项纸质档案电子化,使团城演武厅具有了可供查阅的完备档案资料。

为了更好地发挥博物馆功能,团城演武厅根据自身情况,加强了文物征集和管理工作。配合"兵器工坊"科普项目,2006 年征集"聚元号"清角弓 3 把,箭 10 支,2007 年从青海征集清角弓 3 把,箭 6 支,2008 年从青海征集清代箭 15 支。征集的藏品都完成了征集、鉴定、修复、上账各项工作并为藏品制作了囊匣。配合《风景如画 画中风景团城演武厅与周边风景画展》,2007 年团城演武厅征集城市学院学生 20 幅画作作为藏品。通过藏品征集,馆藏不断丰富,加强了博物馆基础工作。

二、美化环境,加强馆内基础设施建设

为了给观众提供优美的参观环境,2005 年团城演武厅开展绿化和照明工程,完成绿化面积 3000 平方米,安装造型新颖的仿古代军营火盆形式路灯 26 处,在有效改善馆内基础设施的同时努力营造别具特色的博物馆环境。2006 年配合"兵器工坊"科普项目,新开辟面积约 851 平方米的室外射箭场地,进行"传统弓箭试射"科普互动项目,丰富了博物馆古代军事文化内涵。

为了迎接奥运会的到来,2007 年团城演武厅开始进行馆内环境整治工作:馆内进行环境卫生大扫除,对古建筑进行保洁,彻底清除卫生死角;对馆内老办公区、河道、新办公区北侧、北门区域进行大规模改造;完善服务设施,在游客服务中心增加雨伞、无障碍设施及多语种导览机等;更换馆内双语标识牌,做到正确及摆放合理。改造后,

团城演武厅内景

团城演武厅以崭新的面貌迎接八方来客，出色地完成了奥运服务接待和平安奥运两大工作任务。

三、举办丰富多彩的展览陈列

团城演武厅作为古代军事类博物馆，开展各项展览陈列活动紧扣军事特色，力求满足观众需求，反映时代的发展变化。尽量避免展览形式的单一，多引入科技手段，多开展活动，做有益的尝试和探讨。团城演武厅从军事人物、军事建筑、古代兵器、古代军阵等角度策划展览，让展览系列化、品牌化。同时，临展的制作考虑既能在馆内展示又方便到社区、学校等地进行巡展，使得展览成为博物馆教育的延伸与拓展。

2004年，团城演武厅基本陈列《团城演武厅历史沿革展》正式推出。该展览运用多种展陈方式，以翔实的资料，丰富的内容，介绍了团城演武厅发展演变历史。

2005年推出介绍香山地区历史文化的《香山地区风景名胜展》，2005年配合馆内古建修缮项目推出《古建修缮知识展》，介绍丰富的古建知识及古建修缮的方法、步骤。2007年与北京城市学院合作推出《风景如画 画中风景 团城演武厅与周边风景画展》等展览，展览展出了城市学院学生的画作，通过学生的画笔描绘了团城演武厅及其周边的优美景致。2008年奥运期间推出《东西方英雄人物展》，介绍中外历史上的英雄人物，配合展览还举行了“你心中的英雄人物”评选活动。

同时，团城演武厅还积极策划科普项目，2007年推出《兵器工坊之弓箭篇》科普项目，制作《传统弓箭历史展》和《传统弓箭制作流程展》，介绍弓箭发展的历史和传统弓箭制作过程。

受展厅面积的局限，团城演武厅采用巡展的方式扩大展览受众面。将展览送进高校、社区进行巡回展览，先后和首钢工学院、中央民族大学、北京师范大学、中国人民大学等高校联合举办巡展，并将展览巡回到中国林业科学院社区和香山街道社区等，受到了学生和社区观众的好评。

四、加强对外服务，增强博物馆教育功能

2006年团城演武厅正式免票对外开放，作为北京市首批免费开放的博物馆之一，团城演武厅面临机遇与挑战。免票开放后团城演武厅制订了免票开放接待方案，在观众参观人数增加的情况下，加大安全巡视力度，提高对外服务质量。硬件设施方面，团城演武厅加大了基础设施改造力度，增加了观众休息椅和垃圾桶数量，更换并增加了警示牌和标识牌；同时，团城演武厅增加了观众喜闻乐见的展览，并以优质的服务迎接广大观众。

2008年团城演武厅与33家博物馆一起再次被公布为免票开放博物馆。虽然积累了一定的免票开放经验，但面对新形势，仍积极进行免票开放各项工作，修改了各项应急预案，保证免票后馆内安全工作。制定《博物馆服务接待工作分级接待规范》，提高了博物馆接待水准，保证了博物馆免票后以更加崭新的面貌对外开放。

迎奥运会期间，团城演武厅对正式工、临时工进行了集中培训，在外语、职业技能、礼仪、奥运知识等各个方面都设置培训课程。经过培训，服务质量达到较高标准，奥运期间，实践统一着装、微笑服务，出色地完成了接待任务。

2004—2008年这5年间，团城演武厅的社教工作逐步走向了正规化。2005年完善馆内讲解词，对外讲解进一步规范。校外教育功能逐步加强，先后成为海淀区爱国主义教育基地、香山小学传统文化教育基地、首钢工学院爱国主义暨传统文化教育基地。与多所学校联系，开展志愿者工作，先后招收高校志愿者约50名，对其进行培训后，使志愿者成为博物馆的新生力量。

为了扩展博物馆的教育功能，团城演武厅开办各种讲座及宣传活动。配合"兵器工坊"科普项目开办两期讲座，与首都博物馆共同开展"我爱博物馆公益摄影大赛"，并于每年开展5·18博物馆日的推介活动。2005年5·18博物馆日活动中，团城演武厅异型简介被评选为观众最喜爱的北京地区博物馆简介第一名。

五、加强队伍建设，创新机构改革

团城演武厅旧有的人才结构中，存在着员工年龄偏大、不适应文博发展需要的现象。团城演武厅馆领导充分认识到人才对于单位可持续发展的重要性以及实施人才战略的必要性。为了优化人才队伍，从2004年开始，团城演武厅每年新进相关专业大学生充实到馆内人才队伍中，2006年开始引进研究生人才，加强了我馆的科研力量。目前，全馆11名员工中有本科及以上学历者10人，其中研究生3人，是一支高素质的队伍。引进人才的同时，馆领导重视员工素质和能力的提高，馆内每年有计划地对员工进行岗位知识等培训，出资让员工参加文物局、博物馆协会等单位组织的培训，并在实践中培养员工的工作和创新能力。为了构造青年人团队理念，团城演武厅定期开展爱岗敬业教育，增强了单位凝聚力。目前，团城演武厅已建立合理的人才机制，极大程度上改善了员工的知识结构、专业水平和知识层次，促进了各项工作的开展。

团城演武厅进行机构改革，2006年设置办公室、业务部，2007年增设社会教育部，使工作职能更加明确，工作效率提高。2007年提出馆训"健思明志，锐取笃行"，全馆员工按照馆训的要求，精诚团结，锐意精进，为把团城演武厅建设得更好而不断奋进！

（张 巍）

北京西山大觉寺管理处

DAJUE TEMPLE ADMINISTRATION

主　　任 孙荣芬

通讯地址 北京市海淀区苏家坨镇大觉寺路9号

邮政编码 100095

电　　话 62456163

传　　真 62461284

电子信箱 djs7979@sina.com

隶属关系 北京市文物局

性　　质 公办

建筑性质 古代建筑(全国重点文物保护单位)

建筑面积 6300平方米

展厅面积 200平方米

占地面积 40000平方米

馆址环境 位于北京市海淀区西北阳台山东麓,寺院依山而建,坐西朝东,寺前平畴沃野,景界开阔,寺后层峦叠嶂,郁郁葱葱,寺院内外风景秀丽,古迹众多。

历史沿革 是京西著名古刹,始建于辽代,最早历史记载见于寺存《阳台山清水院藏经记》碑,初名"清水院",后称"灵泉寺",因寺内清泉而得名。明代宣德三年(1428)重修扩建,改称"大觉寺"。新中国成立前,寺内荒芜,建筑陈旧,文物流失。1952年起,北京林学院使用。1988年10月,北京林学院与北京市文物局签订移交协议。1989年3月正式成立北京西山大觉寺管理处,并进行古建筑的修缮工作,1992年4月10日正式对外开放,成为北京又一处游览胜地。

开放时间 8:00—17:00(全年开放)

对外开放单位 北京市文物局干部培训中心(大觉寺餐厅)、绍兴菜馆、明慧茶院。

服务设施 设有无障碍通道、无障碍升降车,免费为观众提供轮椅服务。停车场面积10000平方米;食品部、小吃部、茶座、咖啡厅、大觉寺餐厅、绍兴菜馆、明慧茶院;纪念品商店;大觉寺旅游商品服务部;提供中、英、法、日、韩五种语言语音导览机。

交通状况 乘车路线:颐和园乘346或330至温泉,换乘633大觉寺站下车;西直门乘651至温泉,换乘633大觉寺站下车。

自驾车路线:颐和园—温泉—大觉寺;八达岭高速(北安河出口)—北清路—北安河—大觉寺;肖家河路—百望山—温泉—大觉寺;肖家河路—北清路—北安河—大觉寺;阜石路—三家店—军庄—杨坨—大觉寺。

北京西山大觉寺管理处

DAJUE TEMPLE ADMINISTRATION

概 述

一、工作宗旨、重点工作

大觉寺是一座始建于辽代的禅宗寺庙，距今已有千余年历史。自1992年作为北京地区一座佛教博物馆对外开放以来，接待了大量中外游客参观游览，并广受赞誉。

作为一座传承中国佛教历史文化的博物馆，管理处一直秉承着以传播中华传统文化为己任的工作理念，脚踏实地、勤勉工作，力争使寺庙文物得到有效保护和充分利用，使文物所承载的深层文化能够全面地展示给观众，以达到传承文明的目的。

大觉寺管理处的馆训是——“唯谨唯勤，守护文明。自律自励，定慧双修。”这条馆训是管理处在结合本馆佛教文化特色的基础上、根据自身的工作理念和追求目标而认真研究制定的。制定馆训的目的，旨在以核心的文化价值观和工作规范指导大觉寺管理处的全面发展。在馆训的影响下，大觉寺管理处全体职工本着踏踏实实、勤勤恳恳、严于律己、宽于待人的工作态度，守护着大觉寺这一方文化净土，在此默默耕耘。多年来，通过举办大觉寺玉兰节、银杏节、古琴演奏会、佛教京音乐演奏会等文化活动，通过举办契约文书展、历代名人展、古树名木展等多种文化展览，通过开展寺庙文化研讨、佛教知识公益讲座等文化项目，大觉寺这座博物馆已成为传播佛教寺庙历史文化的一名文物大使，博物馆的每一名工作人员也俨然成为一名文化传播的使者，带着爱心，带着热心，带着诚心，大觉寺管理处及全体职工愿以“自律自励”的心态进行“定慧双修”，愿以“唯谨唯勤”的工作作风来“守护文明”。

二、组织体制，主要业务部门，管理体制

大觉寺的管理单位为北京西山大觉寺管理处，隶属于北京市文物局，是一个副处级单位。同时，北京市文物局干部培训中心也设在大觉寺内，所以大觉寺具有博物馆参观接待和培训中心会议接待的双重职能。管理处下设3个部门，分别为：办公室、接待部、业务部。办公室主要负责行政工作，接待部主要负责会议接待工作，业务部主要负责博物馆行业的业务工作，因工作人员有限，社教、保管、科研3个职能部室的工作全部汇集为业务部。

大觉寺于2006年被评定为全国重点文物保护单位。

三、藏品管理和保护业务

大觉寺博物馆有文物藏品1000余件，定级文物共703件，其中二级文物674件，三级文物29件。

对寺内古建筑群落、佛像等文物的保护工作，一直为管理处高度重视。2004 年 9 月完成的悬塑修缮及佛像复原二期工程；2006—2007 年，由故宫博物院承担修复的大觉寺藏清代迦陵禅师画像及慈禧皇太后御题匾额工程；2007 年 3 月，寺内憩云轩、香积厨等古建筑油漆彩画的保护性修缮工作；2007 年 4 月邀请北京市文物鉴定委员会吴梦麟、张茹兰和刘卫东 3 位专家，为大觉寺寺内 40 余件石刻文物进行定级鉴定；2007 年 7 月，对大雄宝殿内倒坐观音、文殊、普贤三大士菩萨进行修缮性保护；2008 年 3 月，对寺内三世佛、三大士、韦驮、西方三圣、海岛观音悬塑等佛像、佛八宝以及殿内木柱进行修缮。

除修缮以外，大觉寺管理处还加强安全防护工作的开展，如制定相关的保护应急预案，增加文物库房内安全报警设施、温湿度监控设施等等，以保证文物的安全。

四、科研

2004—2008 年，是大觉寺管理处研究成果颇丰的一年。

2004 年 4 月，召开“大觉寺文物资源发掘保护与利用学术研讨会”，从学术的角度研讨大觉寺博物馆的发展问题。

2006 年 3 月，由北京西山大觉寺管理处主任孙荣芬

大觉寺正门

《大觉寺历史文化展览》局部

等同志共同著录、北京出版社出版的《大觉禅寺》一书，历经数载调察、研究、撰写、修改、校对，正式出版发行。该书在记述大觉禅寺这座寺院兴、衰、升、沉的历史时，与相应的朝代更迭、人事变迁紧密联系在一起，通过各朝的宗教政策，最高统治者对佛教的态度，以及具体的人事关系，在政治、宗教的大背景下，探寻大觉寺的兴衰原委和发展轨迹。此书的研究视角和初步研究成果，已不仅仅是单纯在考述一座寺庙的历史，同时也提供了一些研究宫廷史、帝王史的珍贵史料，可补正史之缺略。因此，《大觉禅寺》一书，也具有“假佛寺之名，志帝京之事”的方志价值。

2006年10月，管理处启动“大觉寺藏清代木刻经板研究与整理”局级立项课题，2008年4月结题，课题成果以图书出版的形式完成。大觉寺寺藏清代木刻经板519块，保存较为完好，是非常珍贵的历史文物。这些木刻经板有内典，也有外籍。迦陵、佛泉、月天3位禅师分别为大觉寺在清代康熙、雍正、乾隆三朝的住持，他们的语录除记述佛教禅理外，还记载了很多历史事件。大觉寺管理处为此立专项课题进行了深入的整理与研究。《大觉寺藏清刻禅宗典籍八种》由燕山出版社出版，这套图书的出版发行，既是对古文献的一种整理与编校，也是在研究这些文献的历史价值之后向史学界提供的一手资料和研究成果。

大觉寺业务研究人员

还先后发表《雍正皇帝与迦陵和尚》、《北京大觉寺的二十诸天造像》、《北京大觉寺殿堂内的佛八宝和海岛观音悬塑》、《大觉寺的御题匾额》、《清代迦陵禅师舍利塔考》、《阳台山清水院藏经记碑考述》、《大觉寺契约文书与海淀区部分地名的发展演变》等多篇专题性研究文章。

五、陈列展览

2004—2008年，大觉寺举办了丰富多彩的系列展览内容。

2004年，举办《古寺兰香——玉兰文化展》。该展览于大觉寺玉兰节期间举办，是一个小型展览，它从“千年古刹　园林胜景”、“八绝之首　古寺兰香”、“玉兰品性及价值”、“京城赏兰之佳境”、“古今玉兰诗画作品”、“名人与古寺玉兰”等多方面加以介绍，游人在赏花的同时，不仅可以增长知识、提高文化修养，还可以更深刻的体会古寺玉兰文化。

2005年，举办《历代名人与大觉寺》展览。大觉寺是首都北京一处重要的历史文化遗存，她历尽劫波、千年不圮的历史，使她不仅成为佛教文化的载体，而且与历代众多的名人结下了因缘。事实上，正是这些帝后将相、高僧硕儒们与大觉寺千丝万缕的联系，一直深深影响着这座寺院的兴衰升沉与宗法传承，从不同的角度书写了大觉寺的历史。为立体展示这座京西名刹的原貌，深入研究大觉寺的历史，大觉寺管理处举办《历代名人与大觉寺》展览，以文字与图片相结合的形式，分类介绍自辽迄今四十余位名人与大觉寺的关系，旨在为中国宗教史和北京地方史的研究，作出应有的贡献。该展览于2006年底，获北京市文物局经济技术创新优秀成果奖。

2006年，举办《大觉寺藏契约文书展》和《西山银杏文化展》。《大觉寺藏契约文书展》是通过大觉寺珍藏的百余件清代及民国时期契约文书，展示北京地区深厚的历史文化，为深入研究首都的历史，提供一批宝贵的文献资料。《西山银杏文化展》主要包括西山风景名胜区概述、西山古银杏资源及分布、银杏树的特点及价值、西山古寺庙中的银杏树、古今诗画散文作品中的银杏等内容，展览以图片和文字相结合的形式，向观众展示了西山银杏文化。

2007年，举办《曲径通幽处　禅房花木深——大觉寺古树名木展》。该展览以寺内的名花古木为题材，观众可通过展览比较直观地了解到这座千年古刹内名花古木的魅力所在。此展览以图片为主，配以简短精练的文字说明，主要含纳了大觉寺内古玉兰、古银杏、古柏、古松、古槐、古丁香等多种名花古木，是观众了解古树名木知识的一个最佳途经。

2008年，举办《大觉寺摄影图片展》，并再次举办《西山银杏文化展》。改陈更新《大觉寺历史文化展》固定展览。《大觉寺摄影图片展》，通过大觉寺100余幅摄影艺术作品，展示大觉寺独特的自然景观及人文环境。这个展览中的很多图片都非常珍贵，其中含纳了大觉寺春夏秋冬一年四季独特的自然风光和历史人文背后所承载的厚重的文化底蕴。

六、社会教育和博物馆社会服务活动

就社会教育职能而言，首先其为在校大学生提供了参与社会实践的平台，曾有多名旅游、历史等专业大学生来此实践，参与讲解、接待等工作。2006 年 9 月，大觉寺管理处与联合大学应用文理学院签订了“历史学专业就业实习基地建设协议书”，大觉寺正式成为联大应用文理学院的就业实习基地。大觉寺为该学院学生提供社会实践学习的环境，文理学院则安排学生业余时间来大觉寺进行讲解等实践演练。“就业实习基地”的建设，有助于毕业生实践能力、职业素养和就业质量等多方面得以提高。

2008 年，震惊中外的四川汶川地震，将世人的目光聚焦在了中国。我处除了组织职工为灾区捐款献爱心之外，还有义务、有责任呼吁社会全民参与其中。5 月 17 日上午，大觉寺管理处与中国致公党北京委员会，共同在北京大觉寺举办了一场以致公党员画家为主参与的献爱心、抗震救灾书画义卖活动。北京地区的致公党员书画家黄绍勋、刘振镖等现场泼墨，义卖收入当场通过海淀区捐赠站捐给地震灾区。

5 月 18 日是国际博物馆日，为配合北京地区博物馆日活动的开展，大觉寺管理处于 5 月 18 日当天，举办免费公益讲座活动。讲座共分 2 场，即“佛舍利及其考古发现”和“佛珠漫谈”，均为北京市佛教文化研究所研究员法源寺觉真法师主讲。讲座内容为佛教文物普及性知识，该讲座的开展受到广大观众好评。与此同时，法源寺觉真法师还将自己撰写、北京出版社出版的《佛语连珠》一书共 40 套拿出进行签名义卖，所得善款用于捐助四川地震灾区。图书义卖共募得善款 2535 元，北京西山大觉寺管理处受觉真法师委托将此善款捐给北京市红十字会用以抗震救灾。

大觉寺管理处本着全心全意为社会服务、为观众服务的宗旨，近年来开展了很多有益的尝试，除了举办公益展览、公益讲座之外，还在参观环境、服务设施等方面加大投资建设力度，为观众创造一个良好的参观氛围而不懈努力。

七、馆舍建设、扩建、维修和设施改造

为迎接 2008 年在首都北京举办的奥运会和残奥会，大觉寺在参观环境方面投入了大量的人力和物力，如绿化美化工作；园林座椅、垃圾桶的更新添置工作；星级厕所的装修工作；院内中英文标识牌的校对更新工作；无障碍设施（坡道、升降车）的增建工作等等。

为保证文物及游客的双重安全，管理处还增加了电子摄像头等监控设施，殿堂、展厅、文物库房等增加了报警设备，中控室设备也给予了更新和升级。

此外，大觉寺办公区建设、北玉兰院改造建设

等工程也都于近几年改造完成，并投入使用。对游客开放的大觉寺餐厅、客房、会议室等也不断地完善其服务环境及配套设施。

八、文化产业、文化产品和经营情况

近年来，大觉寺管理处通过基础科研工作的开展，发掘出与管理处自身有着直接关系的文化价值坐标，进而开展相应的文化活动，以300年树龄“北京最古白玉兰”而著称的文化品牌“大觉寺玉兰节”，以1000多年树龄“京西最古银杏树”而著称的文化品牌“西山银杏文化节”，以寺院文物资源为载体举办的《大觉寺契约文书展》、《大觉寺摄影图片展》、《历代名人与大觉寺》展览等，以自身资源与外来文化相结合举办的“晨钟暮鼓——中国佛教音乐传世珍品欣赏（智化寺京音乐演奏会）”、“龚一古琴演奏会”等。

这些活动的举办，充实了大觉寺的文化内涵，并形成了自身特色的文化品牌，受到了北京市文物局、北京市旅游局、海淀区旅游局等多家管理单位的认可。这些文化活动的举办也广受媒体关注，中央电视台、北京电视台、中国国际广播电台、北京广播电台、《北京日报》、《北京晚报》、《京华时报》、《娱乐信报》、《中国文物报》等多家新闻媒体都有其相关的文化新闻宣传。

与此同时，大觉寺还开发了多种文化旅游产品以配合活动的开展，如雕刻有大觉寺玉兰花的实用紫砂茶具、观赏品紫砂提梁大壶、白瓷文房笔洗，由清华工美设计制作的微缩版乾隆皇帝“动静等观”匾额，刻有“动静等观”字样的青瓷观音菩萨头像等等。这些旅游纪念品都非常受欢迎，尤其是由清华工美设计制作的微缩版“乾隆动静等观”匾额，北京市有关领导还将它作为一件北京地区值得推崇的纪念品而赠送给其他省市的领导及一些国际友人。

通过玉兰节、银杏节等文化活动的开展，通过新闻媒体的宣传，通过旅游纪念品的配套开发，通过对餐饮、品茶等文化服务设施的完善，大觉寺得到了社会各界的认可和赞誉，观众流量也较前些年有大幅度增加。大觉寺1992年是对外开放的第一年，那时参观人数仅为4.4万人次，到2004—2008年，年均参观人数增加至16.6万人次。参观人数的增加也相应带动了经营活动的发展，如寺内明慧茶院茶事文化活动的经营，如绍兴菜馆、大觉寺素斋餐厅的餐饮文化经营，如客房、会议室等会议接待活动的开展等等。

2004—2008年，是大觉寺蓬勃发展的5年、开拓进取的5年。管理处将继续保持勤劳、勤奋、勤勉、严谨、谦逊的工作作风，努力做好文物收藏、保管和研究工作，大力开展文博宣传和社会教育工作，从而提升观众对中华历史文明的认知和认同。

（宣立品）

北京市白塔寺管理处

ADMINISTRATIVE OFFICE OF BEIJING WHITE DAGOBA TEMPLE

馆　　长 何 沛

通讯地址 北京市西城区阜成门内大街171号

邮政邮编 100034

电　　话 66166099(办公室) 66139073(社教部)

传　　真 66133317

电子信箱 baitasioffice@sina.com

隶属关系 北京市文物局

性　　质 公办

建筑性质 古代建筑(全国重点文物保护单位)

建筑面积 4000平方米

展厅面积 2100平方米

占地面积 180000平方米

馆址环境 位于北京市西城区阜成门大街北，东临中国地质博物馆、历代帝王庙，西临鲁迅博物馆，南有全国政协礼堂，在阜成门至景山大街的北京文脉之首，具有客流量大、街区繁华的特点。

历史沿革 妙应寺，俗称白塔寺。元朝开国以后，世祖忽必烈亲自勘察、选址，在辽代寿昌二年(1096)建造寺、塔的遗址上于1271年开始重新修建，1279年落成，命名为释迦舍利灵通宝塔。1288年，大圣寿万安寺建成。1368年6月，被雷火焚毁。1457年(明天顺元年)，重修寺院，赐名妙应寺。1753年(清乾隆十八年)，乾隆皇帝重修白塔，并于塔顶放置舍利、佛教经文等。1961年3月4日国务院公布“妙应寺白塔”为第一批全国重点文物保护单位。1980年3月，成立白塔寺文物保管所，并于同年9月对外开放。1998年，山门、钟鼓楼、东路复建完成。2003年10月，西路复建完毕。

开放时间 9:00—17:00 (周一闭馆)

服务设施 免费停车场、储物柜，纪念品销售部，语音导览设备。

交通状况 乘公交13、42、409、603、604、685、814、823、846、850路和电车101、102、103路至白塔寺站下，向西步行100米。乘地铁至阜成门站下，出D口沿阜成门内大街向东步行800米。

概　述

2004—2008年，白塔寺由世纪初的基本建设时期逐渐步入快速发展阶段,成立了白塔寺管理处党支部，各项制度日益健全，基础设施得到补充、更换和完善，人才培养和干部队伍建设取得成效，业务工作出现突破性进展。

2004年，集中整理完善了馆里的各项规章制度、四有档案，并将相关文本资料转化为电子版本，极大地提高了工作效率。从1月份开始，多媒体支持的《白塔寺历史文化展》和《佛教法器展》正式对外开放，迎来了国内外众多宾朋。

2005年，完成了对馆藏文物的鉴定定级工作，开始对《乾隆大藏经》的整理、登记、建账、入库工作。完成了对中路意珠心境殿内《藏传万佛造像艺术展》的改陈工程。举办了临时展览和北京地区的巡回展览，积极开展科普工作，针对我馆的标志性建筑白塔开发出可拆卸的白塔模型。

2006年新年伊始，西城区金融街民康社区赠给管理处一面“文化兴区、携手共建”锦旗，以表彰管理处在社区进行巡展，弘扬传统文化，为社会的精神文明建设和营造社区和谐氛围作出的贡献。聘请中铁西北研究院的专家对白塔进行了勘察和地质测量，制作了防水方案。举办了“纪念‘5·18’国际博物馆日——文物知识竞赛及绘画颁奖大会”，深入到北京市第四聋人学校普及文物保护和传统文化知识，为博物馆的社会教育引入新范式。举办了《中国古塔碑刻拓片展》等。

2007年，完成了对出塔乾隆大藏经的整理工作，并将其中3函《大藏经》委托给中国国家图书馆善本部进行了试验性修复，为将来的保护性修复工作奠定了基础。利用管理处的现有资源，策划、举办了外展、临展及巡展项目5个，分别为《白塔寺藏传佛像艺术展》赴厦门及深圳两地进行巡展、在白塔寺管理处举办《“玉塔新姿迎奥运”——白塔寺杯残疾人艺术作品展》及《白塔寺历史文化展》巡展，并取得了良好的社会效果。中铁西北科学研究院负责实施的妙应寺白塔勘察工作按计划完成，并上报了勘察报告及白塔监测方案。在完成基本任务的同时，按照文物局的统一部署，以奥运工作为重点，配合完成了馆内服务设施改进和完善。

2008年是奥运年，在保质保量完成基础工作的前提下，依据本馆藏品特点、发挥本馆优势，针对奥运会和残奥会，积极开展与“人文奥运”、北京历史文化相关内容的组织策划，完成了以残奥为主体的关爱残疾人的展览，受到社会各界一致好评。同时，

白塔寺全景

按照市有关部门要求及统一部署，积极派遣和组织开展迎奥运系列培训活动。为提高我馆对残疾人游客的接待服务水平，还聘请西城区残联和第四聋人学校老师进行残奥会知识、礼仪培训和手语培训。

管理处还以奥运工作为契机，改造完善了馆内服务设施。为提高应对突发事件的能力，制定了《反恐演习预案》、修订《突发事件应急预案》、《防爆炸、防破坏应急预案》、《夜间防火、防盗应急预案》、《重大活动及节假日应急预案》、《防雷、防震应急预案》。根据预案进行了多次演练，不断地对应急演练情况进行了完善，较好地提高了管理处安全工作的实效性，并创造性地出台了奥运期间全馆职工上一线以及奥运相关人员参观登记制度。

由于我馆在奥运期间的出色表现，获得了北京市文物局的嘉奖。

北京城东南角楼文物保管所

THE SOUTHEAST CORNER OF THE ORIGINAL INNER CITY WALL

主　　任　张燕兴

通讯地址　北京市崇文区崇文门东大街9号

邮政编码　100062

电　　话　65270574、65270874

传　　真　65220143

网　　址　www.bjmcq.com

电子信箱　mcqyzgy@yahoo.com.cn

隶属关系　北京市崇文区园林局

性　　质　公办

建筑性质　遗址类古建筑(全国重点文物保护单位)

建筑面积　706平方米

展厅面积　1207平方米

占地面积　3650平方米

馆址环境　位于建国门南大街与崇文门东大街的交会处,东便门立交桥西北侧,北临北京火车站,东与通惠河相邻,南为虎背口居民小区。

历史沿革　东南角楼是明、清北京内城的组成部分,始建于明正统元年(1436),至今已有560多年的历史了,是明、清北京内城东南城垣转角箭楼,又称东南角楼,建在内城东城墙和南城墙相交后各自向外推出25米形成的约1200平方米的城台上,呈曲尺形平面布局,高17

米,连城墙通高29米,重檐歇山顶,灰筒瓦铺顶,绿琉璃瓦剪边,楼体上设144个箭窗,角楼突出于城墙之外,能够最大限度地消灭靠近城墙的敌人,是座牢固的军事防御建筑。楼内4层,并列20根金柱,内有抱厦,外与明城墙遗址相连。1900年八国联军入侵北京,角楼遭炮击,损毁严重。侵略者登城后在墙上的刻字至今留存。1981年落架大修时,发现明代嘉靖、隆庆,清代乾隆和民国年款的城砖及琉璃瓦件,同时发现印有英文字母的炮弹残片及引信等。1988年,恢复城上两栋铺舍房及马道原制。1982年2月23日,国务院将角楼列为第二批全国重点文物保护单位。

开放时间 8:00—17:00

服务设施 停车场面积2096平方米

交通状况 乘39、43、434、12、525、610、59、29、674、特2路东便门站下车即到。周边地铁站4处,分别为地铁1号线建国门站,向南500米即到;地铁2号线、5号线崇文门站,向东100米便到达景区西广场;地铁2号线北京站,向西南500米到达角楼。

概　述

一、城墙、角楼修缮基本情况

北京明城墙始建于明永乐年间，距今有590多年的历史。现存的崇文门至东便门一线的城墙遗址是原北京内城城垣保存较完好的一段，是北京城的标志之一。其城东南角楼是全国规模最大的城垣转角角楼，1981年国家拨巨资进行修缮，1982年被列为全国重点文物保护单位，并于1993年被批准为崇文区青少年教育基地，2006年批准为北京市爱国主义教育基地。北京明城墙遗址公园建成前，城墙周边垃圾遍地，污水横流，年久失修的城墙和角楼湮没在低矮破旧的平房中。2002年市委、市政府决定彻底整治周边环境，腾退居民，抢修城墙，建设公园。2002年9月29日公园建成并对外开放。2003年底，市文物局全面完成了角楼至崇文门一线1年5公里的城墙修缮工程。

公园建有“老树明墙”、“残垣漫步”、“百年车辙”、“紫玉怀古”等景点景区，处处彰显出北京明城墙古朴沧桑的历史风貌和深厚的文化底蕴。2002年10月4日，原中共中央总书记、国家主席江泽民来到公园视察，对北京市保护文物古迹、恢复古都风貌、改善人民生活环境所做出的努力给予了充分肯定。此后，中央、北京市及有关部委的领导、老干部、全国各大城市主管建设的领导、国际奥委会及北京市奥组委官员先后到公园参观视察。现在，公园以每年20万游人的接待量迎接着中外友人。

二、文物安全保卫情况

(一)领导重视，组织到位，制度健全，措施得力

由于北京明城墙遗址公园特殊的地位，崇文区委、区政府非常重视公园的建设与管理，多次召开区委书记会、区长办公会研究公园管理机构的组建工作，决定成立北京明城墙遗址公园管理处，并设立文管保卫部负责园内文物的安全保卫及开发利用。几年来，公园根据《北京市公园条例》、国家《文物法》等公园管理和文物保护的政策法规，建立健全了治安防火、安全生产、文物保护管理等各项文物安保制度，并不断完善对事故灾难、公共卫生和社会安全等方面的处置预案，逐步形成了统一指挥、功能齐全、反应灵敏、运转高效的应急体系。同时，加大安全检查力度，每月召开例会听取文物安保的情况汇报，分析研究安全情况，解决有关问题。文保部不定期进行安全防火检查，查找隐患，做好检查记录，对发现的问题及时整改。领导重视，制度健全，措施有力，为安全生产工作打下了坚实的基础。

(二)多效并举，牢固构筑文物安全的有效网络

作为开放式公园，为有效保障文物和游人的安全，公园在调查总结以往经验的基

城东南角楼外景

础上,从自身特点和保护需求出发,进一步规范了“预防为主,人防、物防、技防并举,综合治理,保障安全”的防范基本原则,全面构建出文物保护防范体系。一是不断加大安防设施投入。建园四年来,先后共投入300余万元资金用于安全设备、设施的购置与建设。2003年,购置了5公斤干粉灭火器、35公斤推车式等灭火器102具,分别放置在1—4层大殿、城台、管理处及公园重点景区、重点部位,每年进行维护更新;2004年,在全园安装了监控设备,安装球形摄像机10台、固定摄像机12台、报警探测器6台,对全园实施了24小时监控,同时对角楼避雷设施进行了改造,达到了国家检测标准;2005年,对角楼供电系统主线路更新改造,并对铺舍进行防水装修;2006年,在市文物局的大力支持下,完成了角楼大殿消防设施及防火报警设备改造工程,修建蓄水池、泵房各1座,安装角楼大殿1、3、4层消火栓及管线880米,大大提高了角楼文物古建的消防自救能力。区园林局自筹资金完成了火灾自动报警系统的更新。有效地增强了角楼的预警预报能力,提高了火灾防控水平。二是全园形成坚强合力,不断推动安保工作深入开展。角楼每天实行夜间带班值班制度,公园聘用19名保安24小时巡查执勤、维持秩序,并与花市地区派出所、街道办事处建立巡查联防工作机制,有效地保证了安全的游览环境。通过人防、物防、技防的有效结合,确保角楼安全万无一失。

(三)强化管理,进一步夯实文物保护工作的基础

为夯实文物工作基础,提升管理水平,公园对角楼实行了严格的“四有”工作规范。由于基础管理扎实有效,公园被评为“首都安全示范景区”、“首都文明旅游景区”、“首都精品公园”、“首都文明服务示范窗口”等多项荣誉称号,成为我市精神文明建设的重要阵地和对外宣传的主要窗口。

1. 加大检查力度,防患于未然。

自2003年开始至今,每年上半年聘请有资质的专业部门对角楼进行消防、电气和避雷设施的检测,并且全部达到了检测标准。不断完善安全检查制度,对角楼、公园、承租单位执行每月自查、联合检查。通过检查,对发现的问题及时整改,保证各项设施设备正常运转。严格执行每日开闭馆制度,做好检查记录,闭馆时,拉闸断电,启动红外防盗设施，确保角楼无安全隐患。

2. 注重人员培训，强化安全意识。

公园结合安全生产月、百日安全等活动，采取观看录像、发放宣传材料等多种形式，组织职工学习消防安全和文物保护等法律法规，不断强化职工“四种意识”：必须明确维护角楼安全责任重于泰山，牢固树立安全意识；必须明确安全稳定是前提，科学保护是基础，牢固树立文物保护意识；必须居安思危，牢固树立忧患意识；必须以防为主，牢固树立“立足平时，严格管理”的意识，确保长治久安。此外，每年公园组织职工、保安、民工以及承租单位人员，举行联合消防演习。在节假日和举办大型活动期间，专门制订安保方案，明确分工，责任到人。通过这些宣传培训措施，强化了人员的安全意识，使每名职工都紧绷安全这根弦，将安全融入到日常工作之中，体现在细微末节之处，使每名职工都成为公园的安全监督检查员，有力地保障了各项工作的安全运转。建园4年来，通过严抓各项安全工作，公园实现了游览安全和安全生产事故零指标。

三、文物资源利用情况

在加强文物保护的同时，公园按照“三贴近”的要求和面向社会、服务群众、普及文化的发展思路，进一步拓展文物的研究和合理利用，实现社会效益、环境效益双赢。

作为老北京城的标志性建筑，公园通过多种形式宣传推广、展示利用，不断普及文物保护知识，展现城墙文化的重要价值，进一步提高公众对古都文化的认知度。一是充分发挥宣教作用，大力弘扬民族精神。作为北京市和崇文区的爱国主义教育基地，公园在不断深挖角楼、城墙历史内涵的基础上，结合时代特征及社会需求，通过内容翔实的展览、热情周到的讲解以及强劲的网站宣传，进行深化爱国主义教育和科技教育。几年来，先后举办过“角楼历史沿革图片展”、“崇文史迹展”、“北京城墙、城门文化展”等多次展览，并多次对游人宣传《中华人民共和国文物保护法》等法律法规，使国内外友人更好地了解角楼、认识城墙、感知北京。二是推崇精品文化，丰富群众生活，成功地举办了四届北京明城墙文化体育节，打造成崇文区著名的三节之一。三是深挖历史文化内涵，举办了多次文化艺术交流活动。接待了《财富》全球论坛夫人团和外交部驻外大使参赞团等中外文化友人参观40余次，举办了中法文化交流“开怀法兰西”等文化活动10余次。四是积极推进“迎奥运、讲文明、树新风”活动的开展。举办了“2008奥运倒计时两周年主题活动暨崇文奥运文化广场揭牌仪式”和“首都市民大讲堂”启动仪式等多项奥运文化宣传活动。这些活动宣传了奥运知识，弘扬了奥运理念，倡导了文明礼仪，营造了和谐氛围，动员首都人民积极投身到迎接2008年北京奥运会的热潮之中。

北京市法海寺文物保管所

REPOSITORY OF CULTURAL RELICSIN OF FAHAI TEMPLE,BEIIING

馆　　长 张　伦

通讯地址 北京石景山区模式口村北

邮政编码 100041

电　　话 88713976

传　　真 88715776

网　　址 www.fahaitemple.com

电子信箱 zhanglun0521@126.com

隶属关系 北京市石景山区文化委员会

性　　质 公办

建筑性质 古代建筑(全国重点文物保护单位)

建筑面积 4100平方米

展厅面积 1000平方米

占地面积 20000平方米

馆址环境 位于石景山区模式口村北，北依翠微山，东为馒头山，福寿岭，西—西南是蟠龙山，南临模式口村。

历史沿革 明正统四年(1439)由御用监太监李童集资兴建，由内阁大臣、宦官集团、喇嘛教格鲁派法王助援共建。正统八年(1443)法海寺落成，僧录司左觉义，大功德寺住持福寿任法海寺开山主持，英宗皇帝赐寺名曰“法海禅寺”。弘治十七年至正德元年(1504—1506)重建法海寺。清康熙二十一年(1682)重修法海寺。民国二十年(1931)北平市社会局在全市寺庙总登记时,法海寺住持葆林向社会局提请“登记法海寺庙宇”。1950年4月“中华全国美术工作者协会”及叶浅予、徐悲鸿诸先生报请文化部提出保护法海寺壁画的意见。1951年北京文物整理委员会对法海寺进行考察调查。1957年10月25日由北京市人民政府公布为第一批北京市重点文物保护单位。1983年10月28日法海寺文物保管所成立。1985年5月1日正式对外开放。1988年1月13日由国务院公布为全国重点文物保护单位。2001年4月“石景山三大寺修缮工程暨法海寺藏经阁、药师殿复建工程”开工。2006年法海寺一期抢修工程竣工,全部恢复明代法海寺的原貌。2008年法海寺二期修缮工程竣工。2008年7月30日法海寺重新对外开放。

开放时间 9:00—17:00(夏季)9:00—16:30(冬季)

对外开放单位 法海寺附属龙泉寺现为“翠隐茶社”。

服务设施 停车场面积200平方米,有语音导览设备。

交通状况 公交车:311、336、337、354、396、370、472、621、746、747、959、965、972、977路。地铁1号线。

概 述

法海寺建于明英宗正统四年至八年(1439—1443)由御用监太监李童集资,内阁朝廷大臣、以大太监王振为首的宦官集团、乌斯藏格鲁派法王共同助援,工部营缮所负责兴建,由明英宗皇帝敕赐寺额“法海禅寺”。位于北京市石景山区金顶街地区的模式口村北,翠微山南麓。东靠馒头山,西依蟠龙山,北连福寿岭,南临赵山。周围群山环抱,植被茂密,景色宜人。寺院坐北朝南,依山而建,殿宇嵯峨,雄伟壮丽。西有龙泉寺,东为涌泉寺,南是万泉寺,历史上四寺鼎立,蔚为壮观。

法海寺寺内的文物古迹众多,具有浓郁的藏传佛教文化的特色。闻名遐迩的明代正统年间由工部营缮所所绘制的法海寺壁画,是由工部营缮所画士官宛福清、张恕及画士顾行、张义等 17 人共同绘制,是全国唯一一处有明确文字记载的,由官方来绘制的寺庙壁画,距今已有 570 年的历史,迄今保存完好,被专家、学者誉为中国古代壁画三大艺术宝库之一,明代壁画之最。现存的明代壁画在大雄宝殿内,共有十铺,总面积为 236.7 平方米。

除十铺明代壁画外，还有法海寺山门前的四柏、一孔石桥以及寺中的千年白皮松、青铜佛钟、曼荼罗藻井等合称“法海寺五绝”。

法海寺自 2003 年底成为独立的核算单位,从 2004 年 1 月起恢复原法海寺文物保管所的建制,设置所长一名,实行独立法人责任制。博物馆的组织体制采取所长负责制,全面负责法海寺的古建修缮、保护、研究以及日常开放参观等事宜,全所下设业务部、外勤及内勤 3 部分,业务部负责日常开放参观、学术研究、社教及对外联络;外勤负责法海寺修缮工程的甲方代表;内勤负责档案管理、办公室及库房工作。全所设专业技术岗位、管理岗位、工勤岗位,并实行岗位聘任制,进行双向选择,定岗定责。

近年来法海寺的中心工作放在完成法海寺抢修工程，恢复明代法海寺原貌以及古代壁画的保护、展陈上。重点是法海寺的复建工程和壁画的复制工程两项工作。法海寺一期、二期的复建工程自 2001 年起历时 7 年;壁画复制工程自 2005 年起历经 2.5 年,已相继于 2008 年 7 月底以前全部完成,现业已完全恢复了明代法海寺四进院原貌的建制。

自 2001 年起由北京市文物局提出的 3.3 亿元文物抢修经费的专项资金投入对法海寺藏经阁、药师殿的复建工程完成后,于 2006 年起又启动了 6 亿元的“人文奥运”文物保护计划中涉及法海寺二期抢险修缮工程于 7 月 12 日正式开工。自 8 月 1 日起法海寺闭馆,至 2008 年 8 月 1 日重新对外开放,历时 2 年,这二次大规模修缮是法海寺建寺570年来历次修缮中规模最大的一次，现已基本恢复了明代法海寺在初建时的原貌，原已在清末民初荒废的三四进院全部恢复，重建了药师殿和藏经阁，翻建了东西转角房的屋顶，全部更换了地面上原有的水泥地砖，改扩建了原生活区的办公用房，建立起职工食堂、所长办公室和档案室，改善了办公和生活环境。

2005年法海寺与中国城市建设研究院合作共同制定，完成了关于“法海寺周边旅游规划”的编制工作，为石景山区、为法海寺周边在今后长期规划的制定提供了依据。

按北京市旅游局有关旅游景区等级的要求，突出人性化：(1)在山门殿外及四进院西侧重新规划建造和划定了大小两处停车场；(2)改造及翻建了卫生间，达到景区的要求；(3)重新设计、设置和增加中英文双语的不锈钢拉丝说明牌，为广大的国内外游客提供了切实的方便；(4)在景区的3处地方设置了法海寺解说的触摸屏及中、英、日3种文字的讲解导览机；(5)安装仿古的景区庭院音响灯座，美化环境；(6)重新改造原有的录像厅和装修大小两个会议室；(7)确保景区游客的安全，雨后和雪后在游览线路上铺设防滑的塑胶地毯。

重新开放的法海寺现已完全具备了接待大型旅游团的条件。被北京市政府列为奥运会的定点旅游项目，它以崭新的面貌迎接奥运，在北京召开第29届奥运会的前夕重新对外开放，成为北京市指定的奥运期间重点旅游项目。

2005—2008年度本馆的科研工作主要有3项：(1)负责壁画的日常安全保护和维护，实行全天24小时的监控；自2004年5月30日起奉上级指示，为确保壁画及古建的安全，完全撤除了大雄宝殿内所有的光源，采取以手电照明，参观壁画的方式。并与北京文化遗产保护中心壁画保护研究室合作对壁画的温湿度变化进行研究和监测，同时在大殿内设置温湿度控制仪，安排专人负责每天对大殿内的环境变化的监测和作日志记录；严格禁止有人在殿内拍摄、抚摸壁画；大雄宝殿内壁画真迹的开放实行限人数(一次在20人以下)、限时间(不超过30分钟)、单售大殿真迹参观门票制度(无任何优惠条件)；并采取凡进入大雄宝殿内的参观者必须有专人负责陪同及讲解的措施，从而在最大限度上有效地保护了壁画；同时对壁画的保护进行科学研究。

(2)与中国林业科学研究院木材研究所合作，对大雄宝殿内的木结构及木质文物所产生的菌斑现象进行合作研究。并对法海寺大殿木结构及木质文物所产生的菌斑现象进行合作研究及清除菌斑所造成的影响，产生了调研报告2篇。

(3)为了更好地保护壁画真迹，从2005年起经过石景山区文化委员会提出申请后由北京市文物局拨款启动了“法海寺壁画复制工程”，复制的壁画用珂罗版的形式，按1:1的比例，原样复制，在2008年8月正式对外展出。2006年在第一届北京国际文化产业博览会上，法海寺壁画的两幅珂罗版复制品代表了石景山区旅游文化特色产品参展，受到观众好评如云。

本馆历来重视和开展对学术研究的工作，开展对法海寺的历史及壁画的深刻内涵和明代精湛的工艺技法研究。借法海寺正式对外开放20周年之际，积极筹备、组织《法海寺开放20周年纪念文集》的论文写作，本书收集论文24篇，约有25万字，从历史、文物、绘画技术等各方面进行深入的探讨，是近年来对法海寺研究的成果，也是法海寺文保所自成立以来的第一部学术专著，具有一定的学术价值，此论文集已于2005年正式出版。积极开发具有本馆特色的文化产业：(1)对《法海寺壁画》画册进行再生产，在原有大型《法海寺壁画》画册的基础上于2007年又印制出规格为280×280的8开《法海寺壁画》的中型画册，这样使得作为《法海寺壁画》画册这种形式的出现具备了高、中、低3个不同档次的产品，以满足不同层次游客的需求。(2)制作配有宣纸壁画的镜框；(3)同时也注重生产法海寺壁画产品的衍生物品，如：明信片、光盘等，极大地丰富产品的种类。目前已有了5大类10种产品可出售。

自1985年法海寺对外开放以来，作为博物馆开放的展览，除大雄宝殿内明代壁画真迹外，相关内容的陈列、展览一直是一个薄弱的环节，没有一个可以向观众介绍完整的法海寺全貌的场所，20年来长期的固定展览只有敦煌、永乐宫壁画的图片展览，内容陈旧、形式简单、手段落后，可供游客参观的内容少。为配合法海寺文物修缮，恢复明代法海寺原貌，重张开放的需要，安排专人筹备“法海寺历史文化展”的工作，更新、充实展览内容，投入大量资金，借2006年闭馆期间的契机，经过积极的筹备，在重新开放前正式推出了作为常年展出的正式展览“法海寺历史文化展”和不定期的与壁画有关的特展，改造了原有的敦煌、永乐宫展室，并扩大了原有的东配殿和打通了西侧的库房，将原敦煌、永乐宫展室所在的伽蓝殿、祖师堂一并改造成为“法海寺历史文化展”的展厅和临时特展的展厅。2008年的第一个特展是“全国著名寺庙、石窟壁画艺术展”，并决定每半年更换一次特展的内容。“法海寺历史文化展”在深挖法海寺丰富历史文化内涵的同时，以翔实的历史照片和丰富的藏品、文字内容为广大的游客和研究者提供了一个研究和学习的场所，并彻底改变了过去法海寺作为一个博物馆却没有真正展厅的局面。

法海寺历来注重博物馆的社会教育功能，充分发挥本馆的自身优势，积极与驻区的部队主动联系，结成军民共建单位，开展各项活动，进一步增进了军民的联系和友谊。本馆也主动向周边的学校、街道、居民传授中国深厚的历史文化，帮助小学开辟第二课堂，采取请进来，手把手，言传身教，做到文化熏陶从娃娃抓起。 **（陈康）**

北京市钟鼓楼文物保管所

BEIJING CULTURAL RELICS ADMINISTRATIVE OFFICE OF DRUM AND BELL TOWERS

所　　长 王　芯

通讯地址 北京市东城区钟楼湾临字9号

邮政编码 100009

电　　话 84027869(办公室)　84036706(业务部)

传　　真 84027869　84036706

电子信箱 zhonggubo@126.com

隶属关系 北京市东城区文化委员会

性　　质 公办

建筑性质 古代建筑(全国重点文物保护单位)

建筑面积 鼓楼 2736 平方米　钟楼 1478 平方米

展览面积 鼓楼 540 平方米　钟楼 168 平方米

占地面积 鼓楼 6857 平方米　钟楼 5740 平方米

馆址环境 地处北京南北中轴线北端（地安门外大街、鼓楼东大街、鼓楼西大街交会处）

交通状况 乘 5、60、82、635 路公共汽车；107、124 路公共电车鼓楼站，地铁鼓楼大街站均到达。

历史沿革 钟楼、鼓楼始建于元至元九年(1272),后毁于火。鼓楼初名“齐政楼”,元成宗大德元年(1297)重建。明永乐十八年(1420)重建了钟楼、鼓楼。现存鼓楼为明代建筑。明代钟楼火毁后,于清乾隆十年(1745)动工重建,1747 年竣工,至今保存完整。鼓楼原置一铜壶滴漏,二十五面更鼓。钟楼悬挂“大明永乐年月吉日制”报时铜钟,重 63 吨。两楼曾为元、明、清三代的司时中心,为都城发布标准的“北京时间”。1924 年,钟鼓楼报时功能废止。1925 年,鼓楼辟为“京兆通俗教育馆”。1938 年,钟楼辟为“新民电影院”。新中国成立后,钟鼓楼作为群众文化娱乐场所。1957 年,北京市人民政府公布钟楼、鼓楼为市级文物保护单位。1984 年、1986 年国家文物局投资,分别对鼓楼、钟楼进行新中国成立后的首次全面修缮。1986 年,东城区人民政府批准成立北京市钟鼓楼文物保管所。1996 年 11 月 20 日,钟楼、鼓楼被国务院公布为第四批全国重点文物保护单位。

开放时间 9:00—17:00

服务设施 停车场面积为 2260 平方米(限停放旅行社专用车辆)。

概　述

2004—2008年的5年内，钟鼓楼文物保管所的行政机构根据工作需要，由原来的五部二室调整为三部一室，即业务部、安保部、财务部、办公室，职工队伍建设继续向年轻化、知识化、专业化过渡。职能部门各司其职，相互配合，在文物保护、基地教育、安全保卫、旅游开发等各项工作中，发挥了积极的作用。

一、所藏文物的保护与定级

为了做好所藏文物的保护，针对钟鼓楼所藏文物的特点，文保所业务人员随时观测文物藏品的侵蚀情况，发现不安全的因素及时报告，严格执行定期的检查制度，加强对藏品的保管和采取积极的防护措施。2008年，根据钟楼乾隆御制碑体较严重泛盐的现状，采用全物理脱盐方法，对御制碑实施了保护。

2008年，文保所邀请北京市文物鉴定委员会的专家对所藏钟楼报时铜钟，乾隆御制碑、更鼓、麒麟碑等文物进行了鉴定。经专家认定钟楼大钟为一级文物，钟楼乾隆御制碑、鼓楼一层大厅内保存的麒麟碑为二级文物；鼓楼二层陈列的残破主更鼓、民国时期，钟鼓楼之间开设儿童运动场的标志碑为三级文物。随后完成了三级以上《藏品档案》的报送备案工作。同时根据北京市文物局的要求，对藏品及账目进行核对，并建立了藏品数据的电子录入。此项工作的完成，为实现所藏文物的数字化管理打下了基础。

由于钟架木结构的稳定性，安全可靠性是钟楼及报时铜钟保护的关键所在，所以近几年来，文保所与中国科学院力学研究所、中国特种设备检测研究中心的专家合作，分别于2004年、2007年，对钟楼大钟的挂件进行探伤检测与安全评估分析，认定悬挂系统的“健康”状态正常。并针对大钟及悬挂系统、主梁结构的保护提出重要的具有科学性的建议。2008年1月，文保所邀请中国林业科学院木材工业研究所的专家在钟楼实地勘察，共同探讨钟架的保护问题。业务人员综合专家意见先后撰写了《北京钟楼钟架勘察与保护的几点意见》、《北京钟楼钟架勘察与保护的补充意见》。为了掌握大钟悬挂系统及钟架稳定性的相关数据，建立了钟楼大钟悬挂系统及钟架稳定性的勘测制度。采用测量、记录钟体悬陈高度距离的方法，在同点、同位，使用相同工具，同一方法进行测量。并在同一年份的不同时间及不同年份的同一时间分别测量，读取数据，通过数据对比，以确定大钟悬挂系统及钟架力学结构是否变化，为确定大钟悬挂的稳定性及安全性提供科学数据。

近年来，文保所业务人员发现钟架下缘与钟池接触部位时常留有小动物粪便，为了做好钟架的防虫、防腐，2009年，文保所请有关专家，对钟架下缘发现的粪便进行了检测，确认为蝙蝠的粪便，为了掌握蝙蝠的活动情况，实施定时监测，通过监测和进一步了解蝙蝠的特性，提出切实可行的综合性保护措施。

二、文物建筑的检查与保护

钟鼓楼建筑的保护工作，在原有工作的基础上，已逐步向文物检查制度化、检查记录规范化、文物保护科学化发展，取得了初步成效。

（一）文物检查制度化

在文保所，文物建筑的日常检查与监护已经形成制度，始终坚持季节性定期检查与天气变化随时检查相结合的方法，检查中发现联营单位在文物的使用中存在问题当时就纠正，问题严重的下发通知，限定整改期限，并处以罚款。

2008年11月，业务人员在日常检查中，发现鼓楼二层外廊墙基石与二层外廊地面之间的缝隙加大，出现了鼓楼二层外廊平坐下沉的迹象，引起了重视，被列为重点检查部位，根据检查、测量的数据变化，在对现状分析的基础上，采取了有效措施，保证了文物建筑及游客的安全。

（二）检查记录规范化

为了使文物检查记录及档案规范化，我们建立随检备忘录，及时汇总，及时汇报。每次检查都认真做好检查记录，拍摄检查现状，撰写检查报告，指出存在问题，提出整改措施，

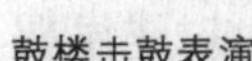
鼓楼击鼓表演

文保所自身无法解决的问题,以书面形式及时上报。近年来,撰写检查报告及检查文字记录数万字,准确地记录了文物建筑的部位、面积、保护现状,并拍摄照片近千幅。详细、真实地记录了钟鼓楼文物建筑的保护现状,使文物建筑的检查记录及档案实现了规范化,为文物的科学保护提供了第一手资料。

(三)文物保护科学化

2006年,业务人员完成了钟鼓楼全国重点文物保护单位的记录档案。主卷包括:文字卷、图纸卷、照片卷、保护规划及保护工程方案卷、文物调查及发掘卷。文物保护工程及防治监测卷、电子文件卷。副卷收录了行政管理文件卷、法律文书卷。备考卷分为:参考资料卷、论文卷、图书卷。该档案的完成为今后更加系统地开展国保级文物保护、利用、管理等方面工作奠定了良好的基础。

2007年,针对钟楼由于城台墙面渗漏水的状况,文保所委托北京市文物建筑保护设计所制定了钟楼排险加固安全性检测方案,并及时召开了钟楼墙体渗水检测工程预备会,研讨钟楼主体建筑渗水的治理与修缮方案。经国家文物局审批后,由中国建筑科学研究院结构所实施检测,待检测工程完成后,根据检测报告,制订修缮方案,以便更快、更好地对钟楼建筑进行有效的保护。

为了做好鼓楼楼梯及二层地面的保护,2008年9月8日,我们召开了专家论证会,认真听取专家的意见,本着文物修缮尽量保存原状的原则,在不破坏原有整体风貌的前提下,制订了修缮方案。采用局部修补,部分替补,桐油钻生保护地面的方法,在鼓楼楼梯安装木质踏级,加防滑处理,既保护了文物,又保护了游客的安全。创造了良好的参观环境。

三、陈列、展演的研发

(一) 铜刻漏仿制

北京钟鼓楼曾为元、明、清三代都城的司时中心,漏刻计时,击鼓定更,撞钟报时的历史延续了7个多世纪,钟鼓之声给这座城市留下了太多的记忆,成为封建皇权的象征,标准“北京时间”的象征。

1924年,封建王朝退出历史舞台,钟鼓楼为都城报时的历史时代已经结束,但这座古老都城的历史不曾中断,“北京时间”不曾中断,“暮鼓晨钟”成为人们心中的“北京时间”。

继1990年除夕之夜,文保所在钟楼二层,撞响了沉睡66年的“永乐报时铜钟”,为京城的百姓献上马年厚礼。2001年12月31日在鼓楼二层,敲响了复制的25面定更鼓,为来自四面八方的朋友们送上日日丰餐之后,2005年2月2日,文保所精心仿制具有演示功能的古代计时器——铜刻漏的启动仪式在鼓楼隆重举行。钟鼓楼漏刻计时,击鼓定更,撞钟报时的历史画面再现于世人面前。主宰了这座都城数百年的“北京时间”得到了延续。

铜刻漏的仿制以尊重历史、尊重科学为原则,在前期考察调研的基础上,2004 年 4 月 28 日，文保所召开“北京钟鼓楼《铜壶滴漏》”专题研讨会,充分听取专家的意见、建议,修改确定仿制设计方案,在资深专家的指导下，文保所与苏州古代天文计时仪器研究所精诚合作，进行了为期一年的反复研究试验,终于获得了成功。

仿制具有演示功能既可计刻又可报刻的铜刻漏在我国尚属首例,它是一次将古代天文计时理论研究付诸于实际应用的有益尝试,填补了运用传统技术与工艺仿制古代计时器——铜刻漏的空白。

2005 年,文保所仿制的古代计时器“铜刻漏”,荣获北京市经济技术创新工程优秀成果奖,由北京市总工会颁发了奖牌及证书。

(二)碑漏仿制

“碑漏”是我国古代计时仪器之一。曾用于唐、宋、金、元时期。现已失传。《元史·齐履谦传》记载:“都城刻漏,旧以木为之,其形如碑,故名‘碑漏’,内设曲筒,铸铜为丸,自碑首转行而下,鸣铙以为节,其漏经久废坏,晨昏失度。”

为了弘扬中华民族传统的司时文化,生动地反映中国古代计时的科技水平,让人们形象地了解我们的祖先为人类科技文明所作出的巨大贡献。文保所以尊重历史、尊重科学为原则,在专家的指导下,与苏州古代天文计时仪器研究所精诚合作，进行了反复的研究试验,成功仿制了碑漏。2005 年 12 月 24 日,在鼓楼二层举办《古代计时器“碑漏”揭幕暨东城区科普教育基地授牌》仪式。今后,文保所还将继续复制、仿制不同特点的古代计时器具,将钟鼓楼逐步发展为中国古代计时文化的荟萃之地。

四、二十四节令鼓国际文化交流

2001 年，文保所复制了 25 面更鼓，并成功推出了“二十四节令鼓”的展演项目。鼓声穿越时间与空间,把海内外炎黄子孙的心连在一起。由华裔中小学生组成的二十四节令鼓队,风靡东南亚地区，该鼓队的主创从马来西亚来到北京鼓楼,商议“节令鼓回家”,开展国际间文化交流活动。2006 年 6 月 17 日,文保所的鼓队与新加坡中正中学的二十四节令鼓队,在鼓楼二层进行首次文化交流。2008 年 6 月 7 日,文保所与马来西亚宽柔中学、泉州华侨大学、马来西亚在京留学生二十四节令鼓队，在钟鼓楼文化广场再次举办“节令鼓舞 戊子神州行”文化交流活动。

五、社教活动与宣传工作

(一)基地教育

钟鼓楼作为爱国主义教育基地、科普教育基地的重要活动场所之一,已成为广大青少年校外活动的重要场所。在参与东城教委组织的“蓝天工程”及“迎奥运,双语讲解小导游”活动中,为他们的社会实践提供了许多引导与帮助。为了更好地发挥社会教育职能，文保所与辖区内的中小学举办不定期的主题大队活动,与帽儿胡同小学共同在鼓楼二层举办的“庆祝‘六·一’国际儿童节暨蓝天白云、钟魂鼓韵、领巾飘扬、情系奥运”活动,采取社会开放的形式，参观鼓楼的游客和孩子们一起欢度节日,活动有声有色,队旗与领巾辉映,笑声与歌声汇集,参加活动的人们高兴地说:我们变得年轻了许多。

钟鼓楼文物保管所与安定门街道办事处联合主办的“钟鼓楼群言堂”专题活动,结合社区民意,崇尚中华民族的传统美德,进行选题,先后策划实施了以“单亲家庭走进钟鼓楼群言堂”、“让更多的青少年远离网络综合征”、“和谐家庭好，孝子人人敬”、“快乐从‘心’开始、“文化遗产与你、我、他——百姓话非遗”为主题的活动,收到了很好的效果。“关爱空巢老人”走进北京电视台,进行现场录制,在《身边》栏目中播放后,引起社会的关注,扩大了“钟鼓楼群言堂”的宣传教育效果。

文保所通过近几年来的漏刻计时、击鼓定更、撞钟报时,文化传承的系列项目研发,已形成了以古代司时为中心,具有独特文化魅力的文物旅游景点,受到社会各界的关注和好评。在不断丰富参观内容的同时,也注重做好日常接待工作,提供免费的中英文讲解服务。对外加大宣传的力度,吸引更多的中外观众来参观,5年间共接待观众1041518人次。

(二)特色活动

2005年,文保所的二十四节令鼓队,参加了在西单文化广场举办的“5·18国际博物馆日——博物馆之夜”活动。活动中,由国家文物局局长单霁翔,北京市副市长张茅为文保所颁发了“观众最喜爱的北京地区博物馆门票设计”奖第一名及“观众最喜爱的北京地区博物馆简介”奖第二名的奖章及证书。

为迎接我国第一个“文化遗产日”的来临,东城文化委员会主办,文保所协办了“文化遗产的继承与保护暨钟鼓楼保护与发展论坛”。次年同期,又成功举办了“百姓话非遗”为主题的“钟鼓楼群言堂”活动,充分展示非物质文化遗产项目的艺术魅力,让更多的人了解中国、北京及东城的非物质文化遗产项目现状,以唤起全民对祖国优秀传统文化遗产的保护意识。

钟鼓楼文物保管所在庆祝建所20周年之际,邀请各地钟鼓楼同业及有关专家在钟楼召开了“2006年全国钟鼓楼文化论坛”,实现了全国钟鼓楼同仁的第一次“握手”。

在迎接2008年奥运会的日子里，文保所于2006年12日31日,在钟鼓楼文化广场举办了《北京奥运志愿者“微笑圈”正式版》发布仪式。2007年12月31日举办了《北京奥运志愿者“微笑圈”国际版》发布仪式暨志愿者迎接2008庆典活动。2008年12月31日,举办“微笑北京 和谐先锋”志愿者迎接2009年主题撞钟活动。

北京市文天祥祠文物保管所

CULTURAL RELICTS ADMINISTRATIVE OFFICE OF WEN TIANXIANG SHRINE

副 所 长 高 凤

通讯地址 北京市东城区府学胡同63号

邮政编码 100007

电　　话 64014968

传　　真 64014968

隶属关系 北京市东城区文化委员会

性　　质 公办

建筑性质 古代建筑(北京市文物保护单位)

建筑面积 250平方米

展厅面积 100平方米

占地面积 600平方米

馆址环境 位于东城区府学胡同。东西邻府学胡同小学,南为北京市文物局。

历史沿革 是明清两代祭祀南宋抗元英雄文天祥的祠堂。其旧址为文天祥被囚于大都(今北京)时的土牢。自明洪武九年(1376)建成,几经修葺。1984年北京市人民政府再度修缮,并于同年10月向社会开放。

开放时间 9:00—16:30

交通状况 乘104、108、113路电车到北兵马司站;乘2、13、701路汽车,115、118路电车到宽街站。

概 述

文天祥祠内景

一、加强环境整治

为了使观众有一个更好的参观环境，北京文天祥祠文物保管所自2004年至2006年，对文天祥祠进行了较全面的整修，包括院内地面铺装、油漆彩画修缮；同时，为了排除安全隐患，确保文物安全，全面更新了供电线路，安装了消防避雷系统和消防报警系统。作为东城区十大优秀爱国主义教育基地，为了更好地发挥其作用，本所于2006年5月为府学胡同小学开启了方便之门，并成为学校的第二课堂。

二、建立健全各种管理制度

为了东城区文物事业的整体发展，东城区文化委员会于2006年6月对北京市文天祥祠文物保管所、北京市钟鼓楼文物保管所和北京市古人类遗址博物馆3个单位进行机构调整；同时根据各馆的实际情况，制定了有效的各项管理制度汇编并实行全员聘任制，提高了工作效率，调动了全员的积极性。

三、以丰富的各项活动充分发挥爱国主义教育基地的作用

几年来北京市文天祥祠文物保管所按照博物馆"贴近生活、贴近实际、贴近群众"的三贴近原则，积极配合社区、驻区部队、周边中小学校等单位共同开展有创意的系列活动，加强爱国主义的凝聚力。为了加大爱国主义的辐射力，于2004年，完成了《爱国主义教育基地管理制度汇编》。2005年，配合东城区教育委员会开展的"蓝天工程"活动，全年共接待中小学生近万名，被评为"优秀资源单位"。2006年3月18日，为大力宣传胡锦涛总书记提出的"八荣八耻"社会主义荣辱观，又与北京市府学胡同小学和北京市黑芝麻胡同小学联合举办"知荣辱、树正气"少先队主题大会。2006年6月6日，东城区文化委员会与东城区教育委员会联合举办"纪念文天祥诞辰770周年大型系列纪念活动"。2006年12月，北京市文天祥祠文物保管所被评为"东城区优秀爱国主义教育基地"。2007年1月22日，与北京大学礼仪研究会、清华大学炎黄社、人民大学文渊社、河北大学传统文化社联合举办了"以热爱祖国为荣促进和谐社会的建立"为主题的"穿汉服祭奠民族英雄文天祥"活动。2007年6月1日，与东四六条小学联合举办"让我们共同成长的主题活动"。2008年北京市文天祥祠文物保管所被评为"东城区十大优秀爱国主义教育基地"。

自然科学类

自然科学

中国古动物馆
PALEOZOOLOGICAL MUSEUM OF CHINA

馆　　长 王原

通信地址 北京西城区西直门外大街142号

邮政编码 100044

电　　话 88369280　88369210

传　　真 68337001

网　　站 www.paleozoo.cn

电子邮箱 pmc@ivpp.ac.cn

隶属关系 中国科学院古脊椎动物与古人类研究所

性　　质 公办

建筑性质 现代建筑

建筑面积 3400平方米

展厅面积 2500平方米

占地面积 5000平方米

馆址环境 临近北京天文馆和北京动物园

历史沿革 中国古动物馆的渊源可以追溯到1929年建立于北平西城兵马司胡同的农矿地质调查所的古生物化石陈列室。1953年4月1日,中国科学院古脊椎动物研究室在北京西城地安门二道桥正式成立,其陈列室不定期对外开放,可作为中国古动物馆的前身。1993年8月18日，中国科学院古脊椎动物与古人类研究所申请在北京西城区西直门外大街142号建立“中国古动物馆”。1993年8月28日,国家文物局批复“无异议,请径报你所主管部门中国科学院审批”。1994年5月5日,中国科学院批复“同意建立中国古动物馆”。1994年10月18日,中国科学院古脊椎动物与古人类研究所65周年所庆,暨中国古动物馆建成揭幕典礼,来自20多个国家的100多位嘉宾出席了仪式。古脊椎动物与古人类研究所的时任所长邱占祥兼任中国古动物馆首任馆长,唐治路为副馆长,博物馆下设展览部、技术部和保管部。1994年10月20日,中国古动物馆对公众试开放。1995年12月6日,北京市文物事业管理局批准中国古动物馆注册登记(注册字号:京博登字第011号)。中国古动物馆正式对外开放。

开放时间 9:00—16:30(周一闭馆)

服务设施 馆门前有通道面积约500平方米,可凭参观门票免费临时停车;馆内设有小型纪念品商店。

交通状况 乘车:凡到动物园方向的公交车都能到达博物馆,动物园或白石桥站下车即可。馆前公交车有:电车:102、103、105、107、111路等;汽车:15、27、19、332、特4、360、962、362路等;运通:104、105、106等及808、732路等巴士。乘地铁:地铁2号线西直门站下车,向西步行或乘车两站地,路南。

概　述

制度建设和管理工作

中国古动物馆自2004年5月27日重组以来，一直重视制度建设和制度化管理。已经制定实施各类规章20余项,取得较好管理效果。另外,以馆务会形式实施有效管理,听取各方意见,了解各部门工作进展并推动博物馆各项工作;每次会议都有正式、完整的会议纪要,以会议纪要为依据,主抓工作落实。各级管理干部工作认真负责,上传下达沟通及时,工作完成高效率高质量,整体提高了博物馆的管理工作水平。

藏品管理与保护

(1)整理展品清单 所有博物馆展出的展品信息资料已经全部录入电脑,并根据展品更换实时动态调整,精确到“件”,保证随时能进行有效查询。

(2)博物馆安全措施 更新了红外防盗报警系统,增加了报警感应器,更加全面覆盖博物馆的各个主要角落。加强值班检查,保证“展品、设施和观众”的“三安全”。开馆以来无展品损坏或观众伤害事故。

陈列展览

中国古动物馆是中国科学院古脊椎动物与古人类研究所创建的，我国第一家以古生物化石为载体,系统普及古生物学、古生态学、古人类学及进化论知识的国家级自然科学类专题博物馆,也是目前亚洲最大的脊椎动物演化专题博物馆。它是全国青少年走进科学世界科技活动示范基地(2005年起)、中国自然科学博物馆协会理事会员单位(2006年起)、北京校外教育协会理事会员单位(2006年起)、北京科学技术普及创作协学理事会员单位(2008年起),以及北京动物学会理事会员单位(2008年起)。

中国古动物馆馆内按照古动物的演化序列划分为两馆（古脊椎动物馆和树华古人类馆)4个展厅(古鱼形动物和古两栖动物展厅、古爬行动物和古鸟类展厅、古哺乳动物展厅、古人类与旧石器展厅),并有东厅、贵宾厅等特展展厅。依托研究所近百年收藏的20余万件标本,展出了从中精选的有代表性的藏品970余件。展品之精美、种类之齐全,堪称亚洲第一、中国之最。这里陈列着自5亿多年前的寒武纪至距今1万年前史前时代的地层中产出的各门类化石标本和旧石器标本及模型，包括无颌类、鱼类、两栖动物、爬行动物、鸟类、哺乳动物和古人类化石及新旧时代石器等，全面展现了史前动物和古人类的自然遗存和遗迹及其生命演化的宏伟历程。

中国古动物馆的古脊椎动物馆创建于1994年10月。该馆包括三层三个展厅。第一层的古鱼形动物和古两栖动物展厅展示了各种无颌类、鱼类和两栖类化石标本，其中包括本馆的一件馆藏珍品：科摩罗政府赠送的被称为"活化石"的拉蒂迈鱼标本。在一层的中央有一个巨大的与二层相通的"恐龙展池"，展出了中国有代表性的几种大型恐龙的骨架，其中包括中国最大的，也是世界上脖子最长的恐龙——马门溪龙，馆中展出的马门溪龙骨架长22米，脖子就有9米多长，以至于头不得不伸到二楼才能容纳它巨大的身躯。在恐龙展池中还有一种奇特的恐龙——棘鼻青岛龙，它的头上长了一个长长的骨质棘，关于它的用途，呼吸、防御还是展示，仍

中国古动物馆外景

是众说纷纭。另外,在恐龙展池中,还能见到“恐龙大搏斗”的震惊场面。加拿大赠送的霸王龙骨架也安置在恐龙展池中。一层最新布置的热河生物群特展区展示了这个生活在1亿多年前的古老生物群,包括长有四个翅膀的带羽毛的恐龙——小盗龙,能吃恐龙的哺乳动物——爬兽,腹中有7个小宝宝的怀孕的满洲鳄,世界首个翼龙胚胎化石等世界级的化石珍品,让观众目不暇接,流连忘返。

第二层的古爬行动物和古鸟类展厅展出了包括恐龙、恐龙蛋、翼龙、鱼龙、鳄、龟、蜥蜴在内的各种古爬行动物以及孔子鸟、安氏鸵鸟等古鸟类的珍贵标本。二层入口处的马门溪龙大腿骨化石是博物馆内唯一可以触摸的展品,也是让观众亲身体验化石的质地,感受来自古代的生命气息。二楼南侧“恐龙走廊”中的第一件展品——许氏禄丰龙化石骨架被称为“中国第一龙”,它是我国发现的时代最早的恐龙(生活在2亿多年前),也是中国第一个装架的恐龙(1941年在重庆装架),由我国古脊椎动物学之父杨钟健院士研究,是世界首枚恐龙邮票的主角。这件许氏禄丰龙的模式标本也是我馆的镇馆之宝。在二层的东北角,本馆最新展出了一个带有羽毛的恐龙化石——董氏尾羽龙,这是一个堪称世界级珍品的古生物化石,身上保留了羽毛的清晰痕迹。恐龙身上长有羽毛,这是我国学者最新的古生物发现,证明鸟类是从恐龙进化来的!二层还展示了其他很多珍贵标本,如世界最早的龟——半甲齿龟,以及世界第一只长了有角质喙的古鸟——孔子鸟,其化石上的羽毛印痕都清晰可见。值得一提的是,古动物馆展出了恐龙骨骼化石和恐龙蛋等与恐龙相关的展品70余件,其中包括20余具完整的骨架,居国内同类博物馆之首!所以我们可以骄傲地说:“看恐龙,到中国古动物馆!”。

第三层古哺乳动物展厅展出了各种各样的古哺乳类标本及骨架,包括被写入我国小学《语文》五年级课本的威严耸立的黄河象的巨型骨架,它生活在250万年前,身高有3.8米,是当时陆地上最高大的动物。还有熊猫的始祖——禄丰始猫熊、相貌凶恶却食草的“六角兽”、长着利齿的剑齿虎、与“北京人”生活在同时代的大角鹿和鬣狗的化石等等。

古脊椎动物馆的每层都各有一幅数十米长的巨型油画依墙展开,分别绘制了“古生代的海洋及陆地”、“中生代的恐龙世界”、“新生代的哺乳动物家园”等三个主题,展示出产自中国的各个地质时代古脊椎动物群落独有的生态面貌。

中国古动物馆的树华古人类馆于1999年建成开馆,通过展出古人类化石和旧石器标本及模型,系统普及了人类起源与进化的科学知识。展品包括举世瞩目的北京猿人头盖骨以及国外赠送的各种珍贵的古人类化石标本模型。2004年11月,国务院总理温家宝在吴新智院士的陪同下参观了树华古人类馆，并高度评价了我国古人类学和旧石器考古学的研究贡献。

中国古动物馆的馆外是2004年建成的古生物广场。在宽阔的西直门外大街的路边，三组巨大的恐龙雕塑掩映在蓝天、绿树和青草之间；在弯曲的古生物甬道上，一个个精美的古生物刻绘把游人带回到遥远的史前时代。而博物馆外墙上别致的排水孔造型，从一层至三层分别是鱼头、恐龙头和剑齿虎头，与馆内的展览内容相呼应。

中国古动物馆创办的"小达尔文俱乐部"，常年招收对古生物学感兴趣的中小学生参加野外考察、化石发掘、筛选和修理、模型制作等科普活动，并专门聘请研究所的专家举办科普讲座。学生们可以通过亲身实践启发科学思想、了解科学过程、学习科学方法，并在互动活动中体验"自己动手做科学"的乐趣。

为了更广泛地传播古生物学知识，中国古动物馆自1994年建馆起，多次到国内其他省市和国外组织古生物化石的巡展。馆内也经常组织特展，将中国古生物学的最新研究成果介绍给国内外公众。

社会教育

(1)讲解员队伍

中国古动物馆是一个专题性博物馆，从2005年起，我馆特整理出中国古动物馆讲解员学习材料和本馆讲解要点，招聘两名专职讲解员，并请专家协助培训。确立了每日定时讲解(上下午各1次)、其他时间随时提供讲解服务的制度，使科普教育的效果大幅提高，观众对此十分满意。同时，为了进一步提高中国古动物馆的公共教育水平，我们做了大胆的尝试，除了专职的讲解员外，特别邀请研究所的古生物和古人类专业的硕、博士研究生，在周末和节假日时，到古动物馆提供专业讲解。这个办法的实施既给广大研究生提供了社会实践的机会，又为中国古动物馆提供了充分的专业人才，此方法实施后，不少博物馆向我们取经学习此方法。中国古动物馆还为大学生及以上文化层次的人提供教授专家讲解。3个层次的讲解，使不同层级的观众都能获取想要的知识，大幅改进了科普教育的效果。

(2)科普讲座

中国古动物馆依托研究所强大的研究人员队伍，从2000年开始聘请研究所的教授来馆为观众答疑、讲解，开办了我馆特有的专家讲解和讲座。2004年以后，中国古动物馆开展了针对不同人群的科普讲座，为中学生开办了"人类的进化与起源"、"恐龙的发展与灭绝"、"中国古人类遗址"等讲座；学生和教授面对面，向专家请教他们感兴趣的问题，收到非常好的效果。

2005年中国古动物馆和研究所一起利用暑假期间为港、澳、台的大中学生和国内一些大学的古生物爱好者开办了4场科普报告，内容包括：鱼类登陆、恐龙的演化和灭绝、现代中国人的祖先是谁、中国古鸟类的研究与发展、空中霸主——翼龙的研究等等。从2005年以来，中国古动物馆多次走出博物馆，到社区、学校开办科普讲座，将我国古生物学领域的最新发现和最新科研成果及时、准确地介绍给他们，开创出一条基础性学科科研成果向社会效益转化的模式。

开办的各类科普讲座有：

吴新智院士做了“人类的演化”、“科技考古”、“爷爷的奶奶从哪里来的”、“中国人从哪里来？——介绍中国的古人类化石”的讲座。

汪筱林研究员做了“热河生物群的恐龙与翼龙”、“热河生物群地层与时代及其翼龙化石研究”、“最小的树栖翼龙与中国的翼龙化石”等讲座。

周忠和研究员做了“世界罕见的化石宝库——热河生物群介绍”和“探索鸟类的起源和早期演化”的讲座。

徐星研究员做了“恐龙的演化”、“飞向蓝天的恐龙”等讲座。

高星研究员做了“远古人类的技术与行为”的讲座。

郑家坚研究员做了“古生物知识——脊椎动物的进化”讲座。

《化石》杂志主编郭建崴做了“谁创立了进化论”讲座。

唐治路高级工程师做了“中加恐龙考察背后的故事”讲座。

赵喜进研究员做了“恐龙化石”讲座。

法国Sé bastien Joannin博士做了“里昂—北京科学探险之旅”讲座。

张兆群研究员做了“鼠的演化”讲座。

我馆馆长王原研究员做了“达尔文与进化论”、“中国古两栖类的演化”等讲座。

(3)科普活动

根据不完全统计，2004年至2008年间，我馆组织各类科普活动20余项：

参加西城旅游局组织的“西外大街文化之旅”活动(2004)。

组织“第二届海峡两岸大学生古生物夏令营”活动(2004)。

参与参加“港澳台青少年嘉年华”活动(2004)。

组织“霸王龙来了”科普活动(2004)。

组织参加“5·18国际博物馆日暨首届中国科学院公众科学日”活动(2005)。

举办“‘六一’恐龙故事会”活动(2005)。

举办“自己动手做科学”科普活动(2006)。

参加北京校外教育协会“2006年阳光少年行动”(2006)。

组织“第三届海峡两岸大学生古生物夏令营”活动(2006)。

组织“中国古动物馆首届古生物夏令营”活动(2006)。

为北京细推文化发展公司的中小学生夏令营安排了拼装恐龙活动，我馆的老师给学生们一边安装恐龙骨架，一边讲解有关恐龙的知识，还让孩子们亲自动手学习安装，使孩子们在快乐轻松的气氛中了解了恐龙知识(2006)。

镇馆之宝——许氏禄丰龙的模式标本

参加第八届全球视频网络大会(Mega-Conference VIII)和“恐龙是怎样灭绝的”现场讨论会(2006)。

参加首届“中欧自然科学类博物馆论坛”，并放映了最新录制的中国古动物馆首部英文宣传片(2006)。

进入远洋社区组织“恐龙画展”科普活动(2007)。

与北京印刷学院合作，以“Dinosaurs Flying to the Blue Sky”为题参加在法国举行的第15届莫比斯多媒体光盘国际大赛(2007)。

组织参加“5·18国际博物馆日暨第三届中国科学院公众科学日”活动(2007)。

组织首届中国古动物馆“小小讲解员”培训活动(2008)。

参加“第四届中国科学院公众科学日”科普活动(2008)。

参加北京市东城区组织的“蓝天工程”活动(2008)。

组织“周口店寻根溯源探望祖先”活动(2008)。

“庆六一，献爱心”暨中国古动物馆小达尔文俱乐部成立10周年专题活动(2008)。

组织小龙门野外考察“回眸远古生物”系列考察活动(2008)。

组织“白垩纪之旅”北京大灰厂古生物科考活动(2008)。

博物馆馆舍建设、扩建、维修和设施改造

(1)2004年中国古动物馆安装了中央空调,在大厅内增设了座椅;2006年,在馆外安装了座椅,方便群众休息。

(2)2005年中国古动物馆与研究所协商，将东厅改造为中国古动物馆的特展厅;2006年又将研究所的贵宾室改造成一个贵宾厅特展厅,扩大了展览面积,并增加了展览内容。

(3)从2004年12月起,中国古动物馆陆续将电脑多媒体系统引入馆内,《恐龙拼图》、《神奇的古生物世界》、《热河生物群》、《与恐龙比体重》等介绍恐龙和其他古生物演化知识的寓教于乐的多媒体触摸显示系统让小观众们流连忘返。其中“与古动物比体重”多媒体是根据我馆提供的最新知识内容进行了编排,使之成为全市博物馆中学术最前沿的互动游戏之一。

(4)2005年10月起,中国古动物馆在古脊椎动物馆一层开辟“DIY活动区”,给小观众们创造一个自己活动的区域,也可以展示小观众的恐龙绘画或雕塑等作品。

(5)对博物馆的屋顶进行了防水修复。

博物馆文化产业:

(1)从2006年3月起,中国古动物馆对礼品部进行了规范化管理,与“博古风礼品销售中心”合作,以规范的礼品部形式面对广大观众,更好地为观众服务。

(2)从2006年起中国古动物馆设计了博物馆馆徽(包括禄丰龙、北京猿人与地球等要素),组织设计带有博物馆馆徽的规范信纸、礼品袋等,加强品牌效应。

(3)博物馆近年来每年推出古动物馆台历和中国古动物馆文化衫，制作了具有古动物馆特色的明信片、印有古动物馆馆徽的水杯、恐龙扑克和立体画等博物馆特色产品，进一步达到宣传博物馆品牌的目的。

中国农业博物馆

CHINA AGRICULTURAL MUSEUM

馆　　长 唐　珂

通讯地址 北京市朝阳区东三环北路16号

邮政编码 100125

电　　话 65096012(办公室)65096067/6068(社教部)

传　　真 65021727(办公室)65931355(社教部)

网　　址 www.zgnybwg.com.cn

电子信箱 webmaster@zgnybwg.com.cn

隶　　属 中华人民共和国农业部

性　　质 公办

建筑性质 现代建筑

建筑面积 48000平方米

陈列面积 9600平方米

占地面积 489060平方米

环境交通 紧邻东三环,处于朝阳CBD核心区域,面对使馆区,坐拥朝阳公园。20余条公交线路和地铁10号线设有站点。馆内松柏苍翠、绿草如茵,10座中西合璧建筑风格的展馆掩映其中,是一座花园式博物馆。

历史沿革 1957年经国务院批准,在北京东郊建立全国农业展览馆,1959年建成。1983年经国务院批准筹建中国农业博物馆,与全国农业展览馆为一个机构、两块牌子,1986年9月13日正式开馆。

开放时间 9:00—16:00(周一闭馆)

概　述

中国农业博物馆坐落在北京东三环全国农业展览馆内，馆内亭廊迂回、曲径通幽，苍松翠柏、绿草鲜花、垂柳修竹、波光云影，与馆区建筑相得益彰、融为一体，堪称繁华都市的桃源胜境，是国内不可多得的园林式博物馆。其主体建筑名列新中国成立后北京市首批兴建的“十大建筑”之中，是北京市著名的地域标志性建筑。10座展馆气势宏伟壮阔、布局疏朗大方、风格古朴典雅、造型雍容端庄，具有浓郁的中国传统民族建筑之神韵，且洋溢着强烈的时代精神，在中国当代建筑史上占有精彩的一页，堪称文化建筑的经典之作，是人们休闲观光的活动场地。

中国农业博物馆1983年7月经国务院批准在全国农业展览馆基础上筹建的唯一的国家级农业博物馆，隶属于国家农业部，与全国农业展览馆是一个机构、两块牌子，共同承担弘扬我国悠久农业文明、展示农业科技成就、宣传农业基本国情、交流现代农业科技成果、传播农业科技知识的重任，1986年9月正式对外开放，先后举办过中国古代农业科学技术史、全国农业自然资源和区划、中国水产、现代农业科技、中国传统农具、中国土壤标本等多个陈列，保存了较为丰富的农业文物、农业标本、农业古籍、土壤标本、传统农具等各类藏品，在农史研究和农业文物典藏方面处于国内领先地位，是国家爱国主义教育基地，全国青少年科技教育基地，北京市科普教育基地。

中国农业博物馆自1983年筹建以来，在收集、保护、研究、陈列各方面有了长足的发展。2002年9月，经国务院同意，农业博物馆改扩建项目正式立项。2006年3月，国家发改委批复中国农业博物馆改扩建工程初步设计方案和投资概算，投资1.903亿元，主要用于原有场馆改造修缮、配套藏品库房以及馆区基础设施改造等土建工程。项目于2006年初全面动工，2009年3月基本完工。改扩建工程包括两部分，一是对原有场馆进行修缮和新建配套库房等土建项目；二是对陈列项目进行新的设计布展。陈列布展经费预算7500万元。改扩建完成后，一个集教育、观赏、休闲于一体的、环境幽雅的农业文化中心将展现在社会公众面前。

一、历史回眸

中国农业博物馆脱胎于全国农业展览馆。全国农业展览馆自创立之日起，就担负着承办政府赋予的展览业务。这些展览大多是成就展，很注重时效，展期相对要比一般展览要长，如“全国农业展览”自第二届起由农展馆承办，自1959年1月3日起，到

1959年5月,第三届自1959年9月至1961年底。又如"全国农业学大寨展览"第一届至第三届自1965年起到1978年止,延续时间之长在展览中是不多见的,由于这个原因,农展馆的机构设置既不同于展览馆也不同于博物馆,办展的程序界乎博物馆与展览馆之间。1980年借"全国农业资源区划"会议之力,办起了"全国农业资源区划展览"。并根据当时的农委领导的指示,办成了农、林、牧、副、渔各业兼备的长年开放的博物馆。

1982年农展馆在农委撤后划归农业部,农业部明确地指出:农展馆今后的发展方向,主要是办好农业博物馆、农业展览会和植物园。1983年农展馆向国务院申请创建中国农业博物馆,一个机构,两块牌子,不另设机构和编制,逐步增加少量的特殊研究人员和顾问,同年7月获国务院批准。1986年9月13日中国农业博物馆开馆,3个固定陈列"中国古代农业科技史"、"农业自然资源区划"、"中国水产"各有特色。1991年"中国能源馆"开馆、"百草园"建成,博物馆展陈面积近万平方米,从3个固定陈列变为4个固定陈列和室外一个"百草园",即"农史"、"资源"、"水产"、"能源"和"百草园",初步实现了室内与室外结合,展览与游览结合,农业资源与农业历史结合,是青少年学生的第二课堂和重要的爱国主义教育基地。

1988—1991年间就先后接待国内外观众达18.5万人次之多,主要是北京的大、中、小学校的学生,也有来自全国各地的农业科技工作者和干部,以及世界各国的外宾们。在中国的教育行业中,不少学校把中国农业博物馆当做第二课堂。多年来举办和参与的大型展览不计其数,不但增进了国际间的友谊和交流,同时也弘扬了中华民族的传统农业精神和传统农业文化;同时配合国家的农业发展,搞一些临时性的展览。在多次举办的展览中,许多中央领导人先后参观了农业博物馆并亲手题词,给予高度评价。

积极履行保护和传承中国农业文明的职责和义务,注重农业相关藏品的收集和收藏。在藏品收集上运用了多样化的手段。1999年农业科学家金善宝先生的家属捐赠金善宝先生的研究用品和文稿等文物,2000年接受个人捐赠的"马家窑文化"时期彩陶230件。2001接受个人捐赠的古砚210件。2001年在北京的主要报刊发布中国农业博物馆收集近代农业相关藏品的消息,在社会引起较大反响。此次活动收集了票证、账簿、生活用具和农具等各种藏品近千件。经过将近20年的不懈努力和积累,已拥有藏品上万件,形成了独具特色的土壤标本、传统农具、画像砖石拓片、彩陶及古砚台、涉农冥器等系列藏品。收藏包含了社会科学和自然科学两大类,涉及生物学、植物学、动物学、地质学、考古学、人类学、民族学和民俗学等多学科藏品,所收藏的文物、标本具有很高的研究和鉴赏价值。在收集文物、标本的同时，还重点收藏了1979年台湾影印的文渊阁《四库全书》、1995年齐鲁出版社的《四库全书存目丛书》等50余部丛书；收藏了清末、民国时期的《农学报》、《农学丛刻》、《农报》以及《人民日报》创刊号等珍贵资料；还收集旧方志3400多种，新修方志1600多种。为了妥善地管理好这批古代人类分化遗产和资料，从1999年开始运用信息化手段，开展以藏品、图书管理系统为核心、以保护研究为目的的管理实践，进一步推进藏品、图书资料管理的科学化、规范化和信息化的进程。

在学术研究上，“八五”期间承担并完成了国家科委、自然科学基金、社会科学基金、农业部及瑞典国际科学基金等下达的5项课题及专著，取得了骄人的成绩，创办馆刊《古今农业》，为开展农史学研究弘扬祖国优秀传统文化开辟了理论阵地。编撰、出版了一大批有价值的专著，在农业文化学术界有着深远的影响力；在报纸杂志发表农业历史、资源区划、农业经济和展览研究等方面的论文数百篇。同时不断加强各种形式的学术交流，2001年中国农业博物馆作为中方发起单位与日本、韩国农史界共同召开“首届东亚农业研讨会”，到2008年已经举办了8届，进一步扩大了在亚洲地区农业史研究领域的影响。

二、新陈列的功能和特色

中国农业博物馆陈列以农业历史发展为轨迹，展示古代农业的“四项发明”，彰显古代农业成就、展示现代农业的发展，弘扬现代农业的辉煌；以博物馆的手段和方法，揭示中华民族对世界文明的贡献。

(一)陈列的指导思想

陈列主要是4个体现：一是体现大农业的概念，因为中国农业博物馆是国家级农业专业博物馆，必须反映我国大农业的整体面貌；二是体现历史与现实的结合，既要充分展示悠久的农业文明，又要反映现代农业的辉煌成就；三是体现系统性，使观众能够对我国农业的基本情况、农业文明的演进、现代农业的进程等有一个系统的了解；四是体现室内与室外、动与静、审美与休闲的结合，充分发挥室外场地的优势，充分利用现代科技手段，使观众融入其中，参与互动,形成风格独特的室外展园。

(二)陈列的基本原则

陈列内容以弘扬祖国农业文明，宣传农业基本国情，描绘社会主义新农村，传播现代科技、开展科普教育，服务“三农”，满足人民文化生活需求为原则，注重陈列主题与观众需求相统一、古代文明与现代科技相统一、心灵感受与亲身参与相统一、陈列内容与形式设计相统一、环境优化与人文关怀相统一，真正做到贴近实际、贴近生活、贴近群众。陈列形式注重“四化”，即版面图表形象化、场景展品一体化、景观模型动态化、展示手段科技化。力求达到“五个一”，即讲述一个连接历史、现实与未来，充满神奇、充满智慧，有敬畏、有骄傲、有自豪的故事；形成一个宣传农业基本国情、描绘社会主义新农村，为农业、农村、农民服务的窗口；维护一个弘扬祖国农业文明、传播现代科学技术、开展爱国主义教育的基地；打造一个走向世界、了解中国、开展国际农业文化展示交流的平台；构建一个有良好社会效益，有文化产业内涵的精品工程。

（三）陈列布局与内容

根据农业博物馆的行业特色、馆藏特点，陈列展览分室内和室外两部分。展示面积共9600平方米。3号和5号两个展馆为临时展览馆，主要用于馆际交流及其他临时性展览，展示面积5000平方米。室外展出景点20余处。

1. 陈列的布局

①号展馆面积3000平方米，《当代中国农业农村和农民大型图片展》，为临时陈列馆；

②④号展馆面积4850平方米，《中华农业文明》陈列馆；

⑦号展馆面积650平方米，《青少年农业科普》陈列馆；

⑧号展馆面积400平方米，《中国土壤》陈列馆；

⑨号展馆面积400平方米，《中国传统农具》陈列馆；

⑩号馆面积300平方米，《彩陶中的远古农业》陈列馆；

③⑤号展馆面积5000平方米，为临时陈列馆。

2. 陈列主要内容

①《我们的田野——当代中国的农业农村和农民图片展》旨在宣传党的农业农村政策及其实施效果，揭示中国农业和农村社会经济发展的主旋律，为人们提供一个了解中国农业国情的特色园地。

图片展主题为“改革发展中的中国‘三农’”，共分为“春之足音、农桑之母、沧海桑田、田园花开、春华秋实、大地飞歌和锦绣家园”7大部分，25个专题。展览以760多幅图片，多角度、全方位、真实形象地展示中国当代农业、农村和农民的整体风貌，叙事诗式地再现农业农村经济发展过程中涌现出的新人新事新气象。这些图片是党和政府一系列战略决策和惠农政策取得显著成效的历史见证，也是亿万农民首创精神的生动写照。

②《中华农业文明》为基本陈列。主要体现我国农业文化和科技的核心价值。内容以农业科技发展为主，辅以社会、经济、文化，突出中国古代农业对人类的贡献，揭示近代农

业的特点，彰显现代农业的发展与繁荣。由6个部分组成：一是古代社会的生产与生活；二是生产工具的发明与传承；三是水的治理与利用；四是畜牧纺织的起源与传播；五是西学东渐与实验农业；六是现代农业的发展与繁荣。以专题作为基本结构，集中体现中国农业对世界文明进步与发展的贡献。通过悠悠千载的文物和充满智慧的科技展品，对观众产生强大的心灵震撼，不仅有骄傲，也有敬畏。以明确的主题、鲜明的个性、通俗易懂的语言、先进的设计、新颖的手段，满足观众了解悠久农业历史与现实的渴求。

③《青少年农业科普》为专题陈列。展示内容以动植物标本、模型、工具、声像资料、试验器械为主，探索人类衣食之渊源，强调"知识性、科学性、趣味性和互动性"，吸引观众对农业的兴趣和关注。内容涉及：农业与生产、农业与生活、农业与环境、多媒体数字乡村漫游、观众动手操作、雾屏影院和趣味阅读。使科普活动更多地贴近中小学的素质教育，通过生动的实践活动提高青少年学科学、用科学、爱科学的热情。

④《中国土壤》为专题陈列。展示全国土壤类型的标本，辅以原生态土壤地貌特征、自然植被和物产等内容，揭示土壤与作物以及人的关系。内容涉及：土壤基本知识介绍、土壤标本展示、土壤资源利用和互动项目。以文字、图表、模型、景观、绘画、影视、多媒体以及互动项目等综合手段，趣味性地普及土壤的基础知识，全方位增强观众对土壤的认知，培养观众对我国丰富的土壤资源的自豪感，唤起观众对土壤利用中存在突出问题的关注。

⑤《中国传统农具》为专题陈列。按：耕整地、播种移栽、中耕、灌溉、收获、加工、运输等工序依次展出所使用的传统农具，揭示农业生产与气候、工具的关系，以及农具在农业文明中的作用。采用声、光、电等展示手段和幻影成像技术等，全方位立体地诠释我国悠久而灿烂的农耕文化，力求呈现给观众一幅中国传统农具的壮丽画卷。

⑥《彩陶中的远古农业》为专题陈列。展示彩陶纹饰中反映远古先人的农业生产与生活，追寻农业文明发展的轨迹。内容涉及：纹饰中的农业与自然崇拜、纹饰中的渔猎采集、纹饰中的农耕与编织和其他纹饰符号。揭示纹饰中的农业文化内涵，使观众从彩陶纹饰中看到原始社会，男人们渔猎、耕作，女人们从事家务或采集的情景，从绚丽多彩精美的纹饰中，展示中国远古的农业文明。

⑦临时陈列（展览）强调时效性和公众性，以周期短、机动性、灵活性强为特点。临时展览内容和选题以"三农"工作的重点、热点、焦点问题为主，选择科普性、知识性及现实关注性的主题。从不同角度、不同方面展

示中国农业、农村、农民生产、生活的变化和近30年来改革的经验与模式，使社会更关注农业、重视农业、参与农业、热爱农业、服务农业，全社会共同推进新农村建设。

⑧《室外展园》以农耕文化为主线，通过景观、模型、人物等艺术形式营造农业文化场景，将农事活动和文化有机地结合起来，既是室内陈列的延伸，也是观众文化休闲的重要场所。

陈列体系突出概念完整，突出内容与形式的真实生动，突出吸引力和雅俗共赏。使丰富而又令人骄傲的文化遗产，成为构建和谐社会的精神力量，厚德载物以文化人；使观众在“身临其境”中体验、感受历史，获得知识、娱乐身心。

陈列没有用通史的表现形式，而是用专题的形式，主要采用“主题大框架、个性小单元”的手法，用历史发展的自身去说明历史。运用“知识梯级展示理念”表现科技进步。例如生产工具的发明与传承，在这个专题中没有像通史陈列那样摆放诸多的时代工具。在这个专题中只选择四种工具，犁、锄、镰、磨，这4种生产工具概括了一年四季农业生产活动的基本情况，犁是耕作之器，锄是中耕之器，镰是收获之器，磨是加工之器。从其最初形态到最后定型贯穿始终，以犁为例从耒开始到耜、破土器、石犁、青铜犁、铁犁，由简单配件的铁犁到牛耕犁、大型旱地耕犁（二牛抬杠）到11个部件的江东犁（曲辕犁），并由此向全国各地发展，根据不同地区的特点形成了各式各样的传统农具犁。我们用50多种犁和相关的图画资料，清楚地表现犁的发生、发展过程。

以“散文式的抒情”为展览审美风格，运用“诗化”的空间环境展示理念，运用“展示语言”，烘托内容的文化“韵味”。在我们看来，农业博物馆的情调是古朴、自然的，具有返璞归真般的天然与淳朴，它的绵延和传承，显示出深厚的文化底蕴。这一基本概念将在设计的审美方面起到统摄的作用，从而使展览在审美方面达到一种富有个性的和谐。

陈列形式设计坚持版面展示立体化、实物场景一体化、景观模型动态化、展示手段科技化的原则。通过实现形式设计“四化”将传统陈列工艺与现代科技结合、静止的文物实物展示与流动的电脑动画结合、大型的场景复原与精美的展示道具结合，形象深刻地揭示展览的主体和内涵。

三、厚积薄发夯实事业基础

中国农业博物馆于2006年12月制定了中长期发展规划纲要（2006—2015年），明确了战略目标、发展思路、任务和工作重点。在今后5—10年，以健全和完善农业博物馆核心业务为中心，加强收藏和研究等基础工作，打造室内外互补，基本陈列、专题陈列和临时展览三位一体的陈列展览体系，提高社会教育和服务水平，探索发展文化产业的新途径，建立和完善设置科学、运行高效的专业化管理体系，全面提升中国农业博物馆的综合业务水平，加快国家级农业博物馆的建设。为了适应博物馆改扩建的新要求，提高中国农业博物馆业务建设和发展的科学化、规范化水平，参照国内外的规则、条例和相关规定，结合本馆业务工作实际，组织制定了《中国农业博物馆业务工作规范(试行)》。“规范”对博物馆的主要职能和核心任务做出了明确的规定，对藏品征集、藏品管理、陈列展览、学术研究与业务交流、社会教育工作等提出了专业、系统、操作性强的规范要求。在此基础上调整业务工作方式，实行陈列项目、课题研究负责人制度，有效地推动了博物馆业务工作的开展。针对博物馆业务工作中存在的问题，研究国内外相关博物馆的成功案例，改变运行方式，使人尽其才，才尽其用，每位专业人员都能发挥专长，学有所长，业有所精，成为某一方面的专家和行家里手；变多部门、多主线为一条主线，即以陈列为主线，实行从方案策划、藏品征集、学术研究、陈列布展到展厅服务一条龙的工作模式。目标是：推出一个新陈列、出版一本专著、一册图集和几篇学术论文。对已定陈列和新策划陈列原则上都实行项目制，通过竞争产生项目负责人，自由组合形成项目组，对项目负责到底。中国农业博物馆正在以新的陈列为核心，竭尽全力推进各项工作，为文化事业的发展以及和谐社会的建立尽自己的力量。

(一)藏品征集与管理

中国农业博物馆经过20多年的积累，藏品逐渐丰富，以农业文物、彩陶、传统农具3部分最有代表性。农业文物有反映我国稻作文化起源浙江河姆渡遗址、江苏高邮龙虬庄遗址及河南舞阳贾湖遗址出土的炭化稻，新石器时代的石斧、骨耜等各种生产工具。商周—战国时期的青铜、铁质生产农具。反映汉代农业方面的陶仓、猪圈、劳作俑等六畜冥器及唐宋以后生产工具。传统农具3000余件，包括耕整地、播种、中耕、灌溉、收获、加工等生产过程的各种农具，以及运输、劳保、生活等方面的用具。2005年以来不断加大征集力度，针对藏品总量偏低，品类不全，对基本陈列支撑不足的状况，采取有效措施，征集工作在思路上、征集方法上有了突破性的进展。以多渠道增加馆藏，不断丰富和提高了文物标本的数量和质量，基本形成了具有专业特色的农业文物标本体系。

为了加大藏品管理力度先后制定《中国农业博物馆藏品征集经费管理办法》等业务规范和管理制度，根据专业化和规范化的要求提高藏品保护工作的科学含量和管理水平。使重要的、濒于消失的农业文化遗产最大限度地在国家农业博物馆中得以保护；同时，不断提高藏品的利用率，发挥藏品的社会效益。

（二）科普活动和基地建设

中国农业博物馆十分重视社会教育和基地建设，以优质高效的教育和服务为支撑，不断提高市场适应性和社会效益。2004年以来，紧紧围绕北京市爱国主义教育基地工作的要求，认真贯彻“三贴近”的精神，加强组织领导，增加基础设施建设，稳定基地专业队伍，强化服务管理水平。从实际出发，充分发挥自身资源优势，积极组织开展了丰富多彩的活动，特别是在爱国主义教育和农业科普教育等方面发挥了积极的作用，收到了一定的成效。为了丰富教育基地的教育内容，注重时代特点，抓住与陈列内容相关的热点，引起社会的关注和观众要求的科普宣传，以流动展览的形式加大科普宣传力度。积极配合北京市“中小学生爱科学活动月”、“科技活动周”、“国际科学与和平周”、“国际博物馆日”等活动，到期都要推出具有自身特色的各种活动项目，引导观众走进博物馆，学习农业科学知识。如：每年在“北京市中小学生爱科学活动月”期间，与北京自然博物馆等单位联合承办“中小学生生物知识竞赛活动”。活动期间，除了参观陈列展览外，还推出了中小学生参观博物馆征文比赛、农作物辨识、标本压制、拓片制作、植物无土栽培科学小实验等动手动脑相结合的系列活动，重在培养学生的综合素质，受到了学生和老师的欢迎并踊跃参与。这些活动充分发挥教育基地的作用，使教育基地深入人心。

举办夏令营和冬令营活动，并在活动内容和组织形式方面都进行了大胆创新，每年一个主题，年年都有新的内容与形式，将馆内参观与野外营地活动相结合、参观与动手活动相结合、军训与学习农业知识相结合，把素质教育贯穿于整个活动中，体现出农业博物馆爱国主义教育基地的特色。此外，为了扩大基地的影响，与地方联手进行共建，先后与多所中小学校建立了基地共建关系，定期和不定期开展活动（如：入队宣誓、生物课程等）。积极配合学校教学改革，重点围绕青少年素质教育开展活动，充分发挥爱国主义教育基地的作用。

发挥农业博物馆的优势为博物馆界搭建展示形象和业务交流的平台。于2004年和2006年先后承办了“博物馆及相关产品与技术博览会”，博览会展示了新中国博物馆事业的发展概况及取得的辉煌成就，为当代博物馆学理论建设和实践发展搭建了一个业务交流平台。国内著名博物院、博物馆参展，组织了经典陈列。来自全国各地数十万观众参观了博览会。通过博览会使观众领略了当前博物馆的创新与发展、高科技在博物馆中应用，使大家更加全面、集中和直观地认识博物馆这一重要文化资源在弘扬先进文化、提高全民素质、普及科学知识，以及在科技、教育、文化建设中的重要价值。“博物馆及相关产品与技术博览会”也得到国际博协的高度评价。

（三）学术研究和交流

学术研究是中国农业博物馆收藏、陈列、宣传教育等工作的基础和支撑。其内容包括农业历史、农业国情、农业科学技术等基础性研究和馆藏文物、标本以及规划、收藏、保存、陈列、教育、管理等方面的应用性研究。学术研究突出本馆特点、收藏特点，紧紧围绕博物馆建设的重点和难点进行，围绕基本陈列体系建设，集中力量开展学术“攻关”式研究，与陈列保持同步，并直接运用于陈列展览项目中。在这个基础上拓展学术研究领域，鼓励支持对“三农”问题相关的宏观研究，积极参与或主持国家级与省部级重点课题，努力提升学术水平和地位。

近年来研究工作稳步前进，完成了一定数量和较高质量的课题，取得了一些成果。如成功申报“农历二十四节气”列入国家首批非物质文化遗产名录；由我馆牵头的“满铁资料整理研究”是国家社会科学基金“九五”规划重大项目，经过全国50多个单位300多位专家8年的不懈努力，完成了《中国馆藏满铁资料联合目录》数据库，在数据库基础上编制的《中国藏满铁资料联合目录》大型工具书，已于2006年12月由中国出版集团东方出版中心正式出版；主持编辑的十卷本《农业通史》已完成，即将分卷出版；参与的《中华大典·农业典》编纂工作正式启动。

中国农业博物馆不断加强对外交流工作，先后与许多国家的博物馆及学术机构建立了联系，开展了学术业务交流等工作。中日韩农业史比较研究学术交流延续多年，取得了令人瞩目的研究成果，参与的人员越来越多，影响越来越大。同时农业博物馆与各国各地区专家学者来馆交流不断，2006年中国农业博物馆与韩国国立民俗博物馆文化交流合作协定书正式签字。邀请台湾南华大学教授陈国宁女士来馆举办学术讲座，以《台湾博物馆现状及运行管理》为题，从台湾博物馆近百年的发展和台湾地方文化馆规划两个方面对博物馆运行管理、经营理念、社区文化等内容作了较为深入系统地阐述。与澳大利亚昆士兰大学签订了共同承办国际博协亚太地区培训项目的合作备忘录。

由农业博物馆承办的两届北京国际博物馆馆长论坛，吸引了众多的国内外知名学者，在博物馆界产生了很大的影响，“论坛”还得到国际博协的有力支持。中国农业历史学会、中国文物学会文物修复委员会、中国民俗学会农业民俗研究委员会等挂靠的学术团体学术交流活动频繁，学会工作生机勃勃。 **（肖克之 王琳）**

中国地质博物馆

THE GEOLOGICAL MUSEUM OF CHINA

馆　　长 贾跃明

通讯地址 北京市西城区西四羊肉胡同15号

邮政编码 100034

电　　话 66557402(办公室) 66557858(展区咨询)

传　　真 66557477

网　　址 www.gmc.org.cn

电子信箱 zhanghn@gmc.org.cn

隶属关系 国土资源部

性　　质 公办

建筑性质 现代建筑

建筑面积 11570平方米

展厅面积 4780平方米

占地面积 3076平方米

馆址环境 地处西四繁华地区,交通便利。

历史沿革 1916年7月14日成立,1958年地质博物馆馆址建成,2004年老馆经修缮改造后重新对外开放。

开放时间 9:00—16:30(周一闭馆)

服务设施 展厅全部无障碍参观,停车场面积约为800平米,售票处设专门存取包处,展厅一楼设观众服务部,出售相关纪念品,语音导览设备自助式语音导览设备。

交通状况 公共电汽车22、38、47、68、101、102、103、105、109、124、409、603、604、709、726、806、808、812、814、823、826、846、850路西四站下车。

概 述

中国地质博物馆(以下简称“地质博物馆”)是我国国家级自然科学类地学博物馆。肩负着收藏、研究、展览地学标本,收集、鉴定、保管地质标本、相关文物及地学野外科考、标本发掘,普及国土资源知识和展示国土资源工作重大成果的任务。

现有在编干部职工 100 人。共设处室 14 个,其中职能处室 4 个,业务处室 10 个。管理人员 25 人,专业技术人员 65 人。具有副研究员以上职称的 35 人,硕士以上学位的有 11 人。

地质博物馆现有地质标本和藏品约 21 万件。其中,珍贵标本 4618 件;矿物标本 26132 件;岩石标本 11764 件;矿藏标本 62754 件;底层标本 36776 件;地质现象标本 1028 件;古脊椎化石标本 2294 件;古无脊椎化石标本 32032 件;古植物化石标本 2577 件;其他标本 7320 件。馆藏丰富,有世界上最高大、保存最完好的鸭嘴类恐龙化石(高 8 米,长 15 米)——“巨型山东龙”,闻名于世的原始鸟类系列化石(如中华龙鸟);世界上最大水晶晶体(3.5 吨)——“水晶王”;国内最大的辰砂单晶晶体——“辰砂王”;中国目前发现最早的古人类化石——云南元谋人牙齿化石;北京周口店山顶洞人遗址中发掘的石器、石珠、骨针、骨饰;4 亿年前的脊椎动物化石——曲靖东方鱼等,都是国宝级的珍品(相当于国家一级文物)。此外,还珍藏有毛泽东、刘少奇、朱德等老一辈革命家捐赠的重要标本和文物。

中国科学院院士王鸿祯为中国地质博物馆的名誉馆长。中国科学院院士刘东生、陈梦熊、沈其韩、谢学锦、李德生、李廷栋、陈毓川为中国地质博物馆的科学顾问。科学研究整体实力和实践创新能力强,在古生物、岩石、矿物和宝玉石研究方面取得丰硕成果,出版了《巨型山东龙》、《宝石通论》、《宝石鉴定法》、《中国金伯利岩》等专著和《中国五大连池火山》、《中国矿物》、《矿物珍品》、《中国名泉》等图册,科研人员在 *Nature*、*Science* 等国内外著名刊物上发表学术论文 160 余篇。1995 年以来,馆内一些中青年科学家承担国家自然基金项目、科技部、国土资源部等国家级项目 30 多项,《辽西侏罗—白垩系过渡层生物群及地层年代研究》、《辽宁西部原始鸟类及伴生化石研究》等项目取得重大突破,受到国内外古生物界的高度重视。特别是培养了以新中国成立后唯一一位博物馆界地学学部委员高振西为代表的国内外知名地质学家和古生物学家。

中国地质博物馆目前基本陈列共设 5 个基本陈列展厅和两个临时展厅。

1. 地球厅。以地球内外动力作用为主线,系统展示地球演化过程中的各类地质现象、地质灾害及地貌景观，呼唤人们爱护自然、保护自然。地球厅内设地球剧场，集中展示46亿年来的地球演化历程。

2. 矿物岩石厅。汇集了近千件矿物珍品及典型岩石标本，以宏观产出状态和微观结构结合的方式，展示有丰富多彩的矿物和岩石标本及知识，还有可动手的岩矿知识探索性操作。

3. 史前生物厅。以史前重大事件为线索，介绍生物的发展过程。主要包括最早期的生命生物大爆发、生物登陆、恐龙与鸟类、中生代末生物大绝灭和人类时代等内容。

4. 宝玉石厅。以宝石系列、玉石系列、有机宝石系列和首饰用金属系列为主线，展示各种天然宝石和人工宝石，并融入东西方珠宝文化，重点突出珠宝鉴别及鉴赏方面的知识点。

5. 国土资源厅。分门别类展出我国土地、海洋、矿产资源基本知识，反映我国国土资源工作和地质工作的重大成果，昭示十分珍惜、合理利用和有效保护资源的主题。

中国地质博物馆外景

中国地质博物馆在2004年大楼修缮改造完成后，以崭新的面貌对社会开放。在寒暑假、儿童节、“国际科学与和平周”、“世界地球日”、“世界博物馆日”、“全国土地日”等期间，在馆内外举办形式多样的科普活动；每年举办全国青少年地学夏令营。同时，国际科技交流日益扩大，除每年接待数百名外宾来馆参观、访问和举办学术交流外，还与美国、日本、俄罗斯、英国、德国、比利时等国家及台湾地区的博物馆建立了联系，先后承办了第26届、27届、28届、29届国际地质大会中国代表团的展览。2005年被评为“全国精神文明建设工作先进单位”。同年，“岩石矿物宝石陈列”荣获“第六届全国十大精品陈列”奖。

2005—2007年，基础设施、陈列展览等各项经费累计投入7000余万元，其中国家国土资源部投入6000余万元，博物馆自筹资金投入991.96万元。

中国地质博物馆门前设有宽敞的停车场，广场有大型免费停车辆，入门处有为老年人、残疾人、婴儿备用的专用车，全馆内设有无障碍通道，厅内设有专门商店出售各种具有地学特色的书籍、标本、纪念品和食品饮料。

(张泓 张昊楠)

中国第四纪冰川遗迹陈列馆

THE EXHIBITION HALL OF FOURTH ERA GIACIER OF CHINA

馆　　长 庞献辉

通讯地址 北京市石景山区模式口大街28号

邮政编码 100041

电　　话 88722585

传　　真 88749094

电子信箱 pangxianhui2005@126.com

隶属关系 北京市石景山区文化委员会

性　　质 公办

建筑性质 现代建筑

建筑面积 4200平方米

展厅面积 3700平方米

占地面积 6300平方米

馆址环境 冰川馆地处模式口大街北侧28号院内。东临承恩寺和北京市第九中学,西临田义墓宦官历史陈列馆和法海寺,西南是永定河引水渠,北靠翠微山。

历史沿革 1957年10月28日模式口冰川擦痕被北京市政府公布为第一批文物保护单位。1987年4月"中国第四纪冰川遗迹陈列馆"筹备组正式成立,10月破土动工。1988年12月中国第四纪冰川遗迹陈列馆工程竣工。1989年5月"中国第四纪冰川遗迹陈列馆"正式成立。1990年7月对外试开放。1996年被石景山区政府授名爱国主义教育基地。1999年12月被北京市科学技术普及工作联席会议办公室命名为北京市科普教育基地。2000年10月被北京市政府命名为北京市爱国主义教育基地。2006年1月被列为石景山区十项重点工程之一。2007年元月正式闭馆进行冰川馆改扩建工程。2009年6月13日改扩建工程竣工并正式对外开放。

开放时间 9:00—16:30(周一闭馆)

服务设施 无障碍参观、停车场面积1000平方米、五国语言语音导览设备

交通状况 公共交通乘337、354、370路在石景山站下；地铁乘1号线至苹果园站下车换乘336、746、959、396、992、112、116、977支在首钢小区下车或乘1号线至苹果园站下车换乘311路至模式口站下车。

概　述

中国第四纪冰川遗迹陈列馆隶属石景山文化工作委员会。设馆长、副馆长；下设办公室、社教部、后勤安保部。管辖田义墓（北京宦官历史陈列馆）、承恩寺和冰川馆。

模式口冰川擦痕是我国前水利部高级工程师李捷先生1952年在勘探永定河引水渠时发现的，后经著名地质学家、原地质部部长李四光先生鉴定确认，这个擦痕的发现被苏联科学家纳里乌金称为“亚洲地质史上的光辉一页”，是国内外地质工作者和学者研究考察的必到之处。1957年被确定为北京市重点文物保护加以保护，1987年由原地质部、地质部地质力学研究所、石景山区政府共同投资建立了“中国第四纪冰川遗迹陈列馆”，并且成为研究我国第四纪冰川学和地质力学的科普教育基地，也是专业院校地质系课外教学场馆。中国第四纪冰川遗迹陈列馆的建立使其成为世界上唯一的以第四纪冰川擦痕实物为基础的博物馆，被命名为“北京市科普教育基地”和“北京市爱国主义教育基地”。建馆20年来，为科学知识的传播和弘扬老一辈科学家的爱国热情、敬业精神，发挥了重要作用。

2006年，中国第四纪冰川遗迹陈列馆的改造被列入石景山区政府电子工程，新馆采用现代科学技术，高新科技手段，通过声、光、电等多种方式向观众展示冰川有关知识及第四纪地球环境变迁、生命演化等内容，以增强互动性和吸引力，扩大“冰川遗迹博物第一馆”的影响，进一步发挥“科普教育基地”及“爱国主义教育基地”的职能。

中国第四纪冰川遗迹陈列馆于2007年闭馆进行改扩建，经过两年半的施工，工程于2009年5月完成，6月13日正式开馆对外开放。新馆占地约6300平方米，建筑面积为4200平方米，分为五个展区即冰川知识展览、互动展项、场景复原区、室外地博园、遗迹保护区和一个多功能报告厅。通过展板介绍、标本展示、光电演示、场景再现、模拟互动、地质休闲园林等现代的展陈手段，全面的介绍第四纪冰川的形成演变与人类的关系以及京西地质结构、岩石构造等一系列自然地质知识。新馆集收藏、陈列、研究、普及于一体，开展形式多样的展览展示、学术交流、知识讲座和冬夏令营等活动。

冰川馆在改扩建工程相关手续的同时，利用旧馆舍，在石景山区科协、教委、妇联、团区委等单位的大力支持下，成功举办了《昆虫知识展》。活动自2006年5月18日开始至10月15日，历时5个多月。既普及了昆虫知识，还增强了人们的环保意识，提高了孩子们的动手能力。打破过于传统、呆板的展陈手段，展现出昆虫生活的环境，增加广大青少年吸引力，除了光彩绚丽的色彩，栩栩如生的昆虫，跃然在展板之上，还增

中国第四纪冰川遗迹陈列馆外景

加了昆虫的声音和模型。在展厅内“种”上了一棵形象逼真的大树，树上栖息着各种昆虫；碎石遍布的草丛中，蚂蚱在跳跃；清澈见底的小溪边青蛙在鸣叫。一进展厅就给人以进入自然，进入鸟语花香的境界，增加了真实感。别具一格的展柜内，彩蝶、蟋蟀、螳螂、忙忙碌碌的蚂蚁……就像身处昆虫的世界之中。在另一个展厅内，播放着“昆虫帝国”的DVD。精美的画面，优美的虫鸣，让你感受悠然。在这种氛围下，中小学生在老师的指导下，亲手制作出各种昆虫的标本。冰川馆为了使展览更受中小学生欢迎，使广大青少年增加亲近感，培养十几名品学兼优的小学高年级学生进行讲解，使她们既掌握了昆虫知识，又锻炼了演讲口才，提高了她们了解昆虫，保护昆虫的意识。她们的讲解生动、纯真，获得了众多参观者的好评。暑假前期，冰川馆开始以“小手牵大手”的形式，使家庭走入博物馆，以丰富学生暑期生活。向全区近40所小学和幼儿园发放昆虫展赠票约18000张，暑期参观人数明显上升。7—8月份到馆参观人数相当于常年全年的总人数，门票收入是去年同期的5.5倍，取得较好的社会效益和经济效益。

这次以“昆虫知识展”为主题的科普教育，受到了广大青少年的喜爱。在冰川馆内共接待了1000多人次，进校宣传参观学生5000多人次，接受教育的青少年共约6000多人次。

在冰川馆改扩建两年多的过程中，我们闭馆不停展，继续开展科普活动，发挥其科普教育基地的作用，流动巡展“科普大篷车”进校园。

“科普大篷车”是流动的博物馆，也是冰川馆特色科普宣传，大篷车装上介绍昆虫知识的约50块展板，昆虫标本几百件，还有昆虫标本的制作材料和半成品，开进苹果园第二小、蓝天二中、金顶街二小、蓝天一中，让学生们动手动脑，体会一下做出标本以后的喜悦和成就感。受益学生达两千余人。在科普展览中不忘对学生进行革命传统教育，还附带了“少先队知识展”的二十几块展板。在这套展板中，介绍了中国少年先锋队由儿童团发展、壮大的成长史，中国少年先锋中王二小、刘文学等英雄事迹。介绍了中国少年先锋队歌、队旗和中国少年先锋队标志——红领巾。还介绍了中华人民共和国的国旗、国徽、国歌，并比较系统地解释了国旗、国徽、少先队队旗、共青团团旗、中国共产党党旗的象征和含义。最后是毛泽东、刘少奇、朱德、周恩来、邓小平等老一辈无产阶级革命家和李四光、钱学森、邓稼先等老一辈科学家。学生们由老师组织利用课间休息、中午休息时参观、利用自习时间和相关课时参观。既接受了科普知识，还受到一次革命斗争史教育，革命传统教育，革命英雄主义教育，从而激发广大青少年爱祖国、爱人民，努力学习做一个高素质接班人的热情。

几年来利用中国第四季水川遗迹陈列馆的特色“科普大篷车”进学校、下社区，进行科学知识传播、科普电影放映，将博物馆开到百姓家门口。前后设计制作了两套展板。一套是介绍昆虫知识的。一套是配合奥运宣传介绍石景山区体育运动发展的《奥运在我心》科技奥运展览。共约百十块，投入资金3万余元。利用这些展板，冰川馆先后在每年的5月18日国际博物馆日、世界文化遗产日、全国科普日、北京科技周等法定宣传日到古城公园、八大处公园、石景山图书馆等进行展览宣传。到场参观人数近万人。

（赵冬梅）

中国第四纪冰川遗迹陈列馆展厅一角

中国蜜蜂博物馆

APICULTURAL MUSEUM OF CHINA

馆　　长 彭文君

通讯地址 北京香山卧佛寺西侧中国农业科学院蜜蜂研究所院内

邮政编码 100093

电　　话 82590094

隶属关系 中国农业科学院蜜蜂研究所

性　　质 公办

建筑性质 现代建筑

建筑面积 180平方米

展览面积 150平方米

馆址环境 位于北京香山北京植物园卧佛寺西侧的中国农科院蜜蜂研究所院内。周围山峦起伏,植被茂密,百花盛开,蜂舞鸟啭,尤以春季桃花、秋季红叶吸引无数游人

历史沿革 筹建于1993年7月，当时新中国成立以来农业系统规模最大的一次国际学术会议——第33届国际养蜂大会将在北京召开，为向世界各国与会者展示中国养蜂业的悠久历史和发展成就,在农业部、中国农业科学院和中国养蜂学会的大力支持下,由中国农业科学院蜜蜂研究所负责,在蜜蜂所内筹建了我国第一个蜜蜂博物馆。经过2个多月紧张的馆舍修建和设计布展，在9月21日大会开幕之时,80平方米的展厅如期开展。为充分发挥蜜蜂博物馆的社会效益,1994年10月起向社会试开放。1996年6月向北京市文物局申请注册登记,1997年4月经北京市文物局批准正式成立中国蜜蜂博物馆。同年,由蜜蜂研究所和蜜蜂博物馆自筹经费,将展厅扩大至150平方米,展出内容大大丰富充实,较好地适应了面向社会开展科普宣传的需要。1997年5月本馆由海淀区科协定为海淀青少年科技教育基地,1998年12月由北京市科协定为北京市科普教育基地,2002年被评为“A”级旅游景点,2004年被评上科学技术普及工作优秀组织奖,2006年被定为北京校外教育协会会员单位。

交通状况 331、634、505、360、318等路公交车北京植物园或卧佛寺站下车。

开放时间 除冬季(11月5日至次年3月15日)闭馆外,全年开放；8:00—16:00。

概　述

中国蜜蜂博物馆是由中国农业科学院蜜蜂研究所主办的自然科学类博物馆。建馆宗旨:向广大群众宣传普及蜜蜂科学知识和蜂产品保健知识,并建成青少年生物学科技教学基地。

蜜蜂是一种与人类关系密切、生物学特性有趣的昆虫。中国蜜蜂博物馆常年展出以“蜜蜂是人类的朋友”为主题的科普展览。展厅共分三个展室,展出图片和图表 500 多幅,标本、模型和实物 700 余件,包括以下内容:

1. 蜜蜂的起源与演化:古蜜蜂的化石和照片,演化图。

2. 中国古代养蜂史和蜂产品的利用:古农书和古医书记载,中华蜜蜂传统饲养蜂桶实物和失蜡法铸造模型。

3. 蜜蜂与文化艺术:历代和现代具代表性的有关蜜蜂的文学、绘画、艺术作品和少数民族蜂文化。

4. 蜜蜂的分类和原产地。

5. 中国蜜蜂和蜜源植物资源:分布图、标本、采自西双版纳的大蜜蜂蜂巢,中国六种蜜蜂生态环境和饲养状况的景观模型。

6. 蜜蜂的外部形态和内部构造。

7. 蜂群中三型蜂的形成和发育,蜜蜂的社会性行为和蜂群的生物学特性。

8. 蜜蜂饲养管理技术,各种蜂产品的生产方法和蜜蜂病敌害。

9. 蜜蜂为农作物授粉增产。

10. 蜂产品保健知识:蜂蜜、蜂花粉、蜂王浆、蜂胶、蜂毒、蜂幼虫、蛹等的保健作用、服用方法、保存和质量鉴别,蜂针疗法。

11. 我国养蜂业发展成就:生产、科研、教学、影视、出版物和丰富多样的蜂产品制品。

12. 世界养蜂业发展概况:著名的养蜂历史文物图片,蜂文化,现代养蜂技术,国外蜂产品样品,以及蜜蜂邮票。

13. 国际养蜂科技交流与合作:包括在北京召开的第三十三届国际养蜂大会盛况、国外礼品等。

14. 活蜂观察箱:参观者通过观察,可以看到巢脾内亮晶晶的蜂蜜、发现蜜源的蜜

中国蜜蜂博物馆外景

蜂在巢脾上兴奋地跳着舞、收获归来的蜜蜂正在卸载花粉、个体最大的蜂王正在产卵等有趣情景。

除固定展览外，还可根据观众要求，提供各种与蜜蜂相关的咨询活动，有专家免费提供咨询。中国蜜蜂博物馆设有柜台，销售养蜂书籍。该馆自2006年以来已免费向社会开放。

参观者通过以上内容，可以看到远古的蜜蜂化石以及蜜蜂与人类生活与文化的历史渊源，可以从六七千年前古人攀崖采集野生蜂蜜的岩画、原始的蜂桶到现代的养蜂机具来了解养蜂技术的发展历程，可以看到形态大小不同的蜂种和罕见的野生大蜜蜂蜂巢，了解“蜜蜂王国”种种引人入胜的生物学特性和社会性行为的奥秘，有趣的圆圈舞和摆尾舞蹈，耸人听闻的“杀人蜂”的来龙去脉和蜜蜂如何以其授粉效益而赢得“农业之翼”的美誉，以及各种蜂产品保健功能和保存、鉴别、服用方法的知识。

（彭文君）

北京天文馆

BEIJING PLANETARIUM

馆　　长 朱进

通讯地址 北京市西城区西直门外大街138号

邮政编码 100044

电　　话 51583311

传　　真 51583312

网　　址 www.bjp.org.cn

电子信箱 bjtwg@126.com

隶属关系 北京市科学技术研究院

性　　质 公办

建筑性质 A馆为近代建筑;B馆为现代建筑

建筑面积 26300平方米

展厅面积 8066平方米(含剧场、科普天文台)

占地面积 23600平方米

馆址环境 位于北京西直门外大街西端南侧。东西两侧分别与西外大街交通枢纽和中国古动物馆为邻,北面与北京动物园隔路相望。

历史沿革 1954年,中央文化教育委员会决定在首都北京建立天文馆,同年9月由中国科学院、中华全国科学技术普及协会和北京市政府联合组员成立"天文馆筹建办公室"。1955年10月基建工程破土动工。1957年9月29日建成,并正式对社会开放。2000年9月8日,北京市政府批准北京天文馆"建设新馆,改造老馆"总体改扩建工程项目。2001年12月26日,新馆建设项目上马,新馆于2004年12月12日落成,开始试运行。2006

年7月,完成新馆二期工程——大型天文知识展览“遨游宇宙”布展工作,对外公展;同年11月,老馆休馆暂停开放,进行建筑内外整修和设备更新。2008年7月,老馆改造工程全面竣工,重新对观众开放。至此,作为北京市重点工程的北京天文馆总体改扩建工程项目全部完工。建馆初期,北京天文馆隶属于中华全国科学技术普及协会和中国科学院双重领导,后隶属关系多次变更,1984年起正式归属北京市科学技术研究院管理至今。

开放时间 周三至周五 9:30—15:30; 周六、周日9:00—16:00,周一、周二闭馆维护设备。国家法定节假日延时开放,暑寒假取消闭馆日。

对外开放单位 剧场、展厅;科普天文台(不定期开放)。

服务设施 无障碍参观;停车场(面积1000平方米);《天食坊》快餐店;综合商品销售服务部;咨询服务台;语音导览设备;《天文爱好者》期刊发行部;儿童、残障人员专用车。

交通状况 西外动物园交通枢纽起始公交电汽车有:7,15,19,45,102,103,332,347路;过往公交电汽车(停靠站动物园站)有:27,360,362,601,632,697,808路,运通104,105,106,205路等。地铁4号线(动物园站)。

概 述

1957 年 9 月建立。中国第一所从事大众天文科学普及和青少年天文教育的专门机构。现由老馆(A)、新馆(B)以及古观象台(位于建国门附近)三部分组成,建筑总面积超过 30000 平方米。馆内科普场所包括:蔡司天象厅、数字宇宙剧场、天文综合展厅、4D 科普剧场、3D 动感科普剧场、古代天文仪器陈列、公众天文台、多媒体天文教室等,是目前国际国内开展天文普及与教学设施最先进、综合功能最齐全的天文馆之一。除此之外,馆内还设有无障碍参观、商品销售部、快餐厅、停车场和公用电话亭等多项服务设施。

北京天文馆为国家全额拨款公益性事业单位,现行馆长(法人)负责制和全员岗位聘用制。馆级领导现有馆长 1 人;副馆长 4 人,分管人事、财务、行政、业务、技术等事务。下设开放部、科普部、数字工作室、展览设计部、信息中心、《天文爱好者》编辑部、科普大篷车、古观象台和业务办公室 9 个业务技术科室。现有职工约 190 人,其中具有大专以上学历和初级以上专业技术职称人员分别为 165 人和 103 人, 占职工总数的 86%和 54%,从事开放、导览、科研、技术研发、科普宣传、教学、书刊编辑发行、节目展览设计制作等一线岗位的业务技术人员占有相当大的比例。

开馆至今,北京天文馆始终秉承科学普及要“服务于社会,惠及于全民”的宗旨,坚持以各种宣传形式在馆内、外广泛开展群众性的天文普及和宣传活动。据统计,开馆 50 年来,北京天文馆制作上演了“人造星空”节目 100 多部;举办不同规模的天文展览 80 多个;撰写编辑发行各类天文书刊 200 余种达 1000 余万册;接待中外观众近 2000 万人次。组织进行以天文爱好者和青少年学生为主体的各类馆内外科普活动均达千余场(次)。

2004—2008 年,是北京天文馆建馆以来最好的发展阶段。其间,相继完成了新馆(B)建设和老馆(A)改造工程,更新和新增了 4 座天文和科普剧场,并引进了一批先进的剧场设备和设施;新布展面积超过 4000 平方米;依靠本馆的科研力量自主创新和研发出 3 部具有国际水平的数字天文节目,打破了西方的技术垄断,为本馆剧场节目、影片完全实现国产化铺平了道路。这些深刻的变化, 为天文馆带来了巨大的社会效益。2004 年以来, 每年来馆参观的观众人数上升到近 80 万人次, 超过过去人数的两倍。2005 年更是达到百万人以上,为建馆以来的最高值。与此同时,在组织开展科普活动与天文教学、馆外巡展巡演、科普书刊的编辑与发行、基础研究与技术研发、对馆外中小型天文馆提供业务咨询与技术服务等其他工作方面也取得了新的进展和突破。2007 年 9 月,在北京天文馆迎来建馆 50 周年馆庆之际,为表彰北京天文馆为中国天文普及教育事业作出的卓越贡献，国际天文学联合会将一颗永久编号为59000的小行星命名为“北馆星”。

新馆建设与老馆改造

新馆（B）建设 新馆始建于2001年12月26日，2004年12月12日建成并开始试运行。建设工程历时三年。该馆总建筑面积近22000平方米。地下两层，地上五层。总高度30米。建筑北立面全部用玻璃幕墙装饰。新馆的地下一层和地上一层、二层分别是重点公共开放区域，内部设有SGI数字宇宙剧场，3D动感剧场，4D科普剧场，天文知识展区，室内天文广场，以及快餐厅、商品销售部等。另外，在新馆的五层还设有2个多媒体天文教室。楼顶分布有科普天文台和太阳真空望远镜天文台各一座。SGI数字宇宙剧场是新馆的核心剧场，坐落在新馆的二层，剧场内径18米，半椭球体铝制天幕结构，有200个座位，剧场设备采用当时世界第一台超强功能的图形处理计算机和6台数字激光投影器，来满足剧场放映全天域彩色数字天文节目的需要。3D动感剧场坐落在新馆的地下一层，分预映室和主剧场两部分。主剧场设备由巨型平面银幕、2部70毫米胶片电影放映机和6台、每台8座位的仿真太空船组成，根据影片剧情内容的需要，太空船可上下、左右、前后运动，为观众提供一个立体、动感十足、强烈刺激的放映场景。4D科普剧场位处SGI数字宇宙剧场东侧。该剧场采用国内深圳华强公司的影视设备，由180° 环形银幕、200个震动座椅、3组6部35毫米胶片放映机和多个辅助特效放映设备组成，通过放映立体影片，施以坐椅震动、坠落和特效放映系统模拟的风、雨、闪电雷鸣等自然现象的综合效果，带给观众出其不意的感受。此外，新馆还留有4000多平方米的展区。2006年7月，一部主题为“遨游宇宙”、布展面积超过3000平方米的综合天文展览常设展开始向观众展出。另外，新馆展区还曾展出《陨石珍品展》、《嫦娥工程探月展》等临展。

老馆（A）改造 2006年11月，运行了整整50年的北京天文馆老馆暂停向社会开放，为全面进行改造做前期的准备工作。2007年3月，改造工程正式动工。2008年7月11日，北京奥运会开幕前夕竣工并重新开馆。工程历时近一年半。由于老馆作为近代建筑文物这一特殊历史地位，综合社会各界人士的建议和意见，老馆改造采取“修旧复旧”的办法，即保持原有的建筑外形风格，重点改造天象厅和东、西展厅，恢复门厅藻井装饰顶画等。经过改造的天象厅容量由原来的600座减少至400座，坐椅的舒适度和观看演出的视觉效果得到了明显的改善。该厅放映设备采用德国蔡司公司生产的宇宙-9型光纤传导新技术光学天象仪和美国Sky-Skan公司的超高分辨率的数字投影系统的天象表演设备，代表了当今世界天文馆界的最高水平。整修后的西展厅现展出《玩转星空》教学展览。东展厅为临展厅，曾展出《奥运星空》、《伽利略望远镜》等展览。老馆重新启用后除日常开放外，还将作为开展中小学生课外天文教育的活动场所。

天文馆信息化建设 2005 年 1 月，北京天文馆信息系统工程项目建设与新馆同期完成。信息系统包括电子售票系统、天文馆网站和办公自动化系统。信息系统上线运行以来,电子售票系统的应用提高了票务工作的效率,缩短了观众的购票时间,而且便于了解和统计各剧场的观众数量。办公系统提供了资产管理、药品管理、计划生育管理和内网信息发布，对于加强我馆信息管理，提高办公自动化起到了一定的作用。

北京天文馆信息系统中另一个重要的部分是天文馆网站建设。创建于 1999 年的该网站,近 10 年来内容已达 2.26G。2005 年,对网站改版和扩容后,进一步加大了信息量。每年发布每月天象、剧场场次表、活动、讲座、太空时讯等新闻数百篇。部分新闻被晚报、新浪、搜狐等报纸和网站转载。其中,《每日一图》简体中文镜像网站受到爱好者的欢迎。访问量呈逐年增加趋势。到目前总访问量接近 600 万人,成为国内最受欢迎的官方天文科普网站之一。

馆内开放与馆外宣传

长期以来,北京天文馆坚持采取“馆内开放”和“馆外宣传”并举,即“请进来”和“走出去”两条腿走路的方针,把面向更广大基层群众和青少年开展天文知识的普及和宣传作为工作的重点。

馆内开放 主要围绕 A、B 两馆的剧场、展厅等科普场所,力争推出更多观众喜闻乐见的节目和展览,灵活采取开放措施,吸引更多的观众到场参观。

2004 年 12 月—2008 年 7 月,随着新馆(B)建设和老馆(A)改造工程相继完成并投入使用,场馆在开放的空间与环境、硬件设施、科普功能等综合水平得到了极大的改善。一流的场馆环境和硬件设施,需要有高标准的天文节目和展览作为支撑。为实现这一目的,北京天文馆在此期间投入了大量的资金,集中了馆内高技术专业人才,先后引进和自主研发出多部天文节目、科教影片和天文展览,其中包括:(1)天文节目(9 部):B 馆数字宇宙剧场引进剧目《寻找生命》、《银河铁道之夜》、《新世纪宇航的曙光》和《大鸟历险记》;自制节目《神奇的宇宙》和《迷离的星际》。A 馆自 2008 年 7 月开放以来，光学天象厅引进剧目《宇宙探秘》、《无限快车》;自制节目《宇宙少年侦探团》等。(2)科教影片(6 部):3D 动感剧场引进《逃离恐龙岛》、《大爆发》、《深海》。4D 科普剧场引进剧目《生命颂》、《太空英雄》;国内联合制作影片《穿越寒武纪》。(3)天文展览(7 个):B 馆固定展览《遨游宇宙》综合天文知识展;临时展览《陨石珍品展》、《嫦娥探月飞船展》。A 馆固定展览《玩转星空》综合展;临展《奥运星空》、《改变世界的工具——伽利略望远镜 400 年》、《从地球到宇宙》等。天文节目、展览的数量达到了历史的高度,为观众提供了丰富多彩的参观内容。每年观众流量也由过去的 30 万上升到 80 万人次,增长了 3 倍以上。2005 年一年更是达到建馆以来观众量的最高值 100 万人次。

馆外宣传 主要依托本馆的天文科普大篷车,深入科普设施资源和条件相对匮乏的边远地区城镇社区和学校进行科普巡演、巡展和巡讲活动。

天文科普大篷车 2004年8月赴黑龙江省大庆市，2005年5月赴澳门，2007年3—5月赴陕西省延安市、宁夏的银川、石嘴山、会宁、固原等地市的革命老区，开展主题为“天文科普进校园、进矿区”、“大手拉小手，天文科普老区行”、“热爱科学”等巡演、巡展和巡讲活动，受到当地学生和群众的热烈欢迎，参众人数也由原来的10万人次上升到20万人次。

天文普及与教学专项活动

星空大会 2005年8月6—9日，在河北省张北县坝上安固里草原举行首届“星空大会”。来自全国220名和部分日本、中国台湾的天文爱好者参加了本次活动，其中绝大部分是《天文爱好者》的热心读者。活动内容分两部分：前半部分于6—7日在北京天文馆进行，主要活动内容有开幕式、科普讲座、参观新馆、读者座谈会（听取杂志改进意见）。后半段于8—9日赴坝上草原，组织指导认星和天文摄影，邀请“嫦娥探月工程”著名专家作报告，观看英仙座流星雨，经验交流，观赏草原美景，篝火联谊晚会（闭幕式）等活动。《星空大会》每年举办一届，现已连续举办了4届。举办地点分别是北京平谷、南京和甘肃省酒泉市。

系列公众科学讲座 2006年4月在举办首场讲座以来，已持续进行了40多场。作为向观众免费开放的常设项目，该讲座定于在每月第三周的周六下午进行，邀请国内外知名学者主讲，主讲内容大多是公众所关注的天文热点，深受听众的欢迎。每期讲座均有百名听众到场，最多时达到四五百人，不得不临时改变会场。听众大部分是学生和学生家长。

天文爱好者俱乐部 2006年成立。以社会各界资深业余天文爱好者为服务对象。成员约50人，大多来自于科技界、医学界、教育界、新闻界以及企事业单位的在职人员。该俱乐部经常利用业余时间组织进行各种野外天文观测、业务交流等活动，以及组织参加国内外的重大天文科普宣传活动。2006年3月和2008年8月，先后两次组织该俱乐部的大部分成员到境外的埃及和我国的甘肃进行日全食的天文观测活动。在国内多次参加“天文爱好者——星空大会”、“金星凌日”观测、“《祝福嫦娥，金秋揽月》——路边天文夜”等重大活动。

中学生天文奥林匹克竞赛 一项中学生的国际天文赛事。由亚欧天文学会、欧洲天文教育联合会等学术团体发起和组织，旨在中小学中推动天文教育。北京天文馆作为该项赛事组织者指定的“国家天文代表单位”于2003年起，正式组队参加国际赛事活动，迄今已连续参加了六届，历届均取得了优异的成绩。2005年10月，中国作为主办国，在北京成功地举办了第十届国际中学生天文奥林匹克竞赛。来自中、俄、印度、韩国、意大利、巴西等19支亚欧美国家和地区代表队的选手、领队、观察员和国际组委会官员近130多人出席，是历届参赛选手最多、规模最大的一次。我国中学生共获得3金2银3铜的好成绩。2007年11月下旬，又在我国厦门成功举办了第三届亚太地区天文奥赛活动。参加国际赛事前,每年的2—3月份和4—5月份都将分别举行全国范围的预赛、总决赛和选拔赛。

天文选修课　持续了近10年的天文选修课继续在北京理工大学和北京航空航天大学进行。选修课每校有300名学生报名，是该校所有选修课中人数最多的。每学期共34个课时,其中32个课时讲授理论知识内容,2个课时到天文馆进行实践课内容。为保证教学质量,天文馆精心策划教案和挑选有教学经验、副研究员以上职称的专业人员担任主讲老师。由于对讲课内容和形式要求，之前征询了同学的建议和意见，紧贴他们的需要和兴趣点，所以颇受同学的欢迎。

天文特长班　2005年起与平谷黄松峪中学联合建立馆外天文观测教学基地，在该校设立两个天文特长班,学生自愿报名,开始系统的天文教学活动。本馆派专职专业人员为特长班制定教学方案,定期为学员上课和教学实践活动辅导。该项活动带动了学校课外科技活动的蓬勃发展,迄今已累计报名参加特长班的该校学员有200多名,并有多名学生在参加的国际国内举办的天文知识竞赛中获大奖。

科学研究与技术研发

陨石实验室　2003年建立。主要工作是收集、研究和科普展示。现馆藏陨石数量共100枚。其中一枚重量为600千克的“南丹铁陨石”陈列于A馆后侧。珍稀陨石有两枚:一枚为火星陨石;另一枚为月球陨石。研究内容主要包括:陨石的岩石学及矿物学、微量元素及同位素研究,太阳系早期灭绝核素,冲击脉中高压矿物的相变,月球陨石、火星陨石的岩石学矿物学及微量元素地球化学研究,地外撞击事件产物及灾变效应的研究,陨石母体——彗星、小行星及流星体的动力学研究等。近期发表的主要科研成果有:《100块格罗夫山南极陨石分类研究结果综述》、《极地研究 2008,NO. 2》、《南海ODP1144孔微玻璃陨石及其坑源指示意义》、《自然科学与博物馆研究 2008,NO.4》。

火流星监测网　2007年,火流星监测项目正式启动。主要利用多站的火流星监测网的视频设备,精确记录产生流星的流星体的几何位置、动力学和测光数据,为研究近地小天体的物理性质、时间和空间分布提供了极好的途径，并对可能产生陨石的位置给出比较精确的预报,还可以研究和预防近地小天体对地球的威胁。同时,由于火流星监测网是晴夜时对全天进行不间断的连续监测,因此也能拍到天空中发生的亮于系统极限星等的任意事件。通过它,可以监测人造卫星以及太空碎片的运动,能够为我国发射航天器提供预警;如果天空中发生其他罕见天象比如新星爆发、γ射线爆等，都有可能从这个监测网中获得必要的科学数据。获取的资料无疑会给天文馆的展览内容提供素材,又可以对青少年进行流星方面的科普,让他们参与科学研究。各监测站还同时配备小型展览向当地公众进行相关知识的普及。可以说，建立火流星监测网具有跨学科、跨领域的重要意义，对进一步完善北京天文馆的科研和科普职能具有重要意义。

天文学史研究 北京古观象台作为明、清两代皇家天文台遗址，现存有大量的文物和史料文献，一直是天文史学研究的主要基地。2004年，国家先后启动重大文化项目新修《清史》和科技史名词审定项目，本馆科研人员主要承担《清史·天文历法志》和《古代天文学名词》部分的编写任务。2008年10月，北京天文馆与中国科学院自然科学史研究所、国家天文台联合成立“中国古天文联合研究中心”。中心设在古观象台，并开始着手“中国星官文化”、“陶寺古天文遗址”等课题的研究工作。其间，本馆科研人员在独自进行的“江苏将军崖天文岩画”、“山西陶寺天文观测遗址”、“恒星分野”、“古代日珥辨识”等课题的研究与发掘工作中，取得多项研究成果。其中王玉民博士撰写的《历史典籍中日珥记载考证》和《以尺量天——中国古代目视尺度天象记录的量化与计算》等论文分别在《自然科学史研究》核心期刊上发表，其中后者曾于2004年10月获首届中科院优秀博士论文奖。

数字天象节目的研发 2004年，成立数字工作室。组织馆内专业技术优势力量，开始研发国产数字天象节目和科教影片。2006年1月，经全室专业技术人员一步步摸索，闯过一个个技术难关，终于研发出国内第一部三维彩色全天域数字天象节目《神奇的宇宙》，并成功在馆内数字宇宙剧场上演。之后，又相继研发出了具有完全自主知识产权的大型彩色全天域数字天象节目《迷离的星际》和《宇宙少年侦探团》，并与中科院计算所联合制作出4D动感科普影片《穿越寒武纪》。这一成果的取得，填补了国内这一领域的空白。为实现本馆数字宇宙剧场、及其他科普剧场的节目和影片完全国产化，打破西方的技术垄断，扭转由于引进国外片源须付出高昂的租费代价，以及满足国内市场的需求都具有深远的现实意义。

天文教学设备的技术开发 天文馆天极公司技术人员在2006年研制出国内第一台“多通道数字天象仪”。这台设备由天象演示系统、中央控制系统和天象节目组成，在天象厅里播放节目或利用软件进行教学，质量与国际先进水平相当，价格只是国外同类产品的1/5左右。随后又相继研发出“鱼眼镜头式数字天象仪”和“穹顶式数字天象仪”。该产品已由本市及上海、天津、南京、黑龙江等省市的多家少年宫、青少年科技馆、学校选用。另外，该公司还研发了数字式太阳系演示仪、全天星座演示系统、星空学习测试系统、天文望远镜光路图、中国星座文化演示系统、天文知识学习系统软件、生日星空仪软件、电动天球仪、行星秤、银河系、月相仪等十几种天文教室所需的天文教具。

外事活动

随着新馆落成、老馆重新修缮开馆，北京天文馆的整体水平迈入了国际一流天文馆的行列，国际上地位显著提高，在国际天文馆界的舞台上也越来越多地看到北京天文馆人的身影。

2004—2008年，北京天文馆共派出60个团组分赴五大洲近40个国家、地区进行交流、培训、会议、比赛等外事活动。并且积极地参与国际会议的申办组织工作。

2005年,北京天文馆承办了国际天文馆学会理事会议及第十届国际天文奥林匹克竞赛。

2006年8月13—24日，朱进馆长出席在捷克首都布拉格举行的第26届国际天文学联合会(IAU)大会。大会主要议题是通过了“行星新定义和将冥王星降为矮行”决议。并将这一消息通过央视直播节目迅速传递给国内天文爱好者。

2007年,承办第三届亚太天文奥赛,这是此项赛事第一次在我国举办。

2007年,北京天文馆一行三人,由朱进馆长带队赴巴西里约参加国际天文馆学会理事会议，竞选2010年国际天文馆协会(IPS)大会的主办权。在会议上,我们向来自世界各地的业内同行介绍北京天文馆新貌,赢得了一片赞誉。虽然这次申办未能成功,但是我们让世界了解了我们,同时也积累了宝贵的经验。

2008年6月,数字工作室主任宋宇莹、剧目主创人员刘茜赴美国芝加哥出席2008年度国际天文馆协会(IPS)大会。会上向出席大会的各国同行介绍了由本室新创作的全球首部8K×8K高清大型全天域数字天文节目《宇宙少年侦探团》,并播放了该节目的内容片段,还向与会者发放本室创作的第一部具有完全自主知识产权的天文数字节目《迷离的星际》DVD光碟。

2008年9月26日，北京天文馆和美国阿德勒天文馆、芝麻工作室共同制作的针对幼儿的天文节目《大鸟探险记》在北京天文馆新馆举办全球首映式,中外媒体对此进行了大量的报道。

《天文爱好者》杂志

自创刊以来,深获国内科学界、天文界以及广大读者的支持和好评,累计发行1000余万册,在天文科普方面有着极高的声誉和举足轻重的地位。

发行网络覆盖全国34个省市自治区,国内订阅读者约5万人，包括中国港、澳、台在内,全球四十几个国家和地区均有忠实订户。《天文爱好者》杂志已在2005年改为全彩色月刊。在保持原先优良传统和深厚天文底蕴的基础上，大胆创新、与时俱进,以全新的、更符合时代特征的面貌出现在大家面前。杂志目前采用国际流行的大16开版本,100页,铜版彩印,使读者更深切的领略宇宙的神秘之美。另外,每年还定期编辑发行《天文普及年历》副刊,两本增刊。

学会工作

开馆至今，先后有北京天文学会、中国天文学会普及工作委员会、北京市青少年天文爱好者协会、北京校外教育协会和中国自然科学博物馆协会天文馆专业委员会等五家学术团体挂靠在北京天文馆,通过合作,联合组织进行学术、科普及教学活动。

北京天文学会于1958年成立之日起,常设办事机构——学会秘书处就挂靠在北京天文馆。本届秘书长之职现由景海荣副馆长担任。2004—2008年学会与天文馆以及国家天文台、北京师范大学等联合组织的主要学术研讨、师资培训以及科普活动包括:2005年,举办了“国际远程宇宙观测研讨会”;2006年,“中法宇宙学会议”;2007年,举办了“GHOU教师培训国际研讨会”;2008年8月,在甘肃省酒泉召开“2008日全食国际研讨会:太阳磁场、日冕与空间天气——暨中国空间太阳望远镜科学目标研讨会”等。2005—2008年,学会与天文馆和中国台湾向阳公益基金会合作,连续举办四届“北京与台湾青少年天文夏令营”活动。两地各互派30名师生,采取互访的形式,进行天文科普及文化交流活动。2008年2—8月分别为延庆、密云的中小学天文辅导员举办天文师资培训。

中国天文学会普及工作委员会由历届馆长兼任,每年召开一次全国性的科普工作会议,制定全年的科普工作计划,并负责实施。现任主任为朱进馆长。2004—2008年重点科普工作包括:2004年6月29日,为庆祝《科普法》颁布两周年,7月4—5日参与组织在中国科技馆举办主题“科学普及——你我共参与”科普活动日活动。2004年5月和2006年3月,先后组织国内爱好者赴澳大利亚和埃及观测“尼特彗星”和“日全食”,并与当地同行进行业务交流活动。2007年5月12—13日,在北京天文馆召开了由北京师范大学、北京航空航天大学、同济大学等全国20多所大学的50多名教师参加的“高校天文学社的发展及合作”工作会议。会议就新的社会形势下,高校的天文社团如何发展,如何开展有效合作途径展开热烈的研讨。2007年10月17—30日,为庆祝我国“嫦娥探月工程”的成功发射,与搜狐网首度合作,举办主题为《“祝福嫦娥,金秋揽月”——路边天文夜》全国性的观测活动。其间全国有10万多学生和民众通过各地近80家天文组织或机构提供的望远镜进行赏月观测活动。2004—2008年,每年继续组织全国中学生天文奥林匹克竞赛的预赛、总决赛和国际中学生天文奥赛决赛、亚太区域奥赛决赛活动。我国选手在历届参加的国际赛上均取得优异成绩,在所有参赛的国家和地区中,总成绩和个人成绩均名列前茅。

北京校外教育协会于2006年正式成立。作为该学会的会员和理事单位,2007年和2008年连续两年利用暑期配合协会组织开展“阳光少年行动——少年宇宙探秘”活动。2008年暑期有10万名学生和家长参观了刚刚改造落成的老馆天象厅的宇宙大片《宇宙探秘》。2007年9月,中国自然科学博物馆协会天文馆专业委员会成立。两年来,先后在天文馆举办了两届工作会议。50多个会员单位的60多名代表出席。通过会议为大家提供一个相互沟通、学习、交流,促进各地天文馆共同发展,开创天文科普新的未来的机会和合作平台。

(李恩杰　林潇)

北京王府井古人类文化遗址博物馆

THE WANGFUJING PALEOLITHIC MUSEUM

馆　　长 王芯

通讯地址 北京东城区东长安街1号东方广场W1P3

邮政编码 100738

电　　话 85186306

传　　真 85186307

网　　址 东城区文化网

电子信箱 wangfujingmuseum@126.com

隶属关系 东城区文化委员会

性　　质 公办

建筑性质 现代建筑

建筑面积 400平方米

展厅面积 300平方米

占地面积 400平方米

馆址环境 王府井东方新天地第一街进入，地铁王府井站东方广场出口方向通道内。

历史沿革 1996年发现古人类遗址并加以保护，2001年12月28日博物馆落成并对外开放。

开放时间 10:00—16:30

服务设施 商品部

交通状况 乘坐地铁王府井站A出口处；10、37、52、57、337、103、104、867、813、814路公交车王府井站下车。

概 述

王府井古人类文化遗址发现于 1996 年 12 月 14 日，该遗址距今 2.4 万 ~2.5 万年。王府井古人类文化遗址是世界范围内首次在一个国家的首都中心地区发现的最早的古人类遗迹，也是北京城区最古老的人类文化遗址。该遗址对研究北京城区史前史和古环境变迁有重要意义，是值得珍视的文化遗产。

一、因人而异的服务

博物馆开馆至今，一直以针对观众群体自身的差异，设计因人而异的服务方式为主导思想。力求不同年龄段、不同知识构成的观众群体都能在参观中有所收益。

讲解是博物馆日常工作中的重要部分。“自助式”的讲解方法，使讲解更加人性化。古人类博物馆根据不同年龄段的人群，将讲解词分为成人版、高中版和小学版三种不同版本。使讲解内容更具有针对性。再配以统一的着装，热情的服务和个性化的交流，集合成有特色的讲解服务。

二、为学生举办“蓝天工程”

古人类博物馆作为爱国主义教育基地，充分发扬了教育基地的优秀传统，让每位参观者享受到宾至如归的服务。特别是在 2006 年 6 月，古人类博物馆参加了“蓝天工程”计划，给予学生们更多的关注。根据“蓝天工程”计划，博物馆调整了票价，对学生集体参观免票，并且主动联系周边学校，如北京四中、东城区西总部小学、北京什锦花园小学、东交民巷小学、校尉社区学生等众多中小学生来馆进行参观，实习采访，志愿者等活动。此外，博物馆结合不同年龄段的学生，配备专门的讲解词，并增设了答题卡、纪念品等互动式的项目，受到了老师、家长及学生的一致好评。

三、内容丰富的特色展览

博物馆传承文化，要更充分发挥博物馆的宣传功能，若仅凭固定无变化的展陈，不能充分满足参观者日益增长的精神文化与知识的需求。所以，为扩充展陈，增加展览吸引力，举办了多个有特色的专题展览。2004—2008 年以来，博物馆举办特色展览十多个，如《荣景生立体纸工艺展》、《范达和他的鱼骨雕刻艺术展》、《中国古代鼻烟壶艺术展》、《荣秀霞和她的北京博物馆之行展》、《盛唐轩传统玩具展》、《探秘王府井古人类的生活》、《魔术展》、《黑石篆刻展》、《地图展》、《新华字典展》、《雷锋展》、《鼻烟壶展》、《两栖爬行动物邮票展》等。这些展览吸引了众多的游客及学生参观。其中最典型的是《探秘王府井古人类的生活》展。这次展览面对多个中小学学生团体，效果非常好，充分体现了博物馆作为教育机构的职能。

这些专题展览多数是与个人收藏者合作举办。每个展览都各具特色，展览内容充实，图片与实物相结合，最大限度地丰富了博物馆的展陈，同时也给个人收藏者一个展示藏品的平台。

四、面对广大人群的科普长廊

王府井科普文化长廊是遵照“政府主导、市场运作”的新模式，于2006年建成并启动使用的。旨在利用城市公共交通空间宣传和普及人文科学知识；弘扬精神文明；倡导新的生活方式。长廊丰富多彩的展示内容，吸引着每天过往的行人驻足欣赏，认真阅读，甚至拍照留念，收到了很好的社会效益，成为王府井地区新的亮点。

由于长廊号称“京城第一通道”的独特位置和日均15万人的流量，使文化长廊成为最好的向公众宣传科学文化的地方。博物馆利用长廊独特的地理位置，举办了各种大型图片展览。如北京科技周选中此地举办首届大型图片展《科技创造新生活》。展览主要分三大部分：科技之光照亮了人类发展历史的天空；科技发展正在影响和改变人的生活；昔日皇家宝地今日数字东城。展览以生动的图片形式展示了科学技术与人类生活的息息相关；阐述了“科学技术是第一生产力”的朴素真理；激发起人们热爱科学、尊重科学、学习科学、掌握科学的极大兴趣和愿望。

此外，在科普文化长廊还举办了《我们心中的科学家》科学家肖像摄影大赛。纪念我国首次世界文化遗产日的《世界物质文化遗产巡礼》。介绍东城区文化保护工作的《魅力皇城》、《埃及旅游》等大型图片展。

五、宣传

为了使王府井古人类博物馆能够让更多的人知道，能够更好的发挥博物馆的作用，博物馆在2004—2008年期间做了大量的宣传工作。如王府井古人类博物馆在北京自然博物馆，以易拉宝、发放简介和口头宣传等宣传形式参加了北京地区博物馆的宣传活动。该馆配合文物局做“国际博物馆日”的全市博物馆共同进行的主题宣传，在该馆馆内做首个中国世界文化遗产日宣传活动，向参观游客介绍，发放宣传品等。参加东城教委的“共同成长——贯彻义务教育法主题游园活动”等。

展厅局部

北京古观象台
BEIJING ANCIENT OBSERVATORY

台　　长 朱 进

通讯地址 北京市东城区东裱褙胡同2号

邮政编码 100005

电　　话 65242202(办公室) 65268705(宣教部)

传　　真 65236657

网　　址 www.bjp.org.cn/ggxt/index.htm

电子信箱 ggxt@bjp.org.cn

隶属关系 北京天文馆

性　　质 公办

建筑性质 古代建筑(全国重点文物保护单位)

建筑面积 2700平方米

展览面积 1900平方米

占地面积 1.2万平方米

馆址环境 地处建国门立交桥西南侧，北临长安街，东侧为二环路，南侧是北京站东街，西临海关大楼。

历史沿革 北京古观象台是世界上古老的天文台之一，作为明代皇家天文台，当时称作“观星台”，清代完全接收了明观星台的建筑和仪器，改称“观象台”，至今在台体南侧的门洞上方还留有石刻“观象台”三个大字，辛亥革命推翻满清王朝后，改称为中央观象台，成为民国初年的国家天文台，1929年停止观测，更名为国立天文陈列馆，从此中国第一座天文博物馆诞生。古观象台持续用于天文观测近500年，是世界上在同一地点观测时间最长的天文台。明代遗存的天文仪器在抗战时期运往南京紫金山天文台，而清代制造的赤道经纬仪、黄道经纬仪、纪限仪、象限仪、天体仪、地平经仪、地平经纬仪和玑衡抚辰仪一直完好地保存在古观象台上。1955年古观象台划归北京天文馆管理使用，1956年5月1日正式对外开放。1979年古观象台的东北角曾在暴雨中坍塌，国家拨款100余万元对台体和西侧院落进行了彻底整修，尽量恢复原貌，使台上台下浑然一体，古色古香，庄重而又幽雅。1982年古观象台被定为国家重点文物保护单位，1983年4月1日重新开放。

开放时间 9:00—16:30(周一休息)。周五为中小学生团体(30人以上)免票参观日(需事先联系)。

服务设施 纪念品服务部及约200平方米停车场 全程免费讲解。

交通状况 地铁建国门站下车，出西南口(C口)即到。凡乘坐途经北京站东或北京站口东的公交车均可到达。

概 述

北京古观象台是我国明清两代的皇家天文台,也曾是民国初年的国家天文台。它始建于1442年(明正统七年),距今已有567年的历史,是世界上古老的天文台之一。明代称作观星台,清代称观象台。北京古观象台不仅历史悠久,而且建筑、院落完整,仪器保存齐全,在国内外享有巨大声誉。观象台台高17米,台上陈列着国之重宝——八架清代皇家天文仪器,这些仪器气势雄伟、铸造精湛,虽历经战火和种种磨难仍保存完好,尚可运转。

台体西侧是以紫微殿、东西厢房和晷景堂为主的附属建筑群,建于1442—1446年。紫微殿内正中悬挂着匾额"观象授时",经考据是乾隆皇帝的手书,两侧有一副对联"敬协天行所无逸;顺敷星好敕时几"。紫微殿和东西厢房内陈列着《中国星空》、《仪象神韵》和《西学东渐》展览。

院落里放置着元代著名天文学家郭守敬制造的正方案(复制品)、简仪(原大三分之一);明代浑仪(原大复制品)、明代圭表(复制品)、石质赤道式日晷、地平式日晷、天文画像石以及2008年新制作的星晷、月晷、玲珑仪和天文学家铜像等。台体南侧的绿化带草坪上,还陈列着1995年采用树脂材料复制的原大明代浑仪和简仪。

1982年,古观象台被国务院列为全国重点文物保护单位,1983年4月1日正式对外开放,1993年被北京市政府命名为"北京市青少年教育基地",2008年被北京市科学技术委员会、北京市科学技术协会命名为"北京市科普教育基地"。

北京古观象台属事业单位,国家全额拨款,设台长1名(北京天文馆馆长兼),常务副台长1名,副台长2名,下设办公室和宣教部,正式职工20名,临时工1名。正式职工中从事业务工作的11名,其中陈展及研究人员4人,专职讲解员2名,兼职讲解员5名。基本陈列包括:《中国星空》、《西学东渐》、《仪象神韵》和《中国古代天文仪器及实物展》展览。

一、学术研究

1. 新编《清史·天文历法志》的编纂工作

2004年5月,以北京古观象台天文学史研究人员为主要力量的新编《清史·天文历法志》的编纂工作正式启动。此课题为国家重点课题,是国家的一项重大学术工作,由中科院席泽宗院士牵头,由李东生副台长负责的子课题"清代天文学研究论文选集(附文献索引)" 经过两年的工作于2006年4月份正式结题。由王玉民负责的子课题《清代天文历法史料长编》于2007年4月份结题。在子课题《长编》进行的同时,王玉民还承担着撰写《清史·天文历法志》部分正文的撰写工作,至2008年年底已完成《第一

章 管理机构与沿革》、《第二章 天文仪器的制造》、《第九章 天象记录》的初稿。其余内容的撰写仍正在进行中。

2. 成立“中国古天文联合研究中心”

2008 年 10 月 24 日，北京天文馆与国家天文台、中国科学院自然科学史研究所联合成立“中国古天文联合研究中心”。在三个单位挂牌，北京古观象台为挂牌办公地点之一。北京古观象台王玉民任副主任。中心设学术委员会，定位为学术研究咨询机构。

3. 学术论文及科普作品

2004—2008 年，北京古观象台共完成学术及科普专著 10 部；论文 19 篇（发表在核心刊物上 5 篇）；撰写科普文章近百篇。其中王玉民博士的学术论文《以尺量天——中国古代目视尺度天象记录的量化与归算》获中科院优秀博士论文奖。

4. 学术活动

2004 年 5 月，李东生和李小平赴云南参加《世界遗产论坛》，李东生在大

北京古观象台全景

会上宣读了题为“古观象台的保护与科学意义”论文，进一步扩大了古观象台的影响和知名度。

2004 年 8 月 14 日，天文学史研究人员参加了在成都举行的《第七届少数民族科技史国际学术研讨会》，在会上宣读三篇学术论文：清代玑衡抚辰仪初探（李东生），布达拉宫木刻藏文天文图（姚传森），初探西藏时轮历的独特性（肖军）。受到与会学者的好评。

2005 年 7 月 24—30 日，第 22 届国际科学史大会在北京召开。李东生、肖军、王玉民、马骁昆、陆迪生参加了大会。王玉民在会上作了题为《中国古代二十八宿分野地理位置分析》的报告。古观象台被确定为大会天文学史专业的分会场，28 日举办了天文学史组委会会议、天文学史内外宾参观，提高了北京天文馆和古观象台在世界学术界的影响。

2005 年 10 月 22—24 日，李东生、王玉民参加社科院考古所举办的“陶寺城址大型特殊建筑功能及科学意义论证会”，在会上提出“该特殊建筑为天文观象台遗址”的论断。

2006 年古观象台作为协办单位之一，为 4 月 26—27 日在商丘举办的《首届火文化研讨会》作了一些会议的协助、联络工作。李东生、肖军、马骁昆参加了会议，并

由肖军代表古台在会上作了题为《“大火”考释》的学术报告。

2006年5月10—13日朱进、李东生、肖军参加由中国自然科学博物馆学会在大连举办的“自然史博物馆在建设和谐社会中的机遇与挑战”高级学术研讨会。

2006年9月21—25日，李东生、肖军、姚传森、王玉民了参加第八届中国少数民族科技史国际会议，提交了三篇论文：《将军崖岩画古天象图新探》、《清代仪象探源》、《元朝的天文机构》。

2008年4月19—20日，王玉民在香山饭店参加“科技史名词审定项目工作会议”。

2008年5月18日，由中、意两国专家学者参加的“北京古观象台清代天文仪器修复与保护研讨会”在古观象台召开，北京市科协、文物局、北京天文馆、古观象台的有关领导，中、意方文物保护专家共14人出席了会议。会议对古观象台清代天文仪器修复、保护和利用进行了热烈的商讨。

二、展览设计制作

1. “奇妙的宇宙 梦幻的星空”天文绘画比赛成果展

2005年，举办“古往今来探索宇宙”天文知识竞赛活动，其中包括“奇妙的宇宙 梦幻的星空”天文绘画比赛，从参赛作品689幅中精选出最佳创意奖15名，优秀作品奖45名，制作了十幅喷绘展板在紫微殿中展出。

2. 北京古观象台展览更新

2006年上半年，古观象台陈展研究人员开始进行古台展览更新的工作，邀请易恩公司为展览的制作公司。经过甲乙双方的共同努力，最后按照合同如期完成了展览工程，2007年5月1日正式对外开放。

古台新展览分为《中国星空》、《西学东渐》和《仪象神韵》。力求展示出中国古代天文学的博大与精深，让观众在了解科学方法的同时学习科学的精神，从中体会独具特色的中国星空文化以及欧洲天文学在中国的传播过程。“中国古代天地分野”互动展项是本展览的一个亮点。展览的中英文的翻译曾请英、美、澳国家的专家修改校定，开展后获得了外宾的一致赞誉。

3. “北京2008奥林匹克文化节系列活动——人文奥运——中国古代天文仪器展”项目

2008年的重点工作是“北京2008奥林匹克文化节系列活动——人文奥运——中国古代天文仪器展”项目。包括中国古代著名天文学家的铜像制作、中国古代天文仪器多媒体演示系统、中国古代天文仪器的复制等内容。

多媒体演示系统的设计，包括赤道经纬仪、黄道经纬仪、天体仪、地平经仪、象限仪、纪限仪、地平经纬仪、玑衡抚辰仪的多媒体演示，安装完毕后实现了预期的演示效果。

三、外事接待

2004—2008年间，北京古观象台共接待外国首脑、国际友人、著名天文学家及科学家40余(批)次。2005年11月27日，蒙古国总统那木巴尔.思赫巴亚及夫人访问北京古观象台。北京天文馆馆长、北京古观象台台长朱进热情接待蒙古国总统一行，副台长李东生、肖军等陪同参观。

四、对外交流

2004年1月27日—4月下旬古观象台的赤道经纬仪和象限仪（均为原大复制品）赴巴黎参加国家文化部、国家文物局主办的《康熙大帝展》，由于这两件天文仪器的原件为康熙年间所制且形体巨大，因此在展览中显得尤为突出，几乎占据了一个展室的面积，对于展示康熙帝的业绩特别是科学活动起到了重要作用。该展览在巴黎引起很大反响，原定于4月下旬撤展，由于法国公众的兴趣，法方提出延至5月10日，后又来电致函要求延至5月31日才撤展。

五、藏品管理与文物档案

1. 北京古观象台文物等级的签定

2004年4月30日，北京市文物局牵头，文物鉴定专家一行五人的专家组来台考察，将古观象台所存八架清代铜制天文仪器定为国家一级文物；昼景堂前明代圭表的底座定为国家二级文物；清代日晷等定为三级文物。至此，古观象台仪器的定级工作完成，相关的手续已经到位。

2. 完成移库工作

2005年因院内办公用房维修，文物柜和档案柜进行了移库，为保证在移库过程中文物和档案的安全，在移库前后均对每件文物逐一进行了清点核对，专人负责，保证了文物、藏品及档案的安全。

3. 完成全国重点文物保护单位记录档案工作

2006年北京市文物局下发179号文件《关于加强一至四批全国重点文物保护单位记录档案工作的通知》，并转发了国家文物局文物保发[2005]15号文件《关于开展县(市)级以上文物保护单位代码编制工作和重新制作第1—4批全国重点文物保护单位记录档案主卷·文字卷工作的通知》。古观象台根据全国重点文物保护单位记录档案备案工作项目实施小组编印的《全国重点文物保护单位记录档案备案工作手册》，于2006年5月正式启动了该项工程，2006年11月结束。按照国家文物局的要求，制作了四套档案。每套中均设立主卷、副卷、备考卷，整理2.6万余字，图纸236张，照片129张，收载文件144份(未扫描的没有计算在内)，近900页，在整理档案过程中，翻阅了天文馆和古观象台原有的档案、文件，将所有涉及古观象台的论文进行了收集，同时将资料室现有书籍中涉及古观象台的文章进行了整理，并将文件、论文、书籍、资料进行了扫描，制作了电子文档，将所有文件刻录了光盘。

4. 完成藏品清库工作

2007年根据北京市文物局文件和藏品统计办法，对现有藏品进行清库统计，清库结果：截止到2007年9月30日，原有190件，现有藏品188件，注销2件(组)。188件藏品中包括：珍贵文物13件，一般文物40件，复制品59件，星图16幅，拓片23幅，字画及石膏像37件。

5. 完成文物档案的归档工作

2004—2008年间完成了各项重点工程的档案整理和归档工作，编写了2004—2008年大事记，每年均将完整的档案上交北京天文馆。

六、天文科普活动

1. 举办天文培训班

为丰富青少年寒暑假生活，加大天文知识普及力度，培养青少年对天文学的兴趣，古观象台2004—2008年利用寒暑假开办天文学校，共举办十期天文培训班，所有课程都经过了古观象台领导和任课老师的精心设计，通过认真分析青少年特点和接受能力而精心设置。所有担任教学工作的老师均为资深的天文教育工作者，他们认真的工作态度、丰富翔实的讲课内容、风趣幽默的语言表达赢得了学员的赞赏。

为增加学员的感性认识，还组织观看大量科普片，参观了北京天文馆新馆展览，观看了三个剧场的节目和展览。辅导学员们对小型天文望远镜的组装和调试，并在平谷、大兴等地进行野外天文观测活动。每次课程结束后，还组织有奖天文知识测试。

2. 举办特殊天象观测活动

2004年5月，为天文爱好者及参加天文奥林匹克竞赛的学生和家长举办了月食观测活动，2004年6月8日，又举办了罕见的天象——金星凌日的观测活动，近百名天文爱好者和学生免费参加了活动。

3. 举办天文知识竞赛活动

2004年中秋节前夕，与西总布小学联合举办了“探索宇宙奥秘”天文知识竞赛活动，师生近400人参加此次活动。

2005年，北京古观象台与东城区科协联合举办了“古往今来探索宇宙”天文知识竞赛活动，旨在履行北京市青少年教育基地和东城区科普教育基地职能，为青少年营造了良好的校外活动空间。活动于4月15日启动，5月20日结束，历时35天。此次活动得到了东城区各校老师的大力支持和学生们的积极响应，共涉及18所学校，2100余人，其规模之大，涉及面之广为前所未有。

4. 举办中秋赏月活动

中秋赏月观星活动是古观象台传统的天文科普活动项目。2004—2008年间共接待观众一千余人。为了更好的服务观众，设计制作了有关月亮知识的展板。活动中观众可以通过天文望远镜观测月面上的环形山、观看天文科普片、参观清代天文观测仪器和《中国古代天文学》展览等，使观众对整个宇宙建立起一个生动而立体的全新概念。此外还为西总布小学、芳草地国际学校远洋小学举办了中秋赏月活动专场。

5. 举办首届“中国古星图填图比赛”

为丰富小学生暑期和节假日的生活，普及天文学知识，认识中国传统星座，古观象台于2008年7月17日—10月7日举办了首届“中国古星图填图比赛”活动。七十余名小选手参加了此次活动。他们根据自己的想象自由装饰中国古代星图，用不同的颜色填画三垣、二十八宿，并将四象画在二十八宿相应的区域。

6. 联合举办鞭打春牛贺新春、居民欢喜迎奥运活动

为继承发扬优秀民族文化传统，繁荣地区文化，古观象台与建国门社区2008年2月4日举办以“鞭打春

牛贺新春、居民欢喜迎奥运”为主题的第二届迎春文化活动。该活动结合迎奥运、非物质文化遗产保护工作，展示建国门地区深厚的历史文化底蕴，体现了我们对民族传统文化的尊重、继承和发展，也展示了北京市浓郁的人文奥运氛围。

7. 参与“蓝天工程”创建没有围墙的校园活动

“蓝天工程”是东城区委、区政府带领区教工委、教委全面贯彻落实《中共中央国务院关于进一步加强和改进未成年人思想道德建设的若干意见》的精神，切实加强未成年人思想道德建设、推进素质教育、促进学生全面发展、丰富东城区中小学生课余生活的一个重要举措。古观象台作为资源单位参加。2005 年 7 月，在台内安装了 POS 机，每天由指定的工作人员负责对参观的学生刷卡，定时将信息向东城教委上传，保证了该项目的正常运行。同时，专门为东城区中小学生提供多次免费参观的机会，并为他们义务讲解。

8. 圆满完成 2008 年北京奥运会接待工作

2008 年北京奥运会召开前夕，对全体工作人员进行了英语基础会话培训工作，部分人员还学习了韩语、日语；为应对随时出现的紧急情况，组织八名工作人员学习紧急救护知识；为作好残奥会的接待工作，组织讲解员学习手语，达到所有专职和兼职的讲解员均可以使用简单的手语与残疾人对话。通过培训，使职工队伍的英语水平、业务素质、职业礼仪和精神风貌明显提高。

北京奥运会举办期间，全体讲解员微笑服务，热情接待每一位观众，主动为观众讲解，为保证外宾安全，全体工作人员均在一线，对每一位来台参观的观众进行安全检查，并进行巡查工作，保证了外宾和古台的安全。

9. 科普专项经费的实施

2004—2008 年间，向北京市科委申请了“中小学生天文科普活动”专项经费，五年间利用经费开展了丰富多彩的天文科普活动；完成了“小制作——日晷、圭表”的制作、“绘制中国古星图”的印刷、天文画像石的制作项目和四象瓦当模具的设计制作项目等。

10、志愿者在古观象台开展的活动

“古台之友”团支部的青年志愿者一直开展活动，2004—2008 年间活动 50 余次，各校学生利用寒暑假和节假日来进行社会实践活动，义务为观众讲解，打扫环境，这一系列活动为他们将来走向社会打下良好的基础。

11. 完成各类咨询活动

2004—2008 年间，完成了“5·18”博物馆日的现场咨询活动；东城区区委、区政府举办的“践行荣辱观、树立新风尚”、“践行社会主义荣辱观、迎奥运、讲文明、树新风”王府井主题宣传活动；参加北京市科技周东城区启动仪式，在美术馆进行现场咨询活动等。

七、古观象台保护规划方案

2004 年上半年，相关人员主要做了资料收集、集体讨论，咨询领导专家和立项等工作。将以前有关古台南院的设计图、文字报告等资料作了详细的收集，并将图翻拍成电子文本。

2004年5月11日到市规委作了调研。李东生副台长向国家文物局博物馆司咨询有关南院规划的问题。首先，应考虑文物保护；其次是开发利用题。在此基础上南院规划立项的工作，经过多方面的调研咨询，完成了《关于北京古观象台南院改造立项的请示》报告，上报北京市发展改革委员会。报告论述了北京古观象台的概况及南院所面临的问题，详细说明了南院收回改造的必要性，并提出了南院改造建设项目的初步方案和改造工程的规划预算。

2005年，有关人员到各博物馆、图书馆及书店收集资料，查询了明清、民国时期古观象台及周边的变迁情况，还搜集到一些珍贵的历史图片，为南院整体的规划设计找到了一些历史上的依据。写成两份调研报告:《关于古台南院住户情况的报告》和《关于古台南院住户解决办法的报告》，并汇编制作了一份南院规划的演示文稿一同上报，草拟了市科委向市政府办公厅《关于落实市十二届人大三次会议代表建议、批评和意见(第2264号)的报告》。

2006年3月，向北京市文物局递交《关于北京古观象台南院搬迁调研报告》一份(含评估、预算等)。之后在天文馆的建议下市文物局召开了“《搬迁协调会》”，馆台领导参加了协调会。姚传森在会上作了关于住户历史的介绍。国家文物局下达了各单位作整体规划的通知，古台作出“古台南院的初步规划设计”。

2007年，根据文物局有关文物保护规划的文件通知精神，开始了古台的整体保护规划方案实施工作，派专人专程到周口店等全国重点文保单位进行调研取经，与文物局多方沟通请示，按照文物局的要求经过邀标确定北京建工建筑设计院为设计单位，经过反复洽商与设计单位签订了规划设计合同，至2008年古观象台保护规划方案初稿已经完成，北京市文物局、北京古观象台相关人员就初稿提出许多宝贵意见，目前保护规划方案正在进一步修改中。

八、重点修缮工程

2004年年初，台体北墙出现鼓闪，严重危及台体安全，报经国家文物局和市文物批准，对台体进行了一次较大规模的防水处理和墙体剔补的抢险修缮工程。此项工程从年初开始，历时近10个月。市文物局拨付了工程款60余万元给予支持。此次施工是在不动仪器的情况下对地面进行防水处理，为使八大珍贵古仪器不被损害，由专门人员全天候值守监督施工，确保文物安全，使该工程得以圆满完成。

2004—2008年，北京古观象台完成抢修保护和改造更新工程共12项。

北京自然博物馆

BEIJING MUSEUM OF NATURAL HISTORY

馆　　长　孟庆金

通讯地址　北京市崇文区天桥南大街126号

邮政编码　100050

电　　话　67020641

传　　真　67021254

网　　址　www.bmnh.org.cn

电子信箱　webmaster@bmnh.org.cn

隶属关系　北京市科学技术研究院

性　　质　公办

建筑性质　现代建筑

建筑面积　21446平方米

展览面积　9000平方米

占地面积　14072平方米

馆址环境　地处北京市中轴线南城繁华地段的天桥南大街东侧，背靠天坛公园，并与天桥剧场隔街相望，交通十分便利。

历史沿革　1951—1959年在故宫文华殿办公，名为“中央自然博物馆筹建处”。1958年陈列大楼在崇文区天桥南大街建成，1959年搬迁新址，1962年正式命名为“北京自然博物馆”。

开馆时间　9:00—17:00(周一闭馆)

服务设施　茶点食品、纪念品商店、语音导览设备。

对外开放单位　3D影院

交通状况　公交车2、6、7、15、17、20、34、35、36、59、110、120、707、729、742、744、803、819、822、826、859路到天桥站下车。

概 况

北京自然博物馆是新中国成立后建立的第一座大型综合类自然科学博物馆，科普实力雄厚、馆藏丰富，并有以博士、硕士为骨干力量和多名中国科学院院士为顾问的科研团队。全馆建筑面积21446平方米，展览面积9000平方米。主要从事生物标本收藏、科学普及教育，以及古生物、现代生物、人类学和生态学等领域的科学研究工作。曾先后被中国科学技术协会、北京市政府、北京市爱国主义教育基地领导小组命名为“全国科普教育基地”、“北京市青少年教育基地”和“北京市优秀爱国主义教育基地”，在青少年科学知识普及和爱国主义教育中起着举足轻重的重要作用。

馆内的基本陈列展览涉及古生物、动物、植物、人类和生态学等领域，构筑和描绘了一幅生动的地球生命起源、演化和发展的科普画卷，是广大青少年了解自然界、学习生物知识的理想场所。“恐龙世界”、“动物之美”、“动物奥秘”、“生命的支撑”、“馆藏精品”、“水生生物馆”、“人体真奇妙”、“微观生命世界”等专题展览，活灵活现地再现了不同生命体的千姿百态和生存真谛。此外，每年都推出多种多样的临时性展览，不仅丰富了展览内容，而且为首都观众提供了丰富多彩的科普大餐。

古生物陈列（基本陈列）

以展示恐龙和大型古哺乳动物为主的古生物展览，称得上是北京自然博物馆基本陈列中的重头戏。它不仅代表了馆内收藏、研究和陈列的真实状况，而且也体现出其展览设计的现有水准，因而备受首都各界的关注。总面积约1550多平方米的古生物陈列是围绕着“生命的历程”这一主题展开的，分为“生命的起源和早期演化”、“无脊椎动物的繁荣”、“恐龙的进化”和“哺乳动物大发展”四部分内容，生动地再现出生命由简单到复杂、由低等到高等的进化发展过程。数百件珍贵的古生物化石登台亮相，以及声、光、电在陈列中的广泛运用，增强了展览的互动性和震撼力。各种精心装架的巨型恐龙和哺乳动物的身躯让观众一饱眼福，再现了史前古动物的神奇之感。

为体现与时俱进的展览设计内容和风格，北京自然博物馆古生物陈列是以多视点、全方位、多角度展示了20年来我国科技工作者在古生物学领域所取得的重大科研成果。如：在“生命的起源和早期演化”展厅内，人们可以亲眼目睹到被国际科学界称之为“二十世纪重大科学发现之一”的云南澄江动物群化石。在“无脊椎动物的繁荣”展厅内，具有代表性的各类早期生命体化石吸引着观众的眼球，特别是在辽西发现的

“带羽毛的恐龙”化石更是尤为珍贵。在“恐龙的进化”展厅内，展示了史前曾在地球上称王称霸的恐龙家族兴衰过程，并从科学角度与观众共同探讨恐龙灭绝之谜。

修改后的古生物陈列不仅展览内容十分丰富，而且在展出的形式上也实现了突破，增加了许多可供观众参与的寓教于乐的项目。如：“与恐龙赛跑”、“与古动物比体重”等游戏，这种互动游戏，通过跨跃时空的“较量”，使观众在娱乐中了解到远古时期动物的奔跑能力和体重。与此同时，展览还大量使用了虚拟成像技术，生动地再现了亿万年前古动物的色彩斑斓，以及在自然环境中生存的真实状况，从而大大拉近了观众与远古生物间的距离。此外，全新的古生物陈列还特别重视在形式设计上融入艺术手法和艺术符号，每一展厅色彩的选择和形式的设计都传达着各自不同的生物信息，以期达到科学和艺术的完美结合。展览中多种建筑装饰手法的使用，不仅极大地满足了观众审美的需求，而且也更深化和丰富了展览的科学主题。

植物世界陈列（基本陈列）

总面积约800平米的大型植物专题陈列——“植物世界"展，已于2007年7月中旬在北京自然博物登台亮相。该展为观众提供了认识植物、观赏植物和了解植物在地球生命发展史上重要地位的窗口。

全新的植物世界陈列，汇集了陆地植物演化、植物功能和现代植物等主要景观，生动再现了地球上植物的生存、进化和发展的历史概况，并大量运用声、光、电和多媒体等现代科学技术；以及参与互动的创新陈列设计，深入浅出地描述“从史前绝灭的植物类群到今天多姿多彩的植物世界”，“从植物的微观结构系统到植物群落和生态系统宏观景致”。整个展览惟妙惟肖地刻画出大千世界绚丽多姿的“优美植物画卷”。

“植物世界”展览的切入点是，将植物学知识巧妙融合在陈列景观中，并以动画、科学实验和科普游戏为基点，从而达到寓教于乐、潜移默化、参与互动的陈列效果，其目的是实现知识性、趣味性和观赏性的有机统一。

中国地域辽阔、气象万千，地区差异明显。正是在这一独特的地理位置、不同的高度和纬度、不同的温度和湿度、不同的气候环境中，塑造出我国种类繁多、千姿百态的各种植被。“植物世界”展是以介绍中国特有的植物种类及其相应的生态环境为主，系统展示了各种植物在森林、陆地、海洋、群山、湖泊、沙漠、沼泽等地广泛分布的概况。观众通过观看陈列展览中的大量植物标本，以及言简意赅的文字介绍和精心打造的仿生森林植被景观时，无疑会对自然界植物的生存和发展有一个全新的认识。

此外，展览在让观众翔实了解植物主要特征的同时，还从另一个角度，再现人类社会发展史上以植物为背景的文化底蕴，以及当代人类社会富有开创性的以植物为题材内容的丰富文化内涵。

动物之美展览(基本陈列)

由国际著名慈善家、野生动物收藏家、美国友人肯尼斯·贝林先生无偿赠送的百余件珍贵标本为主题内容的“‘动物之美’——肯尼斯·贝林捐赠世界动物标本”大型展览2007年4月初在北京自然博物馆隆重开幕。贝林先生捐赠的标本制作精湛、工艺先进、惟妙惟肖地再现了各种野生动物生前独有的特征。这批优质标本不仅丰富了馆藏,使馆内增添了许多新的动物物种,而且充实了自然博物馆陈列内容,使展览得到了极大的丰富。

置身于“动物之美”陈列展览大厅内,观众能欣赏到种类繁多、姿态各异,囊括空中飞的、水中游的、陆地嬉戏的各种非洲和美洲独有的飞禽走兽珍贵标本,并为这一“优美的世界动物画卷”所赞叹……

“动物之美”展览,无疑是让观众系统了解世界范围内的野生动物生存状况,并让人们牢固树立“保护野生动物”的观念,使之与人类在地球上和谐共存。

人之由来陈列(基本陈列)

人之由来展是从自然史的角度为切入点,以人体体质形态的发展为陈列主线,展示作为生物物种之一的“人”如何由动物界中脱颖而出,换言之,就是通常所说的“从猿到人”的发展历程。

陈列中系统介绍了男人和女人结婚后,通过性生活,导致精子和卵子的结合,直至女人怀孕,并经过母体十月怀胎,最后婴儿诞生的完整过程。整个陈列是一部简明扼要、深入浅出的“人类成长的自然史”。

《人之由来》陈列不同于以往的人类起源展览,它的特点是:对国内学术材料中比较熟悉的有关人类学内容不作过多赘述,而重点放在当今世界人类学领域的科研成果,较多地介绍国际古人类学的最新动态。针对学术界在人类起源方面存在的争论和分歧,该展览翔实阐述了国内外科学界在人类起源问题上各种不同的学术观点。

此外,《人之由来》陈列在筹备过程中,得到国内外十多个学术团体的大力支持和帮助,并提供了重要的文字资料和展品模型,从而使整体的陈列内容和形式大为生色。展览的陈列面积约800平米,展品200余件、图片300幅、展柜58个、名家绘画6幅,以及少量珍贵人类标本和石器标本。

达·芬奇科技展(特色临展)

莱奥纳多·达·芬奇是意大利文艺复兴时期最负盛名的科学巨匠和艺术大师。他学识渊博、思想深邃、聪明绝顶,在许多的领域中都作出了杰出贡献。5月20日在“2006年中国意大利年”到来之际,北京自然博物馆隆重推出“意大利达·芬奇科技展”,观众零距离领略了这位享誉世界科学界的旷世奇才的风采。

达·芬奇的绘画艺术成就,对于广大的中国观众来说基本上是家喻户晓。然而,对达·芬奇的科学成就国人却知之甚少。达·芬奇不仅是一位才华横溢的科学家和工程师,也是一位出类拔萃的艺术家。他的科学成就在欧洲文艺复兴时期是举世无双的。展出的59件达·芬奇的科学发明及设计手稿,包括最早的自行车、会发音的机器人、潜水者的呼吸器械、悬挂式滑翔机、飞行器等都是他的经典之作。

该展在京展出期间曾引起社会的关注,首都观众以极大的热情前来北京自然博物馆驻足,亲眼目睹欧洲历史上享誉全球的科学家和艺术家——达·芬奇在科学领域取得的惊人成就。

"馆藏精品"展览(专题临展)

北京自然博物馆是国家级资深的生物标本收藏机构,建馆50多年来,已收藏各类动植物标本10多万件。由于博物馆陈列面积有限,使大批珍贵的标本无法与观众见面。为整合自然博物馆标本的资源,最大限度地发掘出展览空间用以满足观众对动植物标本的求知欲望,北京自然博物馆在标本部开设了一个面积为136平方米的馆藏精品展室,珍藏的部分"标本极品"纷纷登台亮相。观众置身此处,能一饱眼福地观赏到许多珍贵的"镇馆之宝"。

新推出的"馆藏精品"展,分别由"五十年历程"、"礼品标本"、"精品标本"、"珍爱标本保护环境"和"大洋洲特有动物"五部分内容组成。展出的珍贵动植物标本有148件,基本上都是馆藏标本中的精品,并且多数为第一次与观众见面。

在"五十年历程"部分,展出的是自然博物馆在建馆初期,全国各地捐赠的一批珍贵标本,其中有皇宫饰品牦牛头、精美的红珊瑚、带有人物画像和盘龙雕刻的夜光蝾螺、虎斑宝贝和马蹄螺等,以及北京自然博物馆第一任馆长杨钟健先生捐赠的采自南非和德国的鱼类化石。

"礼品标本"陈列的内容,囊括了毛泽东、刘少奇、周恩来、朱德、邓小平、李先念、杨尚昆、江泽民等前党和国家领导人转赠给北京自然博物馆收藏和保存的精美标本,其中有灵雀窝、海椰子、木瓜如意、矛尾鱼、澳大利亚企鹅、金刚鹦鹉等一批珍贵标本。此外,还有朝鲜已故领袖金日成同志赠送的人参标本,日本友人赠送的螺类标本,原菲律宾驻华大使赠送自然博物馆的极为珍贵的黄金宝贝,1972年美国前总统尼克松首次访华时送给中国的麝牛标本等。

"精品标本"展览部分,则汇集了朱鹮、东北虎和大熊猫标本,以及三塔中国鸟、圣齿犀等珍贵的古生物化石。在"珍爱标本保护环境"部分,展示了由海关缉私局、公安局和工商部门近年来查处、罚没的野生动物标本和古生物化石。在"大洋洲特有动物"部分,则着重陈列了澳大利亚政府赠送给自然博物馆的14种特有动物标本以及相应的生态景观。此外,还有新西兰政府赠送给自然博物馆珍贵的恐鸟骨架、针鼹和几维鸟标本等。

“精品屋”内每件标本的来历,几乎都有一段耐人寻味的趣事和美丽的传说。这些造型优美、栩栩如生的动物标本以及珍贵的古生物化石,不仅真实记录了党和国家领导人关注我国博物馆事业的发展以及国际间友谊交往的轨迹,而且也生动刻画出老一辈科技工作者为我国科学事业奋斗的执著精神。

近年来,随着国际交流与合作的不断深入,北京自然博物馆在借鉴和吸收世界上先进博物馆陈列理念和展示手段的同时,又不断推出新型展览,并对现有的陈列进行了大规模改造充实和完善。“探索角”、“宝宝探索乐园”等一批独具匠心的展览模式,多是针对少年儿童的生理、心理特点而精心打造的。为培养和造就广大青少年的科学兴趣、科学思维和探索精神,科技工作者在展览内容设计上不断推陈出新,大量运用声、光、电以及多媒体等现代科技手段,从而使博物馆的陈列更富有知识性、趣味性、娱乐性和参与互动性。

为了科学整合北京自然博物馆的资源,充分发挥其独有的科普教育优势,自然博物馆还利用丰富的生物标本资源组织形式多样的趣味科普教育活动。如:“北京市中小学生自然知识竞赛”、“小手牵大手、走进博物馆”——大型幼儿系列科普内容(被北京市委宣传部评为“首都优秀科普活动”)。此外,“流动博物馆”是自然博物馆精心打造的又一创新展览项目。其独特的流动陈列创意和富有开创性的展示设计手段,令人耳目一新。现已获得国家专利,并在北京城镇郊区、特别是边远贫困山区的流动展览中能经常看到它的身影。

2008 年 7 月,为迎接奥运会在中国的举办,自然博物馆推出了“绿色奥运、和谐家园”展和“弘扬奥运精神、喜迎福娃走进博物馆”等大型科普活动,并在馆内开展了丰富多彩的有关奥运历史的知识竞赛。8 月中旬奥运会在北京隆重开幕期间,北京自然博物馆又推出了“动物奥运会专题展”,该展的亮点是:用拟人的手法把野生动物独有的生存技能融入人类竞技体育项目中去,寓教于乐富有知识性和趣味性。

众所周知,在首都众多的博物馆行列中,北京自然博物馆是展示生命科学、揭示地球生态系统的自然科学类资深博物馆,它肩负着“科教兴国”的光荣使命,是传播和普及生物知识的重要窗口。随着社会公众文化消费需求的日益增长,市政府不断加大对公众科学教育事业的投资力度,使北京自然博物馆得到了健康稳步的发展,并逐渐成为北京集科普教育、休闲、娱乐于一体的文化场所。与此同时,北京自然博物馆在传播科学知识和科学精神、提高全民科学文化素养,以及发现和培养人才等方面都起着重要的桥梁和纽带作用。

(李 凡)

北京南海子麋鹿苑博物馆

BEIJING NANHAIZI MILU MUSEUM

馆　　长 张林源

通讯地址 北京市大兴区南海子麋鹿苑

邮政编码 100076

电　　话 87962107 87967804(总机)

传　　真 87967805

网　　址 www.milupark.org.cn

电子信箱 milupark@milupark.org.cn

隶属关系 北京市科学技术研究院(北京市科学技术委员会)

性　　质 公办

建筑性质 现代建筑

建筑面积 7200平方米

展厅面积 室内100平方米,室外320000平方米

占地面积 640000平方米

馆址环境 位居京城南郊南海子,自然环境优美,是距北京市区最近的一处以湿地生态为核心的自然保护场所。

历史沿革 北京麋鹿生态实验中心(暨"北京南海子麋鹿苑博物馆"、"北京生物多样性保护研究中心")成立于1985年。作为麋鹿科学发现之地(1865)、麋鹿在我国一度灭绝之地(1900)和首个成功回归之地(1985)的北京麋鹿苑,2000年被批准为北京市首座户外类型的生态博物馆——北京南海子麋鹿苑博物馆。北京麋鹿生态实验中心管理的地处北京南郊的南海子麋鹿苑，占地近千

亩，现有国家一级保护动物麋鹿以及其他濒危物种30余种。麋鹿苑既是博物馆性质的环境保护科普单位,又是生物多样性保护和物种保护的科研单位。它不仅具有保护濒危野生动物及其栖息环境(湿地生态系统)、开展生物多样性保护研究及提高公众自然保护意识等功能;而且还是北京对外合作进行环境保护项目和学术交流的重要窗口。20多年来，麋鹿中心不仅在麋鹿种群扩大、濒危物种繁衍,麋鹿野化、生物多样性保护、湿地生态恢复等科研方面成绩突出,而且还在生态知识、生态意识、生态文化、爱国主义影响等科普方面,特别是从生态道德角度开展、出台了很多独具一格、发人深省的科普教育项目,在千亩苑区内,到处可以看到独具创意的科普教育设施并感受到强烈的自然保护气氛。北京麋鹿苑，既是一个全国青少年科技教育基地和科普教育基地,还是一座多元的、立体的、中西合璧的、古今结合的、人文与自然融会、科学与哲学共契的、“四不像”式的生态博物馆、科技教育基地、鹿类研究场所、湿地郊野公园和麋鹿自然保护地。

开放时间 9:00—16:00(周一闭馆)

服务设施 无障碍参观;停车场面积;食品部、小吃部、茶座、咖啡;纪念品商店。

交通状况 可乘公交车至旧宫、亦庄、德茂庄后换乘其他交通工具延路标指示方向到达。可乘大兴区兴15路公交(黄村火车站—瀛海—旧宫—亦庄)到麋鹿苑路口下车,东行800米即到。可乘926支(后甫—采育—留民营—鹿圈乡—旧宫—东高地—永定门内)到鹿圈卫生院下车,向南再向西(有路标指示)步行约20分钟即到。行车路线:旧宫十字路口向南3.5公里,亦庄镇政府西南约4公里。

概 述

北京南海子麋鹿苑博物馆是一个以保护国家一级保护动物为主，集生物多样性保护教育为一体的大型户外博物馆。其管理体制为市属事业单位，上级主管机关是北京市科学技术研究院，内部机构设置分为生态室、科普部、保障部、经营部、办公室及财务室。麋鹿苑博物馆不同于一般的陈列性博物馆，它是1985年为迎接麋鹿回归而成立的科研单位，承担着国家一级保护动物——麋鹿的繁养、科研及生物多样性保护研究的任务。目前，已经建立了南海子稳定的麋鹿基础种群和长江天鹅洲保护区的自然种群，使野生麋鹿完全摆脱了对人类的依赖，这是中国恢复、重建野生灭绝物种方面的第一次成功。自1999年被批准成为“北京南海子麋鹿苑博物馆”后，麋鹿苑被先后命名为“北京市科普教育基地”、“全国科普教育基地”、“社会大课堂基地”、“爱国主义教育基地”等。本博物馆主要分为室内和室外两大参观重点部分。室内的展览以“麋鹿的传奇”为主题，从自然、文化、历史等几个方面介绍麋鹿及麋鹿苑的历史。室外展览则是以看实物、赏美景、学环保为主题，着重于科普设施的建设，让参观者在放松游览同时体会自然的可爱、环保的重要。2004年以后，在新一界领导班子的带领下，麋鹿苑博物馆在科研科普和动物保护方面都走上了一个新的台阶。尤其在2005年——麋鹿还家20周年时，成功地举办了麋鹿还家20周年的纪念大会并首次组织了学术研讨会，达到了向各方面汇报、向社会宣传的目的，有力地宣传了麋鹿苑，对今后的发展起到了很大的促进作用。

科研方面

2004年，成功召开了“麋鹿重引进总结”鉴定会。该课题还申报了北京市科技奖。《鹿类多样性保护研究及恢复南海子湿地环境的前期研究》课题通过了专家验收并报市科委结题。还以“雄性麋鹿茸、血药用生物学基础研究”为题与中科院动物所合作申请了北京市自然基金项目。本年度共输出麋鹿10头黇鹿5头。引进鹿科动物4种共42头，鸟类约22种共105只，还有花鼠400只及鹦鹉220只。这些引进的动物更加丰富了麋鹿苑的生物多样性。

完成了与北师大合作的生态公园需水量项目、麋鹿苑客源调查项目以及麋鹿苑初步规划项目，《麋鹿论文集》以及《麋鹿回归成果展》的制作也顺利完成。本年度共引进水鹿4头，孔雀10只，输出麋鹿10头，梅花鹿5头，黇鹿13头。与生物多样性基金会协作成功举办了自然保护区委员会扬州年会。

麋鹿苑博物馆外景

向国家林业局申报课题《麋鹿繁育与疾病防治工作》，并在批准后准时完成。另外向国家林业局申报了《中国麋鹿饲养标准》、《中国麋鹿的系统发育和遗传多样性调查》、《中国麋鹿种群现状调查》以及《禽流感疫源疫病监测站申报书》等项目课题。向国家环保总局申报了1项课题。向北京市科学技术研究院申报了储备项目《维护麋鹿安全 选择适宜地点扩散麋鹿种群》和《有蹄动物重点实验室项目》。调查了中国圈养麋鹿种群数量、分布。完成了《麋鹿还家二十周年国际学术交流研讨会论文集》的编纂工作。申报了市财政的《利用再生水恢复麋鹿苑湿地生态系统及科普展示平台示范工程项目》的第一、二期工作。同时引进了4种动物，其中鸟类2种40只，鹿类2种6头，输出麋鹿31头。积极与生物多样性保护基金会协作成功举办了自然保护区委员会临安年会。

以《北京市耕作区农林体系中鸟类生存制约因子的研究》为题申报了北京市自然科学基金，以《麋鹿安全及在京津冀的安全扩散》为题申报了国家林业局2008年珍稀濒危物种野外救护与繁育项目。成功申报了《利用再生水恢复麋鹿苑湿地生态系统及科普展示平台示范工程项目》的第三期工程，并得到北京市财政部门认可，当年开始执行。同时申报了《利用再生水恢复麋鹿

生态足印与碳足迹小径

苑湿地生态系统及科普展示平台示范工程项目》的第四期工程。申报了北京市科学技术研究院的项目《京津冀地区麋鹿种群扩散策略》和《南海子和石首麋鹿生态学研究对比》,并组织单位青年员工申报北京市科学技术研究院萌芽项目2个:《麋鹿种群生存力研究》和《麋鹿出血性肠炎病原学与综合防治研究》。完成了《麋鹿画册》的编辑工作。严格执行与国家林业局合作的“麋鹿繁殖与疾病防治”项目,并与北京列平茸鹿研究中心开展了鹿类动物人工授精合作。组队考察了甘肃安西极荒漠国家级自然保护区,商谈野马放归项目相关事宜。与生物多样性基金会协作举办了自然保护区委员会海南年会。

以《麋鹿繁育与救护场所建设》为题申报了国家林业局2009年项目。以《北京市耕作区农林体系中鸟类生存制约因子的研究》为题申报了北京市自然科学基金,申报了北京市科学技术研究院的《麋鹿安全围栏及喂食槽设施建设》、《北京麋鹿苑驯化鸟类笼舍工程驯化鸟类笼舍》、《麋鹿苑规划》、《北京南海子麋鹿苑规划设计及门区改造设计》以及《麋鹿生态实验室所级重点实验室评估》等项目。以《麋鹿生殖内分泌学研究:非损伤性激素测定方法的应用》为题申报了北京市优秀人才资助项目。同时组织中心年轻职工申报了院萌芽项目3项。经过人工授精的雌性麋鹿成功产出1仔,表示麋鹿人工授精技术研究项目取得了初步成果，消息被北京日报等各大报社和网站登载，安排本单位员工前往湖北石首麋鹿国家级自然保护区进行麋鹿生态学考察。并向河北省滦河上游自然保护区木兰围场输出麋鹿10头，完成麋鹿的安全扩散，并派人跟踪监测。

科普方面

2004年，分别与北京市教育局、文物局、中国少年先锋队事业发展中心、北京市青少年科技文化服务中心、北京市科技活动中心等单位签订合同，共同合作，开展了《北京市博物馆教育基地参观护照》、《科普进校园活动会员卡》、科学伴我成长的《成长之旅》等活动。连续参加了北京市科协主办的十届中小学生物知识竞赛活动。这项活动贯穿全年，有近1000名学生为参加竞赛参观了麋鹿苑。为推选麋鹿作为奥运吉祥物，组织、设计、策划了一系列活动。组织承办了第五届京台青少年交流周开幕式，题为“人与自然和谐、相约回家之鹿”的大型活动。完成了五环路以南的两个路标的设计安装。新建了科普设施“麋角纪念柱”、“滥伐的结局”。组织创新改建了“世界灭绝动物墓地”和“灭绝动物多米诺骨牌”，使其成为博物馆参观的新亮点。与天津教育出版社配合编写了环保教材。组织员工集体参加了北京市科学技术研究院院庆文艺演出，并获得了第三名及组织奖。多次派员工去电视台、电台、校园、社区等场所进行环保讲座。如：从人类养禽史审议禽流感、对果子狸的科学态度、人畜共患疾病的知识等。多次派科普工作者到外进行科普讲座、讲学，科普工作者们的足印遍布河北、湖南、海南、山西等多个省市。由科普工作者郭耕执笔的科普读物《鸟兽物语》分别获北京第一届优秀科普作品奖、全国第五届优秀科普作品二等奖、北京市科学技术三等奖。《灭绝动物挽歌》一书获得“全国青少年喜爱的图书”荣誉。郭耕还获得了北京市科普先进个人和野生动物保护先进个人的荣誉。

创新建设了世界鹿类展馆、新绿色迷宫、教育路径双语环保格言椅、动植物说明牌、门区20周年大宣传牌、科普厕所、南囿秋风石、唐诗麋鹿坐椅等一系列科普设施。重新制作了《麋鹿苑》折页。撰写并组织出版了《鸟兽悲歌》、《跨越灭绝边缘的麋鹿》、《鸟语唐诗300首》等科普读物。科普工作者郭耕先后获得“北京市先进工作者”、“北京十大志愿者”、“全国未成年人生态道德教育先进个人”的荣誉和称号。并且科普人员陆续到江苏、浙江、天津、南京、吉林、内蒙、云南、西藏、湖北、青岛等地教学交流、讲座考察、参加会议。到中央及地方的各个媒体做相关节目数十次，卓有成效地宣传了麋鹿保护的成果，提高了麋鹿苑的知名度和美誉度。在麋鹿还家20周年时，很多工作都是围绕这一纪念活动所做的，例如：麋鹿回归二十周年的书画摄影征文的征集评奖及科技节、知识竞赛的出题和组织工作等。

自主设计的科普设施动物之家系列建设完成，崭新的蜜蜂之家、壁虎爬墙、野狼钻洞及鸟岛欢聚依次排列；新增了鲨鱼翅项目、万国欢迎石、观鹿台对联等科普设施。编写了麋鹿回归科技志。与民革中央成功合作，在麋鹿苑内建起育林基地。参加了新浪网旅游频道的“乡村旅游节展播”活动。组织工作人员参加了中央电视台科教、英语、少儿多个频道的节目及北京电视台、国际广播电台、中央人民广播电台、北京交通台等多家媒体的节目，还协助奥组委制作了有关北京、有关麋鹿的绿色奥运宣传片。组织科普工作人员在北京体育台做了奥运大讲堂的关于“保护动物、厚德载物”广播节目，并与动物学会合作制作了一套关于奥运吉祥物之动物的展览。科普工作者郭耕荣获了北京市科学技术研究院和党委颁发的信息工作“好文章”奖和北京市野生动物保护协会颁发的“未成年人生态道德教育先进个人”等荣誉。郭耕还被市环保局推荐为“首都十大环保新闻人物”和市文物局“文明服务之星”。科普工作者郭耕作为绿色奥运宣讲团、中国科学院科普宣讲团、中国科普作协讲师团、崇文区科普演讲团的成员，到北京市各个大中小学作绿色奥运演讲数十次；受云南省科协邀请作科普报告近20场。由于动物保护方面的科普教育活动有声有色，麋鹿苑博物馆被北京市野生动物保护协会、北京市养鸟爱鸟协会评为“北京市生态道德教育基地”。同时还获得“军警民共建文明单位”、“大兴区文明旅游景区”、“2A旅游景区”等称号。2006年7月开始，麋鹿苑博物馆实行免费开放。

以“大手拉小手，观鸟护自然”为题，成功申请到中国科协的一项重点主题科普项目，并于年底前与周边农村学校合作完成，达到环境教育，社区参与的目的。设计建设了以下科普设施：世界鸟类迁徙地球仪及其说明的石刻座椅、麋鹿核心区观景框、湿地科普观鸟台、麋鹿科学发现纪念碑以及门区的麋鹿文化墙。推出了一套以鹿科动物为题的扑克牌《世界之鹿》。组织工作人员多次参与绿色奥运演讲及体育局的奥运大讲堂。并由科普部向社会推出了多人次、多种类的科普讲座，包括：绿色奥运、台湾科普行、京燕讲座、鸟与唐诗讲座、观鸟知识讲座、生物多样性保护讲座等。由科普工作者郭耕撰写并出版了科普读物《天地狼心》，该书被列入了新农村书库。郭耕还应邀到中央电视台“今日关注”栏目与“百科探秘”栏目做了科普宣传节目。作为奥运会志愿者，作为北京奥组委和环保局的“绿色奥运”演讲团成员，科普工作者郭耕于2006年4月10日—2006年12月12日参加并圆满完成前期志愿服务任务，获得了北京奥组委志愿者部颁发的编号为0600120的服务证书，并被选为2008“奥运火炬手”。由郭耕撰写的《鸟语唐诗300首》荣获“第三届北京市优秀科普作品奖”优秀奖，他还被中国科普作家协会授予了“有突出贡献科普作家”荣誉证书。

2008年，推出了一系

列新的科普设施，例如：三不猴雕塑、乾隆大阅图浮雕、碳足迹及生态足印小径、湿地科普长廊、湿地文化长廊、奥运动物吉祥物雕塑广场、文化桥等。同中国自然科学博物馆协会签署了《数字科技馆展览库合作协议》，并积极落实。与德国克里斯汀奥斯瓦尔鹿科博物馆联系购买其博物馆鹿科动物标本事宜，并组队赴德国考察，拟在未来5年内在麋鹿苑博物馆内兴建世界鹿科动物博物馆。麋鹿中心科普团队荣获团中央、全国青联、丰田公司颁发的丰田环保奖团队优秀奖。科普工作者靳旭与中央电视台数字频道合作制作了北京雨燕的科普专题片。组织科普工作者外出作科普讲座，科普讲座的触角涉及北京市科协的“首都科学大讲堂”、北京体育局的“奥运公益大讲堂”、武汉图书馆的“名家论坛”、辽宁本溪的“社会科学大讲堂”、自然之友、索尼探梦、昌平旅游局生态旅游系列演讲、北大、北师大的培训项目及绿色奥运演讲团、中国科学院科普演讲团、另外加盟了中央教育科研所的“生态文明和动物福利”推进项目和中国野生动物保护协会的“倡导绿色生活，共建生态文明”的系列演讲。荣获教育部颁发“社会大课堂基地”称号，及北京市科委颁发“北京市科普教育基地”称号，并结合社会大课堂与周边中小学合作，开展大课堂活动，例如：团河小学的“游麋鹿苑学环保”活动和德茂中学的“麋鹿苑里学地理”活动。科普工作者郭耕完成了《灭绝百兽》和《博物馆名片之麋鹿苑分册》两份科普读物。2007年度麋鹿苑被评选为大兴区平安旅游景区、荣获了2007年度首都文明旅游景区的称号。本年度10月1日以后，麋鹿苑博物馆实行周一闭馆制度。

其他方面

2004—2008年，为保障苑区发展，建设了与科研科普设施相配套的多项设施及相关硬化路面，例如：动物饮水池改造工程、地穴建造工程、教育路径改造及维修工程、长廊维修工程、广场修整工程、保护区围栏修整工程、植物管理工作、湿地恢复工程、科普设施建设工程、奥运动物吉祥物雕塑广场路面硬化工程、科普宣传牌维修工程、全苑喷灌系统建设工程及检疫区改造工程等等。在满足了博物馆发展的需要外更美化了苑内游园环境。为了能够提供给参观者更高质量的服务，博物馆于2007年注册办理了“北京南海子生物科技有限公司”，在提供给参观者基本饮食外，更提供了多项便民服务，例如电瓶车服务、科普书籍杂志代卖服务、提供休息环境服务、动物饲料售卖服务等。并开发研制了多种麋鹿苑纪念品，例如：帽子、包、服饰、装饰品等。 **（宋 苑）**

周口店北京人遗址博物馆

THE PEKING MAN SITE MUSEUM AT ZHOUKOUDIAN

馆　　长 杨海峰

通讯地址 北京市房山区周口店大街1号

邮政编码 102405

电　　话 69301080 69301090—8003(办公室) 69301272—8013 69301090—8014(社教保管部)

传　　真 69301080

网　　址 www.zkd.cn

电子信箱 zhoukoudian@126.com

隶属关系 房山区人民政府

性　　质 公办

建筑性质 现代建筑

展厅面积 1036.32平方米

占地面积 240000平方米

馆址环境 地处太行山余脉和华北平原的接壤处,距北京市中心约50公里

历史沿革 1953年春,中国科学院拨专款在周口店遗址考古科研工作的基础上开始筹建古人类陈列室,9月21日,面积约300平方米的“中国猿人陈列室”正式建成,并向观众开放;1972年,对原有博物馆进行整改扩建,馆名改为“北京猿人展览馆”;1981年,周口店遗址管理机构定名为周口店北京人遗址管理处;1994年10月,“北京猿人展览馆”更名为“周口店遗址博物馆”;2002

年8月16日，北京市人民政府与中国科学院签订的《关于共建周口店北京猿人遗址的协议》，将管理权移交给北京市管理，中国科学院负责遗址的科研工作，馆名为“周口店北京人遗址博物馆”并沿用至今。

开放时间 旺季（4月1日—10月31日） 8:30—16:30(全年开放，无闭馆日)；淡季(11月1日—次年3月1日) 8:30—16:00(全年开放，无闭馆日)

服务设施 无障碍参观：遗址区内增设无障碍参观步道200米；停车场面积：停车场面积3000平方米，车位充足；纪念品商店：327.5平方米，为观众提供休息坐椅，为残疾观众提供轮椅，同时，为观众提供影视播放服务，出售本馆特色的纪念品、科普读物、中、英、日文光盘等；语音导览设备：周口店遗址博物为观众提供自助语音导览讲解设备，同时为避免观众在参观过程的相互干扰，还免费向观众提供无线语音接收设备。

交通状况 1. 乘车路线：天桥坐917路至良乡西门或周口店路口转乘38路到遗址；西客站坐616路至良乡西门转乘38路到遗址；2. 自驾车路线：京石高速闫村出口上京周公路到周口店遗址，沿途标识清晰，车程约1小时。

概 述

一、遗址概况

周口店遗址1921年发现,1927年进行大规模发掘,为方便发掘,设立了地质调查所周口店办事处;1929年4月19日,在地质调查所中成立了新生代研究室,负责周口店的发掘和研究;1937年七七事变,周口店遗址发掘工作被迫中断,但管理机构没有解体,仍在运作;1946年新生代研究室恢复,1949年9月,建立周口店工作站,贾兰坡任站长,旨在恢复周口店遗址的发掘工作;1953年春,中国科学院拨专款在周口店遗址开始筹建古人类陈列室,9月21日,面积约300平方米的“中国猿人陈列室”正式建成,并于当日对外开放;1972年,对“中国猿人陈列室”进行了整改扩建,面积为1036.32平方米的新展览馆落成并开放,馆名改为“北京猿人展览馆”;1981年,周口店遗址管理机构定名为“周口店北京人遗址管理处”,1994年10月,“北京猿人展览馆”更名为“周口店遗址博物馆”。2002年8月16日,北京市人民政府与中国科学院签订的《关于共建周口店北京猿人遗址的协议》,“由北京市政府负责遗址保护范围即建设控制地带的保护、建设、管理及科普教育工作,中国科学院对遗址的科研工作负责,拥有对遗址的发掘权、标本(包括现有标本和将来发掘标本)的所有权和研究权,可依法对遗址进行发掘、研究并保管标本,同时对遗址保护和科普工作给予指导,为遗址博物馆无偿提供充分和有价值的展品、研究成果”。

市院共建后,北京市人民政府与中国科学院成立了“周口店北京人遗址管理协调委员会”,由北京市主管副市长和中国科学院副院长任主任。在此基础上成立了周口店北京人遗址管理处和周口店北京人遗址博物馆管理机构。领导班子配置为一正三副(目前到位一正二副),内设机构四部二室。分别为:党政办公室、遗产办公室、社教保管部、开发建设部、安全保卫部、对外宣传联络部;职工总人数69人,正式编制40人。其中本科学历24人,大专学历19人,党员15人,团员18人。年龄在35岁以下的占42%,35—45岁的占33.4%,45岁以上的占24.6%。

周口店遗址博物馆

目前，周口店遗址博物馆基本陈列分为七个部分：序厅，主要陈列内容是周口店遗址的简介及全景图；第一展厅——龙骨山沙盘模型；第二展厅——周口店发掘历史回顾；第三展厅——“北京人”，陈列“北京人”的化石材料和模型，“北京人”的主要文化遗物——石器以及用火遗迹；第四展厅——“北京人”的生活环境，展出“北京人”居住洞穴的形式、发展过程和洞穴堆积层的年代，以及“北京人”时期生活环境的证据和古生物化石展；第五展厅——遗址各地点概况，展出了周口店遗址其他地点的部分出土遗物；第六展厅人类进化浮雕。陈列较全面地反映了周口店遗址丰富的文化内涵和科学成就，还依据大量的考古资料复原了人类演化的过程。同时，为了增加陈列的趣味性与参与性，在遗址博物馆内增加了触摸屏、魔法卡片互动项目、三维动画放映厅，在遗址区增加了模拟发掘、动手制作、模型装架、磨制骨针、使用石器等互动项目。

目前，遗址博物馆共有化石标本7449件。馆内展出化石标本共计500件。其中，人类标本96件（含古人类模型93件，现代人标本3件）；动物化石263件（含模型13件；鬣狗粪化石31件）；文化遗物42件（含模型12件）；石器64件(含模型23件，岩石标本4件)。

定级标本182件：其中，古人类化石模型定为二级的19件；动物化石定为一级的8件，二级39件，三级55件；石器定为一级2件，二级31件。

二、规范管理，夯实基础

1. 严格管理标准，引进体系建设 2004年5月遗址管理处顺利通过了华夏认证中心的严格审核，取得ISO9001质量管理体系认证证书。为使ISO9001质量管理体系贯彻工作始终，确保体系有效运行，在做好日常督促检查工作的基础上，按照体系要求每年组织2次内审、1次管理评审和1次外审。针对在审核中查出的问题，认真分析原因，属于程序运行中的问题，由认证办修改文件，属于未按体系要求执行的，督促各部室制定预防纠正措施。通过督促、检查和审核，工作程序达到持续改进，不断提高的良性循环，有效地推动了遗址管理处各项工作的稳步推进。

为进一步做好遗址生态环境的保护工作，在推广ISO9001质量管理体系标准并取得一定成效的基础上，以加强环境管理为目标，开展ISO14001环境管理体系认证工作，并与质量管理体系相整合。先后举办了4次全员培训，13次内审员培训，参培人员300余次，经过多次修改，反复征求各部室意见，整合了《质量和环境管理手册》一本、29个程序文件、23项制度及5个应急预案。通过体系运行，全体员工环保意识、管理意识及节能降耗意识明显提高，保证了各项工作有序进行。

2. 加强人员培训，培养一流的员工素质 为提高全员综合素质，创造一流的管理服务，打造一流的文明景区，周口店遗址管理处根据不同的岗位，制订了有针对性的培训计划，采取集中学习和自觉学习相结合、请进来与走出去等多种形式，加大了对干部职工业务知识、礼仪接待、职业道德等多方面的培训。先后选派干部职工参加了世界文化遗产负责人培训班，参加数字化博物馆培训班、选派社教保管部多名讲解员到新东方学校、首都师范大学进行日语、英语、韩语、法语的培训，并参加陕西西安半坡的讲解员培训班；2名化石保管员参加了由市文物局在首都博物馆举办的第二届文物保管工作培训班；选派中层干部参加博物馆管理人员高级培训班、房山区后备干部等培训班；聘请中国科学院院士吴新智、古脊椎动物与古人类研究所黄万波研究员、著名古人类学家周国兴教授、北京大学考古系教授吕遵谔和旅游业权威人士王连义教授到遗址授课，涉及人类学、考古学、礼仪等多方面的知识，组织全员收看金正昆教授主讲的《领导干部礼仪培训》光盘。同时，还邀请消防部门进行了全员消防知识讲座和消防演习；在抓全员培训的同时，抓干部的政治理论教育，学习胡锦涛总书记提出的“八荣八耻”、十六届六中全会《决定》等。共组织各类培训百余次，累计人数近千人次。通过培训，有效地提高了干部职工的整体素质，树立了良好的社会形象。2006 年，出色地完成了中共中央政治局常委李长春和世界地质公园检查团的接待任务；奥运会期间，出色地完成了奥运宾客接待和奥运火炬传递任务。在奥运宾客接待中，遗址管理处热情周到的服务得到了奥运宾客的热情赞扬和肯定。4 名奥运宾客在他们的留言中这样写道：“这是一次非常棒的游览，太精彩了！”“感谢你们在参观过程中为我们提供的细致服务。”

2006—2007 年遗址管理处连续三年被评为房山区窗口行业奥运培训先进单位，2007 年社教保管部被评为微笑服务示范岗，社教保管部 2 名讲解员被评为市、区奥运窗口服务明星，1 名讲解员被评为市区级奥运会、残奥会服务好标兵，7 名职工被评为微笑服务大使。

3. 建立、完善文物四有档案 为全面落实国家文物局《关于印发〈全国重点文物保护单位记录档案备案工作的实施方案〉的通知》（文物保发[2003]34 号）精神，管理处按照国家文物局开展全国重点文物保护单位“四有”档案备案等基础性工作的要求，把建立文物“四有”档案工作作为一项重要的基础性工作来抓。2004 年开始启动记录档案的和馆藏文物建档工作。通过广泛收集、认真整理、补充完善，于 2005 年 11 月底完成了文物四有档案的建立工作。在建立文物四有档案工作中，投入大量的人力、物力、财力，进行资料收集、复印、整理、撰写、校对，按照《全国重点文物保护单位记录档案工作规范》第五章管理、装帧、归档要求，全面完成了主卷、副卷、备考卷案卷的装帧立卷工作，共装帧四套，立卷 23 卷，收集、制作测绘图纸 39 张，电子光盘 30 张，照片 279 张。此项工作荣获国家文物局“全国优秀文物档案单位”。在做好文物档案收集整理的同时，完成电子文书档案录入工作，整理文书档案近 300 余件，实物档案 17 件，科技档案 30 余盒。可以说，档案工作的逐步完善，为遗址今后的发展提供了准确、翔实的资料。

4. 建立、完善标本数据库 在周口店发掘出了大量的人类化石、古动物古生物化石、石器和文化遗物遗迹，但这些化石只有少部分在馆内展出，为加强管理，摸清底数，研发了周口店遗址标本数据库软件，将遗址出土标本和文献资料利用信息技术手段进行系统管理，本着先馆内后馆外，先国内后国外的原则，在中国科学院古脊椎动物与古人类所专家的指导下，对库房2100件石器进行了整理鉴定；到南京地质调查所地质博物馆，采集周口店化石标本、模型300件，拍摄照片2900余张，并进行了归纳分类，逐一录入。目前已录入古人类化石标本117件、石器标本115件、文化遗物标本124件、古生物化石标本421件、各种资料87件，共计录入资料864条，推进了标本数据库的录入工作。

5. 建立网上博物馆 为充分发挥博物馆的社会教育职能作用，满足公众日益增长的精神文化需求，利用网络技术，通过三维动画设计手段和语音讲解，展示和宣传远古文化，开通了网上博物馆，让人们足不出户就能尽快了解到博物馆，促进了爱国主义教育和科普教育基地作用的发挥，宣传了科学知识。

三、推进立法实施，做好遗址保护工作

1. 修订《管理办法》，做到有法可依 2007年12月27日，北京市法制办、北京市文物局组织相关单位和有关专家召开了修订《周口店遗址保护管理办法》(以下简称《办法》)立项论证会。2008年，对《办法》进行多次修改，现已上报市文物局申请立项。

2. 开展周口店遗址27个化石地点调查工作 2004年3月成立调查小组，利用普遍与重点相结合的方法，对27个化石地点现存状况、坐标位置、海拔高度等进行调查，并录制了详细的调查资料，并于2008年12月出版了《周口店遗址27个化石地点系统调查与资料整理报告》，为遗址今后的保护和科学研究提供了重要的基础资料。

3. 开展遗址化石地点地质病害调查工作 在2003年进行遗址区内化石调查的基础上，2005年1月，委托中国科学院地质与地球物理研究所对遗址核心区外化石地点进行地质病害调查，并形成了《周口店遗址群地质病害调查报告》。

4. 编制《保护规划》，实施加固保护工程 为使今后遗址保护工作更具科学性、系统性、规范性，遗址管理处于2003年年底委托中国文物研究所、北京建筑工程学院城市研究所编制《周口店遗址保护规划》(以下简称《保护规划》)，并于2004年6月通过房山区第五届区政府第20次区长办公会，同年10月上报国家文物局，于2005年10月通过国家文物局审批。2004—2006年管理处委托辽宁有色勘察研究院设计了《周口店北京人遗址加固保护方案》，并得到国家文物局批准后，对遗址核心区主要化石地点猿人洞南、北侧壁，第3地点南侧，第4地点，山顶洞进行加固，并为山顶洞设计了“保护棚”。为推进《保护规划》的落实，做好猿人洞的保护工作，2008年3月,北京市文物局崔国民副局长、房山区人民政府卢国懿副区长等有关部门领导和国家石质文物保护、文化遗产保护、中国科学院古脊椎动物与古人类研究所的多位专家在遗址管理处召开周口店遗址猿人洞保护专家论证会。

5. 完善安全监控预警系统 为确保遗址博物馆内馆藏化石及遗址本体的安全,加大了人防、技防措施。人防方面,在原有6名安保人员的基础上，增加5名保安人员。增加巡视次数，坚持2小时巡视一次,严格交接班记录。技防方面，制定了遗址核心区0.24平方公里《遗址安全监控预警系统方案》、《防雷设计方案》和《消防设计方案》，投资65万元在博物馆、遗址核心区化石地点,安装22个广角监控摄像头,14个电子报警器，建立了安全监控中心,使监控系统覆盖了每一个展厅和每一处化石地点。投入241万元,增设200立方米蓄水池一座,消防管线100米,消防栓18个。在猿人洞上方、鸽子堂南侧、山顶洞上方、第四地点上方,安装了四根避雷针,防止自然灾害对遗址造成破坏。

6. 加强遗址监测工作 遗址日常监测对于遗址的保护工作起着至关重要的作用，在原有日常监测基础上，增加了对化石地点岩体位移的监测，在遗址核心区内7处化石地点布置了20个监测点，同时在猿人洞西壁剖面、第2地点、第3地点设立4个风化监测点,每月进行一次岩体裂隙监测,并形成文字报告。通过对监测结果进行不定期的汇总分析，掌握遗址化石地点动态变化，为实施保护提供充足的依据。为了监测遗址附近火车对遗址本体的影响,遗址管理处与中国科学院力学研究所合作对遗址附近的火车震动对遗址的影响的损伤进行监测评估。

为进一步做好遗址的全面监测工作,2007年遗址管理处与中国文化遗产研究院、北京建设数字科技有限公司等多家科研单位合作,编制了《周口店遗址监测信息化建设总体方案》和《周口店遗址监控系统建设总体方案》。监测内容包括:气候条件、大气环境、地形地貌、植被、生物、水土流失、崩塌、滑坡、洞穴岩体、遗存剖面、遗存边坡、重要遗存的安全性、游人的活动、车辆活动、生产生活、建设行为等多个方面。

7. 开展植被资源调查 为更好地保护周口店遗址植被和遗址周边环境，完成周口店遗址现代植物名录；揭示周口店遗址古植被类型,结合当代和古植被研究提出取代外来入侵物种的乡土植物配置方案,2008年遗址管理处与中国科学院植物所开展合作,对周口店遗址保护范围内和建设控制地带，通过野外采集植物标本，开展区域生态研究等，掌握区域内现代植物和古植物种类，从而进行对比研究。

四、加大环境整治，完善服务设施

为建设一流的人文环境，创造良好的参观氛围，按照国家AAAA级景区(点)质量等级标准和ISO14001环境体系标准，对遗址区内的参观步道、墙体立面、基础设施、无障碍设施等进行治理完善。遗址管理处投资数百万元用于遗址环境整治和完善服务设施。遗址区内增设了无障碍通道，绿化、美化面积400平方米，硬化路面500平方米，绿化周边环境33646平方米，粉刷墙面8627平方米，清运遗址内垃圾渣土2325立方米，修建无障碍坡道158平方米。在博物馆前和环山甬路旁新增观众坐椅28把，垃圾箱桶29个。同时，加大环境卫生的检查、监督力度，对遗址各化石地点及环境卫生进行巡视检查，流动保洁，垃圾日产日清，确保遗址环境整洁。将原有大门进行修缮改造，以北京猿人雕塑、世界遗产标志、地质文化层为主题，充分体现了遗址丰富的文化内涵。同时严格按照星级厕所标准，在四星级厕所设立了无性别间，解决了残疾人和老年人上厕所无人照看的难题。2005年10月7日接受了国家旅游局的检查验收，并荣获了国家AAAA级景区的称号。通过整治，使遗址环境更加优美，设施更加完善。

为确保奥运火炬启动仪式现场和火炬传递沿线用电安全，投资近百万元将原有100千伏安变压器增容至350千伏安。并请供电部门对遗址变压器、配电柜、电缆及电源线路进行全面检修，绝对保证奥运火炬传递用电需要。为给国外宾客提供便利服务，投资180万元增设了无线语音讲解导览系统，语种包括中、英、日、法、韩语，基本满足了不同国籍观众的需求。

五、丰富科普内容，扩大遗址宣传

1. 举办展览活动，发挥基地作用 周口店遗址是全国重点文物保护单位，世界文化遗产。为了让广大青少年了解周口店遗址丰富的文化内涵，充分发挥爱国主义和科普教育基地作用，博物馆每年都有2个馆内临展和一个外展。2004—2008年，先后举办了“安特生在中国”、“世界奇案——寻找‘北京人’化石特展”、裴文中、李捷、吴汝康、杨钟健等老一辈科学家生平事迹展等7个临展。举办的外展有与天津博物馆举办的《“北京人”与天津》展览，与山海关举办的《世界文化遗产——周口店北京人遗址》展览；参加中国景区博览学会组织的“2007(第三届）世界遗产在中国”巡展；在广西南宁市国际会展中心举办《远古人类的家园—周口店“北京人”》展览；在香港中环大会堂举办了《走进香江——周口店遗址图片展》等9个外展。展览推出后，在社会上引起了广泛的关注。

奥运会期间，为全面展示周口店遗址悠久灿烂的远古文化，在遗址参观甬路沿途设置了体现“北京人”及其同时期的动物雕塑9组15件，雕塑内容有：“北京人”狩猎、打制石器和同时期伴生的动物剑齿虎、双角犀、肿骨大角鹿等；在遗址入口处制作了一组长40米，高5.5米的反映“北京人”狩猎、采集、打制石器、用火的文化墙。同时，遗址博物馆充分利用多媒体展示手段，制作了反映“北京人”和“山顶洞人”生活的三维动画影片和高科技技术制作的魔法卡片互动项目，给观众带来耳目一新的感觉。

2. 丰富参与项目，推出特色活动 为充分发挥爱国主义和科普教育基地作用，培养学生知家乡，爱家乡的思想情感，增加学生社会实践的机会，使遗址和博物馆成为学生社会实践的良好场所，将原有模拟发掘场地进行整改扩建，恢复考古发掘现场，增添了专业的考古发掘工具150套，动手制作项目由室外搬到室内，模型制作种类由原来的5种增加到14种，并开发了立体动物模具6套，在原有互动项目基础上，推出磨制骨针、使用石器、模型装架等，丰富学生参与项目，激发学生学习热情。结合中、小学课本，推出了第二课堂，遗址博物馆还与房山区教委联手，共同举办了“房山区小学德育实践启动仪式——走进周口店遗址”主题教育活动。并本着“由近及远，先易后难”的原则，积极深入学校，进行宣传推广。春节前夕，在与首都博物馆共同举办了“红红火火过大年，高高兴兴去龙乡”冬令营活动中，30余名小学生率先走进了第二课堂。自活动启动以来，有来自周口店小学、中学、房山五中、北京50中、汇文中学等十余所学校的数万名学生走进了第二课堂，学习古人类知识，参与动手项目。同时，周口店中学、北京171中学、汇文中学还参加“植一片绿色，还遗址一片蓝天”、“星星火炬传递文明之光，莘莘学子争做礼仪少年”等主题教育活动，在参与、体验过程中，学生们不仅获取了知识，而且磨炼了意志，受到了学校老师和学生家长的一致好评。2008年9月，周口店遗址博物馆被北京市教育委员会授予“北京市中小学生教学活动实践基地”称号。

为充分体现遗址丰富的文化内涵，以寻找“北京人”为主题活动，通过互联网传播信息广泛的优势，向社会广泛开展了旅游形象LOGO、旅游宣传口号、旅游吉祥物征集活动和“我心中的‘北京人’——少年儿童大型绘画征集活动”。共征集到来自全国各地的旅游形象LOGO16个、旅游宣传口号1657条、旅游吉祥物4件，绘画作品546幅。经过专家评选和网络推选，评选出旅游形象口号中标奖1名，入围奖1名，提名奖2名。绘画作品评选出特别奖10名，优秀奖200名。通过新闻、网络的宣传，以及“我心中的‘北京人’——少年儿童大型绘画征集”活动的开展，周口店遗址博物馆的社会影响力有了显著的提升。

3. 扎实推进科普宣讲，搭建资源共享平台 2003年，周口店遗址博物馆成立“服务全方位，宣讲科普知识进校园”宣讲团，为使科普宣讲工作成为开展爱国主义教育的有效载体。从2004年开始，科普知识宣讲团增加了宣讲内容，扩大了宣讲范围，先后到北京、内蒙古、江苏南京等地区二十余所大、中、专院校进行宣讲，同时配合展览在广西南宁市的中小学校进行宣讲，宣讲人员还走进社区，到永兴达家园、良乡文化路小区、良乡苏庄小区、丰台怡海家园、阳光四季、富锦家园、华林家园等8个社区进行宣讲，2008年开始推出流动的“北京人”校园展览，五年来，听课师生及社区居民达十万余人，发放宣传资料5万余册，此项活动不仅服务了社会，扩大了宣传，而且提高了宣讲团成员的素质。

4. 扩大博物馆影响力，提升科普工作效果 周口店遗址博物馆紧紧抓住节假日有利契机，组织开展了丰富多彩的系列宣传活动。在“5·18”博物馆日当天，围绕“博物馆与共同遗产”主题，向观众发放宣传材料、举办周口店遗址科普知识百问咨询。儿童节期间，开展“迎六一、献爱心”共享一片蓝天活动，免费接送河北中心小学学生参观周口店遗址博物馆和首都博物馆；在中国文化遗产日当天，参与了中央电视台大型现场直播节目——《中国记忆》等。祁红区长在中央电视台《中国记忆》现场直播间发布周口店遗址科研成果和《保护规划》。同时，遗址管理处围绕“保护文化遗产，构建和谐社会”组织开展了保护知识产权，申请商标注册新闻发布，出版发行《周口店遗址》画册；向观众开放周口店第一地点最早发掘处。还举办了“保护文化遗产，共筑精神家园”绿化活动，来自秘鲁、越南、巴基斯坦、塔吉克斯坦等近10个国家的使节，以及国家文物局、市文物局、区政府等领导参加了绿化活动。在奥运倒计时500天之际，和北京晚报共同开展了“迎奥运、创和谐，爱心播绿周口店”主题植树活动，300余名市民参与此项活动，活动的开展，一方面惠及公众，普及了文化遗产的理念和知识；另一方面，提升了公众参与博物馆的兴趣，赢得了普遍赞誉。

科学技术

中国印刷博物馆
THE PRINTING MUSEUM OF CHINA

馆　　长 郝振省
通讯地址 北京大兴黄村兴华北路25号
邮政编码 102600
电　　话 60261238
传　　真 60261238
隶属关系 国家新闻出版总署
性　　质 公办
建筑性质 现代建筑
建筑面积 8000平方米
展厅面积 6000平方米
占地面积 3500平方米
馆址环境 在大兴区北京印刷学院内
历史沿革 1992年1月20日成立筹委会筹建中国印刷博物馆,1993年12月4日奠基。1996年1月建成,1996年6月1日,举行落成典礼,并对外开放。
开放时间 8:30—16:30(周一闭馆)
服务设施 有客运电梯、停车场和语音导览设备
交通状况 乘631、410、937(支6)、456、968、957(快车)、610路清源西里站下。

概 述

中国印刷博物馆位于北京大兴区黄村镇，属科技类专题博物馆，是目前世界上规模最大的印刷专业博物馆。办馆宗旨是弘扬中华民族悠久而辉煌的印刷文化，对社会各界宣传古代人民的聪明才智，对青少年进行爱国主义教育。它以印刷技术为主题，陈列历代有代表性的印刷品、印刷技术设备和相关的原材料，以显示印刷术在发展文化、推动社会进步、传播科学知识、发展生产、改善人民生活和国际文化交流方面的重要作用。

中国印刷博物馆隶属国家新闻出版总署，馆内设有办公室、财务部、保管部、业务部、保卫部，属于事业单位。

中国印刷博物馆自划归事业单位以来，各项工作稳步开展。在藏品征集经费不足的情况下，对藏品征集工作仍然坚持不懈。自2004年以来，通过购买、接受捐赠等途径征集到了反映"748"工程的《"748"全电子式汉字精密照排系统方案说明》(蓝皮书)、《微程序汉字点阵生成器(一)、(二)》手稿、汉字激光照排系统排印出的第一本样书《伍豪之剑》、王选夫人陈堃銶题写"半生苦累、一生平安"等藏品。还有一套约17万字印刷字谱的"木活字"、当代数码印刷精品《地狱变相图》、木版水印精品《虢国夫人游春图》、宋代佳作《春秋经传》、金箔版《渤海早报》创刊号、竹纸报纸《竹报平安》、丝绸版系列《丝绸地图》、等300多种藏品。这些藏品的入馆不但填补了馆藏的空白，同时也进一步完成了藏品系列征集。

在藏品管理方面，为了更好保护和利用好藏品，保管部门对库房做了大量工作，将原来各种质地混在一起的藏品进行了分质地、分类别管理，又把同一质地的藏品进行了分级别、分年代摆放，初步实现藏品的科学化管理。为了进一步实现规范化管理，本部门特制定了《中国印刷博物馆藏品管理办法》、《中国印刷博物馆藏品捐赠办法》、《中国印刷博物馆藏品捐赠协议》等制度及规范。

保管部在完成日常工作的同时，还制定了把历史遗留下来的工作逐步开展与完善的计划。对已经入库尚未鉴定的200多种古籍善本进行了鉴定与定级，对今后建立藏品档案以及实现分级管理奠定了坚实的基础，为开展科研工作创造了良好条件。

保管部在做好基础工作的同时，还为馆内外各种展览、咨询、科研工作提供了详细

中国印刷博物馆主体建筑全景

的图文资料，做了许多默默无闻的艰辛工作。在“5·18”国际博物馆日期间，主办了“印刷家谱木活字及工具”展览。另外还与有关部门合作完成了“印刷之光”在美国、俄罗斯、澳大利亚等国外展览，以及在重庆、郑州、济南、台湾国内展览。

博物馆分为四个展区，即：印刷术源头古代馆、近现代印刷馆、数字技术馆和地下印刷机械馆。此外，还有纸币证券印刷、邮票印刷、港、澳、台印刷和印刷精品展区等几个专题展室。源头古代馆是本馆展陈的重点，以图片、文字说明和实物展示了上起新石器时代晚期，下至清代，印刷术起源、发明和发展的历程。数字技术馆以汉字信息处理技术的开发、应用及走向世界为展线，重点展示“告别铅与火，迎来光与电”这一我国印刷技术从铅排铅印到照排胶印的历史性跨越。常设展览介绍如下：

源头古代馆位于博物馆三楼，占地1000平方米。用图片、文字、实物和模型，展示了中国古代印刷术起源、发明、发展和外传的历史过程。源头部分，介绍了从公元前4000年至6世纪，与印刷术发明相关的历史文化。古代部分，展出了7世纪初至1911年，印刷术发明、发展和外传的历史。观众可以鉴赏到闻名于世的唐代卷轴装《金刚经》；复原昇宋代毕□发明的胶泥活字；元代王祯发明的活字转轮排字盘。向观众展示中国不仅是雕版印刷术的发明国,同时还是活字印刷术、彩色印刷术的发明国。观众能亲手触摸清代年画木雕版,还可进行雕版印刷操作表演。

王桢转轮排字盘展示

近现代馆位于博物馆二楼，展陈面积约800平方米。用展板和实物,介绍了自19世纪中叶近代印刷术的传入，以及我国民族印刷工业、印刷技术发展的过程，还展出了新中国50多年来,我国印刷及相关工业现代化的历程。该馆还包括三个专题展区:纸币印刷展区、邮票印刷展区和港澳台印刷展区。观众可鉴赏到平印、凹印、凸印、石印品和商务印书馆遭日军轰炸后的废墟中抢修出的手扳印刷机和我国第一套邮票——大龙邮票。还可进行丝网印刷和铅字印刷操作表演。

数字技术馆设在博物馆一楼大厅。以汉字信息处理技术的开发、应用及走向世界的历程为展线，重点展出“告别铅与火,迎来光与电”这一我国印刷技术实现从铅排铅印到照排胶印的历史性跨越。同台展示数字印前技术、数字按需、可变数据、个性化等印刷新技术和数字化工作流程。还设有21世纪印刷精品展区展示历年获奖印刷精品以及荣宝斋木版水印珍品《清明上河图》等。在“德国谷登堡博物馆展区”,展示了自15世纪以来德国及欧洲印刷发展简史。这里展出谷登堡发明的木质手摇印刷机模型和欧洲最早的铅活字印刷品《圣经》等。

印刷设备馆设在地下，面积约2200平方米,于2001年4月建成。馆内展出了自1865年以来到20世纪90年代初期多种型号的印前、印刷和印后加工设备。这些设备,由国内外印刷界捐赠,有些设备目前已十分稀少。其中包括早期的手扳式铁制印刷机;铅字铸排机;手动照排机;世界仅存的一台由美国米力公司于1926年制造的重达45吨的双全张双色胶印机;1892年奥地利生产的石版印刷机。参观该展馆可以了解近现代印刷工业和印刷机械设备的发展历史。

中国印钞造币博物馆

CHINA MINTAGE MUSEUM

馆　　长　敖惠诚

通讯地址　西城区西直门外大街甲143号

邮政编码　100044

电　　话　88016028

性　　质　公办

建筑性质　现代建筑

展厅面积　1500平方米

馆址环境　中国印钞造币博物馆在凯旋大厦内。位于西直门外大街凯旋大厦内，东临北京动物园，毗邻西苑饭店、新世纪饭店、北京展览馆、首都体育馆及国家图书馆等。

历史沿革　中国印钞造币博物馆隶属于中国印钞造币总公司，是以收藏、展示中国印钞造币工艺技术为主题，融印钞、造币、高级防伪纸制造等专业与一体的行业性博物馆，设有"工艺技术"、"人民币印制"两个展厅，面积约为1500平方米。博物馆馆内陈列展览运用了多媒体、模型、声光电管制装置、壁画、雕塑等多种手段，展示古今中外货币制造历史及新中国货币制造的发展历程。

开放时间　内部开放。

交通状况　乘332、360路公交车在动物园下车。

（资料来源参考互动百科网 www.hudong.com）

中国电信博物馆
CHINA TELECOMMUNICATIONS MUSEUM

馆　　长　梁志平

通讯地址　北京市海淀区学院路 42 号

邮政编码　100083

电　　话　58843008　58843047

传　　真　58843111

网　　址　www.ctmuseum.cn

电子信箱　telecommuseum@163.com

隶属关系　中国电信集团公司

性　　质　公办

建筑性质　现代建筑

建筑面积　12000 平方米

展厅面积　7000 平方米

占地面积　3500 平方米

馆址环境　中国电信博物馆位于海淀区学院路学知桥路口东北侧，地处北京元大都遗址公园和优美的小月河畔，南与北京联合大学文理学院接壤，西与北京航空航天大学毗邻，属北京中关村高科技开发区园区，科学文化荟萃，环境优美，交通方便。

历史沿革　1983 年 9 月由原邮电部批准成立“中国邮电博物馆筹备组”，1987 年更名为“中国邮电博物馆筹建处”，开展筹建工作，业务直属邮电部办公厅领导。1991

年邮电部正式批准成立“中国邮电博物馆”,并开始立项建设。1994年邮电博物馆大楼批准建设,1995年开始施工,1998年1月新馆交付使用。中国邮电博物馆1996—1997年编写、研讨、修改、审定《邮电博物馆展陈大纲》,1998年3月完成《邮电博物馆展陈形式设计方案》,5月开始展陈施工,1999年年初布展完成,同年8月首次对外开放,接待第22届万国邮政联盟代表大会中外代表1000余人。2000年,全国邮电分营,邮电博物馆归属中国电信集团公司,更名为“中国电信博物馆”,于2001年10月正式对社会开放。开馆以来,接待了大批观众,包括国内外专业人士、社会公众及来自大、中、小学校的学生参观,获得广泛好评。

开放时间 9:00—16:00(周一闭馆)

服务设施 无障碍参观、停车面积500平方米、纪念品销售部。

交通状况 地铁10号线西土城站(东北出口);公交375、392、398、478、490、323快车、运通103路,学知桥下车即到;公交331、386、748、834、816路等在北京航空航天大学下车南行200米。

概　述

中国电信博物馆是国家通信专业综合性博物馆，是全国电信文物主要的收藏、宣传、教育和科学研究的专门机构，是宣传中国电信企业精神文明建设成果，传播科技、启迪智慧的载体，是进行文化、学术和技术交流活动的社会公益性文化场所。

中国电信博物馆工作的宗旨和指导思想，是遵循国际博物馆协会“博物馆是一个不追求赢利、为社会和社会发展服务的、公开的永久性机构。对人类和人类环境见证物进行研究、采集、保存、传播。”和中国国家文物局1979年颁布的《省、市、自治区博物馆工作条例》中规定，“中国的博物馆是文物和标本的主要收藏机构、宣传教育机构和科学研究机构，是中国社会主义科学文化事业的重要组成部分。博物馆通过收集收藏文物、标本，进行科学研究，举办陈列展览，传播历史和科学文化知识，对人民群众进行爱国主义教育和社会主义教育，以提高全民族的科学文化水平。”以及新的《中华人民共和国文物保护法》规定的“文物工作贯彻保护为主、抢救第一、合理利用、加强管理”的方针，妥善做好保护、抢救、利用、管理好我国通信领域的文化遗产，利用这些文物对社会各界有效的进行科学文化和爱国主义教育，为社会主义精神文明建设服务。

管理体制

中国电信博物馆原属邮电部直属领导，2000年全国邮电分营，中国电信博物馆整体划归中国电信集团公司，由原来的事业单位转化为企业体制，由传统的事业型管理模式向现代企业经营管理模式转变，逐渐建立了适应市场需求的各项机制。

中国电信博物馆具有独立的法人资格，馆长是博物馆的业务和行政负责人，负责全面贯彻执行国家有关博物馆的方针、政策和法令，制定该馆长期和近期的工作规划、计划，组织和领导全馆的业务工作和行政管理工作，并对全馆的安全负法律责任，保证各项工作和活动的正常进行。

几年来，中国电信博物馆致力于员工思想观念的转变，牢固树立市场意识、不断深化改革，实施了薪酬激励、绩效考核机制，实行了定岗定编、竞争上岗和全员聘任制，建立了灵活多样的用人和用工方式。采用固定人员与流动人员、专职与兼职相结合的用人方式，例如采用兼职人员、志愿者担当讲解员和售、验票工作等。与此同时，制定和完善了各项规章制度，建立起新型的激励和约束机制，加强科学管理。员工的精神面貌焕然一新，中国电信博物馆更加朝气蓬勃，充满活力。

中国电信博物馆现设有综合策划部、业务展示部、信息刊物编辑部等部门，有高级职称人员7人，中级职称人员12人，大专以上学历人员占总人数的95%以上。

藏品管理和保护

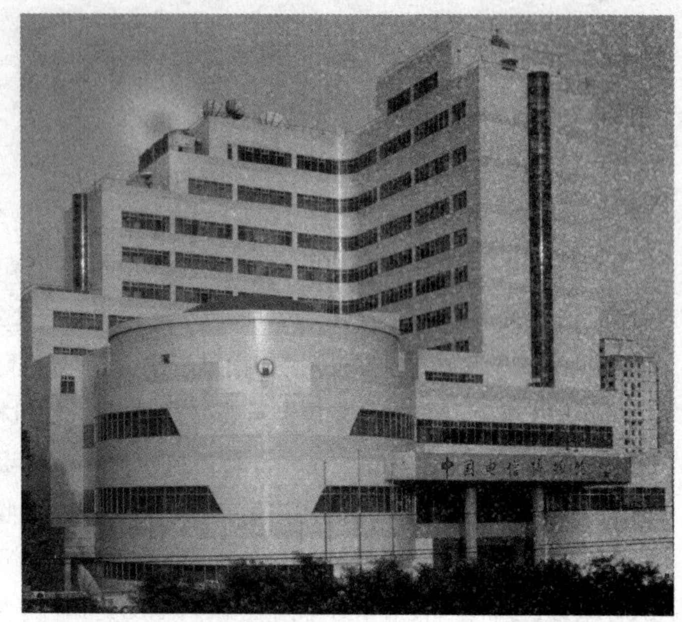

中国电信博物馆主楼

中国电信博物馆收藏了我国通信发展各个历史时期具有代表性的、有存史价值的物品，其中有用于原始通信的鸡毛火碳信、竹片、竹叶、竹筒；用于古代烽燧通信的燃料积薪、烟柴、历代筑于边防要塞的烽火台建筑构件；珍藏有我国最早的汉字电码本——《电报新书》、我国早期使用的莫尔斯人工电报机、韦斯登重锤式发报机和第一代国产55型电传机、供电式人工交换机、旋转制自动交换机以及清末龙图案电话机和各种早期电话机；还有中华人民共和国成立后在中国通信技术发展中发挥重大作用以及具有纪念意义的通信设备和物品，包括1949年邮电部成立后召开第一次电信会议时的会议签名簿、1976年中国日本合建的中日海缆样品及中继器、西昌卫星发射中心曾使用过的中央控制台、第一套国产模拟手持机、班禅大师在青海故居曾使用过的电话机、我国第一套电话磁卡——深圳绿箭卡和全国各省发行的电信卡、我国引进的第一套F150程控交换机设备及全国首批小灵通手机等珍贵电信文物。它们生动地见证了我国通信发展的历史，深刻地佐证了我国通信的发展轨迹。中国电信博物馆根据自身的性质和任务，尽可能地通过各种渠道多征集文物、资料、照片，以丰富馆藏，为馆的陈列展览、宣传教育、科学研究创造良好的基础。

在藏品管理和保护方面，近年来对收集入馆的文物登记入账，填写了基本信息。邮政、电信分营后，根据原邮电部指示："邮政类相关文物移交国家邮政局文史中心"，以后开始重新调整馆藏文物，建立新的藏品登记账，根据国家文物局关于"非文物局系统国有企事业单位所属文博部门一级文物建档"工作的要求，筹划本馆藏品档案的建立和规范化工作；实现了馆藏文物档案全部电子化；对馆藏文物进行分级定类；建立了文物修复室，修复文物50余件，增加了近100平方米面积的库房，添置了新的藏品柜，对部分馆藏文物进行了重新排架和登记。

2008年，中国电信博物馆为了使馆藏史料、文献更好的突出专业特色、更为规范化、有序化,更方便检索和利用,对文献史料进行了重新整理、登记、分类、排架。完成了交通年鉴、电信年鉴类、电信技术类、各省史志史料类、文献汇编类、文史知识类等资料的分类和排架。并添置了一批新的书柜,加强了史料的保护措施。

科研

中国电信博物馆的科学研究主要是联系本馆业务实际进行研究,其研究的内容主要包括博物馆业务范围相关专业学科的研究、博物馆文物藏品的研究和博物馆学的研究。主要是为博物馆的文物保护、陈列展览、宣传教育等相关业务进行研究,更注重实效性。博物馆的科学研究是博物馆各项业务工作的基础。博物馆的专业人员有自身的业务工作,还要从事科学研究,确实十分艰辛。馆里对从事科研工作的同志给予支持和鼓励,创造必要的环境和条件,使他们多出科研成果,以提高博物馆各项业务工作的水平,从而推动中国电信博物馆事业的发展。近年来,电信博物馆人员的研究论文入选2004年、2008年中国科协科学年会论文集并出席大会,入选北京博物馆学会第五届学术研讨会论文集并出席会议,研究论文在《中国文物报》、《中国博物馆》杂志、《中国博物馆通讯》、《文物工作》等专业报刊发表,为博物馆的文物保护、陈列展览、宣传教育等进行了多方面的研究。

陈列展览

中国电信博物馆2001年10月正式向社会开放。馆内常设以下展览:

《中国通信发展史展》

展示我国悠久的通信发展历史,包括古代、近现代和当代三个部分。全面反映了从三千多年前通信活动的萌芽,到古代烽火通信,从近现代通信的艰难起步到当代通信高速发展的辉煌成就。

《电信科技科普展》

普及通信科技知识,演示通信原理,介绍通信科技发展最新成果及发展趋势等,主要演示项目有程控交换、数字通信、微波通信、移动通信、卫星通信、多媒体通信等系统。观众可以动手操作通信设备,感受现代通信技术的魅力。

《中国电信专题展》

向各界宣传中国电信的良好企业形象,向国内外广大观众普及现代电信技术、业务等相关知识,进一步推进社会信息化水平。展览主要分为企业形象展示、电子政务、商务领航、信息田园、个人信息化、我的E家等板块,形象、直观地展示了信息化在人们的生活、工作、学习等方面的巨大影响。

《电话卡展》

展示中国电信全国统一发行的电话卡及各省、自治区、直辖市电信公司发行的电话磁卡、IC卡、IP卡等。旨在宣传电信卡类文化、促进电信卡业务的推广和发展,让更多的人有机会观赏电话卡、了解电话卡、使用电话卡。为广大观众和收藏爱好者提供了观赏及收藏的知识园地。为企业与社会的沟通架设一座桥梁,更好地促进社会主义精神文明建设。

为迎接2008年北京奥运会，本着弘扬体育文化，艺术与体育同行的思想，通过以体育专题电话卡展示奥林匹克的历史及文化艺术。让观众在欣赏艺术品的同时了解奥林匹克文化的深刻内涵。特举办了《迎奥运体育专题电话卡展》，展览从内容和形式上，充分体现了人文奥运的理念，为窗口行业——博物馆服务奥运、服务北京，弘扬奥林匹克精神，起到积极作用。

中国电信博物馆的各项展陈充分运用了综合的现代化陈列手段，如沙盘、模型、绘画、雕塑、景观复原、声、光、电辅助设施及计算机多媒体演示技术等，共同组成了一个完整的中国通信发展史陈列，既体现了历史的凝重感和民族文化特色，又展现出辉煌的科技成就；既可聆听讲解员对陈列品的述说，又能亲自动手参与，力求满足各个层次观众的求知愿望。

同时，中国电信博物馆还适时不断地推出各种临时展，如《迎奥运体育专题电话卡展》、庆祝新中国成立60周年《百年电话史回顾展》、《无线电发展史展》等专题性展览，受到广大观众的好评。

社会教育

中国电信博物馆社教工作主要是负责宣传、组织联络观众、做好接待讲解工作。中国电信博物馆经常派讲解员参加北京博物馆学会组织的培训班、演讲观摩会等，不断提高讲解水平。针对不同观众，撰写了不同内容的讲解稿，讲述一些典故和传说故事，以提高观众的兴趣。同时，与部分旅游团及大、中、小学建立关系，定期组织观众来馆参观，并保证团体观众、重点观众有专人接待讲解。经常组织新到岗位的讲解员熟悉展厅，背诵讲解词。组织老讲解员将中国电信博物馆全部展览的讲解词进行口语录音，保存了完整的讲解词录音磁盘。同时与邮电大学团委一起组织了博物馆讲解员志愿者活动（50名大学生参加）。及时制作宣传中国电信博物馆的馆介画册和单页的馆介宣传材料。编辑制作了《中国电信博物馆》DVD宣传片，编辑出版了《中国通信文物图集》。

中国电信博物馆立足通信业界、面向社会，不断加强与电视台、广播电台、报社等新闻媒体的联系与合作，开馆以来先后与中央电视台《东方时空》、《走进科学》、《寻宝收藏》和北京电视台《青少年活动》、中国教育电视台等栏目组合作拍摄制作了《电信专题节目》和我国《电信发展》的宣传片，节目在不同的栏目中播出，深受欢迎，且扩大了知名度。每逢馆内举办新的展览，都要在报刊上、互联网上报道相关的展览信息。在社教工作上，同北京的博物馆同行保持经常的联系和沟通，与社会各界保持联系，积极参加社会公益活动，扩大博物馆的知名度和影响力。积极参加国家文物局和北京市文物局组织的博物馆相关活动。开馆9年来接待各界观众达10多万人，受到广大观众的好评，并被授予“北京市青少年科普教育基地”称号。

社会服务活动

中国电信博物馆接待

的参观观众主要有：大、中、小学师生、旅行社的组团参观、持北京地区博物馆通票的观众（占比重较大）、享受免票的观众（占比重较大）、作为新员工教育培训来馆参观的单位团体以及通信行业的单位团体观众和个人零散购票观众，其中大、中、小学的师生比较喜欢来馆参观。尤其一些开办通信工程、计算机等专业的学校每年都会来馆团体参观。

中国电信博物积极参加《北京博物馆参观通票》活动。注重社会服务工作，例如：

接待北京邮电大学师生来馆参观，并在二层大厅举行入党仪式活动。

接待北京市海淀区教委商谈中小学生参观和科普教育基地挂牌事宜。

接待中国电信团委、北京通信产业报、中国自然科学博物馆协会等单位来馆参观或收集相关史料。

与北京邮电大学团委组织了博物馆讲解员志愿者活动（50名大学生参加）。

北京市青少年培训中心、电信单位等团体来中国电信博物馆举办夏令营、冬令营开幕式。

参加在国际饭店大堂举办的“5·17”国际电信日图片展览活动。在电信日期间，中国电信博物馆被授予“中国通信科普教育基地”的称号，并授牌。

参加北京东城区蓝天工程联席会议；多年来参加东城区教委组织的蓝天工程这个中小学生的课外活动基地的相关活动。

接待北京第三聋哑学校的师生和学生家长；并接待《通信世界》记者来馆采访聋哑学校学生来馆参观的情况。

接待中国移动通信公司展示厅工作人员来馆参观学习。

接待铁道博物馆馆长一行来馆参观、座谈。

接待中国电信政企客户部学生夏令营开营仪式。

接待神州数码斯特奇公司员工分批培训参观等。

文化产业、产品和经营情况

中国电信博物馆有千余平方米的临时展厅，在充实、开发展览内容的同时也为社会各界提供办展场地，以优质的服务为社会各界安排和创造优良的环境，提供开展各项活动的场所。

中国电信博物馆学术报告厅（多功能厅）面积480平方米，配有先进的灯光、音响设备，可以举办各类大中型新闻发布会、研讨会、各种专业培训班，能运用视听技术开展对青少年的科普知识教育和专业人员专业技术知识的讲座。还可举办中小型卡拉OK及舞会等娱乐活动。今后，学术报告厅将不定期举办国内外通信史和电信科技学术研讨会。

在世界通信科技高速发展的今天，中国电信博物馆将努力成为全面展示中国通信技术及其历史发展的窗口，成为未来通信科技尖端技术的精品廊以及青少年科普教育的第二课堂。

（彭淑琦）

中国科学技术馆

CHINA SCIENCE AND TECHNOLOGY MUSEUM

馆　　长 徐延豪

通讯地址 北京市北三环中路1号

邮政编码 100029

电　　话 62371177

网　　址 www.cstm.org.cn

电子信箱 office@cstm.org.cn

隶属关系 中国科学技术协会

性　　质 公办

建筑性质 现代建筑

建筑面积 4.3万平方米

展厅面积 2.1万平方米

占地面积 5.8万平方米

馆址环境 坐落在北三环中路安华桥西北角。

历史沿革 1958年,周恩来总理、聂荣臻副总理批准筹建中国科技馆。当时筹建的中国科技馆是以展示宣传我国科学技术成就为主要任务,选址在今天北京火车站对面,后来为了给人民大会堂等十大建设工程让路而缓建了。直至在1978年3月召开的全国科学大会上,茅以升、王大珩等83位著名科学家联名提出建设中国科技馆的建议,建议得到了党和国家领导人的重视。1978年11月16日,中国科协向国务院提出了在北京兴建中国科技馆的请示。11月17日,邓小平同志圈定同意建设中国科技馆。1979年2月21日,国家计委批准中国科协筹建中国科技馆。1982年1月,国家计委批准中国科技馆一期工程建设任务,建筑面积不超过2万平方米,展厅面积近5000平方米。1984年11月21日,中国科技馆一期工程奠基,1988年9月22日,中国科技馆一期工程(不含穹幕电影厅)建成开放。1989年5月17日,穹幕电影厅开工建设,1995年8月25日,穹幕电影厅正式向公众开放。中国科技馆一期展厅经过几年的开放,其规模已远远不能适应公众的需求。为了适应形势和社会需求,1995年中国科协决定启动二期工程建设。1998年2月10日,国家计委批准《中国科技馆二期工程初步设计》,2月24日,中国科技馆二期工程破土动工并于2000年4月29日建成开放。二期展厅建筑面积2.3万平方米,其中展览面积为1.5万平方米。二期工程建成开放后,虽然展览面积比一期增加了两倍,仍然不能满足使用要求,展厅里经常人满为患。2002年8月中国科协和北京市人民政府联合向国家计委上报《关于中国科技馆新馆选址和建设问题的请示》,建议异地新建,在奥林匹克公园内建设中国科技馆新馆。2005年4月,国家发改委批准中国科技馆新馆立项,同意在国家奥林匹克公园内建设中国科技馆新馆,占地面积4.8万平方米,建筑面积10.2万平方米,展览面积4万平方米。中国科技馆新馆于2006年5月9日奠基,拟定于2009年9月正式对社会公众开放。

开放时间 9:00—16:30(周一闭馆);劳动节、国庆节、春节期间及暑假(7月10日—8月20日)9:00—17:30(周一照常开放)。

对外开放单位 餐厅、电影院、纪念品商店等

服务设施 设有纪念品商店、食品店、物品寄存柜,提供轮椅,可实现无障碍参观。

交通状况 1. 公交线路 乘坐21、300、302、367、380、387、407、409、422、702、718、725、730、731、735、749、801、825、830、831、967、运通101、运通104、运通201、特8路均可到达。2. 地铁线路 乘坐地铁10号线到"北土城站"下车,再换乘21路公共汽车或步行10分钟,可到达中国科技馆。

温馨提示 位于北京市北三环中路1号的中国科技馆自2009年7月1日起闭馆,位于北京市朝阳区北辰东路5号的中国科技馆新馆自2009年9月20日起对社会公众开放,开放时间不变,咨询电话:5904100,总机:59041188。

概　述

中国科技馆是我国唯一的国家级科技馆，是实施科教兴国战略和人才强国战略，提高公众科学文化素质的大型科普基础设施。

中国科技馆的主要教育形式为展览教育，包括常设展览和短期专题展览，通过科学性、知识性和趣味性相结合的展览内容，反映科学原理及技术应用。中国科技馆与一般陈列性博物馆最大的不同是，这里绝大多数展品不但可以看，观众还可以亲自动手进行探索与实践，体验科学带来的乐趣。在开展展览教育的同时，中国科技馆还组织各种科普实践和培训实验活动，让观众通过亲身参与，加深对科学的理解和感悟，在潜移默化中提高自身科学素质。

在继承老馆优良传统的基础上，中国科技馆新馆以“体验科学，启迪创新，服务大众，促进和谐”为建馆理念，在内容建设的全过程贯穿科学发展观的主线，注重“世界眼光，中国特色”。常设展览的主题是“创新·和谐”，设置5个主题展厅，分别为“科学乐园”、“华夏之光”、“探索与发现”、“科技与生活”和“挑战与未来”。除此之外，新馆还配置了4个特效影厅、一批培训实验室和可用于组织公众科普报告会的报告厅、多功能厅。

中国科技馆是中国科协直属事业单位，目前设有办公室、人事处(党办)、财务处、展览教育处、工程管理处、科研设计处、规划发展处、特效影视处、资源开发处和物业(安全)处等部门。

一、辛勤耕耘，老馆备受观众欢迎

在中国科协党组、书记处的领导下，中国科技馆认真学习十七大精神，学习实践科学发展观，按照《全民科学素质行动计划纲要》要求，努力发挥国家馆对科普工作的促进作用，认真履行职责，扎扎实实推进各项工作，除2008年因受北京奥运会的影响外，其余每年接待观众都超过200万人次，党和国家领导人多次视察中国科技馆。

2004年5月31日，“六一”国际儿童节前夕，胡锦涛总书记和随行的中共中央政治局候补委员、中央书记处书记王刚，在中共中央政治局委员、北京市委书记刘淇、北京市市长王岐山和中国科协、团中央负责同志的陪同下，前来中国科技馆视察工作，并与来自全国各地的各族少年儿童一起欢度节日。这是中国科技馆自1988年9月正式对公众开放16年来第一次迎来党和国家的最高领导人，充分体现了党中央对科普事业的高度重视以及对中国科技馆建设的亲切关怀。

2004年7月4日，中共中央政治局常委、中央书记处书记曾庆红和书记处书记刘云山、周永康、徐才厚、何勇、王刚，以及刘淇、王岐山等领导同志，在张玉台、徐善衍等中国科协领导陪同下来到中国科技馆参加首届“全国科普日”活动，视察了中国科技馆的常设展厅和“科学发展观：人与自然和谐发展篇——大自然的警示与启示”展览（其他党和国家领导人视察中国科技馆的情况参见大事记）。

（一）常设展览 常展常新

常设展览是科技馆最主要的科普阵地，在传播展示科技知识、为社会发展提供服务等方面有着不可替代的重要作用。在二期建设过程中，中国科技馆科研设计队

建设中的中国科技馆新馆

伍得到了全方位的锻炼，展品、展项设计与制作水平得到全面提高。在此基础上，中国科技馆根据科学中心建设理念，进行自主研发，有计划地更新展品、展项。2005年，自主开发的“医药与健康展区”建成，展区以通俗易懂、图文并茂的形式，宣传了人们生活中的医药与健康知识。

随着中国科技馆知名度的不断提高和公众对科普热情的持续高涨，很多企业都慕名而来，表达了合作的意向。近几年，中国科技馆有针对性地与杜邦、联想、宝马、标志雪铁龙等国内外知名企业进行合作，联合开发了环境保护、信息技术、清洁能源、汽车与安全等新展区。在联合共建展区的过程中，中国科技馆严格把关，强调知识性、趣味性、互动性相结合的原则，保证了展品的科学性与亲和力。建立良好的合作关系之后，中国科技馆还与一些企业对共建展区进行了重新设计和重点改造，2006年对“英特尔展区”进行了改造；2007年，为迎接奥运会，普及体育科技知识，把“联想信息技术展区”改建为“科技奥运展区”。此外，对“机器人乐队”、“机器人舞台”、“磁悬浮列车”、“三叶纽结”、“高压放电” 等大型展品进行全面维护保养，建立了大型展品的定期维护保养制度；对“三峡模型”、“太空剧场”等展品进行了设备改造；在展厅新增了“环保小实验”和“交通安全标识认知活动”、“视觉暂留”等实验表演；影厅新换了两部穹幕影片等。同时，整个展厅的展品、展项完好率始终保持在97%以上。不断推出新展品、展项和新展区，做到了常设展区常展常新，使中国科技馆保持了旺盛的生命力和对广大观众的吸引力，实现了可持续发展。

（二）专题展览 打造精品

专题展览具有主题鲜明、重点突出、形式灵活、反应迅速等特点，是常设展览的有效补充。中国科技馆始终以高度的使命感不断开拓创新，举办或承办了各具特色的专题展览，把国内最新科技成果、科技人物、社会热点呈现给观众。在开发和组织短期专题展览的过程中，中国科技馆从展览教育理念和办展方式上进行了新的探索和尝试。在展览主题的选择上，更加注重科学技术发展的重大成就和国家重大方针政策的宣传和展示，满足广大公众迫切希望了解有关问题的需求，也适应了党和国家重大方针政策贯彻落实的需要。在展览形式上，更加强调科学中心理念和精品意识，注重增强展览的亲和力及互动性，避免千篇一律的展板。

2004年7月，中国科技馆承办的“科学发展观：人与自然和谐发展篇——大自然的警示与启示”大型科普展览，以发人深省的500多幅照片和数十个标本，直观、形象地宣传了全面、协调、可持续的科学发展观，受到了广大群众的热烈欢迎，也得到了中央领导的肯定。中央电视台新闻联播和焦点访谈连续一周作了报道，人民日报、光明日报、科技日报等媒体也设专版介绍，取得

“中国载人航天科普展”展览现场

了极大的社会效益。

2006年9月，在全国科普日主会场举办的“节约能源，你我共参与”展览中，中国科技馆通过科普剧以及60余件互动型展品和展板，向观众普及节约能源的知识，成为主会场的一大亮点。这个展览受到中央领导的一致赞许，同年，展览在国内进行巡展。2008年4月，中国科技馆向公众推出了“节能减排——做负责任的地球公民”专题展览，深受观众好评。

“神舟”五号遨游太空之后，中国科技馆在社会的航天热潮下，及时举办了“火星交响曲”和“中国载人航天科普展”。特别是“中国载人航天科普展”把“神舟”五号返回舱请到展览大厅，返回舱、太空服等实物引起轰动。2005年，配合国际物理年，中国科技馆成功举办了“穿越时空的物理之光”和“爱因斯坦——宇宙大匠”专题展览。

在2003年举办“征服瘟疫之路——人类与传染病斗争的科学历程”展览之后，2005年12月，中国科技馆又举办“阻击禽流感科普展”。这些展览直接、生动地帮助公众科学认识传染病，树立战胜瘟疫的信心，消除恐慌心理，使公众今后在面对其他流行疾病时能具备科学的态度和正确的应对措施，受到广大公众的一致好评。

2004年至2008年，中国科技馆成功举办了各类专题展览几十次，这些短期专题展览是常设展览的必要补充，也增强了科普教育的鲜活、生动、及时的特征，成为中国科技馆20年来可持续发展的最有生命力的科技传播的有效形式之一。

（三）培训实验 丰富多彩

中国科技馆始终坚持公益性原则，通过不断的探索和实践，开展大量内容丰富、形式多样的培训实验教育活动，充分发挥自身服务社会、服务广大青少年的职责，较好地完成了培养广大青少年创新精神和实践能力的任务。

中国科技馆依托科学教育机构，创办并成功主办多届“六一科技广场活动”和“科技动手做，欢乐大庙会”等科技动手活动，通过贴近生活、新奇有趣的科学实验，展现科学原理，让孩子们在玩中学到科学知识。还利用自身优势，举办或承办了各类大、中、小学生的科技知识培训班和科技创新大赛，如“大自然科学实验”、“科技动手园地”、“未来科技之星”、“未来工程师”大赛等活动。这些活动有效地培养锻炼了青少年动手能力、创新能力和与他人协作的能力。

此外，还与美国朗讯科技基金会合作，筹建了环境科学实验室，指导青少年进行环境状况考察、环境论坛等活动；与德国巴斯夫公司合作举办的“小小化学家”活动，针对6—12岁的儿童群体设计了趣味互动实验，利用化学世界的神奇和魔力，激发孩子对科学的兴趣。

在推动教育方式创新方面，中国科技馆也进行了有益的尝试。2005年4月，与中央电教馆联合开发制作了“‘触摸科技’——中国科技馆中学物理探究资源”多媒体光盘。光盘以科技馆展品为线索，密切联系中学物理知识，通过图片、视频、动画等素材揭示了展品所蕴涵的科学原理和相关原理在社会生活中的广泛应用，服务于学校的物理教学，并向北京地区和广大西部地区免费发放。

科普报告会是对社会公众进行科普教育的重要方式。多年来，中国科技馆始终坚持公益性原则，针对公众关心的高新技术、前沿科学和社会热点，举办了各类科普讲座150余期，用形象的、生动的、有趣的、能激发公众参与思考的内容和方式来传播科学，形成了广泛的社会影响。社会知名的科学家、教育家、政府官员及科普工作者和社会活动家的参与，通俗易懂的内容，主讲人与听众互动的形式，为渴求知识的人们提供了学习、交流的机会，提供了探索科学思想和科学方法的氛围，得到社会公众的广泛关注和积极的参与。2007年，为促进国民科学素质建设，与中央电视台《大家》栏目联手举办了《大师讲科普》大型科普公益电视节目，邀请了诺贝尔奖获得者杨振宁，国家最高科技奖获得者袁隆平、吴文俊、吴孟超、李振声、金怡濂，国际应用数学家林家翘，两弹一星元勋王希季，探月工程首席科学家欧阳自远等9位当代中国最具影响力的科学大师作科普报告。全部9场讲座均在中央电视台播出。

从2004年4月起，为了帮助领导干部了解世界科学技术发展的趋势，掌握科技发展的前沿信息，中国科技馆与中直工委为中直机关领导干部举办了10多期科技报告会，报告会受到参会领导的普遍好评。

（四）教育科研 成果丰硕

作为国家级科普教育基地，中国科技馆科研与科普教育成果双丰收，承担或参与国家和省部级科技科普政策的制定、科研课题的研究，充分发挥自身在科学研究与设计开发方面的优势，与国内外著名科研院所、高等院校和跨国企业联合开展科研课题研究，通过常设展览、专题展览和教育实践活动等多种方式广泛传播人类科学思想和方法，为提高全民科学文化素质和创新能力发挥了积极作用。

近几年，中国科技馆参加了《国家中长期科学和技术发展规划纲要（2006—2020）》中有关全民科学素质和科普工作部分的起草工作，主持其战略研究第19项《创新文化与科学普及研究》，为全国的全民科学素质建设、科普工作、科普基础设施建设纳入国家中长期科学和技术发展规划做了重要的基础性的工作。主持并参与起草由国务院颁布的《全民科学素质行动计划纲要（2006—2010—2020）》，参加《科学技术馆建设标准》的起草、编制与调查研究工作，参与编写《全民科学素质行动计划纲要》学习辅导读本。与中国科普研究所合作，对科技馆常设展览科普效果进行评估并出版专著。参加中国自然博协组织的《自然科学类博物馆发展战略研究》，主持其子课题《全国科技馆发展战略研究》。参加中国科协组织的全国科普基础设施规划研究。在建设新馆的过程中，中国科技馆采取自主研究和合作研究的形式，先后进行文献研究和理论研究，对国内外科技馆建设中的问题进行深入分析，完成的研究报告总计达155万字，确定了以“体验科学，启迪创新，服务大众，促进和谐”作为新馆内容建设的理念，为展示内容设计打下坚实的基础。成功申请国家“863”计划2008年度“射频识别（RFID）技术与应用”重大项目课题之一“RFID技术在科技馆教育和管理中的应用”，并在中国科技馆新馆实际部署实施。

经过辛勤的努力，中国科技馆研制的书本科技馆获2006年国家科技进步二等奖，出版专著10多部，发表论文几百篇。科研人员中，获得国家级荣誉称号和科研奖励的有4人（国家科技进步二等奖1人；国家中长期科技发展规划战略研究突出贡献奖1人，重要贡献奖2人），获得省部级科研奖励多人。

（五）服务地方，携手共进

在2006中国年科协“七大”之后，中国科协书记处要求中国科技馆在全国科技馆中充分发挥国家科技馆的示范和辐射作用，建设成为科普资源的开发、集散和服务中心。为此，中国科技馆充分发掘现有资源，努力为地方科技馆的建设和发展提供服务支持。实际上,自1983年起,中国科技馆就突破围墙限制,精选专题展览,长年在全国各地进行巡展,这样既扩大受众范围,也为丰富地方科技馆展出内容发挥了积极作用。以2006年为例,全年共组织了“二十世纪重大发明与发现”、“牛顿诞辰360周年”、“周培源生平事迹展”、“身边的科学100例”、“征服瘟疫之路”等10个展览相继在深圳科学馆、无锡科学馆、浙江余姚大汶口博物馆、郑州科技馆、宁夏科技馆、湖北荆门科技馆、宁波青少年宫、宁波慈溪市教育局新华书店、绍兴科技馆、东莞科技馆展出。此外,中国科技馆先后接待了众多省市科协、科技馆的考察,通过座谈交流、参观考察等方式,为推进地方馆的建设和发展献计献策,并在人员少、任务紧的情况下派员到湖南、湖北、贵州、四川等地科技馆做项目评审工作。

(六)国际交流,广泛合作

随着中国社会、经济的飞速发展,中国科技馆不断发展壮大,在国际业界的影响力也与日俱增,在世界科学中心和国际博协及ASPAC中发挥越来越重要的作用。2005年11月,中国科技馆与中国地质博物馆、北京自然博物馆、北京天文馆联合主办了“科技博物馆展览设计国际研讨会”,并多次组团参加世界科学中心大会,赴亚洲、欧洲、北美、大洋洲等国家和地区进行业务考察。通过国际交流,与国外知名科学中心建立了广泛联系和合作,进一步扩大影响力,对国内科技馆建设和发展起到了积极的推动作用。

在展览交流方面,按照“走出去,请进来”的思路,“中国古代传统技术展览”作为文化交流的使者,2004—2008年继续在美洲、欧洲、东南亚等地巡展,弘扬了民族精神和中华民族优秀传统科学文化,为世界了解中国、中国走向世界做了积极有益的工作,起到了官方外交的辅助和补充作用,同时也将爱国主义教育延伸到海外华人,反响强烈。同时,中国科技馆也相继引进部分优秀的国外专题展览或与国内外有关单位共同举办专题展览,如“火星交响曲”、“世纪风云人物——爱因斯坦”、“破解头发的奥秘”、“奥林匹克青少年教育展”、“‘超越!’——中英体育科技互动展览”、“医学与生命科学历史与遗产展”等。

作为对外科技文化交流的窗口,中国科技馆的工作得到了国家的充分肯定。一些重要的外事接待任务,也安排在中国科技馆。2004年6月,叙利亚共和国总统巴沙尔·阿萨德对我国进行国事访问,在日程安排非常紧张的情况下,23日上午专程来到科技馆参观访问。此外,约旦亲王哈桑殿下、古巴小卡斯特罗等贵宾也参观访问了中国科技馆,中国科技馆每年接待的国外宾客不计其数。

五年来,中国科技馆立足常设展览,拓展教育领域,接待各界观众近1000万人次,取得了辉煌的业绩,同时,苦练内功,注重人才培养和作风建设,进一步完善团结奋斗、无私进取、公众至上、不断争先的科技馆精神，在首都、在全国产生了巨大影响，也赢得了诸多荣誉："国家一级博物馆"、"中直机关文明单位"、"首都文明单位标兵"、"北京科普教育基地"、"北京爱国主义教育基地先进单位"、"科技奥运先进集体"等。

二、全面开放，新馆建设如火如荼

随着改革开放的不断深入，我国社会稳定、经济连年高速发展，国家先后颁布了《中华人民共和国科学技术普及法》、《国家中长期科学和技术发展规划纲要》、《全民科学素质行动计划纲要》和《关于加强科技馆等科普设施建设的若干意见》、《关于加强国家科普能力建设的若干意见》等一系列法规和文件，对科普事业和科技馆的建设给予了高度重视，为我国科技馆事业特别是中国科技馆创造了前所未有的发展机遇。特别是随着广大人民群众对精神文化生活与物质文化生活需求的日益增长，人们学习科技知识的需求越来越旺盛，走进科技馆的观众也越来越多。中国科技馆二期展厅建成开放后，观众量显著增长，年接待观众连年超过200万人次。尤其是在寒暑假、节假日等高峰期，展厅经常超饱和运行甚至出现拥挤现象，既不能保证观众的参观效果，又存在严重的安全隐患。如何大幅度提高中国科技馆的接待能力和科普教育水平，成为亟待解决的问题。

(一)历尽周折，建设新馆

根据国家对中国科技馆建设总体计划安排，在二期工程建设之后，即开始三期工程的接续建设。1999年6月，中国科协和中国科技馆启动了三期工程建设前期准备工作。根据原国家计委的要求，于1999年10月上报了三期工程项目建议书，随后进行了建设方案招标。由于受馆区容量的限制，三期工程的建设方案曾多次修改。经与国家计委、北京市有关部门反复沟通，形成了三种备选方案：一是原地续建；二是原地拆迁扩建；三是异地新建。

直至2002年6月，贾庆林和刘淇等北京市主要领导与周光召、张玉台、徐善衍等中国科协领导进行会谈后商定：为实现"主题突出、功能完善、形象完整"的建设要求，采取异地新建方案，在北京奥林匹克公园内建设中国科技馆新馆。在国家奥林匹克公园内建设新馆，既可以使其作为奥运会相关附属设施在奥运会召开期间和结束之后得到充分利用，又可通过在新馆举办相关专题展览，体现"科技奥运"和"人文奥运"的理念，为奥运会创造良好的科技文化氛围。

2002年8月，中国科协和北京市人民政府联合向国家计委上报《关于中国科技馆新馆选址和建设问题的请示》，建议在奥林匹克公园内建设中国科技馆新馆，随后，中国科技馆进行了大量的调研、考察工作，于2004年11月向中国科协提交了《中国科技馆新馆项目建议书》，由中国科协和北京市人民政府联合向国家发改委上报。2005年4月,国家发改委批准中国科技馆新馆立项,同意在国家奥林匹克公园内建设中国科技馆新馆。2006年4月,国务院批准《中国科技馆新馆可行性研究报告》。

2006年5月9日,中国科技馆新馆隆重奠基。王兆国、刘淇、韩启德、陈至立、周光召、王岐山、邓楠、刘东生、王永志等领导和科学家代表为新馆奠基。

2006年9月,国家发改委批复《中国科技馆新馆初步设计方案和投资概算》。

中国科技馆新馆位于国家奥林匹克公园中心区,与"鸟巢"仅一箭之遥,东临亚运居住区,西傍奥运水系,南依奥运主体育场,北望森林公园,占地4.8万平方米,建筑规模10.2万平方米,展厅面积4万平方米,总投资近20亿元人民币,是奥林匹克公园中心区体现"绿色奥运、科技奥运、人文奥运"三大理念的重要组成部分。

新馆建筑为一体量较大的单体正方形,利用若干个积木般的块体相互咬合,使整个建筑呈现出一个巨大的"鲁班锁",体现了中国传统文化中重视整体与部分关系的特点,也象征着科学没有绝对的界限、学科之间相互融合、相互促进的寓意。新馆建筑又像一个"魔方",蕴涵着"解锁"、"探秘"的寓意。新技术、新材料的应用既充分满足了大体量单体建筑的隔热保温和采光需求,又减少了对空调的使用,达到了降低能耗的效果。建筑内部采用全空气系统和自然通风系统相结合的方式,使室内空气在不同季节进行自动调节;建筑还采用了雨水收集与利用系统、中水利用系统、冰蓄冷系统,并局部安装了太阳能发电系统、风力发电系统等,极力倡导节能环保理念。

(二)加紧施工,新馆亮相

2005年4月,中国科技馆被列为北京市"2008"工程建设总体计划。根据北京市人民政府"2008"工程建设指挥部的要求和奥林匹克公园中心区建设规划总体安排,新馆应于2008年5月前完成外檐装修和场地环境整洁。2006年5月底,中国科技馆新馆破土动工。2007年9月25日,新馆主体结构提前40天封顶。

在中国科协和中国科技馆新馆工程建设领导小组的直接领导下,在北京市人民政府"2008"工程建设指挥部和有关部门的大力支持下,经过新馆设计、代建、施工、监理等各参建单位两年多的建设,2008年6月30日,实现了新馆工程外立面亮相、临时展览区域工程局部完工和场地环境整洁的工期目标。按北京市有关要求,奥运会期间工程停工。7月28日至9月20日,为配合2008年北京奥运会,向世界宣传中华民族五千年文明史,宣传对于世界科技发展作出重要贡献的我国古代发明、发现和创造,由国家文物局和中国科协主办,中国文物交流中心和中国科技馆承办的"奇迹天工——中国古代发明创造文物展"在中国科技馆新馆首层对社会展出。李长春、刘淇、路甬祥、韩启德、陈至立、孙家正、曾培炎、徐匡迪等领导同志以及科技界、文博界数百名专家、各国驻华使节等先后参观了展览并给予高度评价。展览受到广大观众和海外朋友的热烈欢迎，共接待观众6.1万人次，其中外宾2000多人次。北京残奥会结束后，中国科技馆新馆迅速复工。

（三）海纳百川，开拓创新

中国科技馆新馆确定的目标是:“建设成主题突出、功能完善的现代化、综合性国家级科技馆”,“要力争建成具有国际先进水平的科普场馆，并充分发挥其对全国各级科技馆的示范作用。”

2006年6月,中国科协书记处会议明确指出，新馆内容建设应以全民科学素质行动计划纲要为指导，发挥科协系统的组织优势,动员全社会的力量，集中国内外专家的智慧，以全面开放的思路，通过建设新馆，把中国科技馆建成落实科学素质纲要的国家级科普基础设施、面向全国的科技馆展览和展品资源的研发中心和服务中心。

为了实现建馆目标,中国科技馆采用了组织开放、过程开放和成果开放的建馆思路，全面推进新馆内容建设。

根据科协书记处的指示精神，在新馆内容建设初期,中国科技馆首先开展了历时4个月的文献和理念研究工作,为内容建设打下了良好的基础。

中国科技馆内容建设团队分11个工作组进行文献研究,先后走访有关部委、研究院所、大专院校、专业学会等机构近100家,拜访专家230余人,召开研讨会、交流会和报告会30余次，共形成了104万字的文献研究报告;对外委托专题研究12项,形成报告共计31万字,成为此后展示内容设计的重要基础。中国科技馆还设立了6个子课题,联合中国社会科学院、中科院研究生院、中科院心理学研究所、中央教育科学研究所、科技部科技信息研究所,分别从创新文化建设、传播学、认知心理学、教育学、国际科普发展等角度进行理念研究,共组织理念研讨沙龙12次,420余人次参会，并与社会上的调查公司联合进行中国科技馆观众和北京市民调查,完成子课题研究报告6份,共计20万字,为新馆建设奠定了重要的理论基础。

在理念研究的基础上,确定了以“体验科学、启迪创新、服务大众、促进和谐”作为新馆内容建设的理念。

在国内科技馆界首次成立了由科技界、教育界、文化界著名专家组成的专家委员会,由国际科技馆专家组成的国际顾问委员会,由各地科技馆专家组成的国内同行专家委员会,参与内容建设的全过程。

中国科技馆在内容建设各个阶段,将包括理念研究报告、常设展览内容方案大纲等在内的研究设计成果及时向社会公布。这一做法,不仅有利于广泛听取社会各界的意见,对研究设计文件进行修改完善;而且实现了资源的全社会共享,筹建中的全国各地科技馆在其设计方案中几乎都借鉴或直接引用了中国科技馆的研究设计成果。

中国科技馆组织了三次大规模的新馆常设展览设计方案的意见、建议、方案征集活动。特别是在2007年8月,中国科技馆组织了新馆常设展览设计创意竞赛活动,共有国内外60多个机构及个人提交创意设计方案110个。经过国内外专家的评审,从中评选出获奖方案14个,其中一批优秀创意被新馆常设展览设计方案所采纳。

(四)宏伟蓝图,美好憧憬

中国科技馆新馆建筑地下一层、地上四层、局部五层,展厅建筑层高9.5米,建筑总高45米。建设内容包括公共活动区、业务科研区、综合管理区和地下车库(含人防工程)四个部分,其中:公共活动区主要包括常设展览展厅、短期专题展览展厅、科普报告厅、培训教育区、实验教育区、特效电影放映区、观众综合服务区等;业务科研区主要包括科研区、展品设计制作维修区、科普资料馆、展品和材料库房等;综合管理区主要包括行政办公区、设备机房区、安全保卫区等。

特效影视是科普教育的另一种形式,主要利用现代科技手段,使观众产生身临其境的感觉,并在体验各类特效刺激和震撼的同时,了解现代影视技术和相关科技知识,领略人与自然之美。中国科技馆新馆设有宇宙剧场、巨幕影院、动感影院、4D影院等4个特效影院,引进了加拿大IMAX公司的穹幕电影和巨幕电影、加拿大SimEx Iwerks公司的动感电影、台湾YAOX公司的4D特效电影以及日本GOTO公司的天象仪等世界先进设备。宇宙剧场兼顾放映穹幕电影和演示天象节目,坐席整体倾斜30°,为观众营造仰望苍穹的环境。30米直径的穹形银幕将观众包容在其中,加之富有震撼力的音响效果,令观众感觉奇妙无穷。巨幕影院的影片将巨幅立体画面呈现在观众眼前,并以宽广的场面和宏大的气势令观众震撼。在动感影院内,观众不仅能观看立体电影,而且其坐椅能够配合影片内容产生动感变化,使观众在动、静的配合中身临其境。4D影院在播放立体电影的同时,使坐椅和各类发生器配合影片内容产生振动、烟雾、刮风、雷雨、闪电、雪花、飘香、气泡等特殊效果,调动观众视觉、听觉、触觉和嗅觉等方面的感觉,令观众回味无穷。

新馆设有实验室3间、教室6间、可容纳500名听众的科普报告厅和面积456平方米的多功能厅,将举办面向公众的科普剧表演、科技小实验、科技小制作、科普讲座、科普报告会、科技论坛、科技沙龙等科普和科技文化活动。

新馆常设展览面积约4万平方米,下设五大主题展厅和公共空间展示区。

"科学乐园"主题展厅设有"戏水湾"、"欢乐农庄”、“山林探秘”、“科学城堡”等9个展区，展示适合儿童身心特点的科技内容，注重儿童和家长的互动，让儿童在展览和游戏中体验探究的乐趣。

“华夏之光”主题展厅设有“中国古代农业技术”、“中国古代冶金技术”、“中国古代纺织技术”、“中国古代天文学”等13个展区。展示中国古代科技成就及其对于中华民族繁衍生息、中国社会发展和世界文明进步的重要作用，中国科技发展与世界科技文明的融合与相互激荡，让观众在世界科技发展的宏观视角下感怀中华民族的智慧和创造。

“探索与发现”主题展厅设有“宇宙之奇”、“运动之律”、“生命之秘”、“光影之绚”等8个展区，展示科技的美妙和神奇、人类在与自然交互的过程中体现出来的科学思想和方法，使观众体会科学探索与发现带来的乐趣。

“科技与生活”主题展厅设有“衣食之本”、“居家之道”、“信息之桥”、“交通之便”等6个展区，展示科技发展对人类生活和经济社会日益广泛而深刻的影响，传播科技以人为本的观念，使观众感受科技创新为人类带来的福祉和恩惠。

“挑战与未来”主题展厅设有“地球述说”、“海洋开发”、“太空探索”、“走向未来”等7个展区，展示人类面临的重大问题与挑战、科技创新对可持续发展的贡献、人类对未来生活的畅想，使观众认识到创新是人类应对未来挑战的重大选择，引导观众对未来科技发展问题进行关注和思考。

大规模、有计划地利用观众集散大厅和通道等公共空间场地进行科普展示，是中国科技馆的一项创举，在国内外都没有先例。分布于新馆各楼层的公共空间以“创新之美、和谐之美”为主题，设有“生命之舞”、“微观之美”、“宏观之美”、“机巧之美”等16个展区，展示科技之美和中外科技文明，营造科技文化氛围，使观众在美的环境中感受科技的魅力，增加科技的亲和力。

中国科技馆新馆拥有常设展品近800件(套)，其中有许多创新型的展品。这些展品，大部分可让观众动手操作或亲身体验，有的生动形象，有的妙趣横生，有的富有深刻哲理，有的极具视觉冲击力。

新馆设有面积接近3000平方米的短期专题展览展厅，可配合重大科技事件和公众关注的科技热点，举办各种短期专题展览。

为使公众实时了解重要科技活动和科技事件，中国科技馆将与有关机构合作，在新馆展厅内对科学实验、科学考察、科技工程、遥感探测等的实时情况与过程进行“在线直播”。

新馆将建立面向公众的中国科技馆网站，设立虚拟展厅、虚拟实验室、科普专栏、网上课堂、网上科技论坛等，使中国科技馆的受众覆盖面超越建筑物的局限，拓展至全国乃至海外，真正成为“没有围墙的科技馆”。

中国铁道博物馆

CHINA RAILWAY MUSEUM

馆　　长 于 湘

通讯地址 北京市海淀区复兴路10号

邮政编码 100844

电　　话 51836872 64381317

传　　真 51836879

电子信箱 zonghebu001@163.com

隶属关系 中华人民共和国铁道部

性　　质 公办

建筑性质 现代建筑

建筑面积 20500平方米

展厅面积 19195平方米

占地面积 157334平方米

馆址环境 位于北京市朝阳区酒仙桥北路一号院北侧,建筑风格典雅、清新、时尚,既体现了现代建筑之美,又秉承了中国传统建筑的特色,蕴涵着丰富的内涵。

历史沿革 1978年2月,铁道部批准成立铁道部科学技术馆筹备组,同年8月正式成立铁道部科学技术馆。自成立以来开展了文博、影视、展览、模型制作等业务工作。但当时没有正式的馆址。1991年6月,铁道部领导指示拟建中国铁道博物馆或博览中心,馆址选在铁道部科学研究院实验基地。1993年3月,铁道部科学技术馆由铁道科学研究院代为管理。2002年11月2日,机车车辆陈列厅对外开放。2003年9月,铁道部科学技术馆更名为中国铁道博物馆。

开放时间 9:00—14:00(周一闭馆)

服务设施 无障碍参观:无障碍通道。停车场面积:充足。衣帽间:储物柜。纪念品商店:开拓具有铁路特色的纪念品市场,中国铁路机车扑克、1908年钢轨切片、铁轨型镇尺纪念品等面向观众销售。语音导览设备:语音导览器。

交通状况 乘车路线:403、516、629路环行铁道站下车,东行1000米。

行车路线:沿京顺路过四元桥第三个红绿灯右转弯大山桥直行走酒仙桥北路一直向东即到。

概　述

中国铁道博物馆是中国铁路系统的专业科技类博物馆，是2003年9月由铁道部科学技术馆正式更名的国家级博物馆，由铁道部主管，现为中国铁道科学研究院代管。中国铁道博物馆主要从事铁路行业文化历史遗产保护，传播铁路科技知识，负责铁路历史文物的调查、保护、征集、收藏、研究和展示。中国铁道博物馆是铁路爱国主义教育基地和全国科普教育基地，以宣传展示铁路发展史和铁路科技进步历程为主要内容，包括机车车辆陈列厅、综合展厅和专题展厅三部分。一期工程16500平方米的机车车辆陈列厅于2002年11月2日正式对外开放；二期工程综合展厅主体建筑已建成，正在筹备布展；三期工程专题展厅待建。

更名后的中国铁道博物馆，经过5年的发展，职能由单一承办铁道部对外宣传的各种展览转变为具有收藏、保护、研究、陈列、传播等博物馆职能的行业博物馆，初步具备了博物馆的各种功能。下设综合部、人事部、计划财务部、编研部、展陈部、文物(展品)部、社教部、市场部等八个部门和詹天佑纪念馆(詹天佑纪念馆属二级法人事业单位)。人员构成趋于合理，截至2008年12月31日，共有在编职工53人，其中具有文博专业技术职称的人员21人，占专业技术人员的51.22%；本科以上学历人员25人，占全体职工的47.17%，其中博士研究生1人，硕士研究生7人，已形成一支较为成熟的人才梯队。

目前对外开放的机车车辆展厅面积16500平方米，展出文物机车车辆珍品90余台，其中由30台蒸汽机车组成的庞大阵群最具特色。“毛泽东号”机车、“0号”机车，以及新中国设计制造的蒸汽、内燃、电力等主型机车的首台，构成百年铁路牵引动力变化和进步的交响曲。

一、文物工作

文物工作是博物馆的主要业务工作之一，近几年来，为适应社会的发展，本馆在文物工作方面不断加大力度，以抢救和保护铁路历史遗产为职责，努力探索铁路文物展品征集的渠道和方法，使征集和入藏工作有了进一步发展，丰富了馆藏。馆藏文物展品具有鲜明的铁路特色，主要涵盖了能够反映中国铁路132年发展历程的具有珍贵

中国铁道博物馆外景

历史价值、科技价值或特定意义的各类可移动文物 7 类,其中:机车车辆共计 90 余台,各时期一些技术装备、历史典籍、票证、历史照片等文物共计 3200 余件(套)。同时，加强了对铁路文物的信息调研和藏品的维护,继续做好实物收集、资料整理等方面的工作。

为保护好已收集入馆的铁路文物,依据《中华人民共和国文物保护法》和铁道部《关于加强铁路历史实物、资料保管工作的通知》的法律规定和有关精神,针对铁路文物的特点,逐步开展了藏品的维护保养工作。对部分机车进行了局部整修,本着尊重历史、保持原貌和利用展出的原则,制订了维护计划。

2004 年以来,陆续征集到一些有历史意义的铁路文物。如:滕代远的 GW-97349 号公务车,吕正操曾使用的 GW-97347 号公务车,东方红 1 型、东方红 3 型、韶山 5 型机车，缅甸联邦政府赠送的 ST-759 号米轨蒸汽机车和 BTS-001 号米轨客车,MG 型 35 号老式蒸汽机车,等等。各种老式臂板信号机、电气路签机、手动联锁转换装置、机车道岔、标志灯、图纸、牌匾、线路养护用具、客货运输用具、钢轨及配件、票证、钟表、徽章等百余件。

在北京北站改扩工程中抢救性地征集到民国初年的车站水塔券门，在北

展厅局部

京南站重建工程中征集到一百多件车站使用的印章、标牌、老式钢轨、查危仪等实物和相关资料，拍摄了一些现场的照片，并对一些不可移动的文物提出了保护意见和建议。在羊坊店住宅区房屋改造中，及时在铁道部住宅改造区贴出征集通知，许多热心的捐赠者积极和我们联系，从而征集到上百件证章、服装、纪念物以及照片和书刊资料等。

二、科研工作与编辑出版

转变思想，更新观念，科普工作有了新思路，取得了新成就。首次得到了北京市文物局《列车如何顺利通过曲线》、《列车站台为什么设置安全线》两个项目。科研项目立项工作也实现了历史性突破。2008 年，本馆先后开展了《铁路综合数字通讯系统模拟演示沙盘》项目、《我国科技类博物馆现状及发展对策》项目、《中国铁路文化遗产现状调查与研究》项目、《中国数字科技馆博览馆铁路馆》项目工作，取得了积极的成果。

同时，坚持对铁路发展史的研究，注重文博事业研究，不断扩大研究内容和范围，为本行业及相关行业博物馆的建设提供业务咨询和帮助。

近年来，本馆编辑出版工作迈步前行，参与编辑出版的书刊有：精装彩印画册《北京站》、《铁路桥梁》、《滕代远》、《詹天佑》,图书《詹天佑文集》、《詹天佑书信选集》、《青藏铁路建设冻土工程研究》,明信片《北京站》、《武汉长江大桥》、《馆藏蒸汽机车》(黑白版)、《馆藏蒸汽机车》(彩色版)等。

三、展览和社会教育工作

博物馆作为社会教育和文化宣传极其宝贵的资源,在“两个文明”建设中发挥着特殊作用。作为收藏、保护、研究、展示中国铁路历史文化遗产的中国铁道博物馆,既是中国铁路的历史记忆,也是宣传铁路发展成就、展现铁路发展历程的重要窗口。中国铁道博物馆立足于服务行业发展,充分发挥资源优势,扩大影响,走进高校,传播铁路文化知识。在纪念京张铁路通车100年之际,詹天佑科学技术发展基金会、中国铁道博物馆、詹天佑纪念馆联合举办了“国之荣耀,科技先驱——詹天佑生平展”和展示中国铁路发展现状及成果、展望中国铁路美好发展前景为主题的“追风时代——中国铁路现代化进程展”走进大学巡回展览,从2008年9月开始,已经在兰州交通大学、石家庄铁道学院和中南大学铁道学院进行了巡展。向当代大学生传播铁路历史知识,宣传中国铁路现代化发展进程。

充分发挥博物馆的社会教育功能,近几年,到中国铁道博物馆参观的人数逐年增长,东郊机车陈列厅接待了多批次的国内外参观旅游团队,扩大了社会影响力,传播了铁路发展史。为使广大青少年更广泛地了解铁路,社教部创新宣教手段,结合铁路科技知识及科学原理,形成了新颖的科普剧本《科技发展与青藏铁路》。社教部充分挖掘内潜,自编、自导、自演,在2008年8月份全国首届科普场馆科普剧大赛中获得优秀提名奖。其间,这个剧目被中国科学院青少年活动中心邀请在“全国科普日”主会场表演,深受欢迎,党和国家领导人习近平、李克强等同志观看了演出。此剧现已作为中国数字科技馆精品科普剧挂在网上,观众可随时上网浏览,开辟了宣传铁路科技知识的新途径。

四、加强交流 共同进步

加强馆内外交流,加强与各文博单位的交流与合作,增进相互之间的了解,凝聚人气,扩大影响,是促进博物馆可持续发展的一个途径。为了拓宽发展道路,中国铁道博物馆积极参加国家文物局、北京市文物局和中国博物馆学会、中国自然科学博物馆协会、北京博物馆学会组织的各项活动。现已成为中国博物馆学会团体会员、中国自然科学博物馆协会团体会员并担任第五届理事会常务理事、自然博物馆协会专业博物馆委员会副主任委员、北京博物馆学会团体会员兼第四届理事会理事、北京校外教育协会第一届理事会理事。

中国铁道博物馆积极发挥行业博物馆的功能，在普及科学知识、倡导科学方法、传播科学思想、弘扬科学精神等方面，贴近实际、贴近生活、贴近群众，是科学文化传播的重要场所。2005年11月21日，中国科学技术协会授予中国铁道博物馆为“全国科普教育基地”；中华人民共和国铁道部政治部、中华全国铁路总工会、全国铁道团委授予中国铁道博物馆为 “铁路爱国主义教育基地”；2005年朝阳区教育委员会授予中国铁道博物馆为“朝阳区青少年学生校外教育基地”；北京校外教育协会成立后吸收本馆为“北京校外教育协会会员单位”；2007年、2008年北京市青少年学生校外教育工作联席会议办公室、北京校外教育协会组织的“阳光少年行动”系列主题活动中，本馆连续两年被授予“优秀组织奖”。

五、依托行业资源 发展博物馆事业

作为行业博物馆，行业的发展与铁道博物馆的事业发展息息相关。2008年，是全面贯彻落实党的十七大精神的重要一年，科学发展、和谐发展是发展的主题。铁道部2007年度向国家呈报了《关于铁路工作情况的汇报》，得到了以胡锦涛总书记为首的中共中央政治局多个常委和委员们的批示，指出：“2007年全国铁路系统改革、发展成绩显著。希望在新的一年里，继续解放思想，深化体制改革，推进自主创新，努力开创铁路运输建设新局面。”这表明中共中央对铁路工作的高度重视。既为铁路提供了极为难得的机遇，也对铁路各项工作提出了新的更高要求。中共中央主管宣传的李长春、刘云山对加大铁路宣传工作作出了重要批示，铁道部党组书记、部长刘志军要求“全路深入总结近年来铁路引进消化吸收再创新工作的做法，积极配合中央重点媒体，做好铁路改革发展成果的宣传，在全社会进一步营造加快铁路发展的舆论氛围”。

作为铁路行业的窗口单位，中国铁道博物馆抓住时机，在铁路实现自主创新的过程中，加快搜集整理铁路文化遗产的步伐，让这些文化遗产的价值发扬光大。同时，积极向公众宣传铁路发展成就、展现铁路发展历程，展示党的十六大以来我国铁路建设的成就，推动博物馆事业更好更快地稳步向前发展。

（杨春玲）

中国航空博物馆

CHINA AVIATION MUSEUM

馆　　长　齐贤德

通讯地址　北京市5806信箱

邮政编码　102211

性　　质　公办

电　　话　61784882　66916919

传　　真　61784883

类　　型　自然科学类专题科学技术博物馆

隶属关系　中国人民解放军空军装备部

建筑性质　现代建筑

建筑面积　44030平方米

展览面积　44682平方米

占地面积　700000平方米

馆址环境　北接十三陵、八达岭、南邻亚运村、东有小汤山龙脉温泉、九华山庄等度假娱乐胜地,西靠北京至八达岭高速公路。

历史沿革　1998年以前，隶属中国人民解放军空军司令部管辖,1998年中国人民解放军成立总装备部,各军兵种相继成立大装备部,中国航空博物馆由原空军司令部转隶为空军装备部管辖。

开放时间　8:00—17:00

服务设施　停车场、餐　厅、礼品店、资料室(有偿服务)、公用电话、衣帽寄存间。

交通状况　由地铁5号线坐至天通苑北并转643路至中国航空博物馆,或乘坐由西客站始发的845路、德胜门乘345、345支线在沙河北大桥转乘945路至中国航空博物馆,交通便利,环境优美。

概　述

中国航空博物馆隶属于中国空军建制，于1986年10月开始筹建，1989年11月11日正式对外开放，1990年10月军内正式定名为“空军航空博物馆”，后报经北京市政府批准，国家文物局备案，对外称为“中国航空博物馆”。从2008年年底至2009年10月，航博进行扩建，新建综合展馆10400平方米，展览面积14000平方米，参观面积25000平方米，并新建为纪念空军建军60周年而建设的“利剑”主雕、“蓝天魂”和英雄大道及11组雕塑。建立实物档案，重现航空史实，普及航空知识，增强国民航空意识，促进内外交流，推动我国航空科技事业发展，充当弘扬空天文化的课堂，为建设强大的战略人民空军服务，是航空博物馆建馆的宗旨。20年来，通过全馆官兵的艰苦努力，中国航空博物馆综合实力已跃居为亚洲最大、世界屈指可数的大型航空专业博物馆。一是展品丰富且具有较高的文物价值。现馆藏133个型号的309架飞机，几乎涵盖了我国原有和现有的各类机型。同时，还收藏有地空导弹、雷达、航空炸弹等15000件地面航空武器装备样品。其中，仅飞机中符合国家一级文物标准的有59件，符合国家二级文物标准的有56件，均属世界航空珍品。二是文物布局合理，展示手段新颖。在经过建馆初期以文物采集为重点的工作基础上逐步转到了以展示陈列为重点的工作思路上。特别是从2009年以来对馆藏文物进行了大的布局调整。组织对馆藏飞机、地导、高炮、炸弹、车辆等装备文物进行了全面整治饰新；新建综合展馆内大量采用声、光、电、沙盘等展陈手段，设有飞机模拟器等观众互动设施；对馆标区进行更加合理的调整，将原先过时的红二导弹更换成我国现役的红七、红九、红十二导弹；洞内存放的文物价值极高的装备样品在全面维护的基础上，每架飞机都采用了灯箱解说牌，对外展区作了分类布局，形成运输机、直升机、特种飞机、伟人座机、轰炸机、战斗机、航空雷达、导弹和高炮、馆标区、多国飞机等十大展区并对各展区飞机的解说牌进行了重新更换。三是科普氛围浓厚。自2004年以来，曾印发大量的宣传资料，多次举办各种航空科普讲座。通过图文并茂的形式全面展示世界，特别是我国航空发展史。四是环境优美。从2008年年底开始，按照规划开始新建综合展馆10400平方米，绿化面积60000平方米；馆区道路平坦，支干分明，各种点缀相映成趣，整个馆区成了游客赏心悦目、休闲娱乐的好去处。

自2003年以来，中国航空博物馆被评为“国家一级博物馆”、“首都军(警)民共建标兵单位”、“首都精神文明建设标兵单位”、“空军精神文明建设标兵单位”、“空军精神文明建设先进单位”、“首都旅游紫禁杯先进集体”、“北京市绿化美化花园式单位”、“国际科学和平贡献奖”、“全国青年文明号先进单位”。

馆标区

随着社会主义市场经济的迅猛发展和改革开放的不断深入，全国人民正在齐心协力奔小康，军队面临军事斗争准备的任务也越来越紧迫和繁重。为此，航空博物馆事业也面临着难得的机遇和挑战。通过近几年的实践，使我们清醒地认识到：作为军队管理的博物馆要获得生存和发展，必须坚持军队的性质和宗旨不动摇，牢固树立为国家航空事业服务的思想，充分发挥航空博物馆的职能作用，积极征集航空文物，打造精品，提高展示科技含量，开阔思路，搞好以航空文物为主要内容的科普教育活动；发扬军队优良传统，着力提高人员综合素质；积极树立对外良好形象，广泛宣传，拓宽市场，使其既有社会效益又有经济效益，以增强发展后劲。

文物征集和管理工作

随着我国航空事业的发展，军队的航空武器装备也在不断地更新换代。根据上级意图，建立航空博物馆的目的，就是要将更换下来的能够充分反映中华民族航空先辈们为我国航空作出贡献的航空武器装备样品保存下来，展示给后人，以增强他们对我国航空事业发展的自豪感、紧迫感和危机意识。为此，中国航空博物馆始终把征集和管好航空文物作为重要的工作来抓，促进了馆藏文物的不断丰富，文物保护力度不断加大。航空博物馆的藏品来源，一是空军退役武器装备样品采用调拨形式入馆；二是地方单位和其他军种退役的航空方面的装备，采取协商交流和接受赠与的方式收集入馆；三是国外和个人有关航空方面的飞机和文物采取交流和接受赠送的方式收集。近五年来，文物征集以典型机种和补缺地面装备为重点，先后征集飞机、高炮等多种大型航空武器装备样品，其中，征集意义突出的飞机主要有歼十单座、歼十双座、歼十一、喷火、幻影 III、水轰 −5、F−5A、F−5F、歼轰 −7、枭龙、CH−47、米格 −23、教 −8 等。

文物是博物馆生存的基础，管理维护好文物、尽力延长其寿命是博物馆义不容辞的责任。从 2003 年以来馆里本着修旧如旧、保持原样的原则，加大了文物维修力度：一是转变工作重点，把以往的全力采集转到全力维护上来；二是制定长远的定期维修规划；三是把有限的资金向文物维修倾斜；四是既加强本馆机务人员业务培训，又聘请专业人员重点协助。在文物维修工作中，遇到的突出问题是资金短缺，为保证重点，馆里一是尽力向上级请领，二是把有限的一点计划外收入，用在了文物的维护上，场馆建设和人员生活设施改善均为文物维护让路。经过努力，在馆藏文物普遍得到良好维护的同时，于2009年对馆藏飞机、导弹、雷达、炸弹、高炮、车辆进行了全面的整治和饰新，使其昔日的光彩得到恢复和保持。同时，为防止文物丢失、破坏，我馆于2009年重新更换了监视系统，加装240个摄像头，对全馆实施全天候监控。

"利剑"主雕塑

藏品管理和资料工作

如何让馆藏航空文物活起来，体现出航空博物馆的文化韵味，同时也为文物宣传和文物研究工作提供翔实的依据，从2004年开始，更加重视对软件设施建设。首先，大量吸收高学历、航空知识丰富、热爱航空文物事业的人才进入文物处研究室，完善资料室设备并充分利用馆内资源，展开对相关课目的研究；其次，对以往散落在各处的航空资料进行收集整理，分类排序、对所有馆藏文物、礼品，进行清理、查证、编目，做到账物相符，实物和背景资料相符，资料与解说词相符；三是订阅大量有关刊物，从中收集航空历史和前沿信息。同时，要求研究室的同志为馆里的文物征集保护和对外宣传提供资料，为上级机关提供准确的航空信息。

陈列和展览工作

中国航空博物馆的展区，主要分为洞内展厅和露天展区两部分。经过调整后，目前露天展区包括馆标区、综合展馆、历史名机展厅、航空文物陈列展、空军史馆五部分。2009年，为使航空文物陈列和展览更加科学合理，对馆藏文物作过一次大的布局调整，主要一是在胡锦涛主席题词墙后陈列了四架伟人专机，形成了伟人专机展区；二是将原馆标区馆标周围从原先的四门高炮、四门红二导弹调整为红-7红-9红-12各两套；三是将原先馆标区对面的十一架歼六调整为七架国外珍贵飞机，形成了多国飞机展；四是将馆藏轰炸机型各调一架至新建英雄大道的西侧，形成轰炸机展区；五是将各型歼强机十余架调整至英雄大道东侧，形成歼强机展区；六是将运输机展区作了更为合理的调整。这些调整使得馆区内各型装备布局变得更加合理、清晰，有更好的视觉效果。

为了更好的发挥空军窗口作用，使文物陈列和展览更具新意，2008年底至2009年期间，一是新建大型综合展馆并在展馆内采用国际一流展陈手段陈列了空军建军60周年武器装备成就展；二是在综合展馆前，修建象征空军战无不胜的“利剑”主雕；三是新建英雄大道，并竖立十一组在空军发展史上具有重要意义的事件和作出突出贡献人物的全铜雕塑；四是在山前修建缅怀空军英烈的“蓝天魂”雕塑；五是修建胡锦涛主席题词墙；六是将航博大门进行了重新修建；七是将原洞库展厅内修建“航空百年展”并对洞库东西洞口进行了重新改造。这些具有国际一流水准工程的修建，使得中国航空博物馆的面貌焕然一新，真正成为世界一流的航空博物馆。

宣传教育工作

面向社会，全心全意为广大观众服务，为空军航空现代化建设服务，是中国航空博物馆宣传教育工作的大方向，也是我馆适应国内外形势，适应军队航空科技发展的客观要求。航空博物馆既是中华民族航空事业发展、变迁的缩影，更是展示人民空军航空事业五十多年来取得辉煌成就，体现当代人民空军精神面貌的“窗口”。它担负着弘扬中华民族航空文化，展现中国航空装备发展历程和中国航空战争史实，宣传前辈研制生产航空装备和空军战斗英雄人物动人事迹的重要使命。要正确把握方向，切实完成使命，航空博物馆必须适应新形势、新要求，不断探索宣传教育工作的特点和规律，积极拓宽宣传教育渠道，创新丰富宣传教育内容和方式，实现社会效益和经济效益同步发展。为此，五年来我们作了些有益的尝试和实践。

1. 树立创新意识，以高质量、高品位的陈列展吸引观众。猎奇求新是观众的普遍心理，那种形式单调、呆板、固化的陈列，已不能满足人们的文化需求。五年来，我们在大力维护好文物价值较高的装备样品，搞好基本展览的同时，为配合形势需要和适应航空自身发展特点，积极举办了各类专题展览，相继推出了一批品位高、质量好的展览，深受观众好评。如《空军装备发展历程回顾展》、《航空百年回顾展》、《航空轮胎展》、《航空装具展》、《国内外赠品展》、《发动机展》等，这些展览，在内容上始终突出航空装备的历史原貌、坚持弘扬主旋律，以军队优良传统贯穿始终；在陈列形式上力求生动活泼、直观形象、讲求艺术、对观众产生强烈的感染力。如《航空百年回顾展》和《空军航空装备发展历程回顾展》在内容上以颂扬人民空军在中国共产党的领导下，艰苦奋斗，不断推动航空事业取得重大成就为主线；在陈列形式上，大量引进了一批高质量的飞机模型和资料图片，放置了解剖的飞机发动机，采用大型灯光箱，彩灯照明，使整个展览厅实物模型布局别致，图文并茂，观众置身其中受到了极大的感染。

2. 积极开展活动、增强宣传教育效果。寓教于乐，是深受广大观众、特别是中小学生喜爱的宣传教育形式。为此，中国航空博物馆结合重大节日和学生暑期积极开展了丰富多彩的航空教育娱乐活动。2004年以来，坚持

“蓝天魂”英雄纪念墙

每年会同昌平区和北京市旅游局及北京市诸多中、小学校连续组织夏令营，利用中小学生集中参观之机开办航空知识讲座，中国航空博物馆人员每年都受邀请到学校为学生讲述空军战斗英雄的故事和航空科普知识，收到很好的社会效益。

3.坚持服务至上，不断提高接待水平。对外接待是中国航空博物馆的主要工作之一，服务接待水平是“窗口”形象的重要标志。作为军队博物馆，我们始终坚持军队的性质和宗旨不动摇，为提高服务接待水平，采取了一些相应的措施，收到了良好的效果。一是突出军人特点。军容严整、举止端正、文明礼貌、服务热情周到，是广大观众对我们的基本要求。作为担负平常接待任务的警卫排、导游班和公关部的官兵，能够始终严格训练、严格要求，举手投足充满着军人气质。特别是经常直接为观众讲解的导游员女战士，针对她们服役期短、流动性大的现实，馆里在争取保留骨干的同时，对新入馆的女战士，每年都要从业务知识到军人形象进行强化训练，加强平时的队列训练和一日生活制度落实不放松。为不断提高导游技能和服务水准，经常安排导游员外出参观学习，积极参加北京市和昌平区旅游部门组织的导游员培训和各种业务比赛，加大外语学习力度，以适应中外观众的的需要。二是完善服务设施。对接待室进行整修，充实接待服务器具，规范导游员服装、装具，相应制作大量的文物解说标牌，不断充实修订导游词。三是加强全馆各销售网点服务人员的管理教育，保持了较高的服务水准，杜绝了假冒伪劣商品和欺诈行为。

5年来，中国航空博物馆接待观众120余万人次，多次接待军、地领导人和外国代表团，服务接待质量受到好评，维护了军队博物馆的声誉。今后我们决心在上级领导和全社会的关怀下，坚持正确政治方向，坚持“科技兴馆、民主建馆、条令治馆”的工作方针，再接再厉，把中国航空博物馆真正建成“知识型、教育型、园林型、旅游型”，集航空科普、航空科研、航空运动娱乐于一体的国家级博物馆。

中华航天博物馆

CHINA SPACE MUSEUM

馆　　长 翟　彬

通讯地址 北京市丰台区南大红门路 1 号院内

邮政编码 100076

电　　话 68384456(办公室)、68384455(接待部)

传　　真 68384456

网　　址 CASC-CSM.COM

电子信箱 SPACE-136@163.NET

隶属关系 中国航天科技集团公司

性　　质 公办

建筑性质 现代建筑

建筑面积 10010 平方米

展览面积 7500 平方米

占地面积 3393 平方米

馆址环境 位于北京市丰台区南大红门路 1 号（东高地），中国运载火箭技术研究院内。交通方便，可乘公交车到达。

历史沿革 1992 年 10 月 11 日以中华航天博物馆（预展馆）剪彩开幕试展。1993 年 8 月 30 日，中国航天工业总公司正式批复建立中华航天博物馆(预展馆)，可对外公开展出。1994 年 6 月 15 日，经中国航天工业总公司批复中华航天博物馆(预展馆)以“北京航天博物馆”名称办理注册登记手续，两名共用，对外开放。1994 年 6 月 17 日，经北京市丰台区工商局注册为“北京航天博物馆”。

开放时间 周一至周五（团体参观需提前预约）上午 9:00—11:30　下午 13:00—16:30。

概　述

作为展示中国航天事业成就的窗口，中华航天博物馆是国内唯一航天科技技术专业的博物馆。博物馆主要业务包括日常参观接待;承办航天科技成果专项展览和航天科普巡展;承接科技场馆设计、航天展品研发;与制作承接各种展览的策划、设计与制作;承接其他项目的设计与装饰装潢;进行航天礼品和航天文化商品的开发、设计、制作与销售;开展信息咨询服务等项内容。

航天博物馆在发挥航天科普职能作用的基础上,利用自身优势,承揽了数十项科技场馆航天展项的展览工程,开展了以“飞向太空”为主题的航天全国科普巡展活动,在长期的科普活动中,逐渐塑造了航天科普品牌形象,使中华航天博物馆成为航天科普活动的重要基地和重要载体。

为此,中华航天博物馆被命名为“全国科普教育基地”、“中央国家机关思想教育基地”、“北京市青少年科普教育基地”、“北京市青少年国防教育基地”、“北京市青少年爱国主义教育基地”,并多次被评为北京市先进科普工作集体。

承接的专项展览及活动

中华航天博物馆成功地承办了“七五”至“十五”期间的航天科技成就展、中国航天 40 周年和 50 周年多项专题成就展、莫斯科国际航展、珠海国际航展、北京西单航天科普橱窗展(连续 3 年)、国际太空游主题乐园、航天寻梦展、全国 10 多个城市的国防科普巡展、建军 80 周年“中外兵器发明与创新国防科普展”、吴运铎生平事迹展的设计和制作等。

在“神舟五号”和“神舟六号”载人飞船发射成功之后,中华航天博物馆受总装和集团公司的委托,先后在“中华世纪坛”和“中国国家博物馆”承办了《纪念神舟五号发射成功大型飞行任务展》和《纪念神舟六号成功大型纪实摄影展》,这两个展览均在社会上激起强烈反响,展览获得了极大成功。

在新中国成立 50 周年的大型庆典活动中,中华航天博物馆受国防科工委的委托,创意设计制作了“飞向二十一世纪”航天科技成就国庆游行彩车,并参加了国庆阅兵式,荣获“优秀彩车奖”。彩车图案被收集在《庆祝中华人民共和国成立 50 周年首都国庆群众游行彩车图集》一书当中。

为庆祝建国 55 周年,受国防科工委的委托,中华航天博物馆精心设计制作了以我国探月工程为主题的“嫦娥工程”造型雕塑,并参加了国庆游园活动,荣获国庆游园活动优秀集体奖和个人奖。在2003年“神舟五号”成功发射之后，中华航天博物馆在配合各地航天科普工作的同时，作为航天科普技术支持单位，配合北京市科协开展了“飞向太空”中国载人航天巡展活动。巡展通过图文并茂的展片、火箭、卫星、神舟飞船、太空搭载物等模型或实物、以及模拟火箭发射演示系统等多种形式，再现中国航天的辉煌历程，激发了广大民众探求航天科普知识的热情。巡展所到之处均受到当地各级领导的高度重视，主要领导都亲自出席开幕式并参观了展览。航天英雄杨利伟、费俊龙、聂海胜先后十余次参加展览的开幕式。展览在各地都产生了轰动效应，获得了极大成功。为满足全国各地的巡展需求，先后组建了三个巡展展团，先后在全国60多个城市、香港地区及韩国首尔等城市展出，展览规模为4000—10000平方米，参观总人数已超过1000万人次，成为目前国内规模最大、专业性最强的航天科普展览，2005年被北京市精神文明办评为“十佳精神文明活动”荣誉称号。

航天博物馆还积极探索中外合作办展的途径和模式，与韩国三进集团合作，在山东淄博联合举办了科学宇宙展。

为配合2008年北京奥运会的举办，航天博物馆协助北京市科协开展了“动感体育——科学运动·健身展”全国及澳门地区的巡展。

承揽的展览工程及馆际交流

中华航天博物馆涉足科普展览市场开发已

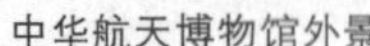
中华航天博物馆外景

博物馆展厅

有多年，从最初的制作航天展品，到如今完成航天科普展览总体方案设计与工程的组织实施，走过了一段相当长的摸索与实践的道路。

2005年3月，受浙江横店工业集团和浙江横店影视基地委托，中华航天博物馆为其设计室外航天发射场及“太空探索馆”规划总体方案，并负责制作1∶1CZ-2F火箭仿真模型与1∶1火箭发射塔架，同时制作完成“太空探索馆”内全部展示内容。此工程已于2005年10月15日完工。工程完工后，该项目即成为浙江省委宣传部“浙江省红色旅游”重点推介项目。

2007年中华航天博物馆受昆山市政府委托完成昆山俊龙航天科普中心工程的设计制作与工程实施，工程完工后得到昆山市政府、苏州市委与江苏省委宣传部的高度评价，英雄航天员费俊龙参加了昆山俊龙航天科普中心的揭牌仪式。

1999—2007年期间，中华航天博物馆在国内科技场馆建设领域还先后完成了陕西省科技馆、山东省科技馆、郑州市科技馆、唐山市科技馆、南京青少年科技活动中心、青岛市科委科普活动中心、内蒙古博物馆飞天神舟展厅、北京大兴太空主题餐厅等众多科技场馆的航天展区总体方案设计及展区建设施工。在“神舟五号”载人航天成功之后，中华航天博物馆为杨利伟母校建立的杨利伟英雄事迹展览馆制作并捐赠了一枚长征二号F运载火箭模型。

通过多年的工作与市场开发实践，航天博物馆积累了丰富的科普展示与工程实施经验，形成了一支具有较高专业水平的展览设计、实施技术队伍，在不断更新展览展示理念、提高总体设计水平的同时，完成研制了一批新的展览展示科普项目，为科普工作的开展及国内科普市场的开拓打下了坚实的基础。经过多年的交流协作，中华航天博物馆与总装备部工程设计院、航天运载工具总体设计部、航天遥测技术研究所、航天环境实验研究所、航天推进动力研究所、航天医学工程研究所等航天系统多家研究机构形成了长期业务合作关系，并形成良性互动、资源共享的协作方式。使得中华航天博物馆在航天科技系统具有广泛的技术支持背景。

航天礼品的开发与制作

中华航天博物馆本着“宣传航天、服务航天”的宗旨，为满足人们热爱航天的需要,开发、设计和制作了各类航天礼品，这些航天礼品不仅包括我国目前研制和发射的各类及各种比例的火箭模型，还包括各种比例的神舟飞船模型和以航天为主题的邮折、邮册、彩金彩银纪念币、集团公司金制司徽、纪念手表、书籍、光盘等30多种礼品。

总之,在长期的航天科普工作中,中华航天博物馆在传承中国航天历史、传播中国航天精神等方面付出了巨大的努力,获得了社会各界的广泛认可,社会知名度不断提高。因此,在航天科普领域内,中华航天博物馆已经和正在发挥着不可替代的作用。

展示规模

中华航天博物馆是目前国内规模最大、藏品种类最齐全的航天专业技术博物馆，现有展出面积10000多平方米。博物馆内共有三层展厅:一层展厅主要分为运载火箭、载人航天、人造卫星、月球探测、火箭发射演示、航天器、中国航天形象、航天集团综合简介、古代航天探测、国际合作与交流、未来航天展望等十多个展示区域。二层展厅为九天揽月展区。三层展厅分为中国航天员太空摄影作品展区和火星探测展区。这些展示区域以中国航天的发展历程为主线,通过翔实珍贵的历史资料和丰富的实物与模型,以现代的展示手段生动的展示了中国航天事业的过去、现在和未来。

中华航天博物馆的所有展示内容都体现了我国航天事业的发展状况和富有特色的航天企业文化,它记载了我国航天的历史变迁,折射出航天事业辉煌的流金岁月。中华航天博物馆得天独厚的文化底蕴和丰富的实物及历史图文资料,向人们提供了一个充分了解中国航天历史文化的平台。同时,为广大航天爱好者搭建了一个关注航天、了解航天、热爱航天的平台,从而能够激发参观者、特别是广大青少年朋友努力学习航天科学知识的热情和长大立志成才报国的决心。

充分发挥航天博物馆的得天独厚的优势,加快航天博物馆内的发展进程，进一步扩大航天博物馆展品规模,进一步完善队伍建设,重视品牌效应,使中华航天博物馆成为具有一定市场竞争力的品牌产品,是中华航天博物馆的发展方向。

组织领导

中华航天博物馆隶属于中国航天科技集团公司,行政管理由中国运载火箭技术研究院航天万源实业公司托管 ,业务归中国航天科技集团公司管理。根据中华航天博物馆自身运转的需要，航天博物馆下设六部一办,即财务部、接待部、市场部、展览部、礼品部、文化商品部和办公室。中华航天博物馆管理体制健全,有一整套行之有效的管理制度。中华航天博物馆十分注重对广大青少年的航天科普教育工作的普及和宣传。为更好地发挥航天博物馆爱国主义教育基地的作用，进一步做好爱国主义教育基地的工作，中华航天博物馆始终把爱国主义教育基地工作放在首位，将公益事业和市场经济有机结合，航天科普巡展活动的开展，既宣传了航天科普知识又创造了经济效益，实现了精神文明建设与经济建设的双赢，从而加速了中华航天博物馆的发展。

社会影响

中华航天博物馆自开馆以来，获得了社会各界的好评，尤其受粤、港、澳等地区观众的欢迎。观众参观博物馆后，反响非常强烈。

2004年9月，完成了国庆55周年劳动人民文化宫国庆游园活动主雕塑“嫦娥工程”造型的总体展示方案的设计、制作及布展工作。获首都新中国成立55周年庆祝活动领导小组办公室颁发的先进集体和先进个人奖。

2004年10月，被丰台区精神文明办授予“丰台区未成年人思想道德建设实践活动基地”称号。

2005年11月25日—12月20日，中华航天博物馆与解放军总装备部政治部宣传部共同承办了神舟六号飞行纪实及大型摄影展在中国国家博物展出。该展是由解放军总装备部、国防科工委、中国科学院、中国航天科技集团公司共同主办的国家级大型展览。此次展览受到总装备部政治部宣传部的好评。正如总装备部政治部宣传部在给航天科技集团企业文化部的表扬信中写的那样：在布展时间紧，任务重、人手少、标准高的情况下，发扬连续作战的优良作风，天天加班加点，连续多个昼夜奋战在布展一线，用实际行动表现了对载人航天事业的热爱和对展览的大力支持。他们不计名、不计利、不怕苦、不怕累，充分展示了航天人的精神风貌。

2008年10月，由中国人民解放军总装备部宣传部主办，中华航天博物馆承办的“飞天壮歌——中国首次太空漫步摄影展”在军事博物馆展出。此次展览中宣部把它作为当年三大重点宣传报道内容之一，国家级主流媒体全部报道。我馆独家承办，从展览的设计、展品的征集、展览的组织均达到了很高的水准，此次展览参加载人航天工程的六名航天英雄全部出席了开幕式，同时展出了“神舟七号”返回舱、航天员在太空所用的各种实物以及航天员在太空所拍摄的珍贵照片等。展览取得了圆满成功，总装备部领导对此次展览给予了高度评价并专门致函航天科技集团对中华航天博物馆此次承办的展览表示感谢。展览结束后，总装备部授权中华航天博物馆在全国独家承办在全国的巡回展出，目前已在香港、澳门、石家庄展出，这是中华航天博物馆继承办 “飞向太空——中国载人航天展”后又一次承办的国家级大型展览，确立了中华航天博物馆在承办此类展览的权威地位，提高了中华航天博物馆在全国的影响力。

北京航空馆

BEIJING AVIATION MUSEUM

馆　　长 杨超

通讯地址 北京市海淀区学院路37号（北京航空航天大学内）

邮政编码 100083

电　　话 82317512 82317513

传　　真 82317513

网　　址 www.digital.museum.buaa.cdn.cn

隶属关系 北京航空航天大学、中国航空学会

性　　质 公办

建筑性质 现代建筑

建筑面积 5500平方米

展厅面积 2500平方米

占地面积 8000平方米

馆址环境 北航校园内

历史沿革 北京航空馆的前身是北京航空航天大学五系飞机构造教研室所属实验室一部分，原称飞机库（包括停机坪）。1985年3月，在实验室基础上成立航空馆。其任务是：(1)为教学服务；(2)面向社会开展航空科普宣传教育。同年10月，航空工业部决定航空馆由中国航空学会和北航共同领导。由中国航空学会出面募集资金，用于航空馆扩建和布展。出资单位有航空工业部、中国科协、空军、民航。同年由北航、航空学会及各出资单位派人共同组成航空馆管理委员会，由曹传钧任主任，沈士团任副主任。同时决定由北航副院长沈士团任第一

任馆长，北航科研处、五系、航空学会各派一名领导干部兼任副馆长。由何述章任专职副馆长。何述章1990年退休。1992年由韩国军继任至今。1986年10月25日，举行正式开馆典礼，航空业部部长莫文祥、副部长油江以及中国科协、空军、民航、航空学会等单位负责同志莅临参加。航空馆开馆22年来，每年校内外学生来馆进行教学活动的人数约4万—5万人左右。海内外来馆参观人数近百万。北京航空馆是中国博物馆学会高校博物馆专业委员会主任委员所在单位。主任是王晋军，秘书长韩国军。目前参加专业委员会的高校博物馆团体会员总计63个。航空馆于2002年建成航空航天数字博物馆，是全国高校中第一批建成的数字博物馆。

开放时间 上午8:00—12:00 下午14:00—17:00（周一闭馆）

服务设施 航空航天纪念品销售部

交通状况 乘坐公共汽车331、375、386、392、398、438、478、490、498、632、691、693、743、810、836、944、运通103等路至北京航空航天大学、地铁10号线西土城站均可到达。

概 述

主要部门和管理体制(中国航空学会和北航共管):办公室(教学、实验、行政)、美工室(展览事务)、馆长办公室、值班室(安全保卫)。

藏品管理和保护业务:展品主要用于教学和科普工作。

保护措施:应用传统技术和现代科技实体飞机每年保养喷涂一次。

科研:国际、国内、馆际交流合作,每年 1~2 次,高校博物馆学术研讨会每年学术交流 1 次。

陈列展览:

基本陈列:陈列名称内容:1. 航空发展史;2. 航天发展史;3. 航空历史图片展;4. 世界航空模型展;5. 中国工业之窗;6. 航天科技展;7. 世界实体飞机名机展。陈列艺术设计特点以实物、模型、图片、绘画相结合。展出藏品数:实体飞机 38 架、模型飞机 340 架、航空设备 150 件。重要展品:P-61 战斗机、鹞式飞机、北京一号多用途运输机。

专题陈列:室内展示部分共分为“航空发展史”、“中国航空工业”和“综合展示”三个展区。“航空发展史”展区包括世界航空史和中国航空史,均以画廊、模型和文字介绍的方式,展现灿烂的航空科技史诗。内容包括飞行理想和早期的探索、飞机的诞生和世界大战、喷气飞机时代、中国古代对航空的贡献、中国近代航空掠影、新中国航空事业的成就等。该展区还配有飞机发明家莱特兄弟和我国早期飞机设计师、飞行家冯如的画廊。“中国航空工业”展区通过模型和图片展示我国沈飞、哈飞、西飞等十大飞机制造公司的风采,同时展示了这些公司最新推出的产品。“综合展区”主要陈列有大批制作精美的飞机实体模型。这些模型仿照不同时代、不同国家、不同用途且具有代表性的飞机按比例制作,形态逼真,造型美观,有极高的观赏价值。

室外展示部分:1. 世界实体飞机展;2 . 航空设备展。

社会教育和服务活动:主要面向社会宣传中国的航空航天事业、进行爱国主义教育、国防教育和社会公众的科学素养教育。常年面向社会开放,主要对象为大中小学生以及航空爱好者、国内、外游客。

馆舍建设、扩建、维修和设施改造。北京航空馆经上级批准并拨款已从 2008 年 11 月进行拆迁,2009 年建设新馆。

博物馆文化产业、文化产品和经营情况:新馆建成后将在此项工作中不断完善和改进。

北京中医药大学中医药博物馆

MUSEUM OF CHINESE MEDICINE AT BEIJING UNIVERSITY OF CHINESE MEDICINE

馆　　长 卢　颖

通讯地址 北三环东路11号北京中医药大学中医药博物馆

邮政编码 100029

电　　话 64286815

传　　真 64286679

网　　址 bwg.bucm.edu.cn

电子信箱 bwg@bucm.edu.cn

隶属关系 北京中医药大学

性　　质 公办

建筑性质 现代建筑

建筑面积 3160平方米

展厅面积 约1500平方米

占地面积 约1008平方米

馆址环境 坐落于北三环东路边缘,东面紧临城铁,西面是化工大学,北面是北京服装学院。

历史沿革 1987年由香港邵逸夫先生向北京中医药大学捐资300万港元，国家中医药管理局拨款250万元人民币正式筹建“逸夫科学馆”。1990年4月新馆建成,同年9月正式开馆,内设医史博物馆和中药博物馆,分别隶属基础医学院和中药学院。医史展厅是北京中医药大学基础医学院医史教研室从20世纪60年代起收集的文物、标本及相关资料发展而来;

北京中医药大学中医药博物馆

MUSEUM OF CHINESE MEDICINE AT BEIJING UNIVERSITY OF CHINESE MEDICINE

中药展厅源于北京中医药大学中药学院1960年为中药鉴定学筹建的中药标本室。1997年4月,因学校工作的需要,两馆合并为一个独立单位,改称“北京中医药大学中医药博物馆”,下设办公室及医史部和中药部,为北京中医药大学直接领导的正处级学校二级单位。2000年教育部为了整合北京的中医药教育资源,决定将原北京针灸骨伤学院与北京中医药大学合并。2001年5月,校党委研究决定博物馆仅设博物馆馆长一名,保存医史部和中药部两个正科级部门,与此同时撤销了博物馆下设的办公室,精简了机构,提高了工作效率。2006年为迎接北京中医药大学建校50周年,对博物馆进行改造,对外闭馆十六个月,于2006年9月15日重新开馆,并将每周开放二天,改为三天,并且中午不休息,以方便观众。

开放时间 8:30—16:30(除国家法定节假日外,全年每周一、三、五对外开放)

交通状况 地铁5号线到和平西桥站下,13号线到光熙门站下;乘13、62、117、119、379支线、407、406、464、606、641、671、674、684、718、801、839、967、300内环、运通104、特8、运通104等路公共汽车到和平东桥站下;乘379、419、984、602、479等路到中日友好医院站下;乘916、980、985等路到太阳宫桥站下。

概　述

北京中医药大学中医药博物馆是集教学、科研、科学普及、宣传教育于一体的收藏丰富、内容系统的专业性高校博物馆。设馆长一名，下设医史部和中药部两个正科级部门，直接进行相关业务工作。医史部设“医史资料文物库”，收藏历代医药文物1500余件，善本医籍200余种。中医书刊6000余册，汇集了古今中医药学著作、杂志、图片以及中国医学史电影、录像、幻灯、图谱等，可供有关人员参考选用。中药部设“中药标本库”，收藏各类中药标本2800多种，约5000余份。两个展厅的展出面积共约1500平方米。自建馆以来，在教学、科研和国内外中医药交流中发挥了重要作用，特别是向社会公众开放以来，在宣传普及中医药知识方面产生了积极的作用。

中医药博物馆长期固定展览有“中国医学发展史”和“中药综合标本”。“中国医学发展史”陈列以中华文化为大背景，同时以中国医学发展史成主线，通过各个时期的医药文物，再现了包括少数民族在内的祖国医学的主要成就。展厅共分为八部分:(1)中国医药学的起源；(2)夏商至春秋时代的医药卫生；(3)医学理论体系的形成；(4)医药学的全面发展；(5)临证医学的突出发展与金元时期医家的创新；(6)医药学的新发展；(7)近百年的中国医学；(8)少数民族医学。2006年改造后的展厅新增设了民国老药铺、碑帖等景观。

中药综合展厅以宏大的规模充分展示了中药学体系的各个方面，展陈包括《中药综合展厅》和《药用动物展览橱窗》两部分。《中药综合展厅》陈列常用中药近600种、1500多份中药标本，另有药用动物剥制与药用植物浸制标本近300种及数百幅药用植物彩色照片，较为系统的介绍了中药的基本知识。

2006年因学校对逸夫科学馆进行整体布局，我馆充分利用展厅装修的良机，对原有展陈内容作了一次局部调整，修订原布局中的失误，突出展览的文化内涵和时代特色。尤其是对少数民族医学的布置格局进行了大胆的改造，通过颜色的处理使之更具民族特色。重新开馆以来，受到了校领导及各界人士的好评。

在科研方面，2001年国家教育部启动了“现代远程教育网上公共资源建设大学数字博物馆建设项目”，我校博物馆与全国18所高校博物馆一同纳入首批建设计划之中。我校的数字博物馆是依托馆藏文物、标本所建立的数据库，兼收其他重要中医药

博物馆全景

文物图片、文字资料，通过多媒体展示技术，在互联网上向社会提供一个全面完整的中医药信息系统。该数字博物馆的展示内容主要包括中国医学史和中药两大专题。中国医学史部分包括医史虚拟展厅、医史长廊、历代医家、中外医学交流、珍本医籍、专科发展史、少数民族医学以及馆藏精品等八个部分；中药部分包括虚拟展厅、中药知识、常用中药、地道药材、药食同源、中药的故事以及馆藏标本等七个部分。中医药数字博物馆建成后，使大量的因受场馆展示面积限制而长期收藏搁置在库房中的文物、动植物标本资源在数字博物馆中得到了充分的利用和展示。并且，展示方式也由传统的平面、静态方式变为立体、动态方式。从而较好地解决了博物馆馆藏文物、标本的保护、保管与使用之间的矛盾。数字博物馆通过网络技术轻而易举地打破了因地域、时间对博物馆的制约，来访者可随时随地进入数字博物馆，根据自己的需求了解和学习中医药知识，真正实现中医药资源的全面共享。它的建成也为北京中医药大学教学、科研、对外交流以和科学普及工作提供了新的形式与手段。此课题于2004年结题，正式通过教育部专家验收。2004年9月1日又承接了北京中医管理局《北京中医药网上博物馆——中药馆》的建设工作，并于2005年12月24日通过专家验收。2007

年6月又承接了数字博物馆建设项目的二期工程——教育馆的建设，已建设完成，正在等待教育部专家验收。

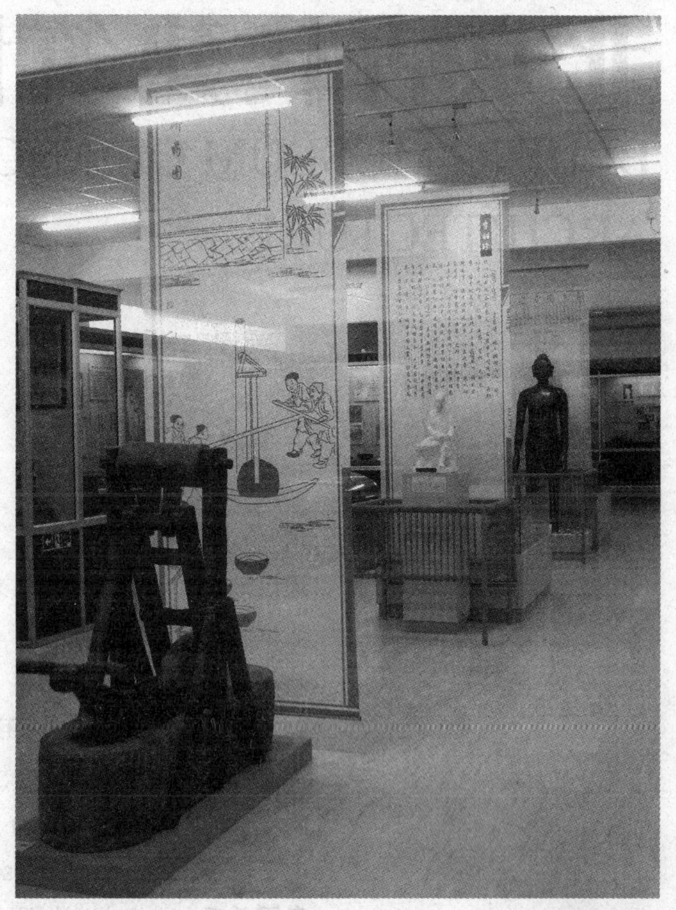

中国医学史展厅

在教学方面，博物馆利用自身资源丰富的优势，承担着学校的《中华医学与文物》、《药用动物学》和《常用中药饮片辨识》三门选修课的教学任务。《中华医学与文物》12学时，是专为北京中医药大学全体学生开设的一门公共选修课，让学生通过一件件的文物感知中国传统文化，从医学文物中理解中医，这样便可知小识大、见微知著，拓宽学生的视野，对其本专业的学习很好的补充和延伸。《药用动物学》36学时，是一门中药各专业的专业基础课程，面向中药学院的全体学生。此课的教学目的是使学生掌握识别各门动物中较为重要的药用动物的形态特征，为整理药用动物的品种，保证医疗用药的准确、安全，扩大新药源，寻找药用动物的类同品等，提供必要的理论基础与实验研究方法。《常用中药饮片辨识》27学时，是为学校非中药学专业学生开设的一门公共选修课，采用多媒体与实物相结合的教学模式，使学生基本掌握性状鉴别的中药鉴定方法，学会辨识近200种常用中药饮片。

博物馆多年来还承担着中医药知识与文化的科普宣传任务，被北京市科学技术委员会授予“科普教育基地”。博物馆人员先后在全国性各类期刊杂志上发表有关中医药知识的论文与文章近百篇，与此同时接待了大量的中老年人和青少年，为他们讲解了中医药发展史、发展成就以及各类中药标本，很好地起到了中医药文化与知识传播的作用，并充分发挥了科普基地的功能。

（郗 效）

北京古代建筑博物馆

BEIJING MUSEUM OF ANCIENT ARCHITECTURE

馆　　长 陈　旭

通讯地址 北京市宣武区东经路21号(先农坛北门内)北京古代建筑博物馆

邮政编码 100050

电　　话 63045608　63172150

传　　真 63045608

网　　址 www.bjgjg.com

电子信箱 xiannongtan@sohu.com

隶属关系 北京市文物局

性　　质 公办

建筑性质 古代建筑(全国重点文物保护单位)

建筑面积 9877平方米

展厅面积 4954平方米

占地面积 73740平方米

馆址环境 位于北京市南中轴线永定门西北侧,东为天桥南大街,与天坛公园隔街相对;南为南二环,与先农坛体育场和北京育才学校为邻;西为太平街路,与陶然亭公园隔街相对;北为南纬路,邻友谊医院。古坛区、古建筑、古树、绿地。

历史沿革 1981年部分全国政协委员和文物古建专家视察北京先农坛,呼吁在此建立古代建筑博物馆。1988年,北京市文物局在先农坛成立"北京古代建筑博物馆筹备处",并开展先农坛古建筑腾退和古建文物征集、基本陈列布展工作。1991年北京古代建筑博物馆太岁殿展区正式开放。1999年基本陈列《中国古代建筑展》列为第20届世界建筑师大会参展项目。2000年着手腾退先农坛古坛区,并对天神坛和地祇坛神龛等石质文物进行抢救性保护。2002年9月25日先农坛古坛区及基本陈列《先农坛历史文化展》开放。2005年3月配合市文物局完成乾隆御制“皇都碑”、“帝都碑”在先农坛的发掘工作。2005年5月以中国传统建筑科普展览《华夏神工》,参加科技部在澳门举办的科技活动周活动。2005年6月为加拿大安大略省皇家博物馆设计制作和安装中国古建筑原大模型。2007年1月完成“1949年北京城沙盘模型”改造工程。2008年为迎接奥运,开放宰牲亭院落《巧搭奇筑藏奥秘——中国古代建筑中的力》、《农神在世界的足迹》等科普展览。

开放时间 9:00—16:00

服务设施 讲解、停车场、导览牌示、无障碍参观路线、5种语言语音导览、免费提供轮椅及雨伞等。

交通状况 乘公交车15、35路南纬路可到达。

概　述

北京古代建筑博物馆位于明清皇家坛庙先农坛古建筑群内，是一座收藏、研究和展示中国古代建筑史、古建文化、古建技术与艺术的专题性博物馆，隶属于北京市文物局，为国家二级博物馆。

北京古代建筑博物馆既承担国家级文物保护单位先农坛的文保工作，又作为中国唯一的古代建筑专题博物馆运营和开放。设馆长、书记、副馆长各一名，设办公室、陈列保管部、科研信息部、社会教育部、人保科、行政科等6个部室。编制41人。镇馆之宝为先农坛古代建筑群及隆福寺藻井、1949年北京城沙盘模型。

一、文物及古树保护

2005年完成先农坛部分地面铺装，面积3638平方米。2007年完成先农坛部分地面透水砖维修保养工程，地面总透水面积698平方米。2004—2008年完成34棵古树复壮。每年养护13500平方米绿化。

二、藏品保管

2005年完成馆藏文物电子账的建立。2008年完成了馆藏图书电子账的建立。2008年建立文物保管大棚，将原来露天保存的石质文物及先农坛坛区石刻集中于此存放，并在棚区预留出来未来文物存放空间。

三、陈列展览

2005—2006年完成重点展品“1949年老北京城沙盘”的改造工程。以突出1949年老北京城的建筑文化为主体的五大展出层次为目的，运用较为成熟的多媒体投影、触摸屏，光电显示、计算机综合控制、PDA无线遥控操作等技术，对这一重要展品进行彻底改造。

2008年古建馆科普活动园地在先农坛宰牲亭正式启用，并举办了《巧搭奇筑藏奥秘——中国古代建筑中的力》、《农神在世界的足迹》等科普展览。

四、社会教育

1.引进来和走出去

2005年，引进《公民道德教育展》；2006年6月，引进《共有的文明——名人与文化遗产》展览。2007年引进《奥运·中国·激情北京》、《文化名人与和谐社会》。

2005年将古建科普展览办到澳门，参加科技周活动；将古建科普展览送到清华大学建筑环境系；2006年《走进中华古建展》在西城区32所科技示范校进行巡回展出。

2007年将《奇妙的中国古代建筑展》办到宣武区第三届科技博览会上。2008年到高校巡回展览。

2. 博物馆进入学校教育

2005年，与北京育才学校共同开展“挖掘博物馆文化资源、开发学校校本课程——走进先农坛”活动，促进了北京市教委发起青少年社会大课堂教育活动。

将先农坛作为一个章节加入小学四年级科学课本实验教材，该套教材已于2006年9月起在全市多个区县内试行。

2007年再与育才学校进行校本课程改革的深入探讨，以博物馆专家进课堂的方式设计教学环节，直接参与学生的课堂教学，以先农文化为依托开展丰富多彩的教学活动。

2008年4月1日，以学生为主体的祭农活动先农坛古坛区，成为古代建筑博物馆的品牌活动。

3. 科普教育基地

参加北京青少年科技文化交流中心和北京科技活动中心联合举办的“走进科普场馆、科学伴我成长——成长之旅”主题活动；参加北京市东城区教委、教工委联合开展的针对广大中小学生的“蓝天工程”。

作为教学实践基地，为廊坊师范大学建筑工程学院、北京建设大学古建筑学院、北京农业职业技术学院、北京园林学校、北京西城区实验中学、首师大附中、北京育才学校等大专院校学生提供教学实践课堂。

利用518国际博物馆日，连年组织文物鉴定咨询活动，组织多场公益性讲座。

五、信息化与科研

2000—2008年间，由陈列保管部申报并完成了古建馆局级科研课题《北京旧城四合院建筑类文物的调查与研究初步》。

2006年馆长陈旭主编、书记张蓉华策划的《先农坛史话》一书由香港银河出版社出版发行。

2007年5月出版《北京先农坛史料选编》(学苑出版社出版)。

2007年召开本馆学术研讨会，并获北京市文物局学术研讨会组织奖。

2008年成立科研信息部，开展本馆网站建设和信息化工作。

六、安全保卫

设立技防监控室，建立起较完善的技防监控系统。完成全馆区域内消防水管和网线的铺设，完善消防设施。为古建筑安装避雷装置。安装用电线路电器漏电报警系统，并于2008年更新改造用电线路。2008年安装应急广播系统。本馆保卫科2008年荣获北京市公安局集体嘉奖。

北京自来水博物馆
BEIJING WATER SUPPLY MUSEUM

馆　　长 吴建平

通讯地址 北京市东城区东直门北大街甲6号(清水苑社区)

邮政编码 100028

电　　话 64650787

传　　真 64650787

隶属关系 北京市自来水集团公司

性　　质 公办

建筑性质 近代建筑

建筑面积 1300平方米

展厅面积 600平方米

占地面积 1530平方米

馆址环境 北京自来水博物馆位于北京市东城区东直门北大街甲6号(清水苑社区内)。地处东直门交通枢纽北侧,西临东二环路,交通便利。乘44、106、107、117、123、75、特2等路公交车地铁、城铁东直门站下车,从东直门桥沿东二环路向北500米路东。

历史沿革 北京自来水博物馆是北京自来水集团自筹资金开办的行业性博物馆,于2000年10月24开馆,2002年12月6日正式对社会开放。

开放时间 9:00—16:00(周一、二闭馆)

概 述

北京自来水博物馆是北京市自来水集团公司为加强企业文化建设，弘扬京城自来水文化，在始建于1908年的原东直门水厂旧址建成开办的，利用原蒸汽机房经过内部装修改造成为展馆。2000年10月24日，正式剪彩开馆。2002年12月6日，正式对外开放并被北京市科学技术普及工作联席会议办公室批准为“北京市科普教育基地”。2007年12月19日，集团博物馆建筑群被列入北京市规划委、市文物局公布的《北京优秀近现代建筑保护录》。

管理体制和制度建设

2004年2月26日，集团公司京水人字[2004]62号文通知“将自来水博物馆划入教培中心职责范围进行管理”。

2006年9月25日，集团京水宣字[2006]208号文通知正式成立了北京自来水博物馆专家委员会，明确规定了专家委员会的构成、主要职责和议事规则。

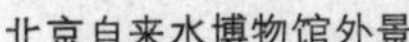

北京自来水博物馆外景

暑期接待青少年参观博物馆

2004—2008年博物馆先后制定了《北京自来水博物馆工作人员职责》、《北京自来水博物馆保安人员管理规定》、《北京自来水博物馆安全用电管理规定》、《北京自来水博物馆安全技术防范管理规定》《北京自来水博物馆藏品征集管理办法》等一系列规章管理制度，使博物馆工作逐步走入制度化轨道。

文物保护与安全管理

截至2008年年底，征集文物1114件(套)，馆内总文物藏品数量达1490件(套)。

为了确保文物藏品安全，近年来自来水博物馆购置了文物藏品安全设备和专业软件，按照文物藏品登记管理的专业要求进行藏品登记和管理。

2004年以来，对汽机房、来水亭、聚水井、一号井和更楼先后进行了维护、维修。

博物馆按照安全管理规定，安有电视监控系统，消防设施完备有效。

展陈更新

2000年至今，博物馆共进行了3次展陈更换。

第一次为2000年首次布展，展厅划分为三部分，第一部分：艰苦创业，励精图治；第二部分：清泉悠悠鉴古今；第三部分：继往开来铸辉煌

第二次为2006年，在基本展陈格局不变的情况下，展览内容增加了珍爱水资源、节约用水的版面，制作了供水知识软件和水价演示软件互动系统。

第三次为2008年，展览共分水厂建设、管网发展、水质保障、客户服务、节能减排五个部分展示供水百年的发展历程。

北京通信电信博物馆

BEIJING COMMUNICATION MUSEUM

负 责 人 孙占平

通讯地址 北京市宣武区骡马市大街9号

邮政编码 100052

电　　话 66198899

传　　真 64041099

网　　址 txbwg.bbn.com.cn

电子信箱 bjtxdxbwg2008@163.com

隶属关系 中国联合网络通信有限公司北京市分公司

性　　质 国企

建筑性质 现代建筑

建筑面积 3300平方米

馆址环境 主馆展厅位于宣武区菜市口东北，北京联通公司总部大楼一层，地处宣南文化区，紧邻传媒大道，交通便捷。

历史沿革 1994年8月由当时北京市市内电话局组织成立“北京电话历史博物馆筹建办公室”，馆址选在北京东皇城根电话局内。1997年具备接待参观条件，作为北京市电话局内部博物馆，接待内部观众和重要客户参观。在电信企业改革重组中，先后隶属于中国网通集团北京市通信公司、中国网通(集团)有限公司北京市分公司、中国联合网络通信有限公司北京市分公司。2007年8月在北京市文物局取得注册登记，定名“北京通信电信博物馆”。2008年3月开始在北京联通总部大楼内筹建新展厅，2008年7月新展厅试运行，试运行期间免费接待单位团体观众。

交通状况 乘5、特5、6、48、603、715、102、105等路公交车果子巷站下车即到。

开放时间 试运行期间，根据团体观众预约时间开放(节假日及重大活动期间闭馆)。

服务设施 语音导览设备、讲解服务、休息区、冷饮小吃部。

概 述

北京通信电信博物馆始建于 1994 年，是一座特色鲜明的电信专业博物馆，目前隶属于中国联合网络通信集团北京市分公司。博物馆以收藏、保护、研究通信电信文物，展示北京通信电信的发展历史，开展文化教育和科普宣传为宗旨，同时兼顾本企业最新通信业务的演示，是本企业文化营销的重要阵地。

1994 年 8 月，在北京市电话全网程控化之际，由当时北京市内电话局出于保存企业历史的初衷，组织成立“北京电话历史博物馆筹建办公室”，开始筹建北京电话历史博物馆，馆址选在北京最后一个步进制交换局——东皇城根电话局内，利用日伪时期原机房楼改造为博物馆，展陈面积约 600 平方米。经过改造装修、展品征集、设计安装等筹备施工环节，于 1997 年具备接待参观条件，作为北京市电话局内部博物馆，接待内部观众和重要客户参观，未对社会开放。

在电信企业改革重组中，北京电话历史博物馆先后隶属于中国网通集团北京市通信公司、中国网通（集团）有限公司北京市分公司、中国联合网络通信有限公司北京市分公司。2007 年 8 月在北京市文物局取得注册登记，馆名定为“北京通信电信博物馆”。2008 年 3 月在位于宣武区骡马市大街的北京联通公司总部筹建新展厅，展陈面积约 3000 平方米，2008 年 7 月新展厅试运行。

一、展陈概况

北京通信电信博物馆原址于 1997 年起用，展陈面积约 600 平方米，设三个展厅，第一展厅为电信史和综合通信设备展厅，陈列有电报、电话、电信线路等小型通信设备。第二展厅为电话局测量室复原，陈列有局内总配线架、测量台等。第三展厅为自动电话交换机房，安装有 20 世纪 40—80 年代的自动交换机，并可加电运行。因原址各种条件有限，2008 年 3 月在位于宣武区骡马市大街的北京联通公司总部筹建新展厅，展陈面积约 3000 平方米，扩充了大量内容，融合现代科技手段，使观众身临其境，感受北京电信事业一百多年来的发展演变。2008 年 7 月 22 日，举行开馆仪式，新展厅试运行，试运行期间免费接待单位团体观众，暂未向社会公众全面开放。主展厅开放后，博物馆原址作为分馆和库房保留，与主展厅配合工作。

主展厅基本展陈分为三篇十五组，涵盖了从北京最早的电报通信到当代的电报、电话、微波、短波、特种通信、数据通信、卫星通信、移动通信、电信线路、电信网等内容。展示了北京电信事业的发展历程和各个时代使用的通信设备，突出了北京电信事业的独特性，如清朝的皇家通信、北平电信局配合解放战争的红色通信、新中国成立后北京作为首都的特种通信等，都得到突出展示。展览陈列实物展品 477 件（套），照片 600 余

通信电信博物馆新展厅正门

通信电信博物馆电报业务展区

张，设计了十多项互动项目和沙盘模型，观众可以通过虚拟技术翻阅清朝的电话号簿，观看清朝电报进北京的幻影成像话剧，体验人工电话交换机的操作方式，观看步进制交换机的工作过程，发送莫尔斯电报码等。

二、藏品与研究概况

北京通信电信博物馆保存有通信文物和藏品近4000件(套)，其中年代最早的是清光绪二十九年(1903)中国电报总局绘制的《中国电线图》，是中国早期电报建设的重要史料。2006年英国电信公司来访，赠送7部20世纪不同年代英国王室和政府使用过的电话机进入馆藏。2008年9月，北京电报大楼建成50周年庆典上，北京电报局向博物馆捐赠解放前国民党军队使用过的美制手持式电台及其他一批通信文物。2007—2008年间，本公司档案馆向博物馆移交部分图书资料，其中包括民国初年制定的电信规章、日伪时期北京电话号簿、《北平电信局接收一周年纪念册》、《1947年北平电信训练所同学录》、《1948年全国电信线路图汇编》、《1949年华北电信会议特辑》、《1949—1955年北京市电信局7年工作纪要》等珍贵资料。2008年5月获得北京一号卫星地球站捐赠的一套退役卫星通信设备。2008年北京奥运会结束后，征集到本企业为保障奥运会通信的大量实物。另外通过各种渠道征集的重要藏品还有：20世纪五六十年代为中南海服务过的电话机、天安门专线班保障国庆庆典通信使用的设备、六七十年代战备通信使用的各种电台、1985年北京第一部程控交换机等。

目前博物馆最具特色的藏品是三套完整的步进制电话交换机和一套纵横制电话交换机。步进制交换机包括1940年投入使用的日本产A29式、1954年从捷克斯洛伐克引进的A40式、20世纪70年代国产A47式，纵横制交换机为20世纪80年代国产HJ921型。这些交换机安装在博物馆原址机房内，可加电运行为观众演示，并可接通公众电话网。这是目前全国唯一可使用的步进制交换机，成为电话交换技术的活化石。日本产A29式交换机是日本侵华的见证，A40式交换机则让人回忆起新中国成立初期北京的大规模电话建设。

2006—2008年年底，与《邮电企业管理》杂志协作，完成《北京通信百年百事》(共出三辑）的采访组稿。为考证北京电信事业的确切开始时间，2007年就电报线路进北京的历史进行了专题研究与考证，其间会同通州区文化委员会和通州区文物管理所对通州电报局遗址进行了考察，通州区文物管理所原所长周良撰写了考证文章《从潞河驿到潞河驲——通州驿站沿革》，论述了现存潞河驲遗址即当年专为投送电报而设，因此从文献到遗址均得到证实，把北京电信事业的开端向前追溯到1883年。

2008年新展厅筹建期间，博物馆为核实中国第一封电子邮件和中国第一台万维网服务器的历史，就所掌握的信息与中国科学院高能物理研究所取得联系，向当事人之一的高能所研究员许榕生教授详细了解了1993年高能所通过国际数据专线与美国加州斯坦福直线加速器中心(SLAC)互联的过程，从而落实了很多具体细节。所幸的是，现已淘汰的曾用于中国第一个WWW网站的服务器被许榕生教授保存下来，并随一批技术资料无偿提供给博物馆展出，丰富了展陈内容。

三、社教与服务

北京联通(原北京网通)于2003年1月开发特色项目——“通信之旅”，接受重要客户和单位团体参观通信局所，通信电信博物馆是其中重要一站，几年间接待了众多客户、企业内部领导职工和中小学师生，为巩固客户关系、传承企业历史文化、普及通信科学知识起到积极作用。

2005年7月22日，与故宫博物院合作，在储秀宫绥福殿开设“皇家电话局”常设展览，设置了仿古样式的公用电话，为广大游人服务。2006年7月22日，与颐和园管理处合作，在清朝皇家电话专线所在地颐和园水木自亲殿开办了“皇家电话专线展”，再现当年电话专线的历史原貌，碧波荡漾的昆明湖畔增加一处体现中国近代历史的文化景点，与紫禁城故宫皇家电话局相映成辉。

2008年7月22日，新展厅开馆试运行。试运行期间，接待单位团体参观，暂未向公众全面开放。2008年7月至年底，共接待2780人次。其中在北京奥运会期间接待各地来京观众1000余人次。在纪念改革开放30周年期间，接待了《人民日报》、人民网、北京电视台等国家和北京市新闻媒体参观，并为媒体提供大量拍摄素材和史实资料。通信电信博物馆注重与其他行业博物馆建立广泛联系，开展文化交流，积极推进筹建北京市行业博物馆研究会。

北京老爷车博物馆

BEIJING MUSEUM OF CLASSIC CAR

馆　　长 雒文有

通讯地址 北京市怀柔区杨宋镇杨雁路凤翔一园 19 号

邮政编码 101400

电　　话 61677039　86186343

网　　址 www.laoyeche.org

性　　质 民办

建筑性质 现代建筑

建筑面积 3200 平方米

展厅面积 3500 平方米

占地面积 14520 平方米

馆址环境 北京老爷车博物馆坐落在北京市怀柔区杨宋镇,与中国影视之都——中影集团影视基地相毗邻;老爷车博物馆落户在文化氛围浓郁之地,增添了新颖的文化元素,吸引了众人的目光。

历史沿革 2006 年北京市文物局登记注册并筹备建设，拟于 2009 年 6 月 8 日北京老爷车博物馆开馆迎客。博物馆展示包括主展馆、国产车展馆、外国车展馆、红旗车展馆、全国老爷车收藏者交易馆。该馆全方位地展示了中国及世界汽车发展历程。馆内珍藏有 10.8 米长的孤品大红旗(仅有一辆)、北京 20 世纪 50 年代生产的东方红、抗战时期美国飞虎队陈纳德将军的爱车及各个历史时期名人坐骑。此外,还有众多国外不同型号、生产于不同年代的老爷车。

开放时间 9:00—17:00(周一闭馆)

交通状况 行车路线:1. 京承高速杨雁路出口直行,第一个红绿灯前行 300 米即到。2. 101 国道杨宋路口前行,第三个红绿灯左转 300 米即到。乘车路线:3. 916 路南华市场下车,换乘 916 路支线(怀柔—椟草),中影基地站下车,十字路口红绿灯处北行 300 米。4. 980 或 987 路庙城站下车,换乘东 2 路到中影基地站下车,十字路口红绿灯处北行 300 米。(资料来源参考互动百科网 www.hudong.com)

北京百年世界老电话博物馆

BEIJING MUSEUM OF CLASSIC TELEPHONE

馆　　长 车志红

通讯地址 北京市朝阳区北辰西路69号峻峰华亭C-217

邮政编码 100083

电　　话 58772731

传　　真 58772970

电子信箱 2000wuwei@163.com

性　　质 民办

建筑性质 现代建筑

建筑面积 800平方米

展厅面积 600平方米

占地面积 800平方米

历史沿革 2006年5月筹备,年底由北京市文物局批准成立,是中国唯一电话机专业博物馆,也是世界上唯一以世界电话机发展为基础,全面反映世界电话发展的电话机专业博物馆。2007年3月份正式对外开放,原址为北京市西城区德外大街乙十号泰富大厦内,现迁址于海淀区学院路42号。

开放时间 9:00—16:00(周一闭馆)

对外开放单位 图书馆、电影院等

服务设施 无障碍参观、停车场面积100平米、食品部、小吃部、茶座、咖啡厅、纪念品商店、语音导览设备。

交通状况 公共汽车乘323(快)、392、604路学知桥站下,375、331、386、743、810路北京航空航天大学站下车即到;地铁10号线西土城站。

概　述

北京百年世界老电话博物馆是由北京爱拓电讯设备有限公司投资成立的,是中国唯一电话机专业博物馆,也是世界上唯一以世界电话机发展为基础,全面反映世界电话发展的电话机专业博物馆,馆藏电话发明100多年来世界几十个国家几千款电话收藏品和上万件反映电话发展历程的相关收藏品，其中有世界近一百多个国家电话题材的邮票和几十个国家电话机题材的电话卡,上千本不同时期、不同省、市单位反映电话机发展历程的电话号码本,以及其他几万件见证电话发展的相关藏品,涉及30多个类别,如徽章、标牌、文件、书签、教材、海报、单据等,馆藏品全面系统地反映了自19世纪70年代电话机发明以来,世界电话百年发展历程。

博物馆开展以来,一直以“学习、调整、改进、发展”的精神为指导,遵守国家的各项法律法规,认真履行博物馆的登记申报手续,按照理事会制定的章程开展博物馆工作,在民政局和文物局的指导和帮助下,与时俱进,针对社会发展的新形势和焦点问题,创造性地开展工作,使博物馆的工作有了很大的发展。

场馆基础建设

本着向行业前辈学习的态度,管理人员走访各类博物馆二三十家,在展览展示方面吸取了很多经验。结合自身情况,2007年度扩大了50%的展览面积,调整了展览布局,使参观者能够更加系统地了解电话发展的历史。还增加了与电话相关的电信、邮政方面的展览内容。年度新增各类藏品上千件。更新制作展具几百件,包括展柜、画框、模型、展板、场景等设施。2008年下半年将“电话奥运展”作为重要展览内容之一,调整了展览布局,规范了展览标识,检查了展具的安全性,使参观者能够在相对安全、舒适的环境下了解电话发展的历史,尽管没有专职外语讲解人员,但外国宾客也能够通过双语标识了解展览内容。本年度新增各类藏品上千件,使藏品的种类、质量、数量达到历史最高水平。

业务发展

1. 在加强场馆基础建设的同时,树立博物馆经营创效的意识。

2. 发挥本馆经营灵活、展览(品)贴近百姓生活的特点,加强宣传,提高知名度。印制宣传单、明信片、扑克牌、邮品、广告扇、笔记本、年历等;加入2008年北京地区博物馆通票。

3. 积极参加社会公益活动和外展活动。

展厅局部

4. 开展不同主题的展览活动，如百年电话发展历程展、电话奥运展、香港电话展、法国电话展、西门子电话展、爱立信电话展、军用电话展等。

5. 开发电话机题材系列文化创意产品，包括老电话打火机、老电话钥匙扣、电话形状手机座，老电话车用香水座、老电话文化衫、个性化首日封等。

6. 加强与政府相关部门的合作。为信产部提供延安时期革命通信文物资料300件左右；与邮电博物馆签订为其修复文物的协议，并提供电话机相关藏品近百件；向北京市科委申办科普教育基地。编辑博物馆工作信息简报，定期发给市民政局、文物局、科委等相关部门，加强联络与交流。

重要的社会公益活动

1. 为纪念2007年世界电信日和国际博物馆日，2007年5月17—18日在北京饭店参加由信产部举办主题为“电话的过去、现代和未来”的纪念活动，并设计制作了2007年博物馆日的纪念邮折、首日封，为纪念2008年世界电信日和国际博物馆日，2008年5月17—18日在北京饭店举办“电话文史资料展”，并设计制作了2008年博物馆日的纪念邮折、首日封，受到参观者的好评，新闻媒体也有相应报道。

2. 参加2007年8月2—6日第四届青少年科学技术博览会，主题为“亲自体验电话机的百年发展”，制作了早期电话机及电话场景模型，开展了组装老电话、电话拼图游戏、电话场景拍照等互动活动，接待青少年及成年人6万人次，部分学校的负责人邀请到该校巡回展览，得到组委会的好评，新闻媒体有相应报道。

3. 2007年、2008年8月1—15日举办了“军用电话展”，包括军用电话机、电报机、交换机、电码本、徽章、资料，让参观者了解到通信器材的畅通是保障革命取得胜利的至关重要的因素，也从另一个侧面反映出革命先辈为国家的独立解放作出的巨大贡献。

4. 2007年9月22—10月21日举办的法国百年电话展，展点设在中塔大中店。目的是让更多的参观者能够走进博物馆，消除百姓心中博物馆是高雅艺术殿堂的印象。法国电话机在设计风格上秉承了浪漫时尚的特点，给参观者全新的艺术享受。展览期间又恰逢十一黄金周，参观者在购物的同时也丰富了精神生活，很多购物者了解到电话展后，特地告诉亲朋好友前来参观，展期共接待参观者2.3万人次。

展厅局部

5. 2007年10月23—27日在国际展览中心参加信产部举办的“国际通信展”，主题为“百年电话，百年辉煌”，让参观者在感受今天现代通讯给人类带来的便捷的同时，也不要忘记电话发展的历史以及前人为电话的发展所付出的艰辛和智慧。展期共接待参观者2万人次左右，媒体也有相应报道。

6. 2007年、2008年参加文化创意产业博览会，开发了电话机题材的系列创意产品，极有新意，让参观者大为惊叹。也在探索私人博物馆如何能够走出一条自主经营、自负盈亏之路。设计制作了电话的历史与电话的艺术二套明信片，在展会上还发放了大量的老电话题材的扑克牌和明信片。媒体也有相应报道。

7. 2008年博物馆日期间，参加文物局举办的博物馆寻宝活动，并作为此次活动的始发站。

8. 2008年5—10月，举办的“电话奥运展”，展览从藏品上涉及世界上近百个国家和地区，接待参观者3000人次。

9. 2008年10月，份向地震灾区捐赠“爱心电话”800部，支援灾区人民克服困难，重建美好家园。

北京御生堂中医药博物馆

BEIJING YUSHENGTANG MUSEUM OF TRADITIONAL CHINESE MEDICINE

馆　　长 柏 杨

通讯地址 北京市昌平区北七家镇王府公寓 2-35 号

邮政编码 102209

电　　话 81788271

传　　真 81788271

网　　址 www.yst1608.com

电子邮箱 yst1608@126.com

隶属关系 北京御生堂医药集团

性　　质 民办

建筑性质 现代建筑

建筑面积 6800 平方米

展厅面积 2800 平方米

占地面积 6800 平方米

馆址环境 环境优雅,北临航天博物馆,西临温都水城,博物馆建筑前有宽阔的停车场。

历史沿革 御生堂老药铺创立于明代万历三十六年(1608),为集中医、中药和搜集历代医具医案于一体的商号、药铺。原址在山西榆次县城东门内,至今已有 400 年历史。御生堂兴衰近 400 年,幸逢盛世,得以薪火相传,1998 年由白氏后人创立京城首家御生堂中医药陈列室,2002 年经北京市文物局批准正式创办北京御生堂中医药博物馆。2006 年馆址迁至北京市昌平区北七家镇王府公寓院内。

开放时间 提前预约,上午 9:00—11:00,下午 13:00—16:00。

服务设施 停车场面积 500 平方米

交通状况 快速公交 3 号线至平西府路口南站，十字路口西侧约 300 米王府公寓院内；地铁 5 号线天通苑北站，转快速公交 3 号线或转小 23 路至王府公寓;996、984、985、426、430 等路到平西府路口站,十字路口西侧约 300 米王府公寓院内。

概　述

北京御生堂中医药博物馆为经北京市文物局批准成立的民办珍藏博物馆，现有文物近万件，以中医药文物为专题，还有老广告、老玩具、老照片、老旗袍，以及革命文物等。博物馆的宗旨为：1. 让更多的人了解中国医药历史的源远流长，中医药文化的博大精深，中医药内涵的丰富多彩；2. 让更多的人知道历史上我们的祖先有过无数的发明创造，中医药是其中最伟大的发明创造之一；3. 让更多的人参与弘扬中国的传统中医药文化。

博物馆的办馆原则：1. 注重展品精美、解说新颖、布展活泼；2. 注重长期展览和短期专题展览相结合；3. 注重观众与历史文物互动；4. 注重格调高雅并面向大多数观众；5.注重坚持社会效益至上的原则。

2004—2008 年是北京御生堂中医药博物馆跨越式发展的 5 年，在卫生部、国家中医管理局和北京市政府以及北京中医管理局的领导和指导下，博物馆在顺利迁址和承办了多项大型活动。

近年来，北京御生堂中医药博物馆在弘扬推广中医药文化方面做的大量工作，受到了

北京御生堂中医药博物馆全景

各级领导的重视和关怀。国家和北京市不少领导在本馆考察调研后,都给予了充分的肯定和多方面的指导。2008年9月，北京市副市长丁向阳在博物馆参观调研后指出:御生堂博物馆的珍贵的文物,见证着中医中药的悠久历史和博大精深的中国传统文化,无论是从弘扬中医文化的角度,还是从旅游推介的角度,拓宽宣传渠道,加大宣传力度。

中医药是我国优秀的文化遗产，也是独具中国特色医药卫生事业的重要组成部分，国家正式启动中医药世界文化遗产申遗工作,中央领导作了重要批示。2008年10月,御生堂博物馆协助拍摄申遗宣传片报往联合国教科文组织。

北京作为中国的首都，既是全国的政治经济中心，也是文化中心。随着2008年北京奥运会的成功举办,必将进一步增强北京在世界上的影响力。

北京奥运会开幕式大篇幅地向全世界宣传了中国的优秀传统文化,因此,我们应当抓住这次奥运会的机遇,让中医药成为中国文化走向世界的先锋,让中医师作为宣传中国文化的和平使者,到全世界去传播中国的优秀文化、中国的和谐思想和中国的传统医药知识,以造福更多的健康需求者。

在当前国家大力发展中医药事业、中医药正逐步走向世界这个新形势下,身处首都的北京御生堂中医药博物馆愿借此契机为弘扬中医药文化,发展中医药产业作出自己的贡献。

御生堂清代老药铺恢复景观

坦克博物馆

CHINESE PEOPLE'S LIBERATION ARMY TANK MUSEUN

馆　　长　李佐权

通讯地址　北京市昌平区阳坊镇61029部队坦克博物馆

邮政编码　102205

电　　话　66759904　69767910

隶属关系　总参军训和兵种部

性　　质　公办

建筑性质　现代建筑

建筑面积　5700平方米

展厅面积　3.2万平方米

占地面积　5.3万平方米

馆址环境　博物馆特别注重绿化，是昌平区的园林式单位。交通顺畅，紧邻六环路。周边有较多景区和水果采摘园。

历史沿革　人民装甲兵陈列馆，1989年筹建，1990年8月1日落成试开馆。1997年扩建后更名坦克博物馆，1997年9月1日正式对社会开放。

开放时间　春、夏、秋季8:30—17:00　冬季8:30—16:30(周一闭馆)

服务设施　停车场、放映厅、服务社

交通状况　乘车：德胜门乘919或345路—沙河转乘昌20路—坦克博物馆；地铁13号线至龙泽站转乘昌20路—坦克博物馆；颐和园乘303路—上庄东小营转乘昌20路—坦克博物馆；昌平区乘昌57路—坦克博物馆。

自驾车：由八达岭高速公路11号出口(沙阳路)驶出，向西至阳坊镇北行两公里即到坦克博物馆；由西四环颐和园出口，经温泉到阳坊镇北行两公里即到坦克博物馆。

概　述

中国人民解放军坦克博物馆位于北京市昌平区阳坊镇，占地约5.3万平方米，其中建筑面积约5700平方米。1989年开始筹建，1990年9月1日落成并试开馆，原名"人民装甲兵陈列馆"，1997年扩建后命名为"坦克博物馆"，同年8月1日正式对社会开放。

坦克博物馆隶属总参军训和兵种部，军队编制体系、管理体制，采用军事化管理和馆长负责制。全馆编制人员16人，其中馆长、副馆长各1名，下设行管组、业务组、政工组、后勤组四个分支机构。行管组主要负责日常行政管理、人员管理和对外参观接待工作；业务组主要负责文物维护保管、资料收集整理工作；政工组主要负责人员思想政治工作和对外宣传工作；后勤组主要负责后勤保障工作。

坦克博物馆由人民装甲兵发展史、世界装甲兵发展史、抗日战争装甲兵图片展、坦克装甲车辆、装甲兵训练模拟器、兵器仿真模型、轻武器仿真射击7大部分组成，共分12个展厅。陈列各种照片、图表2200余幅(张)、文献资料392本(件)、文物400余件、中、苏、美、日、印等国家的坦克装甲车辆26种50余辆、世界各国坦克装甲车辆模型300余件、装甲兵训练模拟器8种10台、国产仿真模拟射击轻武器5种8套。坦克博物馆以大量珍贵详实的历史图片和文献资料以及实物和模型，系统展示了中国人民解放军装甲兵部队在党中央及老一辈无产阶级革命家的正确领导和关怀下，艰苦创业、英勇奋战、全面建设、不断成长壮大的发展历程。展示了自坦克诞生以来世界装甲兵近百年的发展史。该馆是北京市和昌平区的"国防教育基地"、"科普教育基地"和"爱国主义教育基地"。

整个展馆布局合理，结构完整，各部分既相互关联又相对独立，图片、文献资料丰富，展出内容齐全，图文并茂，知识性、趣味性强，具有很高的参观、学习价值，是一个难得的国防教育、爱国主义教育和科普教育场所。

坦克博物馆针对参观中青少年居多的特点，同时为了更好地发挥传统教育基地、国防教育辐射作用和学习科技知识课堂的作用，兼由执勤战士和北京化工大学的大学生志愿者担任讲解引导工作，建立了一套完整的讲解制度，并在解说上下工夫，在介绍装甲兵知识的同时穿插一些有关小故事，使其做到浅显易懂，既有知识性又有趣味性。为了便于学生们更好地学习科学知识，提供了亲身体验、触摸屏、录像厅播放光盘等多种形式。我馆还根据实际情况和同学们的要求以及学校教育需求，不定期在坦

博物馆庭院

克博物馆或组织人员到学校举办装甲兵知识、世界军事最新动态、科普知识等方面的专题讲座及国防、爱国主义教育。与昌平三中、二一学校、阳坊中心小学、南口军训基地等学校和单位建立长期共建，合作互助关系，为其开展国防、爱国主义教育活动提供场所和各种便利条件。为北京大学筹办的全国中学生夏令营、中国青少年教育中心、海淀区青少年培训基地、进步小学、朝阳中学等单位、学校举办军营一日活动。让大家和战士们一起同吃、同训练，上一堂国防军事知识教育课，参加队列训练，从而使大家对绿色军营有更加深刻的感性认识和理性认识。使大家在增长知识的基础上，既得到锻炼又增强了国防观念和爱国主义教育，充分发挥了博物馆的国防教育、爱国主义教育、科普教育基地和桥梁作用。

坦克博物馆对展出车辆维修保养相当重视，馆内绝大多数的坦克装甲车辆都能开动，甚至第二次世界大战时期的战车也维持在可操作状态，因而使这些战车更显珍贵，这在其他同类型的博物馆中实属难得。

2005 年，配合纪念抗日战争暨世界反法西斯战争胜利 60 周年，增建成抗日战争装甲兵图片展，主要包括日本装甲兵疯狂侵略中国、中国装甲兵奋勇反击日寇、中国军民以血肉之躯打坦克、苏军装甲兵在中国军民配合下歼灭日本关东军、人民装甲兵的孕育和诞生等内容，用装甲兵的独特视角，展现那些悲壮的画面，感悟那段沧桑的历史。

2006年，博物馆又新开两处展室，搜集了大量图片资料，丰富了展出内容；应北京市科协和博物馆协会邀请，在西单文化广场制作科普宣传橱窗，向社会普及装甲兵知识，增强全民国防意识，扩大了坦克博物馆在社会上的影响力；在元宵节、七一前夕两次邀请北京市民间文艺家协会、昌平区文联书画艺术家、剪纸手工艺大师来馆举办“丙戌年元宵节赞坦克博物院拥军笔会”和“北京市书法协会专家学者与官兵共庆七一”茶话活动。艺术家当场挥毫泼墨，剪纸赋诗。尤其抗日战争回民之队司令员马本斋之子马国超将军还特地为笔会书写一副遒劲有力、洒脱俊逸的草书楹联。不仅增加了馆藏资料，丰富展出内容，还在《昌平周刊》、《京郊日报》刊登消息，扩大了坦克博物馆的影响。中央电视台第七套《军事科技》栏目组、中央电视台数字频道《发现之旅》栏目多次来坦克博物馆进行节目录制，发挥了作为爱国主义及国防教育基地的积极作用。

展厅局部

2007年，博物馆与北京化工大学签订了志愿服务协定，建立了长期合作机制，有效地发挥了坦克博物馆的窗口作用，推动了坦克博物馆国防及爱国主义教育的发展；在建军80周年之际，坦克博物馆举办了相应展览，并积极支持军事博物馆的展览活动，收到了良好的效果。

2008年，博物馆与东城区教委合作向中小学生印发了《中华讲堂》宣传册，并参加昌平区科协组织的“走进科普场馆，探究宇宙、地球、生命奥秘”中小学生国防知识竞赛活动，普及国防知识，提高中小学生的爱国主义意识；汶川大地震发生后，坦克博物馆组织全体人员多次捐款，向灾区人民送出温暖；在奥运会期间，积极组织了奥运知识宣讲，国家的发展、强大，迎来了百年的梦圆；与中国教育3台《七彩星球》栏目策划拍摄了少儿专题片，于同年3月份分两期播出；与央视《发现之旅》栏目合作，策划拍摄了20集电视专题片《火力》，在同年三四月份与观众见面；协助昌平电视台拍摄了《昌平之歌》的MTV；协助昌平电视台旅游节目拍摄了《游乐无限》宣传片，扩大了坦克博物馆的知名度和影响力。

北京博物馆学会

北京博物馆学会

SOCIETY OF BEIJING MUSEUM

理事长 张大祯

常务副理事长兼秘书长 崔学谙

副理事长 马英民 王 平 冯光生 佘志宏 谷长江 沈 强 李米莉 杨海峰 杨景成 赵有利 晋宏逵 郭小凌 黄乔生 景海荣 （按姓氏笔画排序）

通讯地址 北京东城区府学胡同 36 号

邮政编码 100007

电 话 64001628

传 真 64001628

电子信箱 bjbwgxh85@126.com

隶属关系 北京市文物局

性 质 群众性学术团体

历史沿革 北京博物馆学会是北京地区博物馆界群众性的学术团体，1985 年 7 月 24 日成立。20 世纪 90 年代初作为团体会员加入北京市社会科学界联合会。2006 年 9 月经北京市文物局批准，召开会员代表大会，选举产生了北京博物馆学会第四届理事会。

概　述

北京博物馆学会是北京地区博物馆界的群众性的学术团体，1985 年在市政府有关部门的积极倡导下由北京地区 23 个博物馆发起成立的。目前有团体会员 131 个，个人会员 844 名。学会挂靠北京市文物局，在市文物局机关内设立常设办事机构秘书处，处理日常工作，开展业务活动。学会下设 6 个二级机构：学术专业委员会、社教专业委员会、保管专业委员会、陈列艺术专业委员会、非物质文化遗产保护专业委员会、培训部，通过这些二级机构，开展专业领域内的业务研讨和学术交流。

2004—2008 年随着我国改革开放 30 年来的发展以及奥运盛会的成功召开，我国的社会经济和文化建设都取得了很大的发展，北京的博物馆事业更是蓬勃发展。2006 年经市文物局的批准，学会顺利完成换届改选，新一届学会领导正是依托这有利局面，在市文物局和市社科联的关心指导下，在广大会员单位的积极支持和热情参与下，团结协作，开拓进取，开展了多方面的活动，2005 年、2007 年被北京市社科联、北京市社团办等单位评为年度先进学会、秘书处李静茹同志被评为先进个人。

学会 2004—2008 年开展的工作情况概述如下：

一、换届改选工作

北京博物馆学会第三届理事会是 1996 年 9 月产生，至 2006 年已近 10 年。2006 年 9 月经北京市文物局批准，在市文物局领导与北京市社会科学界联合会的关心和指导下，依据北京市社团办要求和相关规定，在团体会员馆和全体会员的积极参与下，北京博物馆学会召开第四届会员代表大会，进行换届工作，选举产生新一届学会理事会。

在学会换届之初，常务理事会经广泛协商，对理事会人选作了相应的调整，人选力求具备以下条件：博物馆工作开展得较好并有较好的影响力；在本领域具有一定的代表性；积极支持和参与学会的工作并以精干、务实、年轻化为原则。对理事会的人员组成，也考虑到各种类型博物馆理事名额分派的均衡并利于今后工作的开展和管理等方面的因素。新产生的第四届理事会理事来自北京地区 68 个博物馆(所)及相关单位，共 75 名。其中中央、市级、区县、企业及民办博物馆(所)代表各有相应比例。本届理事会的人员组成在年龄上较上届更趋年轻化，同时在学历、职称等人员素质方面也较上届有所提高。

第四届会员代表大会期间，召开第一次理事会,选举并产生了由36人组成的常务理事会以及学会新的领导班子。原北京市文物局副局长张大祯当选为学会理事长，原首都博物馆党总支书记、常务副馆长崔学谙当选为秘书长,晋宏逵、谷长江、佘志宏、崔学谙等15人当选为副理事长。上届代理事长张春祥、秘书长马希桂对他们的当选表示祝贺,祝贺学会在新一届班子的领导下取得更大成绩。张大祯理事长代表新一届班子对上一届班子的辛勤付出表示衷心的感谢，并表示新一届学会班子将一如既往地团结广大会员，本着“办实事、讲实效”的精神在市文物局的领导下,开创学会工作新局面。秘书长崔学谙宣布向上一届学会领导及对学会工作作出贡献的老同志代表张春祥、马希桂、于坚、廖静文、刘桂英等10余位老同志敬献鲜花时，会场全体代表起立,热烈鼓掌向他们表示敬意。中国博物馆学会理事长张文彬应邀到会并发表了热情的祝辞,北京市文物局局长孔繁峙到会、副局长舒小峰到会并致辞,王宏钧等博物馆界的领导、专家及兄弟单位到会祝贺,一些兄弟团体及会员馆还发来贺信。来自北京地区100多个博物馆所及有关单位的领导和代表以及来宾约200人济济一堂。大会在热烈的气氛中圆满结束。

二、成立的新二级机构,发展企业会员

学会建设的基础是组织建设。换届后,学会首先着力进行了机构调整和组织建设。学会下属原有四个专业委员会,发挥各自优势,在分属的各个学术领域和工作范围内,积极创新,努力工作,有些专业委员会在全国也具有一定的影响。但因有些专委员年事已高、有些调离或退休,人员改选和调整势在必行。经征求各方意见,学会提出了推荐人选,四届一次理事会审议并通过了各专业委员会新的组成人选。

充实秘书处工作班子。为了适应新形势,学会立足规范化建设,对秘书处人员予以调整,加强了办事机构的工作力量。

随着非物质文化遗产的保护工作越来越受到政府和社会各界的重视,北京地区博物馆也积极参与到非物质文化遗产的保护和抢救工作中。经研究,学会组建并成立了非物质文化遗产专业委员会,以推进此项领域的学术交流。同时,为了适应博物馆从业人员新队伍的不断扩大,在北京市文物局的支持下,学会还积极组建了培训部,以配合政府行政管理机构以及社会需求,开展博物馆及文化行业从业人员的各项培训业务。至此学会已拥有6个二级机构,开展活动及其影响力更加广泛了。

博物馆事业的飞速发展和学会社会影响力的日益扩大,引起了社会各界的普遍关注。一些企业特别是有一定文化内涵的企业，多次提出加入北京博物馆学会。

学会认真研究后,认为企业加入学会是一项互利互惠之举,对普及博物馆文化、推进博物馆事业发展和提高企业文化都具有积极意义。在借鉴中国自然科学博物馆协会和中国博物馆学会相关条例基础上,报请相关上级部门同意,2007 年 8 月正式吸收华协国际珍品货运服务有限公司等 14 名具有一定实力、积极参与博物馆业务建设的企业,成为北京博物馆学会的正式成员。

三、迎奥运盛典,配合政府开展博物馆接待服务等多项培训

北京博物馆学会自 2004—2008 年期间配合政府行政管理部门开展了大量的博物馆岗位培训活动。为加强博物馆行业业务培训, 学会于 2007 年 4 月成立了培训部。培训部成立以来,积极配合市文物局开展相关业务培训工作(课时被列入职工 72 学时统计)。2008 年北京奥运举办之年,是北京地区博物馆以自身的优势充分展现古都北京历史文化风貌的重要契机,更是检验北京地区博物馆综合素质和水平的重要时刻。特别是配合博物馆奥运接待服务、文明礼仪、奥运知识等内容的培训,为博物馆一线迎奥运解决了许多实际问题。2007 年 7 月 5 日:“迎奥运:北京地区博物馆馆长培训班”举办第一阶段学习,邀请北京奥组委执行副主席蒋效愚介绍了北京奥运筹备工作情况,来自北京地区各博物馆、区县文化委员会等近 300 人出席了报告会。之后陆续举办第二阶段培训。并组织馆学员赴外省市博物馆考察,重点与湖南博物馆、山西博物院、内蒙古博物院等兄弟馆院就博物馆开放管理、展陈策划等方面进行参观考察、举行座谈交流。

同时 2008 年 6 月开展了 “博物馆社教部主任培训班”。聘请中国博物馆学会秘书长安来顺、中国国家博物馆研究员齐吉祥、北京市文物局副局长巴爱民、市文物局博物馆处长刘超英、首都博物馆社教部主任杨丹丹等,分别就博物馆学新理念、博物馆社会教育学、社教部主任如何与上级沟通并独立开展工作、社教部主任应具备的基本素质与能力、如何做好社教部主任等作了专题讲授。培训班组织部分学员观摩了苏州市博物馆、丝绸博物馆、南京民俗博物馆、南京博物院的社教管理工作,进行座谈交流。参加培训考察的人员共计 60 余人次。

对博物馆一线人员的奥运培训包括, 礼仪、安全、多种语言、特殊人群接待等等,北京地区博物馆千余人次参加了培训。为了更好的巩固培训成果,学会在市文物局的支持下,积极编写了《奥林匹克运动会基础知识手册》、《博物馆服务礼仪手册》、《北京历史文化知识手册》、《博物馆展陈策划手册》、《博物馆行业服务行为规范》等,并汇编成册,下发至各博物馆,及时指导和规范了一线的接待服务工作。

同时为了迎接奥运召

开,学会还配合政府部门开展了博物馆各项工作的检查指导,包括安全检查、开放区域标志标牌规范化检查、接待服务规范化检查等多项检查指导工作,不但规范了北京地区博物馆奥运接待服务工作,也为今后博物馆服务的规范化打下了较好的基础;为更好的展现北京博物馆人的风采,迎接世界八方友人来京参加奥运盛会,学会还广泛组织了北京地区博物馆讲解比赛活动,参加活动的馆所达50所左右百余人,通过比赛活动评选出各类优秀奖项,为迎接奥运盛会做好充分准备。

四、积极搭建博物馆界的交流平台,广泛开展各领域的学术交流活动

学会是北京地区博物馆界联系的纽带,是博物馆界开展交流的桥梁。新一届学会班子积极为会员搭建开展博物馆各领域的学术交流平台。2007年成功举办北京地区博物馆第五届学术研讨会,会议在居庸关宾馆召开,这是4—5年一届的北京地区博物馆学术交流的盛会,80余座博物馆100多位代表到会,提交论文百余篇。中国博物馆学会、北京市社科联、北京市文物局的有关领导出席到会,博物馆界的知名专家到会并作精彩主旨发言。代表参会积极、研讨热烈,会议取得良好的成果。会后主旨发言及论文集结出版。

学会于2008年6月举办博物馆开放服务管理座谈会,为便于各博物馆参会分为东片和西片两地召开,会议邀请一些博物馆就开放接待工作的流程、规章包括具体操作方法进行演示,并请参会者共同互动,亲身体验开放服务管理工作的各个环节,以更好的服务观众。会议还交流了开放管理工作的一些具体问题。各馆反映情况这样的座谈会贴近实际工作,交流充分,解决具体问题,加强了各馆的沟通,有实效。

学会每年一度的博物馆保管专业学术研讨会,已坚持多年。每年一个主题贴近博物馆发展新形势。2004—2008年召开5次保管专业学术研讨,参会的范围日益扩大,提交论文的水平逐步提高,还引起兄弟省市博物馆同行的广泛兴趣。学会于2008年集结论文予以出版。今后还将通过评审逐年集结出版,以推进博物馆保管专业的学术开展。

学会社会教育专业委员会自2006年设立北京论坛,至今吸引河北、山西、内蒙等兄弟省博物馆同仁参加,形成品牌,就博物馆未成年人教育、博物馆的互动教育、博物馆的志愿者等为题开展论坛,提高了博物馆社教工作的学术水平。

2007年学会陈列设计专业委员会与苏州博物馆联手,邀请建筑界同仁就博物馆的建筑为题召开学术研讨,建筑界知名专家崔凯、博物馆界著名专家周士琦、徐湖平等出席到会,作精彩发言。引起界内关注,被评为近年来建筑界、博物馆界首次高水平对话,对当前国内兴建博物馆热，有积极的借鉴作用。

随着我国对非物质文化遗产的日益关注，博物馆界也积极开展起对非物质文化遗产的保护与研究中。针对此，学会成立了非物质文化遗产专业委员会，以推进博物馆界这类工作的开展。学会广泛吸收博物馆同仁参加并联合高校专家组建专业委员会班子，一建立就积极开展工作，成功地联手宣武区椿树街道圆满完成了“北京空竹博物馆”的筹建与开放陈列工作，受到社区的高度赞扬。

五、积极参与各类社会宣传活动

学会一贯积极参与各类社会公益科普宣传活动。自1993年始，一年一度的“5·18”国际博物馆日开展学术科普讲座、社会公益性文物鉴定、北京地区博物馆集中展示宣传活动，自2000年起每年9—10月份开展的“社会科学文化普及周”活动等都为普及博物馆文化、提高社会公民科学文化素养，起到积极推进作用。

2008年4月12日—5月30日，为宣传奥运盛会，学会组建了以“弘扬古都文明，喜迎奥运庆典”为主题的社会宣讲团。宣讲团由博物馆系统的15名优秀讲解员组成。以宣讲古都北京的地域文化为主，辅助多种宣传展示手段，深入学校、部队、社区进行多场宣讲活动，弘扬了古都文明，也展示了博物馆人的风采，深受各界好评。

学会自2002年始积极参与北京市科协设立在西单的科普画廊，举办多期以“博物馆社会大课堂”为题的博物馆文化宣传橱窗展示活动，得到许多会员馆的积极响应，先后有首都博物馆、中国科技馆、中国钱币博物馆、中国邮票博物馆、中国铁道博物馆、中国蜜蜂博物馆、中国紫檀博物馆、北京警察博物馆、北京大葆台汉墓博物馆、北京石刻艺术博物馆、北京古代建筑博物馆、北京民俗博物馆、北京文博交流馆、北京戏曲博物馆、北京晋商博物馆等30余家博物馆的热情参与，许多来往游客驻足观看，成为首都西单繁华地段宣传博物馆文化的一道亮丽的风景线。

（董纪平）

附：北京博物馆学会的二级机构

学术专业委员会　主任　宋向光

保管专业委员会　主任　朱　珠

社教专业委员会　主任　闫宏斌

陈列设计专业委员会　主任　陈开宇

培训部　主任　刘燕玲

非物质文化遗产专业委员会　主任　邢莉

企业会员

天津旺达文博展具有限公司

TIANJIN WANGDA DISPLAYING TOOLS CO.,LTD.

法人代表 郤如林
通讯地址 天津市静海开发区庶海道
邮政编码 301600
电　　话 022-68609625/26
传　　真 022-68609629
网　　址 www.tjwangda.com
电子信箱 tjwangda68@163.com

概述

公司宗旨:为博物馆建设事业贡献力量,做世界一流的博物馆展柜制造公司。

天津旺达文博展具有限公司坐落于天津静海经济开发区，占地面积 15000 平方米,其前身为天津市旺达图书设备有限公司(成立于 1997 年),在原有基础上增资扩建而成,注册资金 1000 万元,是集研发、设计、生产、销售于一体的企业。

公司专注于博物馆、美术馆、档案馆、图书馆专用设备的研发制造，已通过了 ISO9001 国际质量管理体系认证与 ISO14000 环保质量体系认证和技术监督部门的质量标准检验;参与了许多国内外大型项目的建设和国家重点工程,并获得多项荣誉证书,且于 2004 年获得鲁班奖,并于 2006 年获得了天津十强办公家具企业称号。

公司技术设备力量雄厚,拥有配套齐全的板金加工数控设备,科学的工艺流程和静电喷涂生产线,并有一批熟练的技术工人和高效的管理队伍,销售人员 5 名、项目经理 6 名、工程师 8 名、技术人员 12 名、熟练操作工 120 名、质检员 5 名,对满足建设单位的各种需求是重要的保障。

公司作为北京博物馆学会会员、中国家具协会会员、天津市家具协会理事和中国质量检验协会会员、天津市图书馆协会会员单位,长年活跃在博物馆展柜及钢制家具设备行业的第一线,一向重视产品的品质和企业的形象;公司全体同仁本着“制造高品质的产品、务实诚信、顾客满意的企业精神”服务社会,获得社会各界的认可和赞誉。

公司正在研发智能化博物馆展柜。

公司认为:“只有良好管理才有高品质的产品,只有掌握先进的技术才能制造出符合时代要求的精品。我们的追求永无止境,我们的开发研制没有终点。”

(天津旺达文博展具有限公司)

天津恒达科技有限公司

TIANJIN HENGDA SLIENCE AND TECHNOLOGY CO.,LTD.

法人代表 韩国民

通讯地址 天津新技术产业园区榕苑路十五号B-10楼

邮政编码 300384

电　　话 022-58385868

传　　真 022-58385898

网　　址 www.china-hengda.net

电子信箱 hd610@126.com

概述

天津恒达公司坐落在天津高新技术产业园区，是从事文博旅游行业专用智能语音讲解系统的生产厂家，十年来，恒达人不懈努力，不断创新，始终引领语音讲解设备技术之高端。几百家博物馆和旅游景点及景区都使用了恒达多媒体导讲系统，馆里买着放心，游客用着欢心。先进的设备，高品质的服务在博物馆行业享有极好的盛誉。

天津恒达是专业开发、生产语音讲解设备的高新技术企业。1999年中国第一台语音导览机就在这里诞生，填补了国内智能语音导游的空白。从而打破了国外品牌垄断中国市场的尴尬局面。其主要产品：多媒体语音导讲系统、无干扰讲解系统、自动感应讲解系统、无线会议同声传译系统、256通道无线播放讲解系统、大屏幕多语种自动影音同步系统、多媒体计算机触摸屏等。恒达多媒体导讲设备具有多种型号，可供不同规模，不同风格，不同档次的场馆自由选择。其中自动接收与数码点播相结合的技术属国际领先，精致的外形与博物馆的文化底蕴相吻合，独特的功能彰显着科技与文化的交融。

多年来,国内大型博物馆相继建成,在语音导览系统的国际性项目招标中,天津恒达连连中标。恒达公司凭借雄厚的技术实力,国际尖端水平的导览产品,良好的售后服务及企业信誉,赢得了广大文博界的认同与尊重。天津恒达倡导的"无干扰参观"解决方案,已给两百多家用户提供了帮助,为提升博物馆及景区的服务档次及文化品位发挥着不可或缺的重要作用。

天津恒达公司开发、生产的多媒体导讲机已在中国国家博物馆、中国人民革命军事博物馆、首都博物馆、中国美术馆、天津博物馆、湖南省博物馆、山西博物院、重庆中国三峡博物馆、南京博物院、海南省博物馆、内蒙古自治区博物院、辽宁省博物馆、新疆自治区博物馆、浙江省博物馆、安徽省博物馆、青海省博物馆、甘肃省博物馆、南京大屠杀遇难同胞纪念馆、韶山毛泽东纪念馆、刘少奇纪念馆等几百家文博展馆使用,市场占有率达到90%以上。其产品的功能、质量及优质的服务赢得了使用者的一致好评。在2001年11月,荣获"天津市科学技术进步奖";2004年、2006年及2008年"博物馆及相关产品与技术博览会"上,恒达多媒体导讲机受到了全国文博系统的广泛青睐;2007年8月被北京博物馆学会吸收为团体会员;2008年1月在侵华日军南京大屠杀遇难同胞纪念馆扩建工程建设中,团结协作,圆满完成了各项任务,被评为"先进单位";2008年4月通过"ISO9000质量管理体系认证"。恒达多媒体导讲机在完善博物馆的服务功能和宣传普及文化知识方面发挥了极其重要的作用。恒达多媒体导讲机作为导讲机行业的名牌,将和您一同用科技打造出高档次的展示场馆。

(天津恒达科技有限公司)

北京文物国际旅行社有限公司

BEIJING CULTURAL RELICS INTERNATIONAL TRAVEL SERVICE CO., LTD. (BCRITS)

法人代表 丁景华

通讯地址 北京市东城区安定门东大街28号雍和大厦A1008

邮政编码 100007

电　　话 64097438　64097270

传　　真 64097421　64097859

电子信箱 bjcrits@sina.com

概述

北京文物国际旅行社系经国家旅游局于1991年10月12日批准成立的以开展文物文化旅游为特色的国际旅行社，2001年6月经市文物局批准改制为有限公司（简称“文物国旅”或BCRITS）。

文物国旅自成立以来，曾聘请若干文博界专家学者作为技术后盾，充分依托自身优势，相继开展过古遗址专线、石窟专线、寺庙专线、博物馆专线、古代皇家宫苑专线、藏传佛教建筑艺术鉴赏专线以及现场考古专线等具有鲜明文博特色的文化旅游；也推出过有专家指导的文物鉴赏、文物(复制品)导购等服务。该社还一直为国内外游客提供旅游休闲、探亲度假、观赏自然风光、商务考察、贸易洽谈及各类展示会、交易会等综合服务。

自2004年以来，企业积极探索和尝试推行旨在提升旅行社特色服务水平、更多服务于包括文博业界单位在内的广大客户的“专业差旅服务”。其主要做法是：以党的十七大精神为指导,全面贯彻落实科学发展观和以人(客户)为本理念,借鉴发达国家专业差旅代理的通行做法并结合我国国情及采购人实际,总结近年来本社多次为政府机关、事业单位和各团体操作各种差旅、会务、接待服务的成功经验,发挥旅游企业较为突出的服务优势与特色,以创新精神和方法,全力促进了诸采购人各项差旅、会务、接待任务又好又快地完成及更加便捷、高效、经济和专业化。

企业宗旨

"生自文博,服务文博"。企业一贯秉承"小企业,大服务"的经营理念和凭借"一切为了客户、服务第一"的服务宗旨、初具规模的专业化操作团队,力争再用数年时间把企业打造成具有文博特色和专业化品牌效应的强社。

企业与博物馆相关业绩

本社在为国家特别是北京市文博界提供各类会务、活动、考察、差旅、红色旅游等服务方面,无论是客户群还是服务内容都较为广泛。譬如:

1. 2002 年 4 月成功承(协)办市文物局与中国残联主办的《心灵之桥》(地址国子监)国际盲人画展;

2. 承办"中国博物馆学会"赴欧考察团相关服务事宜(2005);

3. 承办(以下略)"中国博物馆学会(数专委)"赴维也纳参加《国际博协 21 届年会》(2007 年 8 月);

4. 北京市文物局(外联处)赴美国加拿大考察交流团(2004);

5. 北京市文物局赴希腊、意大利博物馆交流考察团(2006);

6. 北京博学赴欧考察交流(2005);

7. 北京市文物局(含赴晋陕豫蒙考察)博物馆馆长 2 批次培训班(2007);

8. 北京钟鼓楼赴湘鄂华东广深博物馆学习考察团(2007);

9. 北京孔庙赴西安延安学习考察团(2007);

10. 首博业委会赴德、奥、俄三国博物馆考察(2008);

11. 北京博学博物馆保管员烟台培训班(2008);

12. 北京博学出席国际博协区域博物馆委员会(ICR)年会学术活动(2008);

13. 北京博学苏州、上海博物馆文化交流活动(2008)。

其他诸如 2007—2008 年期间承办北京人艺戏剧博物馆外出考察、宣武文委华东培训;北京市鉴定所、市文保协会、市文物局博物馆处、文研所等单位的学习、培训和考察活动等。

2005 年年末,随着首都博物馆新馆落成并投入试运行,为配合首博向世人充分展示新北京、新地标和首博丰富的馆藏文物及各项专题展览,经首博批准由北京文物国旅行社有限公司设立了团体接待组，专门负责宣传推介、招徕国内外旅游团队来首博新馆参观游览。在2006年3月至2008年3月的2年时间里，累计招徕、组织接待了10万余人次的海内外旅游者来首博参观游览和观展。

2008年北京奥运期间，企业与日本西武旅行(株)、日本奥组委等机构通力合作，圆满完成了包括日本前首相等在内的百余名前、现任高官来华出席奥运相关活动，以及近2000名日本游客来京观赛、游览的接待、服务工作，受到日方各界的一致好评和褒奖。

2001—2005年连续数年，先后与CCTV、中国唱片总公司、国航、中移动等多家单位联袂组织和承办维也纳金色大厅《中国新春音乐会》。向世界古典音乐发祥地及全球力推中国音乐作品和艺术家。

主要业务部门、管理体制

企业的业务部门包括国内部(会展部)、业务部、日本部、欧一部、美加部(另有经理室和2个职能部门)。

北京文物国旅行社有限公司目前实行的是董事会领导下的总经理负责制模式。为适应企业经营的实际状况和便于管理，企业设置的是介于直线制与直线职能制之间且兼具事业部制性质的混合型偏扁平化的组织机构。

业务人员数量及构成

企业目前共有从业人员20余人。所有业务人员都是具有旅游、外语、管理类大专以上文化程度从事过旅行社业务且具有一定工作经验的专业人士。其他管理和辅助岗位中也不乏具高级职业资格或有专业技术职称的人员。

企业发展及业务拓展

企业目前正按照科学发展观的要求，努力完善以“专业差旅服务”为核心内容的经营主题和模式，继续做好可持续发展这篇文章，苦练内功，进一步提高服务水平与质量，争取更多客户的认同和满意。

博物馆相关业务的发展及创新

2007年年末，经过与在京数家知名大社共同竞标(邀请书编号:SB-2007027)，企业以独到的服务优势，在首博《差旅服务商项目竞争性谈判邀请》中胜出，与该馆共同签署了《首都博物馆差旅服务合同书》，成为新时期旅行社为大型博物馆提供中长期优质稳定的服务和成功合作的范例。其实此法可进而推广到更多文博单位，使其省却更多时间和从若干烦冗的事务性工作中“解放”出来，集中精力抓文博主业。

(北京文物国际旅行社有限公司)

北京市文物古建工程公司

BEIJING ANTIQVE ARCHITECTVRE PRESERVITION CORPORATION

法人代表 李彦成

通讯地址 北京市宣武区东经路 21 号

邮政编码 100050

电　　话 63150502(预算科) 63026539(技术科) 83154893(工程科)

传　　真 63026539

电子信箱 gongcheng@bjwwgj.net

概述

北京市文物古建工程公司,1989 年 9 月 19 日在北京市建委注册成立,1991 年北京市文物局确认文物古建修缮资质,1999 年北京市建委核准为园林古建筑专业承包二级,2004 年 1 月国家文物局核准文物建筑修缮一级资质。

北京市文物古建工程公司已承览文物建筑修缮、古建筑复建、古遗址保护、古墓葬发掘配合、古建筑防风化处理等项目,共计 136 项。

企业宗旨

以保护北京地区文物建筑,保存传统工艺、传承古建技术为己任,公司全体员工愿为北京市文物建筑保护事业贡献微薄之力。

承接国家级重点文物保护工程:

2002 年,圆明园含经堂遗址保护项目。

2004 年,孔庙国子监一、三进院修缮项目。

2003 年,万寿寺、安徽会馆、西什库教堂、金中都遗址、雍和宫佛像修复、智化寺佛像修复等。

承接北京市级文物保护工程：

2003年，永定门城楼复建、正阳门修缮、北顶娘娘庙修缮、景山绮望楼修缮、北海琉璃阁修缮、明城墙遗址保护、中山公园投壶亭、老山汉墓发掘配合、天安门皇城墙修缮项目等。

2005年7月，门头沟灵岳寺抢险、团城演武厅修缮。

2005年6月，延庆古崖居岩体加固工程。

2005年9月，北海西天梵境院维修。

2006年4月，北京孔庙古建彩画保护及修缮。

2006年6月—2007年7月，八达岭长城南7—16楼抢险加固保护。

2006年，密云司台长城保护。

2007年，智化寺修缮工程。

2007年，河北李大钊纪念馆工程。

2007年，中山会馆抢险修缮。

2008年，北京市文物局所属单位“奥运整治”工程：团城、万寿寺、五塔寺、孔庙和国子监、大钟寺、德胜门、白塔寺、大葆台、古建筑博物馆、老舍故居。

2008—2009年，圆明园长春园宫门遗址保护。

2008年，智化寺彩画除尘保护工程。

2008年，圆明园正觉寺修缮一期后续项目。

（北京市文物古建工程公司）

北京全景多媒体信息系统公司

BEIJING WORLD VISINON MULTIMEDIA INFORMATION SYSTEM CO.,LTD.

法人代表 袁国术

通讯地址 北京市中关村南大街甲6号铸成大厦A座613A

邮政编码 100086

电　　话 51581002-809

传　　真 51581002-801

网　　址 www.wvm.cn

电子信箱 quanjing@vip.163.com

概述

“一路同行”是北京全景多媒体信息系统公司多年来与中国科博场馆真诚合作的写照。我们秉承为大众文化科普事业服务的精神,以做“良心活”为行动准则,期望能为中国的科博事业多作贡献,共同发展。

北京全景多媒体信息系统公司成立于1993年,是北京中关村昌平科技园区的高新技术企业。现在公司注册资金1108万元,员工80余人,2007年实现销售收入近2000万元。公司曾多次获得北京市工商行政管理局颁发的守信企业称号,并于2007年通过了ISO9001质量管理体系认证。

北京全景多媒体信息系统公司自成立以来,始终坚持“不断进取、勇于创新、共同努力为顾客提供优质的产品及满意的服务”的质量方针,以创新发展为原则,同时积极实施管理创新,整合各方面优势元素,致力于成为国内领先的具有综合实力的科博展

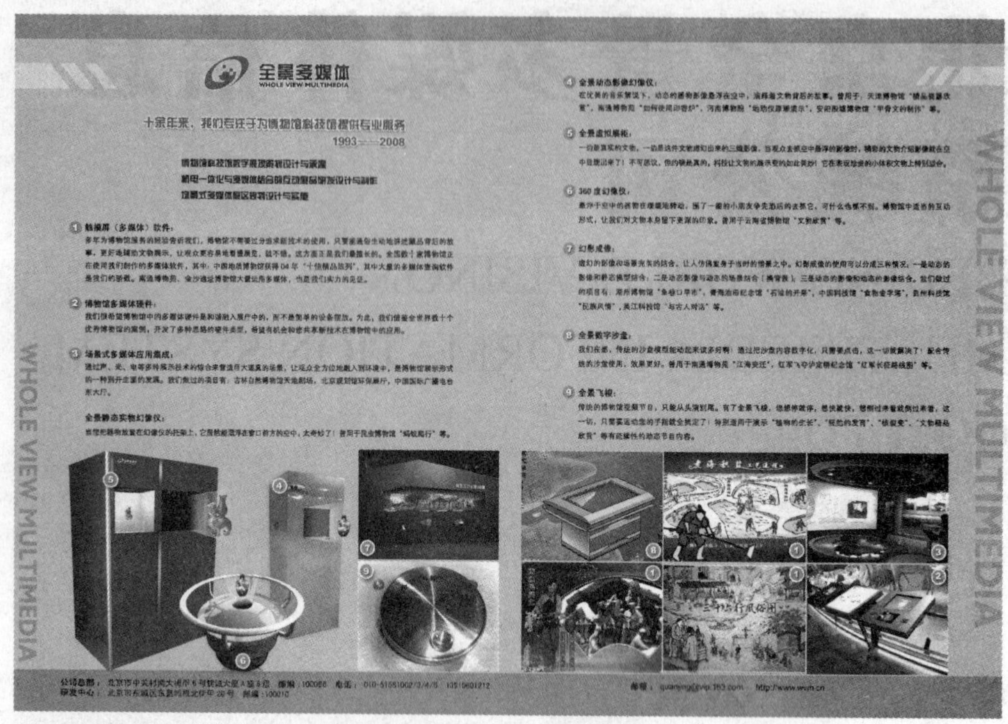

相关产品

虚拟翻书展品

项设计制作公司。

经过多年的努力，北京全景多媒体信息系统公司已成为数字展项策划制作、机电一体化展品研发制作领域的专业公司。我们在机电一体化互动展品、软件的创意与技术实现，以及生物、信息学科专业技术资源等方面有很强的优势。我们已为中国科技馆、国家博物馆等全国近百家科博场馆提供了服务。在这些场馆中，我们凭借永不停息的创意想象和周密稳妥的制作能力，得到观众及场馆管理部门的一致认可和好评，并多次获得竞赛奖项和客户奖状。

我们热爱科普事业，希望能够运用十多年来积累的经验，为科技馆、博物馆建设提供更好的服务。

（北京全景多媒体信息系统公司）

北京清尚建筑装饰工程有限公司

BEIJING QINGSHANG ARCHITECTURAL ORNAMENTAL ENGINEERING CO.,LTD.

企业法人 吴 晞

通迅地址 北京市海淀区农大南路 1 号硅谷亮城 7 号楼

邮政编码 100084

电　　话 62668096

传　　真 62667982

网　　址 www.qingshang.com.cn

电子邮箱 bjqhgm@126.com

概述

北京清尚建筑装饰工程有限公司(简称清尚公司)位于北京市海淀区农大南路 1 号硅谷亮城 7 号楼。它的前身是中央工艺美术学院环境艺术设计工程公司,2001 年 9 月企业改制后由清华大学控股,同年创建了“清华工美”这一品牌。2005 年 6 月,企业更名为北京清尚建筑装饰工程有限公司。目前,清尚公司通过了 ISO9001 质量管理体系、GB/T28001 职业健康安全管理体系和 ISO14001 环境管理体系认证，连续三年被中国建筑装饰协会推介为中国建筑装饰行业百强企业和首批“全国建筑装饰行业AAA 等级资信企业”,被北京建筑业联合会评价的“诚信企业”。在建设部颁布设计施工一体化资质标准后，清尚公司于 2008 年首批获得北京市建筑装饰装修工程设计与施工一级资质。

近年来,清尚公司继续保持着年度经营额逐年增长的发展形势,从 2004 年经营额 2.7 亿元到 2008 年经营额达到了 6.71 亿元。在经营战略上,清尚公司重视发挥清华大学经营平台、美术学院文化传承和优秀的设计师团队三个核心竞争力。投资成立了设计院、艺术公司、传媒公司等子公司,形成既关联又有不同主营方向的产业链,把“做好

北京清尚建筑装饰工程有限公司办公大楼

主营，兼顾多元发展”定为前进的目标。清尚公司在发挥自身文化、艺术特色的同时，树立了“以人为本、设计领先、努力创新、追求完美”的经营理念。企业现有10位全国资深室内建筑师、21位中青年杰出设计师、30余位国家注册建造师和一批经验丰富的工程技术人员。先后承接了人民大会堂、中国现代文学馆、中国美术馆、清华大学美术学院、邓小平纪念馆、毛泽东文物馆、首都博物馆新馆、新保利大厦等工程项目，曾获得“中国建筑工程鲁班奖”、“全国建筑工程装饰奖”、“北京市优质装饰工程奖”和“全国十大陈列精品奖”等诸多奖项。清尚公司以清华大学的学术研发力量为依托，在博物馆、办公空间、酒店公寓、商业展示、环境景观、艺术陈设等领域完成了一批具有影响力的项目。

在第29届奥运会场馆的建设中，清尚公司发挥优势，克服困难，承担了奥林匹克公园国家会议中心配套五星级酒店、北京奥运村村长办公室、天津奥林匹克中心体育场、奥林匹克公园内永久性群雕《明皇贵妃马球群雕》等项目，受到业主单位的表彰和社会各界的好评。北京新保利大厦在获得了北京市建筑装饰优质工程奖、全国建筑装饰工程奖之后，于2008年获得中国建设工程鲁班奖，通过中国环境标志产品认证。

清尚公司充分发挥所具备的文化底蕴优势，在博物馆、纪念馆等文化类建筑多有建树。先后完成了50余项博物馆、纪念馆的陈列布展工程，多次获得全国十大陈列精品奖，首都博物馆还获得了全国建筑装饰工程奖。

2008年8月，清尚公司总部从朝阳区光华路迁至海淀区上地硅谷亮城，在展现企业整体形象、显示企业所具有的硬实力方面又上了一个台阶。清尚讲堂的名师讲座已经成为公司一项例行活动，多位国内外设计大师在清尚讲堂作精彩演讲，使清尚公司建设学习型企业的努力有了非常丰富的内涵。清尚集团已经成为北京地区建筑装饰行业交流和活动的中心之一。

清尚公司将继续探索自己企业的发展规律，发挥设计的优势、团队合作的优势，落实科学发展观，制定适应于自身发展的战略、政策，为社会、为行业作出更大贡献。

（北京清尚建筑装饰工程有限公司）

北京博华天工展览有限公司

BEIJING BOWAR EXHIBITION CO.,LTD.

通讯地址 北京地坛方泽轩东大殿
邮政编码 100011
电　　话 64215041
传　　真 64204288
网　　址 www.bowar.com.cn
电子信箱 bjbhtg@163.com

概述

北京博华天工展览有限公司成立于2003年，是一家致力于为博物馆界及文化产业界提供陈列设计服务及展览工程施工服务的技术型实体。公司主要事业领域为：博物馆陈列设计与制作、室内设计与装修以及相关的形象设计、平面设计、纪念品设计等。在博物馆陈列以及相应的公共空间装饰等方面为客户提供从策划、设计、制作、模型、景观、雕塑、多媒体到文化衍生产品的系统解决方案，力求全方位满足客户需求。公司成立6年来，承担了国内各级各类设计制作百余项，积累了丰富的行业经验。

策划环节

目前国内的博物馆业在国家的相关政策的大力支持下，各地的开发力度空前加大，是利国利民的文化战略的重要组成部分。但与如火如荼兴建博物馆的大潮相比，博物馆的专业性建设环节显得比较薄弱，与发达国家的差距还比较大。为此博华天工适时地加强公司策划部的团队建设，按博物馆的专题分类聘请多位文博界的资深专家和相关学术领域专家，在进行内部教育的同时对重点项目进行指导并参与策划。对于新建博物馆或者重点临展，从前期调研、对比研究、选题、展陈大纲写作以及可行性研究报告，直至项目概算等都可协助业主调研完成。

设计环节

博物馆展陈资料的调研：内容包括展览大纲和展陈所需要的文字、图片、视频影像、文物、相关物件的收集征集工作，人员由专业摄影师、鉴定专家、资料分类统计员等组成，可及时迅速与业主建立“展览资料组”，有效利用多年积累的公司资料库和资料渠道，按照科学的组织机制和进度计划进行系统高效的工作。

设计部门在接到任务伊始，召开设计研讨会，针对项目的特殊性指派对口的资深设计师组建该项目的设计团队。设计师在综合展陈条件、展览大纲和展览资料的基本要素，进行展览的概念设计（结合招投标）并与业主进行展览思想的沟通。在确定概念设计的基本理念情况下，进行展览的深化设计（主题思想、空间表达、物料实现等），直至施工图纸等完成与确认。

工程环节

项目经理按照施工图纸，将展览工程拆解为三部分协调实现——展览制作、室内装修装饰、陈列布展。

展览制作将先按照展览内容的具体形式，进行物料加工和技术制作分类（平面展墙、展具制作、场景模型、雕塑、文物复制、导览系统、多媒体项目等），然后下达给公司的工程制作部和多媒体部，由相关的分项设计师和专业制作师完成。

室内装修装饰工程——主要包括室内公共区域、办公区域、展陈区域。在整体选材选料施工的同时，更注重博物馆的特殊性质量要求与整体文化氛围的细节控制。

陈列布展是展览工程的最后一环，主要工作是将展品、展具等相关展览内容在现场安装到位，并进行科学系统的调节调试。展线、位置、灯光、安全性等关乎展览主题细节和观众人机工学层面的，预设效果与实际空间之间的精化修正。

博物馆服务支持

后期服务主要包括——展览更新维护、临展设计、博物馆文化形象 VI 设计、博物馆文化衍生品（纪念品经营）系统设计、讲解员培训等内容。

博物馆作为社会重要的文化载体，除了发挥好其文化教育功能之外，博物馆自身文化形象的塑造传播将日益凸显其重要性，财政补贴与自身经营必将是长期的可持续发展之路，文化衍生品的开发除了其销售可以补贴馆内维护费用外，也是博物馆文化内容延展、推动知识传播的有效途径。公司为此引进大英博物馆公司的先进成熟经验，实时开拓了“文化衍生品系统设计”的服务新内容，使得公司向着博物馆展览业专业化系统化又迈进了一步。

在公司内部教育与培训方面，一直坚持对员工进行文博知识及展览知识的全面普及，积极提高人员整体业务素质，每年都选派员工出国学习西方先进的博物馆展览经验。无论是相关工程的任何环节的工作人员，都能较全面的对于项目本身，作出整体理解，并有效地反映在具体的工作实践中。

公司经过 6 年的发展，完成了成长阶段的磨砺并逐步成熟。目前，公司拥有员工 100 余人；公司下设策划部、设计部、工程部、展览制作部和管理部门，是一个团结、进取、高效的工作团队。现有历史编写人员 2 名，资深设计师 8 人，项目经理 2 名，美工及技术施工人员 35 人，并聘请了多位文博界专家资深设计师、美术家、雕塑家、画家等作为专家顾问。

公司始终秉持“以人为本，以文物为本”设计理念，借鉴国际经验，立足于展览专业，以制作中国精品展览为已任，精益求精。 **（北京博华天工展览有限公司）**

华协国际珍品货运服务有限公司

HUAXIE INT'L FINE ART FREIGHT SERVICES CO., LTD.

法人代表 汤毅嵩
通讯地址 北京市东城区新中西里13号巨石大厦301室
邮政编码 100027
电　　话 64165588
传　　真 64162299
网　　址 www.huaxie-china.com
电子信箱 fineart@huaxie-china.com

概述

华协国际珍品货运服务有限公司是专业从事国际艺术品包装运输及配套服务的企业。为境内外的各类博物馆、艺术馆、画廊、艺术家、个人收藏家、拍卖公司提供艺术品包装、展览布陈、进出口报关、保险、仓储国际门到门服务。华协公司是国际珍品运输协会(ARTIM)、美国博物馆协会(AAM)、中国国际货运代理协会和中国交通运输协会的成员,与世界各地的艺术品代理长年紧密的合作,已拥有自己成熟、完善的国际和国内的运输代理网络。

华协公司拥有包装运输经验丰富、通力合作的专业化团队,并配备了符合国际艺术品运输标准的海关监管车队,能够为各类大型艺术品展览提供专业服务。

多年来成功地为世界各大博物馆来华及中国文物和艺术品赴世界各地的国际性展览提供服务。在北京奥运会期间为最受关注的各大艺术品展览提供了最优质的服务。在国际、国内的包装运输行业享有良好声誉。

华协国际珍品货运服务有限公司的业务范围:

1. 提供专业的艺术品运输操作服务；

2. 提供艺术品运输方案咨询服务；

3. 快速通关、报检、濒危证申请；

4. 提供展品测量测算服务，提供科学的装箱方案；

5. 根据不同艺术品类别及运输方式设计包装方案；

6. 从业经验丰富的包装技术人员；

7. 专业布展、撤陈；

8. 空运、海运、陆运及多式联运；

9. 根据各类集装器规格制定合理装载方案；

10. 可以协助押运人员办理停机坪监装卸手续；

11. 运输期间保安押运；

12. 艺术品运输及展览期间保险。

（华协国际珍品货运服务有限公司）

洛阳瑞宝办公家具有限公司

RUIBAO OFFICE FURNITURE COMPANY

法人代表 马金水

通讯地址 河南省洛阳偃师市庞村镇工业区

电　　话 0379-67509118 67509528

传　　真 0379-67509288

电子邮箱 luoyangruibao@126.com

概述

洛阳瑞宝办公家具有限公司始建于 1986 年,是一家专业设计、生产博物馆文物专用藏品柜架的企业,占地 2.4 万平方米,职工 320 人(其中技术人员 73 人),资本总额 4950 万元(其中固定资产 1320 万元),生产设备有 50 余台,先进的全自动静电喷塑生产流水线两条,产品品种有 130 余种,年销售额 7500 万元。产品覆盖国内 28 个地区和城市,在 20 个城市设有办事机构。

公司主要生产博物馆库房藏品设备、钢制书架、密集架等钢制系列产品,所有产品经省级以上质量监督检验中心检验,产品质量均达到相关标准。并通过 ISO9001-2000 国际质量体系和 ISO14001-1996 环境体系以及职业健康安全管理体系认证,并被确定为“十省市环保产品”和“十八省市诚信企业”。本公司多次赞助博物馆学会保管专业委员会的学术研讨,其间,展示的博物馆文物库房专用设备获得了与会专家的一致好评。本公司先后承接了首都博物馆、山西博物院、广东省深圳博物馆、广东省博物馆、内蒙古博物院、宁夏博物馆、郑州博物馆、河北省民俗博物馆、湖南省韶山毛泽东同志纪念馆、宋庆龄故居等博物馆库房工程,欢迎参观指导。

（洛阳瑞宝办公家具有限公司）

附录

博物馆管理办法

（中华人民共和国文化部令第35号）

《博物馆管理办法》已经2005年12月22日文化部部务会议审议通过，现予发布，自2006年1月1日起施行。

部 长 孙家正

2005年12月22日

第一章 总则

第一条 为贯彻落实科学发展观，规范博物馆管理工作，促进博物馆事业发展，根据《中华人民共和国文物保护法》、《中华人民共和国文物保护法实施条例》、《公共文化体育设施条例》、《事业单位登记管理暂行条例》和《民办非企业单位登记管理暂行条例》等相关法律法规，制定本办法。

第二条 本办法所称博物馆，是指收藏、保护、研究、展示人类活动和自然环境的见证物，经过文物行政部门审核、相关行政部门批准许可取得法人资格，向公众开放的非营利性社会服务机构。

利用或主要利用国有文物、标本、资料等资产设立的博物馆为国有博物馆。

利用或主要利用非国有文物、标本、资料等资产设立的博物馆为非国有博物馆。

第三条 国家扶持和发展博物馆事业，鼓励个人、法人和其他组织设立博物馆。

县级以上人民政府应当将博物馆事业纳入本级国民经济和社会发展规划，事业经费列入本级财政预算。

博物馆的数量、种类、规模以及布局，应当根据本地区国民经济和社会发展水平、文物等资源条件和公众精神文化需求，统筹兼顾，优化配置。鼓励优先设立填补博物馆门类空白和体现行业特性、区域特点的专题性博物馆。

第四条 国家鼓励博物馆发展相关文化产业，多渠道筹措资金，促进自身发展。

博物馆依法享受税收减免优惠，享有通过依法征集、购买、交换、接受捐赠和调拨等方式取得藏品的权利。

第五条　博物馆应当发挥社会教育功能，传播有益于社会进步的思想道德、科学技术和文化知识。在博物馆参观或开展其他活动，应当爱护博物馆设施、展品和周边环境，遵守公共秩序。

第六条　国务院文物行政部门主管全国博物馆工作。

县级以上地方文物行政部门对本行政区域内的博物馆实施监督和管理。

第七条　县级以上文物行政部门应当促进博物馆行业组织建设，指导行业组织活动，逐步对博物馆实行分级、分类管理。

第八条　县级以上文物行政部门对发展博物馆事业做出突出贡献的机构、团体或个人，应当给予表彰或奖励。

第二章　博物馆设立、年检与终止

第九条　申请设立博物馆，应当具备下列条件：

（一）具有固定的馆址，设置专用的展厅（室）、库房和文物保护技术场所，展厅（室）面积与展览规模相适应，展览环境适宜对公众开放；

（二）具有必要的办馆资金和保障博物馆运行的经费；

（三）具有与办馆宗旨相符合、一定数量和成系统的藏品及必要的研究资料；

（四）具有与办馆宗旨相符合的专业技术和管理人员；

（五）具有符合国家规定的安全和消防设施；

（六）能够独立承担民事责任。

第十条　省级文物行政部门负责本行政区域内博物馆设立的审核工作。

博物馆名称一般不得冠以“中国”、“中华”、“国家”等字样（简称“中国”等字样）；特殊情况确需冠以“中国”等字样的，应由中央机构编制委员会办公室会同国务院文物行政部门审核同意。

非国有博物馆的名称不得冠以“中国”等字样。

第十一条　申请设立博物馆，应当由馆址所在地市（县）级文物行政部门初审后，向省级文物行政部门提交下列材料：

（一）博物馆设立申请书；

（二）馆舍所有权或使用权证明；

（三）资金来源证明或验资报告；

（四）藏品目录及合法来源说明；

（五）陈列展览大纲；

（六）拟任法定代表人的基本情况及身份证明；

（七）专业技术和管理人员的证明材料。

申请设立非国有博物馆的，应同时提交博物馆章程草案。章程草案应当包括下列主要事项：

（一）办馆宗旨及藏品收藏标准；

（二）博物馆理事会、董事会或其他形式决策机构的产生办法、人员构成、任期、议事规则等；

（三）出资人不要求取得经济回报的约定；

（四）博物馆终止时的藏品处置方式；

（五）章程修改程序。

第十二条　省级文物行政部门应当自收到博物馆设立申请材料之日起 30 个工作日内出具审核意见。审核同意的，应报国务院文物行政部门备案。审核不同意的，应当书面说明理由。

经审核同意设立博物馆的，申请人应持审核意见及其他申报材料，向相关行政部门申请取得博物馆法人资格。

博物馆应当自取得法人资格之日起 6 个月内向社会开放。

本办法实施前已批准设立的博物馆，应当在本办法实施之日起 6 个月内，向省级文物行政部门提交本办法第十一条第一款规定的除（一）项之外的全部材料；非国有博物馆应同时提交博物馆章程。

第十三条　博物馆的建筑设计应当符合国家和行业颁布的有关标准和规范。博物馆建筑应当划分为陈列展览区、藏品库房区、文物保护技术区、公众服务区和办公区等，相对自成系统。

第十四条　国有博物馆建设工程的设计方案，应当报请所在地省级文物行政部门组织论证。

第十五条　博物馆应当于每年 3 月 31 日前向所在地市（县）级文物行政部门报送上年度的工作报告，接受年度检查。工作报告内容应当包括有关法律和其他规定的执行情况，藏品、展览、人员和机构的变动情况以及社会教育、安全、财务管理等情况。

市（县）级文物行政部门应当于每年 4 月 30 日前，将上年度本行政区域内博物馆年度检查的初步意见报送省级文物行政部门。省级文物行政部门应当于每年 5 月 31

日前，将上年度本行政区域内博物馆的年度检查情况进行审核，并汇总报国务院文物行政部门备案。

第十六条　博物馆的名称、馆址、藏品、基本陈列以及非国有博物馆的章程等重要事项发生变更前，应当报省级文物行政部门审核。

博物馆法定代表人发生变更的，应当自变更之日起10日内报省级文物行政部门备案。

第十七条　博物馆终止前，应当向省级文物行政部门提出终止申请及藏品处置方案，接受主管文物行政部门指导，完成博物馆资产清算工作。

省级文物行政部门应当自收到博物馆终止申请和藏品处置方案之日起30个工作日内出具审核意见。藏品处置方案等符合法定要求的，准予终止；藏品处置方案等不符合法定要求的，责令其改正后准予终止。相关行政部门根据省级文物行政部门的审核意见，给予办理博物馆法人资格注销登记手续。

第十八条　国有博物馆终止的，其藏品由所在地省级文物行政部门指定的国有博物馆接收。

非国有博物馆终止的，其藏品属于法律规定可以依法流通的，允许其以法律规定的方式流通；依法不能流通的藏品，应当转让给其他博物馆；接受捐赠的藏品，应当交由其他博物馆收藏，并告知捐赠人。

第三章　藏品管理

第十九条　博物馆藏品的收藏、保护、研究、展示等，应当依法建立、健全相关规章制度，并报所在地市(县)级文物行政部门备案。

博物馆应具有保障藏品安全的设备和设施。馆藏一级文物和其他易损易坏的珍贵文物，应设立专库或专柜并由专人负责保管。

第二十条　博物馆应建立藏品总账、分类账及每件藏品的档案，并依法办理备案手续。

博物馆通过依法征集、购买、交换、接受捐赠和调拨等方式取得的藏品，应在30日内登记入藏品总账。

第二十一条　依法调拨、交换、借用国有博物馆藏品，取得藏品的博物馆可以对提供藏品的博物馆给予实物、技术、培训或资金方面的合理补偿。补偿数额的确定，应当考虑藏品保管、修复、研究、展示等过程中原收藏博物馆发生的实际费用。调拨、交换、借用国有博物馆藏品的申请文件，应当包括合理补偿的方案。

第二十二条　博物馆不够本馆收藏标准，或因腐蚀损毁等原因无法修复并无继续保存价值的藏品，经本馆或受委托的专家委员会评估认定后，可以向省级文物行政部门申请退出馆藏。

退出馆藏申请材料的内容，应当包括拟不再收藏的藏品名称、数量和退出馆藏的原因，并附有关藏品档案复制件。

第二十三条　国有博物馆所在地省级文物行政部门应当在收到退出馆藏申请材料的30个工作日内，组织专家委员会复审。专家委员会复审未通过的，终止该藏品的退出馆藏程序。

专家委员会复审通过的，省级文物行政部门应当将有关材料在国务院文物行政部门和有关省级文物行政部门的官方网站上公示30个工作日。期间如有其他国有文物收藏单位愿意接收有关藏品，则以调拨、交换等方式处理；期间如没有其他国有文物收藏单位愿意接收有关藏品，则由省级文物行政部门统一处置。处置方案报国务院文物行政部门批准后实施，处置所得资金应当用于博物馆事业发展。国有博物馆应当建立退出馆藏物品专项档案，并报省级文物行政部门备案。专项档案应当保存75年以上。

第二十四条　非国有博物馆申请藏品退出馆藏，申请材料应附理事会、董事会或其他形式决策机构的书面意见。博物馆所在地省级文物行政部门应当在收到申请材料的30个工作日内作出是否允许退出馆藏的决定，并报国务院文物行政部门备案。

第二十五条　博物馆应当以本馆藏品为基础，开展有关专业学科及应用技术的研究，提高业务活动的学术含量，促进专业人才的成长。在确保藏品安全的前提下，博物馆应当为馆外人员研究本馆藏品提供便利。

第四章　展示与服务

第二十六条　博物馆举办陈列展览，应当遵循以下原则：

（一）与本馆性质和任务相适应，突出馆藏品特色、行业特性和区域特点，具有较高的学术和文化含量；

（二）合理运用现代技术、材料、工艺和表现手法，达到形式与内容的和谐统一；

（三）展品应以原件为主，复原陈列应当保持历史原貌，使用复制品、仿制品和辅助展品应予明示；

（四）展厅内具有符合标准的安全技术防范设备和防止展品遭受自然损害的展出设施；

（五）为公众提供文字说明和讲解服务；

（六）陈列展览的对外宣传活动及时、准确，形式新颖。

第二十七条　博物馆应当根据办馆宗旨，结合本馆特点开展形式多样、生动活泼的社会教育和服务活动，积极参与社区文化建设。

鼓励博物馆利用电影、电视、音像制品、出版物和互联网等途径传播藏品知识、陈列展览及研究成果。

第二十八条　博物馆对公众开放，应当遵守以下规定：

（一）公告服务项目和开放时间；变更服务项目和开放时间的，应当提前7日公告；

（二）开放时间应当与公众的工作、学习及休闲时间相协调；法定节假日和学校寒暑假期间，应当适当延长开放时间；

（三）无正当理由，国有博物馆全年开放时间不少于10个月，非国有博物馆全年开放时间不少于8个月。

第二十九条　博物馆应当逐步建立减免费开放制度，并向社会公告。

国有博物馆对未成年人集体参观实行免费制度，对老年人、残疾人、现役军人等特殊社会群体参观实行减免费制度。

第三十条　鼓励博物馆研发相关文化产品，传播科学文化知识，开展专业培训、科技成果转让等形式的有偿服务活动。

第五章　附则

第三十一条　博物馆违反本办法规定，情节严重的，由所在地省级文物行政部门撤销审核同意意见，由相关行政部门撤销博物馆法人资格。

博物馆违反其他法律、法规规定的，依照有关法律、法规的规定处罚。

第三十二条　本办法自2006年1月1日起施行。

国家文物局关于发布《文物出境展览管理规定》的通知

（文物办发〔2005〕13号　2005年5月27日）

各省、自治区、直辖市文化厅（局）、文物局（文管会），局机关各司（室）处，局各直属单位：

为规范文物出境展览的管理，根据《中华人民共和国文物保护法》和《中华人民共和国文物保护法实施条例》，制定了《文物出境展览管理规定》，现予以发布实施，请遵照执行。

特此通知。

文物出境展览管理规定

第一章　总　则

第一条　为加强文物出境展览的管理，根据《中华人民共和国文物保护法》和《中华人民共和国文物保护法实施条例》，制定本规定。

第二条　本规定所称文物出境展览，是指下列机构在境外（包括外国及我国香港、澳门特别行政区和台湾地区）举办的各类文物展览：

（一）国家文物局；

（二）国家文物局指定的从事文物出境展览的单位；

（三）省级文物行政部门；

（四）境内各文物收藏单位。

第三条　出境展览的文物应当经过文物收藏单位的登记和定级，并已在国内公开展出。

第四条　国家文物局负责全国文物出境展览的归口管理，其职责是：

（一）审核文物出境展览计划，制定并公布全国文物出境展览计划；

（二）审批文物出境展览项目；

(三)组织或指定专门机构承办大型文物出境展览；

(四)制定并定期公布禁止和限制出境展览文物的目录；

(五)监督和检查文物出境展览的情况；

(六)查处文物出境展览中的违法、违规行为。

第五条 省级文物行政部门负责本行政区域文物出境展览的归口管理，其职责是：

(一)核报文物出境展览计划；

(二)核报文物出境展览项目；

(三)协调文物出境展览的组织工作；

(四)核报禁止和限制出境展览文物的目录；

(五)核报展览协议书及展览结项有关资料；

(六)监督和检查文物出境展览的情况；

(七)查处文物出境展览中的违法、违规行为。

第六条 文物出境展览应确保文物安全。文物出境展览的承办单位应落实文物安全责任制,并对文物安全负全责。

第七条 举办文物出境展览应适当收取筹展费、文物养护费等有关费用。

第二章 文物出境展览的审批和结项

第八条 文物出境展览,应当报国家文物局批准。其中一级文物展品超过 120 件(套),或者一级文物展品超过展品总数的 20%的,由国家文物局报国务院审批。

第九条 年度计划的报批程序：

(一)国家文物局指定的从事文物出境展览的单位，各省级文物行政部门以及境内文物收藏单位,应在每年的 5 月底前向国家文物局书面申报下年度文物出境展览计划。地方各级文物行政部门所辖的文物收藏单位的出境展览计划,应经省级文物行政部门提出意见后报国家文物局。

(二)国家文物局应于每年的 6 月底前制定并公布下年度全国文物出境展览计划。

第十条 文物出境展览项目的报批程序：

(一)国家文物局指定的从事文物出境展览的单位，各省级文物行政部门以及境内文物收藏单位,应在展览项目实施的 6 个月前提出项目的书面申请报国家文物局审批。地方各级文物行政部门所辖的文物收藏单位举办出境展览,应经省级文物行政部门提出意见后报国家文物局审批。

(二)国家文物局应自收到申请之日起 30 个工作日内作出批准或者不批准的决

定。决定批准的,发给批准文件;决定不批准的,应书面通知当事人并说明理由。

第十一条 文物出境展览项目的书面申请应包括下列内容:

(一)合作各方的有关背景资料、资信证明和境外合作方的邀请信。

(二)经过草签的展览协议书草案,内容包括:

1. 举办展览的机构、所在地及国别;

2. 展览的名称、时间、出展场地;

3. 展品的安全、运输、保险,及赔偿责任和费用;

4. 展品的点交方式及地点;

5. 展览派出人员的安排及所需费用;

6. 展览有关费用和支付方式;

7. 有关知识产权问题。

(三)展品目录、文物出境展览展品申报表和展品估价。文物出境展览展品申报表应按国家文物局制定的统一格式填写,并附汇总登记表。

上述书面申请应另附电子文本一份。

第十二条 下列文物禁止出境展览:

(一)古尸;

(二)宗教场所的主尊造像;

(三)一级文物中的孤品和易损品;

(四)列入禁止出境文物目录的;

(五)文物保存状况不宜出境展览的。

第十三条 下列文物限制出境展览:

(一)简牍、帛书;

(二)元代以前的书画、缂丝作品;

(三)宋、元时期有代表性的瓷器孤品;

(四)唐写本、宋刻本古籍;

(五)宋代以前的大幅完整丝织品;

(六)大幅壁画和重要壁画;

(七)唐宋以前的陵墓石刻及泥塑造像;

(八)质地为象牙、犀角等被《濒危野生动植物物种国际贸易公约》列为禁止进出口物品种类的文物。

第十四条 未经批准,任何单位和个人不得对外作出文物出境展览的承诺或签订有关的正式协议书。

第十五条　经批准的文物出境展览协议书草案、展品目录、展品估价等，如需更改应重新履行报批程序。

第十六条　文物出境展览的承办单位应于展览协议书签订之日起1个月内将展览协议书报送国家文物局备案。

第十七条　文物出境展览的承办单位应于展览结束之日起2个月内向国家文物局提交文物出境展览结项备案表、结项报告及展览音像资料。

第三章　出境展览文物的出境及复进境

第十八条　出境展览的文物出境，应持国家文物局的批准文件，向文物进出境审核机构申请，由文物进出境审核机构审核、登记，并从国家文物局指定的口岸出境。海关凭国家文物局的批准文件和文物进出境审核机构出具的证书放行。出境展览的文物复进境，应向海关申报，经原文物进出境审核机构审核查验后，凭原文物进出境审核机构出具的证书办理海关结项手续。

第十九条　文物出境展览的期限不得超过1年。因特殊需要，经原审批机关批准可以延期；但是，延期最长不得超过1年。

第四章　文物出境展览的展品安全

第二十条　文物出境展览的承办单位应对出境展览的文物进行严格的安全检查，现状不能保证安全的文物一律不得申报出境展览。

第二十一条　出境展览的文物应当按照经批准的展品估价保险。出境展览文物保险的险种至少应包括财产一切险和运输一切险。

第二十二条　文物出境展览的点交应当在符合文物保管条件和安全条件的场地进行。点交现场应当采取有针对性的安全保卫措施，严格规定点交流程。点交记录应详尽准确。

第二十三条　出境展览文物的包装工作应严格按照技术规范执行。由包装公司承担文物出境展览的包装工作时，包装公司应具备包装中国文物展品的资信和能力，承办单位负责对包装工作进行监督和指导。

第二十四条　文物出境展览的运输工作应由具备承运中国文物展品的资信和能力的运输公司承担。承办单位负责对运输工作进行监督和指导。

第二十五条　文物出境展览的承办单位应确保境外展览的场地、设施和方式符合中国文物陈列的安全要求。

第二十六条　制作展览图录的照片原则上由出境展览的承办单位提供，不得允许外方合作者自行拍摄。重要文物展览的电视和广告宣传需要摄录展品的，由出境展览的承办单位根据《文物拍摄管理暂行办法》的规定执行。

第五章 文物出境展览人员的派出

第二十七条 文物出境应派出代表团参加展览开幕活动,并配备工作组参与展品点交,监督和指导陈列的布置和撤除,监督展览协议书的执行情况。根据展览工作的需要,展览承办单位应派出工作组评估境外展览的场地和设施是否符合中国文物陈列的要求。

第二十八条 文物出境展览工作人员应热爱祖国,维护国家的主权和利益,维护民族尊严,严格遵守外事纪律,熟悉展览及展品情况。工作组应由具有中级以上专业技术职务的人员(或从事文物保管等工作五年以上的人员)参加。大型文物展览工作组组长应由具有高级专业技术职务的人员担任。

第二十九条 出境展览的承办单位应当为文物出境展览工作人员在境外工作期间安排人身安全及紧急医疗保险。

第六章 罚 则

第三十条 违反本规定,有下列行为之一的,由国家文物局根据情节轻重,给予警告、通报批评、暂停文物出境展览等处罚:

(一)未经批准,签订文物出境展览协议书的;

(二)未如实申报文物出境展览项目有关内容的;

(三)工作人员玩忽职守,造成文物灭失、损毁,或其他恶劣影响的;

(四)未经批准,延长文物出境展览时间或在境外停留时间的;

(五)未在规定期限内报送文物出境展览协议书、结项备案表和结项报告,或未如实填写文物出境展览展品申报表及结项备案表的。

暂停文物出境展览的时间视情节轻重确定,最短时间为1年。

第七章 附 则

第三十一条 文物出境展览合同纠纷的解决适用中国法律。

第三十二条 其他收藏文物的单位举办文物出境展览,参照本规定执行。

第三十三条 国家文物局原发布的有关规定凡有与本规定相抵触的内容,以本规定为准。

第三十四条 本规定由国家文物局负责解释。

第三十五条 本规定自颁布之日起施行。

关于印发《全国博物馆评估办法(试行)》、《博物馆评估暂行标准》和《博物馆评估申请书》的通知

(文物博发〔2008〕6号)

各省、自治区、直辖市文物局(文化厅、文化局)、文管会:

为贯彻落实党的十七大精神,充分发挥博物馆传播先进文化的重要作用,加强博物馆公共服务体系建设,规范博物馆行业管理,建立以展示教育、开发服务为核心的质量评价体系,促进博物馆事业全面发展,国家文物局研究制定了《全国博物馆评估办法(试行)》、《博物馆评估暂行标准》和《博物馆评估申请书》。现印发各地,请遵照执行。

特此通知。

附件:1. 全国博物馆评估办法(试行)

2. 博物馆评估暂行标准(略——编者注)

3. 一级博物馆评估申请书(略——编者注)

4. 二、三级博物馆评估复核申请书(略——编者注)

国家文物局

2008年2月5日

附件 1

全国博物馆评估办法(试行)

第一条 为加强博物馆行业管理,充分发挥博物馆的社会服务功能,促进博物馆事业发展,依据《中华人民共和国文物保护法》、《博物馆管理办法》(文化部第 35 号令),制定本办法。

第二条 凡在中华人民共和国境内,正式登记、注册、接受年检的,具有文物和标本的收藏保管、科学研究、陈列展览功能,并对社会开放(正常运行、开放三年以上)的各类博物馆,均可申请参加博物馆评估。

第三条 博物馆评估工作由国家文物局组织开展,遵循自愿申报、行业评估、动态管理、分级指导和公平、公正、公开的原则,按照自评、申报、评定、公布的程序进行。

凡经评估认定的博物馆,国家文物局将在各项业务活动和国内外交流、人员培训等方面给予优先支持。

第四条 国家文物局负责制定博物馆评估标准,并对评估标准的实施进行监督检查。

国家文物局组织设立全国博物馆评估委员会。全国博物馆评估委员会负责全国博物馆评估工作的组织和管理。

省级文物行政部门组织设立本辖区博物馆评估委员会。省(自治区、直辖市)博物馆评估委员会在全国博物馆评估委员会的指导下,开展相应等级博物馆的评估工作。

第五条 博物馆经评估确定相应等级,从高到低依次为一级博物馆、二级博物馆、三级博物馆。

第六条 申请评估的博物馆应依照《博物馆评估暂行标准》开展自评,填写《博物馆评估申请书》,并向属地的省(自治区、直辖市)博物馆评估委员会提出申请。

第七条 省(自治区、直辖市)博物馆评估委员会对申请评估的博物馆进行考察和评估,对一级博物馆提出推荐意见,经本省级文物行政部门审核后,报送全国博物馆评估委员会评议;对二级、三级博物馆提出评议意见,经本省级文物行政部门审核同意后,报送全国博物馆评估委员会复核。

第八条 全国博物馆评估委员会对省(自治区、直辖市)博物馆评估委员会推荐的一级博物馆的材料进行审核,并组织专家小组进行现场评估。

专家小组在核实材料、实地考察、咨询评议的基础上,提出现场评估报告。

全国博物馆评估委员会根据申请单位的《博物馆评估申请书》、省(自治区、直辖市)博物馆评估委员会的推荐意见和现场评估报告,进行综合评议,并以打分方式产生一级博物馆的评定意见。

第九条 全国博物馆评估委员会将一级博物馆的评议意见和二、三级博物馆的复核结果,报国家文物局审定、公布。

第十条 博物馆的等级标牌、证书由国家文物局统一制作、颁发。

第十一条 被评定为相应等级的博物馆,须将等级标牌置于其主入口处的最明显位置,接受社会监督。

第十二条 博物馆评估工作每三年开展一次。具体申报时间由国家文物局确定。

对申请评估和晋升等级的博物馆,按照本办法进行评估。

已定级的博物馆由与其等级相应的评估委员会复审。复审合格的,由评估委员会报审定机构,保留其原有等级;复审不合格的,由评估委员会报审定机构,撤销其等级。

第十三条 全国博物馆评估委员会、省(自治区、直辖市)博物馆评估委员会及其现场评估小组须严格遵循相关评估工作程序、规则和纪律,接受有关管理部门、博物馆行业、社会各界和公证机构的监督。

第十四条 申请评估的博物馆,一经核实有弄虚作假、行贿舞弊等违法违规行为的,由主管的文物行政管理部门取消其评估资格。

参与博物馆评估工作的专家和工作人员不得徇私舞弊。如有违纪、违规行为,一经查实,由主管的文物行政管理部门给予相应处理。

第十五条 本办法自公布之日起实施。

国家文物局关于加强馆藏文物借用管理工作的通知

（文物博发〔2008〕42号）

各省、自治区、直辖市文物局、文管会（文化厅、局），各直属博物馆：

根据《中华人民共和国文物保护法》有关规定，结合当前博物馆免费开放的实际需要，为进一步规范馆藏文物（含标本等藏品）的借用行为，促进馆际文物资源的整合，提升博物馆的社会教育和文化传播功能，现就加强馆藏文物借用管理的有关事项通知如下：

一、馆藏文物借用的许可权限

按照《中华人民共和国文物保护法》第四十条的规定，自本通知发布之日起，国有文物收藏单位之间因举办展览、科学研究等需借用馆藏文物的，应当报主管的文物行政部门备案；借用馆藏一级文物的，应当经省、自治区、直辖市人民政府文物行政部门批准，并报国家文物局备案。

非国有文物收藏单位和其他单位举办展览需借用国有馆藏文物的，应当报主管的文物行政部门批准；借用国有馆藏一级文物，应当经国家文物局批准。

两家或多家文物收藏单位利用本单位文物联合举办展览，应由办展单位报其行政主管部门批准。

二、馆藏一级文物借用许可程序

（一）申请：根据属地管理原则，文物收藏单位之间需借用馆藏一级文物的，应由文物借出单位向所在地的省级文物行政部门提出申请。

（二）审核：省级文物行政部门接到文物借用申请后，应当对其申请材料进行审核。材料不齐全或不符合要求的，应不予受理。若借用的馆藏文物属于后文第四条所列限制范围的，应由借出单位所在地的省级文物行政部门组织3名以上文物科技保护和博物馆方面的专家，对该文物的现状、可否外借进行评估，并出具书面评估意见。

（三）批复：省级文物行政部门根据对相关材料的审核结果，作出是否许可借用的批复，并以书面形式告知申办单位。非国有文物收藏单位和其他单位需借用国有馆藏一级文物，经省级文物行政部门审核后，报国家文物局批准。

(四)备案:省级文物行政部门应将馆藏一级文物借用的批准文件和所受理的全部申请材料,报国家文物局备案。

三、馆藏一级文物借用申请材料

(一)借用国有馆藏一级文物申请书。包括:借出文物的原因、去向、用途、期限、档案(复印件),借用文物的补偿方式;

(二)专家评估意见;

(三)借用合同(样本见附件);

(四)借入单位文物保存条件和保障安全措施说明;

(五)文物目录清单,包括文物名称、质地、年代、级别、来源、尺寸、完残情况,并附文物照片;

(六)借入方单位的性质、基本情况简介等;

(七)借出方行政主管部门审核同意的文件。

四、馆藏文物借用的限制范围

下列材质和范围的馆藏珍贵文物的借用,应严格限制。确需外借的,必须组织3名以上文物科技保护、博物馆方面的专家,进行现场评估。

(一)简牍、帛书;

(二)元代以前的书画、缂丝作品;

(三)孤品;

(四)唐写本、宋刻本古籍;

(五)宋代以前的大幅完整丝织品;

(六)唐以前的泥塑造像;

(七)民族、宗教文物中的敏感文物。

五、境外借用馆藏文物的审批

国内文物收藏单位将文物借予境外文博单位办展,或开展科学研究,应严格按照《中华人民共和国文物保护法》及实施条例、《文物出境展览管理规定》等有关法律法规的规定,办理相关手续。

各地文物行政部门要高度重视馆藏文物的借用工作,认真研究本行政区域内馆际文物借用的特点和发展趋势,立足文物安全,切实加强对文物借用活动的管理和引导,促进博物馆的文物资源整合,创造更多更好的博物馆文化产品,满足公众精神文化需求。

附件:国有博物馆馆藏文物借用合同(样本)(略——编者注)

国家文物局

2008年6月13日

关于全国博物馆、纪念馆免费开放的通知

（中宣发〔2008〕2号）

各省、自治区、直辖市党委宣传部，财政部(局)，文化厅(局)，文物局(文管会)：

为贯彻落实党的十七大精神，充分发挥博物馆、纪念馆宣传和传播先进文化的重要作用，加强公共文化服务体系建设和公民思想道德建设，现就全国博物馆、纪念馆向社会免费开放有关事宜通知如下：

一、博物馆、纪念馆免费开放的重要意义

博物馆、纪念馆是陈列、展示、宣传人类文化和自然遗存的重要场所，是国民教育体系的重要组成部分。博物馆、纪念馆向全社会免费开放是党的十七大关于社会主义文化大发展大繁荣的具体实践，是加强社会主义核心价值体系建设和公民思想道德建设的有效手段，是进一步提高政府为全社会提供公共文化服务水平的重要举措，是实现和保障人民群众基本文化权益的积极行动。博物馆、纪念馆免费开放符合世界文物展示业的发展趋势，有利于完善我国现代国民教育体系和履行教育功能，有利于发挥博物馆和纪念馆作为公益性文化机构的社会价值，有利于加强国际文化交流和中华民族优秀文化的宣传推广。各地区、各有关部门要统一思想，提高认识。积极行动，切实把免费开放工作做实、做细、做好，为公众提供更多、更好的公共文化产品和服务。

二、博物馆、纪念馆免费开放的实施范围和步骤

(一)实施范围

全国各级文化文物部门归口管理的公共博物馆、纪念馆，全国爱国主义教育示范基地全部免费开放。其中，文物建筑及遗址类博物馆暂不实行全部免费开放，继续对

未成年人、老年人、现役军人、残疾人和低收入人群等特殊群体实行减免门票等优惠政策。博物馆、纪念馆、纪念馆按照市场化运作举办的特别(临时)展览,可根据实际情况确定门票价格。

(二)实施步骤

2008 年,中央级文化文物部门归口管理的博物馆全部向社会免费开放;各省级综合博物馆全部向社会免费开放;各级宣传和文化文物部门归口管理的列入全国爱国主义教育示范基地的博物馆、纪念馆全部向社会免费开放;浙江、福建、湖北、江西、安徽、甘肃和新疆等 7 省(区)文化文物系统归口管理的省、市、县级博物馆全部向社会免费开放。鼓励有条件的省(区、市)探索全面实行免费开放。

2009 年,除文物建筑及遗址类博物馆外,全国各级文化文物部门归口管理的公共博物馆、纪念馆,全面爱国主义教育示范基地全部向社会免费开放。

鼓励暂不能完全免费开放的博物馆、纪念馆实行低票价政策,继续对未成年人、老年人、现役军人、残疾人等社会群体实行免费或优惠参观,并向社会承诺定期免费日,制定灵活多样的门票制度,如家庭套票、特定时段票等,吸引公众走进博物馆和纪念馆。

三、博物馆、纪念馆免费开放的保障机制

要以博物馆、纪念馆免费开放为契机,实现“三个结合”:一是与文化体制改革中公益类文化事业单位改革要求相结合,进一步加大博物馆经费保障力度;二是与构建公共财政体制相结合,进一步完善财政投入方式,激励博物馆提高服务能力和服务质量;三是与博物馆运行规律相结合,推进我过博物馆机制改革和管理创新。

(一)各级财政部门应将博物馆、纪念馆免费开放相关经费纳入财政预算,切实予以保障。中央财政设立专项资金,重点补助地方博物馆免费开放所需资金,鼓励改善陈列布展和举办临时展览,支持重点博物馆提升服务能力,对实行低票价的博物馆和自行实行免费并取得良好效果的省份给予奖励。其中,博物馆、纪念馆免费开放单位门票收入减少部分全部由中央财政负担;运转经费增量部分由中央财政分别按照东部 20%、中部 60%和西部 80%的比例进行补助。

地方财政部门要承担相应职责,保障当地博物馆、纪念馆免费或优惠开放的资金投入。要统筹使用中央和地方财政资金,落实配套设施建设和设备更新经费,落实增强接待能力、增设服务项目、改进服务手段所需资金,落实人员培训经费及增加业务时间和业务强度的必要补助,保证博物馆正常、高效运转。

（二）要研究制定博物馆、纪念馆文化产品经营收入税收优惠政策，促进其依托文物藏品、陈列展示推出各类文化产品，拓展和延伸文化传播功能。鼓励社会力量对博物馆、纪念馆进行捐赠，拓宽博物馆经费来源渠道。

（三）按照文化遗产保护和传播的重要程度科学界定博物馆等级，将部分地方所属的代表中华民族历史文明的重点博物馆确定为国家级博物馆，由中央政府承担更多的投入和管理责任。省级和省级以下博物馆也要参照此原则，进行科学分级，加强资源整合。市级和县级应重点发展特色博物馆，避免重复投资。

四、博物馆、纪念馆免费开放的工作要求

（一）改善管理和服务，努力满足观众需求。各有关博物馆要积极借鉴已经免费开放博物馆的经验，切实做好免费开放的前期准备。充分考虑免费开放后观众量短时间内急剧增加，对博物馆、纪念馆的管理、运行造成的巨大压力，科学地测算确定博物馆的接待能力，建立每日参观人数总量控制和疏导制度。健全开放服务管理制度，制定突发事件的应急预案，完善应急处理机制。加强媒体宣传，并在博物馆、纪念馆显著位置公示免费开放管理办法、服务项目、开放时间、文明参观须知等制度措施，方便公众了解和监督，引导观众有序、文明参观。同时要努力改善文物安全保护和观众服务设施条件，增加安全、保洁、讲解咨询等服务人员，强化内部管理，加强安全防范，切实保证免费开放的安全、规范、有序。

（二）坚持以人为本，提高展示传播水平。各有关博物馆、纪念馆应贴近实际、贴近生活、贴近群众作为不懈的追求，准确把握免费开放后观众及其精神文化需求呈现出多层次、多方面、多样式的特点，在展示传播的内容上、形式上更加积极探索和大胆创新，成为文化教育和传播中心，成为公众流连忘返的文化园地。将专业性、学术性和知识性、趣味性、观赏性有机结合，不断创造新的文化样式，实现题材、品种、风格和载体的极大丰富，使陈列展览更具吸引力、感染力，打造公众喜闻乐见的文化品牌。要充分发挥博物馆、纪念馆社会教育功能，积极推进博物馆进校园、进社区和建设数字博物馆，不断拓展服务领域、方式和手段，提供更加人性化的服务设施和服务项目，努力强化文化的感染力和辐射力。

（三）改革创新，增加博物馆、纪念馆活力。各有关博物馆、纪念馆要以免费开放为契机，认真研究和把握博物馆运行规律，按照国家关于文化事业体制改革的要求和部署，加强体制和机制创新。以深化人事制度改革为突破口，优化内部组织结构，整合内部资源，转变运营方式，完善激励机制，提高运行效率。要采取有效措施、创造有利条件，最大限度的动员社会各方面力量支持参与博物馆志愿者队伍的壮大，使之成为支持免费开放工作及博物馆发展的坚定，可信赖的社会力量。

（四）加强管理，切实做好博物馆、纪念馆免费开放的协调、指导工作。要在各级党委、政府的领导下，各级宣传、财政、文化、文物部门要指导、督促各地做好免费开放工作，并对各单位实施情况进行督促检查和考评，对开放中出现的问题和困难及时沟通、协调。各级文物行政部门要发挥行业管理作用，加快完善博物馆、纪念馆管理法律法规和行业标准，建立政府主导、法律规范、社会参与的博物馆管理体系，建立以展示教育、开放服务为核心的评价体系和政府、社会、公众代表相结合的监督体系，开展评估定级和分类指导。

中共中央宣传部
财　政　部
文　化　部
国家文物局
2008年1月23日

关于加强革命文物工作的若干意见

（文物博发〔2008〕22号）

各省、自治区、直辖市党委宣传部，发展和改革部门，教育、民政、财政、建设、文化厅（局、委），旅游、文物局，团委：

当前，我国正处在全面建设小康社会的关键时期。深入贯彻党的十七大精神，落实《中共中央、国务院关于进一步加强和改进未成年人思想道德建设的若干意见》（中发〔2004〕8号）、《国务院关于加强文化遗产保护的通知》（国发〔2005〕42号）和《中共中央办公厅、国务院办公厅关于印发〈2004—2010年全国红色旅游发展规划纲要〉的通知》（中办发〔2004〕35号），充分发挥革命文物的教育作用，对于建设社会主义核心价值体系，巩固全党全国各族人民团结奋斗的共同思想基础，加快改革开放和现代化建设步伐，推动中华民族伟大复兴，具有重大意义。现就加强革命文物的保护、利用和管理工作，提出如下意见：

一、充分认识加强革命文物工作的重要性和紧迫性

（一）革命文物是自1840年以来，中华民族为争取民族独立、实现伟大复兴而奋斗，特别是中国共产党领导下的新民主主义革命和社会主义革命与建设光辉历程的重要实物见证。革命文物包括各类与革命运动、重大历史事件或者英烈人物有关的，具有重要纪念意义、教育意义或者史料价值的近代现代重要史迹、实物、代表性建筑，蕴涵着中华民族和中国共产党人的精神价值与优良传统。加强革命文物的保护、利用和管理工作，用以爱国主义为核心的民族精神和以改革创新为核心的时代精神鼓舞斗志、引领风尚，是建设社会主义先进文化，构建社会主义和谐社会的必然要求。

（二）在党中央、国务院的高度重视和统一部署下，爱国主义教育基地建设不断推进，《2004—2010年全国红色旅游发展规划纲要》逐步落实，革命文物工作取得了显著成绩，为弘扬爱国主义和革命传统，加强公民道德建设和公共文化服务体系建设，做出了重要贡献。

（三）当前革命文物工作快速发展，形势喜人，但仍存在着不少新的情况和问题。

一些地方和部门对做好革命文物工作的重大意义认识不足、重视不够，片面追求经济开发而使得不少革命文物史迹及其环境风貌遭到破坏；资金投入不足、保护措施有限，部分革命遗迹自然损毁严重，甚至面临彻底塌毁的危险；一些博物馆、纪念馆和革命旧址、烈士陵园的基础设施较差，展示手段落后，吸引力、感染力不强。这些问题，必须引起足够重视，采取有效措施，切实加以解决。

二、加强革命文物工作的指导思想、基本原则和总体目标

（四）指导思想：认真贯彻落实党的十七大精神，以邓小平理论和“三个代表”重要思想为指导，深入贯彻落实科学发展观，紧紧抓住革命文物保护、利用和管理三个关键环节，贴近实际、贴近生活、贴近群众，努力提高工作水平，更好地为爱国主义教育、弘扬和培育民族精神服务，为公民道德建设服务，为实现全面建设小康社会的奋斗目标服务。

（五）基本原则：坚持统筹兼顾、分类管理，形成政府主导，各有关部门分工协作，社会力量积极参与的工作机制。正确处理经济社会发展和革命文物保护的关系，坚持依法保护和科学保护，维护革命文物的真实性和完整性。坚持把社会效益放在首位，进一步加大革命文物保护的投入，强化创新意识和精品意识，提高展示服务水平。

（六）总体目标：通过采取有效措施，革命文物工作得到全面加强。到2015年，基本建立科学完备的革命文物保护管理体系和宣传教育体系，革命文物的安全得到有效保障，展示服务水平得到全面提升，社会教育作用得到充分发挥。

三、加强革命文物工作的基本要求

（七）高度重视，加强革命文物工作的领导。

各地各部门要切实加强对革命文物工作的领导，加大宣传、贯彻《中华人民共和国文物保护法》等相关法律法规的力度，大力提倡、动员和引导全社会参与革命文物工作，依法保护、利用和管理好革命文物。要把革命文物工作作为深入贯彻落实科学发展观，促进社会主义精神文明建设和经济社会可持续发展的重要举措，切实抓紧抓好。

（八）深入调查，依法做好革命文物资源的登记、建档。

各地要按照国务院关于第三次全国文物普查的统一部署，着眼于全面反映近代以来中国社会发展历程，加强对能够体现近现代和当代经济社会发展的各类代表性革命文物的调查、登记、评估和建档。加强对可移动革命文物的征集、鉴定、建档和保管等工作。借助信息化技术，摸清革命文物底数，夯实革命文物工作基础。

（九）加强统筹，切实做好革命文物保护规划的制定实施工作。

各地要结合革命文物资源的实际情况，抓紧研究制订革命文物保护利用总体规划和专项规划，落实保护措施。要把近现代重要史迹和代表性建筑作为文化遗产保护的重要内容，纳入经济社会发展规划和城乡规划。对具有重大影响和纪念意义的旧址群，要继续做好专项保护规划的制定、发布和实施工作。

要立足长远，区分缓急，突出重点，加大对重要濒危革命文物史迹的保护力度。严格维修保护工程方案设计、实施的科学管理，确保文物的真实性。强化预防性保护理念，遏制因环境不利和管理不善致使馆藏革命文物受损的现象。

要严格遵照党中央、国务院有关文件的规定，加强宏观调控和分类指导，统筹安排革命纪念设施的建设和管理。新建和扩建革命纪念设施，应充分论证，严格报批，着力于功能完善，规模适当，环境协调；改建革命纪念设施，应尊重原有建筑的历史传统，提倡将具有使用价值的纪念建筑物辟为革命纪念馆（地）；对已不存在的革命文物“复建”，要严加限制。

（十）改进创新，提升革命文物的展示服务水平。

要按照“贴近实际、贴近生活、贴近群众”的要求，实施资源整合与共享战略，精心组织好各种革命文物的陈列展览。重视基本陈列（包括革命旧址原状陈列）的研究和创新，坚持有址可寻、有物可看、有史可讲、有事可说的原则，突出陈列展览的个性特点。善于运用现代科技手段，增强陈列展览的表现力、吸引力和感染力。

要强化革命文物的社会教育功能，将革命传统教育和对革命文物的保护教育纳入国民教育体系，纳入公民道德建设和社会主义荣辱观教育体系，纳入未成年人思想道德建设规划和学校教育教学中。加强革命博物馆、纪念馆、革命旧址、烈士陵园等爱国主义教育基地与学校、部队、企事业单位和社会团体的协作联系，构建共建共育的长效机制。各类革命纪念设施要完善开放制度，强化内部管理，增强自身活力，改善服务质量，提高服务水平。充分挖掘革命文物资源的内涵，大力发展红色旅游，为推动经济社会发展服务。

（十一）精心组织，不断加大对革命文物的宣传普及力度。

各类革命文物保护机构要经常举办展示、论坛、讲座等活动，充分运用报刊、广播、电视、互联网等大众传媒，普及革命文物保护成果和法律法规知识，增强全社会的革命文物保护意识。

各地各部门要根据本意见，抓紧制定具体措施和办法。国家文物局将会同有关部门在适当时候对各地各部门贯彻落实的情况进行督查。

国家文物局、中宣部、发展改革委、教育部、民政部、财政部、住房城乡建设部、文化部、国家旅游局、共青团中央

2008年3月20日

北京市珍贵文物复制管理办法

（1992年3月23日北京市人民政府批准 1992年4月22日北京市文物事业管理局发布根据2001年8月27日北京市人民政府第82号令修改）（京文物〔2005〕72号）

第一条　为加强珍贵文物复制的管理，制定本办法。

第二条　在本市行政区域内经营珍贵文物复制业务和珍贵文物复制品销售业务，均按本办法管理。珍贵文物的范围，由市文物事业管理局（以下简称市文物局）确定。

第三条　市文物局主管本市珍贵文物的复制管理监督工作。区、县文化文物局对本辖区内珍贵文物复制业务依法进行监督。

第四条　经营珍贵文物复制业务的，其生产场地、工艺设备和专业技术人员等条件应当符合国家有关规定。

第五条　复制珍贵文物业务经营者，须与所复制的原文物的收藏单位签订合同，并将文物名称、时代、级别、出土地点和时间、照片及复制用途、复制数量等有关材料，报市文物局批准，发给生产序号后，方可制作；复制一级珍贵文物的，须由市文物局核报国家文物行政主管机关批准。

第六条　珍贵文物复制品的制作工艺及其规格、形制、色泽、纹饰、重量、质地等，应与原文物相同。在珍贵文物复制品上，须标明复制业务经营者和监制单位的名称、复制品编号，并附具珍贵文物名称、时代、出土地点和时间、收藏单位以及复制品生产时间、编号等说明。

珍贵文物复制的监制工作，由市文物局或其指定的单位承担。监制单位对珍贵文物复制品的质量负责。

第七条　复制珍贵文物，必须保证文物原件的绝对安全。禁止用易污、易损文物翻模。

复制业务经营者应建立珍贵文物复制档案。

第八条 禁止擅自复制珍贵文物以及为擅自复制珍贵文物的单位或个人提供复制文物所需资料、样品、模具等相应条件。

第九条 经营珍贵文物复制品销售业务,须经市文物局批准,向所在地的工商行政管理机关申请营业登记;经销一级珍贵文物复制品的,须由市文物局核报国家文物行政主管机关批准后,再向所在地工商行政管理机关申请营业登记。

第十条 违反本办法,有下列行为之一的,由文物行政管理机关责令改正,并处1000元以上1万元以下的罚款;情节严重造成文物损坏的,责令其赔偿损失,并处3000元以上3万元以下罚款:

(一)擅自复制文物的;

(二)超过批准限量复制珍贵文物的;

(三)向擅自复制珍贵文物的单位或者个人提供复制条件的;

(四)复制业务经营者不按操作规程复制的。

第十一条 擅自经销珍贵文物复制品的,视为擅自经营文物,依照《中华人民共和国文物保护法》和《北京市文物保护管理条例》的有关规定处理。

第十二条 本办法执行中的具体问题,由市文物局负责解释。

第十三条 本办法经市人民政府批准,自市文物局发布之日起施行。

关于加强馆藏文物安全管理工作的紧急通知

（京文物〔2005〕1424号）

北京地区各博物馆：

近日，国家文物局针对我国国有文物收藏单位馆藏文物保管工作的严峻形势，印发了《关于加强和改进馆藏文物保护管理工作的意见》（文物博发〔2005〕22号），旨在敦促各国有文物收藏单位加强对馆藏文物的管理，保证文物安全。而11月16日“民族文化宫”馆藏文物因意外受损事件正说明了加强对馆藏文物的保管工作迫在眉睫、刻不容缓。为此，现要求如下：

一、各馆应于近期开展一次文物库房及展厅等文物存放环境的安全检查，排除安全隐患，确保文物安全。

二、各馆应依据国家文物局相关文物展厅库房建筑、文物保护环境要求及硬件设施的要求，加强对展厅、库房文物保护环境的监测，加强文物藏品的日常巡查工作。

三、各馆应制订馆藏文物损毁处理预案，以保证馆藏文物一旦因发生意外受损，能及时得以合理的处理，以免造成更大损失。

四、依据《中华人民共和国文物保护法》第四十八条“馆藏一级文物损毁的，应当报国务院文物行政部门核查处理。其他馆藏文物损毁的，应当报省、自治区、直辖市人民政府文物行政部门核查处理。”各馆如有馆藏文物损毁情况，应及时报北京市文物局核查。

请各馆于12月10日前将文物安全检查结果及文物损毁处理预案报我局备案。

特此通知。

北京市文物局

2005年11月18日

关于北京地区各类国有文物收藏单位馆藏品鉴定工作的通知

（京文物〔2005〕72号）

北京地区各博物馆、各区县文委及其他国有文物收藏单位：

为加强北京市的馆藏品管理工作，进一步加快各国有文物收藏单位馆藏品的建账建档工作，根据2002年颁布的《中华人民共和国文物保护法》第四章第三十六条“博物馆、图书馆和其他文物收藏单位收藏的文物，必须区分文物等级，设置藏品档案，建立严格的管理制度，并报主管的文物行政部门备案”之规定，经北京市文物局2004年第十一次局务会决定，改变以往由北京市文物鉴定委员会统一对全市馆藏品进行鉴定定级的方式，将馆藏品的初鉴定级权下放至各收藏单位，各单位应自行对本单位收藏的馆藏品开展初鉴定级工作。

自2005年1月1日起，各单位应依照《中华人民共和国文物保护法》、《文物保护法实施条例》及国家文物局最新颁布实施的《文物藏品定级标准》、《近现代一级文物藏品定级标准（试行）》，结合本单位馆藏品的实际情况，自行组织开展本单位馆藏品的鉴定和珍贵文物（一、二、三级）的定级工作，并在此基础上建立藏品账目体系及制作统一格式的《藏品档案》。北京市文物局将依法组织有关方面根据各单位上报的珍贵文物《藏品档案》及一般文物的详细目录，对各单位的馆藏品初鉴结果予以最终审核确认。各单位开展馆藏品自鉴定级工作的具体要求和操作规程详见附件。

特此通知。

附件：《馆藏品自鉴定级工作具体要求及操作规程》

2005年1月19日

附件:

北京市文物局关于馆藏品初鉴定级工作具体要求及操作规程的相关规定

为加强北京市馆藏品管理工作,进一步加快各国有文物收藏单位馆藏品的建账建档工作,特制定国有文物收藏单位馆藏文物鉴定要求及操作规程如下:

一、各单位应根据国家文物局新颁布的《文物藏品定级标准》及《近现代一级文物藏品定级标准(试行)》,结合本馆藏品的实际情况,制定具有针对性及可操作性的本单位详细的"馆藏品定级标准"。

二、非文物类藏品的博物馆,如古生物、古人类化石、自然地质标本、邮政电信、邮票磁卡、航空航天、军用器材、高科技产物、家用电器、机车车辆、交通运输、影视资料、医药卫生、供水供电、餐饮娱乐、生物化学、装潢设计、戏剧曲艺、现代工艺美术作品等,应参照国家文物局的相关规定,详细制定本单位的文物鉴选、定级标准,并将本单位的"馆藏品定级标准"上报北京市文物局备案。

三、各单位应成立文物鉴定工作小组,藏品门类较多的博物馆可按文物的不同门类组成若干小组,小组成员必须由三人以上组成(文物类的博物馆鉴定小组成员中必须有一名为国家文物鉴定委员会或北京市文物鉴定委员会成员)。小组成员必须由具有文博专业中级以上业务职称或从事文物藏品研究、管理15年以上工作经验的人员担任(非文物类博物馆人员应等同于以上资历)。如本单位无具备以上条件的专业人员,可自行聘请外单位具备相关资格的人员参加本单位的文物鉴定小组工作。各单位的鉴定小组名单及其简历应报北京市文物局备案。(北京市文物鉴定委员会联系电话:64052581)

四、由本单位的文物鉴定小组负责本单位的文物鉴定工作,具体工作内容包括三部分:

1.对已经国家文物鉴定委员会和北京市文物鉴定委员会定级的文物,依据本单位新的文物定级标准进行复核,对随时代变化已明显定级不当的文物级别予以调整;

2.对未进行过鉴定的馆藏品予以鉴定定级;

3.对新征集入馆的文物及时开展鉴定工作。

五、在本单位馆藏品的鉴定、定级工作完成后,应制作统一规范的《藏品档案》,《藏品档案》项目需尽可能完整翔实并附照片。

六、向北京市文物局上报珍贵文物(一、二、三级)的《藏品档案》和一般文物的《详细目录》(目录项应包括藏品的名称、编号、时代、质地、类别、完残程度等)。

七、北京市文物局依据各单位上报的档案、目录,组织北京市文物鉴定委员会对各单位的初鉴定级结果予以审核,对定级无误的北京市文物局将以公文形式予以确认文物级别;对自鉴定级不当的,将组织北京市文物鉴定委员会进行实地复核。

北京市文物局

2004年12月30日

北京地区博物馆名录

序号	博物馆名称	通信地址	邮编	电话
001	故宫博物院 Δ ★	东城区景山前街 4 号	100009	65132255
002	中国国家博物馆 ★	东长安街 16 号	100006	65137103
003	北京鲁迅博物馆 ★	西城区阜城门宫门口二条 19 号	100034	66165654
004	中国美术馆	东城区五四大街 1 号	100010	64017076
005	毛主席纪念堂 ★	东城区前门东大街 11 号	100006	65131130
006	中国体育博物馆 ★	北京朝阳区安定路甲 3 号	100101	64912168
007	民族文化宫博物馆	西城区复兴门内大街 49 号	100031	66024433
008	中国地质博物馆 ★	西城区西四羊肉胡同 15 号	100034	66557402
009	中国农业博物馆 ★	朝阳区东三环北路 16 号	100026	65931355
010	中国古动物馆 ★	西城区西直门外大街 142 号	100044	88369280
011	中华航天博物馆 ★	丰台南大红门 1 号 9200 信箱 4 分箱	100076	68753590
012	中国人民抗日战争纪念馆 Δ ★	丰台区卢沟桥城内街 101 号	100165	83893163
013	中国科学技术馆 Δ ★	西城区北三环中路 1 号	100029	62371177
014	宋庆龄故居 ★	西城区后海北沿 46 号	100009	64073653
015	中国人民革命军事博物馆 Δ ★	海淀区复兴路 9 号	100038	66866114
016	中国航空博物馆 Δ ★	昌平区小汤山 5806 信箱	102211	66916919
017	北京自然博物馆 Δ ★	崇文区天桥南大街 126 号	100050	67023096
018	北京天文馆 ★	西城区西直门外大街 138 号	100044	68353003
019	首都博物馆 ★	西城区复兴门外大街 16 号	100045	63370491
020	大钟寺古钟博物馆 ★	海淀区北三环西路甲 31 号	100086	62550843
021	北京艺术博物馆 ★	海淀区苏州街万寿寺	100081	68413380
022	北京古代建筑博物馆 ★	宣武区先农坛东经路 21 号	100050	63045608
023	北京石刻艺术博物馆 ★	海淀区五塔寺村 24 号	100081	62186081
024	徐悲鸿纪念馆 ★	西城区新街口北大街 53 号	100035	62252042

025	炎黄艺术馆	朝阳区亚运村慧忠路9号	100101	64912902
026	明十三陵博物馆	昌平区十三陵特区办事处	102213	60761424
027	北京古观象台★	东城区建国门大街裱褙胡同2号	100005	65242202
028	郭沫若纪念馆★	西城区前海西街18号	100009	83225392
029	梅兰芳纪念馆★	西城区护国寺街9号	100035	66180351
030	中国佛教图书文物馆	宣武区法源寺前街7号	100052	63533772
031	中国长城博物馆 Δ ★	延庆县八达岭特区	102112	69121890
032	雍和宫藏传佛教艺术博物馆	东城区雍和宫大街12号	100007	64044499
033	北京古代钱币展览馆★	西城区北二环中路德胜门箭楼	100011	62029863
034	北京市西周燕都遗址博物馆★	北京市房山区琉璃河董家林村七区1号	102403	61393412
035	北京辽金城垣博物馆★	丰台区右安门外大街玉林小区甲40号	100054	63054991
036	北京市大葆台西汉墓博物馆★	丰台区花乡郭公庄世界公园东南	100070	83613073
037	北京大学赛克勒考古与艺术博物馆	海淀区北京大学校内(西校门内)	100871	62751667
038	北京市白塔寺管理处	西城区阜内大街171号	100034	66166099
039	李大钊烈士陵园陈列馆 Δ ★	海淀区香山万安里1号	100093	62591044
040	詹天佑纪念馆★	北京市八达岭特区	102112	69121506
041	北京市焦庄户地道战遗址纪念馆 Δ ★	顺义区龙湾屯乡焦庄户村	101306	60461906
042	中央民族大学民族博物馆	海淀区中关村南大街27号	100081	68932760
043	北京航空馆★	海淀区学院路37号北京航空航天大学院内	100083	82317512
044	云居寺石经博物馆★	房山区南尚乐乡云居寺	102407	61389604
045	密云县博物馆	密云县西门外大街2号	101500	69043124
046	北京市昌平区博物馆	昌平区府学路10号	102200	69741095
047	通州区博物馆	通州区西大街9号	101100	69546442

048	山戎文化陈列馆	延庆县张山营镇玉皇庙村东	102100	69199534
049	北京长辛店二七纪念馆★	丰台区长辛店花园南里甲15号	100072	83305948
050	上宅文化陈列馆★	平谷县金海湖旅游区	101201	69991268
051	郭守敬纪念馆	西城区德胜门西大街甲60号汇通祠	100035	66183083
052	中国第四纪冰川遗迹陈列馆★	石景山区模式口大街28号	100041	88724148
053	周口店北京人遗址博物馆Δ★	北京市房山区周口店大街1号	102405	69301287
054	中国印刷博物馆★	大兴县黄村镇兴华北路25号	102600	69245505
055	中国工艺美术馆	西城区复兴门内大街101号	100031	66012255
056	北京红楼文化艺术博物馆	宣武区南菜园街大观园	100054	63544993
057	北京文博交流馆	东城区禄米仓街5号智化寺	100010	65253670
058	正阳门管理处	前门大街北端	100051	65229384
059	北京市东南城角角楼文物保管所	崇文区东大街东便门外东南城角楼	100062	65226008
060	北京市团城演武厅管理处	海淀区香山南路红旗村1号	100093	62594750
061	文天祥祠	东城区府学胡同63号	100007	64014968
062	北京市门头沟区博物馆	门头沟区门头沟路8号	102300	69852446
063	北京市钟鼓楼文物保管所	东城区钟楼湾临字9号	100009	84027869
064	北京市法海寺文物管理所	石景山区模式口	100041	88715776
065	中国国家画院美术馆	海淀区西三环北路54号	100044	68411369
066	圆明园展览馆	海淀区清华北路圆明园遗址公园内	100084	62543673
067	北京西山大觉寺文物管理处	海淀区北安河乡西山大觉寺管理处	100095	62456163
068	茅盾故居	东城区交道口后圆恩寺街13号	100009	64044089
069	北京中华民族博物院★	朝阳区民族园路1号	100029	62063640

070	观复博物馆	朝阳区大山子张万坟金南路 18 号	100015	84562912
071	古陶文明博物馆	宣武区右安门内西街 12 号	100054	63538811
072	何扬吴茜现代绘画馆	北京朝阳区金盏乡长店村 1128 号	100018	84312537
073	中国钱币博物馆	西城区西交民巷 22 号	100031	66081385
074	恭王府管理中心	西城区柳荫街甲 14 号	100009	66168149
075	中国现代文学馆	朝阳区文学馆路 45 号	100029	84619060
076	中国蜜蜂博物馆★	香山卧佛寺西侧	100093	82594910
077	国际友谊博物馆	东城区雍和宫大街戏楼胡同 1 号	100007	64040710
078	慈悲庵博物馆	宣武区太平街 19 号	100050	63522344
079	卢沟桥历史博物馆	丰台区卢沟桥城南街 77 号	100072	83893484
080	平西抗日战争纪念馆★	房山区十渡平西抗日烈士陵园管理处	102411	61340702
081	平北抗日战争纪念馆Δ★	延庆县龙庆峡路口	102109	69191619
082	冀热察挺进军司令部旧址陈列馆	门头沟区斋堂镇马栏村	102309	69816347
083	北京中医药大学中医药博物馆	朝阳区北三环东路 11 号	100029	64286815
084	曹雪芹纪念馆	海淀区香山正白旗村 39 号	100093	62591561
085	香山双清别墅	海淀区香山公园内	100093	82590297
086	中国电信博物馆	海淀区学院路 42 号	100083	58843008
087	北京上庄纳兰性德史迹陈列馆★	海淀区上庄乡上庄村翠湖水乡旅游渡假区内	100094	82473133
088	老甲艺术馆	昌平县东小口霍营	102208	81702370
089	北京戏曲博物馆★	宣武区虎坊路 3 号	100052	63518284
090	老舍纪念馆	东城区灯市口西街丰富胡同 19 号	100006	65599218
091	北京民俗博物馆	朝阳区朝外大街 141 号	100020	65510151
092	保利艺术博物馆★	东城区朝阳门北大街 1 号新保利大厦 15 层	100010	84192359
093	中国紫檀博物馆	朝阳区兴隆西街 9 号	100025	85767320
094	北京南海子麋鹿苑博物馆★	大兴南海子麋鹿苑	100076	87967805

095	坦克博物馆	昌平区阳坊镇 61077 部队	102205	66759901
096	北京工艺美术博物馆	王府井大街 200 号工美大厦四层	100005	65289326
097	中华世纪坛世界艺术馆★	海淀区复兴路甲 9 号	100038	68513322
098	北京服装学院民族服饰博物馆★	朝阳区和平街北口樱花路甲 2 号北京服装学院综合大楼三层	100029	64288261
099	北京警察博物馆	北京市东城区东交民巷 36 号	100006	85225027
100	北京自来水博物馆★	东城区东直门外北大街甲 6 号院清水苑社区内	100028	64650787
101	北京王府井古人类文化遗址博物馆★	东城区东长安街 1 号王府井东方广场 WIP3	100738	85186306
102	北京金台艺术馆★	朝阳区农展南路 1 号朝阳公园西内	100026	65019441
103	北京睦明唐古瓷标本博物馆	崇文区东花市北里东区 1 号	100062	67186939
104	北京松堂斋民间雕刻博物馆	宣武区琉璃厂东街 1 号	100052	83164662
105	中国印钞造币博物馆	西城区西直门外大街甲 143 号	100044	88016028
106	中国铁道博物馆	朝阳区酒仙桥北路 1 号北侧	100015	64381317
107	中国马文化博物馆★	八达岭镇阳光路 8 号	102102	81182120
108	北京皇城艺术馆★	东城区菖蒲河公园西侧北岸	100006	85115114
109	北京御生堂中医药博物馆	昌平区北七家镇王府街 1 号王府公寓 2-35	102209	81788271
110	崔永平皮影艺术博物馆	通州区马驹桥金桥花园 16 楼四单元一层	101102	60502692
111	北京人民艺术剧院戏剧博物馆	北京市东城区王府井大街 22 号（首都剧场）	100006	65253312
112	北京市海淀区博物馆	海淀区中关村大街 28-1 号	100086	51601042
113	居庸关长城博物馆	昌平十三陵特区（昌平区南口镇居庸关长城）	102202	69771665
114	北京宣南文化博物馆	北京市宣武区长椿街 9 号	100053	83167249
115	北京百工坊博物馆	北京市崇文区光明路乙 12 号	100061	67126612
116	孔庙和国子监博物馆	东城区国子监街 13 号	100007	64057214

117	北京老爷车博物馆	怀柔区杨宋镇杨雁路		
118	北京百年世界老电话博物馆	西城区德外大街乙十号泰富大厦内	100011	82014175
119	北京晋商博物馆	朝阳区建国路58号	100025	65585368
120	北京李大钊故居	西城区文华胡同24号	100035	66089608
121	中国电影博物馆	朝阳区南影路9号	100015	64311588
122	胡同张老北京民间艺术馆	丰台区宛平城城内街西头南侧	100072	83895655
123	北京励志堂科举扁额博物馆	朝阳区高碑店乡高碑店村东工业区	100022	87739655
124	历代帝王庙	西城区阜城门内大街131号	100034	66120186
125	中国邮政邮票博物馆	东城区贡院街6号	100005	65185511
126	北京通信电信博物馆	东城区东皇城根北街14号	100010	64041099
127	北京东韵民族艺术博物馆	朝阳区孙河乡前苇沟村甲1号	100015	84329101
128	中国法院博物馆	东城区东交民巷27号旁门	100745	85257826
129	北京韩美林艺术馆	通州区梨园镇九棵树东路68号	101101	59751888
130	北京美特斯邦威服饰博物馆	西城区西单北大街111号西单国际大厦五层	100032	63989281
131	延庆博物馆	延庆县妫水北街24号	102100	69143788
132	北京新文化运动纪念馆	东城区五四大街23号	100009	66128596
133	中国人民大学博物馆	海淀区中关村大街59号	100872	62512841

截止到2008年年底，北京地区共有注册博物馆148家

注：Δ 全国爱国主义教育示范基地

⋆ 北京市市级爱国主义教育基地

（北京市文物局博物馆处 提供）

鸣 谢

（按时间排名）

北京市文物保护基金会 北京市文物局 中国人民革命军事博物馆 北京天文馆 首都博物馆 明十三陵博物馆 北京古代钱币展览馆 北京辽金城垣博物馆 云居寺文物管理处 观复博物馆 北京红楼文化艺术博物馆 北京钟鼓楼文物保管所 中国钱币博物馆 恭王府管理中心 慈悲庵博物馆 中华世纪坛世界艺术馆 北京铁路博物馆 北京皇城艺术馆 北京人民艺术剧院戏剧博物馆 中国长城博物馆 中国电影博物馆 中国科技馆 北京韩美林艺术馆 天坛公园 北京宣南文化博物馆 北京新文化运动纪念馆 北京博华天工展览有限公司 北京文物国际旅行社有限公司 北京清尚建筑装饰工程有限公司 华协国际珍品货运服务有限公司 北京通信电信博物馆 北京全景多媒体信息系统公司 天津旺达文博展具有限公司 天津恒达科技有限公司 洛阳瑞宝办公家具有限公司

同时得到北京燕山出版社、北京墨森文化发展有限公司、北京市文物局博物馆处的大力支持，在此一并致谢。

北京博物馆学会年鉴编辑部

2009年12月

后　记

本卷年鉴是北京地区博物馆年鉴的第六卷，主要记录了2004—2008年期间北京地区博物馆事业发展的情况，收录了135所博物馆的有关资料。本卷年鉴本着“资料翔实可靠，便于业务参考，反映博物馆发展”的原则，年鉴的主要内容仍循旧例，以保持主要资料及收录体例的连贯性。同时，注意到年鉴收录期间博物馆事业的发展，增加了反映北京地区博物馆发展特点的专文，如迎接“北京奥运”的准备工作、博物馆免费开放、工业遗址保护、博物馆参与非物质文化遗产保护、博物馆志愿者活动、国际交流展览管理等专题，由于这些工作涉及面较广，专文可以较全面的论述相关问题，也突出反映了北京地区博物馆事业发展的热点和亮点。此外，考虑到近年来博物馆事业社会化发展局面，与博物馆业务和设施提供有关的企业组织呈现蓬勃发展的态势，这些企业表达了与博物馆建立更为积极密切关系的意愿。经北京博物馆学会常务理事会通过，于2007年吸收了15个企业组织为企业会员。本卷年鉴将这些企业会员资料收入年鉴，希望能够从一个侧面反映北京博物馆事业的发展全貌。

本卷年鉴的文本样式有较大的变化，考虑到纸本文本的篇幅很大，为便于翻检，同时为方便将基础资料进行数字化处理和检索，经广泛征求意见，本卷年鉴的纸本文本仅包括了“自然项目”、概述，相关大事记、附表均收入电子文本，刻制成光盘一并出版。这一做法是一种尝试，我们希望读者将使用情况反馈给北京博物馆学会，在下卷年鉴制作时进一步完善优化。这一做法也传达了博物馆进入信息化时代的讯息，我们希望借助计算机和网络技术使博物馆事业发展信息为广大公众了解，为更多研究者提供便利。

本卷年鉴的资料搜集得到北京地区博物馆业者和学会企业会员的热情支持，很多博物馆领导亲自主持，安排专人搜集资料并撰写文章，各馆领导对提交的资料认真审阅，并加盖单位公章。本着“文责自负”原则，北京博物馆学会指派学术委员会对提交资料的文字和格式进行了技术性编辑。

北京文物局领导和北京博物馆学会领导对年鉴的编辑工作热情关注，在工作过程中对重要问题进行指导，年鉴全体编辑人员对此表达诚挚的谢意。

《北京博物馆年鉴》编辑部

2009 年 12 月